Umsatzsteuer

Von

Dr. Dieter Dziadkowski

Professor für Betriebswirtschaftliche Steuerlehre und Wirtschaftsprüfung

und

Professor

Dr. Peter Walden

4., vollständig überarbeitete Auflage

R. Oldenbourg Verlag München Wien

Die Deutsche Bibliothek - CIP-Einheitsaufnahme

Umsatzsteuer / von Dieter Dziadkowski und Peter Walden. -
4., vollst. überarb. Aufl. - München ; Wien : Oldenbourg, 1996
(Oldenbourgs Steuerfachbücher)

3., erg. Aufl. u.d.T.: Dziadkowski, Dieter: Umsatzsteuer
ISBN 3-486-23789-6
NE: Dziadkowski, Dieter; Walden, Peter

Gesamtherstellung: R. Oldenbourg Graphische Betriebe GmbH, München

ISBN 3-486-23789-6

Vorwort (zur 4. Auflage)

Durch die als Übergangsregelung gedachte Änderungsrichtlinie vom 16.12.1991[1] und deren Umsetzung durch das Umsatzsteuer-Binnenmarktgesetz vom 25.8.1992[2] ist das deutsche Umsatzsteuerrecht ab 1.1.1993 grundlegend geändert worden. Die Grundzüge der Umsatzbesteuerung im Europäischen Binnenmarkt ab 1.1.1993 wurden im Ergänzungsheft zur 3. Auflage dieses Buches dargestellt. Zunächst konnte davon ausgegangen werden, daß diese Übergangsregelungen nur bis zum 31.12.1996 Geltung haben werden. Da bisher aber keine Anzeichen für die geplante endgültige Regelung in Sicht sind und somit die Übergangsregelungen einen gewissen Dauercharakter[3] angenommen haben, sind wir zu dem Entschluß gelangt, eine völlig überarbeitete Neuauflage vorzulegen. Peter Walden hat die Neufassung der Teile III bis VI und X übernommen.

Im Rahmen der Überarbeitung kann auch die durch die jüngere EuGH-Rechtsprechung notwendig gewordene Neuorientierung der Interpretation nationaler Vorschriften (z.B. Eigenverbrauchsbesteuerung, quotale Zuordnung eines gemischtgenutzten Gegenstandes zum Unternehmensvermögen) erörtert werden. Dies scheint uns insbesondere deshalb notwendig, weil der nationale Gesetzgeber nur sehr zögerlich reagiert und lediglich durch BMF-Schreiben eine Anpassung an die Rechtsprechung des EuGH und auch des BFH herbeigeführt wird.

Da die Übergangsregelungen jedoch nach wie vor einen vorläufigen Charakter besitzen, haben wir die Erörterung dieser Bereiche in einem gesonderten Teil im Anschluß an die dauerhaften Regelungen vorgenommen. Durch die Tatsache, daß seit 1.1.1995 die Norderweiterung der bisherigen EG sowie der Beitritt Österreichs zur Europäischen Union (EU) zu einer Ausweitung des Binnenmarktes geführt haben, hat sich der Anwendungsbereich der Binnenmarktregelungen erheblich ausgedehnt. Da auch die Schweiz per 1.1.1995 das Mehrwertsteuer-System eingeführt hat und dieses im wesentlichen „eurokompatibel" ausgestalten will, existiert im deutschsprachigen Raum Europas ein vergleichbares Umsatzsteuer-System. Infolgedessen und weil erhebliche Wirtschaftsbeziehungen zu den Nachbarstaaten Österreich und Schweiz bestehen, haben wir die jeweiligen Regelungen gegenübergestellt und auch die entsprechenden Vorschriften der EG-Richtlinien aufgeführt und als Anhang beigefügt.

Die Änderungen durch das Jahressteuergesetz 1996[4] und die Umsatzsteuer-Richtlinien 1996 wurden berücksichtigt. Literatur und Rechtsprechung (ein-

---

[1] Richtlinie 91/680/EWG zur Ergänzung des gemeinsamen Mehrwertsteuersystems vom 16.12.1991 (ABl.EG 1991 Nr. L 376, S. 1).

[2] Gesetz zur Anpassung des Umsatzsteuergesetzes und anderer Rechtsvorschriften an den EG-Binnenmarkt vom 25.8.1992 (BGBl 1992 I S. 1548; BStBl 1992 I S. 552).

[3] Vgl. Bericht der Kommission an den Rat und das Europäische Parlament „Über das Funktionieren der MWSt-Übergangsregelung für den innergemeinschaftlichen Handelsverkehr", KOM (94) 515 endg. vom 23.11.1994.

[4] BGBl 1995 I S. 1250 (1394); BStBl 1995 I S. 438 ff. (582).

schließlich des EuGH-Urteils vom 4.10.1995 - „Armbrecht-Urteil“) wurden bis Ende 1995 ausgewertet.

Die Verfasser danken Frau Dipl. Kffr. Grit Sabitzer, die auch den Anhang erstellt hat, und den Herren Dipl. Kfm. Eduard Forster und Dipl. Kfm. Martin Robisch für die kritische und wertvolle Unterstützung sowie Herrn cand. rer. pol. Jörg Röhner für die umfassende technische (druckreife) Gestaltung.

Dieter Dziadkowski
Peter Walden

Vorwort (zur 1. Auflage)

Die Umsatzsteuer ist eine der ergiebigsten Steuern. Da ihre Erhebung zudem für den Fiskus relativ einfach ist, stellt sie die beliebteste Steuer zur Deckung des stetig steigenden Finanzbedarfs des Staates dar. So ist es nicht verwunderlich, daß ihre Geburtsstunde in die Zeit des ersten Weltkrieges, und zwar in das Jahr 1916 fällt. Unter der Bezeichnung „Warenumsatzstempelabgabe“ wurde die Vorläuferin der späteren Umsatzsteuer - mit dem nostalgischen Steuersatz von 0,1 v.H. - eingeführt. Parallel zum erhöhten Finanzbedarf der öffentlichen Haushalte stieg der Steuersatz stetig. Im Zeitpunkt der Umsatzsteuerreform 1968 betrug der Regelsteuersatz der neukonzipierten „Mehrwertsteuer“ 9 v.H. Am 1.7.1983 wird der deutsche Gesetzgeber auf dem Weg zur endgültigen Harmonisierung der Umsatzsteuern innerhalb der Europäischen Gemeinschaft bei einem Regelsteuersatz von 14 v.H. angelangt sein. 1982 betrug das Umsatzsteueraufkommen rund 98 Milliarden DM (25,7 v.H. der Steuereinnahmen). Diese kurze Bestandsaufnahme dokumentiert die Bedeutung der Umsatzsteuer für die deutsche Volkswirtschaft und den Staatshaushalt. Als allgemeine Verbrauchsteuer tangiert die Umsatzsteuer primär die Konsumenten als Steuerträger. Infolge ihrer erhebungstechnischen Ausgestaltung sind die Entscheidungen über die Höhe der Steuerlast jedoch in der unternehmerischen Sphäre zu fällen. Durch die Harmonisierung der Umsatzsteuern in der Europäischen Gemeinschaft ist die Anwendung des nationalen und teilweise auch des supranationalen Umsatzsteuerrechts nicht leichter geworden. Die bereits vorhandene Spezialliteratur zur Umsatzsteuer gibt meist einen globalen Überblick über den Problembereich oder besteht in einer weitgehend kommentarhaften, an den Gesetzesaufbau angelehnten Abhandlung einer Vielzahl von Einzelfragen, die partiell nur noch für den bereits mit der Materie vertrauten Leser nachvollziehbar ist.

Mit dem vorliegenden Buch wird konzeptionell ein Mittelweg eingeschlagen. Ziel der Darstellung ist es, einen systematischen Überblick über die Umsatzbesteuerung unter besonderer Berücksichtigung der 6. EG-Richtlinie zur Harmonisierung der Umsatzsteuern in den Europäischen Gemeinschaften (UStRl) zu geben. Dabei wird die Erörterung wesentlicher Einzelfragen jedoch nicht vernachlässigt. Die Ausführungen beschränken sich nicht auf eine apodiktische Darstellung der Fakten, vielmehr werden durch das Anführen von Gesetzesbegründungen, Entstehungsgeschichten einzelner Regelungen und kritischer

Äußerungen zu Fragen der Gesetzesauslegung die Zusammenhänge der entscheidungserheblichen Kriterien transparent gemacht. Gleichzeitig wird das Steuerobjekt der Umsatzsteuer nach ökonomischen Besteuerungsbereichen differenziert (z.B. Fremdversorgung - Selbstversorgung) und mit dem „Wertabgabe-Gedanken" ein Beitrag zur Interpretation des Umsatzbegriffes zur Diskussion gestellt. Die Wertabgabe aus dem Unternehmen wird als Spiegelbild des Verbrauchs angesehen und als dessen Maßgröße verstanden.

Das Buch richtet sich primär an Studenten des Faches Betriebswirtschaftliche Steuerlehre. Ihnen sollen im Rahmen der Steuernormen- und Steuerwirkungslehre Grundkenntnisse im Bereich der Umsatzbesteuerung - flankiert vom Gedankengut der steuerwissenschaftlichen Nachbardisziplinen (Finanzwissenschaft, Steuerrecht) - nicht ausschließlich aus steuerrechtlicher Sicht dargeboten werden. Die Leser sollen insbesondere davor bewahrt werden, Steuernormen unkritisch zu reflektieren. Vielmehr sollen sie zur Erarbeitung steuerpolitischer Entscheidungsfindung angeleitet werden. Daher werden die wichtigsten Vorschriften des gegenwärtigen deutschen Umsatzsteuerrechts im Kontext mit den Regelungen der UStRL erörtert und die ökonomischen Wirkungen aufgezeigt. Aus didaktischen Gründen ließ es sich nicht vermeiden, einige Aussagen an systematisch zuzuordnenden Stellen zu wiederholen, damit der ohne Vorkenntnisse beginnende Leser durch die teilweise komplizierten und schwer verständlichen Gesetzesbestimmungen nicht fehlgeleitet wird.

Inhaltlich ist das Buch so konzipiert, daß es für den Bereich der Umsatzsteuer examensrelevante Kenntnisse vermittelt. Über den vorgenannten Adressatenkreis hinaus kann diese Schrift auch für Studenten der Rechtswissenschaft und für diejenigen, die sich auf die Steuerberaterprüfung vorbereiten, eine Grundlage bilden. Durch Hinweise auf die Rechtsprechung und Verwaltungsmeinung (BMF-Schreiben) ist auch den Bedürfnissen der steuerberatend Tätigen entsprochen worden.

Die Produktivität des Gesetzgebers, der Finanzverwaltung und die Kreativität des für die Umsatzsteuer zuständigen V. Senats am Bundesfinanzhof haben eine mehrfache Überarbeitung des Manuskripts erforderlich gemacht. Da steuerliche Materie infolge der hohen Änderungsgeschwindigkeit des Steuerrechts schwerlich auf dem neuesten Stand präsentiert werden kann, wurde besonders Wert auf die Erläuterung systematischer Zusammenhänge gelegt. Die letzte Änderung des Umsatzsteuerrechts durch das Haushaltsbegleitgesetz 1983 vom 20.12.1982 (BStBl I S. 972) wurde berücksichtigt.

Für die kritische Betreuung meiner Entwurfsmanuskripte und wertvolle Anregungen danke ich meinen Mitarbeitern Dipl.-Kfm. Detlev Lehmann und Dipl.-Ökonom Peter Walden sehr. Mein Dank gilt auch Frau Walburga Lukasch für den Einsatz und die Geduld, mit der sie die mehrfach notwendig gewordenen Überarbeitungen des Manuskripts geschrieben hat, und allen denjenigen, die sich große Mühe gegeben haben, möglichst alle Druckfehler zu finden.

Dieter Dziadkowski

Inhaltsverzeichnis

Abkürzungsverzeichnis

6.EGRl	Sechste Richtlinie des Rates zur Harmonisierung der Rechtsvorschriften der Mitgliedstaaten über die Umsatzsteuer
a.A.	anderer Ansicht
ABl.EG	Amtsblatt der Europäischen Gemeinschaft
Abs.	Absatz
Abschn.	Abschnitt
AG	Aktiengesellschaft
Anm.	Anmerkung
AO	Abgabenordnung
Art.	Artikel
Aufl.	Auflage
Az.	Aktenzeichen
BB	Der Betriebs-Berater
Bd.	Band
BdF	Bundesminister der Finanzen
Beil.	Beilage
Bem.	Bemerkung
betr.	betreffend
BFH	Bundesfinanzhof
BFH/NV	Sammlung amtlich nicht veröffentlichter Entscheidungen des Bundesfinanzhofs
BFHE	Sammlung der Entscheidungen des Bundesfinanzhofs
BGB	Bürgerliches Gesetzbuch
BGH	Bundesgerichtshof
BMF	Bundesminister der Finanzen
BMWF	Bundesminister für Wirtschaft und Finanzen
BR-Drs.	Bundesratsdrucksache
BStBl	Bundessteuerblatt
BT-Drs.	Bundestagsdrucksache
Buchst.	Buchstabe
BuW	Betrieb und Wirtschaft
BVerfG	Bundesverfassungsgericht
BVerfGE	Sammlung der Entscheidungen des Bundesverfassungsgerichtes
bzw.	beziehungsweise
d.h.	das heißt
DB	Der Betrieb
ders.	derselbe
Diss.	Dissertation
DStJG	Deutsche Steuerjuristische Gesellschaft e.V.
DStR	Deutsches Steurrecht
DStZ	Deutsche Steuer-Zeitung

DV	Durchführungsverordnung
DVR	Deutsche Verkehrsteuer-Rundschau
EFG	Entscheidungen der Finanzgerichte
EG	Europäische Gemeinschaft
EGV	EG-Vertrag
Einf.	Einführung
EStG	Einkommensteuergesetz
EU	Europäische Union
EuGH	Europäischer Gerichtshof
EuGHE	Sammlung der Entscheidungen des Europäischen Gerichtshofs
EWG	Europäische Wirtschaftsgemeinschaft
EWGV	EWG-Vertrag
EWS	Europäisches Wirtschafts- und Sozialrecht
f.	folgende Seite
FA	Finanzamt
ff.	folgende Seiten
FG	Finanzgericht
FinArch NF	Finanzarchiv Neue Folge
FN	Fußnote
FR	Finanz-Rundschau
ggf.	gegebenenfalls
gl.A.	gleicher Ansicht
GmbH	Gesellschaft mit beschränkter Haftung
GrEStG	Grunderwerbsteuergesetz
h.M.	herrschende Meinung
Hdb	Handbuch
HdF	Handbuch der Finanzwissenschaft
HdWW	Handwörterbuch der Wirtschaftswissenschaften
HFR	Höchstrichterliche Finanzrechtsprechung
HGB	Handelsgesetzbuch
Hrsg.	Herausgegeben (Herausgeber)
i.d.F.	in der Fassung
i.H.v.	in Höhe von
i.S.	im Sinne
i.V.m.	in Verbindung mit
InstitutFSt	Institut Finanzen und Steuern
IStR	Internationales Steuerrecht
IWB	Internationale Wirtschaftsbriefe
Jg.	Jahrgang
Kfz.	Kraftfahrzeug

KG	Kommanditgesellschaft
KGaA	Kommanditgesellschaft auf Aktien
Komm.	Kommentar
KStG	Körperschaftsteuergesetz
KStR	Körperschaftsteuer-Richtlinie
Lfg.	Lieferung
Lkw	Lastkraftwagen
m.w.N.	mit weiteren Nachweisen
MWSTV	Verordnung über die Mehrwertsteuer (Schweiz)
n.F.	neue Fassung
NJW	Neue Juristische Wochenschrift
Nr.	Nummer
nrk.	nicht rechtskräftig
NWB	Neue Wirtschaftsbriefe
NZB	Nichtzulassungsbeschwerde
OHG	Offene Handelsgesellschaft
ÖStZ	Österreichische Steuer-Zeitung
ÖUStG	Österreichisches Umsatzsteuergesetz
Pkw	Personenkraftwagen
PTT	Post-, Telefon- und Telegrafenbetriebe
Rdnr.	Randnummer
RdW	
RFH	Reichsfinanzhof
RGBl	Reichsgesetzblatt
RIW	Recht der internationalen Wirtschaft
rkr.	rechtskräftig
Rs.	Rechtssache
RStBl	Reichssteuerblatt
RT-Drs.	Reichstags-Drucksache
Rz.	Randziffer
S.	Seite
s.	siehe
SAG	Schweizerische Aktiengesellschaft (Zeitschrift)
SBB	Schweizerische Bundesbahnen
sog.	sogenannt
SpuRt	Zeitschrift für Sport und Recht
StandOG	Standort-Sicherungsgesetz
StB	Der Steuerberater
StbJb	Steuerberater-Jahrbuch
StBKRep	Steuerberaterkongreß-Report

StBp	Die Steuerliche Betriebsprüfung
StEK	Steuererlasse in Karteiform
StMBG	Mißbrauchsbekämpfungs- und Steuerbereinigungsgesetz
StRK	Steuerrechtskartei
StuW	Steuer und Wirtschaft
StVj	Steuerliche Vierteljahresschrift
StW	Steuer-Warte (Zeitschrift)
Tz	Textziffer
u.a.	unter anderem
u.E.	unseres Erachtens
UeBBV	Übergangsbestimmungen zur Bundesverfassung
u.U.	unter Umständen
Unterabs.	Unterabsatz
UR	Umsatzsteuer-Rundschau
UrhRG	Urheberrechtsgesetz
USt	Umsatzsteuer
UStBG	Umsatzsteuer-Binnenmarktgesetz
USt Hdb.	Umsatzsteuer-Handbuch
USt-IdNr.	Umsatzsteuer-Identifikationsnummer
UStDV	Umsatzsteuer-Durchführungsverordnung
UStG	Umsatzsteuergesetz (Mehrwertsteuer)
UStHA	Umsatzsteuer-Handausgabe
UStR	Umsatzsteuer-Richtlinie
usw.	und so weiter
UVR	Umsatzsteuer- und Verkehrsteuerrundschau
v.H.	von Hundert
VG	Verwaltungsgericht
vgl.	vergleiche
VO	Verordnung
z.B.	zum Beispiel
z.T.	zum Teil
ZG	Zollgesetz
Ziff.	Ziffer

Verzeichnis der Übersichten

Einführung

Abschnitt 1: Historischer Überblick

Bereits aus dem Mittelalter sind Vorformen regionaler Umsatzsteuern bekannt. Steuerobjekt war z.B. die Bewegung von Waren vom Produzenten zum Konsumenten (Umsatz). Erhebliche Bedeutung gewannen dann vom 17. bis zum Beginn des 19. Jahrhunderts die Akzisen (Binnenzölle, Markt- und Verkehrsabgaben).

Während des ersten Weltkrieges wurde am 26.6.1916 die **Warenumsatzstempelabgabe** für gewerbliche Waren- und Werklieferungen eingeführt. Der damalige Steuersatz betrug 0,1 v.H. Durch das Umsatzsteuergesetz vom 26.7.1918[1] erhielt die Umsatzsteuer den Charakter einer selbständigen Reichssteuer. Steuerobjekt waren alle Leistungen aus selbständiger Tätigkeit mit Ausnahme der freiberuflichen Tätigkeit. Der Eigenverbrauch wurde als Ergänzungstatbestand eingeführt und der Regelsteuersatz gleichzeitig auf 0,5 v.H. festgesetzt. Am 24.12.1919 erfolgte sodann eine Ausdehnung der Umsatzbesteuerung auch auf die Leistungen der freien Berufe sowie eine Erhöhung des allgemeinen Steuersatzes auf 1,5 v.H.

Die 1918 konzipierte Umsatzsteuer war eine **Allphasen-Bruttoumsatzsteuer,** die auf jeder Zwischenstufe (Phase) erhoben wurde und folglich kumulative Wirkungen auslöste. Die umsatzsteuerliche Gesamtbelastung einer Leistung (Warenumsatz oder Dienstleistung) war letztlich abhängig von der Anzahl der durchlaufenen Umsatzphasen. Je mehr unternehmerische Umsatzvorgänge auf dem Weg von der Ur-Produktion bis zum Endverbraucher erforderlich waren, desto höher war die Umsatzsteuerbelastung. Diese ließ sich durch vertikale Unternehmenszusammenschlüsse reduzieren, indem Unternehmen verschiedener Produktionsstufen in einem Unternehmen zusammengefaßt wurden und dadurch die umsatzsteuerrechtlichen Phasen verringert werden konnten. Die als Allphasen-Bruttoumsatzsteuer ausgestaltete Steuer war daher nicht wettbewerbsneutral und förderte die Konzentrationsbewegungen innerhalb der Wirtschaft.

Zur Milderung der kumulativen Wirkung der Umsatzsteuer war mit Beginn des Jahres 1935 das sog. Großhandelsprivileg eingeführt worden. Für reine Handelsumsätze zwischen Unternehmern (Großhandel) betrug bei einem Regelsteuersatz von 2 v.H. der ermäßigte Steuersatz 0,5 v.H. (ab 1945 3 v.H. und 0,75 v.H. und ab 1951 4 v.H. und 1 v.H.). Infolge der Steuersatzerhöhungen verstärkte sich die

---

[1] RGBl. 1918 Nr. 95 S. 779, Reprint Köln 1993; zur geschichtlichen Entwicklung der Umsatzsteuern vgl. Popitz, UStG - Kommentar, 2. Aufl., Berlin 1921; Pohmer, Allgemeine Umsatzsteuern, HdF, Bd. II, 3. Aufl. Tübingen 1980, S. 647 ff. sowie List, Der Systemwandel im Umsatzsteuerrecht, Umsatzsteuerkongreß-Bericht 1982/83, S. 7 ff.; Pohmer/Pflugmann-Hohlstein, 25 Jahre Nettoumsatzsteuer in Deutschland, UR 1993, S. 37 ff.; Offerhaus, UStG 1918 und Errichtung des RFH, UR 1993, S. 319 ff.; Klenk, 40 Jahre Mehrwertsteuer, StuW 1994, S. 277 ff.; zur Entwicklung in Österreich vgl. Ruppe, UStG 1994, Wien 1995, S. 2 ff. sowie Stadie, UR 1995, S. 379 ff.; in der Schweiz vgl. Camenzind/Honauer, Hdb zur neuen MWSt, Bern/Stuttgart/Wien 1995, S. 26 ff.; Kuhn/Spinnler, Mehrwertsteuer, 2. Aufl., Bern 1994, S. 19 ff. Eine vergleichende Übersicht gibt Birkenfeld, UR 1995, S. 161 ff.

Kumulationswirkung der Umsatzsteuer, da die Steuer als Teil der Vertriebskosten in vollem Umfange bei der Preisbildung überwälzt wurde. In Übersicht 1 soll die Kumulationswirkung verdeutlicht werden.

Großhandelsermäßigung:	ohne	mit	mit
Im Jahre:	1932	1935	1952
Nettopreis Phase I	10.000	10.000	10.000
+ USt (2,04 bzw. 4,17 v.H.)	204	204	417
Bruttopreis (Entgelt I)	10.204	10.204	10.417
+ Netto-Aufschlag Phase II	10.000	10.000	10.000
+ USt (2,04 bzw. 4,17 v.H.)	412	412	851
Bruttopreis (Entgelt II)	20.616	20.616	21.268
+ Netto-Aufschlag Phase III	4.000	4.000	4.000
+ USt (2,04 bzw. 0,50 bzw. 1,01 v.H.)	502	123	255
Bruttopreis (Entgelt III)	25.118	24.739	25.523
+ Netto-Aufschlag Phase IV[2]	5.000	5.000	5.000
+ USt (2,04 bzw. 0,50 bzw. 1,01 v.H.)	614	149	308
Bruttopreis (Entgelt IV)	30.732	29.888	30.831
+ Netto-Aufschlag Phase V	15.000	15.000	15.000
+ USt (2,04 bzw. 4,17 v.H.)	933	916	1.011
Endverbraucher-Preis (Entgelt V)	45.665	45.804	47.742
Summe der USt-Phase I-V[3]	2.665	1.804	3.742

Übersicht 1: Umsatzsteuerliche Gesamtbelastung durch die kumulative Allphasen- Bruttoumsatzsteuer mit bzw. ohne Großhandelsprivileg

Die dargestellte unerwünschte Kumulationswirkung der Umsatzsteuer veranlaßte den Gesetzgeber zu einer Umsatzsteuerreform. Zur Wahl standen verschiedene **Umsatzsteuersysteme.** Einige Ausgestaltungsmöglichkeiten sind in der nachstehenden Übersicht 2 aufgeführt. Als Einteilungskriterien werden einmal die Anzahl der Phasen, in denen Umsatzsteuer entsteht, und zum andern das Kriterium „Kumulation" bzw. „Nichtkumulation" gewählt.

Nach eingehender Diskussion entschied sich der deutsche Gesetzgeber in Abstimmung mit der EWG-Kommission, die im Rahmen der Harmonisierung der Umsatzbesteuerung innerhalb der EWG einen Richtlinienentwurf vorgelegt hatte, für das System einer **Allphasen-Nettoumsatzsteuer mit Vorsteuerabzug.** Durch das Umsatzsteuergesetz vom 29.5.1967 wurde das neue System mit Wirkung vom 1.1.1968 eingeführt. Die neue Umsatzsteuer wurde **„Mehrwertsteuer"** genannt.

---

[2] Die „Phasen III und IV" stellen Großhandels-Stufen dar.

[3] Die gesamte Wertschöpfung in Höhe von 44.000 DM löst derzeit eine USt-Summe von 6.600 DM (15 % von 44.000 DM) aus. Diese USt-Belastung ist von der Anzahl der Phasen unabhängig.

Diese Bezeichnung war jedoch mißverständlich, da nicht der „Mehrwert“ (Wertschöpfung), sondern der jeweilige Umsatz Steuerobjekt war. Eine Beseitigung der Kumulationswirkung wurde dadurch erreicht, daß ein Vorsteuerabzug - nicht Vorumsatzabzug - vorgenommen wurde[4]. Als Relikt des alten Umsatzsteuersystems blieb zunächst bis 31.12.1979 die Allphasen-Bruttoumsatzbesteuerung für Kleinunternehmer erhalten.

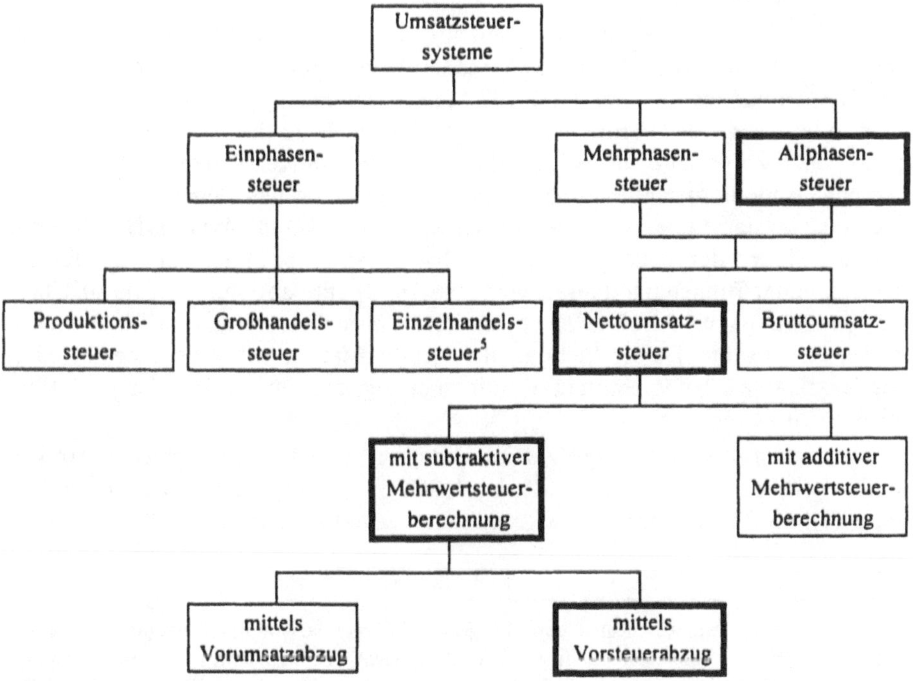

Übersicht 2: Verschiedenartige Umsatzsteuersysteme[6]

---

[4] Zur Charakterisierung und Wirkungsweise der heutigen Umsatzsteuer vgl. die folgenden Abschnitte.

[5] Zum Beispiel in den Staaten der USA, ebenso in den Provinzen Kanadas. In Kanada erhebt der Bund außerdem noch eine MWSt (Regelsatz = 7 v.H.). Vgl. auch Flockermann, Warum keine Einzelhandelssteuer?, UStR 1968, S. 357 sowie Pohmer, Zur Systematik und Praxis der Mehrwertsteuern unter besonderer Berücksichtigung der Entwicklung in Europa, in: Fischer (Hrsg.), Unternehmung und Steuer, Wiesbaden 1983, S. 375 ff.

[6] Vgl. dazu Bea, Umsatzsteuern, HdWW, Bd. 8, Stuttgart 1980, S. 27 ff. Die Kennzeichnungen verdeutlichen die Merkmale des geltenden Umsatzsteuersystems.

Wegen zahlreicher Unterschiede bei der Umsatzbesteuerung innerhalb der EG-Staaten erließ die EG-Kommission am 17.5.1977 die 6. Richtlinie zur Harmonisierung der Umsatzsteuern in der Europäischen Gemeinschaft[7]. Die nationalen Umsatzsteuergesetze sollten bis zum 1.1.1979 harmonisiert werden.

Das neue deutsche Umsatzsteuergesetz wurde am 26.11.1979 verabschiedet und trat am 1.1.1980 in Kraft[8]. Es enthielt umfassende Änderungen des bisherigen Umsatzsteuerrechts und die vollständige Abschaffung der Allphasen-Bruttoumsatzbesteuerung. Damit wurde das Ziel einer Vereinheitlichung der Umsatzsteuern in der EG in wichtigen Bereichen realisiert.

Am 28.2.1986 wurde durch die Einheitliche Europäische Akte[9] der EWG-Vertrag um **Art. 8a** (jetzt Art. 7a EGV) ergänzt. Darin wurde die Verwirklichung des EG-Binnenmarktes bis zum 31.12.1992 festgeschrieben, wozu auch eine weitere Harmonisierung der Umsatzsteuern zählte. Hierzu legte die EG-Kommission im Jahre 1987 Vorschläge vor. Nach mehrjährigen Beratungen wurde am 16.12.1991 die sog. Änderungsrichtlinie (Richtlinie zur Ergänzung des Gemeinsamen Mehrwertsteuersystems und zur Änderung der Richtlinie 77/388/EWG im Hinblick auf die Beseitigung der Steuergrenzen)[10] verabschiedet. Diese bildete die Basis für das Umsatzsteuer-Binnenmarktgesetz vom 25.8.1992[11], das ab 1.1.1993 eine als Übergangsregelung - bis 31.12.1996 - deklarierte Umsatzbesteuerung im Binnenmarkt sicherstellen sollte. Da die Mehrheit der Mitgliedstaaten[12] die Übergangsregelung als praktikable Lösung beurteilt, ist mit einer sog. endgültigen Regelung bis 1997 nicht mehr zu rechnen.

Inzwischen sind noch sog. Vereinfachungsrichtlinien[13] verabschiedet worden, die weitere Änderungen des nationalen UStG bedingten. Die Umsetzung erfolgte zum Teil im Rahmen der Verabschiedung des Jahressteuergesetzes 1996.[14]

---

[7] Sechste Richtlinie des Rates vom 17. Mai 1977 zur Harmonisierung der Rechtsvorschriften der Mitgliedstaaten über die Umsatzsteuern - Gemeinsames Mehrwertsteuersystem: einheitliche steuerpflichtige Bemessungsgrundlage (77/388/EWG) - ABl.EG 1977 Nr. L 145, S. 1 -, nachfolgend als 6.EGRl bezeichnet.

[8] Nach der Entscheidung des Europäischen Gerichtshofs (EuGH) vom 19.1.1982 - Rs. 8/81 (HFR 1982 S. 281) hat die 6.EGRl jedoch bereits ab 1.1.1979 unmittelbare Rechtswirkung, auch wenn die Richtlinie noch nicht in nationales Recht transformiert war (Anwendungsvorrang von EG-Richtlinien). Hierzu Reiß, StuW 1994, S. 323 ff. m.w.N.

[9] BGBl 1986 II S. 1104.

[10] Richtlinie 91/680/EWG, ABl.EG 1991 Nr. L 376, S. 1; ausführlich zur Neuregelung siehe Birkenfeld/Forst, Das Umsatzsteuerrecht im Europäischen Binnenmarkt, 2. Aufl., Bielefeld 1994, S. 110 ff. m.w.N.

[11] BGBl 1992 I S. 1548; BStBl 1992 I S. 552.

[12] Die im April 1994 von Deutschland vorgelegten Vorschläge zum Übergang auf das Ursprungslandprinzip (Gutachten der Ursprungslandkommission, Heft 52 der Schriftenreihe des BMF) fanden bislang in der EG/EU kein positives Echo.

[13] Am 10.4.1995 wurde die sog. 2. Vereinfachungsrichtlinie verabschiedet, ABl.EG 1995 Nr. L 102, S. 18 (UR 1995, S. 215). Vgl. hierzu Teil X.

[14] BGBl 1995 I S. 1250 (1394); BStBl 1995 I S. 438 (582).

Abschnitt 2:
Charakteristik der heutigen Umsatzsteuer

Die Umsatzsteuer stellt inhaltlich eine **allgemeine Verbrauchsteuer** dar. Besteuerungsziel ist die Belastung der Einkommensverwendung (ggf. auch erspartes Einkommen = Vermögen), wobei im wesentlichen der Warenverbrauch, der Gegenstandsgebrauch und die Inanspruchnahme von Dienstleistungen (Fremdversorgung durch Unternehmer) besteuert wird. **Steuergut** der Umsatzsteuer sind die konsumtiven Einkommensverwendungen des Verbrauchers. Grundsätzlich knüpft die Umsatzsteuer an das vom Verbraucher gezahlte Entgelt, in der Regel den Netto-Kaufpreis, an. Allerdings wird auch der unentgeltliche Konsum durch unternehmerische Selbstversorger (z.B. Eigenverbrauch)[15] der Besteuerung unterworfen. Dadurch soll primär ein ungerechtfertigter Vorsteuerabzug verhindert werden.

Infolge ihrer rechtstechnischen Ausgestaltung wird die Umsatzsteuer den **Verkehrsteuern** zugeordnet. Als Verkehrsteuer wird eine Steuer bezeichnet, die technisch an Akte des Rechtsverkehrs anknüpft. Im Gegensatz zu Verkehrsteuern[16] (z.B. Grunderwerbsteuer, Versicherungsteuer, Feuerschutzsteuer, Rennwett- und Lotteriesteuer) erfaßt die Umsatzsteuer jedoch nicht nur spezielle Vorgänge des Rechts- und Wirtschaftsverkehrs, sondern grundsätzlich alle von Unternehmern getätigten Umsätze (Warenlieferungen und Dienstleistungen)[17].

Durch die Vermengung von rechtstechnischer Anknüpfung und Essenz der Steuer bereitet die Einordnung der Umsatzsteuer dem BFH zum Teil noch Schwierigkeiten.[18] Tatsächlich ist die Umsatzsteuer von ihrer technischen Anknüpfung her eine Verkehrsteuer, von ihrer Wirkung her soll sie aber eine Verbrauchsteuer sein.[19]

Verfahrensmäßig ist die Umsatzsteuer eine Veranlagungsteuer. Der Unternehmer wird nach Ablauf des Kalenderjahres zur Umsatzsteuer veranlagt. Dabei errechnet er die abzuführende Umsatzsteuer in der Umsatzsteuer-Jahreserklärung und entsprechend auch in den Umsatzsteuer-Voranmeldungen (Unternehmer sind grundsätzlich[20] zur Abgabe monatlicher Umsatzsteuer-Voranmeldungen verpflichtet) nach dem Prinzip der Selbstveranlagung.

---

15 Vgl. die Ausführungen in Teil III, Abschnitt 2, Kapitel 1 und Abschnitt 3, Unterabschnitt 2 und 3.

16 Vgl. Rose, Die Verkehrsteuern, 12. Aufl., Wiesbaden 1995, S. 21 ff.; Tipke/Lang, Steuerrecht, 14. Aufl., Köln 1994, S. 450 ff.

17 Vorgänge, die einer speziellen Verkehrsteuer unterliegen, sind jedoch in der Regel von der Umsatzsteuer befreit (vgl. § 4 UStG).

18 Zum systemtragenden Prinzip der Umsatzsteuer vgl. Tipke, Die Umsatzsteuer im Steuersystem, UStR 1972, S. 2 ff.; ders., Die Steuerrechtsordnung II, S. 897 f.; Ruppe (FN 1), S. 10; Reiß, in: Lang (Hrsg.), Festschrift für Klaus Tipke, Köln 1995, S. 433 ff.

19 U.a. Begründung zum Entwurf des Steuerreformgesetzes 1990, BT-Drs. 11/2157, S. 189; EuGH vom 5.5.1982, UR 1982, S. 242; vom 27.6.1989 - Rs. 50/88, UR 1989, S. 373.

20 Vgl. § 18 UStG.

Abschnitt 3: Wirkungsweise der Umsatzsteuer

Die Umsatzsteuer ist nach geltendem Recht als eine Allphasen-Nettoumsatzsteuer mit Vorsteuerabzug ausgestaltet. Sie ist eine **Allphasensteuer,** weil jeder steuerbare Umsatz eines Unternehmers in jeder Wirtschaftsstufe (Produktion, Großhandel, Einzelhandel) besteuert wird. Sie ist eine **Nettoumsatzsteuer,** weil als Besteuerungsbasis der jeweilige Nettoumsatz ohne Umsatzsteuer (Kaufpreis ohne Umsatzsteuer) angesehen und vom Steuerbetrag des Bruttoumsatzes (Basis-Umsatzsteuer) der auf die Vorleistungen[21] entfallende Teil der Steuer (**Vorsteuer**) abgezogen wird.

Der Unterschiedsbetrag zwischen der Basis-Umsatzsteuer (USt) abzüglich der Vorsteuer wird als **Zahllast** bezeichnet und beinhaltet die eigentliche Steuerschuld. Die Ermittlung der Steuerschuld erfolgt nicht für jeden Umsatzvorgang, sondern wird für die gesamten Umsatzgeschäfte innerhalb einer Abrechnungsperiode (Monat, Quartal, Jahr) durchgeführt.[22] Im Ergebnis wird folglich die „Wertschöpfung" einer Abrechnungsperiode zur Ermittlung der Umsatzsteuer-Zahllast herangezogen. Diese Wirkungsweise hat den Gesetzgeber 1967 veranlaßt, die reformierte Umsatzsteuer mißverständlich **Mehrwertsteuer** zu nennen. Sie ist jedoch keine echte Mehrwertsteuer, weil Bemessungsgrundlage nicht der jeweilige Mehrwert, sondern das jeweilige Gesamtentgelt ohne überwälzte Umsatzsteuer ist.[23] Grundsätzlich wird der Intention des Gesetzes entsprechend nicht der Unternehmer, sondern der Endverbraucher mit Umsatzsteuer belastet. Dies ist immer dann der Fall, wenn die Überwälzung der Umsatzsteuer auf den jeweiligen Abnehmer in vollem Umfang gelingt.

Der Unternehmer ist im rechtlichen Sinne **Schuldner der Umsatzsteuer**[24], bleibt aber im allgemeinen wirtschaftlich unbelastet. Die Umsatzsteuer, die auf dem Vorumsatz lastet und in der Vorphase auf ihn überwälzt worden ist, wird über das Institut des Vorsteuerabzugs mit der Basis-Umsatzsteuer verrechnet. Die Umsatzsteuer, die der Unternehmer selbst schuldet, wird im Rahmen des Umsatzaktes wiederum auf den Abnehmer (Leistungsempfänger) überwälzt. **Wirtschaftlicher Träger der Umsatzsteuer** ist grundsätzlich[25] der **Endverbraucher,**

[21] Als Vorleistungen (Bezüge) kommen insbesondere in Betracht: Lieferungen und sonstige Leistungen der Vorunternehmer sowie Einfuhren.

[22] § 18 UStG sowie Teil VIII, Abschnitt 2 und 3.

[23] Ausnahmsweise wird in bestimmten Fällen eine Margen- oder Differenzbesteuerung vorgenommen. Vgl. hierzu die Regelungen in §§ 25, 25a UStG.

[24] § 13 Abs. 2 und 3 UStG. Zum Verbraucher als Steuerträger Reiß (FN 18).

[25] Gelingt dem leistenden Unternehmer die Überwälzung jedoch nicht, so mindert die USt seinen „betriebswirtschaftlichen" Gewinn. Ausführlich hierzu Schneider, BB 1982, S. 381 ff.; ders., Ist Steuerüberwälzung meßbar?, FinArch NF 1982, S. 240 ff.; ders., Der Einfluß einer Erhöhung der Mehrwertsteuer bei aufkommensgleicher Senkung der Gewinnsteuern auf die Investitionsentscheidungen der Unternehmen, in: Rose, M. (Hrsg.), Konsumorientierte Neuordnung des Steuersystems, Berlin u.a. 1991, S. 235 ff.

weil er die Umsatzsteuer im Rahmen des Leistungsaustausches zahlt und als Nichtunternehmer den Vorsteuerabzug nicht in Anspruch nehmen kann.

Dies ist der Wille des Gesetzgebers. In der Wirtschaft hängt die Möglichkeit zur Überwälzung von den Bedingungen auf den einzelnen Märkten und in der gesamten Volkswirtschaft ab.[26] Entscheidend für die Überwälzung ist z.B. das Verhältnis der Elastizität der Nachfragekurve zur Elastizität der Angebotskurve.[27] Der Wille des Gesetzgebers kann somit durch die Eigenbewegungen der Wirtschaft unerfüllt bleiben. Der Unternehmer hat in diesem Fall keinen Anspruch auf „Rückerstattung" des nicht überwälzbaren Teils der Umsatzsteuer vom Staat.

Die Wirkungsweise soll an folgenden Beispielen veranschaulicht werden:

Beispiel 1:

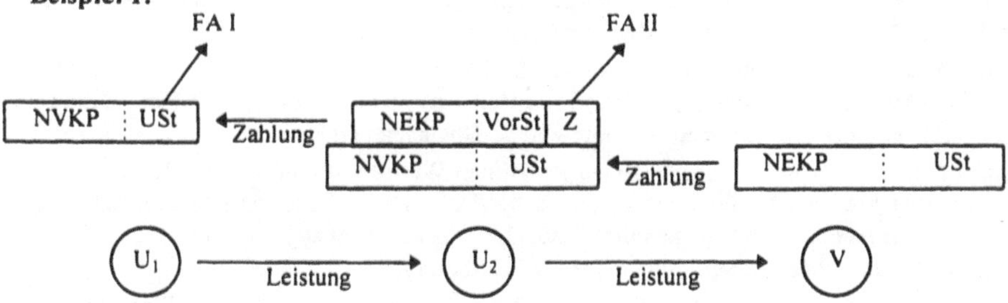

Der Ur- Produzent (U_1) erbringt eine Leistung an einen Händler (U_2). Er berechnet seinen Nettoverkaufspreis (NVKP) und die gesondert auszuweisende Umsatzsteuer (USt).

Während der NVKP als Ertrag anzusehen ist, ist die USt - es wird unterstellt, daß keine Vorsteuer angefallen ist - an das zuständige Finanzamt (FA I) abzuführen.

Der Händler (U_2) erbringt seine Leistung an einen Endverbraucher (V). Er berechnet seinen NVKP und die USt. Während sein NVKP als Ertrag und sein Nettoeinkaufspreis (NEKP) als Aufwand anzusehen sind, ist die Zahllast (Z)[28] an das zuständige Finanzamt (FA II) abzuführen.

Der Endverbraucher (V) konsumiert die Leistung des U_2 und wird mit der allgemeinen Verbrauchsteuer „Umsatzsteuer" belastet. Als Nichtunternehmer hat er kein Vorsteuerabzugsrecht. Sein NEKP + USt stellen Einkommensverwendung dar.

---

[26] Vgl. ausführlich hierzu Recktenwald, Steuerinzidenzlehre - Grundlagen und Probleme, Berlin 1958; Mering, Die Steuerüberwälzung, Jena 1928; Schumpeter, Der deutsche Volkswirt, Jg. 3 (1928), S. 206 ff.

[27] Musgrave/Musgrave/Kullmer, Die öffentlichen Finanzen in Theorie und Praxis, Band 2, 3. Auflage, Tübingen 1985, S. 71 ff.

[28] Die Zahllast (Z) ergibt sich aus Umsatzsteuer (USt) . /. Vorsteuer (VorSt).

Beispiel 2:

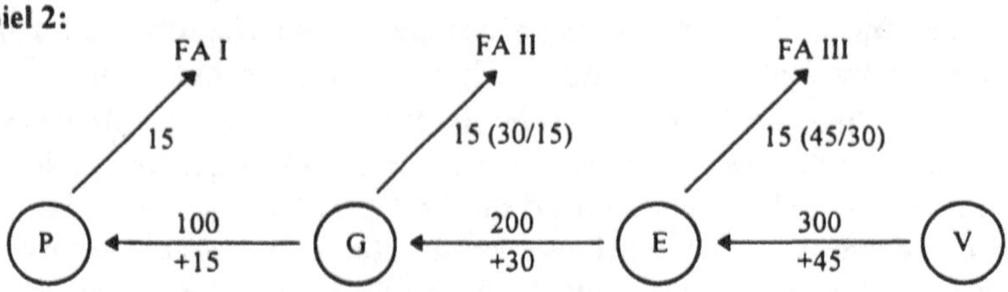

Der Produzent (P) erbringt eine Leistung für 100 DM an den Großhändler (G) und weist gesondert 15 DM Umsatzsteuer aus, die er an sein Finanzamt (FA I) abführt (Vorsteuer soll nicht angefallen sein).

Der G erbringt nun eine Leistung an den Einzelhändler (E) für 200 DM und berechnet gesondert 30 DM Umsatzsteuer. Er führt lediglich 15 DM an sein Finanzamt (FA II) ab, da er die Vorsteuer in Höhe von 15 DM in Abzug bringen kann.

Der E erbringt nun eine Leistung an den Endverbraucher (V) für 300 DM und stellt 45 DM Umsatzsteuer in Rechnung. Er führt ebenfalls lediglich 15 DM an sein Finanzamt (FA III) ab, da auch er die Vorsteuer in Höhe von 30 DM abziehen kann.

Der Fiskus partizipiert folglich an der jeweiligen Wertschöpfung mit 15 v.H. (derzeitiger allgemeiner Steuersatz). Während innerhalb der Unternehmerkette der jeweilige Unternehmer den Unterschiedsbetrag (Zahllast) aus Umsatzsteuer abzüglich Vorsteuer schuldet, trägt letztendlich der Endverbraucher den Gesamtbetrag.

Die **Fraktionierung** der Steuererhebung führt dazu, daß Teilbeträge der „endgültigen" Umsatzsteuer auf jeder Produktions- oder Handelsstufe an die Finanzämter abgeführt werden. Der Fiskus erhält somit die Steuereinnahmen früher als bei einer Einzelhandelssteuer. Dies wirkt sich für die öffentlichen Haushalte insbesondere dann liquiditätsfördernd aus, wenn der Abnehmer bzw. Leistungsempfänger kein Vorsteuerabzugsrecht besitzt.

Abschnitt 4: Ablauf der Umsatzsteuerermittlung

Das deutsche Umsatzsteuerrecht ist systematisch strukturiert und differenziert die wirtschaftlichen „Umsätze" eines Unternehmens (Vorgänge mit Umsatzvermutung) nach verschiedenen Kriterien.[29] Aus den Vorgängen mit Umsatzvermutung ergeben sich nach Ausscheiden der Nichtumsätze[30] die umsatzsteuerrechtlich relevanten Umsätze, die in der Terminologie des Umsatzsteuergesetzes als **Umsätze** bezeichnet werden. Diese umsatzsteuerrechtlich verwendete Bezeichnung „Umsatz" stimmt aber nicht mit dem Umsatzbegriff der Betriebswirtschaftslehre oder des Handelsrechts überein. Der Umsatzbegriff ist rein steuerrechtlich zu interpretieren.[31]

Der deutschen Umsatzsteuerhoheit unterliegen jedoch nicht sämtliche Umsätze, die von Unternehmern ausgeführt werden, sondern lediglich die **„steuerbaren" Umsätze.** Welche Umsätze als „steuerbar" anzusehen sind, bestimmt § 1 UStG. Für die Annahme der **Steuerbarkeit** müssen alle entsprechenden Tatbestandsmerkmale des § 1 UStG für den jeweiligen „Umsatz" erfüllt sein. Kann ein Tatbestandsmerkmal nicht bejaht werden, so ist der **Umsatz als „nicht steuerbar"** anzusehen. „Nicht steuerbar" sind z.B. Umsätze, die Unternehmer im Ausland tätigen.

Der Kreis der „steuerbaren" Umsätze wird weiterhin differenziert in **„steuerpflichtige"** und **„steuerfreie"** Umsätze. Lediglich steuerpflichtige Umsätze lösen Basis-Umsatzsteuer aus. Die Steuerpflicht eines Umsatzes ist zu bejahen, wenn er nicht in den Katalog des § 4 UStG (Steuerbefreiung) eingeordnet werden kann oder wenn trotz Zuordnung zu einer steuerfreien Umsatzart der Unternehmer auf die Steuerbefreiung nach § 9 UStG verzichtet hat.

Liegt ein steuerpflichtiger Umsatz vor, wird die Umsatzsteuer aus dem Produkt der **Bemessungsgrundlage** (Entgelt oder Ersatzwert nach § 10 UStG) und dem anzuwendenden **Tarif** (Steuersatz nach § 12 UStG) ermittelt. Dieses Ergebnis stellt die **Basis-Umsatzsteuer**[32] dar. Die Summe der Basis-Umsatzsteuern einer Abrechnungsperiode (Monat, Quartal, Kalenderjahr) abzüglich der in der Abrechnungsperiode angefallenen **Vorsteuern** ergibt die **Umsatzsteuer-Zahllast,** die auch negativ sein kann. Es sei bereits an dieser Stelle angemerkt, daß die anrechenbare Vorsteuer abhängig ist von dem tatsächlichen Rechnungseingang innerhalb der Abrechnungsperiode. Es braucht zwischen den Vorleistungen, die mit Vor-(Umsatz)steuer belastet sind, und den vom Unternehmer erbrachten Leistun-

---

[29] Siehe Übersicht 3.

[30] Vgl. Teil III, Abschnitt 1, Kapitel 2 (z.B. „Innenumsätze").

[31] Vgl. auch Teil III, Abschnitt 1.

[32] Dieser Betrag wird allgemein als Umsatzsteuer bezeichnet.

gen an Dritte keine Input-Output-Beziehung im wirtschaftlichen Sinne[33] zu bestehen.

Die Rechtsprechung des BFH zum **vorläufigen oder erfolglosen „Unternehmer“** sieht dies in bestimmten Fällen jedoch anders.[34] So entfällt nach Ansicht des BFH die Unternehmereigenschaft eines bereits im Gründungsstadium gescheiterten Unternehmers rückwirkend, wenn es zu keinen nachhaltigen Ausgangsumsätzen kommt.[35] Wenn es zwar nicht zu den geplanten Ausgangsumsätzen kommt, aber sich Ersatzumsätze finden lassen (z.B. Verkauf der angeschafften Waren, Grundstücke u.ä.), denen die Vorbezüge wenigstens „nach Kostenzurechnungsgesichtspunkten“ zugerechnet werden können, ist der Vorsteuerabzug nicht generell ausgeschlossen.[36] Läßt sich allerdings bei einer sog. Fehlmaßnahme keinerlei Input-Output-Beziehung feststellen, so können die entsprechenden Vorsteuern nicht abgezogen werden.[37] Ob diese Auffassung einer Überprüfung durch den EuGH standhält[38], bleibt abzuwarten.[39]

Die jüngste Rechtsprechung des EuGH hat den Neutralitätsgedanken in den Vordergrund gerückt. Der EuGH interpretiert das Grundprinzip der 6.EGRl in der Weise, daß das Gebot der **Steuerneutralität** eine vollständige Entlastung von Vorsteuern im unternehmerischen (steuerpflichtigen) Bereich erfordere.[40] In seinem Urteil vom 4.10.1995[41] betont er, daß **nicht die zivilrechtliche Seite** - hier die des Liefergegenstandes - entscheidend sei. Vielmehr müßten die Besteuerungsfragen losgelöst vom anwendbaren nationalen Recht beantwortet werden.

---

[33] Es ist also für den Vorsteuerabzug nicht erforderlich, daß z.B. eine erworbene Ware innerhalb der Abrechnungsperiode veräußert wurde und Basis-Umsatzsteuer ausgelöst hat. Auch für verdorbene Waren ist der Vorsteuerabzug zu gewähren.

[34] BFH vom 6.5.1993, BStBl 1993 II S. 564; vom 16.12.1993, BStBl 1994 II S. 278; vgl. auch Klenk, in: Sölch/Ringleb/List, Bem. 54 zu § 2; ders., StuW 1994, S. 277; Birkenfeld, DStR 1994, S. 81 ff.; kritisch u.a. Reiß, in: Schwarze/Reiß/Kraeusel, Rz. 44 ff. zu § 2 m.w.N.; ders., UR 1995, S. 383 ff.; ders., (FN 18); Dziadkowski/Robisch/Sabitzer, UR 1995, S. 429 ff. m.w.N.

[35] BFH vom 4.5.1994 (XI R 106/92), UR 1995, S. 223; Abschn. 18 Abs. 4 UStR 1996.

[36] BFH vom 21.7.1988, BStBl 1989 II S. 60; vom 30.11.1989, BStBl 1990 II S. 345; vgl. Lange, DStZ 1995, S. 161 ff.

[37] BFH vom 15.9.1994 (V R 12/93), BStBl 1995 II S. 88.

[38] Siehe Vorabentscheidungsersuchen der Rechtsbank van eerste aanleg Brügge vom 5.4.1994, IStR 1994, S. 435 sowie des Hof van Cassatie vom 10.2.1995, IStR 1995, S. 237. U.U. könnte auch der Vorsteuerabzug zweifelhaft sein bei Nichtgenehmigung eines Plutoniumwerkes.

[39] Vgl. hierzu Teil I, Abschnitt 1, Kapitel 1 C. III. (5) und Teil VII Abschnitt 2 Kapitel 1.

[40] Vgl. Schlußanträge des Generalanwalts Jacobs in der Rechtssache Armbrecht (UVR 1995, S. 273 ff.) mit Anm. Dziadkowski.

[41] Rs. C-291/92, DStR 1995, S. 1709; Anm. Klenk, DStR 1995, S. 1741 f.; vgl. auch Widmann, DB 1995, S. 2341 ff.; Robisch, UVR 1995, S. 358 ff.; Lohse, BB 1995, S. 2630 ff., Huschens, UR 1995, S. 465 ff.

Nach dieser Auffassung können z.B. auch anteilige, dem unternehmerischen Verwendungsgrad entsprechende Vorsteuern berücksichtigt werden.[42]

Die dargestellten systematischen Zusammenhänge der Umsatzsteuerermittlung[43] sollen anhand nachfolgender Übersicht veranschaulicht werden:

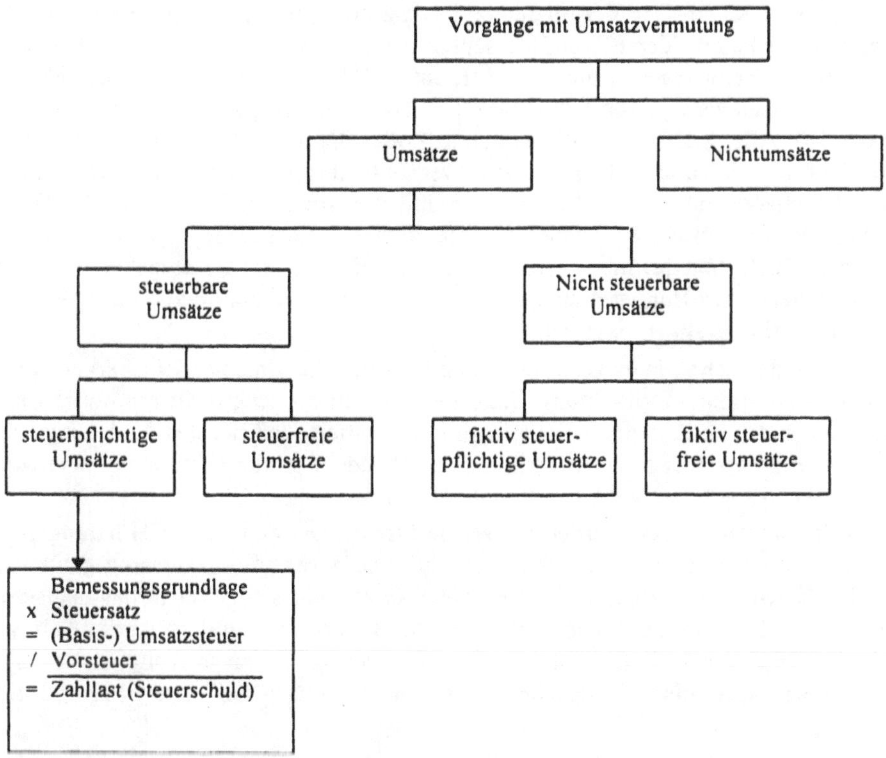

Übersicht 3: Ermittlung der Umsatzsteuer-Zahllast

[42] Vgl. hierzu Teil VII.

[43] Eine Durchbrechung dieser Methode ergibt sich jedoch z.B. im Rahmen der Differenzbesteuerung nach § 25a UStG (vgl. Teil IX, Abschnitt 4).

Abschnitt 5: Die Bedeutung des Gemeinschaftsrechts für die nationale Umsatzbesteuerung[44]

Das Gemeinschaftsrecht der EU beeinflußt das deutsche Umsatzsteuerrecht in besonderem Maße. Der Verpflichtung zur Harmonisierung der Umsatzsteuern in der EG/EU kommt der Rat auf Vorschlag der Kommission durch die Schaffung von Bestimmungen nach, die nach Art. 189 EGV als Verordnungen oder Richtlinien erlassen werden können. Für die Umsatzbesteuerung spielen die Richtlinien (Art. 189 Abs. 2 EGV) eine bedeutende Rolle. Sie sind für jeden Mitgliedstaat hinsichtlich des zu erreichenden Zieles verbindlich, überlassen jedoch den innerstaatlichen Organen die Wahl der Form und der Mittel (Art. 189 Abs. 3 EGV). Das bedeutet, daß die Richtlinien in ordentlichen Gesetzgebungsverfahren in nationales Recht transformiert werden müssen. Der nationale Gesetzgeber - für die Umsatzsteuer der Bundesgesetzgeber - ist verpflichtet, die Vorgaben der jeweiligen Richtlinie exakt zu beachten.

Für die deutsche Finanzverwaltung und die deutsche Finanzgerichtsbarkeit (FG, BFH) besteht die Verpflichtung, das nationale Umsatzsteuerrecht richtlinienkonform auszulegen. Aus dieser Verpflichtung resultiert, daß bei der Auslegung der deutschen Vorschriften immer die entsprechende Richtlinienregelung heranzuziehen ist.

In den letzten Jahren wurden zahlreiche Streitfragen an den EuGH herangetragen. Inzwischen ist geklärt,[45] daß die Richtlinien **Anwendungsvorrang** genießen und in bestimmten Fällen auch unmittelbar anwendbar sind. Weicht das deutsche Recht zum Nachteil des Steuerpflichtigen (Marktbürgers) von der Richtlinie ab, so besitzt das Gemeinschaftsrecht Anwendungsvorrang.[46] Voraussetzung ist, daß die Richtlinienbestimmung **hinreichend klar und eindeutig** ist.[47] Der BFH und die

---

[44] Vgl. Lohse, Die Rechtsprechung des Europäischen Gerichtshofs zur 6. EG-Umsatzsteuer-Richtlinie, in: Rau/Dürrwächter/Flick/Geist; Reiß, Einführung, in: Schwarze/Reiß/Kraeusel, Rz. 101 ff. m.w.N.; ders., StuW 1994, S. 323 ff.; Birkenfeld/Forst (FN 10) mit umfangreichen Literaturhinweisen; Schön, Die Auslegung europäischen Steuerrechts, Köln 1993; ders., Gemeinschaftskonforme Auslegung und Fortbildung des nationalen Steuerrechts, DStJG Bd. 19 (1996); Klein, Eckart, Der Einfluß des Europarechts auf das deutsche Steuerrecht, DStJG Bd. 19 (1996); Widmann, Die Entwicklung der Umsatzsteuer im Europäischen Binnenmarkt, DStJG Bd. 19 (1996); für Österreich vgl. Ruppe (FN 1), S. 6 ff.; ders., Das österreichische UStG 1994, Umsatzsteuerkongreß-Bericht 1995/96;

[45] U.a. EuGH vom 22.2.1984 - Rs. 70/83, RIW 1984, S. 310; vom 3.3.1988 - Rs. 252/86, HFR 1989, S. 572; vom 27.6.1989 - Rs. 50/88, UR 1989, S. 373; BVerfG vom 8.4.1987, BVerfGE 75, S. 223 = UR 1988, S. 25 und vom 4.11.1987, NJW 1988, S. 2173, hierzu Lohse (FN 44), Einführung V.

[46] Vgl. auch Probst, UR 1990, S. 302; ders., DStJG Bd. 13 (1990), S. 137 ff. (141); Birkenfeld, UR 1993, S. 271 ff.; Reiß, UR 1993, S. 336 ff.

[47] Umfassend Reiß, in: Tipke/Lang (FN 16), S. 531 ff.; zum USt-Binnenmarktgesetz Forst, UR 1993, S. 339 ff.

Finanzgerichte sind zunehmend bemüht, eine Rechtsvereinheitlichung in der Europäischen Union für den Bereich der Umsatzbesteuerung zu fördern.[48] Der V. Senat und der XI. Senat (seit 1993 für einen Teilbereich zuständig) des BFH machen zunehmend von der Möglichkeit der Vorlage an den EuGH Gebrauch.[49] Infolge der bislang zügigen Verfahrensweise konnten daher zahlreiche Zweifelsfragen relativ rasch beantwortet werden.

Es bleibt abzuwarten, ob die Erweiterung des „deutschsprachigen" Mehrwertsteuer-Raumes[50] (Eintritt Österreichs in die EU[51], Einführung der Mehrwertsteuer in der Schweiz per 1.1.1995) Rückwirkungen auf die Richtliniengebung haben wird. In Österreich wurde das UStG 1972 durch das UStG 1994 an die 6. EG-Richtlinie angepaßt.[52]

Obwohl die Schweiz der EU bisher nicht beigetreten ist, bemüht man sich schon heute, die MWSt-Regelungen **„eurokompatibel"** zu gestalten.[53] Da das Mehrwertsteuergesetz in der Schweiz bei Abfassung dieses Textes noch nicht verabschiedet war, können vereinzelte Erläuterungen nur auf der Basis der Verordnung über die Mehrwertsteuer vom 22.6.1994 gegeben werden.

---

[48] Zum Wandel der USt-Rechtsprechung des BFH vgl. Lohse, Aktuelle Rechtsprechung zur Umsatzsteuer im Einflußbereich der 6. Mehrwertsteuer-Richtlinie und des EuGH, in: Protokoll des 17. Deutschen Steuerberatertags 1994 in Dresden, Bonn 1995, S. 217 ff. (220 f.).

[49] Zur gemeinschaftsrechtlichen Position des BFH siehe jüngst Weber-Grellet, StuW 1995, S. 336 ff. (345); vgl. auch Dänzer-Vanotti, FS 75 Jahre Reichsfinanzhof-Bundesfinanzhof, Bonn 1993, S. 61 ff.; Zuleeg, ebenda, S. 115 ff. Zum Richterrecht durch den EuGH Borchardt, Gedächtnisschrift für E. Grabitz, München 1995, S. 29.

[50] Birkenfeld (FN 1), S. 161 ff.

[51] Vgl. Ruppe (FN 1), S. 6 ff.; Stadie (FN 1), S. 379 ff.

[52] Vgl. Ruppe (FN 44); Korf, Die Auswirkungen des EG-Beitritts Österreichs auf die Umsatzsteuerberatung in Deutschland, Umsatzsteuerkongreß-Bericht 1995/96.

[53] Zur Reform der Warenumsatzsteuer (WUSt) bereits Böckli, SAG 1980, S. 1 ff.; vgl. auch Camenzind/Honauer (FN 1), S. 24; Kuhn/Spinnler (FN 1), S. 197.

Die Erfahrungen mit dem USt-Binnenmarkt[54] sind aus deutscher Sicht bisher geteilt.[55] Ein endgültiges Urteil über das Funktionieren kann voraussichtlich nicht vor 1997 abgegeben werden.[56] Auch die Entwicklung in den neuen Mitgliedstaaten[57] und den Staaten, die der EU noch nicht beitreten können[58], muß u.E. aufmerksam beobachtet werden.

---

[54] Hierzu ausführlich Teil X.

[55] Am 8.11.1995 hat der Deutsche Bundestag eine Beschlußempfehlung des Finanzausschusses (BT-Drs. 13/2673) einstimmig angenommen und in einem Beschluß zum Funktionieren der MWSt-Übergangsregelung für den innergemeinschaftlichen Handelsverkehr konstatiert, „daß das umsatzsteuerliche Übergangssystem zu einer Komplizierung des materiellen Rechts und einem erhöhten administrativen Aufwand für Wirtschaft und Finanzverwaltung geführt hat, der durch die Verlagerung des umsatzsteuerlichen Finanzausgleichs in die am innergemeinschaftlichen Waren- und Dienstleistungsverkehr beteiligten Unternehmen sowie durch die verstärkten Kontrollmaßnahmen entstanden ist" (UR 1995, S. 474).

[56] Vgl. die Beiträge von Beermann, Zitzelsberger, Widmann, Klenk und Farmer auf den Regensburger Hochschultagen am 12. und 13.10.1995, die im Umsatzsteuerkongreß-Bericht 1995/96 veröffentlicht werden.

[57] Vgl. z.B. Reimers, Das Mehrwertsteuersystem in Finnland, IStR 1994, S. 360 ff.

[58] Vgl. z.B. Maruchin/Rondorf, Grundzüge des polnischen Mehrwertsteuerrechts, IStR 1994, S. 422 ff.

Teil I

Das Steuersubjekt

Abschnitt 1: Der Unternehmerbegriff

Steuersubjekte (Steuerschuldner) der Umsatzsteuer sind für den Bereich der Fremdversorgung und der unternehmerischen Selbstversorgung lediglich **Unternehmer** i.S. des § 2 UStG (= Steuerpflichtige i.S. des Art. 4 6.EGRl). Während der Geltungsdauer der Binnenmarkt-Übergangsregelung werden auch „private" **Fahrzeuglieferer** nach § 2a UStG **wie** Unternehmer behandelt.[1] Für den Bereich der **Einfuhr** von Gegenständen können hingegen **Nichtunternehmer** Steuerschuldner sein.[2]

Zur Klärung der Frage, wer umsatzsteuerrechtlich als Unternehmer anzusehen ist, ist auf die Legaldefinition des § 2 UStG abzustellen. Der Unternehmerbegriff kann nicht wirtschaftswissenschaftlich, insbesondere nicht betriebswirtschaftlich interpretiert werden. Der Unternehmerbegriff des § 2 UStG ist ein objektivierter Unternehmerbegriff. Die Vorschrift beschränkt die Unternehmereigenschaft nicht auf bestimmte Personengruppen oder Unternehmensformen. Sie stellt vielmehr objektiv auf die **Art der Tätigkeit** ab.

Als **Unternehmer** wird derjenige betrachtet, der eine gewerbliche oder berufliche Tätigkeit **selbständig** ausübt (§ 2 Abs. 1 UStG). Gewinnerzielungsabsicht - wie im Gewerbesteuerrecht - ist nicht zur Bejahung der Unternehmereigenschaft erforderlich. Das Vorhandensein einer **Einnahmeerzielungsabsicht** genügt in der Regel. Als **gewerbliche oder berufliche** Tätigkeit i.S. des § 2 Abs. 1 Satz 3 UStG wird jede nachhaltige Betätigung zur Erzielung von Einnahmen angesehen. Der Gesetzeswortlaut ist mißverständlich.[3] Es wird nicht nur auf typische gewerbliche oder berufliche Tätigkeiten, sondern auf **sämtliche nachhaltige Tätigkeiten** abgestellt.

Der Unternehmer ist eine zentrale Rechtsfigur des Umsatzsteuerrechts. Sowohl die für die Steuerpflicht als auch die für den Vorsteuerabzug maßgebenden Unternehmermerkmale ergeben sich **einheitlich** stets aus § 2 UStG bzw. aus Art. 4 i.V.m. Art. 18 Abs. 1 und 17 Abs. 2 und 3 6.EGRl (Steuerpflichtiger = Vorsteuerabzugsberechtigter).[4]

---

[1] Vgl. hierzu Teil X, Abschnitt 3, Kapitel 6.

[2] Vgl. § 13 Abs. 3 UStG i.V.m. § 21 Abs. 2 UStG und die Ausführungen in Abschnitt 3 dieses Teils.

[3] Hierzu ausführlich Dziadkowski, StVj 1989, S. 326 ff.; Rose, StbJb 1989/90, S. 27 ff.; Offerhaus, UR 1991, S. 279 ff.; Mößlang, UR 1994, S. 13 ff.; sowie Schmidt-Liebig, BB 1994, Beil. 20.

[4] § 2 UStG ist mit Art. 4 voll kompatibel (vgl. Wachweger, DStZ 1978, S. 11; Ebke/ Andrees, EWS 1993, S. 347). Allerdings ist der Steuerpflichtige i.S. von Art. 4 6.EGRl nicht in allen EG/EU-Staaten identisch mit dem Unternehmer i.S. des § 2 UStG (vgl. Widmann, DStJG Bd. 13 (1990), S. 119 ff. (133) m.w.N.); zur Anlehnung der Unternehmereigenschaft an das Gemeinschaftsrecht vgl. auch Lohse, in: Protokoll des 17. Deutschen Steuerberatertags 1994 in Dresden, Bonn 1995, S. 217 ff. (226 ff.).

Als **unternehmerische Tätigkeiten** im engeren Sinne werden folglich nicht nur die Tätigkeit der Gewerbetreibenden (§ 15 EStG) und der Freiberufler (§ 18 EStG), sondern darüber hinaus die Tätigkeit der Land- und Forstwirte (§ 13 EStG) und der Vermieter (§ 21 EStG) angesehen (**„geborene" Unternehmer**[5]). Das Gesetz will lediglich die unselbständige Tätigkeit (§ 19 EStG) ausklammern (Lohnsteuer und Umsatzsteuer schließen sich gegenseitig aus).[6]

Außerdem können natürliche Personen, die nicht zum Kreis der „geborenen" Unternehmer gehören, **Unternehmereigenschaft** auch durch eine **nachhaltige Betätigung** (z.B. Berufskartenspieler[7], Liebhaberei mit nachhaltiger Einnahmeerzielung aus Gestüt[8]) erlangen. Die Rechtsprechung hat in den letzten Jahren zahlreiche Fälle aus dem Grenzbereich entschieden, der die sonstigen unternehmerischen Tätigkeiten natürlicher Personen umfaßt. Sie werden im Anschluß an die typischen „gewerblichen" und „beruflichen" Tätigkeiten erörtert.

Juristische Personen des öffentlichen Rechts sind insoweit Unternehmer, als sie einen Betrieb gewerblicher Art oder einen land- und forstwirtschaftlichen Betrieb führen bzw. eine Tätigkeit ausüben, die als gewerblich oder beruflich gilt (§ 2 Abs. 3 UStG) und nicht als hoheitlich anzusehen ist.[9] Nachstehend wird eine Übersicht der unternehmerfähigen Steuersubjekte gegeben.

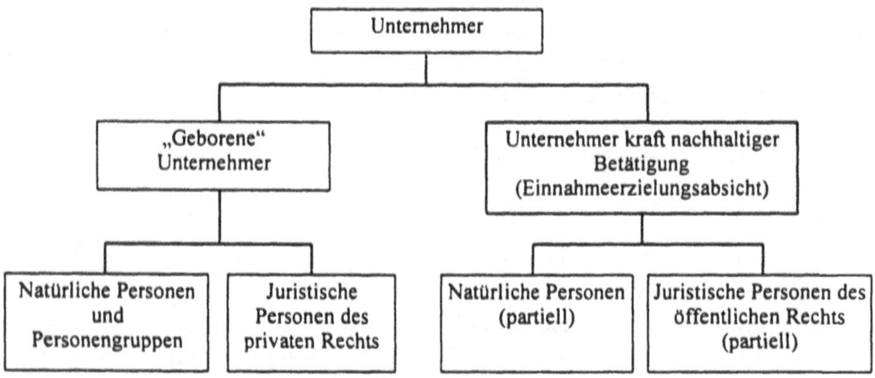

Übersicht 4: Unternehmerfähige Steuersubjekte[10]

[5] Kritisch zu dieser Wortschöpfung Mößlang (FN 3), vielleicht wegen der BFH-Auffassung zum „erfolglosen Unternehmer"; ähnlich Reiß, in: Schwarze/Reiß/Kraeusel, Rz. 29 zu § 2; vgl. auch Kapitel 1. C. in diesem Teil (FN 54).

[6] Zu den sonstigen Tätigkeiten vgl. Schmidt-Liebig (FN 3), S. 20.

[7] BFH vom 26.8.1993, BStBl 1994 II S. 54; kritisch Klenk, in: Sölch/Ringleb/List, Bem. 46 zu § 2 (S. 16).

[8] BFH vom 9.3.1972, BStBl 1972 II S. 556; FG Schleswig-Holstein vom 10.12.1986, EFG 1987, S. 585; vgl. zur Liebhaberei auch BFH vom 13.12.1984, BStBl 1985 II S. 173 (Amateurrennfahrer); vom 15.7.1993, BStBl 1993 II S. 810.

[9] Abschn. 23 UStR; Tehler, DVR 1986, S. 162 ff.; Wagner, DStJG Bd. 13 (1990), S. 59 ff.; ders., UR 1993, S. 301 ff.; ausführlich Kapitel 1. C. in diesem Teil.

[10] Der Quasi-Unternehmer i.S. des § 2a UStG (nichtunternehmerischer Fahrzeuglieferer) nimmt eine Sonderstellung ein.

Alle Personen und Personengruppen, die eine der dargestellten nachhaltigen Tätigkeiten ausüben, werden grundsätzlich als Unternehmer angesehen. Da die Unternehmensform für die Qualifikation als Unternehmer nicht entscheidend ist, kommen als umsatzsteuerrechtliche Unternehmer insbesondere in Betracht:

(1) Natürliche Personen (Einzelunternehmer),

(2) Nichtrechtsfähige (beschränkt rechtsfähige) Personengesellschaften[11] (BGB-Gesellschaft, OHG, KG, Partnerschaftsgesellschaft),

(3) Sonstige nichtrechtsfähige Personenvereinigungen (Arbeitsgemeinschaft, Betriebsrat),

(4) Kapitalgesellschaften (AG, GmbH, KGaA, Bergrechtliche Gewerkschaft),

(5) Sonstige juristische Personen des privaten Rechts (Genossenschaft, rechtsfähiger Verein, Anstalt, Stiftung),

(6) Nichthoheitlich tätige Abteilungen[12] juristischer Personen des öffentlichen Rechts (Betriebe gewerblicher Art, land- und forstwirtschaftliche Betriebe, sonstige Tätigkeiten).

Nicht als Unternehmer anzusehen sind: Innengesellschaften (z.B. stille Gesellschaften[13] - sowohl typische wie atypische -, Meta-Gesellschaften, Bürogemeinschaften). Als nichtunternehmerisch wird vom Gesetz auch die hoheitliche Tätigkeit[14] juristischer Personen des öffentlichen Rechts angesehen (vgl. auch § 4 Abs. 5 KStG). Die Interpretation der Legaldefinition in § 2 UStG ist im Grenzbereich allerdings schwierig.

Kapitel 1 : Die Unternehmereigenschaft

Der Unternehmerbegriff hat sich mit der Zeit zu einem problematischen Begriffsgebilde entwickelt. Die Diskussion um die Abgrenzung des Unternehmers vom Nichtunternehmer ist in der Rechtsprechung[15] und der Literatur[16] in Bewe-

---

[11] Die umsatzsteuerrechtliche Beurteilung ist nicht abhängig von der einkommensteuerrechtlichen Anerkennung einer Handelsgesellschaft als Mitunternehmerschaft i.S. des § 15 Nr. 2 EStG (vgl. BFH vom 18.12.1980, BStBl 1981 II S. 408).

[12] Steuer(rechts)subjekt ist aber nicht der einzelne Betrieb („Einrichtung") selbst, sondern die Körperschaft des öffentlichen Rechts wegen ihres oder ihrer Betriebe (vgl. BFH vom 13.3.1974, BStBl 1974 II S. 391; vom 18.8.1988, BStBl 1988 II S. 932).

[13] Hierzu Reiß, BB 1986, S. 1497 ff.

[14] BFH vom 6.7.1967, BStBl 1967 III S. 582; vom 21.11.1967, BStBl 1968 II S. 218; vgl. Wagner (FN 9), S. 59 ff.; siehe aber EuGH vom 17.10.1989, UR 1991, S. 77.

[15] U.a. BFH vom 18.7.1991, BStBl 1991 II S. 776 (Jahreswagen); vom 24.11.1992, BStBl 1993 II S. 379 (Verkauf geerbter Kunstsammlung); vgl. hierzu Offerhaus (FN 3), S. 279 ff.; Mößlang (FN 3), S. 10 ff.; Schmidt-Liebig (FN 3); Klenk, UR 1993, S. 284 ff.

[16] Vgl. u.a. Kempke, UR 1986, S. 114 ff.; Stadie, UR 1986, S. 137 ff.; ders., UR 1987, S. 321 ff., Bunjes, UR 1988, S. 307 f.; Giesberts, UR 1989, S. 257 ff.; Lechner, DStJG Bd. 13 (1990), S. 39 ff.; Tehler, UVR 1989, S. 353 ff. sowie die Dissertationen von Tehler, Die Umsatzsteuer als angewandte Verkehr- und/oder Verbrauchsteuer, Köln 1986, S. 43 ff.; Walden, Die Umsatzsteuer als indirekte Verbrauchsteuer, Berlin 1988, S. 70 ff.; Schaub, Der umsatzsteuerliche Unternehmerbegriff, München 1988; vgl. auch FN 3 und 4.

gung geraten. In den letzten Jahren wurden immer wieder die Steuergerichte bemüht, wenn die Frage nach der Unternehmereigenschaft umstritten war.

Der BFH[17] hat sich daher wiederholt mit dem Unternehmerbegriff intensiv auseinandergesetzt. Inzwischen befaßt sich auch der EuGH[18] vermehrt mit entsprechenden Streitfragen. Bei der Beurteilung ist mitentscheidend, ob eine Tätigkeit **regelmäßig (dauerhaft)** oder **nur gelegentlich** ausgeübt wird.[19] Unter C. III. sollen die Entwicklung der Rechtsprechung aufgezeigt und bestimmte gewichtige Problembereiche erörtert werden.

Grundsätzlich kann Umsatzsteuer nach deutschem Umsatzsteuerrecht nur dann entstehen, wenn einer **unternehmerfähigen Person oder Personenmehrheit** die Unternehmereigenschaft zuzuerkennen ist. Eine besondere Bedeutung gewinnt die Frage, ob und ab wann die Unternehmereigenschaft bei Beginn und Beendigung einer unternehmerischen Tätigkeit zu bejahen ist. Da nur Unternehmer den Vorsteuerabzug (§ 15 UStG) geltend machen können, ist die Behandlung von Vorsteuern auf vorbereitende Handlungen zur Unternehmensgründung z.T. zweifelhaft.[20] Ebenso können sich Beurteilungsschwierigkeiten bei der Beendigung der unternehmerischen Tätigkeit ergeben. In der Regel wird die unternehmerische Tätigkeit durch eine Geschäftsveräußerung im ganzen beendet. Diese wird **seit 1.1.1994 nicht mehr** als Sondertatbestand erfaßt (§ 1 Abs. 1a UStG).[21]

Nach der Rechtsprechung des Bundesfinanzhofs[22] wird der sogenannten **„Unternehmereinheit“**[23] und dem sogenannten **„organschaftsähnlichen Verhältnis“** keine Unternehmereigenschaft mehr zugebilligt. Bemerkenswert ist weiterhin, daß der Gesetzgeber aus der Überlegung heraus, Wettbewerbsverzerrungen zu vermeiden, juristische Personen des öffentlichen Rechts partiell zu Unternehmern erklärt, wenn sie bestimmte Tätigkeiten, die in § 2 Abs. 3 Nr. 2-5 UStG katalogisiert sind, ausüben. Die dort angeführten Leistungen **gelten** als unterneh-

---

[17] U.a. BFH vom 29.6.1987, BStBl 1987 II S. 744 (Briefmarkensammler); weitere Entscheidungen zu Grenzfällen betrafen Jahreswagenverkäufer (Urteil vom 18.7.1991, BStBl 1991 II S. 776), Kopiergerätevermieter (Urteil vom 7.11.1991, BStBl 1992 II S. 269), Brieftaubenzüchter (FG Münster vom 16.1.1985, EFG 1985, S. 417) und einen Karnevalsprinzen (Urteil vom 27.10.1993, BStBl 1994 II S. 274 mit Anm. Klenk, UVR 1994, S. 52).

[18] EuGH vom 1.4.1982 - Rs. 89/81, UR 1982, S. 246; vom 14.2.1985 - Rs. 268/83, DStZ/E 1985, S. 128; vom 26.3.1987 - Rs. 235/85, UR 1988, S. 164; vom 8.3.1988 - Rs. 102/86, UR 1989, S. 275; vom 5.7.1988 - Rs. 289/86, UR 1989, S. 309 mit Anm. Weiß; vom 5.7.1988 - Rs. 269/86, UR 1989, S. 312; vom 15.6.1989 - Rs. 348/87, UR 1990, S. 273; vom 20.6.1991 - Rs. C 60/90, UR 1993, S. 119; siehe auch Vorlage des BFH vom 5.5.1994, BFHE 174 S. 565 mit Anm. Weiß, UR 1994, S. 397 (Rs. C-230/94 Enkler); vgl. hierzu ausführlich Lohse, Die Rechtsprechung des Europäischen Gerichtshofs zur 6. EG-Umsatzsteuer Richtlinie, in: Rau/Dürrwächter/Flick/Geist, sowie Mößlang (FN 3), S. 16 f.

[19] Vgl. Art. 4 Abs. 3 6.EGRl.

[20] Vgl. Kapitel 1. C. III. 5. in diesem Abschnitt sowie Einführung, Abschnitt 4 und Teil VII, Abschnitt 2, Kapitel 1 (z.B. „erfolgloser“ Unternehmer).

[21] Vgl. Teil III, Abschnitt 3, Unterabschnitt 4.

[22] BFH vom 16.11.1978, BStBl 1979 II S. 347; vom 8.2.1979, BStBl 1979 II S. 358.

[23] Reiß, StuW 1978, S. 126 ff.

merische Umsätze, auch wenn sie nicht im Rahmen eines Betriebes gewerblicher Art ausgeführt werden.

Wesentliches Kriterium zur Bejahung der Unternehmereigenschaft ist die Selbständigkeit.[24] § 2 Abs. 2 UStG führt eine Negativ-Definition an. Danach sind natürliche Personen nicht selbständig, soweit sie als Arbeitnehmer tätig sind. Juristische Personen gelten als nicht selbständig, wenn sie Organ einer **umsatzsteuerrechtlichen Organschaft** sind.

A. Das Erfordernis der Selbständigkeit

Der Begriff der **Selbständigkeit** des Umsatzsteuerrechts ist für natürliche Personen identisch mit dem des Einkommen- und Gewerbesteuerrechts.[25] Für die Beurteilung, ob eine selbständige oder eine nichtselbständige Tätigkeit vorliegt, ist das **Innenverhältnis**[26] zwischen einer Person und ihrem Auftraggeber maßgebend. Ob Selbständigkeit oder Unselbständigkeit gegeben ist, ist für jede einzelne Tätigkeit, mit der die Person Einnahmen erzielt, unabhängig zu prüfen. Eine natürliche Person kann in der Praxis sowohl selbständige als auch unselbständige Tätigkeiten nebeneinander ausüben. Die unternehmerische Tätigkeit braucht nicht hauptberuflich zu sein.[27]

Infolge Fehlens einer Legaldefinition der „Selbständigkeit“ ist ein Sachverhalt nach den negativen Abgrenzungskriterien des § 2 Abs. 2 UStG zu beurteilen. **Unselbständig** sind natürliche Personen, wenn sie einem Unternehmen so eingegliedert sind, daß sie **hinsichtlich des Ortes, der Zeit und der Art der Tätigkeit weisungsgebunden** sind. Die Berufsbezeichnung oder die Bezeichnung, die die Beteiligten für ihr Vertragsverhältnis wählen, ist unwesentlich. Die Vergütungsregelung spielt grundsätzlich ebenfalls keine Rolle. Die wirtschaftliche Abhängigkeit einer Person von einer anderen Person (z.B. Zulieferer zu Großunternehmen) begründet für sich allein keine Unselbständigkeit.

Unselbständigkeit ist immer dann anzunehmen, wenn ein echtes Dienstverhältnis vorliegt. Indizien für das Vorliegen eines Dienstverhältnisses sind das Vorliegen eines Arbeitsvertrages (mit Kündigungsschutz), die Abführung von Lohnsteuer und Sozialversicherungsbeiträgen durch den Auftraggeber (Arbeitgeber), die Fortzahlung von Bezügen im Krankheitsfall und weitere arbeitsrechtliche Kriterien.

Eine selbständige Tätigkeit ist grundsätzlich dann anzunehmen, wenn jemand in vollem Umfang das Geschäftsrisiko trägt, also Erfolg oder Mißerfolg einer Tätigkeit ihn selbst treffen. In Zweifelsfällen kommt es auf die Gesamtheit der persönlichen, wirtschaftlichen und gesellschaftlichen Verhältnisse an. Schuldet eine na-

---

[24] Reiß (FN 5), Rz. 62 zu § 2; Klenk (FN 7), Bem. 4, 27 ff. zu § 2; Giesberts, in: Rau/Dürrwächter/Flick/Geist, Anm. 346 zu § 2 Abs. 1 und 2.

[25] BFH vom 26.4.1990, BFH/NV 1992, S. 845.

[26] BFH vom 15.7.1987, BStBl 1987 II S. 746; Wagner, StuW 1995, S. 154 ff.

[27] BFH vom 24.11.1992, BStBl 1993 II S. 379; vgl. auch Niedersächsisches FG vom 8.9.1994, EFG 1994, S. 1119 = UR 1995, S. 110 (Kirchenbeamter als Aufsichtsrat).

türliche Person ihrem Auftraggeber nicht eine bestimmte Leistung, d.h. einen Arbeitserfolg, sondern lediglich ihre Arbeitskraft, und liegt das unternehmerische Risiko allein beim Auftraggeber, so ist die Person als unselbständig zu betrachten. Die höchstrichterliche Rechtsprechung hat zu Abgrenzungsproblemen zwischen selbständiger und unselbständiger Tätigkeit in einer Vielzahl von Urteilen Stellung genommen.[28]

B. Die Unselbständigkeit im Falle der umsatzsteuerrechtlichen Organschaft

Eine juristische Person wird dann als nichtselbständig angesehen, wenn sie nach dem Gesamtbild der tatsächlichen Verhältnisse **finanziell, wirtschaftlich und organisatorisch in ein „anderes" Unternehmen eingegliedert ist** (§ 2 Abs. 2 Nr. 2 UStG), d.h. von diesem Unternehmen beherrscht wird. Eine solche abhängige juristische Person wird als **Organgesellschaft („Organ")** bezeichnet. **Beherrschender Unternehmer („Organträger")** kann bei dieser wirtschaftlichen Unternehmensverbindung, die als **Organschaft** bezeichnet wird, jeder Unternehmer[29] sein. Die Organschaft[30] ist eine wirtschaftliche Unternehmenseinheit rechtlich selbständiger Personen (in der Regel Kapitalgesellschaften). Mehrere zivilrechtlich selbständige Personen können zu einer wirtschaftlichen Unternehmenseinheit „verschmolzen" werden, ohne daß die rechtliche Selbständigkeit der Einzelgesellschaften aufgegeben wird. Die Institution „Organschaft" erleichtert daher die Bildung von Konzernen.

Im Gegensatz zur körperschaftsteuerrechtlichen und in Übereinstimmung mit der gewerbesteuerrechtlichen Organschaft ist bei der umsatzsteuerrechtlichen Organschaft nicht der Abschluß eines Gewinnabführungsvertrages erforderlich.[31] Steuersubjekt ist im Umsatzsteuerrecht folglich der Organträger (Organmutter). Nach der **Einheitstheorie** sind nur die vom gesamten Organkreis an Dritte erbrachten Leistungen als steuerbare Umsätze anzusehen. Die innerhalb des Or-

---

[28] Die Selbständigkeit wurde z.B. bejaht bei: Arztvertretern (BFH vom 10.4.1953, BStBl 1953 III S. 142), Aufsichtsratsmitgliedern (BFH vom 27.7.1972, BStBl 1972 II S. 810), Berufssportlern (BFH vom 16.3.1951, BStBl 1951 III S. 97), Fotomodellen (BFH vom 24.11.1961, BStBl 1962 III S. 183), Opernsängern (FG München vom 9.8.1990, EFG 1991, S. 138), Werbedamen (BFH vom 20.4.1989, BStBl 1989 II S. 539).

Die Selbständigkeit wurde z.B. verneint bei Bardamen (FG Köln vom 30.1.1985, EFG 1985, S. 524), Justizreferendaren (BFH vom 10.12.1971, BStBl 1972 II S. 251), Reisenden (BFH vom 12.4.1962, BStBl 1962 III S. 259), Vorstandsmitgliedern einer Stiftung (BFH vom 27.2.1975, BStBl 1975 II S. 400).

[29] Einzelunternehmer, Personengesellschaft, Kapitalgesellschaft usw., d.h. jede Person, die Unternehmereigenschaft besitzt.

[30] Kritisch Reiß, StuW 1979, S. 343 ff.; Weiß, UR 1979, S. 97 und UR 1980, S. 51; Steppert, UR 1994, S. 343 ff.

[31] Vgl. Schmidt/Steppert, Die Organschaft im Körperschaftsteuer-, Gewerbesteuer- und Umsatzsteuerrecht, Herne/Berlin 1978; Reuter, Die heutige Bedeutung der steuerlichen Organschaft, DStR 1982, S. 155 ff.; Gail/Goutier/Schwarz, KStG, 21. Lfg. 1992, § 14 Rdnr. 93; Mößlang, in: Sölch/Ringleb/List, Bem. 92 zu § 2.

gankreises erbrachten Leistungen stellen daher umsatzsteuerrechtlich irrelevante „**Innenumsätze**“ dar.[32] Die Rechtsfolge ist, daß innerhalb des Organkreises weder Umsatzsteuer entsteht noch Vorsteuer zum Abzug gelangt. Tritt eine Organgesellschaft im Wirtschaftsleben aufgrund ihrer rechtlichen Selbständigkeit auf[33] (Abschluß von Kaufverträgen mit Dritten), dann werden die von ihr erbrachten Leistungen umsatzsteuerrechtlich so gewertet, als wenn sie unmittelbar vom Organträger ausgeführt worden wären. Die steuerlichen Erklärungspflichten (Umsatzsteuer-Erklärung, Umsatzsteuer-Voranmeldung) obliegen allein der Organmutter und nicht der Organgesellschaft („Tochtergesellschaft“).[34]

Ob eine umsatzsteuerrechtliche Organschaft vorliegt, ist nach den **tatsächlichen Verhältnissen** zu beurteilen.

(1) Eine **finanzielle Eingliederung** liegt dann vor, wenn der beherrschende Unternehmer (Organträger) unmittelbar oder mittelbar die entscheidende Anteilsmehrheit besitzt (z.B. 51 v.H. der Anteile). Die finanzielle Eingliederung ist für die Annahme einer Organschaft unerläßlich. Eine zur finanziellen Beherrschung nicht ausreichende Beteiligung kann nicht durch eine totale wirtschaftliche oder organisatorische Eingliederung ausgeglichen werden.[35]

(2) Eine **wirtschaftliche Eingliederung** liegt dann vor, wenn die Organgesellschaft nach dem Willen der Organmutter im Rahmen des Gesamtunternehmens wirtschaftlich so tätig werden muß, daß es dieses fördert und wirtschaftlich ergänzt. Es muß ein sinnvoller betriebswirtschaftlicher Zusammenhang zwischen der Unter- und der Obergesellschaft bestehen.[36] Indizien für eine wirtschaftliche Eingliederung sind z.B. der Wareneinkauf durch die Organgesellschaft für den Organträger oder umgekehrt.[37] Der BFH nahm zu Zweifelsfragen in einer Anzahl von Urteilen Stellung. So wurde z.B. eine wirtschaftliche Eingliederung bejaht im Falle der pachtweisen Überlassung der notwendigen Anlagegegenstände bei Betriebsaufspaltungen[38] oder beim Vertrieb der Produkte des Organträgers durch die Organgesellschaft[39] sowie bei nur geringfügigen Warenlieferungen zwischen Produktions- und Muttergesellschaft.[40] Andererseits wurde eine wirtschaftliche Eingliederung ver-

---

32 Vgl. Teil III, Abschnitt 1, Kapitel 2.

33 Hinsichtlich der Rechnungserteilung siehe BGH vom 11.12.1974, BB 1975, S. 152; vgl. auch Birkenfeld, in: Hartmann/Metzenmacher, Rz. 77 zu § 2; Reiß (FN 5), Rz. 98 ff. zu § 2, der auch keine abrechnungstechnischen Vorteile erblickt (Rz. 100). Hinsichtlich einer Erstattungspflicht von Steuern vgl. BGH vom 22.10.1992, DB 1993, S. 368.

34 An sich besitzt die Organschaft im „Mehrwertsteuersystem“ sachlich keine Berechtigung mehr (so Stadie, Das Recht des Vorsteuerabzugs, Köln 1989, S. 31).

35 BFH vom 18.1.1967, BStBl 1967 III S. 259; vom 9.1.1992, BFH/NV 1993, S. 63; vom 20.4.1992, BFH/NV 1993, S. 133.

36 BFH vom 5.9.1968, BStBl 1969 II S. 55.

37 BFH vom 26.7.1962, HFR 1963, S. 157; vom 15.12.1966, BStBl 1967 III S. 191; vom 22.6.1967, BStBl 1967 III S. 715.

38 BFH vom 6.12.1962, BStBl 1963 III S. 107; vom 14.4.1993, BStBl 1994 II S. 124.

39 BFH vom 24.10.1963, BStBl 1964 III S. 222.

40 BFH vom 15.6.1972, BStBl 1972 II S. 840.

neint, wenn überwiegend Leistungen für andere Kunden (Dritte) ausgeführt wurden.[41]

(3) Eine **organisatorische Eingliederung** liegt dann vor, wenn der beherrschende Unternehmer (Organträger) durch organisatorische Maßnahmen sicherstellt, daß die Organgesellschaft (Tochtergesellschaft) seinen Willen befolgen muß. Es genügt, wenn nach Lage der Verhältnisse nicht damit zu rechnen ist, daß von dem Willen des Organträgers abweichende Entschlüsse gefaßt werden. Eine organisatorische Eingliederung ist z.B. dann gegeben, wenn eine Personalunion der Geschäftsführer beim Organträger und der Organgesellschaft vorliegt[42] oder wenn Organträger und Organgesellschaft über eine gemeinsame Personalabteilung und gemeinsame Geschäftsräume verfügen. Entscheidend ist, daß das Gesamtbild der tatsächlichen Verhältnisse eine völlige Unterordnung erkennen läßt.[43]

Anzumerken ist noch, daß die Wirkungen der Organschaft sich nicht auf das Ausland im Wege der sogenannten grenzüberschreitenden Organschaft erstrecken können (§ 2 Abs. 2 Nr. 2 UStG).[44] Die Bedeutung der Organschaft hat seit Einführung des neuen Umsatzsteuersystems im Jahre 1968 erheblich an Bedeutung verloren. Ihre umsatzsteuerlichen Vorzüge beschränken sich im wesentlichen nur noch in Teilbereichen auf eine technische Vereinfachung.[45]

C. Die nachhaltigen unternehmerischen Tätigkeiten

Neben der Selbständigkeit ist in der Regel das Erfordernis der **Nachhaltigkeit** ein wesentliches Kriterium. Eine selbständige Tätigkeit kann grundsätzlich nur dann als unternehmerisch qualifiziert werden, wenn sie nachhaltig ausgeübt wird. Die Nachhaltigkeit erscheint als Eigenschaft der ausgeübten Tätigkeit (§ 2 Abs. 1 Satz 3 UStG).[46] Eine **gelegentliche** Tätigkeit reicht in der Regel zur Annahme der Unternehmereigenschaft **nicht** aus.

Unternehmer kann nur der Selbständige sein, der unternehmerische Tätigkeiten im umsatzsteuerrechtlichen Sinne ausübt. Als unternehmerische (umsatzsteuerrechtlich relevante) Tätigkeit wird jede nachhaltige Tätigkeit zur Erzielung von Einnahmen im weitesten Sinne angesehen, sofern sie selbständig ausgeübt wird. Das Umsatzsteuergesetz leitet die Unternehmereigenschaft ausschließlich von der **Art der Tätigkeit** ab.[47] Eine nachhaltige (unternehmerische) Tätigkeit ist immer dann anzunehmen, wenn eine Tätigkeit wiederholt vorgenommen wird oder wenn bei einer Einmal-Handlung zumindest **Wiederholungsabsicht** besteht.

---

[41] BFH vom 27.8.1964, BStBl 1964 III S. 539.
[42] BFH vom 23.4.1959, BStBl 1959 III S. 256; vom 23.7.1959, BStBl 1959 III S. 376.
[43] BFH vom 22.6.1967, BStBl 1967 III S. 715; vom 5.9.1968, BStBl 1969 II S. 55.
[44] Bis 31.12.1986 war die grenzüberschreitende Organschaft „zulässig".
[45] Hierzu Reiß (FN 30); Weiß, UR 1979, S. 97; Stadie (FN 34), S. 31.
[46] Reiß (FN 5), Rz. 37 zu § 2.
[47] Hierzu bereits Popitz, Komm. zum UStG vom 26.7.1918, S. 58 f.

Beispiel:

Ein als Arbeitnehmer tätiger Journalist verfaßte einen Roman, den er im Jahre 1982 veröffentlichte. Einnahmen flossen ihm in den Jahren 1982 bis 1988 zu. Seither hat er lediglich im Jahre 1991 noch eine Kurzgeschichte veröffentlichen können.

Nach der Rechtsprechung des BFH[48] genügt für die Bejahung der Unternehmereigenschaft jedoch nicht lediglich eine Einnahmeerzielungs**absicht**. Es muß auch eine tatsächliche Leistungserbringung gegen Entgelt (Leistungsaustausch) vorliegen.[49] Bedeutung erlangt die Problematik insbesondere hinsichtlich des Vorsteuerabzugs.

Als nachhaltige selbständige (unternehmerische) Tätigkeiten sind nicht nur die typischen gewerblichen oder beruflichen Tätigkeiten, wie es der Wortlaut des § 2 Abs. 1 Satz 1 UStG vermuten läßt, anzusehen, sondern auch weitere **nachhaltige** Tätigkeiten (vgl. § 2 Abs. 1 Satz 3 UStG). Die Merkmale „gewerblich" und „beruflich" sind nicht mit den Begriffen des Ertragsteuerrechts kongruent. Für Personen des Privatrechts sind folgende in nachstehender Übersicht aufgeführten Tätigkeiten **umsatzsteuerrechtlich relevant:**

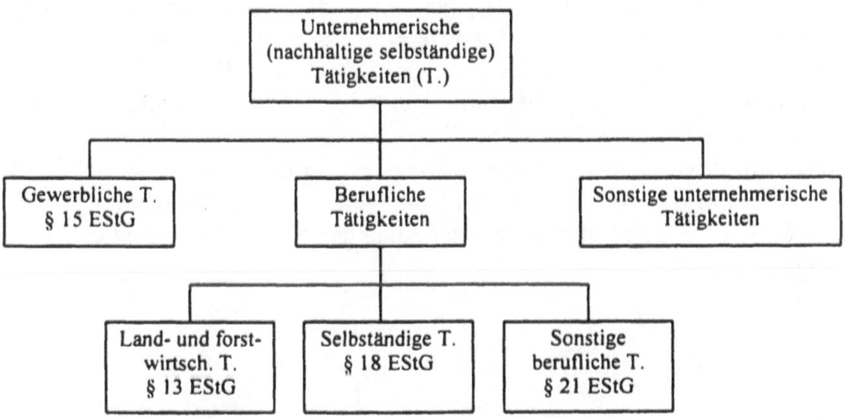

Übersicht 5: Unternehmerische Tätigkeiten der Personen des Privatrechts

Als sonstige berufliche Tätigkeiten sind u.a. Nutzungsüberlassungen körperlicher oder nichtkörperlicher Gegenstände zu betrachten.[50] Nach deutscher Auffassung zählen auch Tätigkeiten, die unter keine Einkunftsart des EStG fallen (z.B. Liebhaberei) zu den unternehmerischen Tätigkeiten.[51]

---

48 BFH vom 16.12.1993, BStBl 1994 II S. 278.

49 Giesberts (FN 24), Anm. 91 f. zu § 2.

50 Vgl. Art. 4 Abs. 2 Satz 2 6.EGRl; ein Vermieter (§ 21 EStG) ist regelmäßig Unternehmer (BFH vom 21.4.1993, BFH/NV 1993, S. 697); Klenk (FN 7), Bem. 45 zu § 2.

51 In Österreich wird den „Verlustbetrieben" nach § 2 Abs. 5 Ziff. 2 ÖUStG keine Unternehmereigenschaft zuerkannt. Vgl. Ruppe, UStG 1994, Tz. 237 ff. zu § 2.

Bei der Auslegung von § 2 UStG ist das Gemeinschaftsrecht[52] zu berücksichtigen, insbesondere die Rechtsprechung des EuGH. Da Leistungen nur dann der Umsatzsteuer unterliegen, wenn sie **von einem Unternehmer (Steuerpflichtigen) als solchem**[53] durchgeführt werden, stellen sich eine Reihe von Zweifelsfragen bei der Beurteilung von Leistungen, die auch von Privaten vorgenommen werden (können). Die Rechtsprechung sah sich daher häufig gezwungen, Grenzfälle zu entscheiden. Sie hat zu Tätigkeitsbereichen, die **nicht** als typisch „gewerbliche" oder typisch „berufliche" Tätigkeiten - diese führen zur „geborenen"[54] Unternehmereigenschaft - qualifiziert werden können, in den letzten Jahren Beurteilungskriterien zur Entscheidungsfindung entwickelt.

Im Gegensatz zur Rechtsprechung zum Unternehmerbegriff unter der Herrschaft des bis 1967 geltenden kumulativen Umsatzsteuersystems ist der BFH seit der Einführung der „Mehrwertsteuer" bemüht, „den Unternehmerbegriff nicht uferlos auszuweiten".[55] Dadurch soll auch verhindert werden, daß der Vorsteuerabzug systemwidrig in Anspruch genommen werden kann.

Bei richtlinienkonformer Auslegung kann ebenfalls nur eine **nachhaltig** zum Zwecke der Einnahmeerzielung ausgeübte Tätigkeit als **„wirtschaftliche Tätigkeit"** i.S. von Art. 4 Abs. 2 6.EGRl. beurteilt werden. Der **Nachhaltigkeit** einer Tätigkeit kommt daher die entscheidende Bedeutung zu. Zur Ausfüllung des unbestimmten Tatbestandsmerkmals **„nachhaltig"** hat der BFH Hilfskriterien herausgearbeitet, die es ermöglichen sollen, einen Einzelfall aufgrund des Gesamtbildes der Verhältnisse zu beurteilen.

In seinem Vorlagebeschluß zur Wohnmobilvermietung an den EuGH vom 5.5.1994[56] führt der BFH im Anschluß an seine Entscheidung vom 18.7.1991[57] zur Prüfung, ob die Voraussetzungen zur Annahme der Nachhaltigkeit erfüllt sind, u.a. aus:

---

[52] Vgl. Einführung, Abschnitt 5.

[53] Art. 2 Nr. 1 6.EGRl.

[54] Der Ausdruck **„geborener"** Unternehmer soll der sprachlichen Vereinfachung dienen und auf zweifelsfreie unternehmerische Tätigkeiten (z.B. Erzeuger, Händler, Dienstleistender usw., wie in Art. 4 Abs. 2 6.EGRl.) hinweisen sowie gleichzeitig eine Abgrenzung zu den Grenzfällen aufzeigen (a.A. wohl Klenk (FN 7), Bem. 7 zu § 2). Der V. Senat des BFH hat allerdings bereits 1977 ebenfalls von „geborenen Hoheitsbetrieben" gesprochen (Urteil vom 26.5.1977 V R 15/74, BStBl 1977 II S. 813). Schmidt-Liebig (FN 3), S. 9, FN 77 spricht von **„Vollformen"** des Unternehmers; Weiß (Umsatzsteuerkongreß-Bericht 1982/83, S. 244) vom „a priori Unternehmer".

[55] Klenk (FN 7), Bem. 5 zu § 2; ders. UR 1993, S. 284 ff. (287).

[56] BFH-Beschluß V R 23/93, BFHE 174, S. 565 (569) mit Anm. Weiß, UR 1994, S. 397 f. (Rs. C-230/94 Enkler).

[57] BFH vom 18.7.1991, BStBl 1991 II S. 776; vgl. Offerhaus (FN 3), S. 279 ff.

„Dabei (bei der Beurteilung)[58] ist eine Reihe verschiedener (nicht abschließend festgelegter) Kriterien maßgebend, die je nach dem Einzelfall in unterschiedlicher Gewichtung für oder gegen die Nachhaltigkeit der Tätigkeit sprechen. Es sind u.a. zu würdigen: die Dauer und die Intensität des Tätigwerdens, die Beteiligung am Markt, die Zahl der ausgeführten Umsätze, das planmäßige Tätigwerden, das Unterhalten eines Geschäftslokals. Danach könnte die Wohnmobilvermietung gegen Entgelt als Unternehmertätigkeit angesehen werden, wenn die Leistung über einen nicht nur unerheblichen Zeitraum planmäßig gegenüber wechselnden Mietern ausgeführt und auf Einnahmeerzielung gerichtet ist."

Der erkennende Senat vertritt im Rahmen seiner Erörterungen die Auffassung, daß eine Nutzung, mit der nur eine **gelegentliche** Einnahmeerzielung angestrebt wird, nicht eine nachhaltige Nutzung (Tätigkeit) i.S. von § 2 Abs. 1 Satz 3 UStG und damit keine unternehmerische Tätigkeit darstellt. Der Senat zielt mit den vorgelegten Fragen auf Klärung des Problems ab, ob und in welcher Weise eine Abgrenzung der (unternehmerischen) wirtschaftlichen Tätigkeit des Steuerpflichtigen (Unternehmers) von seiner sonstigen (z.B. privaten) Tätigkeit vorzunehmen ist. Er hebt hervor, daß gemeinschaftsrechtlich bisher die Methode, Abgrenzungskriterien zu gewinnen, nicht geklärt ist. Einmal könnten Hilfsmerkmale wie wirtschaftliches Gewicht der Tätigkeit, Dauer, Höhe des Entgelts herangezogen werden. Zum anderen könnte auch durch einen Vergleich der jeweiligen Tätigkeit mit den typischen Tätigkeitsformen[59] von Unternehmern eine Wertung vorgenommen werden. Es ist zu hoffen, daß der EuGH in absehbarer Zeit eine schlüssige Beantwortung der vorgelegten Fragen vornehmen kann.[60]

Juristische Personen des öffentlichen Rechts sind grundsätzlich keine Unternehmer, weil die **Ausübung hoheitlicher Tätigkeiten** (Ausübung öffentlicher Gewalt) nicht als unternehmerische Tätigkeit zu betrachten ist.[61] Ausnahmsweise wird jedoch ihre Betätigung im Rahmen ihrer Betriebe gewerblicher Art (§ 1 Abs. 1 Nr. 6 KStG) und im Rahmen ihrer land- und forstwirtschaftlichen Betriebe als

---

[58] Einfügung durch die Verfasser.

[59] Zum Typusbegriff „Unternehmer" siehe Schmidt-Liebig (FN 3), S. 3 f. m.w.N.; Reiß (FN 5), Rz. 35 f. zu § 2; allgemein Tipke/Lang, Steuerrecht, 14. Aufl., Köln 1994, S. 126, Rz. 45; Vogel, StuW 1971, S. 308 ff. (313 f.).

[60] Zu Beginn, Dauer und Ende der Unternehmereigenschaft sowie zur neuen Figur „erfolgloser Unternehmer" wird unter III. 5. und in Teil VII, Abschnitt 1 Stellung genommen. Die Wortschöpfung „erfolgloser Unternehmer" geht - soweit ersichtlich - auf Ahlbrecht, UR 1979, S. 6 f. zurück.

[61] Vgl. § 4 Abs. 5 KStG: „Zu den Betrieben gewerblicher Art gehören nicht Betriebe, die überwiegend der Ausübung der öffentlichen Gewalt dienen (Hoheitsbetriebe)..."

unternehmerisch angesehen.[62] Darüber hinaus wurden noch weitere Tätigkeiten, die nicht im Rahmen eines Betriebes gewerblicher Art oder eines land- oder forstwirtschaftlichen Betriebes ausgeführt werden, kraft Kodifikation **in § 2 Abs. 3 UStG** zu **unternehmerischen Tätigkeiten** deklariert. Dieser Regelung liegen primär verbrauchsteuerliche Überlegungen zugrunde. Zugleich sollen Wettbewerbsnachteile anderer (nicht öffentlich-rechtlicher) Unternehmer verhindert werden.

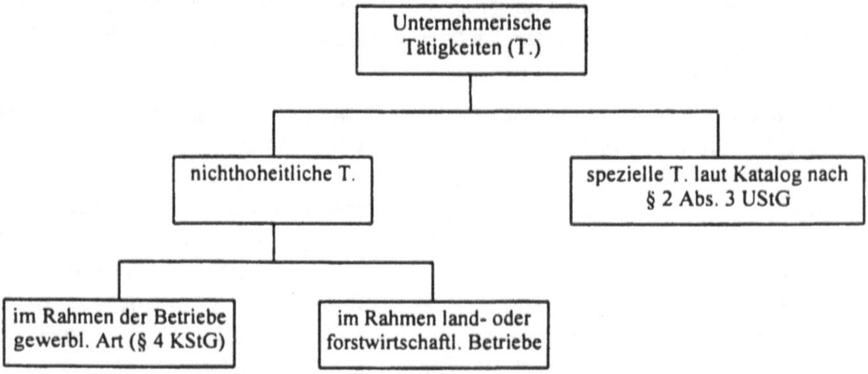

Übersicht 6: Unternehmerische Tätigkeiten der juristischen Personen des öffentlichen Rechts

Die **öffentliche Hand** als Steuerpflichtiger (Unternehmer) erfährt im Umsatzsteuerrecht eine besondere Behandlung. Seit jeher werden Einrichtungen der öffentlichen Hand nur in begrenztem Umfang mit ihren entgeltlichen Leistungen zur Umsatzsteuer herangezogen. Derzeit werden bestimmte Tätigkeiten, die von juristischen Personen des öffentlichen Rechts ausgeübt werden, vom Gesetzgeber als umsatzsteuerlich relevante Tätigkeiten bestimmt.[63] Mit zunehmender Privatisierung und Kommerzialisierung öffentlich-rechtlicher Bereiche muß die bisherige

[62] Vgl. § 4 KStG:
„(1) Betriebe gewerblicher Art von juristischen Personen des öffentlichen Rechts i.S. des § 1 Abs. 1 Nr. 6 sind vorbehaltlich des Absatzes 5 alle Einrichtungen, die einer nachhaltigen wirtschaftlichen Tätigkeit zur Erzielung von Einnahmen außerhalb der Land- und Forstwirtschaft dienen und die sich innerhalb der Gesamtbetätigung der juristischen Person wirtschaftlich herausheben. Die Absicht, Gewinn zu erzielen, und die Beteiligung am allgemeinen wirtschaftlichen Verkehr sind nicht erforderlich."
„(3) Zu den Betrieben gewerblicher Art gehören auch Betriebe, die der Versorgung der Bevölkerung mit Wasser, Gas, Elektrizität oder Wärme, dem öffentlichen Verkehr oder dem Hafenbetrieb dienen."

[63] Zur Umsatzbesteuerung der juristischen Personen des öffentlichen Rechts vgl. u.a. Tehler (FN 9), S. 162 ff. und 178 ff.; Birkenfeld, UR 1989, S. 1 ff.; Wagner (FN 9), S. 59 ff.; ders., UR 1993, S. 301 ff.; zur Umsatzbesteuerung von gemeindlichen Betrieben vgl. Schmidt/Leippe, Das Mehrwertsteuergesetz in der Kommunalverwaltung, 3. Aufl., Köln u.a. 1986, insb. S. 524 ff.; Klenk, UVR 1993, S. 116 sowie auch Schulte/Müller, Umsatzsteuergesetz, Kommentar, Köln u.a. 1993, Rdnr. 52 ff. zu § 2.

umsatzsteuerliche Behandlung der öffentlichen Hand jedoch überdacht werden. Ein aktueller Anlaß ist beispielsweise dadurch gegeben, daß Verpflichtungen aus dem Gemeinschaftsrecht nachgekommen werden muß. So besteht z.B. die Verpflichtung, die **Fernmeldedienste** „in die Umsatzsteuer einzubeziehen". Im Zuge der Neustrukturierung der Deutschen Bundespost wurden die Märkte für Fernmeldedienste weitgehend liberalisiert. Es war daher erforderlich, auf dem Markt der Telekommunikation in umsatzsteuerlicher Hinsicht gleiche Wettbewerbsverhältnisse zu schaffen.[64] Der Gesetzgeber hatte daher beschlossen, die Fernmeldeleistungen der Deutschen Bundespost **stufenweise in die Umsatzsteuer** einzubeziehen.[65] Die Maßnahme stellt zugleich einen Beitrag zur weiteren Umsatzsteuerharmonisierung innerhalb der EU dar.

In diesem Zusammenhang ist darauf hinzuweisen, daß es an der Zeit ist, die Behandlung der Öffentlichen Hand im Umsatzsteuerrecht neu zu regeln. Die für Personen des Privatrechts maßgebende verbrauchsteuerkonforme Interpretation des Unternehmerbegriffes sollte zumindest auch für die **nichthoheitlichen Tätigkeiten juristischer Personen des öffentlichen Rechts** gelten. Derzeit ist jedoch insbesondere die nach diesen Grundsätzen gerechtfertigt erscheinende Bejahung der Unternehmereigenschaft öffentlich-rechtlicher Organisationsformen bei der Ausübung von Tätigkeiten zur Einnahmenerzielung weitgehend ungeklärt.

Für die Beurteilung der Frage, wann den Körperschaften öffentlichen Rechts und den öffentlich-rechtlichen Einrichtungen Unternehmereigenschaft zuzuerkennen ist, kann das Gemeinschaftsrecht hilfreich sein.[66] Nach dem EuGH-Urteil vom 17.10.1989[67] sind die Mitgliedstaaten verpflichtet, die Einrichtungen des öffentlichen Rechts für die ihnen im Rahmen der öffentlichen Gewalt obliegenden Tätigkeiten der Steuerpflicht zu unterwerfen, wenn diese Tätigkeiten - im Wettbewerb mit ihnen - auch von Privaten (d.h. von nicht öffentlich-rechtlichen Institutionen mit Unternehmereigenschaft) nach einer privatrechtlichen Regelung oder ... verwaltungsrechtlichen Genehmigungen ausgeübt werden können **und** ihre Behandlung als Nichtsteuerpflichtige zu größeren **Wettbewerbsverzerrungen** führen kann.

Die Wertung ist unabhängig von körperschaftsteuerlichen Regelungen vorzunehmen. D.h. Unternehmereigenschaft kann auch angenommen werden, wenn kein Betrieb gewerblicher Art i.S. des § 1 Abs. 1 Nr. 6 KStG gegeben ist.

Von besonderer Bedeutung ist diese richtlinienkonforme Interpretation für die Beurteilung der Müllentsorgungsleistungen durch die Kommunen. Im Rahmen

---

[64] Nach Art. 4 Abs. 5 Unterabs. 3 i.V.m. Anhang D Nr. 1 der 6.EGRl sind die Mitgliedstaaten gehalten, das staatliche Fernmeldewesen der Umsatzsteuer zu unterwerfen.

[65] Ab 1.1.1996 wird die Tätigkeit der Deutschen TELEKOM AG in vollem Umfang erfaßt.

[66] Vgl. auch Mößlang (FN 3), S. 16 f.

[67] Rs. 231/87 und 129/88, EuGHE 1989, S. 3233; UR 1991, S. 77 mit Anm. Ramme, RIW 1991, S. 167; ähnlich EuGH vom 15.5.1990 - Rs. C 4/89, EuGHE 1990, I-1869, RIW 1990, S. 767.

der Beratungen des Jahressteuergesetzentwurfs 1996 (Artikel 11)[68] wurde die Einbeziehung der **Entsorgungsleistungen** in die Umsatzbesteuerung und eine Gleichbehandlung mit den Leistungen der Versorgungsunternehmen kontrovers diskutiert und schließlich u.E. „in Verkennung der Rechtslage" aufgegeben.

Bei der künftigen Auslegung des § 2 Abs. 3 UStG sollte die Richtlinienvorgabe in Art. 4 Abs. 5 Unterabs. 2 6.EGRl beachtet werden, wonach die öffentlichen Einrichtungen trotz Ausübung öffentlicher Gewalt als Steuerpflichtige (Unternehmer) gelten, „sofern eine Behandlung als Nicht-Steuerpflichtige zu größeren Wettbewerbsverzerrungen führen würde". Nach Wagner kann § 2 Abs. 3 UStG mit seiner uneingeschränkten Bezugnahme auf § 1 Abs. 1 Nr. 6, § 4 KStG daher „nicht in allen Punkten als zutreffende Richtlinienumsetzung angesehen werden".[69] Eine Klarstellung des gesetzgeberischen Willens - wie in der TELEKOM-Regelung - ist daher dringlich und muß eine richtlinienkonforme Lösung ergeben.[70]

Die **BFH-Rechtsprechung**[71] hat bereits in jüngerer Zeit im Hinblick auf die Ausnahme von der Umsatzbesteuerung öffentlicher Einrichtungen **strengere Maßstäbe** angelegt und stellt auf folgendes ab: „Weder gesetzliche Zuweisung von Aufgaben (auch Pflichtaufgaben) noch das Fehlen aktuellen Wettbewerbs durch private Unternehmer sind ausschlaggebend für eine Behandlung entgeltlicher Tätigkeit öffentlicher Einrichtungen als nicht steuerbar i.S. des § 2 Abs. 3 UStG. Letzteres bezieht sich (auch) auf die Möglichkeit, durch Monopole und Zwangsregelungen Wettbewerb auszuschließen".[72]

Mit Urteil vom 28.1.1988 hat der BFH[73] zu der Frage Stellung genommen, wann ein Betrieb gewerblicher Art vorliegt. Er hat entschieden, daß § 4 Abs. 3 KStG als lex specialis dem § 4 Abs. 5 KStG vorgeht. Somit liegt bei den Versorgungsbetrieben (Eigenbetrieben einer Stadt) stets ein Betrieb gewerblicher Art vor. Dies soll unabhängig davon gelten, ob die Voraussetzungen des § 4 Abs. 1 KStG erfüllt sind und die Bedingungen des § 4 Abs. 5 KStG vorliegen. Dies

---

68 BT-Drs. 13/901 vom 27.3.1995 enthält allerdings keinen konkreten Vorschlag. Vgl. auch BMF - Finanznachrichten 11/95 (S. 3) vom 30.3.1995 sowie Forster, DStR 1996.

69 Wagner (FN 9), S. 79; vgl. auch das Notar-Urteil des EuGH vom 26.3.1987 - Rs. 235-85, UR 1988, S. 164, HFR 1988, S. 247; vom 17.10.1989 - Rs. 231/87 und 129/88, UR 1991, S. 77, IWB vom 11.12.1989, S. 876 (882); sowie Anm. Ramme, UR 1991, S. 80 und Reugebrink, UR 1991, S. 308; siehe auch FG München vom 17.2.1994, UR 1994, S. 315.

70 Siehe Wagner (FN 9), S. 79 zu den Regelungen in Frankreich, Belgien, Dänemark und den Niederlanden; vgl. auch § 2 Abs. 3 ÖUStG (Ruppe, UStG 1994, Tz. 171 ff. zu § 2).

71 Hoheitliche Tätigkeiten sind nur die, die dem Träger der öffentlichen Gewalt „eigentümlich und vorbehalten" sind. Vgl. u.a. BFH vom 14.4.1983, BStBl 1983 II S.491; vom 30.6.1988, BStBl 1988 II S. 910; vom 18.8.1988, BStBl 1988 II S. 932. So sind z.B. amtliche Blutalkoholuntersuchungen unternehmerische Tätigkeiten (nicht Ausübung öffentlicher Gewalt): BFH vom 21.9.1989, BStBl 1990 II S. 95 (HFR 1990, S. 95 mit Anm.).

72 Wagner (FN 9), S. 75.

73 BFH vom 28.1.1988, BStBl 1988 II S. 473; vgl. auch Probst, DStR 1988, S. 565 ff.; Birkenfeld (FN 63), S. 3 f.

dürfte auch für den Entsorgungsbereich gelten.[74] Als Betriebe gewerblicher Art werden z.B. angesehen: Cafeteria und Wohnheim eines Studentenwerkes[75] sowie Kurbetrieb einer Gemeinde.[76] Ebenso wurde der Betrieb eines Freibades durch eine Gemeinde nicht als hoheitliche Betätigung angesehen.[77]

Nach wie vor werden aber u.E. unzutreffend **Rundfunkanstalten** „auf dem Gebiet ihrer hoheitlichen Betätigung" von der Umsatzbesteuerung ausgenommen (Gebühren = kein Entgelt i.S. des § 10 UStG).

Es ist noch darauf hinzuweisen, daß i.S. des UStG jede Art von Tätigkeit unternehmerisch ist, die Dritten gegenüber nachhaltig im Leistungsaustausch (entgeltlich) ausgeübt wird. Die Tätigkeit kann in einem **positiven Tun**[78] oder auch in einem **Dulden oder Unterlassen**[79] bestehen.

Der Zweck der Betätigung ist für die umsatzsteuerrechtliche Beurteilung unerheblich. Auch gemeinnützige und soziale Betätigungen können unternehmerisch sein. Die weite Interpretation des Begriffs der „unternehmerischen Tätigkeit" macht nachstehend eine vertiefende Erörterung der umsatzsteuerrechtlich relevanten Tätigkeiten erforderlich.

I. Typische „gewerbliche" Tätigkeiten

Als unternehmerisch ist die **typische gewerbliche Tätigkeit,** wie sie von Handwerkern, Großhändlern, Fabrikanten und selbständigen Handelsvertretern ausgeübt wird (wirtschaftliche Tätigkeit i.S. der 6.EGRl), anzusehen. Insoweit besteht eine Übereinstimmung mit dem Einkommensteuerrecht. Es handelt sich um sogenannte „geborene" unternehmerische Tätigkeiten. Sämtliche Leistungen, die im Rahmen einer solchen Tätigkeit erbracht werden, sind beim Vorliegen der übrigen Voraussetzungen (Steuerbarkeit, keine Steuerbefreiung) der Umsatzsteuer zu unterwerfen.

Das gilt sowohl für die Grundgeschäfte, wie auch für die Hilfsgeschäfte und Nebengeschäfte. **Grundgeschäfte** sind die Leistungen des Unternehmers, die den Hauptzweck der unternehmerischen Tätigkeit bilden (z.B. Lieferungen von Elektrogeräten eines Elektro-Einzelhändlers).

Hilfsgeschäfte sind die Leistungen, die sich im Zusammenhang mit der Haupttätigkeit des Unternehmers ergeben (z.B. die Veräußerung einer nicht mehr benötigten Schreibmaschine). **Nebengeschäfte** sind Leistungen, die in einem gewissen wirtschaftlichen Zusammenhang mit der Haupttätigkeit des Unternehmers stehen (z.B. Untervermietung eines zum Ladenlokal gehörenden Raumes an einen Drit-

---

[74] So z.B. FG Schleswig-Holstein vom 16.12.1994 (rkr.), UR 1995, S. 216 mit Anm. -e-; vgl. auch Bundesregierung, UR 1993, S. 349; Widmann, UR 1992, S. 9 ff.; Reiß, UR 1994, S. 388 ff.

[75] BFH vom 11.5.1988, BStBl 1988 II S. 908.

[76] BFH vom 18.8.1988 (FN 71).

[77] FG Nürnberg vom 24.1.1984 (EFG 1984, S. 415); gleiches gilt für den Betrieb eines Skilifts (FG Nürnberg vom 24.1.1984, EFG 1984, S. 416).

[78] Vgl. Teil III, Abschnitt 3, Unterabschnitt 1, Kapitel 3. B. I.

[79] Vgl. Teil III, Abschnitt 3, Unterabschnitt 1, Kapitel 3. B. II.

ten). Die Umsätze im Rahmen einer **Geschäftsveräußerung** an einen anderen Unternehmer für dessen Unternehmen unterliegen seit 1.1.1994 nicht mehr der Umsatzsteuer. Sie sind nach § 1 Abs. 1a UStG nicht steuerbar (Art. 5 Abs. 8 6.EGRl).

II. Typische „berufliche" Tätigkeiten

Als **typisch berufliche** und damit unternehmerische **Tätigkeiten** i.S. des Umsatzsteuerrechts werden qualifiziert:

- die Ausübung einer land- und forstwirtschaftlichen Tätigkeit i.S. des § 13 Abs. 1 EStG,
- die Ausübung einer freiberuflichen Tätigkeit i.S. des § 18 Abs. 1 Nr. 1 EStG,
- eine sonstige selbständige Tätigkeit i.S. des § 18 Abs. 1 Nr. 3 EStG sowie
- sonstige berufliche Tätigkeiten.

Als **sonstige berufliche Tätigkeit** ist z.B. die Vermietung und Verpachtung von Grundstücken (§ 21 EStG) anzusehen. Zur Annahme einer unternehmerischen Tätigkeit muß es sich nicht um die Haupttätigkeit eines Steuerpflichtigen handeln. Er kann eine unternehmerische Tätigkeit neben seiner Haupttätigkeit als Arbeitnehmer nebenberuflich ausüben (z.B. Nebenerwerbs-Landwirt, Schriftsteller, Sportjournalist, Mietshausbesitzer).

Auch im Rahmen dieser beruflichen Tätigkeiten sind Grundgeschäfte, Hilfsgeschäfte (z.B. Pkw-Verkauf) und Nebengeschäfte (z.B. Milchfuhren eines Landwirts für eine Molkerei) umsatzsteuerlich zu erfassen. Bereits an dieser Stelle sei darauf hingewiesen, daß Grundgeschäfte und Hilfsgeschäfte bzw. Nebengeschäfte einer unterschiedlichen umsatzsteuerrechtlichen Beurteilung unterliegen können. Das kann insbesondere dann der Fall sein, wenn ein Teil der Umsätze steuerbefreit ist oder einem ermäßigten Steuersatz unterliegt.

III. Sonstige unternehmerische Tätigkeiten natürlicher Personen

Außer den typischen gewerblichen oder beruflichen Tätigkeiten sieht das Umsatzsteuerrecht noch weitere Tätigkeiten als unternehmerisch an, und zwar dann, wenn eine **sonstige nachhaltige Tätigkeit mit Einnahmeerzielungsabsicht** vorliegt. In diesen Bereich fallen alle Betätigungen, die nicht aufgrund „geborener" Unternehmereigenschaft ausgeübt werden. Die Unternehmereigenschaft wird durch faktisches Handeln erworben. Voraussetzung ist, daß die Tätigkeit Leistungen im wirtschaftlichen Sinne zum Gegenstand hat. Das übliche private Kontensparen[80] und Wertpapiersparen[81] stellt nach h.M. keine Leistung im wirtschaftlichen Sinne dar. Obwohl auch in diesen Fällen eine Einnahmeerzielungsabsicht gegeben ist, führen diese Handlungen nicht zu einer unternehmerischen Tätigkeit.

---

[80] BFH vom 1.2.1973, BStBl 1973 II S. 172; vgl. aber Wagner, StuW 1991, S. 61 ff. (62) und Giesberts, StuW 1991, S. 175 ff.

[81] BFH vom 11.10.1973, BStBl 1974 II S. 47; vom 15.1.1987, BStBl 1987 II S. 512; Dziadkowski, UVR 1990, S. 195 (B 5) und Philipowski, Die Umsatzsteuerbefreiung der Bank- und Geldgeschäfte, Köln 1973, Rdnr. 328 f.

Eine **nachhaltige Tätigkeit** wird grundsätzlich dann angenommen, wenn **mehrere gleichartige Handlungen** unter Ausnutzung derselben Gelegenheit oder desselben dauernden Verhältnisses durchgeführt werden.[82] Unerheblich ist, wie oft und in welchen Zeitabständen die Handlungen wiederholt werden. Außer dauerhaften Handlungen können auch Tätigkeiten, die **nur gelegentlich** ausgeübt werden, unternehmerisch sein (Art. 4 Abs. 3 6.EGRl).

Eine **nachhaltige Tätigkeit** wird nicht nur durch eine Kette von Handlungen, sondern u.U. auch durch eine **einmalige Handlung** realisiert. Bei einer einmaligen Handlung ist Voraussetzung, daß die Absicht bestand, das Geschäft zu wiederholen. Fehlt es an der **Wiederholungsabsicht,** dann liegt keine nachhaltige (unternehmerische) Tätigkeit vor.

Eine nachhaltige (unternehmerische) Tätigkeit wird auch dann angenommen, wenn durch eine einmalige Handlung **ein Dauerzustand** geschaffen wird, der die Erzielung fortlaufender Einnahmen ermöglicht. Beispiele hierfür sind insbesondere Duldungshandlungen. Der Reichsfinanzhof hat bereits im Jahre 1933 ebenso wie später der BFH die Nachhaltigkeit und Unternehmereigenschaft bejaht, wenn jemand „Angriffe in den eigenen Rechtskreis" auf Dauer **entgeltlich duldet**, z.B. bei:

- Einräumung eines Erbbaurechts,[83]
- Lizenzvergabe,[84]
- Nießbrauchsbestellung an einem Grundstück[85] und
- mehrjähriger Verwaltung.[86]

Auch wenn sich eine Handlung über mehrere Jahre erstreckt und das Leistungsentgelt in einer Einmalzahlung besteht, ist ein steuerbarer Umsatz gegeben.

Beispiel:

Benötigt ein Schriftsteller für die Erstellung eines Manuskriptes mehrere Jahre und erhält er dann von dem Verlag einen Einmal-Betrag als Entgelt, so liegt eine Leistung (Umsatz) aufgrund seiner freiberuflichen Tätigkeit vor. Sie ist Ausfluß einer typischen „beruflichen" Tätigkeit und somit zweifelsfrei eine unternehmerische Tätigkeit i.S. des § 2 Abs. 1 Satz 1 UStG.

---

[82] BFH vom 3.6.1954, BStBl 1954 III S. 238.
[83] RFH vom 10.3.1933, RStBl 1933 I S. 1343.
[84] BFH vom 14.3.1961, HFR 1961 S. 262.
[85] BFH vom 16.12.1971, BStBl 1972 II S. 238.
[86] BFH vom 7.8.1975, BStBl 1976 II S. 57.

Bestimmte Fälle im Grenzbereich zwischen dem Unternehmensbereich und dem Privatbereich[87] wurden von der Rechtsprechung entschieden. Es sind dies:

(1) Die Veräußerung von Gegenständen aus dem Privatvermögen;
(2) Die Behandlung „anrüchiger" Tätigkeiten;
(3) Der unerlaubte Handel mit Betäubungsmitteln;
(4) Die Beurteilung der Unternehmereigenschaft bei Liebhaberei und Freizeitgestaltung;
(5) Die Behandlung von Unternehmern ohne Umsatz;
(6) Der Umfang der Unternehmenssphäre bei Erwerbsgesellschaften.

Nachstehend werden die Beurteilungsergebnisse der Rechtsprechung zu diesen Bereichen vorgestellt.

(1) Die Veräußerung von Gegenständen aus dem Privatvermögen

Obwohl die Umsatzsteuer als Verbrauchsteuer nach Möglichkeit jeglichen unversteuerten Verbrauch vermeiden soll, werden u.a. sogenannte gelegentliche „Privatumsätze", die von Nichtunternehmern getätigt werden, im allgemeinen aus der Umsatzbesteuerung ausgeklammert.[88]

Nach geltendem nationalen Recht (§ 2 UStG) wird eine Person nur dann zum **Steuersubjekt (Steuerschuldner),** wenn sie selbständig eine **nachhaltige** Tätigkeit gegen Entgelt ausübt. Eine nur **gelegentliche** Veräußerung von Privatvermögen wird nach der BFH-Rechtsprechung im „Philatelisten"-Urteil[89] und im „Numismatiker"-Urteil[90] nicht als unternehmerische Tätigkeit angesehen, da die Tätigkeit eines Sammlers generell zum umsatzsteuerlich irrelevanten „**Eigenleben**" der Person gehöre.[91] Diese Beurteilung gilt unabhängig von der Höhe der erzielten Einnahmen. Der BFH hält das Kriterium der Nachhaltigkeit dann für gegeben, wenn die ausgeübte Tätigkeit auf Wiederholung angelegt und im Sinne einer geschäftsmäßigen Tätigkeit auf Einnahmeerzielung ausgerichtet ist.[92] Er hat sich damit nach einer kurzen Unterbrechung wieder mehr am Gesetzeswortlaut orientiert.[93]

---

[87] Zur „Abgrenzung von Privatwirtschaft" vgl. bereits Popitz (FN 47).

[88] Die Ausklammerung privater Verkäufe aus dem Steuergut der Umsatzsteuer beruht auf einer rechtspolitischen Grundsatzentscheidung (RT-Drs. 1914/18, Nr. 1461 S. 25 f.). Vgl. hierzu Popitz, Handbuch der Finanzwissenschaft, 1. Aufl., Tübingen 1927, S. 180 ff. (191).

[89] BFH vom 29.6.1987, BStBl 1987 II S. 744. In dieser Entscheidung führt der Senat aus, daß „das alleinige Abstellen auf das Merkmal der Nachhaltigkeit nicht weiterführt, weil auch private ... Betätigungen nachhaltig sein können".

[90] BFH vom 16.7.1987, BStBl 1987 II S. 752; zur Distanzierung des X. Senats vom Jahreswagen-Urteil des V. Senats aus 1979 siehe Offerhaus, StBp 1987, S. 261 f.

[91] Siehe hierzu die Analyse von Rose (FN 3), S. 27 ff. (51 ff.).

[92] Verneinend BFH vom 15.1.1987, BStBl 1987 II S. 512; vgl. Reiß, StuW 1987, S. 351 ff. Bejahend BFH vom 4.6.1987, BStBl 1987 II S. 653 (HFR 1987, S. 534 mit Anm.). Ausführlich Giesberts (FN 24), Anm. 225 zu § 2 m.w.N.

[93] Vgl. Schmidt-Liebig (FN 3).

In der **6. EG-Richtlinie** wurde der Unternehmerbegriff aus der 2. EG-Richtlinie weiterentwickelt. Nach Art. 2 Nr. 1 unterliegen der „Mehrwertsteuer" Lieferungen von Gegenständen und Dienstleistungen, die ein **Steuerpflichtiger als solcher** im Inland gegen Entgelt ausführt. Nach Art. 4 der 6.EGRl gilt als Steuerpflichtiger, wer eine der in Absatz 2 genannten **wirtschaftlichen Tätigkeiten** selbständig und unabhängig von ihrem Ort ausübt, gleichgültig zu welchem Zweck und mit welchem Ergebnis. Die genannten wirtschaftlichen Tätigkeiten sind alle Tätigkeiten eines Erzeugers, Händlers oder Dienstleistenden einschließlich der Tätigkeiten der Urproduzenten, der Landwirte sowie der freien Berufe und der diesen gleichgestellten Berufe („geborene" Unternehmer). Als wirtschaftliche Tätigkeit gilt auch eine Leistung, die die Nutzung von körperlichen oder nichtkörperlichen Gegenständen zur nachhaltigen Erzielung von Einnahmen umfaßt.

Außerdem enthält Art. 4 der 6.EGRl in Absatz 3 noch eine **Zusatzregelung.** Den Mitgliedstaaten wird ein **Wahlrecht** eingeräumt in der Weise, daß sie auch solche Personen als Steuerpflichtige betrachten dürfen, die **gelegentlich** eine der **vorgenannten Tätigkeiten** ausüben.

Bei einer richtlinienkonformen Auslegung des § 2 UStG ist zu berücksichtigen, daß die „prinzipiellen Vorgaben der 1. EG-Richtlinie[94] das Mehrwertsteuersystem nicht auf die Produktion oder den Vertrieb durch Unternehmer im betriebswirtschaftlichen Sinn ..." beschränken.

„Das Ziel der von der 1. EG-Richtlinie postulierten Verbrauchsbesteuerung würde es ... gebieten, jeglichen Umsatz zwischen Rechtssubjekten zu besteuern".[95] Aus Praktikabilitätserwägungen[96] hat die 6. EG-Richtlinie, wie bereits der deutsche Gesetzgeber erstmals in 1918,[97] die Möglichkeit eingeräumt, **nur den Steuerpflichtigen** (Unternehmer) als Steuerschuldner heranzuziehen (Art. 4 Abs. 1 und 2). Ein Unternehmer ist im allgemeinen ein besserer „Steuereinsammler"[98] als eine Privatperson.

U.E. kann eine schlüssige Beantwortung der Frage, wann „Nichtunternehmer" mit ihren Leistungen zur Umsatzsteuer heranzuziehen sind, nur gefunden werden, wenn die vom Gesetzgeber angestrebte **Belastungswirkung**[99] berücksichtigt wird. Geht man davon aus, daß jeglicher Konsum einmal mit Umsatzsteuer belastet werden soll, dann müßte die Belastungshöhe in der Regel dem Normalsteuersatz (derzeit 15 v.H.) entsprechen. Dieses Ergebnis wird in der Unternehmerkette dadurch gesichert, daß der erwerbende Unternehmer grundsätzlich die ihm im Zusammenhang mit seinen Bezügen in Rechnung gestellte Umsatzsteuer als Vorsteuer in Abzug bringen kann (§ 15 Abs. 1 UStG). Der Verbraucher soll somit im

---

94 Erste Richtlinie des Rates vom 11.4.1967 zur Harmonisierung der Rechtsvorschriften der Mitgliedstaaten über die Umsatzsteuer (67/227/EWG), ABl.EG 1967 Nr. L 71, S. 1301.

95 Probst, DStJG Bd. 13 (1990), S. 137 ff. (144).

96 Zu den Praktikabilitätserwägungen vgl. Walden (FN 16), S. 116 sowie Reiß, DStJG Bd. 13 (1990), S. 3 ff. (23).

97 RT-Drs. 1914/18, Nr. 1461 S. 25 f.; vgl. Popitz (FN 88).

98 So Tehler, DVR 1983, S. 166 f.

99 Dziadkowski, UR 1985, S. 213 ff.; Walden (FN 16), S. 105; Reiß (FN 96), S. 21 f.

allgemeinen durch eine endgültige Umsatzsteuerbelastung in Höhe des Normalsteuersatzes und nicht in Höhe irgendeines kumulierten Betrages als Steuerträger getroffen werden.[100]

Eine mit dem Gesetzeszweck übereinstimmende Umsatzbesteuerung kann folglich nicht einseitig (nur von der Leistungsausgangs- oder nur von der Leistungseingangsseite her) gewürdigt werden. Da der Vorsteuerabzug nach der eindeutigen Gesetzesregelung nur bei Bezügen eines Unternehmers „für sein Unternehmen" möglich ist, muß dieser Effekt auch für die Beurteilung, wie eine **systemkonforme Verbrauchsteuerbelastung** hergestellt werden kann, ausstrahlen. Es ist u.E. nicht zulässig, eine ursprünglich private - nichtunternehmerische - Tätigkeit lediglich auf der Leistungsseite in eine unternehmerische Tätigkeit umzudeuten. Sammler wie auch Kraftfahrzeughalter, die die erworbenen Gegenstände keinem Unternehmensvermögen zuführen,[101] können nicht sporadisch jeweils in der logischen Sekunde vor einer Verkaufshandlung zum Unternehmer „bestimmt" werden. Wird jedoch insoweit eine unternehmerische Tätigkeit angenommen, wäre auch der Vorsteuerabzug zu gewähren.[102] Dabei könnte eine ggf. zwischenzeitliche außerunternehmerische Nutzung der verkauften Güter im Rahmen der Eigenverbrauchsbesteuerung berücksichtigt werden.

Schließlich ist noch darauf hinzuweisen, daß der deutsche Gesetzgeber von dem vorstehend dargestellten nationalen **Wahlrecht** (Art. 4 Abs. 3 6.EGRl), auch solche Personen als Steuerpflichtige zu betrachten, die nur **gelegentlich** Leistungen erbringen, keinen Gebrauch gemacht hat.[103]

Zu erwähnen ist auch, daß es im Rahmen der Umsatzbesteuerung bekanntlich **keine Ehegattenbesteuerung** wie im Einkommen- oder Vermögensteuerrecht gibt.[104]

---

[100] Zum Verbraucher als Steuerträger siehe auch Reiß, in: Lang (Hrsg.), Festschrift für Klaus Tipke, Köln 1995, S. 433 ff. (437 f.).

[101] Die Veräußerung eines Pkw, der von einem Unternehmer durchschnittlich weniger als 50 v.H. unternehmerisch genutzt und nicht dem Unternehmensvermögen zugeordnet wurde (kein Vorsteuerabzug), stellt keinen umsatzsteuerbaren Vorgang dar (BFH vom 25.3.1988, BStBl 1988 II S. 649; UR 1988, S. 346 mit Anm. Weiß). Siehe aber FG München vom 11.5.1995 (EFG 1995, S. 905) bei nicht vorsteuerentlastetem Pkw. Vgl. auch jüngst Stellungnahme des Generalanwalts Jacobs in der Rs. C-291/92 hinsichtlich des Begriffs der „Steuerneutralität", UVR 1995, S. 273 ff. mit Anm. Dziadkowski, UVR 1995, S. 280 ff.

[102] Ähnlich Stadie (FN 34), S. 44; Reiß (FN 96), S. 24 und 30 f.

[103] Die durch Art. 4 Abs. 3 Buchst. a bzw b 6.EGRl eröffnete Besteuerungsmöglichkeit der Lieferung von Gebäuden bzw. bei Grundstücken dürfte in Deutschland keine wesentliche Besteuerungslücke schließen, da diese Leistungen in der Regel im Rahmen einer unternehmerischen Tätigkeit ausgeführt werden. Vgl. auch Probst (FN 95), S. 149 f.

[104] Zur Beurteilung bei nahestehenden Personen vgl. Lohse, Umsatzsteuerkongreß-Bericht 1988/89, S. 167 ff.

(2) Die Behandlung „anrüchiger" Tätigkeiten

Das deutsche Steuerrecht besteuert wirtschaftliche Vorgänge unabhängig von ihrer Vereinbarkeit mit Sitte und Moral (§ 138 BGB).[105] Selbst gesetzwidrige Handlungen (§ 134 BGB) können zur Steuerpflicht führen. Für die Besteuerung ist es folglich unerheblich, ob ein Verhalten **gesetzwidrig oder sittenwidrig** ist. Durch diese Anknüpfung an das wirtschaftliche „Ist" auch in diesen Fällen soll erreicht werden, „daß illegales und unanständiges Verhalten vor legalem, anständigem Verhalten nicht begünstigt wird."[106]

Rechts- oder Sachmängel des Leistungsaustauschs sind grundsätzlich umsatzsteuerlich **unbeachtlich**, soweit sie nicht zur Rückgängigmachung des Geschäfts oder zur Minderung des Entgelts i.S. des § 17 UStG führen. Folglich führen nichtige oder anfechtbare Rechtsgeschäfte zu einem steuerbaren Leistungsaustausch, sofern das wirtschaftliche Ergebnis akzeptiert wird (§ 41 AO).[107] Ohne Belang ist es auch, ob die Leistungen Gegenstand rechtlich verbindlicher Verpflichtungen sind oder ob überhaupt keine Verbindlichkeiten im Rechtssinne vorliegen, wie bei Spiel, Wette und Ehemaklervertrag.[108] Die **Strafbarkeit** einer Leistung steht der Besteuerung ebenfalls nicht entgegen.[109] Aufgrund illegalen oder sittenwidrigen Verhaltens kann jedoch niemand trotz der generellen Besteuerung Steuervergünstigungen beanspruchen.[110] Daher wurde bei Verbotswidrigkeit einer Ausfuhr die Steuerfreiheit nach § 4 Nr. 3 UStG 1951 nicht gewährt.[111] Unter Beachtung dieser Grundsätze werden z.B. Prostituierte von der Rechtsprechung als Unternehmerinnen angesehen.[112] Das gilt auch bei lediglich vorübergehender Tätigkeit.[113] Bardamen, die die Gäste nicht nur zum Trinken animieren, sollen ebenfalls umsatz-

---

[105] Brezing, StuW 1971, S. 171 ff.; Claßen, Besteuerung des Unrechts, Diss., Bonn 1981; ebenso für Österreich vgl. Ruppe, UStG 1994, Tz. 15 zu § 1, Tz. 46 zu § 2; sowie Ruppe, Unerlaubte Provisionen, Zuwendungen und Vorteile in steuerrechtlicher Sicht, in: Krejci/Ruppe/Schick, Unerlaubte Provisionen, Wien 1982, S. 87 ff.

[106] Tipke/Lang (FN 59), S. 144; Bei der Einführung der USt im Jahre 1918 ging der Gesetzgeber jedoch davon aus, daß die zu besteuernde Tätigkeit erlaubt sein muß. Das Steuerrecht wurde als ein Teil des Rechts vom Staate angesehen. Er könne nicht gleichzeitig eine Betätigung verbieten und besteuern. „Daher sind die Leistungen von Dirnen, Bordellbesitzern, Kupplern, Glücksspielern und Wahrsagern (steuer)freie" (Popitz (FN 47), S. 54). Vgl. hingegen BFH u.a. vom 4.6.1987, BStBl 1987 II S. 653 = HFR 1987, S. 534 mit Anm.

[107] Bunjes, in: Bunjes/Geist, Tz. 10 zu § 1.

[108] Mößlang (FN 31), Bem. 10 zu § 1.

[109] So bereits RFH vom 7.2.1930, RStBl 1930 S. 386 betreffend Verkauf unterschlagener Ware.

[110] Tipke/Lang (FN 59), S. 144; vgl. auch Walz, Steuergerechtigkeit und Rechtsanwendung, Heidelberg/Hamburg 1980, S. 202 ff.

[111] BFH vom 30.1.1975, BStBl 1975 II S. 469; zur Umsatzsteuerbefreiung bei verbotswidrigen Ausfuhren Milatz, UVR 1989, S. 323 ff. m.w.N., der die „alte" Rechtsprechung bei der Mehrwertsteuer nicht mehr für anwendbar hält.

[112] BFH vom 4.6.1987, (FN 106).

[113] BFH vom 29.10.1987, BFH/NV 1988, S. 128.

steuerlich als selbständige Unternehmerinnen betrachtet werden.[114] Die Tätigkeit als Schwarzarbeiter sowie illegale Geschäfte mit verdieseltem Heizöl[115] oder die Veräußerung geschmuggelter Goldbarren[116] begründen auch die Unternehmereigenschaft. Die Entgegennahme von „Schmiergeldern" durch den Geschäftsführer einer KG soll hingegen nicht zur Unternehmereigenschaft führen,[117] weil die eigentliche Geschäftsführertätigkeit nicht überschritten wurde.

(3) Der unerlaubte Handel mit Betäubungsmitteln und Falschgeld

Der Drogenhandel hat inzwischen auch in Europa und insbesondere in Deutschland erhebliche Ausmaße angenommen. Gleichwohl hat der EuGH am 5.7.1988 in zwei Urteilen[118] bei Haschisch-Verkäufern die Unternehmereigenschaft verneint. Der EuGH legt Art. 2 der 6. EG-Richtlinie dahingehend aus, daß bei der **ungesetzlichen Lieferung von Betäubungsmitteln,** die gegen Entgelt im Inland ausgeführt wird, keine Umsatzsteuerschuld entstehe, soweit diese Erzeugnisse nicht Gegenstand des von den zuständigen Stellen streng überwachten Vertriebs zur Verwendung für medizinische und wissenschaftliche Zwecke seien. Dies gelte auch für die rechtswidrige Lieferung von Betäubungsmitteln aus Hanf, und zwar selbst dann, wenn die Behörden eines Mitgliedstaates (z.B. in den Niederlanden) im Rahmen einer selektiven Strafverfolgungspolitik gegen den Einzelhandel geringen Umfangs mit diesen Betäubungsmitteln nicht systematisch strafrechtlich vorgehen. In der Begründung wird u.a. ausgeführt:

> „Da die Einbringung von Betäubungsmitteln in den Wirtschaftskreislauf wegen der allgemein anerkannten Schädlichkeit ... absolut ausgeschlossen ist und ihre illegale Einfuhr nur strafrechtliche Maßnahmen nach sich ziehen kann, ist sie nicht Gegenstand der Bestimmung der Richtlinie über die Definition der Besteuerungsgrundlage und das Entstehen einer Umsatzsteuerschuld. Dies gilt auch für die Erhebung der Mehrwertsteuer bei Lieferungen im Inneren des Landes".

Der EuGH weist weiter darauf hin, daß durch eine günstige Behandlung des illegalen Haschischhandels im allgemeinen der Grundsatz der **steuerlichen Neutralität des Mehrwertsteuer-Systems** nicht beeinträchtigt würde. Das sei dadurch begründet, daß Betäubungsmittel in allen Mitgliedstaaten überhaupt nicht in den Verkehr gebracht werden dürften. Da hier jede Konkurrenz zwischen einem legalen und einem illegalen Sektor der Wirtschaft ausgeschlossen sei, könne die Nichterhebung der Mehrwertsteuer den Grundsatz der Wettbewerbsneutralität nicht berühren.

---

[114] FG Köln vom 30.1.1985, EFG 1985, S. 524 (rkr., Rev. unbegründet).

[115] FG Düsseldorf vom 28.2.1994, EFG 1994, S. 947 (rkr. betr. Schwarzarbeiter); BFH vom 1.7.1987, BStBl 1987 II S. 865; UR 1989, S. 86 mit Anm. Weiß.

[116] FG Niedersachsen vom 4.7.1989, EFG 1989, S. 655 (rkr., NZB unbegründet).

[117] FG Berlin vom 12.5.1987, EFG 1987, S. 639 (rkr., Rev. unbegründet).

[118] EuGH vom 5.7.1988 - Rs. 289/86, UR 1989, S. 309 sowie Rs. 269/87, UR 1989, S. 312; ebenso EuGH vom 6.12.1990 - Rs. C 343/89, UR 1991, S. 148 zur Einfuhr von Falschgeld.

Die Auffassung des EuGH wirkt realitätsfremd und steht **im Widerspruch zur (bisherigen) deutschen Rechtsauffassung,** nach der auch illegale Umsätze der Umsatzbesteuerung unterliegen (§ 40 AO). Da der Tatbestand des Art. 2 Nr. 1 EG-Richtlinie nicht auf legale Umsätze beschränkt ist, erscheint das Urteil für die deutsche Umsatzsteuer nicht sachgerecht und u.E. nicht verbindlich.[119] Weiß,[120] der auf eine bedenkliche Begründungsschwäche der EuGH-Entscheidung hinweist, hebt hervor, daß der EuGH nach seiner eigenen Argumentation - der Drogenhandel gehöre nicht zum Regelungsbereich des EG-Rechts - über die Nichtbesteuerung von Drogenhandel überhaupt nicht habe befinden dürfen. Folglich bestehe auch keine Richtlinienbindung für die einzelnen Mitgliedstaaten.[121]

(4) Die Beurteilung der Unternehmereigenschaft bei Liebhaberei und Freizeitgestaltung

Bei immer kürzeren Arbeitszeiten hat die **Freizeitgestaltung** im letzten Jahrzehnt erheblich an Bedeutung gewonnen. Neben der beruflichen Tätigkeit werden vermehrt Betätigungen aus reiner Liebhaberei ausgeübt. Sie gehören grundsätzlich zum persönlichen Lebenskreis (Eigenleben[122]) und sind im allgemeinen umsatzsteuerlich irrelevant. Die Grenzen zur unternehmerischen Tätigkeit sind jedoch fließend.[123] Sobald die Liebhaberei (neudeutsch: Hobby) jedoch „nachhaltig" ausgeübt wird[124] und auch Einnahmen anfallen, wird dem Liebhaber von der Rechtsprechung **Unternehmereigenschaft „zuerkannt".**[125] Die Anschaffung von Freizeitgegenständen gehört u.E. immer zur Sphäre „Eigenleben" und kann somit nicht zur Unternehmereigenschaft führen. Diese Beurteilung wird unabhängig davon vorgenommen, ob eine Gewinnerzielung beabsichtigt oder diese überhaupt möglich ist, da für eine unternehmerische Tätigkeit lediglich Einnahmeerzielungsabsicht ausreicht. Bei der Umsatzsteuer als Verbrauchsteuer kommt es bekanntlich nicht auf die Gewinnsituation an.

---

[119] Ähnlich Widmann, UR 1989, S. 10 ff.; für Österreich vgl. Ruppe, UStG 1994, Tz. 15 zu § 1 (§ 23 Abs. 5 BAO).

[120] Weiß, UR 1989, S. 309 ff.; vgl. auch Dziadkowski (FN 3), S. 336 f.

[121] Zur Richtlinienbindung vgl. Tipke/Lang (FN 59), S. 533. Die Finanzverwaltung folgt in diesen Fällen dem EuGH (Gemäß Ländererlaß vom 8.6.1990, UVR 1990, S. 284 und Erlaß des Senators für Finanzen der Freien Hansestadt Bremen vom 3.7.1991, UVR 1992, S. 30).

[122] Vgl. die BFH-Rechtsprechung zu den Sammler-Aktivitäten. Bereits im Urteil vom 17.12.1963 (EFG 1964, S. 630) hatte das FG München im Falle der Veräußerung einer Käfersammlung an 2 Abnehmer die Unternehmereigenschaft des Sammlers verneint.

[123] Hier bestehen die gleichen Abgrenzungsschwierigkeiten wie bei der Interpretation der Nachhaltigkeit im Zusammenhang mit sogenannten Privatverkäufen.

[124] Z.B. infolge der Erzielung von Rennpreisen eines Rennstallbesitzers, der stetig Verluste erwirtschaftet (vgl. bereits RFH vom 15.11.1921, RStBl 1922 S. 74).

[125] BFH vom 15.7.1993, BStBl 1993 II S. 810; vgl. Reiß (FN 5), Rz. 60 f. zu § 2, zweifelhaft vom 23.1.1992, BFHE 167/221 = UR 1992, S. 202 (Segelyacht) oder vom 27.10.1993, BStBl 1994 II S. 274 (Karnevalsprinz). Klenk (FN 7), Bem. 48a zu § 2, hält eine wirtschaftliche (unternehmerische) Tätigkeit nur dann für gegeben, wenn sie „nicht privaten Konsum kaschiert".

Bei einer einheitlichen Auslegung des Unternehmerbegriffs[126] in § 2 und in § 15 UStG führt die „Heranziehung zur Umsatzsteuer" im Liebhabereibereich unter der Herrschaft der „Mehrwertsteuer" i.d.R. zu **Vorsteuer-Überschüssen,** sofern die Vorumsatzsteuer auf die Bezüge höher ist als die USt aus den Einnahmen. Zu diesem offenbar „unerwünschten" Ergebnis[127] ist zwischenzeitlich eine umfangreiche Rechtsprechung ergangen. Zur Unternehmereigenschaft bei Anschaffung und Vermietung selbstgenutzter Freizeitgegenstände (z.B. Bootsvermietung) haben die Finanzgerichte Norddeutschlands[128] mehrfach Stellung genommen. Nach den Entscheidungen wird jemand durch Vercharterung einer Motoryacht, die dieser aus privaten Interessen angeschafft hat, nur dann Unternehmer, wenn er dabei wie ein geschäftsmäßiger Vercharterer von Yachten am Markt auftritt.[129]

(5) Die Behandlung von „Unternehmern ohne Umsatz" (erfolgloser „Unternehmer")

Mit der Bejahung der Unternehmereigenschaft wird automatisch davon ausgegangen, daß der Unternehmer umsatzsteuerlich relevante Leistungen erbringt. Umsatzsteuerlich relevante Leistungen sind jedoch lediglich **Leistungen im wirtschaftlichen Sinne.** Daher wird z.B. auch die bloße Hingabe von gesetzlichen Zahlungsmitteln als Gegenleistung für eine Leistung nicht als wirtschaftliche Leistung[130] angesehen. Außer dieser eindeutigen Nichtleistung werden in der modernen Wirtschaft vermehrt Tätigkeiten ausgeübt, bei denen es zweifelhaft erscheint, ob diese Tätigkeiten zu wirtschaftlichen Leistungen i.S. des § 1 Abs. 1 Nr. 1 UStG führen. Es stellt sich die Frage, ob „Unternehmer ohne Umsatz" vorstellbar sind.

In den letzten Jahren hat die Rechtsprechung primär im Zusammenhang mit Fragen des Vorsteuerabzugs zur Unternehmereigenschaft[131] bei Holding-Gesellschaften,[132] dem echten Factoring,[133] bei der Einordnung von Gesellschafterbei-

---

[126] Vgl. hierzu die Ausführungen zu Beginn dieses Teils. Zur Doppelfunktion des Unternehmerbegriffs vgl. Forgách, in: Schwarze/Reiß/Kraeusel, Rz. 26 zu § 15.

[127] Hierzu Matheja, UR 1978, S. 221 ff.; vgl. auch BFH vom 21.5.1987, BStBl 1987 II S. 735 (betr. Jagdtätigkeit); Weber-Grellet, DStR 1992, S. 561 ff. und 602 ff. (606).

[128] FG Schleswig-Holstein vom 10.12.1986, EFG 1987, S. 585 (rkr.); FG Bremen vom 29.8.1988, EFG 1988, S. 597 (rkr.); FG Hamburg vom 4.10.1988, EFG 1989, S. 256 (rkr.).

[129] In Österreich wird Verlustbetrieben nach § 2 Abs. 5 Ziff. 2 ÖUStG keine Unternehmereigenschaft zuerkannt. Kritisch Ruppe, ÖStZ 1984, S. 185 ff.; ders., UStG 1994, Tz. 243 ff. zu § 2.

[130] U.a. BFH vom 18.4.1962, BStBl 1962 III S. 292; vom 1.2.1973, BStBl 1973 II S. 172; vom 11.10.1973, BStBl 1974 II S. 47; vgl. zur Problematik auch Schmidt-Liebig, StuW 1978, S. 137 ff. (143); differenzierend Philipowski (FN 81), Rdnr. 47.

[131] Ausführlich zur Problematik Rose (FN 3), S. 36 ff.

[132] FG Baden-Württemberg vom 28.6.1979, EFG 1979, S. 517; BFH vom 15.1.1987, BStBl 1987 II S. 512 (betr. GmbH-Beteiligungen); vom 20.1.1988, BStBl 1988 II S. 557; EuGH vom 1.4.1982 - Rs. 89/81, UR 1982, S. 246; vom 28.9.1988, BStBl 1989 II S. 122; vgl. auch Probst, UR 1986, S. 226 ff. (Vorsteuerabzug ohne Leistungsaustausch?).

[133] BFH vom 10.12.1981, BStBl 1982 II S. 200 und vom 27.5.1987, BStBl 1987 II S. 739; zweifelnd Forgách, DB 1988, S. 2377 ff.; BFH vom 11.2.1993, UR 1993, S. 354; Kritisch Klenk (FN 7), Bem. 51 zu § 2; EuGH vom 22.6.1993 - Rs. C-333/91, IStR 1993, S. 371.

trägen,[134] der Organwaltertätigkeit[135] und bei Kostengemeinschaften[136] Stellung genommen. Insbesondere das Halten von Beteiligungen wurde nicht als unternehmerische Tätigkeit i.S. des § 2 UStG qualifiziert.[137]

Zusammenfassend ist festzustellen, daß die Rechtsprechung durch die gegenüber dem bis 1967 geltenden Umsatzsteuersystem veränderte Interessenlage der Steuerpflichtigen (Vorsteuerabzug) heute erheblich häufiger in Grenzfällen bemüht wird, zur Unternehmereigenschaft Stellung zu nehmen. Da der BFH für die Bejahung der Unternehmereigenschaft das **Vorliegen eines Leistungsaustausches auf der Leistungsausgangsseite** als **Tatbestandsmerkmal des Unternehmerbegriffs** ansieht, muß er denknotwenig jegliche Form eines „Unternehmers ohne Umsatz“ verneinen.

Daher hat der BFH auch bei sog. „Fehlinvestitionen“ oder bei in der Gründungsphase gescheiterten Unternehmen die Unternehmereigenschaft verneint. Der BFH bejaht die Unternehmereigenschaft nur, wenn der Steuerpflichtige tatsächlich entgeltliche Leistungen erbringt.[138] Damit erhalten z.B. „Existenzgründer“ nur vorläufig den Status eines Unternehmers. Stellt sich später heraus, daß es sich um Fehlmaßnahmen handelt und es zu keinen nachhaltigen Ausgangsumsätzen i.S. des § 1 Abs. 1 Nr. 1 UStG - also unter Außerachtlassung eines etwaigen Eigenverbrauchs - kommt, **entfällt** nach Ansicht des BFH die Unternehmereigenschaft **rückwirkend.**[139]

---

[134] BFH vom 26.1.1984, BStBl 1984 II S. 231; vom 18.3.1988, BStBl 1988 II S. 646; vom 28.9.1988, BStBl 1989 II S. 122 und vom 9.3.1989, BStBl 1989 II S. 580 (keine Mitunternehmerschaft im Umsatzsteuerrecht); vgl. zur Problematik auch Husmann, in: Rau/Dürrwächter/Flick/Geist, Anm. 222 ff. zu § 1; sowie Schön, DStJG Bd. 13 (1990), S. 81 ff. (98 f.).

[135] BFH vom 17.7.1980, BStBl 1980 II S. 622; vom 4.11.1982, BStBl 1983 II S. 156; vom 9.11.1993, BStBl 1994 II S. 56; vom 9.6.1994, UVR 1994, S. 367 mit Anm. Klenk; bei Aufsichtsratsmitgliedern wird hingegen die Unternehmereigenschaft bejaht (BFH vom 2.10.1986, BStBl 1987 II S. 42; vom 4.5.1994 BStBl 1994 II S. 773; vom 24.8.1994, BStBl 1995 II S. 150).

[136] Vgl. BFH vom 4.7.1985, BStBl 1986 II S. 153 (betr. Werbegemeinschaft).

[137] Hinsichtlich des stillen Gesellschafters vertritt derzeit die Finanzverwaltung (Bayerisches Staatsministerium der Finanzen vom 12.12.1985, UR 1986, S. 186) die Auffassung, daß die Hingabe der Einlage eine unternehmerische Tätigkeit darstellen solle. Kritisch Reiß, UR 1987, S. 153 ff. (154 f.); Rau, UR 1987, S. 121 ff. (122); Dziadkowski/Beranek, UR 1990, S. 265 ff.

[138] Hierzu zuletzt BFH vom 4.5.1994, UR 1995, S. 223 und vom 15.9.1994, UR 1995, S. 224; vgl. auch Mößlang, Umsatzsteuerkongreß-Bericht 1988/89, S. 207 ff. (210); Birkenfeld, UR 1990, S. 33 ff.; ders., UR 1992, S. 29 ff.; Wagner, StuW 1991, S. 61 ff.; Klenk, StuW 1994, S. 277 ff.; kritisch Reiß, in: Tipke/Lang (FN 59), S. 579 f.; ders. (FN 5), Rz. 44 ff. zu § 2, der ausführt, daß die Auffassung des BFH „vor allem dem telos der USt“ widerspreche (47). Ablehnend Winter, UR 1993, S. 411 ff.

[139] Bedenken hierzu werden in Teil VII (Vorsteuerabzug) begründet. Hier sei bereits angemerkt, daß z.B. die Nichtinbetriebnahme eines Plutoniumwerkes infolge Rücknahme der Betriebsgenehmigung wohl zur Versagung des Vorsteuerabzugs führen müßte. Vgl. auch Dziadkowski/Robisch/Sabitzer, UR 1995, S. 429 ff.

(6) Der Umfang der Unternehmenssphäre bei Erwerbsgesellschaften

Erwerbsgesellschaften sind im Gegensatz zu den Innengesellschaften i.d.R. typische Unternehmer (Einnahmeerzielung). Früher ging man davon aus, daß diese nur eine unternehmerische Sphäre besitzen könnten.

Ende 1984[140] bestätigte der BFH die Geltung der sogenannten **Sphärentheorie** auch für Erwerbsgesellschaften. Danach ist zwischen der unternehmerischen und der nichtunternehmerischen Sphäre eines Unternehmers zu unterscheiden. Lediglich in der unternehmerischen Sphäre, d.h. im Rahmen seines Unternehmens, führt der Unternehmer umsatzsteuerlich relevante Tätigkeiten aus bzw. bezieht er Vorleistungen mit Vorsteuerabzugsrecht. Dieses Nebeneinander umsatzsteuerrechtlich relevanter und nichtrelevanter Bereiche ist nicht nur bei natürlichen Personen, sondern auch bei juristischen Personen des öffentlichen Rechts und bei rechtsfähigen und nicht rechtsfähigen Vereinen sowie anderen körperschaftlich verfaßten Personenvereinigungen zu beachten. Die **Sphärentheorie** findet damit **bei allen Unternehmen** gleich welcher Rechts- oder Organisationsform Anwendung.

Der Umfang der Unternehmenssphäre ist nach der in den letzten Jahren verfestigten Rechtsprechung des BFH bei Erwerbsgesellschaften nach den allgemeinen Grundsätzen zu bestimmen. „Auch bei Erwerbsgesellschaften ist deshalb nicht jede Leistung von vornherein für das Unternehmen ausgeführt. Kriterium ist auch bei diesen Unternehmern, ob die Leistung zur Ausführung von Umsätzen verwendet wird".[141] Der BFH ist der Auffassung, daß es der Vorstellung des Gesetzgebers entspreche, den abgrenzbaren Teil nichtunternehmerischer Betätigung als die **nichtunternehmerische Sphäre des Unternehmens** zu definieren, ohne daß dem insoweit ein Grundsatz der „Einheitlichkeit des Unternehmens" entgegenstehen würde.[142] Daraus folgt auch, daß sogenannte „Hilfsgeschäfte" in der nichtunternehmerischen Sphäre die Unternehmereigenschaft einer Erwerbsgesellschaft nicht begründen können.[143]

IV. „Besondere" nichthoheitliche Tätigkeiten juristischer Personen des öffentlichen Rechts

Hoheitliche Tätigkeiten juristischer Personen des öffentlichen Rechts werden in Deutschland nicht als unternehmerische Tätigkeiten angesehen (§ 2 Abs. 3 Satz 1 UStG). Art. 4 Abs. 5 6.EGRl bestimmt hingegen: „Falls sie jedoch solche Tätigkeiten ausüben oder Leistungen erbringen [im Rahmen der öffentlichen Gewalt], gelten sie für diese Tätigkeiten oder Leistungen als Steuerpflichtige [Unternehmer], sofern eine Behandlung als Nicht-Steuerpflichtige [Nichtunternehmer] zu größeren **Wettbewerbsverzerrungen** führen würde." Diese Regelung wurde bis-

---

[140] BFH vom 20.12.1984, BStBl 1985 II S. 176; vgl. auch Weiß, UR 1985, S. 61 f.

[141] Stadie (FN 34), S. 82.

[142] BFH vom 28.9.1988, BStBl 1989 II S. 122 (124).

[143] BFH vom 25.3.1988, BStBl 1988 II S. 649; vgl. auch Rau, UR 1987, S.121 ff. (126); Ley, UR 1989, S. 176; Abschn. 22 Abs. 1 Satz 9 und 10 UStR. Zu den Sphären I bis IV ausführlich Klenk (FN 7), Bem. 48b zu § 2.

her nicht richtlinienkonform im UStG umgesetzt. § 2 Abs. 3 UStG (Betrieb gewerblicher Art) könnte daher vom BFH „verabschiedet" werden.[144]

Als hoheitlich[145] ist eine Tätigkeit zu betrachten, bei der die **Ausübung öffentlicher Gewalt** überwiegt. Ein **Hoheitsbetrieb**[146] liegt vor, wenn eine öffentlich-rechtliche Körperschaft Aufgaben erfüllt, die ihr kraft staatlichen Auftrages eigentümlich und vorbehalten sind, weil die Staatsgewalt hier unmittelbar tätig werden muß.

Juristische Personen des öffentlichen Rechts sind die Gebietskörperschaften (Bund, Länder und Gemeinden), die Zweckverbände und die öffentlich-rechtlichen Industrie- und Religionsgemeinschaften. Weiterhin zählen zu den juristischen Personen des öffentlichen Rechts die Handelskammern, Innungen, Ärzte-, Zahnärzte-, Rechtsanwalts- und Apothekerkammern. Die Landwirtschaftskammern, die Ortskrankenkassen, Landesversicherungsanstalten und Universitäten stellen ebenfalls juristische Personen des öffentlichen Rechts dar.

Die juristischen Personen des öffentlichen Rechts üben **Hoheitsaufgaben** weitgehend durch ihre Hoheitsverwaltungen, Anstalten und Betriebe selbst aus. Die Erfüllung der Hoheitsaufgaben ist Inhalt des Eigenlebens der Körperschaft und findet nicht „im Rahmen des Unternehmens" statt. Beispiele für hoheitliche Tätigkeiten sind:

- die Tätigkeit der Polizei, der Feuerwehr, des Standesamtes,
- die Erhebung und Beitreibung von Steuern,
- die Gerichtsbarkeit in Zivil- und Strafsachen,
- das öffentliche Schul- und Hochschulwesen,
- das öffentliche Bauwesen (z.B. Straßenbau).

Soweit eine juristische Person des öffentlichen Rechts über den Rahmen ihrer hoheitlichen Pflichtaufgaben hinaus (gewerblich oder beruflich) **unternehmerisch** tätig wird, ist sie in der Regel nur **im Rahmen ihrer Betriebe gewerblicher Art und ihrer land- und forstwirtschaftlichen Betriebe** als Unternehmer anzusehen.

[144] Vgl. Wagner, UR 1993, S. 301 ff.; Kritisch Reiß, UR 1994, S. 388 ff.; siehe aber FG München vom 17.2.1994, UR 1994, S. 315 mit Anm. Widmann. Gegen das Urteil ist ein Revisionsverfahren anhängig. Der BFH (Beschluß vom 31.3.1995, DStR 1995, S. 1266) hat seinerseits Teile der strittigen Rechtsfragen dem EuGH zur Vorabentscheidung vorgelegt. In Österreich gelten nach § 2 Abs. 3 UStG als Betriebe gewerblicher Art u.a. auch „Anstalten zur Müllbeseitigung und zur Abfuhr von Spülwasser und Abfällen", vgl. Ruppe, UStG 1994, Tz. 191 f. zu § 2.

[145] BFH vom 6.7.1967, BStBl 1967 III S. 582.

[146] So ist im allgemeinen ein Hoheitsbetrieb anzunehmen, wenn Leistungen mit obrigkeitsrechtlichem Annahmezwang verbunden sind. Ein solcher Anschluß- und Benutzungszwang besteht z.B. bei gemeindlichen Schlachthöfen.

Grundsätzlich liegt kein Hoheitsbetrieb vor, wenn eine Körperschaft eine Tätigkeit entfaltet, die sich ihrem Wesen nach von der Tätigkeit eines privaten gewerblichen Unternehmens nicht erheblich unterscheidet, auch wenn sie sich in hoheitlicher Form vollzieht (z.B. Betrieb eines Parkplatzes gegen Gebühr).[147] Entscheidend ist der Wesensgehalt des von der Körperschaft verfolgten Zwecks. Betriebe gewerblicher Art i.S. des § 1 Abs. 1 Nr. 6 KStG sind alle **Einrichtungen**[148], die einer **nachhaltigen wirtschaftlichen Tätigkeit** zur Erzielung von Einnahmen außerhalb der Land- und Forstwirtschaft dienen und die sich innerhalb der Gesamtbetätigung der juristischen Person wirtschaftlich heraussheben.[149] Als solche Betriebe kommen außer den Verkehrs-, Versorgungs-[150] und Hafenbetrieben (§ 4 Abs. 3 KStG), z.B. öffentlich-rechtliche Kreditanstalten, Kur- und Gaststättenbetriebe, Behörden, Kantinen, Krankenanstalten und Altersheime, Museen, Theater, Badeanstalten, Reklamebetriebe, Verkehrsbüros und gewerbliche Fabrikationsbetriebe in Betracht. Auch **Selbstversorgungsbetriebe** (z.B. Bäckereien, Druckereien, Kraftfahrzeugwerkstätten) können Betriebe gewerblicher Art sein. Führen sie Umsätze an Dritte aus und geschieht dies nachhaltig, so ist der Betrieb unternehmerisch tätig.

Außer durch Betriebe gewerblicher Art können die juristischen Personen des öffentlichen Rechts durch ihre land- und forstwirtschaftlichen Betriebe Steuersubjekt sein. Als land- und forstwirtschaftlicher Betrieb gelten nach § 24 Abs. 2 UStG:

(1) die Landwirtschaft, die Forstwirtschaft, der Wein-, Garten-, Obst- und Gemüsebau, die Baumschulen usw.,

(2) Tierzucht- und Tierhaltungsbetriebe unter bestimmten bewertungsrechtlich geregelten Bedingungen.

Zu den land- und forstwirtschaftlichen Betrieben gehören auch die Nebenbetriebe, die dem land- und forstwirtschaftlichen Betrieb zu dienen bestimmt sind.

---

[147] BFH vom 7.12.1965, BStBl 1966 III S. 150; vom 10.12.1992, BStBl 1993 II S. 380.

[148] BFH vom 13.3.1974, BStBl 1974 II S. 391; vgl. Bunjes/Geist, Tz. 45 zu § 2 (ABC).

[149] Die dazu erforderliche wirtschaftliche Selbständigkeit der Tätigkeit kann sich aus einer besonderen Leitung, aus der Buchführung oder ähnlichen auf einen eigenen Geschäftskreis hindeutenden Merkmalen ergeben. Eine besondere Organisationseinheit ist allerdings nicht erforderlich, vgl. BFH vom 26.5.1977, BStBl 1977 II S. 813. Es entspricht jedoch nicht den gesetzlichen Erfordernissen, das Kriterium „wirtschaftlich herausheben" unterschiedslos nach einem fest bestimmten Betrag der jährlichen Einnahmen oder Gewinne zu beurteilen (BFH vom 11.1.1979, BStBl 1979 II S. 746; vom 14.4.1983, BStBl 1983 II S. 491; vom 25.10.1989, BStBl 1990 II S. 868). Ein nachhaltiger Jahresumsatz von mehr als 60.000 DM wird als Indiz angesehen (vgl. Abschn. 23 Abs. 4 UStR i.V.m. Abschn. 5 Abs. 5 KStR, vom BFH jedoch nicht anerkannt (Klenk (FN 7), Bem. 103 und 114 zu § 2).

[150] Nach FG Schleswig-Holstein ist die Abfallentsorgung durch eine Gemeinde keine hoheitliche Tätigkeit, sondern ein Tätigwerden im Rahmen eines Betriebes gewerblicher Art, der in Konkurrenz zur privatwirtschaftlichen Abfallwirtschaft tritt (vgl. Urteil vom 16.2.1994, EFG 1994, S. 985, UR 1995, S. 216); vgl. auch Bundesregierung, UR 1993, S. 349 f. Hierzu jüngst Forster, DStR 1996.

Außer diesen nichthoheitlichen Tätigkeiten werden noch folgende **spezielle Tätigkeiten kraft Fiktion** derzeit im Katalog des § 2 Abs. 3 UStG als unternehmerische Tätigkeiten angesehen:

(1) die Tätigkeit der Notare im Landesdienst und der Ratsschreiber im Land Baden-Württemberg,[151] soweit Leistungen ausgeführt werden, für die nach der Bundesnotarordnung die Notare zuständig sind;

(2) die Abgabe von Brillen und Brillenteilen einschließlich der Reparaturarbeiten durch Selbstabgabestellen der gesetzlichen Träger der Sozialversicherung;

(3) die Leistungen der Vermessungs- und Katasterbehörden bei der Wahrnehmung von Aufgaben der Landesvermessung und des Liegenschaftskatasters mit Ausnahme der Amtshilfe;[152]

(4) die Tätigkeit der Bundesanstalt für Landwirtschaft und Ernährung, soweit Aufgaben der Marktordnung, der Vorratshaltung und der Nahrungsmittelhilfe wahrgenommen werden.

Mit den in § 2 Abs. 3 UStG enumerativ aufgeführten Tätigkeiten wollte der Gesetzgeber den Grundsatz der Wettbewerbsneutralität sicherstellen.

Grundsätzlich ist anzumerken, daß unter Verbrauchsteuergesichtspunkten[153] jegliche Leistungen der juristischen Personen öffentlichen Rechts im Rahmen der Einkommensverwendungsbesteuerung der Umsatzsteuer unterworfen werden müßten. Solch eine Ausweitung der Besteuerung wäre allerdings kaum praktikabel.

Allerdings wäre zu erwägen, durch Enumeration der steuerbaren (und steuerpflichtigen) Tätigkeiten wie im Anhang D zu Art. 4 Abs. 5 der 6.EGRl Rechtssicherheit zu schaffen. Diesen Weg hat die Schweiz bei der Einführung der Mehrwertsteuer per 1.1.1995 beschritten (Anhang zu Art. 17 Abs. 4 MWSTV). Insbesondere sollten Leistungen, die nach betriebswirtschaftlichen Grundsätzen erbracht werden (z.B. durch PTT und SBB) der Umsatzbesteuerung unterworfen werden. Der (neue) Entwurf eines Mehrwertsteuergesetzes sieht u.a. vor, daß öffentlich-rechtliche Institutionen dann der MWSt unterliegen, „wenn sie Umsätze tätigen, die

a. entweder auf dem Markt angeboten werden oder

b. wenn deren Nichtbesteuerung zu maßgeblichen Wettbewerbsverzerrungen führt.“

[151] Vgl. auch BVerfG vom 25.3.1980 - 1 BvR 159/78, HFR 1980, S. 249.

[152] Abschn. 23 Abs. 7 UStR.

[153] Vgl. Reiß, in: Tipke/Lang (FN 59), S. 526 f.; ders. (FN 96), S. 3 ff.; Tehler (FN 16), S. 38.

Kapitel 2 : Unternehmerzusammenschlüsse

Mehrere Unternehmer können sich auf Dauer oder nur vorübergehend zu einer Gemeinschaft zusammenschließen. Um das wirtschaftliche Ziel, gemeinsam geschäftlich tätig zu werden, zu erreichen, gibt es verschiedene rechtliche Gestaltungsmöglichkeiten. Je nach rechtlicher Gestaltungsform kann das neue Gebilde selbst Unternehmereigenschaft erwerben oder eine reine Innengesellschaft darstellen. Ehegatten, die beide Unternehmereigenschaft besitzen, werden umsatzsteuerrechtlich grundsätzlich wie fremde Dritte behandelt. Im Gegensatz zum Einkommensteuerrecht gibt es im Umsatzsteuerrecht keine Zusammenveranlagung (zwei Unternehmer = zwei Steuersubjekte).

Ein **Zusammenschluß** besitzt **Unternehmereigenschaft,** wenn er selbständig unternehmerisch (gewerblich oder beruflich) tätig wird. Entscheidend ist, daß das Gebilde nach außen auftritt und als solches Rechtsbeziehungen zu Dritten knüpft und entsprechende Leistungen erbringt. In diesem Falle unterliegen grundsätzlich sowohl die Leistungen gegenüber Dritten wie auch gegenüber den eigenen Mitgliedern (Einzelunternehmer, GmbH, AG, OHG usw.) der Umsatzsteuer.[154] Unternehmerische Zusammenschlüsse treten in der Praxis z.B. in folgenden Ausprägungen auf:

- Ein- und Verkaufsgemeinschaften,
- Absatzgenossenschaften,
- Kartelle,
- Mietergemeinschaften.

Tritt ein Zusammenschluß **nach außen** nicht in Erscheinung, so stellt das Gebilde eine **Innengesellschaft** dar, die keine Unternehmereigenschaft besitzt. Entscheidend ist, daß lediglich Vereinbarungen getroffen wurden, die das Innenverhältnis der Beziehungen von mehreren Unternehmern betreffen.[155] Die Rechtsfolge ist, daß lediglich die einzelnen der zusammengeschlossenen Unternehmer Leistungen im umsatzsteuerrechtlichen Sinne erbringen können.[156] Daraus ergibt sich, daß auch die gegenseitigen Leistungen zwischen den einzelnen Unternehmern (Leistungsaustausch) umsatzsteuerlich relevant sind.[157] Eine bloße Gewinnaufteilung - z.B. bei Gewinnpoolungen - begründet jedoch keinen Leistungsaustausch.[158] Innengesellschaften treten insbesondere in der Form der typischen oder

[154] Die früheren Formen der Unternehmerzusammenschlüsse „Unternehmereinheit" und „Organschaftsähnliche Verhältnisse" hatten keine gesetzliche Grundlage (vgl. FN 23 und 166). Zur Struktur von Unternehmervereinigungen vgl. Mößlang/Klenk, in: Sölch/Ringleb/List, Bem. 13 ff. zu § 2.

[155] BFH vom 29.9.1960, BStBl 1960 III S.529; vom 11.11.1965, BStBl 1966 III S. 28.

[156] BFH vom 27.5.1982, BStBl 1982 II S. 678.

[157] BFH vom 26.5.1955, BStBl 1955 III S. 234.

[158] BFH vom 11.11.1965, BStBl 1966 III S. 28; vom 26.7.1973, BStBl 1973 II S. 766.

atypischen stillen Gesellschaft,[159] einer Meta-Gesellschaft,[160] eines Gewinnpools[161] oder einer Bürogemeinschaft in Erscheinung. Sie benötigen in der Regel kein eigenes Vermögen, keinen Betrieb, keine eigene Rechtsfähigkeit und keine Firma zur Erfüllung der Gesellschaftsziele. Die Unternehmereigenschaft scheitert somit am Fehlen einer nach außen gerichteten nachhaltigen Tätigkeit.[162]

Eine besondere Bedeutung haben in der Baubranche die **Arbeitsgemeinschaften** erlangt. Sie sind vertragliche Zusammenschlüsse zweier oder mehrerer Unternehmer zur gemeinsamen Ausführung eines Auftrages. Die Zusammenarbeit der Unternehmer kann in verschiedener Weise geregelt sein.

Die Arbeitsgemeinschaft ist als nach außen durch Leistungserbringung tätig werdende Personengesellschaft in der Regel Unternehmer. Tritt sie weder durch Leistungserbringung gegenüber Dritten noch gegenüber den Mitgliedern entgeltlich auf, ist sie als bloße Innengesellschaft kein Unternehmer.[163] Dies ist z.B. bei Gerätevorhaltung u.U. der Fall. Infolge der Vorsteuerabzugsmöglichkeiten innerhalb der Unternehmerkette treten die früheren Probleme (Kumulation bis 1967) nicht mehr in Erscheinung.[164]

---

[159] BFH vom 12.2.1970, BStBl 1970 II S. 477; vom 2.8.1979, BStBl 1980 II S. 20; vgl. auch Dziadkowski/Beranek, UR 1990, S. 265 ff. m.w.N.

[160] Die Meta-Vereinigung ist eine besondere Art der Innengesellschaft, bei der sich mehrere Unternehmer auf längere Zeit zur Ausführung einer unbestimmten Zahl von Geschäften auf gemeinschaftliche Rechnung miteinander verbinden. Die Geschäfte werden jedoch nicht von der Vereinigung, sondern von jedem Metisten im eigenen Namen geschlossen. Meta-Verbindungen befassen sich im allgemeinen mit Anschaffungsgeschäften über Wertpapiere oder Waren. Der Käufer-Metist erwirbt das Eigentum an den Waren und verschafft dem Verkäufer-Metist die Verfügungsmacht über die Waren.

[161] BFH vom 26.7.1973, BStBl 1973 II S. 766; vom 28.2.1974, BStBl 1974 II S. 345.

[162] Vgl. Reiß (FN 5), Rz. 84 zu § 2.

[163] BFH vom 12.2.1970, BStBl 1970 II S. 477.

[164] Hinsichtlich der Abgrenzung Leistungsaustausch/Gesellschafterbeitrag vgl. Teil III, Abschnitt 3, Kapitel 1. B. IV. Vgl. auch Walden, Umsatzsteuerkongreß-Bericht 1991/92, S. 79 ff.

Abschnitt 2: Der Unternehmensbegriff

Der **Unternehmensbegriff** ergibt sich aus § 2 Abs. 1 Satz 2 UStG. Nach dieser Vorschrift umfaßt das Unternehmen die gesamte gewerbliche oder berufliche (unternehmerische) Tätigkeit des Unternehmers **(Einheitstheorie).** Der Grundsatz der Unternehmenseinheit bezieht sich jedoch nur auf den sachlichen Umfang des Unternehmens **eines Unternehmers.**[165] Unternehmen mehrerer Unternehmer können nicht zu einem einheitlichen Unternehmen zusammengefaßt werden.[166]

Der Unternehmensbegriff gilt grundsätzlich ohne räumliche Begrenzung und umfaßt daher Unternehmensteile nicht nur im Inland, sondern auch im Ausland. „Umsätze", die zwischen (ggf. rechtlich selbständigen) Unternehmensteilen getätigt werden, werden als sogenannte **„Innenumsätze"** [167] bezeichnet und sind umsatzsteuerrechtlich irrelevant, da sie nicht zwischen zwei verschiedenen umsatzsteuerrechtlichen Steuersubjekten durchgeführt wurden.

Nicht zum Unternehmen gehört der Bereich, der außerhalb des unternehmerischen Tätigkeitsbereichs des Unternehmers liegt (Privatsphäre, hoheitlicher Bereich einer juristischen Person des öffentlichen Rechts, nichtunternehmerischer Bereich eines Idealvereins). **Der außerunternehmerische Bereich** erlangt dann Bedeutung, wenn z.B. der Tatbestand des Eigenverbrauchs[168] verwirklicht ist. Weiterhin ist besonders darauf hinzuweisen, daß grundsätzlich nur Leistungen, die **„im Rahmen eines Unternehmens"** (§ 1 Abs. 1 Nr. 1 UStG) ausgeführt werden, steuerbare Umsätze darstellen können.[169]

Für die Beurteilung umsatzsteuerrechtlicher Sachverhalte kommt daher dem Unternehmensumfang entscheidende Bedeutung zu.

Kapitel 1 : Der Unternehmensumfang bei Betriebsmehrheit

Mehrere „Betriebe", „Betriebsstätten" oder „Firmen" desselben Unternehmers, die einer Tätigkeitsart (z.B. „gewerblich" i.S. des § 15 EStG) zuzuordnen sind, bilden umsatzsteuerrechtlich ein Unternehmen (eine **Unternehmenseinheit**). Aus dem Prinzip der Unternehmenseinheit folgt, daß ein Unternehmer umsatzsteuerrechtlich immer nur ein Unternehmen haben kann. Das gilt auch dann, wenn die Betriebe ganz unterschiedlichen Branchen angehören (z.B. Gastwirtschaft und Autoreparaturwerkstatt).

---

[165] BFH vom 16.11.1978, BStBl 1979 II S. 347.

[166] Die frühere Rechtsprechung zur **Unternehmereinheit** wurde bereits 1979 aufgegeben. (U.a. BFH vom 8.2.1979, BStBl 1979 II S. 358).

[167] Vgl. Teil III, Abschnitt 1, Kapitel 2. Hinsichtlich des unternehmensinternen Verbringens vgl. Teil X, Abschnitt 3, Kapitel 5.

[168] Vgl. Teil III, Abschnitt 3, Unterabschnitt 3.

[169] Wegen der Besonderheit bei der „Einfuhr" und dem „innergemeinschaftlichen Erwerb" vgl. die Ausführungen in Teil III, Abschnitt 3, Unterabschnitt 5 sowie Teil X, Abschnitt 3, Kapitel 3.

Eine Unternehmenseinheit zwischen Eheleuten, die jeweils einen gesonderten Betrieb führen, ist mangels Unternehmeridentität (Ehemann und Ehefrau sind umsatzsteuerrechtlich verschiedene Steuersubjekte) nicht anzunehmen.

Beispiele:

(1) Der Unternehmer Peter Müller betreibt in Essen eine Malerwerkstatt und führt in Dortmund ein Hotel, das er von seinem Onkel geerbt hat. Im Frühjahr 1993 wird das Hotel von dem Malermeister und seinen Angestellten renoviert. Die von dem Unternehmensteil „Malerwerkstatt" für den Unternehmensteil „Hotel" erbrachten Leistungen sind als Innenumsätze anzusehen und stellen umsatzsteuerrechtlich folglich Nichtumsätze dar. Die beiden Betriebe bilden ein Unternehmen.

Alternative: Das Hotel gehört der Ehefrau des Malermeisters. Die Renovierungsarbeiten sind als Umsätze des Malermeisters an die Hotelinhaberin umsatzsteuerbar und umsatzsteuerpflichtig. Die Ehefrau als Hotelbesitzerin ist Unternehmerin und daher berechtigt, die in Rechnung gestellte Umsatzsteuer als Vorsteuer in Abzug zu bringen (§ 15 Abs. 1 UStG).

(2) Ein Rechtsanwalt übt neben seiner forensischen Praxis noch Vermögensverwaltungen und gelegentlich auch Testamentsvollstreckungen für Bekannte aus. Weiterhin veröffentlicht er in Fachzeitschriften juristische Beiträge.

Die gesamten beruflichen Tätigkeiten (Betriebe) bilden ein einheitliches Unternehmen.

Kapitel 2 : Der Unternehmensumfang beim Zusammentreffen verschiedenartiger Tätigkeiten

Das Prinzip der Unternehmenseinheit gilt nicht nur bei einer Mehrheit von Betrieben innerhalb einer Tätigkeitsart (z.B. Einkunftsart i.S. des Einkommensteuerrechts), sondern auch beim Zusammentreffen verschiedenartiger Tätigkeiten. Selbst nachhaltig erzielte Einnahmen aus einer Tätigkeit, die einkommensteuerrechtlich nicht einer Einkunftsart i.S. des § 2 EStG (z.B. Liebhaberei) zuzuordnen ist, sind bei der Ermittlung des Gesamtumsatzes des Unternehmens zu erfassen.

Beispiel:

Ein junger Friseurmeister, der selbständig einen eigenen Salon führt, erbt von einem Großonkel einen landwirtschaftlichen Betrieb und von einer Tante ein Mietwohnhaus.

Alle drei „Betriebe" bilden ein einheitliches Unternehmen. Auch die Vermietungstätigkeit eines Mietshausbesitzers stellt eine unternehmerische Tätigkeit dar. Daß die Einnahmen aus drei verschiedenen Einkunftsarten i.S. des Einkommensteuerrechts erzielt werden, ist umsatzsteuerrechtlich ohne Bedeutung.

Kapitel 3 : Die Unternehmenssphäre der juristischen Personen des öffentlichen Rechts

Juristische Personen des öffentlichen Rechts werden nur im **Rahmen ihrer Betriebe gewerblicher Art** und ihrer **land- und forstwirtschaftlichen Betriebe** sowie mit den in § 2 Abs. 3 Nr. 2-5 UStG aufgeführten **speziellen Tätigkeiten** unternehmerisch tätig. Als **hoheitliche Tätigkeit** ist grundsätzlich die Erfüllung öffentlich-rechtlicher Aufgaben (Hoheitsaufgaben) anzusehen.[170] Diese ist nach Gemeinschaftsrecht nichtunternehmerisch (nicht im Rahmen des Unternehmens), wenn dadurch nicht größere Wettbewerbsverzerrungen ausgelöst werden.

Sinn und Zweck der umsatzsteuerlichen Erfassung der unternehmerischen Tätigkeiten, die von Betrieben gewerblicher Art, von land- und forstwirtschaftlichen Betrieben und anderen Einrichtungen dieser Körperschaften ausgeübt werden, ist, die **Wettbewerbsgleichheit** mit privatrechtlichen Unternehmen sicherzustellen. Wenn Betriebe gewerblicher Art durch Leistungen am allgemeinen Wirtschaftsleben teilnehmen und wenn sie nachhaltig Umsätze erzielen, die auch Gegenstand privater Unternehmertätigkeit sein könnten, sollen diese Umsätze aus Wettbewerbsgründen auch der Umsatzsteuer unterworfen werden.

Die Unternehmenssphäre beschränkt sich auf die Sektoren, die eine unternehmerische Tätigkeit entfalten. Steuersubjekt ist die juristische Person. Folglich können mehrere Betriebe gewerblicher Art, die einer juristischen Person des öffentlichen Rechts zuzurechnen sind, ebenfalls eine **Unternehmenseinheit** bilden. Außer den Grundgeschäften sind auch Hilfsgeschäfte und etwaiger „Eigenverbrauch" zu erfassen.

Die entgeltliche Veräußerung von gebrauchten Gegenständen (z.B. Büromöbeln) aus dem hoheitlichen Bereich einer juristischen Person des öffentlichen Rechts ist als Hilfsgeschäft dem hoheitlichen und nicht dem unternehmerischen Bereich zuzuordnen und löst folglich keinen steuerbaren Umsatz aus (Vorsteuerabzug ist bei Anschaffungen ebenfalls nicht möglich).[171] Wird ein Gegenstand aus dem unternehmerischen Bereich nicht an Dritte veräußert, sondern in den hoheitlichen Bereich überführt, stellt dieser Vorgang **Eigenverbrauch** dar.[172]

---

[170] Vgl. Abschnitt 1, Kapitel 1. C. IV. in diesem Teil. Zu den Betrieben gewerblicher Art vgl. Wagner, UR 1993, S. 301 ff.; kritisch Reiß, UR 1994, S. 388 ff. Siehe auch Klenk (FN 7), Bem. 103 und 114 zu § 2.

[171] Vgl. Teil VII Abschnitt 2, Kapitel 2. A. III.

[172] Vgl. Teil III, Unterabschnitt 3; Mößlang/Klenk (FN 154), Bem. 113 zu § 2.

Kapitel 4 : Die Unternehmenssphäre der Vereine

Wie die juristischen Personen des öffentlichen Rechts werden auch die ideellen Vereine (z.B. Sport- und Kulturvereine) nur **partiell unternehmerisch** tätig, und zwar dann, wenn sie außer der Erfüllung ihrer satzungsgemäßen Aufgaben **Sonderleistungen gegen Sonderleistungsentgelte** bewirken. Insoweit entsteht ein unternehmerischer Bereich. Die Unternehmenssphäre des Vereins (der Rahmen des Unternehmens) bleibt also begrenzt. Hilfsgeschäfte und etwaiger „Eigenverbrauch" sind zu erfassen.[173] Sonderleistungen, bei denen ein Leistungsaustausch bejaht wird, liegen dann vor, wenn Leistungen bewirkt werden, die über den Rahmen der Erfüllung des Vereinszwecks hinausgehen und für die außer den regelmäßigen Mitgliederbeiträgen besondere Entgelte erhoben werden.[174]

Beispiel:

Ein Handballverein unterhält zur Erfüllung seiner satzungsgemäßen Zwecke Trainingseinrichtungen, die allen Abteilungen dienen. Bei Wettspielen der ersten Mannschaft erhebt er Eintrittsgelder.

Der Verein ist nur partiell Unternehmer. Der Unternehmensumfang (Rahmen des Unternehmens) wird auf die Durchführung der Wettspiele begrenzt. Insofern liegt ein Leistungsaustausch (steuerbare Umsätze) vor. Die übrige satzungsgemäße Tätigkeit wird als nichtunternehmerisch betrachtet. Die Mitgliederbeiträge stellen kein Entgelt für eine unternehmerische Tätigkeit des Vereins dar.

Innerhalb der unternehmerischen Sphäre - insbesondere bei Fußballvereinen - ist noch zu unterscheiden, ob es sich um eine Lizenzspielerabteilung (Fußball-Bundesliga) oder um eine Amateurabteilung handelt. Diese Unterscheidung kann für den anzuwendenden Steuersatz Bedeutung haben.[175]

Kapitel 5 : Das Unternehmensvermögen

Sämtliche Gegenstände, die dem Unternehmer gehören und zur Ausübung unternehmerischer Tätigkeiten genutzt werden, zählen zum sogenannten **Unternehmensvermögen.**[176] Hierzu zählt insbesondere das ertragsteuerliche Betriebsvermögen und z.B. vermieteter Grundbesitz (§ 21 EStG). Die Zurechnung eines Gegenstandes zum Unternehmensvermögen hat folgende Auswirkungen:

(1) Bei einer Veräußerung liegt stets eine Lieferung im Rahmen des Unternehmens vor.[177]

(2) Bei einer Überführung in die Privatsphäre des Unternehmers[178] (Hoheitsbe-

---

[173] Vgl. Reichhardt/Schenkl, DVR 1981, S. 50 ff.; Dziadkowski/Forster, SpuRt 1994, S. 217 ff.

[174] Vgl. Teil III, Abschnitt 3, Unterabschnitt 1, Kapitel 1. B. III.

[175] FG Münster vom 31.5.1994, EFG 1994 , S. 812, vgl. auch Jansen, FR 1995, S. 461 ff.

[176] Vgl. ausführlich Völkel/Karg, Der Begriff des Unternehmensvermögens im Umsatzsteuerrecht, BB 1979, S. 1393 ff.

[177] FG München vom 11.5.1995 (EFG 1995, S. 905) unter Bezugnahme auf BFH-Beschluß vom 2.10.1989 (BFH/NV 1989, S. 812).

[178] BFH vom 19.4.1979, BStBl 1979 II S. 420; vom 25.3.1988, BStBl 1988 II S. 649; vgl. Klenk, UR 1992, S. 296 f.

reich einer juristischen Person des öffentlichen Rechts, nichtunternehmerische Sphäre eines Idealvereins[179]) liegt ein Gegenstandseigenverbrauch nach § 1 Abs. 1 Nr. 2 Buchst. a UStG vor.[180]

(3) Bei vorübergehender außerunternehmerischer Nutzung liegt ein Leistungseigenverbrauch nach § 1 Abs. 1 Nr. 2 Buchst. b UStG vor.

(4) Beim Erwerb eines Gegenstandes für das Unternehmensvermögen liegt das für den Vorsteuerabzug erforderliche Tatbestandsmerkmal „Lieferung für sein Unternehmen" i.S. des § 15 Abs. 1 Nr. 1 UStG vor.

Für die Beantwortung der Frage, ob ein Gegenstand, der nicht ausschließlich dem Unternehmer dient (gemischtgenutzter Gegenstand), dem Unternehmensvermögen zuzurechnen ist, gilt nach derzeitiger deutscher Auffassung (Abschn. 192 Abs. 18 UStR) folgender Grundsatz: Ein Gegenstand zählt entweder in vollem Umfang zum Unternehmensvermögen[181] oder in vollem Umfang zum Privatvermögen (nichtunternehmerisches Vermögen).[182] Die „Aufteilung" eines Gegenstandes (getrennte Behandlung von unterschiedlich verwendeten Teilen eines Gegenstandes) ist hingegen nach Auffassung des EuGH grundsätzlich möglich.[183] Beim Erwerb vertretbarer Sachen kann eine „Aufteilung"[184] einer Gesamtmenge immer erfolgen (Gegenstände für das Unternehmen, Gegenstände für den Privatbereich).

Bei der Beurteilung eines Sachverhalts im Rahmen eines Einzelunternehmens kann die bilanzsteuerrechtliche Zurechnung von Bedeutung sein. Gehört ein Gegenstand in vollem Umfang zum notwendigen oder gewillkürten Betriebsvermögen i.S. des Bilanzsteuerrechts, dann ist er in der Regel auch als Unternehmensvermögen anzusehen.[185]

---

[179] BFH vom 20.12.1984, BStBl 1985 II S. 176.

[180] Sinn und Zweck ist die Korrektur des Vorsteuerabzugs, der beim Erwerb zu 100 v.H. in Anspruch genommen werden konnte.

[181] Der Begriff des Unternehmensvermögens ist jedoch nicht identisch mit dem ertragsteuerrechtlichen Begriff des Betriebsvermögens (z.B. Mietwohnhaus).

[182] Zur Teilbarkeit von Grundstücken vgl. u.a. Theisen, Umsatzsteuerkongreß-Bericht 1988/89, S. 139 ff. m.w.N.; BFH-Beschluß vom 28.4.1992, IStR 1992, S. 19; Lohse, IStR 1992, S. 89 ff.; Dziadkowski, BB 1994, S. 1119 ff. (zu Bericht in IStR 1993, S. 467 f.); Generalanwalt van Gerven, IStR 1993, S. 467 ff; Generalanwalt Jacobs, UVR 1995, S. 273 ff. mit Anm. Dziadkowski.

[183] EuGH vom 4.10.1995, DStR 1995, S. 1709; Anm. Klenk, DStR 1995, S. 1741 f.; Robisch, UVR 1995, S. 358 ff.; hierzu Teil VII, Abschnitt 2, Kapitel 2. A. III.

[184] Es liegt keine „Aufteilung" im eigentlichen Sinne vor, sondern vielmehr die Annahme zweier Lieferungen.

[185] Die ertragsteuerrechtliche Zurechnung ist jedoch nicht bindend. Die Zuordnung eines Gegenstandes zum unternehmerischen Tätigkeitsbereich „richtet sich ... nicht nach ertragsteuerrechtlichen Kriterien, also nicht nach der Einordnung als Betriebs- oder als Privatvermögen." (BFH vom 19.4.1979, BStBl 1979 II S. 420; vgl. auch FG Köln vom 19.2.1981, EFG 1981, S. 473 und FG Nürnberg vom 10.3.1981, EFG 1981, S. 596). Vgl. auch Birkenfeld, USt-Hdb I Rz. 1305.

Die Qualifikation gemischtgenutzter Gegenstände als Unternehmens- oder Nichtunternehmensvermögensteil ist vom Grad der unternehmerischen Nutzung (Verwendung) unabhängig. Durch Urteil vom 11.7.1991 hat der EuGH entschieden, daß die Versagung des Vorsteuerabzugs im Falle einer begrenzten, gleichwohl aber tatsächlich gegebenen unternehmerischen Verwendung eines Gegenstandes durch Festlegung einer Mindestquote[186] (Grad der Verwendung im Unternehmen) nicht mit Art. 17 der 6.EGRl vereinbar ist. Daneben hat der Unternehmer nach neuerer EuGH-Rechtsprechung[187] das Wahlrecht, einen gemischtgenutzten Gegenstand einheitlich dem Unternehmen zuzuordnen oder eine Aufteilung nach Verwendungszwecken vorzunehmen.

Für den Unternehmer besteht grundsätzlich ein **Zuordnungswahlrecht.** Er kann den Gegenstand dem Bereich des Unternehmensvermögens durch subjektive Entscheidung[188] (Option) zuordnen. Die Entscheidung für „(gewillkürtes) Unternehmensvermögen" kann der Unternehmer durch Inanspruchnahme des Vorsteuerabzugs dokumentieren.[189] Der Nutzungsgrad ist im allgemeinen unter Berücksichtigung der voraussichtlichen Nutzungsrelation während der Gesamtnutzungsdauer zu bestimmen. Dabei kommt auch der Absicht des Unternehmers erhebliche Bedeutung zu.[190] Allerdings sind die Grenzen der Zuordnungsmöglichkeiten zu beachten. Die Zuordnung zum Unternehmensvermögen ist ausgeschlossen, wenn die Bezüge allein für die nichtunternehmerische Verwendung (Nutzung) bestimmt sind.

Beispiele:

(1) Schwimmanlage im Wohnbereich[191]

(2) Pkw eines Hobby-Motorsportlers[192]

(3) Anschaffungen für nichtunternehmerischen Bereich einer Holdinggesellschaft, die nichtunternehmerisch tätig wird.[193]

Insbesondere die Zuordnung von Freizeitgegenständen zum Unternehmensvermögen (Vorsteuerabzug!) erscheint zweifelhaft. Für diesen Bereich ist in Kürze eine Klärung durch den EuGH zu erwarten.[194]

---

[186] Rs. C-97/90, UR 1991, S. 291; UVR 1991, S. 307.

[187] EuGH-Urteil vom 4.10.1995 (FN 183); hierzu Teil VII, Abschnitt 2, Kapitel 2. A. III.

[188] Rose, StuW 1978, S. 97 ff.; Schult, BB 1982, S. 1520 ff.; BFH vom 20.12.1984, BStBl 1985 II S. 176.

[189] Hinsichtlich der Zuordnung eines gemischtgenutzten, nicht vorsteuerentlasteten Pkw vgl. FG München vom 11.5.1995, EFG 1995, S. 905.

[190] BFH vom 25.3.1988, BStBl 1988 II S. 649.

[191] BFH vom 21.5.1987, BFH/ NV 1987, S. 536.

[192] BFH vom 15.7.1993, BStBl 1993 II S. 810.

[193] Klenk, UR 1992, S. 296.

[194] BFH (Vorlage-)Beschluß vom 5.5.1994 (BFHE 174, S. 565; DStR 1994, S. 1419; UR 1994, S. 394) betr. Vermietung eines Wohnmobils (vgl. dazu die Ausführungen in Abschnitt 1, Kapitel 1. C. in diesem Teil (dort FN 56).

Abschnitt 3: Nichtunternehmer als Steuersubjekte

Personen, die nicht als Unternehmer i.S. des § 2 UStG anzusehen sind, werden allgemein als **Nichtunternehmer** (Nichtsteuerpflichtige i.S. der 6.EGRl) bezeichnet. Sie können nur in Ausnahmefällen Steuersubjekt sein. Dies kann einmal der Fall sein, wenn eine Person eine **Einfuhr** tätigt. Der Vorgang der Einfuhr löst Einfuhrumsatzsteuer (Sonderform der Umsatzsteuer) aus, gleich ob der Einführende Unternehmer oder Nichtunternehmer ist. Weiterhin kann ein Nichtunternehmer zum **Steuersubjekt** werden, wenn er unberechtigterweise Umsatzsteuer gesondert in Rechnung stellt.[195]

Nach der Übergangsregelung des USt-Binnenmarktgesetzes kann ein Fahrzeuglieferer zum **fiktiven Unternehmer** werden, wenn bestimmte Voraussetzungen erfüllt sind.[196]

Kapitel 1 : Der Nichtunternehmer als Schuldner der Einfuhrumsatzsteuer

Führt eine Person Gegenstände aus dem Drittlandsgebiet in das Inland[197] ein, so liegt grundsätzlich ein steuerbarer Umsatz nach § 1 Abs. 1 Nr. 4 UStG vor, der Einfuhrumsatzsteuer auslöst. **Steuerschuldner** ist nach § 13 Abs. 3 i.V.m. § 21 Abs. 2 UStG der Einführende. Dabei ist es gleichgültig, ob der Einführende Unternehmereigenschaft besitzt oder ein Nichtunternehmer ist. Für die Erhebung der Einfuhrumsatzsteuer ist grundsätzlich Zollrecht anzuwenden. Daher wird die Einfuhrumsatzsteuer auch nicht von der Finanzverwaltung, sondern von der Zollverwaltung erhoben.

Hinsichtlich der Steuerermittlung ist zu beachten, daß die Bemessungsgrundlage nach § 11 UStG zu ermitteln ist. Eine Steuerpflicht entsteht wie bei der Umsatzsteuer allerdings nur, wenn die Einfuhr der Gegenstände nicht befreit ist (§ 5 UStG). Nach § 5 Abs. 2 UStG kann das BMF zur Erleichterung des Warenverkehrs über die Grenze und zur Vereinfachung Steuerfreiheit oder Steuerermäßigung anordnen. Diese Regelung hat insbesondere im Reiseverkehr Bedeutung erlangt.

---

[195] § 14 Abs. 3 UStG; vgl. Wagner, in: Sölch/Ringleb/List, Bem. 137 ff. zu § 14; siehe auch BVerfG vom 5.5.1992, UVR 1992, S. 208.

[196] Vgl. hierzu Teil X, Abschnitt 3, Kapitel 6.

[197] Außer dem Inland (früher Zollgebiet) gilt dies noch für die österreichischen Gebiete Jungholz und Mittelberg; vgl. Mößlang, in: Sölch/Ringleb/List, Bem. 236 zu § 1.

Kapitel 2 : Ungerechtfertigter Steuerausweis durch Nichtunternehmer

Ein Nichtunternehmer, der unberechtigt Umsatzsteuer in Rechnung stellt (fakturiert), wird Schuldner dieser Umsatzsteuer nach § 13 Abs. 2 Nr. 4 i.V.m. § 14 Abs. 3 UStG[198] und somit **Steuersubjekt**. Die **Steuerschuld** entsteht mit Ausgabe der Rechnung. Dies ist der Fall, wenn jemand, der keine Unternehmereigenschaft besitzt, in einer Rechnung oder in einer anderen Urkunde einen Steuerbetrag gesondert ausweist, obwohl er keine steuerbare unternehmerische Leistung bewirkt hat. Gleichgestellt werden den Nichtunternehmern diejenigen Personen, die zwar Unternehmereigenschaft besitzen, jedoch Kleinunternehmer sind oder nicht im Rahmen des Unternehmens gehandelt haben.[199] Das gilt auch für die Erteilung sog. Gefälligkeitsrechnungen.[200]

Beispiele:

(1) Ein Angestellter erteilt beim Verkauf seines Gebrauchtwagens dem Käufer eine Rechnung mit Umsatzsteuerausweis.

Der Nichtunternehmer schuldet die unberechtigt fakturierte Umsatzsteuer nach § 14 Abs. 3 UStG, obwohl er keine unternehmerische Leistung erbracht hat.

(2) Ein Unternehmer veräußert einen Kühlschrank aus seinem Privathaushalt und erteilt dem Käufer eine Rechnung mit Umsatzsteuerausweis.

Der Unternehmer schuldet die unberechtigt fakturierte Umsatzsteuer ebenfalls nach § 14 Abs. 3 UStG, obwohl er die Lieferung nicht im Rahmen seines Unternehmens, d.h. als Nichtunternehmer, ausgeführt hat.

Zu beachten ist, daß es in diesen Fällen keine Berichtigungsmöglichkeit gibt.[201] Ob diese Regelung in dem Umfang der 6.EGRl entspricht, ist zweifelhaft.[202]

Anzumerken ist noch, daß dem Leistungsempfänger - auch wenn er Unternehmer ist - kein Vorsteuerabzugsrecht zusteht.

---

[198] Die Vorschrift soll u.a. das Erschleichen von Vorsteuerbeträgen verhindern (Gefährdungstatbestand); hierzu u.a. Weiß, BB 1980, S. 1433 ff.; vgl. auch BFH vom 7.5.1981, BStBl 1981 II S. 547; vom 13.9.1984, BStBl 1985 II S. 20; vom 18.5.1988, BStBl 1988 II S. 752; vom 5.8.1988, BStBl 1988 S. 1019; vom 9.9.1993, BStBl 1994 II S. 131; vom 27.10.1993 , BStBl 1994 II S. 274.

[199] Zur Anwendbarkeit des § 14 Abs. 3 UStG bei Kleinunternehmern i.S. des § 19 UStG, vgl. Wagner (FN 195) Bem. 165 zu § 14.

[200] BFH vom 20.3.1980, BStBl 1980 II S. 287; vom 9.12.1987, UR 1988, S. 187.

[201] Wagner (FN 195), Bem. 145 zu § 14; ders., StuW 1993, S. 260 ff.

[202] Vgl. EuGH vom 13.12.1989 - Rs. C-342/87, UR 1989, S. 83 mit Anm. Reiß (zu Art. 21 Abs. 1 Buchst. c 6.EGRl).

Teil II
Der räumliche Geltungsbereich

Abschnitt 1: Grundlagen der Besteuerungshoheit

Kapitel 1 : Nationaler und supranationaler Geltungsbereich

Der **räumliche Geltungsbereich** des deutschen Umsatzsteuerrechts ist grundsätzlich das Inland i.S. des § 1 Abs. 2 UStG. Trotz der Anpassung des deutschen Umsatzsteuergesetzes an die 6.EGRl bleibt der räumliche Geltungsbereich im rechtlichen Sinne auf das Inland beschränkt. Jedoch ergeben sich steuerrechtliche Wirkungen über die Staatsgrenzen hinaus, wenn in Anwendung deutscher Rechtsvorschriften (z.B. § 3a UStG) eine Doppelbesteuerung oder Nichtbesteuerung eines Umsatzes eintritt. Der Gesetzgeber hat daher dem Bundesminister der Finanzen eine Ermächtigung in § 3a Abs. 5 UStG erteilt, in bestimmten Fällen mit Zustimmung des Bundesrates durch Rechtsverordnung den Ort der Leistung abweichend von den Regelungen im § 3a Abs. 1 und 3 UStG zu bestimmen. Damit soll entweder eine Doppelbesteuerung oder eine Nichtbesteuerung vermieden oder Wettbewerbsverzerrung verhindert werden können. Durch die Binnenmarktregelungen ist der Anwendungsbereich nicht geringer geworden (§§ 3b-e UStG).

Anzumerken ist, daß für die Umsatzbesteuerung entscheidend ist, wo ein Umsatz ausgeführt wird.[1] Wird ein Umsatz im Inland ausgeführt, so kommt es für die Besteuerung grundsätzlich nicht darauf an, ob der Unternehmer deutscher Staatsangehöriger ist, seinen Wohnsitz oder Sitz im Inland hat, im Inland eine Betriebsstätte unterhält, die Rechnung erteilt oder die Zahlung empfängt. Entscheidend ist, daß der Ort der Leistung im Inland liegt. Die zentralen Vorschriften zur Bestimmung des Leistungsorts sind § 3 Abs. 6-8 und § 3a UStG. Die Regelungen in §§ 3b-e UStG gelten nur für bestimmte Leistungen.

Der Rat der Europäischen Gemeinschaft strebte mit der Harmonisierungsrichtlinie die Verbesserung der Liberalisierung des Güter-, Dienstleistungs- und Kapitalverkehrs innerhalb der Europäischen Gemeinschaft an. Ein weiteres Ziel war, die Besteuerung der Einfuhr und die steuerliche Entlastung der Ausfuhr im Handelsverkehr zwischen den Mitgliedstaaten zu beseitigen und zugleich die Neutralität des gemeinsamen Umsatzsteuersystems in bezug auf den Ursprung der Gegenstände und Dienstleistungen zu wahren.[2] Dieses Ziel konnte im Rahmen der gesetzlichen Neuregelungen noch nicht in vollem Umfang realisiert werden.[3] Insbesondere ist noch keine klare Linie erkennbar, nach welchem international aner-

---

[1] Für die Einfuhr (§ 1 Abs. 1 Nr. 4 UStG) gelten Sonderregeln.

[2] Zur Problematik vgl. Giersch, Zu Fragen der Anwendung des Ursprungs- oder Bestimmungslandprinzips bei der Umsatzsteuer im Gemeinsamen Markt, Düsseldorf 1962; vgl. auch Ceccini, Europa '92, Baden-Baden 1988.

[3] Vgl. Zitzelsberger, Erfahrungen mit dem USt-Binnenmarkt aus der Sicht eines international tätigen Unternehmens, Umsatzsteuerkongreß-Bericht 1995/96; sowie Widmann, Erfahrungen mit dem USt-Binnenmarkt aus der Sicht der Verwaltung, Umsatzsteuerkongreß-Bericht 1995/96.

kannten Prinzip die Zuteilung des Steueraufkommens geregelt werden soll. Theoretisch sind mehrere Lösungen denkbar.

Die Frage, welchem der Prinzipien zur Umsatzbesteuerung - dem **Bestimmungslandprinzip (BLP)** oder dem **Ursprungslandprinzip (ULP)** - im internationalen Wirtschaftsverkehr der Vorzug zu geben ist, wird nach wie vor kontrovers diskutiert.[4] Das von der Bundesregierung im April 1994 vorgelegte Konzept zur endgültigen Regelung für die Umsatzbesteuerung in der EG[5] fand bei den anderen Mitgliedstaaten bisher keine Zustimmung. Von den meisten Mitgliedstaaten wurde die Übergangsregelung Ende 1994 positiv beurteilt.[6] Daher wird die derzeitige Übergangsregelung weit über das Jahr 1996 Geltung behalten. Allerdings kann die Einführung einer endgültigen Regelung nicht unbegrenzt hinausgezögert werden.[7] Endgültige Regelungen müßten noch mit zwei weiteren Zielen verknüpft werden:

- Sicherung einer neutralen Besteuerung des Handels sowohl innerhalb als auch zwischen den Mitgliedstaaten parallel zum europäischen Einigungsprozeß, um auf diese Weise
- „im Rahmen einer Wirtschaftsunion einen Gemeinsamen Markt zu schaffen, auf dem ein gesunder Wettbewerb herrscht und der ähnliche Merkmale aufweist wie ein Binnenmarkt.“[8]

Da die seit 1.1.1993 geltenden Vorschriften grundsätzlich dem **Bestimmungslandprinzip** folgen und lediglich für den nichtkommerziellen innergemeinschaftlichen Reiseverkehr und bestimmte andere Umsätze[9] das Ursprungslandprinzip gilt, wird nachstehend zunächst nur das BLP näher erläutert.

Solange die Steuersätze in den Mitgliedstaaten nicht weiter angenähert werden, wird es zu Sogwirkungen in grenznahen Regionen kommen. Die Regelungen, durch die private Letztverbraucher in bestimmten Fällen (z.B. beim Erwerb von neuen Fahrzeugen im Ausland) wie Unternehmer behandelt werden (§ 2a UStG), sind Hilfslösungen und beweisen die Unvollkommenheit der Übergangsregelung. Derzeit ist nicht erkennbar, daß die Bundesregierung erfolgversprechende Anstrengungen zur „Beendigung“ der Übergangsregelung per 1.1.1997 (vgl. BT-Drs. 12/2691) unternommen hat.

---

4 Zitzelsberger/Keil, Erfahrungen mit dem Umsatzsteuerbinnenmarkt, UR 1995, S. 169 ff. (172).

5 Gutachten der Ursprungslandkommission, Heft 52 der BMF-Schriftenreihe, Bonn 1994.

6 Kommission der EG, Bericht „Über das Funktionieren der MWSt-Übergangsregelung für den innergemeinschaftlichen Handelsverkehr“ KOM (94) 515 endg., Brüssel, 23.11.1994 (ISBN 92-77-82716-5).

7 Vgl. Dziadkowski, UR 1993, S. 344 ff.

8 Kommission (FN 6), S. 4.

9 Vgl. hierzu Teil X, Abschnitt 1, Kapitel 1.

Kapitel 2 : Das Bestimmungslandprinzip

Der internationale grenzüberschreitende Warenverkehr macht es erforderlich, die Belastungen der Waren mit Umsatzsteuern in etwa anzugleichen. Diese Angleichung wird derzeit nach einem international geltenden Besteuerungsprinzip, dem sogenannten **Bestimmungslandprinzip,** vorgenommen. Nach diesem Prinzip wird im grenzüberschreitenden Warenverkehr die exportierte Ware im Ursprungsland mittels Steuerbefreiung und Erstattung der Umsatzsteuer (Vorsteuer) entlastet und im Bestimmungsland durch Erhebung der Einfuhrumsatzsteuer wieder entsprechend belastet. Die Importwaren werden somit umsatzsteuerlich wie die Inlandswaren belastet. Durch diese Methode werden die unterschiedlichen Umsatzsteuersysteme und abweichenden Umsatzsteuersätze der einzelnen Herkunftsländer neutralisiert.

Der Grundgedanke des Bestimmungslandprinzips ist, daß der internationale Warenverkehr nur mit der Umsatzsteuer belastet werden soll, die in dem Lande gültig ist, in dem die Ware verbraucht oder verwendet wird[10]. Da die **Einfuhrumsatzsteuer** im System einer Allphasen-Nettoumsatzsteuer innerhalb einer Unternehmerkette **als Vorsteuer**[11] anzusehen und somit abziehbar ist, erübrigen sich komplizierte Vorsteuerberechnungen über die Landesgrenzen hinweg. Durch die Steuerbefreiung der Exporte im Herkunftsland wird erreicht, daß die **Umsatzsteuerbelastung** aus dem Ursprungsland an der Grenze faktisch **aufgehoben** („auf Null gestellt") wird. Das Importland kann dann die Belastung bei der Einfuhr herbeiführen, die auch für inländische Produkte maßgebend ist.

Innerhalb der EU wird durch die Übergangsregelungen weiterhin das BLP angewandt. An die Stelle der Steuerfreiheit der Ausfuhr (nach wie vor bei Drittstaaten) tritt die Steuerbefreiung der innergemeinschaftlichen Lieferung (§ 4 Nr. 1b i.V.m. § 15 Abs. 3 Nr. 1 UStG). Die Einfuhrumsatzsteuer wird durch die Steuer auf den innergemeinschaftlichen Erwerb (**Erwerbssteuer** nach § 1 Abs. 1 Nr. 5 UStG) ersetzt. Innerhalb der Unternehmerkette ändert sich die Steuerbelastung grundsätzlich nicht, da die Erwerbssteuer als Vorsteuer berücksichtigt wird.

---

[10] „für das die Ware bestimmt ist".

[11] Vgl. Teil VII, Abschnitt 2, Kapitel 2. B.

Abschnitt 2: Territorialität

Die 6.EGRl behandelt in Art. 3 den räumlichen Geltungsbereich unter der Bezeichnung **Territorialität.** Als innergemeinschaftlicher Raum (Binnenmarkt) wird der Bereich der EG-Staaten, **ab 1.1.1995** der der **EU-Staaten** betrachtet. Das **Gemeinschaftsgebiet** umfaßt das **Inland** i.S. des § 1 Abs. 2 UStG und die Gebiete der übrigen Mitgliedstaaten der **Europäischen Union** (EU). Innerhalb des Gemeinschaftsgebietes unterscheidet man dann noch das Inland (§ 1 Abs. 2 UStG) und das **übrige Gemeinschaftsgebiet** (§ 1 Abs. 2a Satz 1 UStG). Andere Staatsgebiete werden als Drittlandsgebiete (§ 1 Abs. 2a Satz 3 UStG) bezeichnet.

Kapitel 1 : Die Legaldefinition „Inland“

Der deutschen Steuerhoheit unterliegen grundsätzlich nur Umsätze, die im deutschen Hoheitsgebiet getätigt werden. Diese Region wird im Umsatzsteuergesetz als Inland definiert. Als **Inland** ist nach § 1 Abs. 2 UStG das Gebiet der Bundesrepublik Deutschland mit Ausnahme des Gebiets von Büsingen, der Insel Helgoland, der Freihäfen, der Zone zwischen Hoheitsgrenze und Strandlinie sowie der deutschen Schiffe und Luftfahrzeuge in freien, zu keinem Staatsgebiet (Zollgebiet) gehörenden See- und Lufträumen zu verstehen.

Zusätzlich sind jedoch die Ausnahmeregelungen in § 1 Abs. 3 UStG zu beachten. Obwohl diese Umsätze nach der Grundsatzregelung nicht steuerbar wären, wird ihre Steuerbarkeit kraft Fiktion unterstellt. Die in § 1 Abs. 3 Nr. 1-7 UStG aufgeführten Umsätze, die in den Freihäfen und Hoheitsgewässern getätigt werden, gelten als steuerbar, sofern ein Letztverbrauch in diesen Gebieten erfolgt. Sie werden wie Umsätze im Inland behandelt.[12]

Da in Freihäfen ein Letztverbrauch im wesentlichen bei juristischen Personen des öffentlichen Rechts vorkommt, wird in § 1 Abs. 3 Satz 2 UStG die widerlegbare Vermutung aufgestellt, daß die Umsätze an diese juristischen Personen für ihren hoheitlichen (nichtunternehmerischen) Bereich erbracht werden. Diese Vermutung kann allerdings durch Aufzeichnungen und Belege widerlegt werden (Glaubhaftmachung).

Durch die Sonderregelungen des § 1 Abs. 3 UStG soll verhindert werden, daß der Endverbrauch in diesen Gebieten umsatzsteuerlich unbelastet bleibt.

---

[12] Ab dem 1.1.1996 gilt diese Regelung auch für die sog. „Helgoland-Box“. Ebenso ab dem 1.1.1996 sind jedoch gem. § 4 Nr. 6 Buchst. d UStG Personenbeförderungen im Passagier- und Fährverkehr mit Wasserfahrzeugen für die Seeschiffahrt umsatzsteuerfrei, wenn die Personenbeförderung zwischen inländischen Seehäfen und der Insel Helgoland durchgeführt wird.

Beispiele:

(1) Lieferungen von Speisen und Getränken zum Verzehr in Personalkantinen im Freihafen oder auf Fährschiffen, Lieferung von Ausrüstungsgegenständen, Treibstoffen, Proviant für private Sportboote,

(2) Reparatur an einem privaten Sportboot.

Kapitel 2 : Die Legaldefinition „Ausland"

Ausland ist nach § 1 Abs. 2 Satz 2 UStG das Gebiet, das nicht zum Inland gehört. Botschaften und Konsulate anderer Staaten sind dagegen kein Ausland.

Die im Ausland getätigten Umsätze sind folglich **nicht steuerbar**. Sie sind somit für die deutsche Umsatzsteuerberechnung irrelevant. Jedoch kann es für den Vorsteuerabzug von Bedeutung sein, ob Umsätze, die außerhalb des Inlands ausgeführt werden, innerhalb des Inlandes steuerfrei oder steuerpflichtig wären[13]. Es ist bereits an dieser Stelle darauf hinzuweisen, daß u.U. auch bei nicht steuerbaren Umsätzen die Frage beantwortet werden muß, ob ein Umsatz nach deutschem Umsatzsteuerrecht steuerfrei oder steuerpflichtig wäre.[14]

Kapitel 3 : Gemeinschaftsgebiet - Drittlandsgebiet

„Das **Gemeinschaftsgebiet** (§ 1 Abs. 2a UStG) umfaßt die Summe der Inlandsgebiete der EU-Mitgliedstaaten. Nach § 1 Abs. 2a Satz 2 UStG gelten für Zwecke der Umsatzbesteuerung das Fürstentum Monaco als Gebiet der französischen Republik und die Insel Man als Gebiet des Vereinigten Königreichs. Nach Art. 3 Abs. 3 der 6.EGRl sind, wie bisher, folgende Gebiete vom Inlandsbegriff der jeweiligen EU-Mitgliedstaaten ausgenommen:

- Kanarische Inseln, Ceuta und Melilla (Spanien),
- Livigno, Campione d'Italia sowie der zum italienischen Hoheitsgebiet gehörende Teil des Luganer Sees,
- die überseeischen Departements Guadeloupe, Guayana, Martinique und Réunion (Frankreich),
- der Berg Athos (Griechenland).

Diese Gebiete werden umsatzsteuerrechtlich wie Drittlandsgebiete behandelt. Gleiches gilt für Grönland im Verhältnis zu Dänemark.[15] Der Begriff „übriges Gemeinschaftsgebiet" umfaßt das Gemeinschaftsgebiet ohne das Inland.[16]

Drittlandsgebiet ist nach § 1 Abs. 2a Satz 3 UStG das ausländische Gebiet, das nicht zum Gemeinschaftsgebiet gehört.[17]

---

[13] § 15 Abs. 2 Nr. 2 UStG.

[14] Vgl. Teil VII, Abschnitt 3.

[15] Vgl. Schlienkamp, UR 1992, 157 f.

[16] BMF vom 20.8.1993, UR 1993, S. 363.

[17] Ausführlich hierzu Tehler, in: Schwarze/Reiß/Kraeusel, Rz. 260 zu § 1.

In nachstehender Skizze werden die geographischen Zusammenhänge verdeutlicht:

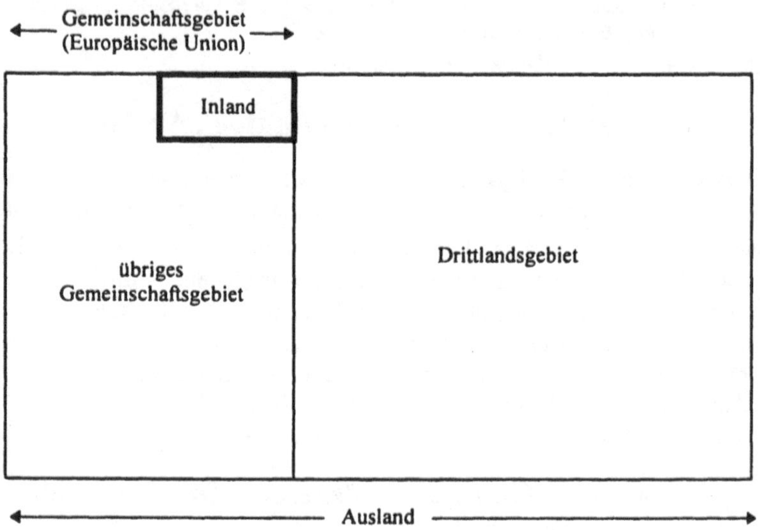

Für die per 1.1.1995 der EU beigetretenen Staaten Österreich, Finnland und Schweden gelten zum Teil noch befristete Übergangsregelungen.

Abschnitt 3: Maßgeblichkeit des Leistungsorts für die Erhebung der Umsatzsteuer und den Vorsteuerabzug

Das deutsche Umsatzsteuerrecht ist immer dann anzuwenden, wenn der Leistungsort im Rahmen eines Leistungsaustausches im Inland liegt. Der **Leistungsort** für die jeweiligen Umsätze (Steuerobjekte) wurde im Umsatzsteuergesetz umfassend geregelt (vgl. z.B. § 3 Abs. 6-8 und § 3a UStG). Auf den Sitz des Unternehmers kommt es grundsätzlich nicht an. Maßgeblich ist in der Regel, wo die Leistung (Umsatz) ausgeführt wird.[18]

Auch für die **Vorsteuerabzugsberechtigung** ist grundsätzlich der Ort maßgebend, an dem ein vorsteuerabzugsberechtigter Unternehmer eine Leistung von einem anderen Unternehmer empfangen hat. Es ist nicht erforderlich, daß der Unternehmer, der einen Vorsteuerabzug geltend machen will, im Inland seinen Sitz oder seine Betriebsstätte hat[19]. Daher können auch ausländische Unternehmer Umsatzsteuer, die im Zusammenhang mit einer Tätigkeit in Deutschland entstanden ist, als Vorsteuer abziehen. So sind z.B. Umsatzsteuern, die anläßlich von Geschäftsreisen oder anderen betrieblich bedingten Tätigkeiten „ausländischen" (im Ausland ansässigen) Unternehmern in Rechnung gestellt worden sind, von diesen als **Vorsteuer** abziehbar. Diese Regelung entspricht einem besonderen Auftrag der 6.EGRl (Artikel 17 Abs. 3).

Das Verfahren zur Vergütung der abziehbaren Vorsteuern (**Vorsteuervergütungsverfahren**) an nicht im Inland ansässige Unternehmer ist in § 18 Abs. 9 UStG und in den §§ 59-62 der UStDV 1993 geregelt[20]. Innerhalb der EG/EU sind von den einzelnen Mitgliedstaaten **zentrale Erstattungsbehörden**[21] eingerichtet worden. Inzwischen werden auch Vorsteuern in der Schweiz von der Eidgenössischen Steuerverwaltung erstattet[22].

Für amtliche Beschaffungsstellen der NATO gelten bestimmte Umsatzsteuervergünstigungen abweichend von den allgemeinen Regelungen aufgrund des Zusatzabkommens zum NATO-Truppenstatut[23].

---

[18] Die Regelungen bei innergemeinschaftlichen Leistungen werden in Teil X („Binnenmarkt") erörtert.

[19] Vgl. § 15 Abs. 1 UStG („Der Unternehmer ...").

[20] Vgl. Abschn. 240 UStR (Vorsteuer-Vergütungsverfahren); Mößlang, in: Sölch/Ringleb/List, Bem. 156 ff. zu § 18.

[21] Einzelheiten ergeben sich aus Teil VII, Abschnitt 2, Kapitel 4.

[22] BMF vom 31.8.1995 - IV C 2 - S 7057 - 23/95, UR 1995, S. 464.

[23] BMF vom 14.8.1995 - IV C 4 - S 7492 - 56/95, UR 1995, S. 462 ff. (Stand 1.7.1995).

TEIL III

Der Umsatz als Steuerobjekt

Abschnitt 1:
Der Umsatzbegriff

Kapitel 1 : Der Umsatz als Spiegelbild des Verbrauchs

Das **Steuerobjekt** (Umsatz) bringt den besteuerungswürdigen Sachverhalt, den der Gesetzgeber mit der jeweiligen Steuer belasten will **(Steuergut)**, gesetzestechnisch zum Ausdruck. Das Steuergut der Umsatzsteuer ist der **Verbrauch**. Dabei ist Verbrauch hier nicht im Sinne eines physischen Verzehrs des jeweiligen Konsumgutes zu verstehen. Verbrauch in diesem Zusammenhang bedeutet die Hingabe einer „Leistung" (i.d.R. Geld; Konsumausgaben; Einkommensverwendung) zur Erlangung eines Konsumgutes.

Aus steuertechnischen Gründen erfaßt das Steuerobjekt der Umsatzsteuer nicht den Verbrauchsvorgang im o.g. Sinne, sondern setzt am entsprechenden **Versorgungsakt** durch einen Unternehmer an (indirekte Verbrauchsbesteuerung). Diese Versorgungsakte bezeichnet das Umsatzsteuergesetz im wesentlichen als Umsätze (Haupttatbestand). Damit können diese Umsätze (Leistungsumsätze, unternehmerische Fremdversorgung) als **Spiegelbild des Verbrauchs** interpretiert werden.[1]

Kapitel 2 : Die Interpretation des Umsatzbegriffes bei fehlender Legaldefinition

Das Umsatzsteuergesetz enthält **keine Legaldefinition** des Umsatzbegriffes. Es werden lediglich verschiedene **Umsatzarten** in § 1 UStG unter den gesetzlich normierten Prämissen enumerativ aufgeführt:

- **Leistungsumsätze**[2] an unternehmensfremde Dritte (§ 1 Abs. 1 Nr. 1 UStG; unternehmerische Fremdversorgung) einschließlich der Leistungen an Arbeitnehmer (§ 1 Abs. 1 Nr. 1 Satz 2 Buchst. b UStG)[3]
- **Eigenverbrauch** (§ 1 Abs. 1 Nr. 2 UStG; unternehmerische Selbstversorgung) und **Gesellschafterverbrauch** (§ 1 Abs. 1 Nr. 3 UStG)[4]
- **Einfuhr** (§ 1 Abs. 1 Nr. 4 UStG)[5]
- **innergemeinschaftlicher Erwerb** (§ 1 Abs. 1 Nr. 5 UStG)[6].

Während die Umsatzarten Einfuhr und innergemeinschaftlicher Erwerb eine Sonderstellung einnehmen, ist den in § 1 Abs. 1 Nr. 1-3 UStG genannten Umsatz-

---

[1] Vgl. Walden, Die Umsatzsteuer als indirekte Verbrauchsteuer, Berlin 1988, S. 33 ff., 59 ff., 131 ff.; vgl. auch Tipke, Die Steuerrechtsordnung, Bd. 2, Köln 1993, S. 894 ff.

[2] Leistung als Oberbegriff für Lieferung (§ 3 Abs. 1 UStG) und sonstige Leistung (§ 3 Abs. 9 UStG); vgl. Abschnitt 3, Unterabschnitt 1, Kapitel 1. A. in diesem Teil.

[3] Vgl. Abschnitt 3, Unterabschnitt 1 und 2 in diesem Teil.

[4] Vgl. Abschnitt 3, Unterabschnitt 3 in diesem Teil.

[5] Vgl. Abschnitt 3, Unterabschnitt 5 in diesem Teil.

[6] Vgl. Teil X, Abschnitt 3, Kapitel 3, 5 und 6.

arten gemeinsam, daß **Wertabgaben**[7] aus einem Unternehmen realisiert werden. Das Spektrum dieser Wertabgaben soll durch nachstehende Übersicht verdeutlicht werden.

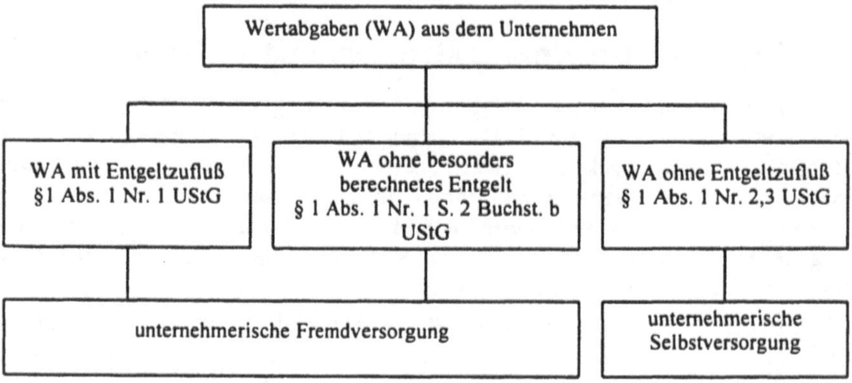

Übersicht 7: Wertabgaben als Steuerobjekt der allgemeinen Verbrauchsteuer „USt"

Jede Wertabgabe, die im Rahmen der unternehmerischen Fremdversorgung bzw. der unternehmerischen Selbstversorgung bewirkt wird, ist als Steuerobjekt (Umsatz) der Umsatzsteuer anzusehen. Da Steuerobjekt jeder **einzelne Umsatz** ist, muß auch jeder einzelne Sachverhalt umsatzsteuerlich gewürdigt werden. Die Umsatzsteuer kann folglich nicht summarisch von allen Wertabgaben ermittelt werden. Die Methode, die Umsatzsteuer monatlich oder in längeren Abrechnungsperioden zu deklarieren und die entsprechende Steuer an das Finanzamt abzuführen, hat lediglich abrechnungstechnische Gründe. Daher ist es auch erforderlich, bei jeder Rechnungserteilung über eine erbrachte Leistung die Umsatzsteuer gesondert in dieser Rechnung auszuweisen (§ 14 UStG).

Wertabgaben (bzw. Wertzuflüsse) **zwischen** verschiedenen **inländischen**[8] Unternehmensteilen **eines** Unternehmens begründen keine Umsatzart und sind insoweit[9] umsatzsteuerlich irrelevant. Sie werden als **Innenumsätze (Nichtumsätze)** bezeichnet und kommen insbesondere innerhalb eines Organkreises vor.

Beispiele:

(1) Der Betrieb A stellt dem Betrieb B desselben Unternehmens seine erbrachten Leistungen in Rechnung (Verrechnungspreise).

(2) Ein Malermeister, der zugleich Eigentümer eines Mietwohnhauses ist, führt in dem Mietwohnhaus Malerarbeiten aus.

(3) Eine Tochtergesellschaft, die in der Rechtsform der GmbH betrieben wird, versorgt ihre Muttergesellschaft, die in der Rechtsform einer AG betrieben wird, mit Waren. Zwischen beiden juristischen Personen liegt eine umsatzsteuerrechtliche Organschaft vor.

---

[7] Dies gilt im Ergebnis auch für den sog. Aufwendungseigenverbrauch vgl. Abschnitt 3, Unterabschnitt 3, Kapitel 3. C.

[8] Zum innergemeinschaftlichen Verbringen/Erwerb vgl. Teil X, Abschnitt 3, Kapitel 5.

[9] Durch die Werteverlagerung können sich jedoch Auswirkungen auf den Vorsteuerabzug ergeben, vgl. Teil VII.

Abschnitt 2: Die Steuerbarkeit und Nichtsteuerbarkeit von Umsätzen

Die in § 1 Abs. 1 Nr. 1-5 UStG aufgeführten Umsätze können entweder steuerbar oder nicht steuerbar sein. Lediglich steuerbare Umsätze können zur Steuerpflicht führen und damit Umsatzsteuer auslösen bzw. insbesondere unter Berücksichtigung der Vorschrift des § 4 UStG steuerfrei sein[10].

Zur Bejahung der Steuerbarkeit eines Umsatzes ist es erforderlich, daß alle Merkmale eines der in § 1 Abs. 1 UStG aufgeführten normierten Tatbestände erfüllt sind. Mangelt es nur an einem der erforderlichen Tatbestandsmerkmale, dann ist der Sachverhalt als nicht steuerbar zu qualifizieren.

Nicht steuerbar sind z.B. Umsätze:

- die nicht im Rahmen des Unternehmens ausgeführt werden (Metzgermeister verkauft sein privates Klavier);
- die im Ausland ausgeführt werden, weil sie nicht unter den Geltungsbereich des deutschen Umsatzsteuergesetzes fallen;
- die unentgeltlich ausgeführt werden[11] (Arzt behandelt Reisende im Rahmen der ersten Hilfe während einer Fahrt mit der Bundesbahn).

Kapitel 1 : Der Leistungsaustausch als wesentliches Kriterium der Steuerbarkeit

Durch die rechtstechnische Ausgestaltung der Umsatzsteuer als Verkehrsteuer ist primärer Anknüpfungspunkt der Besteuerung das Bewirken **unternehmerischer Leistungen**. Wesentliche Voraussetzung für die Annahme einer steuerbaren unternehmerischen Leistung ist ein **Leistungsaustausch (Leistung und Gegenleistung)** zwischen zwei Personen, von denen mindestens eine Person die Unternehmereigenschaft besitzen muß. Dabei ist die Leistung des einen gleichzeitig die Gegenleistung (Entgelt) für die Leistung[12] des anderen.

Es ist zu beachten, daß das Entgelt aus der Sicht des Leistenden eine **Doppelfunktion** erfüllt. Es ist zum einen Tatbestandsmerkmal eines steuerbaren Umsatzes nach § 1 Abs. 1 Nr. 1 UStG („gegen Entgelt") und zum anderen die Bemessungsgrundlage (§ 10 Abs. 1 UStG) für diesen Umsatz[13].

---

[10] Zur Besonderheit der Geschäftsveräußerung im ganzen (§ 1 Abs. 1a UStG) vgl. Abschnitt 3, Unterabschnitt 4 in diesem Teil.

[11] Bei unentgeltlichen Umsätzen ist der Tatbestand der Arbeitnehmerversorgung (§ 1 Abs. 1 Nr. 1 Satz 2 Buchst. b UStG) und des Eigenverbrauchs (§ 1 Abs. 1 Nr. 2, 3 UStG) zu prüfen.

[12] Zum umsatzsteuerrechtlichen Leistungsbegriff vgl. Abschnitt 3, Unterabschnitt 1, Kapitel 1. A. in diesem Teil.

[13] Zur Problematik einer unterschiedlichen Interpretation dieses Entgeltsbegriffes vgl. Krautwald, Ungelöste Probleme im Rahmen der Umsatzbesteuerung, Frankfurt/Bern 1982, S. 120 f.; Reiß, in: Tipke/Lang, Steuerrecht, 14. Aufl., Köln 1994, S. 556.

Die Beziehungen der Personen werden in nachstehender Skizze verdeutlicht.

„Leistungsaustausch"

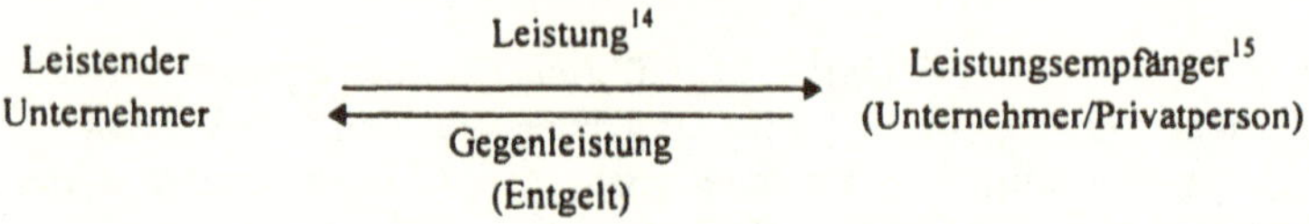

Zur Bejahung eines Leistungsaustauschs ist zwingendes Erfordernis, daß der Leistung eine **konkretisierbare Gegenleistung**[16] **(das Entgelt)** gegenübersteht. Diese muß nicht ausnahmslos vom Leistungsempfänger erbracht werden (Entgeltauffüllung durch Dritte). Unabdingbar ist jedoch, daß eine **innere Verknüpfung** zwischen Leistung und Gegenleistung besteht[17].

Zwischen der vom Unternehmer bewirkten Leistung und der Gegenleistung des Leistungsempfängers muß ein **ursächlicher wirtschaftlicher Zusammenhang** bestehen. In der Regel erbringen Unternehmer ihre Leistungen aufgrund gegenseitiger Verträge nach dem Prinzip des **„do ut des"** (ich gebe, damit du gibst). In diesen Fällen ist eine innere Verknüpfung von Leistung und Gegenleistung unstrittig. In Grenzfällen[18] ist die inhaltliche Auslegung des unbestimmten Rechtsbegriffes „innere Verknüpfung" jedoch bis heute umstritten.

Die höchstrichterliche Rechtsprechung[19] hat für den **Begriff des Leistungsaustauschs** die folgende Abgrenzung geprägt:

> „Ein Leistungsaustausch ... kann folglich nur zustande kommen, wenn sich die Leistung ... auf den Erhalt einer (möglichen) Gegenleistung richtet und damit die gewollte, erwartete oder erwartbare Gegenleistung auslöst, so daß schließlich die wechselseitig erbrachten Leistungen miteinander innerlich verbunden sind. Die Annahme einer Leistung gegen Entgelt ... erfordert deshalb ... in erster Linie, daß eine zum Zweck der Entgelterzielung erbrachte Leistung gegeben sein muß."

Unter dem Verbrauchsteueraspekt der Umsatzsteuer wird diese Interpretation der inneren Verknüpfung von Leistung und Gegenleistung kritisiert, weil sie für das Vorliegen eines Leistungsaustauschs ein finales Leistungsverhalten aus der Sicht des leistenden Unternehmers verlange („Zweckgerichtetheit seines Handelns"). Es genüge vielmehr eine finale oder kausale Verknüpfung von Leistung und Gegenleistung. Entscheidend sei, daß der Leistungsempfänger seine Gegen-

---

[14] Leistung ist der Oberbegriff für Lieferung (§ 3 Abs. 1 UStG) und sonstige Leistung (§ 3 Abs. 9 UStG).

[15] Der Leistungsempfänger wird beim Vorliegen einer Lieferung als Abnehmer bei Annahme einer sonstigen Leistung als Auftraggeber bezeichnet.

[16] Der BFH (Urteil vom 7.5.1981, BStBl 1981 II S. 495) fordert die Feststellbarkeit einer objektiv erzielbaren und erbringbaren Gegenleistung.

[17] Siehe § 1 Abs. 1 Nr. 1 UStG: „die Lieferungen und sonstigen Leistungen ... gegen Entgelt" sowie § 10 Abs. 1 Satz 2 UStG: „Entgelt ist alles, was der Leistungsempfänger aufwendet, um die Leistung zu erhalten".

[18] Vgl. dazu Abschnitt 3, Unterabschnitt 1, Kapitel 1. B. in diesem Teil.

[19] Grundlegend BFH vom 7.5.1981, BStBl 1981 II S. 495.

leistung erbringe, um (final) die Leistung des Unternehmers zu erhalten oder weil (kausal) er sie erhalten hat[20]. Auch der Europäische Gerichtshof sieht eine innere Verknüpfung dann als gegeben an, wenn der Leistende wegen (kausal) der Leistung eine Gegenleistung erhält[21].

Im Rahmen einer systemgerechten Auslegung des umsatzsteuerrechtlichen Leistungsaustauschs sollte sowohl das Steuergut der Umsatzsteuer (Verbrauch) als auch die steuertechnische Realisation berücksichtigt werden. Unter diesem Aspekt ist eine innere Verknüpfung von Leistung und Gegenleistung durch eine **wechselseitige Finalität des Handelns** geprägt[22].

Die Gegenleistung muß zwar um der Leistung willen erbracht werden, dabei ist jedoch eine rechtliche Verpflichtung nicht unbedingt erforderlich. Die Hingabe der Gegenleistung kann auch freiwillig geschehen. Zur Annahme eines Leistungsaustauschs bedarf es weder auf der Seite des Leistenden noch auf der Seite des Leistungsempfängers eines rechtlich durchsetzbaren Anspruchs[23]. Entscheidend ist, ob zwischen der unternehmerischen Leistung und der Entgeltzahlung des Leistungsempfängers eine innere Verknüpfung gegeben ist.

Für die Annahme eines Leistungsaustauschs ist auch das Wertverhältnis der Leistungen zueinander nicht entscheidend. Es kommt nicht auf die Angemessenheit oder Üblichkeit der Gegenleistung an. Ist eine innere Verknüpfung von Leistung und Gegenleistung gegeben, umfaßt das Entgelt alles, was der Leistungsempfänger tatsächlich aufwendet[24].

Beispiele:

(1) Ein Arzt behandelt seinen Schulfreund „umsonst“. Es wird vereinbart, daß der Freund dem Arzt aus dem nächsten Urlaub ein wertvolles Souvenir als „Anerkennung“ mitbringt.

In diesem Fall ist ein Leistungsaustausch anzunehmen, da eine innere Verknüpfung zwischen Leistung und Gegenleistung vorliegt und auch die Gegenleistung hinreichen konkretisierbar ist.

(2) Ein Ehemakler führt einen älteren Junggesellen in den Hafen der Ehe. Er erwirbt gegen den Junggesellen keinen klagbaren Honoraranspruch (§ 656 BGB). Nach Rückkehr aus den Flitterwochen überweist der ehemalige Junggeselle dem Makler das vereinbarte Honorar und zusätzlich noch einen Betrag von 500,- DM.

Obwohl der Ehemakler keinen klagbaren Anspruch gegen den ehemaligen Junggesellen hatte, ist ein Leistungsaustausch zustande gekommen. Das Entgelt umfaßt auch den Betrag von 500,-DM. Als Entgelt ist nämlich der Betrag anzusehen, den der Leistungsempfänger (Endverbraucher) tatsächlich aufgewendet hat. Auf die Üblichkeit oder Angemessenheit der Gegenleistung kommt es nicht an.

---

[20] Vgl. Reiß, in: Tipke/Lang (FN 13), S. 555 f. m.w.N.; vgl. auch Tehler, in: Schwarze/Reiß/Kraeusel, Rz. 44 ff. zu § 1.

[21] EuGH vom 23.11.1988, UR 1990, S. 307 mit ablehnender Anmerkung Weiß; EuGH vom 3.3.1994, UVR 1994, S. 152.

[22] Vgl. Walden (FN 1), S. 142 ff.

[23] BFH vom 23.2.1989, BStBl 1989 II S. 638; vgl. jedoch EuGH vom 3.3.1994, UR 1994, S. 399, der ein „Rechtsverhältnis“ zwischen Leistendem und Leistungsempfänger verlangt.

[24] BFH vom 22.6.1989, BStBl 1989 II S. 913. Bei einer verbilligten Leistungsabgabe ist ggf. § 10 Abs. 5 UStG zu beachten, vgl. Teil VI, Abschnitt 3, Kapitel 4.

Hinsichtlich der Gegenleistung ist anzumerken, daß der Leistungsempfänger das Entgelt in verschiedenartiger Form erbringen kann. Das Entgelt (Gegenleistung) kann in Form von Geldzahlungen[25], in Sachwerten oder auch durch Dienstleistungen erbracht werden[26].

Sofern einer Leistung keine Gegenleistung im Leistungsaustausch gegenübersteht, ist zu differenzieren. Diese Vorgänge können als Eigenverbrauch (§ 1 Abs. 1 Nr. 2, 3 UStG) oder im Rahmen der Arbeitnehmerversorgung (§ 1 Abs. 1 Nr. 1 Satz 2 Buchst. b UStG) steuerbar sein oder als nichtsteuerbare Umsätze umsatzsteuerlich keine Beachtung finden.

Kapitel 2 : Die Nichtsteuerbarkeit von Umsätzen

Ein Sachverhalt ist als Umsatz i.S. des § 1 Abs. 1 UStG nur dann steuerbar, wenn er sämtliche Tatbestandsmerkmale einer der in § 1 Abs. 1 UStG aufgeführten Umsatzarten erfüllt.

Nicht steuerbar sind z.B.:

- Umsätze, die nicht im Inland[27] erbracht werden;
- Umsätze von Nichtunternehmern bzw. Umsätze außerhalb des Unternehmens, soweit sie nicht unter § 1 Abs. 1 Nr. 4 oder 5 UStG fallen;
- Umsätze, die unentgeltlich ausgeführt werden, soweit sie nicht unter § 1 Abs. 1 Nr. 1 Satz 2 Buchst. b, Nr. 2, 3 oder 4 UStG fallen.

In Einzelfällen kann es durchaus zweifelhaft sein, ob ein Tatbestandsmerkmal erfüllt ist oder nicht. Wegen der in Theorie und Praxis häufig auftretenden Beurteilungsschwierigkeiten werden einige Problembereiche, soweit sie die Regelung des § 1 Abs. 1 Nr. 1 UStG tangieren, nachstehend gesondert erörtert.

A. Umsätze im Ausland

Im unternehmerischen Bereich haben aus dem Kreis der nichtsteuerbaren Umsätze diejenigen die größte Bedeutung erlangt, die im Ausland getätigt werden. Für die Beurteilung der Frage, ob ein Umsatz im Inland oder im Ausland ausgeführt worden ist, kommt es entscheidend auf die **Bestimmung des Leistungsortes** an. Während die Regelungen zum Ort der Lieferung[28] in § 3 Abs. 6-8a UStG relativ eindeutig sind, ergeben sich zur Ortsbestimmung einer sonstigen Leistung nach § 3a UStG zahlreiche Zweifelsfragen[29].

---

[25] Die reine Geldzahlung stellt selbst keine steuerbare Leistung dar. BFH vom 31.7.1969, BStBl 1969 II S. 637; Reiß, in: Tipke/Lang (FN 13), S. 556; kritisch Walden (FN 1), S. 139 ff.

[26] Diese Gegenleistungen sind selbst wiederum als Lieferungen oder sonstige Leistungen steuerbar (vgl. § 3 Abs. 1 und 9 UStG), sofern die übrigen Voraussetzungen des § 1 Abs. 1 Nr. 1 UStG gegeben sind (vgl. § 3 Abs. 12 UStG; Tausch bzw. tauschähnlicher Umsatz).

[27] Vgl. zur Neufassung des Begriffs Inland Teil II, Abschnitt 2.

[28] Zu den Besonderheiten der Bestimmung des Lieferortes bei innergemeinschaftlichen Umsätzen vgl. Teil X, Abschnitt 3, Kapitel 7.

[29] Zu Grund- und Sonderregeln der Ortsbestimmung vgl. Abschnitt 3, Unterabschnitt 1, Kapitel 2. D., 3. D. in diesem Teil.

Es sei bereits an dieser Stelle darauf hingewiesen, daß durch die Regelungen hinsichtlich des Vorsteuerabzugs nach § 15 UStG noch eine weitere Differenzierung der nichtsteuerbaren Umsätze erforderlich wird. So müssen z.B. die sogenannten **„Auslandsumsätze“** für Zwecke der Vorsteuerberechnung in **fiktiv steuerpflichtige** und **fiktiv steuerfreie Umsätze** getrennt werden[30]. Dadurch soll erreicht werden, daß der Vorsteuerabzug für Umsätze im Ausland lediglich in dem Umfang gewährt wird, wie er bei entsprechend steuerbaren Umsätzen im Inland zuerkannt würde[31].

B. Umsätze von Nichtunternehmern bzw. Umsätze außerhalb des Unternehmens

Die von § 1 Abs. 1 Nr. 1 UStG erfaßten Leistungsumsätze müssen von **Unternehmern** bewirkt werden. Der durch die Legaldefinition in § 2 UStG geprägte Unternehmerbegriff hat sich jedoch zu einem problematischen Begriffsgebilde entwickelt. Einerseits sind es gerade die entgeltlichen Fremdversorgungsakte, die den Unternehmer vom Nichtunternehmer unterscheiden. Andererseits soll nach der Rechtsprechung und der Literatur insbesondere unter Berücksichtigung des in § 2 UStG genannten Tatbestandsmerkmales „Nachhaltigkeit“ nicht jede entgeltliche Fremdversorgung auch eine unternehmerische Tätigkeit sein[32].

Beispiel:

Die im Rahmen einer sog. Sammlertätigkeit (Briefmarken, Münzen etc.) erbrachten Tauschhandlungen sind i.d.R. als nichtunternehmerische Tätigkeiten anzusehen.

Schließlich führen Praktikabilitätsüberlegungen, eine richtlinienkonforme Auslegung[33] und die Tatsache, daß nur ein Unternehmer zum Vorsteuerabzug berechtigt ist (Problem der Vorsteuerüberschüsse bei Liebhaberei) zu einem kaum übersehbaren Gemenge von Einzelfällen. Dadurch gerät der Grundsatz, im Rahmen einer Umsatzsteuer als allgemeiner Verbrauchsteuer grundsätzlich jede entgeltliche Fremdversorgung zu erfassen, aus dem Blickfeld.

Beispiele:

(1) Nach Auffassung des EuGH unterliegen illegale Geschäfte, z.B. der unerlaubte Handel mit Betäubungsmitteln[34], nicht der Umsatzsteuer.

(2) Die im Zusammenhang mit einer Freizeitgestaltung bewirkten entgeltlichen Leistungen (Liebhaberei; sog. Hobbyunternehmer), wie z.B. die gelegentliche Vercharterung einer Hochseejacht durch einen Freizeitsegler[35] oder der Broschürenverkauf durch einen Karnevalsprinzen[36], sind Beispiele für entgeltliche Tätigkeiten, deren unternehmerische Relevanz von den Gerichten zu überprüfen war.

---

30 Vgl. Teil VII, Abschnitt 3.

31 Eine Sonderregelung gilt für Umsätze i.S. des § 1 Abs. 3 UStG, die als fiktiv steuerbar behandelt werden.

32 Vgl. im einzelnen Teil I, Abschnitt 1, Kapitel 1. C.

33 Vgl. zur richtlinienkonformen Auslegung u.a. Reiß, StuW 1994, S. 323 ff.

34 EuGH vom 5.7.1989, UR 1989, S. 309 und 312; vgl. auch Teil I, Abschnitt 1, Kapitel 1. C. III.

35 Vgl. BFH vom 23.1.1992, UR 1992, S. 202 mit Anm. Weiß; vgl. auch den Vorlagebeschluß des BFH vom 5.5.1994 an den EuGH, UR 1994, S. 395 mit Anm. Weiß.

36 Vgl. BFH vom 27.10.1993, BStBl 1994 II S. 274.

Schwierigkeiten bereitet zuweilen die Abgrenzung der unternehmerischen („im Rahmen des Unternehmens") von der außerunternehmerischen Sphäre. Als außerunternehmerische Sphäre ist in der Regel bei Einzelunternehmern die Privatsphäre, bei Körperschaften des öffentlichen Rechts die hoheitliche Sphäre und bei ideellen Vereinigungen der Bereich, der der satzungsgemäßen Zweckverfolgung dient, anzusehen[37]. Bei den vorgenannten Steuersubjekten ist folglich eine Prüfung erforderlich, ob der Umsatz im Rahmen des Unternehmens getätigt wurde.

Bei einer **natürlichen Person,** die eine „geborene" Unternehmereigenschaft besitzt, ist ein außerunternehmerischer Vorgang nur dann anzunehmen, wenn mit dem „Rahmen des Unternehmens" keinerlei Berührungspunkte bestehen. So kann ein Unternehmer, der mit einem Gegenstand üblicherweise handelt, grundsätzlich einen gleichartigen Gegenstand nicht als Privatmann (außerhalb des Unternehmens) erwerben.

Beispiele:

(1) Ein Juwelier erwirbt während seiner Urlaubsfahrt auf einem Flohmarkt Schmuckstücke, die zur Veräußerung bestimmt sind.

Der Juwelier erwirbt diese Schmuckstücke als Unternehmer und erbringt bei einem späteren Verkauf einen Umsatz i.S. des § 1 Abs. 1 Nr. 1 UStG.

(2) Ein Elektrohändler verkauft aus seinem Privathaushalt einen seit längerer Zeit privat genutzten Fernseher.

Die Veräußerung fällt in die Privatsphäre und ist daher nicht steuerbar.

Der Rahmen des Unternehmens einer **juristischen Person des öffentlichen Rechts** erstreckt sich lediglich auf den nichthoheitlichen Sektor[38]. Ihre hoheitlichen Aufgabenerfüllungen liegen stets außerhalb des Unternehmens. Werden in diesem Bereich „Umsätze" getätigt, sind sie nicht steuerbar, weil sie außerhalb des unternehmerischen Betätigungsfeldes der jeweiligen Institution liegen.

Beispiele:

(1) Eine Stadtgemeinde veräußert eine gebrauchte Schreibmaschine, die im Standesamt genutzt wurde.

Da die Schreibmaschine Vermögen des hoheitlichen Sektors bildete, handelt es sich um einen nichtsteuerbaren Vorgang.

(2) Die Polizeiverwaltung veräußert gebrauchte Dienstfahrzeuge.

Die Veräußerung der Dienstfahrzeuge ist nicht steuerbar, da sie dem Hoheitsbereich zuzurechnen ist.

Vereine, die als ideelle Personenvereinigungen z.B. in der Ausprägung „Sportverein" oder „Kulturverein" nur im Rahmen ihres satzungsmäßigen Aufgabenbereichs handeln, sind insoweit nicht unternehmerisch tätig (außerhalb des Unternehmens). Unternehmerisch handeln sie nur insoweit, als sie gegenüber ihren Mitgliedern oder gegenüber Nichtmitgliedern „Sonderleistungen" gegen (konkrete) „Sonderleistungsentgelte" bewirken[39]. Die regelmäßigen Mitgliederbeiträge besitzen nicht Entgeltcharakter, da sie nicht die Gegenleistung für spe-

---

[37] Vgl. Teil I, Abschnitt 2, Kapitel 3 und 4.

[38] Vgl. Teil I, Abschnitt 2, Kapitel 3.

[39] Vgl. Teil I, Abschnitt 2, Kapitel 4.

zielle Leistungen des Vereins im Rahmen eines unternehmerischen Leistungsaustauschs darstellen[40].

Es ist noch darauf hinzuweisen, daß bei Wertabgaben aus dem unternehmerischen Bereich an den außerunternehmerischen Bereich diese Vorgänge ggf. als Eigenverbrauch besteuert werden[41].

C. Unentgeltliche Umsätze

Unter der Prämisse, daß kein Tatbestand der Arbeitnehmerversorgung[42] bzw. des Eigenverbrauchs[43] oder der Einfuhr erfüllt ist, handelt es sich bei unentgeltlichen Umsätzen um nichtsteuerbare Umsätze. Diese unentgeltlichen Umsätze können **im Rahmen eines Unternehmens** erbracht werden, d.h. sie dienen zumindest mittelbar zur Erzielung von Einnahmen (z.B. Schenkung i.S. des § 516 BGB aus unternehmerischer Veranlassung).

Beispiel:

Die Abgabe von Werbegeschenken, die nach § 4 Abs. 4 EStG abzugsfähige Betriebsausgaben darstellen (die also nicht unter das Abzugsverbot des § 4 Abs. 5 EStG fallen), ist ein unentgeltlicher Umsatz und umsatzsteuerrechtlich nicht steuerbar. Die Unentgeltlichkeit beruht auf einer unternehmerischen Veranlassung. Der Vorgang ist somit auch nicht als Gegenstandseigenverbrauch (§ 1 Abs. 1 Nr. 2 Buchst. a UStG) zu behandeln.

Unentgeltliche Umsätze **außerhalb eines Unternehmens** stehen nicht im Zusammenhang mit einer Einnahmenerzielung. Ihre Nichtsteuerbarkeit ergibt sich dann bereits aus dem Fehlen einer unternehmerischen Leistung. So ist nach der herrschenden Meinung[44] Unentgeltlichkeit anzunehmen, wenn Vereine zur Erfüllung des Vereinszwecks Mitgliederbeiträge erheben. Man geht davon aus, daß zwischen dem Verein und den Mitgliedern kein Leistungsaustausch im Rahmen der unternehmerischen Sphäre, sondern lediglich eine **„Leistungsvereinigung"** der Beteiligten gegeben ist.

---

[40] Vgl. Abschnitt 3, Unterabschnitt 1, Kapitel 1. B. III. in diesem Teil.

[41] Vgl. Abschnitt 3, Unterabschnitt 3 in diesem Teil.

[42] Vgl. Abschnitt 3, Unterabschnitt 2 in diesem Teil.

[43] Vgl. Abschnitt 3, Unterabschnitt 3 in diesem Teil.

[44] Vgl. Abschnitt 3, Unterabschnitt 1, Kapitel 1. B. III.; a.A. Reiß, in: Tipke/Lang (FN 13), S. 560, Walden (FN 1), S. 152 ff.

Abschnitt 3:
Die steuerbaren Umsatzarten

Das Umsatzsteuergesetz führt in § 1 Abs. 1 **fünf steuerbare Umsatzarten** auf. Die Formulierung „der Umsatzsteuer unterliegen die folgenden Umsätze" ist nicht so zu interpretieren, daß die angeführten Umsätze zwangsläufig steuerpflichtig sind. Es soll lediglich die **Steuerbarkeit** der Umsätze, wie aus der Überschrift des § 1 UStG hervorgeht, dem Grunde nach bejaht werden. Steuerbar sind:

(1) die entgeltlichen Leistungen (Lieferungen und sonstige Leistungen) im Inland, die ein Unternehmer im Rahmen seines Unternehmens ausführt[45],

(2) der Eigenverbrauch eines Unternehmers im Inland[46],

(3) der Gesellschafterverbrauch im Inland[47],

(4) die Einfuhr von Gegenständen in das Inland oder die österreichischen Gebiete Jungholz und Mittelberg[48],

(5) der innergemeinschaftliche entgeltliche Erwerb im Inland[49].

Während die Umsatzarten (1) bis (3) nur steuerbar sind, wenn sie von Unternehmern ausgeführt werden, können die Umsatzarten (4) „Einfuhr" und (5) „innergemeinschaftlicher Erwerb" auch von Nichtunternehmern bewirkt werden[50]. Die Umsatzarten (1) bis (3) bestehen wiederum jeweils aus mehreren Unterarten.

Die Struktur soll in nachstehender Übersicht verdeutlicht werden.

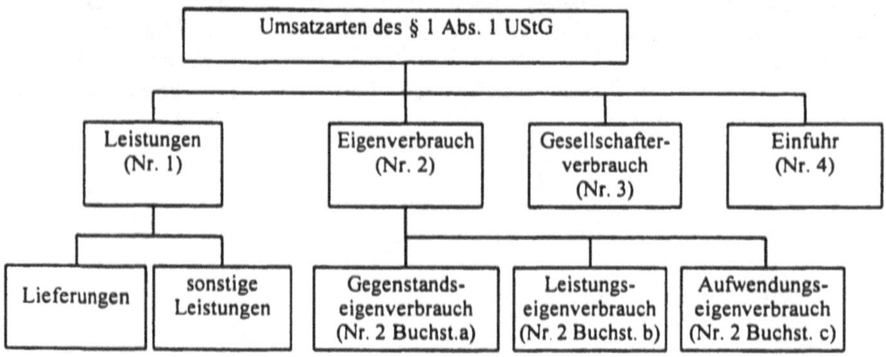

Übersicht 8: Umsatzarten

---

[45] Haupttatbestand - § 1 Abs. 1 Nr. 1 UStG (unternehmerische Fremdversorgung einschließlich der Leistungen, für die „kein besonders berechnetes Entgelt" (§ 1 Abs. 1 Nr. 1 Satz 2 Buchst. b UStG) aufgewendet wird).

[46] Ergänzungstatbestand - § 1 Abs. 1 Nr. 2 Buchst. a und b UStG (unternehmerische Selbstversorgung) und § 1 Abs. 1 Nr. 2 Buchst. c UStG.

[47] Ergänzungstatbestand - § 1 Abs. 1 Nr. 3 UStG (unternehmerische Selbstversorgung).

[48] Haupttatbestand - § 1 Abs. 1 Nr. 4 UStG (Warenbewegung aus dem Drittlandsgebiet).

[49] Haupttatbestand - § 1 Abs. 1 Nr. 5 UStG (Warenbewegung aus dem übrigen Gemeinschaftsgebiet).

[50] Vgl. die Ausführungen in Teil I, Abschnitt 3, Teil III, Abschnitt 3, Unterabschnitt 5 und Teil X, Abschnitt 3, Kapitel 3, 5 und 6.

Die Umsatzarten „Leistungen", „Eigenverbrauch", „Gesellschafterverbrauch" und „innergemeinschaftlicher Erwerb" lösen grundsätzlich **Umsatzsteuer** aus, während bei der „Einfuhr" **Einfuhrumsatzsteuer** anfällt. Die Einfuhrumsatzsteuer, die von der Zollverwaltung erhoben wird, nimmt somit eine Sonderstellung ein und soll an dieser Stelle nicht näher erörtert werden. In der Folge soll lediglich die Umsatzsteuer im engeren Sinne vertieft dargestellt werden.

Unterabschnitt 1: Die Besteuerung der unternehmerischen Fremdversorgung

Kapitel 1 : Die Leistungsumsätze

Nur Leistungen (Lieferungen oder sonstige Leistungen), die entgeltlich ausgeführt werden, stellen Leistungsumsätze dar[51]. Sie werden im Haupttatbestand des UStG (§ 1 Abs. 1 Nr. 1 UStG) erfaßt und bilden die gewichtigste Umsatzart. Eine Legaldefinition „Leistung" enthält weder die 6.EGRl (Art. 4-6) noch das Umsatzsteuergesetz. Im Anschluß an eine Begriffserläuterung werden in den nachstehenden Abschnitten daher die vom Gesetzgeber definierten Leistungsarten „Lieferung" und „Sonstige Leistung" eingehend erörtert.

A. Der Oberbegriff „Leistung"

Der Terminus **„Leistung"** stellt den weitgespannten Oberbegriff zu den Leistungsarten **„Lieferungen"** und **„Sonstige Leistungen"** dar. Die Formulierung in § 1 Abs. 1 Nr. 1 Satz 1 UStG ist historisch begründet. Die 1916 eingeführte Vorform unserer heutigen Umsatzsteuer (die Warenumsatzstempelabgabe) wurde nur von Lieferungen erhoben. Im Rahmen der Erweiterung des Steuerobjekts im Jahre 1918 wurde dann der Gesetzeswortlaut lediglich um die „... sonstigen Leistungen" ergänzt[52].

Der Leistungsbegriff ist im Umsatzsteuergesetz nicht definiert. Im Schrifttum wurden daher eigenständige Definitionsversuche unternommen. Die umsatzsteuerrechtliche Leistung wird z.B. umschrieben als „jedes vom Willen eines Rechtssubjekts beherrschte Verhalten (Tun, Dulden, Unterlassen), das zum Gegenstand des Wirtschaftsverkehrs gemacht wird, insbesondere Gegenstand eines Schuldverhältnisses sein kann"[53]. Giesberts[54] definiert die Leistung i.S. des UStG als **„willentliche** Zuwendung des **wirtschaftlichen Gehalts** eines konkreten, verkehrsfähigen **Wirtschaftsguts** an einen **bestimmten Empfänger**, deren wirtschaftliche Bedeutung sich nicht in einer Entgeltsentrichtung (z.B. Geldzahlung) oder Rückgängigmachung einer Leistung erschöpft. Im Falle des § 1 Abs. 1 Nr. 1a (staatlicher Zwang) kann der Leistungswille fehlen".

Sieht man den Gesetzeszweck der Umsatzsteuer in einer möglichst umfassenden (indirekten) Besteuerung des Verbrauchs, läßt sich die **Leistung als Spiegelbild des Verbrauchs** interpretieren.[55] Eine Leistung im umsatzsteuerrechtlichen Sinne ist demnach eine auf einen Tauschvorgang ausgerichtete („gegen Entgelt", § 1 Abs. 1 Nr. 1 UStG; „zur Erzielung von Einnahmen", § 2 Abs.1 UStG) Tätigkeit

---

[51] Dazu zählen auch Leistungen, für die „kein besonders berechnetes Entgelt" (§ 1 Abs. 1 Nr. 1 Satz 2 Buchst. b UStG) aufgewendet wird.

[52] Vgl. Einführung, Abschnitt 1.

[53] Reiß, in: Tipke/Lang (FN 13) S. 548.

[54] Giesberts, in: Rau/Dürrwächter/Flick/Geist, Anm. 72 zu § 3.

[55] Vgl. Walden (FN 1), S. 59 ff. „Das Bild läßt sich umkehren: Der Verbrauch spiegelt die Leistung des Unternehmers wider"; Giesberts, StuW 1991, S. 175 ff. (177).

(**wirtschaftliche Handlung**)[56], die die Übertragung eines konkreten marktfähigen Verbrauchsgutes zum Gegenstand hat[57].

Eine wirtschaftliche Handlung (Leistung) enthält die folgenden Begriffsmerkmale:

- konkreter bzw. konkretisierbarer Leistungswille, der neben dem Willen zur Leistungserbringung auch auf die unmittelbare oder mittelbare Erzielung einer Gegenleistung gerichtet ist[58] (Ausnahme: § 1 Abs. 1 Satz 2 Buchst. b UStG)
- einen bestimmten Leistungsempfänger („Tauschpartner")[59]
- Tätigkeit, die geeignet ist, eine Gegenleistung auszulösen, die also einen Marktwert hat. Dieser Tätigkeitsbereich ist weit gefaßt zu verstehen. Er beinhaltet als extreme Fälle z.B. Beten und Morden, soweit ein Leistungsempfänger bereit ist, für diese Tätigkeiten eine Gegenleistung zu erbringen[60].

Es ist darauf hinzuweisen, daß zur Steuerbarkeit einer Leistung im Sinne einer wirtschaftlichen Handlung neben der Unternehmereigenschaft des Leistenden vor allem die tatsächlich im Rahmen eines Leistungsaustausches erbrachte Gegenleistung („gegen Entgelt") hinzutreten muß[61].

In der Regel beruhen umsatzsteuerrechtlich relevante Leistungen auf zivilrechtlichen Verträgen. Der Umsatzsteuer unterliegt jedoch nicht der Abschluß eines obligatorischen Rechtsgeschäftes, sondern sie erfaßt als Steuerobjekt das jeweilige **Erfüllungsgeschäft**. Die Leistung, durch die der schuldrechtliche Vertrag erfüllt

---

[56] Entsprechend der herrschenden Meinung (vgl. z.B. BFH vom 31.7.1969, BStBl 1969 II S. 637; Reiß, in: Tipke/Lang (FN 13), S. 548) gehören dazu nicht die schlichte Entgeltsentrichtung (z.B. Kaufpreiszahlung in Geld) und die Rückgängigmachung einer Leistung (vgl. Kapitel 2, F. I. in diesem Unterabschnitt). Unabhängig davon wird das vom Leistungsempfänger entrichtete Entgelt aus der Sicht des leistenden Unternehmers stets als Gegen„leistung" bezeichnet, auch wenn es lediglich in Geld besteht.

[57] Da praktisch alle wirtschaftlich relevanten Tätigkeiten zu einem Verbrauch (Konsum) beim Leistungsempfänger führen können, geht das UStG zunächst - soweit die anderen Tatbestandsmerkmale erfüllt sind - von einer grundsätzlichen Steuerbarkeit und ggf. Steuerpflicht dieser Leistungen aus. Durch Gewährung des Vorsteuerabzugs (vgl. Teil VII, Abschnitt 1) wird im Prinzip eine systemwidrige Belastung in den Fällen vermieden, in denen der Leistungsempfänger die an ihn erbrachte Leistung nicht für konsumtive Zwecke, d.h. für eine weitere wirtschaftliche Handlung verwendet, vgl. Walden (FN 1), S. 63 f.

[58] A.A. Giesberts (FN 54), Anm. 64 zu § 3. Für die Frage der Steuerbarkeit ist dann anschließend zu prüfen, ob die angestrebte Gegenleistung tatsächlich erzielt wurde und sie mit der Leistung innerlich verknüpft ist (Leistungsaustausch).

[59] Innenumsätze sind deshalb keine Leistungen. Es mangelt an einem Leistungsempfänger. Mißverständlich im Hinblick auf das Merkmal „Leistungsempfänger", Art. 4 Abs. 2 Satz 1 6.EGRl: „Die ... wirtschaftlichen Tätigkeiten sind alle Tätigkeiten eines Erzeugers, Händlers oder Dienstleistenden einschließlich der Tätigkeiten der Urproduzenten, der Landwirte sowie der freien Berufe und der diesen gleichgestellten Berufe."

[60] Vgl. Walden (FN 1), S. 138; einschränkend allerdings die Rechtsprechung des EuGH, wonach der Handel mit Drogen (EuGH vom 5.7.1988, UR 1989, S. 309 und UR 1989, S. 312) und mit Falschgeld (EuGH vom 6.12.1990, UR 1991, S. 148) nicht von der 6.EGRl erfaßt wird. Zur berechtigten Kritik vgl. Widmann, UR 1989, S. 10; Weiß, UR 1989, S. 311; Dziadkowski, StVj 1989, S. 337; vgl. auch Teil I, Abschnitt 1, Kapitel 1. C. III.; a.A. offenbar Reiß, in: Tipke/Lang (FN 13), S. 549.

[61] Zu §1 Abs. 1 Nr. 1 Satz 2 Buchst. b UStG vgl. Unterabschnitt 3 in diesem Abschnitt.

wird, kann in einem positiven Handeln oder in einem negativen Verhalten wie Dulden oder Unterlassen bestehen.

Das jeweilige Besteuerungsobjekt „Erfüllungsgeschäft" kann umsatzsteuerlich grundsätzlich nicht losgelöst von seiner vertraglichen Grundlage beurteilt werden[62]. Insbesondere ist der **Vertragstyp** (z.B. Kauf, Tausch, Miete, Pacht, Dienstvertrag, Speditionsvertrag) von Bedeutung, um die **Art der Leistung** beurteilen zu können. So sind zahlreiche Rechtsfolgen abhängig von der vertragstypischen Qualifikation einer umsatzsteuerrechtlichen Leistung (z.B. Ort der Leistung i.S. des § 3a UStG, etwaige Steuerbefreiung nach § 4 UStG).

Bei der Qualifikation umsatzsteuerrechtlicher Leistungen ist außerdem bei bestimmten wirtschaftlich zusammenhängenden Vorgängen noch zu entscheiden, ob es sich um eine **Haupt- oder Nebenleistung** handelt. Von der Rechtsprechung[63] werden diejenigen Leistungen, denen andere Leistungen zu dienen bestimmt sind, als Hauptleistungen und diejenigen Leistungen, die anderen Leistungen zu dienen haben (z.B. verpacken, befördern, montieren im Zusammenhang mit Warenlieferungen), als Nebenleistungen betrachtet. Entscheidungskriterium[64] ist die wirtschaftliche Bedeutung der jeweiligen Leistung, aus der sich dann eine wirtschaftliche Über- oder Unterordnung ableitet. Als Rechtsfolge ergibt sich, daß auch für die Nebenleistung die Regelungen, die für die Hauptleistung anzuwenden sind (z.B. Leistungszeit, Leistungsort, Steuerpflicht, Steuerfreiheit, Steuersatz), maßgeblich sind. Die Bestimmung von Haupt- und Nebenleistung ist jedoch nicht unproblematisch[65], wie das Beispiel der Kreditgewährung im Rahmen eines Ratenkaufs zeigt[66].

B. Leistungen und Nichtleistungen

Unter Beachtung der vorausgegangenen Begriffsinterpretation bilden **Leistungen im Sinne einer wirtschaftlichen Handlung** umsatzsteuerrechtlich relevante Leistungen.

Umsatzsteuerlich irrelevant sind **Nichtleistungen.** Als Nichtleistungen werden die Vorgänge bezeichnet, bei denen zwei Personen beteiligt sind und eine gewisse „Leistungsvermutung" besteht, die Kriterien einer Leistung jedoch nicht erfüllt sind. Eine **„Leistungsvermutung"** ist immer dann gegeben, wenn einem Unternehmer Mittel zugewendet werden. In der Regel ist dieser Zufluß als Gegenleistung für eine erbrachte Leistung anzusehen. In einigen Bereichen handelt es sich jedoch nur scheinbar um eine Gegenleistung, weil die dem Unternehmer zugeflossenen Mittel tatsächlich in keinem ursächlichen Zusammenhang mit einer Lei-

---

62 Voraussetzung ist, daß die tatsächlich bewirkte Leistung der Verpflichtung aus dem betreffenden Schuldverhältnis entspricht. Andernfalls ist die tatsächliche Leistung maßgebend.

63 So z.B. BFH vom 29.8.1991, BStBl 1992 II S. 206; vom 8.10.1991, BStBl 1992 II S. 368; vom 28.1.1993, BStBl 1993 II S. 360.

64 Vgl. zur Kritik dieser Rechtsprechung Reiß, in: Tipke/Lang (FN 13), S. 553 f., der rügt, daß der Satz vom „Primat der Hauptleistung" nicht systematisch - teleologisch abgeleitet worden ist.

65 Vgl. Einzelheiten in Unterabschnitt 1, Kapitel 4 in diesem Abschnitt.

66 Vgl. Abschn. 29a UStR.

stung stehen. Nachfolgend soll im Rahmen der Abgrenzung von Nichtleistungen und Leistungen insbesondere der Kreis der Grenzfälle erörtert werden, die eine wirtschaftliche Bedeutung haben.

Es sind dies:

- Erbfall,
- gesetzwidrig erzwungene Tätigkeiten/Leistungen aufgrund gesetzlicher oder behördlicher Anordnung,
- echter Schadensersatz/unechter Schadensersatz,
- echter Zuschuß/unechter Zuschuß,
- Vereinstätigkeiten und echte/unechte Mitgliederbeiträge,
- echte Gesellschafterbeiträge/unechte Gesellschafterbeiträge.

I. Fehlender Leistungswille

Die auf einem Tauschvorgang ausgerichtete Tätigkeit (Leistung) setzt einen entsprechenden (tatsächlichen, nicht rechtsgeschäftlichen) Willen zur Leistung voraus. Dem **Erbfall** liegt keine Leistung (wirtschaftliche Handlung) des Erblassers zugrunde. Nach § 1922 BGB geht mit dem Tode einer Person (Erblasser; Erbfall) deren Vermögen (Erbschaft) als Ganzes auf den oder die Erben über. Der Vermögensübergang erfolgt kraft Gesetzes. Es fehlt der Wille zur Leistung bzw. zur Wertabgabe. Damit liegt weder eine Leistung noch ein Tatbestand des Eigenverbrauchs (willentliche Wertabgabe zu unternehmensfremden Zwecken) vor. Auch der Erbe leistet im Zusammenhang mit dem Erbfall nicht. Der Erbfall ist ein umsatzsteuerrechtlich nichtsteuerbarer Vorgang. Für den Erben ergeben sich ebenfalls keine umsatzsteuerrechtlichen Konsequenzen, soweit er als Nichtunternehmer das ererbte und durch den Erblasser im Wege des Vorsteuerabzugs entlastete Vermögen veräußert bzw. zum privaten Gebrauch verwendet. Abgesehen von der Frage, unter welchen Voraussetzungen der Erbe durch eine entgeltliche Verwertung der Erbschaft die Unternehmereigenschaft begründet, erscheint auch unter verbrauchsteuerlichen Aspekten eine umsatzsteuerliche Erfassung der privaten Verwendung des ererbten Vermögens durch den Erben nicht gerechtfertigt. Der Erblasser hat die vorsteuerentlasteten Gegenstände bis zum Erbfall im Rahmen seines Unternehmens verwendet. Der Erbe realisiert im Zusammenhang mit dem Vermögensübergang und der anschließenden privaten Verwendung keinen Verbrauch i.S.d. Umsatzsteuerrechts (keine Hingabe einer „Leistung" zur Erlangung eines Konsumgutes).[67]

Auch wenn der Erbfall auf einer letztwilligen Verfügung des Erblassers (**gewillkürte Erbfolge**) beruht, ist keine Leistung des Erblassers gegeben[68]. Der

---

[67] Zum Verbrauchsbegriff vgl. Abschnitt 1, Kapitel 1 in diesem Teil. Kritisch im Hinblick auf die nicht steuerbare Veräußerung bzw. private Verwendung des ererbten Vermögens durch den Erben vgl. u.a. Giesberts (FN 54), Anm. 557 ff. zu § 2 Abs. 1 und 2; Reiß, in: Tipke/Lang (FN 13), S. 558 f. jeweils m.w.N.; nach Auffassung der Finanzverwaltung ist die Unternehmereigenschaft nicht vererblich. Abschn. 19 Abs. 1 UStR.

[68] Sauerland/Schmidt/Lippross, Umsatzsteuer, 18. Aufl., Achim 1994, S. 57; vgl. Flückiger/Georgy, in: Plückebaum/Malitzky, Rz. 515 f. zu § 1 Abs. 1; a.A. Probst, UR 1988, S. 272 ff.; Birkenfeld, UR 1992, S. 29 ff. (36).

Erbfall erfolgt stets kraft Gesetzes[69]. Vom Erbfall zu unterscheiden sind Vermögensübertragungen im Wege der **vorweggenommenen Erbfolge**, die in der Regel unentgeltlich erfolgen und den Tatbestand des Eigenverbrauchs erfüllen[70].

Die Beweggründe für eine Leistung sind im allgemeinen unbeachtlich (z.B. Notverkäufe)[71]. Bei Leistungszwang ist zu unterscheiden. **Unrechtmäßiger Leistungszwang** begründet keine Leistung im umsatzsteuerrechtlichen Sinne. Auch dem Bestohlenen fehlt beim Diebstahl der Wille zur Leistung. Der vom Dieb bzw. der Versicherung gezahlte Schadensersatz stellt damit keine Gegenleistung für eine Leistung des Unternehmers dar.

Leistungen, die hingegen **aufgrund gesetzlicher oder behördlicher Anordnung (rechtmäßiger Leistungszwang)** bewirkt werden oder als bewirkt gelten (Enteignungen, Zwangsstillegungen, Zwangsablieferungen, Zwangsversteigerungen usw.), sind kraft ausdrücklicher Gesetzesvorschrift (§ 1 Abs. 1 Nr. 1 Satz 2 Buchst. a UStG)[72] als Leistungen zu beurteilen. In diesen Fällen kann ausnahmsweise der Leistungswille fehlen. Die dem Unternehmer gewährten Entschädigungen in einem Enteignungsverfahren z.B. sind folglich umsatzsteuerlich zu erfassen, da sie Gegenleistungen darstellen. Der Unternehmer erbringt insoweit eine umsatzsteuerrechtlich relevante Leistung.

Eine Leistung kann dagegen nicht angenommen werden, wenn eine Zahlung im Rahmen eines **Schadensersatzes** für einen erlittenen Schaden geleistet wird. Es liegt dann eine Nichtleistung des geschädigten Zahlungsempfängers vor **(echter Schadensersatz).** Ist jemand zum Schadensersatz verpflichtet[73], erhält der Geschädigte keine Gegenleistung (Entgelt) für eine erbrachte Leistung. Vielmehr erhält er eine Geld- oder Naturalrestitution für das gesetz- (bzw. vertragswidrig) erzwungene Hinnehmenmüssen eines Schadens (§ 249 BGB). Der Schädiger ersetzt den Schaden nicht, weil er vom Geschädigten eine Leistung (z.B. Lieferung) empfangen hat, sondern, weil er einen Schaden verursacht hat[74].

In der Praxis ergeben sich jedoch häufig Abgrenzungsschwierigkeiten, weil die Sachverhalte nicht immer eindeutig sind. Bei Zahlungen von **Versicherungsgesellschaften** kann in der Regel davon ausgegangen werden, daß es sich um **echten**

---

[69] U.U. ist eine Leistung insoweit denkbar, als der Erblasser gegen Entgelt eine von der gesetzlichen Erbfolge abweichende Erbregelung trifft. Eine unternehmerische Tätigkeit dürfte jedoch insoweit nicht vorliegen.

[70] Vgl. BFH vom 25.6.1987, BStBl 1987 II S. 655; zur unentgeltlichen Geschäftsübertragung im Wege der vorweggenommenen Erbfolge vgl. Unterabschnitt 5, B. II. in diesem Abschnitt.

[71] BFH vom 24.2.1972, BStBl 1972 II S. 510.

[72] Vgl. Art. 5 Abs. 4 Buchst. a: „Als Lieferungen ... gelten ferner: a) die Übertragung des Eigentums an einem Gegenstand gegen Zahlung einer Entschädigung auf Grund einer behördlichen Anordnung oder kraft Gesetzes" und Art. 6 Abs.1 Satz 2 6.EGRl: „Diese Leistung kann unter anderem bestehen ... in der Ausführung eines Dienstes auf Grund einer behördlichen Anordnung oder kraft Gesetzes."

[73] Ein Schadensersatzanspruch kann auf gesetzlichen Regelungen (z.B. §§ 280, 325, 823 ff. BGB) oder auf der Verletzung von Vertragspflichten beruhen.

[74] BFH vom 22.11.1962, BStBl 1963 III S. 106.

Schadensersatz handelt[75]. Grundsätzlich muß jedoch - unabhängig von der Bezeichnung - im Einzelfall geprüft werden, ob ein echter Schadensersatz (Nichtleistung) oder ein unechter Schadensersatz (Leistung) vorliegt.

Ein **unechter Schadensersatz** ist immer dann anzunehmen, wenn in einem Schadensersatzfall der Ersatzleistung des „Schädigers" vereinbarungsgemäß eine individuelle und konkrete Gegenleistung des „Geschädigten" gegenübersteht. Die Entschädigung stellt dann ein Entgelt (Gegenleistung) für eine Leistung des „Geschädigten" dar.

Beispiele:

(1) Ein Unternehmer erklärt sich bereit, vor Ablauf der Mietzeit die von ihm gemieteten gewerblichen Räume aufzugeben. Der Vermieter zahlt ihm eine sogenannte Räumungsentschädigung.

Der Unternehmer erbringt durch den Verzicht auf Weiternutzung der gemieteten Räume eine Leistung (Unterlassen) und erhält dafür als Gegenleistung die Räumungsentschädigung. Es liegt somit ein Leistungsaustausch vor. Der Sachverhalt ist als sog. unechter Schadensersatz zu qualifizieren[76].

(2) Ein Handelsvertreter erhält bei seinem Ausscheiden eine Entschädigung nach § 89b HGB.

Die Entschädigung (Ausgleichsanspruch) stellt ein Entgelt (Gegenleistung) dar für die Leistungen des Handelsvertreters, die im Rahmen eines Leistungsaustauschs erbracht wurden. Mit dem Ausgleichsanspruch nach § 89b HGB werden die bereits erbrachten Vermittlungsleistungen des Handelsvertreters abgegolten. Der Vorgang ist als sog. unechter Schadensersatz zu beurteilen[77].

Besonderer Beachtung bedürfen Sachverhalte, bei denen der geschädigte Unternehmer den Schaden im Interesse (**im Auftrag**) des Schädigers selbst beseitigt. Die vom Schädiger geleistete Zahlung ist in diesem Falle grundsätzlich nicht als echter Schadensersatz, sondern als Entgelt für die ihm gegenüber erbrachte Werkleistung (Reparatur) zu betrachten. Der Geschädigte hat durch die entgeltliche Schadensbeseitigung eine umsatzsteuerrechtlich relevante Leistung bewirkt[78].

Beispiel:

Ein Kfz-Händler vermietet einen Pkw. Der Mieter beschädigt den gemieteten Pkw schuldhaft und erteilt dem Kfz-Händler den Reparaturauftrag.

Der Kfz-Händler erbringt eine Leistung im Rahmen eines Leistungsaustauschs (Werkleistung), die bei Vorliegen der übrigen Tatbestandsmerkmale (z.B. Inland) als steuerbare sonstige Leistung zu qualifizieren ist.

Vertragsstrafen, die wegen Nichterfüllung oder nicht gehöriger Erfüllung (§§ 340, 341 BGB) gezahlt werden, sind als Schadensersatz zu beurteilen. Sie stehen mit einer Nichtleistung des Zahlungsempfängers im Zusammenhang und führen zu keiner Entgeltsveränderung[79].

---

[75] Schließt dagegen der Abnehmer einer Ware wegen des Übergangs der Preisgefahr nach § 447 BGB eine Transportversicherung ab, so stellt die Zahlung der Versicherung im Fall des Untergangs der Ware für den liefernden Unternehmer Entgelt dar.

[76] BFH vom 27.2.1969, BStBl 1969 II S. 386; vom 7.8.1969, BStBl 1969 II S. 696. Zur Steuerbefreiung des steuerbaren Umsatzes EuGH vom 15.12.1993, BStBl 1995 II S. 480.

[77] BFH vom 28.7.1993, UR 1994, S. 398.

[78] BFH vom 11.3.1965, BStBl 1965 III S. 300.

[79] BFH vom 4.5.1994, BStBl 1994 II S. 589.

II. Zuschüsse

Wie bei Schadensersatzleistungen ist auch bei Zuschüssen zwischen echten und unechten Zuschüssen zu unterscheiden. Ein **Zuschuß** liegt dann vor, wenn ein Unternehmer von einem anderen als dem Leistungsempfänger eine Zahlung erhält. In diesen Fällen ist zu prüfen, ob die Zahlung des Dritten im Interesse des Leistungsempfängers als Teil der Gegenleistung **(Entgeltauffüllung)** oder außerhalb dieses Leistungsverhältnisses zur Förderung des Unternehmers als sog. **Subvention** erfolgt[80].

Wird der Zuschuß unabhängig von einem bestimmten Leistungsverhalten des Unternehmers gewährt, so steht er mit einer Nichtleistung im Zusammenhang und bildet einen selbständigen **echten Zuschuß,** der nicht als Teil eines Entgelts angesehen werden kann. Ein unselbständiger **unechter Zuschuß** liegt dagegen vor, wenn es sich um eine zusätzliche Gegenleistung (Zusatzentgelt) für Leistungen des Zuschußempfängers an einen Dritten handelt (§10 Abs. 1 Satz 3 UStG).

Gelegentlich werden auch Zahlungen für eigenständige Leistungen eines Unternehmers an einen sog. Zuschußgeber als „Zuschüsse" bezeichnet. In diesen Fällen ist eine Leistung im Rahmen eines Leistungsaustauschs anzunehmen. So ist z.B. ein sog. Zuschuß, den ein Unternehmer von einem anderen Unternehmer erhält, weil er seine Produkte mit Werbeetiketten des sog. Zuschußgebers versieht, als Gegenleistung für eine unternehmerische Leistung zu beurteilen[81].

III. Vereinstätigkeiten und Mitgliederbeiträge

Schwierige Abgrenzungsfragen ergeben sich in den Fällen, in denen zu beurteilen ist, ob Mitgliederbeiträge im Rahmen eines Leistungsaustauschs als Entgelt entrichtet werden (sog. unechte Mitgliederbeiträge) oder als sog. echte Mitgliederbeiträge im Zusammenhang mit Nichtleistungen stehen[82].

Nichtleistungen im umsatzsteuerrechtlichen Sinn können nach der herrschenden Meinung[83] gegeben sein, wenn ideelle Vereine (z.B. Sportvereine) gegenüber ihren Mitgliedern Tätigkeiten im satzungsgemäßen Rahmen erbringen. Derartigen Tätigkeiten liegen keine konkretisierbaren, auf das einzelne Mitglied zugeschnittene Leistungen zugrunde. Der Verein wird in Erfüllung der Gesamtbelange aller Mitglieder tätig. Werden für die Erfüllung der allgemeinen, im Gesamtinteresse

---

[80] BFH vom 26.6.1986, BStBl 1986 II S. 723; vom 28.7.1994, BStBl 1995 II S. 86. Im Zusammenhang mit der Gewährung staatlicher Subventionen mangelt es häufig aus der Sicht des Subventionsempfängers an einem konkreten Leistungsempfänger, so daß von einer Nichtleistung auszugehen ist, vgl. auch Tehler, DStR 1995, S. 433 ff.

[81] BFH vom 24.2.1972, BStBl 1972 II S. 558. Zur Abgrenzung vgl. auch Teil V, Abschnitt 2, Kapitel 1; Lange, UR 1994, S. 413 ff.; BFH vom 28.7.1994, UR 1995, S. 68.

[82] Es ist aus umsatzsteuerlicher Sicht zweckmäßig, bei den Personenvereinigungen zwischen Personen-/Kapitalgesellschaften und Mitgliedervereinigungen wie Vereinen, Verbänden etc. zu unterscheiden.

[83] Vgl. u.a. Husmann, in: Rau/Dürrwächter/Flick/Geist, Anm. 200 ff. zu § 1 m.w.N.; Reiß, in: Tipke/Lang (FN 13), S. 560; Flückiger/Georgy (FN 68), Rz. 860 ff. zu § 1 Abs. 1.

aller Mitglieder liegenden Vereinsaufgaben kraft Satzung[84] Mitgliederbeiträge erhoben, handelt es sich um **echte Mitgliederbeiträge**. Sie stellen keine Gegenleistung für eine Leistung des Vereins dar, sondern werden leistungsunabhängig (unabhängig von einer tatsächlichen Inanspruchnahme der Vereinseinrichtungen wie Sportstätten usw.) gezahlt.[85]

Werden Mitgliederbeiträge aber unter Berücksichtigung der tatsächlichen (oder vermuteten) Inanspruchnahme der Vereinseinrichtungen durch die einzelnen Mitglieder erhoben (**Sonderleistungsentgelte, Sonderentgelte**), spricht dieser Bemessungsmaßstab für die Annahme einer konkreten Leistung des Vereins und für einen Leistungsaustausch (**unechte Mitgliederbeiträge**)[86]. Die individuellen Leistungen für das Mitglied („Sonderleistungen") sind dann als umsatzsteuerliche Leistungen zu betrachten[87]. Leistungen im umsatzsteuerlichen Sinn werden insbesondere von den wirtschaftlichen Vereinen (z.B. Buchgemeinschaften) erbracht, können aber auch bei ideellen Vereinen in Form von Sonderleistungen (z.B. Eintrittsgelder bei Sportveranstaltungen) auftreten. Sonderleistungen gegen Entgelte (unechter Mitgliederbeitrag) bewirken Vereine u.a. häufig im Zusammenhang mit Sommerfesten oder ähnlichen Veranstaltungen.

Beispiele:

(1) Ein Sportverein mit mehreren Sportabteilungen vermietet an einzelne Mitglieder der Ruderabteilung Hallenplätze für die Unterstellung mitgliedereigener Boote gegen Entgelt.

Der Verein erbringt gegenüber den Bootseignern Sonderleistungen. Die Mitglieder entrichten dafür ein Entgelt. Es liegt folglich ein Leistungsaustausch vor. Der Verein als Unternehmer hat gegenüber den Mitgliedern (Bootseignern) entgeltliche Leistungen erbracht, die nicht unmittelbar der Zweckerfüllung des Vereins dienen.

(2) Die Mitglieder einer Interessenvereinigung der Lohnsteuerzahler erbringen Beitragszahlungen, um die in der Satzung vorgesehene Hilfe in Lohnsteuersachen in Anspruch nehmen zu können.

Die Beiträge stellen Entgelte für umsatzsteuerbare Leistungen dieser Vereinigung dar. Der Verein erfüllt keine satzungsmäßigen Gemeinschaftszwecke für die Gesamtbelange seiner Mitglieder, sondern nimmt lediglich eine Summe gleichgelagerter Sonderinteressen wahr.[88]

Erhebt ein Verein gleichmäßige Mitgliederbeiträge sowohl für die Erfüllung seiner satzungsmäßigen Gemeinschaftszwecke für die Gesamtbelange der Mitglie-

---

[84] Die Satzungen sehen grundsätzlich vor, daß die Beiträge nach einem für alle Mitglieder verbindlichen Maßstab (z.B. Alter) und unabhängig davon, ob und in welchem Umfang das Mitglied von den Einrichtungen und Angeboten des Vereins Gebrauch macht, erhoben werden.

[85] BFH vom 5.12.1968, BStBl 1969 II S. 302. Nach Auffassung des BFH (vom 27.7.1995, BStBl 1995 II S. 753) ist auch die Gewährung der Mitgliedschaft, die die Beitragspflicht begründet, nicht steuerbar.

[86] Vgl. BFH vom 8.9.1994, BStBl 1994 II S. 957. Es ist anzumerken, daß die Gemeinnützigkeit i.S. der §§ 51 ff. AO eines Vereins insoweit keine Wirkung für die Umsatzsteuer entfaltet.

[87] Vgl. zur Abgrenzung der unternehmerischen von der nichtunternehmerischen Sphäre eines Vereins Teil I, Abschnitt 2, Kapitel 4.

[88] BFH vom 9.5.1974, BStBl 1974 II S. 530.

der als auch für das Erbringen von Sonderleistungen, so sind die Mitgliederbeiträge - ggf. im Wege der Schätzung - auf Nichtleistungen und Leistungen **aufzuteilen**[89].

Beispiel:

Ein Mieterverein vertritt die Gesamtbelange der Mitglieder und leistet auch in Einzelfällen Rechtsbeistand. Er erhebt einheitliche Mitgliederbeiträge und berechnet keine Entgelte für Sonderleistungen.

Trotz Nichtberechnung eines Honorars ist in der Rechtsberatung eine Leistung (Sonderleistung) aufgrund eines Leistungsaustauschs zu erblicken. Aus Vereinfachungsgründen sind 20 v.H. der Mitgliederbeiträge als Entgelte für Sonderleistungen anzusehen[90].

Die Differenzierung zwischen Leistungen („Sonderleistungen") und Nichtleistungen bei Vereinen ist unter Verbrauchsteueraspekten nicht unbedenklich, da der Verein auch im satzungsgemäßen Rahmen Wertabgaben an Dritte (Vereinsmitglieder) tätigt. Das vom Verein wahrgenommene Gesamtinteresse dürfte sich regelmäßig als Zusammenfassung gleichgelagerter Einzelinteressen darstellen. Das Vereinsmitglied erwartet für seinen Mitgliederbeitrag eine entsprechende (Gegen)leistung des Vereins. Eine konsequente Lösung wäre die Aufnahme bestimmter (steuerbarer) Vereinstätigkeiten in den Befreiungskatalog des § 4 UStG[91].

IV. Leistungsbeziehungen bei Gesellschafterbeiträgen

Gesellschaft und Gesellschafter können umsatzsteuerrechtlich selbständige Rechtsträger sein. Daher sind zwischen ihnen umsatzsteuerlich relevante Leistungsbeziehungen möglich.

Die umsatzsteuerrechtliche Beurteilung der **Gesellschaftsgründung** ist umstritten[92]. Aus der Sicht des Gesellschafters wird nur in der **Sacheinlage** eine Leistung gesehen. Diese Leistung ist steuerbar, wenn sie von einem Unternehmer im Rahmen seines Unternehmens erbracht wird. Nach der h.M. begründet die Einlage von Wirtschaftsgütern gegen **Entgelt**[93] jedoch noch nicht die Unternehmereigenschaft eines Gesellschafters[94]. Strittig ist auch, worin das Entgelt für die Sacheinlage des Gesellschafters besteht. So wird z.B. angenommen, das Entgelt bestehe in der Befreiung von der Einzahlungsverpflichtung[95] oder in der Wertsteigerung des

---

[89] BFH vom 22.11.1963, BStBl 1964 III S. 147.

[90] BMF vom 6.5.1969, USt-Kartei § 1 UStG S 7100 Karte 2. Bei den ADAC-Mitgliederbeiträgen schätzt die Finanzverwaltung den Anteil der Entgelte für Sonderleistungen auf 10%, vgl. StEK - USt 1980, § 1 Abs. 1 Ziffer 1 Nr. 19.

[91] Vgl. auch die Kritik von Söhn, StuW 1975, S. 164 ff.; Walden (FN 1), S. 152 ff.; ders., Umsatzsteuerkongreß-Bericht 1991/92, S. 79 ff. (90); Reiß, in: Tipke/Lang (FN 13), S. 560.

[92] Zum Meinungsstand vgl. u.a. Husmann (FN 83), Anm. 145 ff. zu § 1; Birkenfeld, USt-Hdb I Rz. 526 ff. (Personengesellschaften) und 560 ff. (Kapitalgesellschaften); vgl. auch Walden (FN 91), S. 83 ff.

[93] Nach Kramer, GmbHR 1994, S. 93 ff. (96) erhält der Gesellschafter im Zusammenhang mit der Einbringung von Sachgütern kein Entgelt.

[94] Vgl. Husmann (FN 83), Anm. 154 zu § 1; Birkenfeld (FN 92), I Rz. 525; Mößlang, in: Sölch/Ringleb/List, Bem. 125 zu § 1.

[95] Vgl. Schön, DStJG Bd. 13 (1990), S. 81 ff. (107 f.).

Gesellschaftsrechtes[96]. Die Finanzverwaltung hat das Entgelt bisher in der nach § 4 Nr. 8 Buchst. f UStG steuerfreien Gewährung von Gesellschaftsrechten gesehen[97]. Die **Bareinlage** wird als Hingabe von Zahlungsmitteln und damit als schlichte Entgeltsentrichtung (keine Leistung) beurteilt[98].

Gegen die herrschende Meinung ist einzuwenden, daß der Gesellschafter seine Einlage erbringt, um die Gesellschafterposition einschließlich der damit verbundenen zukünftigen wirtschaftlichen Vorteile zu erlangen. Wirtschaftlich[99] gesehen verschafft ihm die Gesellschaft die Gesellschafterstellung. Die dauerhafte Überlassung von Risikokapital u.a. gegen Gewinnanteile begründet - auch bei einer Bareinlage - u.E. die Unternehmereigenschaft. Es handelt sich der Sache nach u.a. um eine besondere Form des Sparens. Die Gewinnanteile stellen neben der Einräumung der Gesellschafterposition Entgelt für die Einlage des Gesellschafters dar. Im Hinblick auf Gewinnanteile als Entgelt ist anzumerken, daß sie z.B. die Gegenleistung für die Leistung eines stillen Gesellschafters[100] bzw. eines Kreditgebers für ein partiarisches Darlehen[101] sind[102].

Während des Bestehens der Gesellschaft wird bei Sachzuwendungen und anderen Gesellschafterbeiträgen (insbesondere Diensttätigkeiten und Nutzungsüberlassungen) für die umsatzsteuerliche Beurteilung auf die Entgeltsvereinbarung abgestellt[103]. Wird der Gesellschafterbeitrag durch ein gewinnunabhängiges **Sonderentgelt** abgegolten, ist eine Leistung im Leistungsaustausch anzunehmen **(unechter Gesellschafterbeitrag).** Dagegen stellt der Gesellschafterbeitrag eine Nichtleistung dar **(echter Gesellschafterbeitrag),** wenn die Vergütung in einer Beteiligung am Gewinn und Verlust besteht. Es ist für die umsatzsteuerliche Beurteilung der Gesellschafterbeiträge unerheblich, ob sie auf gesellschaftsvertraglicher Verpflichtung beruhen[104].

Beispiele:

(1) Der Gesellschafter einer Steuerberatersozietät überläßt der GbR gegen eine monatliche Mietzahlung einen selbstbeschafften Gegenstand (z.B. Kopiergerät, Pkw).

Der Gesellschafter erbringt an die GbR eine Vermietungsleistung. Der Gesellschafter wird allein durch die Vermietung zum Unternehmer. Diese (steuerbare) Lei-

---

[96] Vgl. Reiß, StuW 1992, S. 25 ff. (29).

[97] Vgl. Abschn. 6 Abs. 2 UStR 1992. In den UStR 1996 ist ein derartiger Hinweis nicht mehr enthalten; vgl. Flückiger/Georgy (FN 68), Rz. 589 zu § 1 Abs. 1.

[98] Vgl. Reiß, in: Tipke/Lang (FN 13), S. 561; Tehler (FN 20), Rz. 78 zu § 1.

[99] „Das Umsatzsteuerrecht ist *kein Folgerecht* des Gesellschaftsrechts", Söhn, StuW 1977, S. 271 ff. (275).

[100] Vgl. BFH vom 27.5.1982, BStBl 1982 II S. 568; § 4 Nr. 8 Buchst. j UStG.

[101] Vgl. BFH vom 19.3.1970, BStBl 1970 II S. 602; Tehler (FN 20), Rz. 84 zu § 1.

[102] Vgl. auch Walden (FN 91), S. 86 und die Problematik der Unternehmereigenschaft einer Holdinggesellschaft, dazu u.a. Bachem, BB 1994, S. 1608 ff.

[103] Vgl. Abschn. 6, Abs. 2 UStR. Zu Leistungen der Gesellschaft an die Gesellschafter vgl. B. III. in diesem Unterabschnitt.

[104] BFH vom 16.3.1993, BStBl 1993 II S. 529; Reiß, in: Tipke/Lang (FN 13), S. 561; kritisch zur Unterschiedung von echten - unechten Gesellschafterbeiträgen Walden (FN 91), S. 87 f.

stung (unechter Gesellschafterbeitrag) wird gegen ein gewinnunabhängiges Entgelt im Leistungsaustausch erbracht[105].

(2) Der Komplementär einer KG führt gegen eine gewinnunabhängige Geschäftsführervergütung die Geschäfte der Gesellschaft.

Nach Auffassung des BFH erbringt der Geschäftsführer einer Personengesellschaft unabhängig von der Art der Vergütung keine Leistung an die Gesellschaft. Vielmehr verkörpere sich die Gesellschaft insoweit in ihrem Handeln. Die Geschäftsführung stelle eine „Leistung" an sich selbst dar[106].

Unter verbrauchsteuerlichen Aspekten ist es problematisch, echte Gesellschafterbeiträge als Nichtleistung zu qualifizieren, wenn dadurch im Ergebnis für die von der Gesellschaft genutzten Wirtschaftsgüter der Vorsteuerabzug versagt wird.

C. Die Legaldefinition „Teilleistung"

Nach § 13 Abs. 1 Nr. 1 Buchst. a UStG liegt eine **Teilleistung** vor, wenn für bestimmte Teile einer wirtschaftlich teilbaren Leistung das Entgelt gesondert vereinbart wird. Der Begriff der Teilleistung setzt voraus, daß eine Leistung überhaupt teilbar ist und nicht als Ganzes, sondern in abgrenzbaren Teilen geschuldet und bewirkt wird. Eine Leistung ist in Teilen geschuldet, wenn für bestimmte Teile das Entgelt besonders vereinbart wird (gesonderte und endgültige Entgeltabrechnungen mit Steuerausweis)[107].

Eine Leistung ist nur dann wirtschaftlich teilbar, wenn sie auch bei Ausbleiben der Gesamtleistung einen bleibenden Wert hat. In der Praxis treten Teilleistungen häufig bei **Dauerschuldverhältnissen** (Miete, Pacht, Darlehen usw.) auf.

Beispiel:

Ein Unternehmer vermietet gewerbliche Räume für die Dauer von 5 Jahren. Es werden monatliche Mietzahlungen vereinbart.

Die Leistung (Vermietung) des Unternehmers wird in monatlichen Teilleistungen erbracht, für die das Entgelt besonders vereinbart ist. Es liegt folglich eine abgrenzbare Teilleistung vor. Die Umsatzsteuer entsteht jeweils mit Ablauf des Monats (Voranmeldungszeitraums), in dem die Teilleistungen ausgeführt worden sind.

Die Tatsache, daß eine Teilleistung vorliegt, hat nicht nur Bedeutung für die Entstehung der Umsatzsteuer schlechthin, sondern ist von erheblicher Relevanz bei Steuersatzerhöhungen (z.B. am 1. 1. 1993). Bei langfristiger Fertigung (z.B. in der Baubranche) wirkt sich die Entscheidung, ob eine Leistung als Teilleistung zu qualifizieren ist, auch auf die Liquiditätslage einer Unternehmung aus. Die Umsatzsteuer entsteht nämlich grundsätzlich immer erst dann, wenn eine Leistung ausgeführt worden ist (mit Ablauf des jeweiligen Voranmeldungszeitraums). Besteht eine größere Bauausführung aus mehreren Teilleistungen, so entsteht die Umsatzsteuer nicht erst nach Abschluß des Gesamtbauvorhabens, sondern jeweils nach Beendigung einer abgrenzbaren Teilleistung (mit Ablauf des jeweiligen Voranmeldungszeitraums). Die Teilleistung besitzt eine wirtschaftliche und umsatz-

[105] BFH vom 7.11.1991, BStBl 1992 II S. 269.

[106] BFH vom 17.7.1980, BStBl 1980 II S. 622; Weiß, UR 1995, S. 10 ff.; vgl. auch BFH vom 24.8.1994, BStBl 1995 II S. 150; vom 9.6.1994, UR 1995, S. 333; kritisch Walden (FN 91), S. 87; Wagner, UR 1994, S. 422 ff.

[107] BFH vom 21.4.1993, BStBl 1993 II S. 696.

steuerliche Selbständigkeit, die voraussetzt, daß sie gesondert abgenommen und endgültig abgerechnet wird.

Beispiele:

(1) Ein Unternehmer hat den Auftrag übernommen, den Rohbau zu errichten sowie den Innen- und Außenputz auszuführen. Die Vereinbarung sieht vor, daß die Rohbauarbeiten gesondert abgenommen und endgültig abgerechnet werden.
Es liegen zwei selbständige Teilleistungen vor. Die Umsatzsteuer für die erste Teilleistung entsteht bereits mit Ablauf des Voranmeldungszeitraums, in dem die Rohbauarbeiten ausgeführt (beendet und abgenommen) worden sind. Die Gesamtleistung ist wirtschaftlich teilbar, da auch bei Ausbleiben der Gesamtleistung (Nichtausführung der Putzarbeiten) der Wert der Rohbauarbeiten erhalten bleibt.

(2) Ein Bauunternehmer erbringt im Rahmen eines Auftrages Maurer- und Betonarbeiten an einem 8-geschossigen Haus. Jeweils nach Fertigstellung eines Geschosses erhält er vom Auftraggeber eine Abschlagzahlung. Die „Schluß"-Rechnung wird nach Fertigstellung und Abnahme des gesamten Komplexes erstellt.
Die jeweiligen Bauarbeiten stellen keinen „selbständigen" Umsatz i.S. des § 1 Abs. 1 i.V.m. § 13 Abs. 1 Nr. 1 Buchst. a UStG dar. Es handelt sich nicht um Teilleistungen, weil die Gesamtleistung wirtschaftlich nicht teilbar ist. Die Maurer- und Betonarbeiten betreffen Teilausführungen eines Auftrages an einem Objekt. Bei Nichtausführung der gesamten Arbeiten würde die Leistung wertlos (unfertiger Rohbau). Die Umsatzsteuerschuld entsteht grundsätzlich erst mit Ablauf des Voranmeldungszeitraums, in dem die Leistung endgültig ausgeführt worden ist. Das ist in der Regel im Zeitpunkt der Bauabnahme.

Werden jedoch Teile des Entgelts (Abschlagzahlungen) vereinnahmt, bevor die Leistung (Teilleistung) endgültig ausgeführt ist, so entsteht die Steuer für Abschlagzahlungen bereits mit Ablauf des Voranmeldungszeitraums, in dem das Teilentgelt vereinnahmt worden ist (**Mindest-Istversteuerung** nach § 13 Abs. 1 Nr. 1 Buchst. a Satz 4 UStG)[108].

D. Bedeutung der Unterscheidung Lieferung - sonstige Leistung

Das Umsatzsteuergesetz unterscheidet bei den Leistungsumsätzen Lieferungen und sonstige Leistungen[109] und verwendet für beide Leistungsarten den **Oberbegriff Leistung**. Daraus ergibt sich, daß die Differenzierung Lieferung - sonstige Leistung sinnvoll erst dann vorgenommen werden kann, wenn zuvor die Merkmale einer Leistung geprüft und das Vorliegen einer Leistung bejaht wurde. Lieferungen und sonstige Leistungen sind Unterarten der Leistung und setzen deshalb eine Leistung voraus.

Die umsatzsteuerrechtliche Relevanz der Unterscheidung von Lieferungen und sonstigen Leistungen ergibt sich aus zahlreichen Regelungen des UStG. Ihnen liegen Sachzwänge zugrunde, die sich aus dem umfassenden Leistungsbegriff ergeben. So lassen sich z.B. für die Bestimmung des Leistungszeitpunktes und des Leistungsortes für Lieferungen und sonstige Leistungen keine einheitlichen und dabei praktikablen Regelungen finden (vgl. § 3 Abs. 5a-8a und § 3a UStG). Gesetzestechnische Gründe und Praktikabilitätsüberlegungen bedingen eine Differenzierung auch z.B. bei der Bestimmung des Leistungsumfanges, der Abgren-

[108] Vgl. Teil VIII, Abschnitt 2.
[109] Vgl. auch Art. 5 und 6 der 6.EGRl.

zung von Eigenverbrauchstatbeständen, der Gewährung von Steuerbefreiungen bzw. ermäßigten Steuersätzen, der Ermittlung des Zeitpunktes von Entstehung und Fälligkeit der Steuer und der Prüfung des Vorsteuerabzugs.

Anzumerken ist, daß der Unterscheidung von Lieferung und sonstiger Leistung unter dem Verbrauchsteueraspekt keine Bedeutung zukommt. Eine im Ergebnis (Verbrauchsbesteuerung) unterschiedliche umsatzsteuerliche Beurteilung läßt sich daraus nicht ableiten.[110]

Kapitel 2 : Die Lieferungen

Die Leistungsart **„Lieferung"** umfaßt grundsätzlich den unternehmerischen Warenverkehr. Gegenstand einer Lieferung können nur **körperliche Gegenstände (Sachen)** aller Art oder **sonstige Wirtschaftsgüter,** die im Wirtschaftsverkehr wie Sachen umgesetzt werden, sein. Abweichend vom Gegenstandsbegriff des BGB, der Sachen und Rechte beinhaltet, betrachtet das Umsatzsteuerrecht Rechte nicht als Gegenstände.

Zu den körperlichen Gegenständen zählen Sachen i.S. des § 90 BGB wie Waren, Maschinen, Grundstücke, Sachgesamtheiten (z.B. Warenlager) und Gesamtsachen (z.B. Maschinenanlagen). Zu den körperlichen Gegenständen gehören auch flüssige oder gasförmige Gegenstände. Zu den sonstigen Wirtschaftsgütern, die im Verkehr wie Sachen umgesetzt werden, gehören u. a. elektrische Energie, Wasserkraft, Dampfkraft, Kernkraft sowie immaterielle Wirtschaftsgüter wie der Firmenwert[111].

In Sonderfällen kann auch der **„Gehalt"** Gegenstand einer Lieferung sein[112]. „Rechte (z.B. Forderungen) und Berechtigungen (z.B. Patentausnutzungsrechte, Verlagsrechte, Aufführungsrechte usw.) zählen nicht zu den körperlichen Gegenständen und können folglich nicht Gegenstand einer Lieferung sein"[113]. Die **Übertragungen von Rechten** und **Berechtigungen** sind daher als sonstige Leistungen i.S. des § 3 Abs. 9 UStG zu qualifizieren[114]. Ebenso sind geistige Leistungen (insbesondere der freien Berufe), die verstofflicht werden müssen (z.B. Pläne, Zeichnungen, Manuskripte), um abnahmefähig zu werden, als sonstige Leistungen anzusehen[115]. Zur Abgrenzung von Lieferungen und Vermittlungsleistungen[116],

---

[110] Vgl. Walden (FN 1), S. 136; Reiß, in: Tipke/Lang (FN 13), S. 548.

[111] Vgl. BFH vom 8.7.1971, BStBl 1972 II S. 44; vom 21.12.1988, BStBl 1989 II S. 430; vgl. auch Art. 5 Abs. 2 6.EGRl.

[112] Vgl. E. II. in diesem Kapitel.

[113] BFH vom 16.7.1970, BStBl 1970 II S. 706.

[114] Zur Abgrenzung „Lieferung/sonstige Leistung" in Grenzfällen vgl. BFH vom 14.2.1974, BStBl 1974 II S. 261; vom 19.2.1976, BStBl 1976 II S. 515; vom 25.11.1976, BStBl 1977 II S. 270. Vgl. auch Abschn. 25 UStR und Kapitel 4 in diesem Unterabschnitt.

[115] Ein Ergebnis geistiger Arbeit, das als Buch oder Schallplatte vervielfältigt worden ist, bildet dagegen eine Handelsware, die Gegenstand einer Lieferung wird. Entsprechend ist der Verkauf von Standard-Software und sog. Updates mit einem Anleitungshandbuch als Lieferung zu beurteilen, vgl. Abschn. 25 Abs. 2 Nr. 7 UStR.

[116] Vgl. zur Problematik der Abgrenzung von Eigenleistung, Kommissionsleistung und Vermittlungsleistung BFH vom 20.11.1975, BStBl 1976 II S. 307; vom 25.6.1987, BStBl 1987 II S. 657; vom 29.9.1987, BStBl 1988 II S. 153.

die als sonstige Leistungen nach § 3 Abs. 9 UStG zu qualifizieren sind, ist die Art des unternehmerischen Handelns entscheidungserheblich:

- Handelt ein Unternehmer **im eigenen Namen für eigene Rechnung,** so ist er **Eigenhändler,** der unstreitig Lieferungen ausführt (sei es mit oder ohne gleichzeitige Eigentumsübertragung).
- Handelt ein Unternehmer **im eigenen Namen für fremde Rechnung,** so ist er **Kommissionär,** dessen Leistungen kraft § 3 Abs. 3 UStG als Lieferungen anzusehen sind[117].
- Handelt ein Unternehmer **im fremden Namen für fremde Rechnung,** so ist er **Agent,** der Vermittlungsleistungen - also sonstige Leistungen - ausführt.

Im Anschluß an die Erörterung des Begriffs „Lieferung" werden die Lieferungsarten getrennt nach Grundformen und Sonderformen erläutert.

A. Die Legaldefinition „Lieferung"

Eine **Lieferung** liegt vor, wenn ein Unternehmer einem Dritten[118] im Rahmen einer Leistung die Verfügungsmacht über einen Gegenstand verschafft. § 3 Abs. 1 UStG bestimmt: „Lieferungen eines Unternehmers sind Leistungen, durch die er oder in seinem Auftrag ein Dritter den Abnehmer oder in dessen Auftrag einen Dritten befähigt, im eigenen Namen über einen Gegenstand zu verfügen (Verschaffung der Verfügungsmacht)"[119].

Die Umsatzsteuer knüpft nicht an das obligatorische Rechtsgeschäft (z.B. Kaufvertrag), sondern an das dingliche Geschäft, das sogenannte **Erfüllungsgeschäft** (Verschaffung der Verfügungsmacht) an. Die **Verschaffung der Verfügungsmacht** im umsatzsteuerrechtlichen Sinn fällt in der Praxis häufig mit der bürgerlich-rechtlichen Eigentumsübertragung zusammen. Eine Lieferung kann jedoch in bestimmten Fällen auch beim Fehlen einer gleichzeitigen Eigentumsübertragung angenommen werden.

Für die Verschaffung der Verfügungsmacht im Rahmen einer Lieferung ist entscheidend, daß nach dem Willen der Beteiligten der wirtschaftliche Gehalt einer Leistung in dem endgültigen Übergang der wirtschaftlichen Substanz eines Gegenstandes vom Lieferer auf den Abnehmer besteht. Der Abnehmer muß faktisch wie ein **„wirtschaftlicher Eigentümer"** über den Gegenstand verfügen können[120].

Nach § 3 Abs. 1 UStG sind vier Ausführungsarten der Lieferung zu unterscheiden:

(1) unmittelbare Lieferung des Unternehmers (Verkäufer) an den Abnehmer (Käufer),

(2) Lieferung des Unternehmers (Großhändler) auf Wunsch seines Abnehmers (Einzelhändler) unmittelbar an einen Dritten (Kunden des Einzelhändlers);

---

[117] Vgl. B. II. in diesem Kapitel.

[118] Der Käufer (z.B. Dritter) wird im Rahmen von Liefergeschäften als Abnehmer bezeichnet.

[119] Art. 5 Abs. 1 6.EGRl lautet u.a.: „Als Lieferung gilt die Übertragung der Befähigung wie ein Eigentümer über einen körperlichen Gegenstand zu verfügen."

[120] BFH vom 12.5.1993, BStBl 1993 II S. 847; vgl. B. II. in diesem Kapitel.

(3) Lieferung durch einen Dritten (Produzenten) im Auftrag des Unternehmers (Verkäufer) unmittelbar an den Abnehmer (Käufer);
(4) Lieferung durch einen Dritten (Produzenten) im Auftrag des Unternehmers (Großhändler) unmittelbar an einen Dritten (Kunden) im Auftrag seines Abnehmers (Einzelhändler).

In den Fällen (2) bis (4) kann es sich um ein Reihengeschäft i.S. des § 3 Abs. 2 UStG handeln[121].

B. Grundformen der Lieferungen

I. Lieferungen durch Verschaffung der Verfügungsmacht mit gleichzeitiger Eigentumsübertragung

In der Regel wird die Verfügungsmacht an beweglichen Sachen mit der Übereignung nach §§ 929 Satz 1 und 2, 930, 931 BGB (Einigung und Übergabe, Besitzkonstitut, Abtretung des Herausgabeanspruchs) oder durch Übergabe eines Traditionspapiers nach § 929 Satz 1 BGB i.V.m. §§ 424, 447, 647 HGB (Orderlagerschein, Ladeschein, Konnossement) oder an Grundstücken durch Auflassung und Eintragung im Grundbuch nach §§ 873, 925 BGB verschafft. Die Übertragung der Verfügungsmacht und die Eigentumsübertragung finden grundsätzlich gleichzeitig statt. Maßgeblich ist das in der Verschaffung der Verfügungsmacht manifestierte Erfüllungsgeschäft.

Beispiel:

Ein Kunde schließt am 1.7.1995 bei einem Kraftfahrzeughändler einen Kaufvertrag über einen Pkw ab. Am 15.8.1995 holt er den Pkw beim Händler ab.

Die Übergabe des Pkw findet nach § 929 BGB am 15.8.1995 statt. Zu diesem Zeitpunkt wird dem Käufer (Abnehmer) die Verfügungsmacht über den Pkw verschafft und das Eigentum an dem Pkw übertragen. Damit ist die steuerbare Lieferung vom Händler (Lieferer) ausgeführt. Der Abschluß des Kaufvertrags (obligatorisches Rechtsgeschäft) stellt umsatzsteuerrechtlich noch keine Lieferung dar.

Bei Immobilien wird wegen der oft beträchtlichen Zeitspanne zwischen notariellem Kaufvertrag und zivilrechtlichem Eigentumsübergang (Auflassung und Eintragung im Grundbuch) der Übergang des wirtschaftlichen Eigentums (Übergang von Nutzen und Lasten) als Verschaffung der Verfügungsmacht angesehen.

Beispiel:

Ein Unternehmer veräußert ein Grundstück seines Unternehmensvermögens. Der notarielle Kaufvertrag wird am 10.12.1994 abgeschlossen. Die Nutzen und Lasten am Grundstück sollen ab 1.3.1995 auf den Erwerber übergehen. Die Eintragung im Grundbuch erfolgt am 17.4.1995.

Der notarielle Kaufvertrag bildet das obligatorische Rechtsgeschäft und ist umsatzsteuerrechtlich irrelevant. Der Eigentumsübergang an einem Grundstück ist nach § 873 BGB erst mit der Eintragung im Grundbuch realisiert. Da der Zeitpunkt der Grundbucheintragung jedoch nicht fixierbar ist und u.a. von der Arbeitsbelastung des Grundbuchamtes abhängt, bleibt der Zeitpunkt des zivilrechtlichen Eigentumsübergangs unabhängig vom Willen der Parteien oft ungewiß. Das Umsatzsteuerrecht knüpft daher für die Annahme einer Liefe-

---

[121] Vgl. B. III. in diesem Kapitel.

rung an den Zeitpunkt an, in dem Nutzen und Lasten am Grundstück auf den Erwerber übergehen (wirtschaftliche Betrachtungsweise). Die Lieferung des Grundstücks im umsatzsteuerlichen Sinn wurde folglich am 1. 3. 1995 ausgeführt.

Folgende **Lieferungsarten** treten in der Praxis häufig auf:

(1) Die **Lieferung „über den Ladentisch"**
Die Verfügungsmacht wird dem Abnehmer (Käufer) im Anschluß an den Abschluß eines Kaufvertrages (§ 433 BGB) durch unmittelbare Übergabe des Gegenstandes (bewegliche Sache) nach § 929 BGB im Ladenlokal übertragen.

(2) Die **Abhollieferung**
Ist zwischen einem Unternehmer und einem Abnehmer (Käufer) ein Kaufvertrag (§ 433 BGB) abgeschlossen und eine Lieferfrist ausbedungen worden, so wird im Falle der Selbstabholung die Verfügungsmacht bei der Übergabe des Gegenstandes (bewegliche Sache, § 929 BGB) übertragen.

(3) Die **Lieferung durch Ersatzübergabe**
Die Verfügungsmacht kann auch durch die mittelbare Übergabe (Ersatzübergabe) eines Gegenstandes im Wege eines Besitzkonstituts (§ 930 BGB) oder durch Abtretung des Herausgabeanspruchs (§ 931 BGB) verschafft werden. In diesen Fällen vollzieht sich die Eigentumsübertragung und Lieferung im Anschluß an ein obligatorisches Rechtsgeschäft (z.B. Kauf nach § 433 BGB) nicht durch unmittelbare (körperliche) Übergabe, sondern durch eine Ersatzübergabe (Erfüllungsgeschäft). Dies gilt auch bei der Übergabe von handelsrechtlichen Traditionspapieren.

(4) Die **Energielieferungen**
Bei Wasser- und Energielieferungen (z.B. Strom[122], Gas, Wärme) wird dem Abnehmer die Verfügungsmacht über die jeweilige Energie mit dem Durchfluß durch den Kundenzähler verschafft.

Die Bestimmung der Lieferungsart hat erhebliche Bedeutung für den Zeitpunkt[123] und den Ort[124] der Lieferung. Für bestimmte Lieferungsformen - Beförderung, Versendung - wurden vom Gesetzgeber Lieferungszeitpunkte, die zwangsläufig dann auch den Ort der Lieferung festlegen, im Wege der Fiktion bestimmt[125].

Als **Beförderung** wird eine Warenbewegung (Gegenstand) bezeichnet, wenn der liefernde Unternehmer den Transport selbst (bzw. durch einen Erfüllungsgehilfen) ausführt (§ 3 Abs. 7 Satz 2 UStG). Eine **Versendung** liegt vor, wenn der liefernde Unternehmer die Beförderung durch einen selbständigen Beauftragten (i.d.R. Unternehmer)[126] ausführen oder durch einen Spediteur i.S. des § 407 HGB besorgen läßt (§ 3 Abs. 7 Satz 4 UStG).

---

[122] RFH vom 13.9.1935, RStBl 1935 S. 1436; vom 25.6.1943, RStBl 1943 S. 698.

[123] Der Zeitpunkt der Lieferung ist z.B. entscheidend für die Höhe des Steuersatzes (z.B. vor oder nach dem 31.12.1993) oder für den Ort der Lieferung (§ 3 Abs. 6 UStG).

[124] Der Ort der Lieferung ist für die Bestimmung der Steuerbarkeit (Inland) bzw. der Nichtsteuerbarkeit (Ausland) maßgebend.

[125] Vgl. die Ausführungen unter C. und D. in diesem Kapitel.

[126] Z.B. Frachtführer (Bundesbahn, Transportunternehmen).

II. Lieferungen durch Verschaffung der Verfügungsmacht ohne gleichzeitige Eigentumsübertragung

Die Verschaffung der Verfügungsmacht (Lieferung) setzt nicht unbedingt voraus, daß der Lieferer das Eigentum an dem Gegenstand besitzt, noch daß dem Abnehmer das Eigentum übertragen wird. Verkauft z.B. der Dieb oder Hehler einen gestohlenen Gegenstand, so befähigt er den Erwerber, über den Gegenstand im eigenen Namen zu verfügen. Der Dieb oder Hehler führt folglich eine Lieferung aus, obwohl er nach Bürgerlichem Recht weder selbst Eigentümer ist, noch das Eigentum übertragen kann (§ 935 BGB). Entscheidend ist, daß der Dieb oder Hehler eine **eigentümerähnliche Stellung** erlangt hat, da er tatsächlich über die gestohlenen Sachen verfügen kann und ein sogenanntes **wirtschaftliches Eigentum**[127] besitzt.

Es gibt noch weitere Fälle, in denen die Verfügungsmacht verschafft wird, ohne daß gleichzeitig das Eigentum übertragen wird; so bei der Lieferung von Waren unter Eigentumsvorbehalt, beim Kommissionsgeschäft (§ 3 Abs. 3 UStG i.V.m. § 383 HGB) und bei Beförderungs- bzw. Versendungslieferungen (§ 3 Abs. 7 UStG).

Eine **Lieferung unter Eigentumsvorbehalt** i.S. des § 455 BGB ist umsatzsteuerrechtlich als Lieferung zu qualifizieren[128]. Der Abnehmer erhält die Verfügungsmacht i.S. des § 3 Abs. 1 UStG bereits im Zeitpunkt des Besitz- und nicht erst im Zeitpunkt des späteren bürgerlich-rechtlichen Eigentumswechsels (§ 39 Abs. 2 Nr. 1 AO).

Beispiel:

Ein Elektrohändler verkauft ein Fernsehgerät aufgrund eines Ratenzahlungsvertrages unter Eigentumsvorbehalt an einen Käufer (Abnehmer).

Das Eigentum geht auf den Käufer erst mit Zahlung der letzten Rate über. Da der Elektrohändler aber mit der Übergabe des Geräts an den Käufer diesem wirtschaftlich das Eigentum verschafft hat, ist die Lieferung bereits in diesem Zeitpunkt bewirkt.

Andererseits stellen die **Verpfändung**[129] und die **Sicherungsübereignung** noch keine Lieferungen dar, weil keine Übertragung der Verfügungsmacht i.S. des § 3 Abs. 1 vorgenommen wird. Bei der Sicherungsübereignung geht zwar das bürgerlich-rechtliche Eigentum auf den Sicherungsnehmer (z.B. eine Bank) über, diesem wird jedoch (noch) nicht endgültig die wirtschaftliche Substanz an dem Gegenstand übertragen. Eine Lieferung wird erst dann realisiert, wenn z.B. die Bank den Gegenstand wegen Zahlungsunfähigkeit des Sicherungsgebers nach § 1228 BGB verwertet[130]. Beim **Leasing** kann unter bestimmten Voraussetzungen eine Liefe-

---

[127] Vgl. auch Art. 5 Abs. 1 6.EGRl: „... Befähigung wie ein Eigentümer ...".

[128] Vgl. auch Art. 5 Abs. 4 Buchst. b 6.EGRl.

[129] Das Pfandrecht dient lediglich der Sicherung einer Forderung § 1204 BGB; vgl. BFH vom 9.7.1970, BStBl 1970 II S. 645.

[130] BFH vom 4.6.1987, BStBl 1987 II S. 741; vgl. auch BFH vom 21.7.1994, BStBl 1994 II S. 878. In dem Zeitpunkt, in dem der Sicherungsnehmer das Sicherungsgut mit dem Ziel seiner Befriedigung im eigenen Namen an einen Dritten veräußert, liegt gleichzeitig eine Lieferung des Sicherungsgebers an den Sicherungsnehmer vor (Doppelumsatz). Zur Theorie des Doppelumsatzes vgl. auch BFH vom 9.3.1995, BStBl 1995 II S. 564.

rung angenommen werden.[131]

Beim **Kommissionsgeschäft** (§§ 383 ff. HGB)[132] liegt zwischen Kommittent und Kommissionär kraft gesetzlicher Regelung eine Lieferung vor (§ 3 Abs. 3 UStG). Der Kommissionär handelt zwar für fremde Rechnung, aber im eigenen Namen. Die Lieferung des Kommittenten an den Kommissionär erfolgt jedoch erst im Zeitpunkt der Lieferung des Kommissionärs an den Abnehmer[133]. Die **Rückgabe** unverkäuflicher Kommissionsware ist daher wie die Hingabe des Kommissionsgutes nicht steuerbar[134]. Geht die Ware vor Ausführung der Verkaufskommission beim Kommissionär unter, stellt die vom Kommissionär an den Kommittenten gezahlte Schadensvergütung **echten Schadensersatz** dar[135].

Bei der **Verkaufskommission** gilt der Kommissionär als Abnehmer des Kommittenten. Bei der **Einkaufskommission** gilt der Kommittent als Abnehmer des Kommissionärs. Es werden folglich zwischen dem Kommittenten und dem Kommissionär einerseits und dem Kommissionär und dem Käufer oder Verkäufer andererseits zwei selbständig zu beurteilende Lieferungen angenommen. Die Vorgänge werden durch nachfolgende Skizzen verdeutlicht.

(1) Verkaufskommission

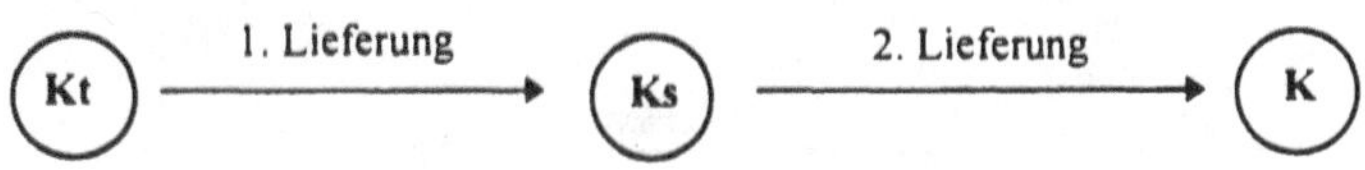

(2) Einkaufskommission

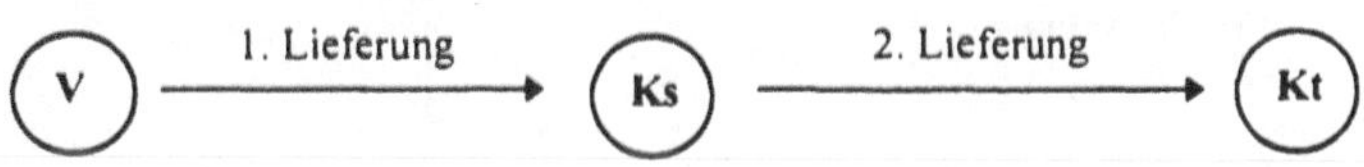

(3) Agenturgeschäft

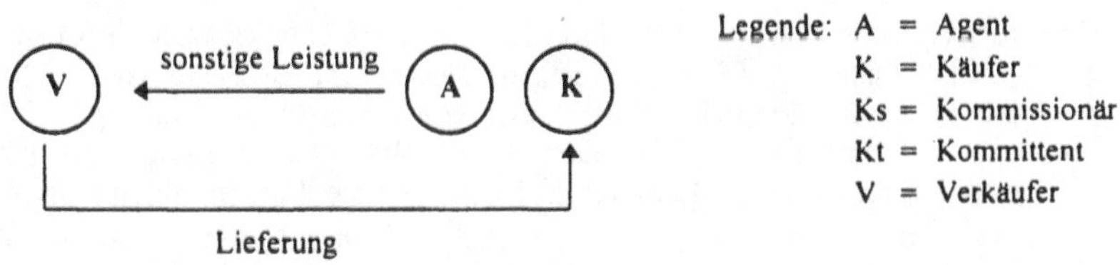

---

[131] Zu Zweifelsfragen vgl. Giesberts (FN 54), Anm. 169 ff. zu § 3.

[132] Man unterscheidet zwischen Verkaufskommission und Einkaufskommission; vgl. auch Art. 5 Abs. 4 Buchst. c 6.EGRl.

[133] BFH vom 25.11.1986, BStBl 1987 II S. 278. In der Regel wird der Verkaufskommissionär nicht Eigentümer der Kommissionsware, sondern überträgt das Eigentum lediglich auf den Käufer (§ 185 BGB). Erfolgt die Warenbewegung an den Kommissionär im Wege des innergemeinschaftlichen Verbringens, ist die Lieferung in dem Bestimmungsmitgliedstaat bereits zu diesem Zeitpunkt anzunehmen, vgl. Abschn. 24 Abs. 2 Satz 8 und 9 UStR.

[134] BFH vom 25.11.1986, BStBl 1986 II S. 278.

[135] BFH vom 16.9.1976, BStBl 1977 II S. 188.

Die Rechtsfolge bei der Annahme eines Kommissionsverhältnisses ist, daß nicht wie beim **Agenturgeschäft** (sonstige Leistung) nur die Provision, sondern das volle Lieferungsentgelt der Besteuerung unterworfen wird. Weitere Fragen der Rückübertragung der Verfügungsmacht an den Verkäufer (Lieferanten) werden im Zusammenhang mit den „Sonderformen der Lieferung“[136] erörtert.

III. Das Reihengeschäft als eine Mehrzahl von Lieferungen

Das Wesen eines Reihengeschäftes kommt darin zum Ausdruck, daß mehrere Lieferungen über denselben Gegenstand durch eine Warenbewegung (gleichzeitig) durchgeführt werden. Liegt ein Reihengeschäft vor, so gilt nach § 3 Abs. 2 UStG die Warenbewegung an den letzten Abnehmer gleichzeitig als Lieferung eines jeden Unternehmers in der Reihe. Als **Reihengeschäft** wird eine Kette von Lieferungen bezeichnet, bei der der erste Unternehmer die Lieferung an seinen Abnehmer dadurch ausführt, daß er auf Wunsch seines Abnehmers dem letzten Abnehmer in der Reihe (Kette) unmittelbar die Verfügungsmacht über den zu liefernden Gegenstand verschafft. Dies kann im Wege sämtlicher Formen der Verschaffung der Verfügungsmacht geschehen[137]. Für alle Lieferungen gibt es grundsätzlich nur eine Warenbewegung, einen Lieferungszeitpunkt und einen Lieferungsort[138].

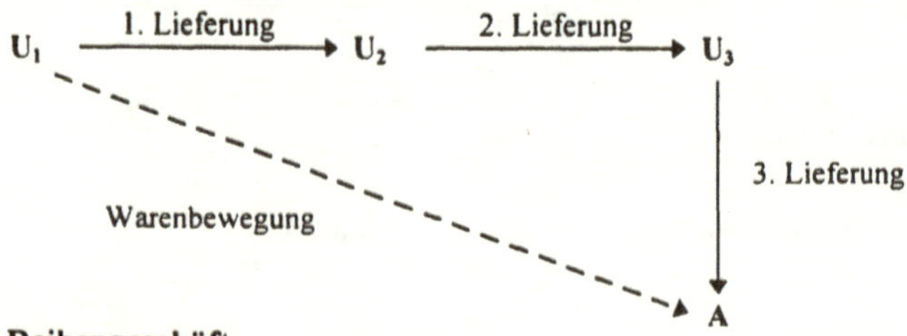

Übersicht 9: Reihengeschäft

Beispiel zur Übersicht 9:

Ein Abnehmer (A), der sowohl Endverbraucher wie auch Unternehmer sein kann, bestellt bei einem Einzelhändler (U 3) eine Ware, die dieser nicht auf Lager hat. U 3 bestellt daher die Ware bei einem Großhändler (U2) und erteilt diesem den Auftrag, die Ware unmittelbar an A befördern zu lassen. Da auch U 2 die Ware nicht auf Lager hat, leitet er die Bestellung an den Hersteller (U 1) weiter. U 1 befördert die Ware unmittelbar an A.

Die Umsatzgeschäfte werden dadurch erfüllt, daß U 1 dem A unmittelbar die Verfügungsmacht über die Ware (Gegenstand) verschafft. Faktisch liegt nur eine Verschaffung der Verfügungsmacht vor. Die Lieferung gilt aber gleichzeitig als Lieferung eines jeden Unternehmers in der Reihe (Kette). Umsatzsteuerrechtlich sind daher drei Lieferungen anzunehmen. Jedoch ist für alle Lieferungen nur ein Lieferungszeitpunkt und Lieferungsort gegeben (§ 3 Abs. 2 UStG).

---

[136] Vgl. E. in diesem Kapitel.

[137] Z.B. Befördern, Versenden, Übergabe eines Traditionspapiers usw.

[138] Ausnahmsweise können bei bestimmten Importlieferungen für die einzelnen Lieferungen unterschiedliche Lieferungsorte in Betracht kommen; zu § 3 Abs. 8 UStG vgl. D. III. in diesem Kapitel. Zum Reihengeschäft vgl. auch z.B. Kraeusel, in: Schwarze/Reiß/Kraeusel, Rz. 278 ff. zu § 3.

C. Der Zeitpunkt der Lieferung

Die Lieferung wird im Zeitpunkt der Verschaffung der Verfügungsmacht i.S. des § 3 Abs. 1 UStG ausgeführt. Der Zeitpunkt einer Lieferung ist folglich vom Übergang der Verfügungsmacht abhängig. Entscheidend ist, in welcher Form (Lieferart) im konkreten Fall die Verfügungsmacht übertragen wird. In der Regel erfolgt die Übertragung der wirtschaftlichen Substanz eines Gegenstandes mit der körperlichen Übergabe und Verschaffung des Eigentums. Die körperliche Übergabe kann ersetzt werden[139].

Wird dem Käufer (Abnehmer) im Rahmen der Eigentumsübertragung ein Traditionspapier (z.B. Ladeschein i.S. des § 447 HGB) ausgehändigt, so gilt der Augenblick der **Übergabe des Traditionspapiers** als Zeitpunkt der Lieferung. Die Lieferung erfolgt nicht erst dann, wenn der Käufer in den tatsächlichen Besitz des Gegenstandes gelangt.

Im Falle der **Beförderung** eines Gegenstandes wird kraft gesetzlicher Fiktion in § 3 Abs. 7 UStG der Zeitpunkt der Verschaffung der Verfügungsmacht auf den **Beginn der Beförderung** vorverlegt („so gilt die Lieferung mit dem Beginn der Beförderung als ausgeführt"). Obwohl die tatsächliche Übergabe (und Übereignung) des Gegenstandes an den Käufer erst nach Beendigung der Beförderung vollzogen wird, ist für umsatzsteuerliche Zwecke der fiktive Lieferungszeitpunkt maßgebend. § 3 Abs. 7 UStG enthält die Fiktion einer Lieferung. Geht die Ware z.B. bei einer Beförderungs- oder Versendungslieferung auf dem Transportweg unter, verbleibt es bei der Annahme einer Lieferung[140]. Der Begriff „befördern" ist weit gefaßt. Als **„befördern"** wird jede Fortbewegung eines Gegenstandes angesehen. Befördern liegt nicht nur vor, wenn ein Gegenstand mit einem Transportmittel ausgeliefert wird, sondern auch die Fortbewegung mit eigener Kraft (Motorschiff) ist als Beförderung anzusehen.

Im Falle der **Versendung** - Beförderung durch einen anderen selbständigen Beauftragten [141] - wird der Zeitpunkt der Lieferung kraft gesetzlicher Fiktion in § 3 Abs. 7 UStG ebenfalls vorverlegt („so gilt die Lieferung mit der **Übergabe des Gegenstandes an den Beauftragten** als ausgeführt"). Versendungen innerhalb eines Unternehmens (z.B. Möbeltransporte durch Möbelspediteure von der Möbelfabrik an das Auslieferungslager) sind umsatzsteuerlich irrelevant (**Innenumsatz**). Versenden i.S. des § 3 Abs. 7 Satz 4 UStG beinhaltet nur ein Versenden an den Abnehmer (Käufer).

Der Zeitpunkt einer Lieferung ist für die Beurteilung zahlreicher umsatzsteuerlicher Fragen bedeutsam. So ist eine Lieferung nur steuerbar, wenn sich der Gegenstand der Lieferung im Zeitpunkt der Verschaffung der Verfügungsmacht im Inland befindet. Weiterhin ist die Entstehung der Steuerschuld vom Lieferungszeit-

[139] Vgl. B. I. 3. in diesem Kapitel.

[140] BFH vom 21.4.1993, BStBl 1993 II S. 731; Sauerland/Schmidt/Lippross (FN 68), S. 97 m.w.N.; vgl. auch Kraeusel (FN 138), Rz. 526 ff. zu § 3.

[141] Beauftragter kann ein Frachtführer (z.B. Bundesbahn, Post) oder Verfrachter (Reeder), der die Beförderung ausführt, oder ein Spediteur („besorgen der Beförderung") sein. Die Zugehörigkeit zu einer bestimmten Berufsgruppe ist belanglos. Entscheidend ist, daß der Beauftragte, der die Ware zum Abnehmer befördert, selbständig ist.

punkt abhängig. Nach § 13 Abs. 1 Nr. 1 Buchst. a UStG entsteht die Steuerschuld grundsätzlich mit Ablauf des Voranmeldungszeitraums, in dem die Lieferung ausgeführt worden ist. Bei Steuersatzänderungen (z.B. am 1.1.1993 von 14 auf 15 v.H.) gewinnt der Zeitpunkt der Lieferung auch erhebliche materielle Bedeutung.

D. Der Ort der Lieferung

I. Der Ort der Lieferung im Regelfall[142]

Nach § 3 Abs. 6 UStG wird eine Lieferung an dem Ort ausgeführt, wo sich der Gegenstand im Zeitpunkt der Verschaffung der Verfügungsmacht (Lieferung) befindet[143]. Da nach § 1 Abs. 1 Nr. 1 UStG eine Lieferung nur steuerbar ist, wenn sie im Inland ausgeführt worden ist, kommt dem Ort der Lieferung eine gewichtige Bedeutung zu.

Grundsätzlich ist der **Ort der Lieferung** vom Zeitpunkt der Verschaffung der Verfügungsmacht abhängig. Befindet sich der Liefergegenstand im Zeitpunkt der Verschaffung der Verfügungsmacht im Inland, so ist die Lieferung grundsätzlich als steuerbar anzusehen. Dabei ist es unerheblich, ob die Verfügungsmacht tatsächlich oder kraft Fiktion übergegangen ist. Zur Verdeutlichung soll die Bestimmung der Lieferungsorte bei den wesentlichen Lieferungsarten erörtert werden:

(1) Die **Lieferung „über den Ladentisch"**
Schließt ein Abnehmer (Käufer) im Geschäftslokal des Unternehmers einen Kaufvertrag und übergibt der Unternehmer ihm anschließend die Sache, so verschafft der Unternehmer dem Abnehmer im Geschäftslokal die Verfügungsmacht über den Gegenstand und führt damit an diesem Ort eine Lieferung aus. Bei dieser Lieferung „über den Ladentisch" ist Lieferungsort folglich das **Geschäftslokal des Unternehmers.**

(2) Die **Abhollieferung**
Hat der Käufer (Abnehmer) einen Kaufvertrag, in dem eine Lieferfrist vereinbart worden ist, abgeschlossen und holt er die Ware im Geschäftslokal des Unternehmers ab, so stellt die Übergabe mit der Verschaffung der Verfügungsmacht an dem Gegenstand das Erfüllungsgeschäft (Lieferung) dar. Der **Abholort** ist der Ort der Lieferung. Das gilt auch, wenn der Abnehmer den Gegenstand von einem von ihm beauftragten Dritten abholen läßt.

Beispiel:

Ein Unternehmer, der seinen Hauptbetrieb in Essen führt, verkauft an einen Abnehmer einen Gegenstand, der z.Z. nur in einem Auslieferungslager in Basel vorhanden ist. Der Abnehmer holt den Gegenstand selbst in Basel ab.

Der Ort der Lieferung - Basel - liegt im Ausland. Die Lieferung des Unternehmers an den Abnehmer ist folglich nicht steuerbar (§ 1 Abs. 1 Nr. 1 UStG). Daß beim Verbringen des Gegenstandes in das Inland (Einfuhr) für den Abnehmer ggf. Einfuhrumsatzsteuer entsteht, berührt den vorliegenden Sachverhalt nicht.

---

[142] Zu Sonderregelungen vgl. §§ 3c, 3e UStG.

[143] Vgl. Art. 8 Abs. 1 Buchst. b 6.EGRl: „Als Ort der Lieferung gilt ... für den Fall, daß der Gegenstand nicht versandt oder befördert wird, der Ort, an dem sich der Gegenstand zum Zeitpunkt der Lieferung befindet".

(3) Die **Lieferung durch Ersatzübergabe**

In den Fällen, in denen die Übergabe eines Gegenstandes nicht unmittelbar, sondern durch eine Ersatzübergabe (z.B. durch Übergabe eines dinglichen Traditionspapieres) vorgenommen wird, ist der Lieferungsort der Ort, an dem sich der zu liefernde Gegenstand im Zeitpunkt der Ersatzübergabe befindet. Die Lieferung erfolgt nicht erst dann, wenn der Abnehmer (Kunde) in den tatsächlichen Besitz des Gegenstandes gelangt.

Beispiel:

Ein Unternehmer übergibt seinem Abnehmer in Essen einen Ladeschein über Waren, die sich im Hafen von New York befinden.

Der Ort der Lieferung liegt in New York (Ausland), da sich die Ware im Zeitpunkt der Verschaffung der Verfügungsmacht (Übergabe des Ladescheins) in New York befindet. Die Lieferung ist folglich nicht steuerbar (Anmerkung: Der Frachtbrief ist kein Traditionspapier).

(4) Die **Energielieferung**

Strom, Gas und Wärme, die ebenso Lieferungsgegenstände darstellen, werden dort an den Abnehmer geliefert, wo sich der **Kundenzähler** befindet. Das ist darin begründet, daß der Abnehmer die Verfügungsmacht über die Energie dort erlangt, wo die Energie den Zähler durchströmt und er sie berechtigterweise entnehmen darf. Gleiches gilt für die Lieferung von Wasser.

Beispiel:

Ein südbadisches Elektrizitätswerk versorgt eine schweizerische Grenzgemeinde mit elektrischem Strom. Der Zähler zur Feststellung der abgenommenen Strommenge befindet sich auf schweizerischem Hoheitsgebiet.

Die Energielieferung wird im Ausland bewirkt, da der Lieferer dem Abnehmer die Verfügungsmacht über den Strom am Zählerort verschafft. Die Lieferung ist folglich nicht steuerbar.

II. Der Ort der Lieferung im Falle der Beförderung oder Versendung

Bei **Beförderungs-** und **Versendungslieferungen** ist der Ort der Lieferung nicht der Ort, an dem dem Abnehmer tatsächlich der Gegenstand übergeben wird, sondern der **kraft Fiktion in § 3 Abs. 7 i.V.m. Abs. 6 UStG „verlegte" Ort** der Lieferung[144]. Maßgebend ist der Ort, an dem sich der Gegenstand zu dem Zeitpunkt befindet, in dem die Beförderung (jede Fortbewegung eines Gegenstandes) beginnt oder im Fall der Versendung (jede Beförderung durch einen selbständigen Beauftragten) der Unternehmer den Gegenstand an den mit der Beförderung Beauftragten übergibt (**Lieferzeitpunkt**, § 3 Abs. 6 UStG).

Beispiele:

(1) Ein Bochumer Unternehmer läßt durch Angestellte seines Unternehmens Waren auf einem unternehmenseigenen Lkw nach Köln transportieren. Dort werden sie dem Abnehmer (Kunden) übergeben.

[144] Vgl. Art. 8 Abs. 1 Buchst. a Satz 1 6.EGRl: „Als Ort der Lieferung gilt a) für den Fall, daß der Gegenstand vom Lieferer ... versandt oder befördert wird, der Ort, an dem sich der Gegenstand zum Zeitpunkt des Beginns der Versendung oder Beförderung an den Erwerber befindet."

Es liegt eine Beförderung vor. Die Lieferung gilt im Zeitpunkt der Beladung des Lkw in Bochum (Beginn der Beförderung) als ausgeführt. Ort der Lieferung ist somit Bochum.

(2) Ein Unternehmer übergibt in Dortmund Waren an einen Frachtführer, der die Beförderung zu einem Kunden (Abnehmer) in München ausführen soll.

Es liegt ein Versendungsfall vor, da der Unternehmer die Beförderung von einem Dritten (Frachtführer) ausführen läßt. Beim Versenden gilt die Lieferung mit der Übergabe an den Frachtführer als erbracht. Ort der Lieferung ist Dortmund.

Der Beginn der Beförderung zum Abnehmer oder die Übergabe des Gegenstandes an den mit der Beförderung Beauftragten ist kraft gesetzlicher Fiktion somit gleichbedeutend mit dem Zeitpunkt der Verschaffung der Verfügungsmacht. Eine Warenlieferung gilt dort als bewirkt, wo sich die Ware bei Beförderungsbeginn oder bei der Übergabe an den Beauftragten befindet.

III. Der Ort der Lieferung bei bestimmten Importlieferungen

In § 3 Abs. 8 UStG wurde in Anlehnung an Art. 8 Abs. 2 6.EGRl eine Sonderregelung getroffen, die bei Importlieferungen aus dem Drittlandsgebiet zu beachten ist. In nachstehender Übersicht wird der Anwendungsbereich dieser Vorschrift verdeutlicht.

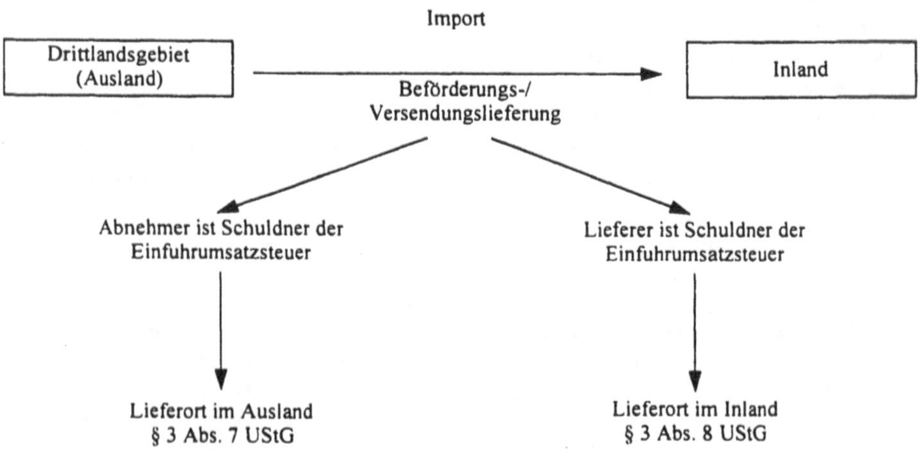

Übersicht 10: Anwendungsbereich des § 3 Abs. 8 UStG

Die Bestimmung des Orts der Lieferung bei Importgeschäften (Beförderungs- und Versendungslieferungen im grenzüberschreitenden Güterverkehr) aus dem Drittlandsgebiet ist von der kaufmännischen Vertragsgestaltung abhängig. Unter der Prämisse, daß der **Lieferer** infolge der Vertragsgestaltung (z.B. „frei Haus; frei Rampe; verzollt und versteuert") **Schuldner der Einfuhrumsatzsteuer**[145] im Inland ist, gilt eine von § 3 Abs. 7 i.V.m. Abs. 6 UStG abweichende Regelung zur Bestimmung des Orts der Lieferung.

[145] Schuldner der Einfuhrumsatzsteuer ist, wer den Antrag auf Abfertigung zum freien Verkehr stellt und damit Zollbeteiligter ist.

Erfolgt die Beförderungs- oder Versendungslieferung aus einem Drittlandsgebiet in das umsatzsteuerliche Inland (**Importlieferung**) unter den o.g. Bedingungen, so wird der Lieferungsort (und Lieferzeitpunkt) nicht nach § 3 Abs. 7 i.V.m. Abs. 6 UStG bestimmt (Beginn der Beförderung oder Übergabe an den Beauftragten), sondern **kraft Fiktion** ins umsatzsteuerliche Inland verlagert. Die Beförderungs- bzw. Versendungslieferung (Zeitpunkt und Ort) gilt als im Inland ausgeführt.[146] Die Lieferung ist folglich als steuerbar zu betrachten.

Mit dieser Regelung soll verhindert werden, daß ein Verbrauch von Gegenständen im Inland teilweise umsatzsteuerlich unbelastet bleibt. Sie wirkt sich auf solche Umsätze aus, bei denen der Abnehmer den Vorsteuerabzug nicht vornehmen kann. Dies ist der Fall, wenn der Abnehmer Nichtunternehmer oder als Unternehmer nicht zum vollen Vorsteuerabzug berechtigt ist. Wenn in diesen Fällen der Lieferer für die Einfuhr des Gegenstandes Einfuhrumsatzsteuer entrichtet, wird die Einfuhrumsatzsteuer u.U. von einer niedrigeren Bemessungsgrundlage berechnet als dem Veräußerungsentgelt (Gegenleistung). Deshalb wird für diese Fälle der Lieferungsort kraft gesetzlicher Fiktion in das Inland verlagert. Dadurch wird der eingeführte Gegenstand ebenso hoch mit Umsatzsteuer belastet wie vergleichbare im Inland gelieferte Gegenstände. Der einführende Lieferer hat die Einfuhrumsatzsteuer und die Umsatzsteuer bei Steuerpflicht der steuerbaren Lieferung zu entrichten. Andererseits kann er die Einfuhrumsatzsteuer als Vorsteuer abziehen (§ 15 Abs. 1 Nr. 2 UStG).

Beispiele:

(1) Ein schweizer Unternehmer S befördert Wein mit eigenem Pkw zu seinem Abnehmer, dem Weinhändler E in Essen. Die Frachtabrede lautet „verzollt und versteuert". S läßt den Wein in den freien Verkehr überführen und entrichtet die anfallende Einfuhrumsatzsteuer i.H.v. 15% von 10.000 DM = 1.500 DM. Außerdem berechnet S dem E 10.000 DM zzgl. 1.500 DM USt.
Da S Schuldner der Einfuhrumsatzsteuer ist, ist die Regelung nach § 3 Abs. 8 UStG anwendbar. Die Lieferung des S ist folglich im Inland steuerbar („als ...ausgeführt zu behandeln"). S hat dem zuständigen Finanzamt gegenüber in seiner Umsatzsteuererklärung (bzw. bereits in der jeweiligen Umsatzsteuervoranmeldung) den Umsatz zu erklären und zu versteuern. Die Einfuhrumsatzsteuer kann er nach § 15 Abs. 1 Nr. 2 UStG als Vorsteuer abziehen. Im vorliegenden Fall ergibt sich eine Zahllast von 0 DM (1.500 DM - 1.500 DM)[147]. E kann wiederum die ihm gesondert in Rechnung gestellte Umsatzsteuer bei Erstellung seiner Umsatzsteuererklärung als Vorsteuer abziehen.

(2) Ein ausländischer Importeur mit Sitz in Polen liefert an einen Unternehmer in Marl eine Ware unter der Lieferbedingung „frei Rampe".
Da der ausländische Importeur Schuldner der Einfuhrumsatzsteuer ist („frei Rampe"), ist die Vorschrift des § 3 Abs. 8 UStG anzuwenden. Als Ort der Lieferung wird Marl fingiert. Der ausländische Importeur tätigt eine Einfuhr und anschließend eine steuerbare und steuerpflichtige Lieferung im Inland. Er muß eine Rechnung mit Steuerausweis erteilen (Einfuhrbeleg genügt nicht). Die entrichtete

[146] Vgl. Abschn. 199, Abs. 6 UStR. Vgl. auch Birkenfeld (FN 92), I Rz. 872; Krauesel (FN 138), Rz. 524 zu § 3.

[147] Wäre die Bemessungsgrundlage für die Einfuhrumsatzsteuer niedriger (z.B. 7.000 DM), müßte der Unterschiedsbetrag zwischen Umsatz- und Einfuhrumsatzsteuer (1.500 DM - 1.050 DM = 450 DM) im Rahmen der Umsatzbesteuerung nachentrichtet werden.

Einfuhrumsatzsteuer kann er als Vorsteuer abziehen, da die Ware für sein Unternehmen eingeführt wurde (§ 15 Abs. 1 Nr. 2 UStG).

Die Sonderregelung des § 3 Abs. 8 UStG gilt in den Fällen nicht, in denen **der Abnehmer die Einfuhrumsatzsteuer schuldet.** Das ist z.B. dann der Fall, wenn die Lieferkonditionen „frei Grenze" vorsehen und nicht „frei Rampe" oder „frei Haus" vereinbart worden ist. Entscheidend für die Beurteilung ist, wer nach zollrechtlichen Vorschriften Schuldner der Einfuhrumsatzsteuer ist. Dies ergibt sich regelmäßig aus der kaufmännischen Vertragsgestaltung (Lieferkondition).

Beispiel:

Ein Unternehmer P in Prag liefert Waren, die er mit eigenem Lkw befördert, an seinen Abnehmer in Essen. Der Abnehmer läßt die Waren zum freien Verkehr abfertigen und entrichtet dementsprechend die Einfuhrumsatzsteuer (Lieferkondition „unverzollt und unversteuert").

Der Unternehmer P ist nicht Schuldner der Einfuhrumsatzsteuer. Ort der Lieferung ist Prag, da die Regelung nach § 3 Abs. 7 UStG und nicht die Sonderregelung nach § 3 Abs. 8 UStG anzuwenden ist. Im Inland liegt folglich keine steuerbare Lieferung vor. Die entrichtete Einfuhrumsatzsteuer kann der Abnehmer ggf. (§ 15 Abs. 1 Nr. 2 UStG) als Vorsteuer abziehen.

Die Sonderregelung des § 3 Abs. 8 UStG gilt grundsätzlich auch bei **Reihengeschäften**. Ist jedoch nicht der Lieferer Schuldner der Einfuhrumsatzsteuer, sondern einer der Abnehmer in der Lieferkette, können unterschiedliche Lieferungsorte entstehen.

Beispiel:

Ein Unternehmer in Köln bestellt bei einem Großhändler (G) in Hamburg Waren, die dieser von seinem Lieferer in Bern bezieht. G weist den Lieferer in Bern an, die Waren unmittelbar an den Abnehmer in Köln zu befördern und sie für ihn einfuhrumsatzsteuerrechtlich zum freien Verkehr abfertigen zu lassen. Schuldner der Einfuhrumsatzsteuer ist damit G.

Es liegt ein Reihengeschäft (§ 3 Abs. 2 UStG) vor. Für den Lieferer in Bern gilt die Lieferung mit dem Beginn der Beförderung in Bern als ausgeführt (§ 3 Abs. 7 UStG). Diese Lieferung wird nicht steuerbar im Ausland erbracht (§ 3 Abs. 7 i.V.m. Abs. 6 UStG). Der Ort der Lieferung an den Abnehmer in Köln liegt für G jedoch nach § 3 Abs. 8 UStG im Inland, da G Schuldner der Einfuhrumsatzsteuer ist.

IV. Der Ort der Lieferung in Gebieten i.S. des § 1 Abs. 3 UStG

Die **Gebiete** Freihäfen, Küstengewässer usw. i.S. des § 1 Abs. 3 UStG gehören nicht zum Inland (§ 1 Abs. 2 UStG)[148]. Lieferungen in diesen Gebieten sind folglich grundsätzlich nicht steuerbar. Nach § 1 Abs. 3 UStG sind jedoch bestimmte Umsätze[149] wie Umsätze im Inland zu behandeln. Durch diese **Sonderregelung** soll erreicht werden, daß der Letztverbrauch in diesen Gebieten nicht unbelastet bleibt.

---

[148] Vgl. Teil II, Abschnitt 2, Kapitel 1.

[149] Vgl. Katalog in § 1 Abs. 3 UStG.

Zu diesen „als steuerbar zu behandelnden" Umsätzen[150] gehören u.a. nach § 1 Abs. 3 UStG:

Nr. 1. „die Lieferungen von Gegenständen, die zum Gebrauch oder Verbrauch in den bezeichneten Gebieten oder zur Ausrüstung oder Versorgung eines Beförderungsmittels bestimmt sind, wenn die Lieferungen nicht für das Unternehmen des Abnehmers ausgeführt werden", und

Nr. 4. „die Lieferungen von Gegenständen, die sich im Zeitpunkt der Lieferung

a) in einem zollamtlich bewilligten Freihafen - Veredelungsverkehr oder in einer zollamtlich besonders zugelassenen Freihafenlagerung oder

b) einfuhrumsatzsteuerrechtlich im freien Verkehr befinden".

E. Sonderformen der Lieferung

Neben den Grundformen sind in der Wirtschaftspraxis noch eine Reihe von Sonderformen der Lieferung anzutreffen. Nachstehend sollen als wesentliche Ausprägungen der Tausch und die Gehaltslieferung erörtert werden.

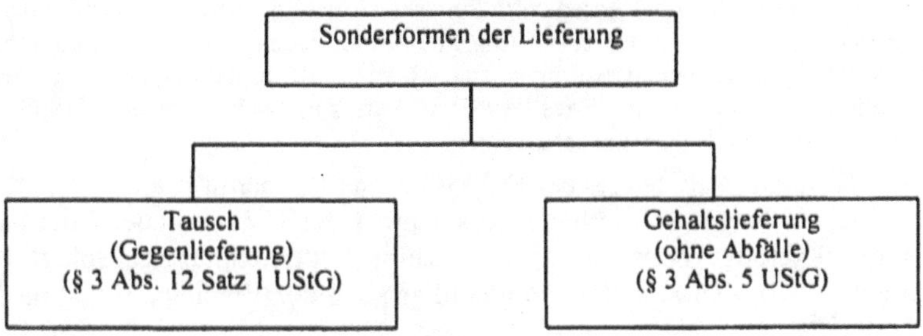

Übersicht 11: Sonderformen der Lieferung

I. Der Tausch

Nach der Legaldefinition des § 3 Abs. 12 Satz 1 UStG liegt ein **Tausch** vor, wenn die Gegenleistung (Entgelt) für eine Lieferung in einer Lieferung besteht. Beim Tausch tritt also abweichend von der Grundform der Lieferung an die Stelle der Geldzahlung eine **Gegenlieferung.** Sofern diese von einem Unternehmer ausgeführt wird, ist auch die Gegenlieferung grundsätzlich steuerbar. In der Regel ergeben sich keine Besonderheiten, da die jeweilige Umsatzsteuer für den Vertragspartner grundsätzlich eine abziehbare Vorsteuer darstellt.

Es ist anzumerken, daß theoretisch jede Lieferung gegen Entgelt im ökonomischen Sinne einen Tausch darstellt. Die Hingabe von Geld als Gegenleistung (Entgelt) wird jedoch nicht als eine (steuerbare) Leistung betrachtet. Wird für eine Lieferung als Gegenleistung außer einer Gegenlieferung noch ein Geldbetrag gezahlt, so wird dieser Umsatz als **Tausch mit Bar(dr)aufgabe** bezeichnet. Sofern die Gegenlieferung von einem Unternehmer ausgeführt wird, unterliegt selbstverständlich lediglich die Gegenlieferung (ohne die Bar(dr)aufgabe) als ggf. steuerbarer und steuerpflichtiger Umsatz der Umsatzsteuer.

[150] Es handelt sich somit um fiktiv steuerbare Umsätze, vgl. auch Abschn. 14 und 15 UStR.

Beispiel:

Ein Kraftfahrzeughändler liefert einem Möbelhändler ein neues Fahrzeug und nimmt einen Gebrauchtwagen in Zahlung. Außerdem zahlt der Möbelhändler noch 5.000 DM. Beide Fahrzeuge gehören zum Unternehmensvermögen des Möbelhändlers.

Es liegt ein Tausch nach § 3 Abs. 12 Satz 1 UStG vor. Der Kraftfahrzeughändler und der Möbelhändler liefern jeweils ein Fahrzeug. Die Gegenleistung für die Lieferung des Neufahrzeuges besteht aus dem Wert des Gebrauchtwagens und der Bar(dr)aufgabe in Höhe von 5.000 DM. Da beide Vertragspartner die Unternehmereigenschaft besitzen, bilden die zu entrichtenden Umsatzsteuerbeträge wiederum abziehbare Vorsteuern.

In Grenzfällen ist zwischen Tausch und **Umtausch** zu unterscheiden. Ist ein Sachverhalt als Umtausch zu qualifizieren, so liegt eine Nichtleistung vor.[151]

Beispiel:

Ein Kraftfahrzeughändler liefert einem Privatmann (Nichtunternehmer) einen Pkw-Diesel. Nach zwei Wochen gibt der Kunde den Pkw-Diesel zurück, weil dieser im Stadtverkehr zu langsam beschleunigte und erhält von dem Händler einen Pkw-Benziner.

Der Sachverhalt ist als Rücklieferung[152] und Tausch (§ 3 Abs. 12 Satz 1 UStG) und nicht als Umtausch[153] zu beurteilen. Der Liefergegenstand (Pkw-Diesel) wurde nicht unter Beibehaltung des ursprünglichen Vertragsverhältnisses zurückgegeben und durch einen anderen ersetzt. Vielmehr wird ein neuer Vertrag über einen neuen Gegenstand abgeschlossen. Es liegt jeweils ein steuerbarer Leistungsaustausch vor. Sowohl der erste Verkauf des Pkw-Diesel als auch der zweite Verkauf des Pkw-Benziners sind nach § 3 Abs. 1 UStG als Lieferungen des Kraftfahrzeughändlers anzusehen.

Der vom Kunden „zurückgegebene" Pkw-Diesel ist ebenfalls als geliefert zu betrachten. Dieser Vorgang unterliegt jedoch nicht der Umsatzsteuer (nicht steuerbar), da der Kunde Privatmann ist und keine Unternehmereigenschaft besitzt. Folglich entfällt für den Kraftfahrzeughändler auch der Vorsteuerabzug nach § 15 Abs. 1 UStG[154].

II. Die Gehaltslieferung (Sonderfall der Lieferung)

Eine **Gehaltslieferung**[155] i.S. des § 3 Abs. 5 UStG liegt vor, wenn ein Abnehmer dem Lieferer die Nebenerzeugnisse und Abfälle, die bei der Bearbeitung oder Verarbeitung des ihm übergebenen Gegenstandes entstehen, zurückzugeben hat. Diese Regelung beruht auf der Basis der wirtschaftlichen Betrachtungsweise. Umfaßt eine Leistung trotz Hingabe einer einheitlichen Sache nach dem Willen der Beteiligten nur die Lieferung des Gehalts des übertragenen Gegenstandes, so liegt bzgl. der Nebenprodukte keine Leistung (Lieferung) vor.

Nach bürgerlich-rechtlicher Beurteilung würde der vorbezeichnete Vorgang zu einem Tauschgeschäft führen. Es liegt eine Hingabe des zu verarbeitenden Ge-

[151] Vgl. F. II. in diesem Kapitel.

[152] Die Rücklieferung ist keine Sonderform der Lieferung (vgl. auch F. I. und F. II. in diesem Kapitel). Als Rücklieferung wird das Erfüllungsgeschäft bezeichnet, das aufgrund des Rückkaufs eines Gegenstandes, den der Unternehmer früher einmal geliefert hat, vorgenommen wird; Vgl. BFH vom 17.12.1981, BStBl 1982 II S. 233.

[153] Vgl. F. I. und F. II. in diesem Kapitel.

[154] Zur Möglichkeit der Differenzbesteuerung (§ 25a UStG) vgl. Teil IX, Abschnitt 4.

[155] Die Bezeichnung wurde von der Rechtsprechung geprägt und später ins Gesetz übernommen.

genstandes und eine Rücklieferung der bei der Verarbeitung entstandenen neuen Sache vor. Abweichend von dieser bürgerlich-rechtlichen Betrachtungsweise beschränkt die Regelung in § 3 Abs. 5 UStG den steuerbaren Leistungsaustausch auf die Gehaltslieferung. Die zurückgegebenen Bearbeitungsabfälle und Nebenerzeugnisse werden nicht geliefert und nicht zurückgeliefert. Inhaltlich liegt eine **nichtsteuerbare Rückgabe** vor. Diese Lösung geht davon aus, daß der **Wille der Beteiligten** darauf gerichtet ist, von einer Ware nur den **Hauptbestandteil (Gehalt)** zu liefern[156] und nicht das wirtschaftliche Eigentum an der Ware zu übertragen.

Zur Annahme einer Gehaltslieferung müssen bestimmte Voraussetzungen erfüllt sein[157]:

(1) Das Lieferungsgeschäft muß sich auf einen bestimmten Bestandteil (lieferfähiger Gehalt) eines Gegenstandes beziehen.

(2) Der Liefervorgang muß als Gehaltslieferung in der Wirtschaftspraxis üblich sein.

(3) Die Rückgabe der bei der Bearbeitung entstehenden Nebenerzeugnisse muß vorher bindend vereinbart sein. Der Rückgabe der „tatsächlichen" Nebenerzeugnisse wird die Rückgabe von Nebenerzeugnissen gleicher Art, wie sie in dem Verarbeitungsunternehmen regelmäßig anfallen, gleichgestellt (§ 3 Abs. 5 Satz 2 UStG).

(4) Die hingegebenen und zurückgegebenen Gegenstände dürfen nicht artgleich sein (Gegenstände gleicher Substanz).

Gehaltslieferungen sind in der Praxis nur in einigen wenigen Fällen üblich. Sie treten insbesondere bei Lieferungen in der Landwirtschaft auf, wie etwa bei der Lieferung des Fettgehalts der Milch, des Stärkegehaltes der Kartoffeln oder des Zuckergehaltes der Zuckerrüben.

Beispiel:

Ein Landwirt übergibt einer Zuckerfabrik Zuckerrüben. Es wird vereinbart, daß der Zukkerfabrik nur der Zuckergehalt der Zuckerrüben geliefert werden soll. Die bei der Verarbeitung der Rüben in der Zuckerfabrik entstehenden Rübenschnitzel soll der Landwirt zurückerhalten, weil er diese als Viehfutter verwenden kann.

Es liegt keine Lieferung der Zuckerrüben und Rücklieferung der Rübenschnitzel vor, sondern eine Gehaltslieferung i.S. des § 3 Abs. 5 UStG. Die Lieferung beschränkt sich auf den Zuckergehalt der Rüben, der dem Abnehmer verbleibt. Die Rückgabe der Rübenschnitzel an den Landwirt ist kein steuerbarer Vorgang. Die umsatzsteuerliche Beurteilung kraft Sonderregelung ist ungeachtet der dinglichen Rechtsgestaltung durch § 93 BGB, der eine Übereignung wesentlicher Bestandteile für sich allein nicht zuläßt, vorzunehmen.

Als „Gehalt" kann nur geliefert werden, was vorher in dem Stoff bereits vorhanden war. Es darf kein Produkt sein, das durch die Be- oder Verarbeitung des Abnehmers (z.B. chemische Reaktion) erst entsteht[158].

Eine Gehaltslieferung ist auch nicht anzunehmen, wenn der Abnehmer zwar nur an einem Bestandteil des Liefergegenstandes interessiert ist, aber die volle Verfügungsmacht auch über die übrigen Bestandteile erhält.

---

[156] BFH vom 15.6.1967, BStBl 1967 III S. 645.

[157] Wegen der Abgrenzung zur „Rücklieferung" vgl. F. II. in diesem Kapitel.

[158] Vgl. BFH vom 10.11.1960, BStBl 1961 III S. 42.

Beispiel:
Eine Gehaltslieferung liegt nicht vor, wenn gebrauchte Akkumulatoren geliefert werden, bei denen lediglich das Blei für den Abnehmer (Erwerber) Bedeutung hat, nicht aber die Säure und das Kunststoffgehäuse.[159]

F. Die Nichtlieferungen

I. Die Rückgängigmachung einer Lieferung („Rückgabe")

Wie zwischen Tausch und Umtausch[160] ist auch zwischen Rücklieferung und „Rückgabe" zu unterscheiden. Die **Rückgabe** ist wie die Hingabe eines Gegenstandes ein tatsächlicher Vorgang. Sie löst unmittelbar keine umsatzsteuerlichen Rechtsfolgen aus. Die Rückgängigmachung eines Kaufvertrages, der die rechtsgeschäftliche Grundlage für eine Lieferung (Erfüllungsgeschäft) gebildet hat, führt zum **ersatzlosen Wegfall der Lieferung,** d.h. zur Rückgängigmachung der Lieferung. Beide Vertragspartner gewähren sich die erhaltenen „Leistungen" zurück (Rückgabe). Sind diese Prämissen nicht gegeben, ist der Vorgang grundsätzlich als Rücklieferung anzusehen[161].

Die **Rücklieferung** ist keine Sonderform der Lieferung. Sie darf insbesondere nicht mit einer Gehaltslieferung[162] verwechselt werden. Dem als Rücklieferung bezeichneten Vorgang liegt grundsätzlich folgender Sachverhalt zugrunde. Ein Unternehmer kauft vom Abnehmer einen Gegenstand, den er früher einmal geliefert hat, zurück (**Rückkauf;** obligatorisches Rechtsgeschäft). Der Abnehmer muß nunmehr in Erfüllung des Rückkaufs dem ursprünglichen Lieferer wiederum die Verfügungsmacht verschaffen. Dieses Erfüllungsgeschäft stellt eine Lieferung dar, die in der Praxis als Rücklieferung bezeichnet wird. Die sogenannte Rücklieferung stellt folglich einen zweiten **selbständig zu beurteilenden Geschäftsvorgang** dar[163]. Hin- und Rücklieferung sind je ein Umsatz.

In dem Falle, in dem jedoch nicht ein Rückkauf, sondern eine Rückgängigmachung des Kaufvertrages (z.B. Wandelung nach §§ 462, 634 BGB, Geltendmachung des Eigentumsvorbehalts nach § 455 BGB) gegeben ist, wird das ursprüngliche Vertragsverhältnis unwirksam und der Gegenstand zurückgegeben. Durch die **Rückgabe** des Gegenstandes durch den Abnehmer wird die ursprüngliche Lieferung „von Beginn an storniert", d.h. sie wird rückgängig gemacht. Es hat im Ergebnis kein steuerbarer Leistungsaustausch stattgefunden. Der wirtschaftliche Gehalt der Rückgabe erschöpft sich in der Aufhebung der ursprünglichen Lieferung. Eine Leistung des Abnehmers (hier: Lieferung) ist nicht anzunehmen. Die umsatzsteuerrechtliche Neutralisierung der ursprünglichen Lieferung ist gerechtfertigt, da ein Verbrauch nicht zustande kommt.

Erhält der Lieferer für die zwischenzeitliche Nutzung des Liefergegenstandes ein Entgelt, so liegt ein Leistungsaustausch (Nutzungsüberlassung gegen Entgelt) vor, der an die Stelle der Lieferung gegen Entgelt tritt. Vom **Nutzungsentgelt** ist

---

[159] Vgl. BFH vom 29.6.1960, BStBl 1960 III S. 455.
[160] Vgl. E. I. und F. II. in diesem Kapitel.
[161] Vgl. BFH vom 17.12.1981, BStBl 1982 II S. 233.
[162] Vgl. E. II. in diesem Kapitel.
[163] Vgl. auch die Ausführungen unter E. I. in diesem Kapitel.

jedoch die Ersatzleistung zu unterscheiden, die der Empfänger des gelieferten Gegenstandes für eine Beschädigung des Liefergegenstandes zu bezahlen hat. Diese Zahlungen sind als **echter Schadensersatz** und nicht als Leistungsentgelt zu beurteilen.

Die unterschiedlichen Rechtsfolgen sollen an nachstehender Skizze verdeutlicht werden.

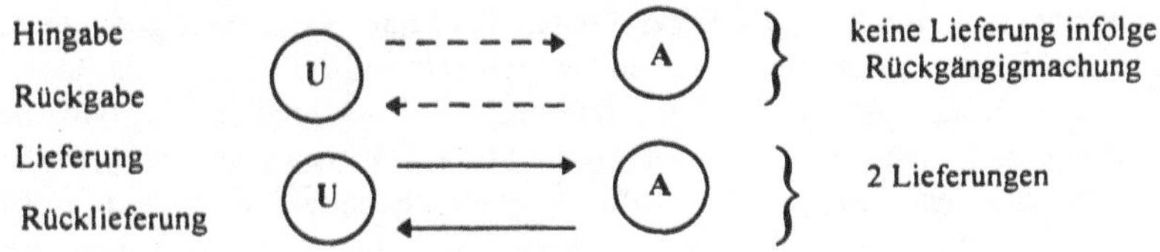

Beispiele:

(1) Ein Unternehmer erwirbt für seine Sekretärin ein Geburtstagsgeschenk. Da er den Geschmack der Sekretärin noch nicht kennt, vereinbart er mit dem Lieferanten ein Umtauschrecht innerhalb von 14 Tagen. Am Geburtstag verbirgt die Sekretärin ihre Enttäuschung über das Geschenk. Nach 12 Tagen faßt sie sich jedoch ein Herz und fragt ihren Arbeitgeber, ob sie das Geschenk nicht zurückgeben könne. Der Lieferant nimmt den Gegenstand zurück und zahlt den Kaufpreis aus.

Diese Rückgabe innerhalb kurzer Zeit an den Lieferanten stellt keinen steuerbaren Leistungsaustausch dar und ist nicht als Rücklieferung zu qualifizieren. Es liegt vielmehr die Rückgängigmachung einer Lieferung vor. Über das ursprüngliche Geburtstagsgeschenk ist keine Lieferung zustande gekommen. Der Vorgang unterliegt nicht der Umsatzsteuer. Lediglich ein „neues" Geschenk würde eine Lieferung i.S. des § 3 Abs. 1 UStG darstellen.

(2) Ein Getränkegroßhändler bestellt bei einem Maschinenbauunternehmen eine Abfüllmaschine. Die Maschine wird im Januar 1995 geliefert. Der Kaufpreis beträgt 90.000 DM. Die Lieferung erfolgt unter Eigentumsvorbehalt. Wegen technischer Schwierigkeiten kann die Maschine beim Getränkegroßhändler nicht aufgestellt und in Betrieb genommen werden. Das Maschinenbauunternehmen erklärt sich mit einer Wandelung (§ 462 BGB) einverstanden und holt die unbenutzte Maschine im März 1995 wieder ab.

Zunächst ist eine Lieferung der Abfüllmaschine anzunehmen, da dem Getränkegroßhändler die Verfügungsmacht verschafft wurde (§ 3 Abs. 1 UStG). Der bestehende Eigentumsvorbehalt (§ 455 BGB) schließt diese Beurteilung nicht aus. Die Rückführung der nicht genutzten Maschine stellt eine Rückgabe und keine Rücklieferung (zweite Lieferung) dar, weil die ursprüngliche (erste) Lieferung rückgängig gemacht wurde (Aufhebung des Kaufvertrages - Wandelung). Die Lieferung gilt als nicht durchgeführt. Es liegt somit kein umsatzsteuerbarer (und umsatzsteuerpflichtiger) Umsatz vor.

Der BFH[164] hat zur Abgrenzung einer bloßen (nichtsteuerbaren) Rückgängigmachung einer Lieferung von einer steuerbaren Rücklieferung entschieden, daß in Grenzfällen ein entsprechender Sachverhalt **aus der Position des Leistungsempfängers (Abnehmers)** und nicht aus der des ursprünglichen Lieferers zu beurteilen ist. Eine bloße Rückgängigmachung einer Lieferung kann insbesondere dann vorliegen, wenn infolge Zahlungsverzugs des Käufers gelieferte Gegen-

[164] Urteil vom 17.12.1981, BStBl 1982 II S. 233; vom 27.6.1995, BB 1995, S. 1886.

stände kraft Eigentumsvorbehalts vom Lieferer zurückgefordert und vom Abnehmer (Käufer) zurückgegeben (Rückgabe) werden. Es mangelt dann auch an einem zweckgerichteten, auf Entgelterzielung gerichteten Handeln des Käufers[165].

II. Der Umtausch

Vom Tausch ist der Vorgang des Umtausches zu unterscheiden. Tauscht der Abnehmer den zunächst gelieferten Gegenstand nach Gebrauch gegen einen anderen ein (Gebrauchtfahrzeug gegen Neufahrzeug), so tätigt der Unternehmer grundsätzlich eine **neue (zweite) Lieferung**[166]. Entscheidend ist, daß die **zweite** Lieferung **aufgrund eines neuen Geschäftsabschlusses** ausgeführt wurde. Die unterschiedlichen Rechtsfolgen sollen an nachstehender Skizze verdeutlicht werden.

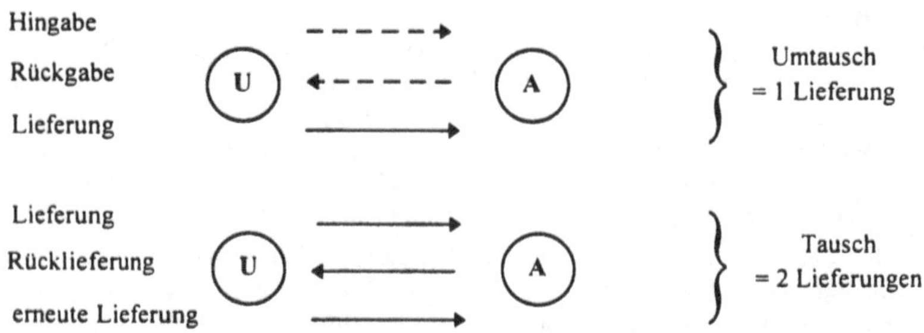

Wird ein Liefergegenstand **unter Beibehaltung des ursprünglichen Vertragsverhältnisses** zurückgegeben und durch einen anderen ersetzt (z.B. Nachlieferung statt Wandelung, § 480 BGB), so kann grundsätzlich ein nichtsteuerbarer **Umtausch** angenommen werden. Der Umtausch ist ein Fall der Rückgabe und nicht der Rücklieferung. Die ursprüngliche Lieferung aufgrund der Hingabe eines Gegenstandes wird rückgängig gemacht und im wirtschaftlichen Zusammenhang mit dem ersten Geschäftsabschluß eine neue steuerbare Lieferung ausgeführt. Außer in den Fällen der Nachlieferung wegen Sachmangels ist ein Umtausch z.B. bei bestimmten Waren mit Umtauschrecht (z.B. Geschenkartikel) möglich. Entscheidend für die Annahme des Umtauschs ist, daß das ursprüngliche Vertragsverhältnis aufrechterhalten und lediglich der Liefergegenstand (ggf. gegen ein höheres/niedrigeres Entgelt) ausgetauscht wird. Von Bedeutung für die Beurteilung des Sachverhalts kann dabei sein, ob der Umtausch branchenüblich ist und wie lang der Zeitraum zwischen den beiden Geschäftsvorgängen ist.

[165] Vgl. auch Kapitel 1. A. in diesem Unterabschnitt.
[166] Vgl. E. I. in diesem Kapitel.

Kapitel 3 : Die sonstigen Leistungen

Die Leistungsart „sonstige Leistung" umfaßt vor allem den unternehmerischen Dienstleistungsverkehr[167]. Gegenstand einer sonstigen Leistung kann aber auch jede andere Leistung eines Unternehmers sein, sofern sie nicht als Lieferung zu qualifizieren ist. So ist z.B. die Gebrauchs- und Nutzungsüberlassung sowie die Einräumung und Übertragung eines Rechts als sonstige Leistung zu beurteilen. Die Bezeichnung „sonstige Leistung" ist historisch begründet[168].

Zur Bestimmung der Rechtsfolgen reicht es allerdings nicht aus, eine Leistung den sonstigen Leistungen zuzuordnen. Vielmehr muß vor Anwendung der Rechtsvorschriften häufig auch noch die Art der sonstigen Leistung bestimmt werden, da zahlreiche Vorschriften nur für bestimmte Arten sonstiger Leistungen anwendbar sind (z.B. ist der Ort der sonstigen Leistung i.S. des § 3a UStG von der Art der sonstigen Leistung abhängig).

A. Die Legaldefinition „sonstige Leistung"

Der Begriff der „sonstigen Leistung" wird in § 3 Abs. 9 UStG in der Form einer Negativ-Definition formuliert: „**Sonstige Leistungen** sind Leistungen, die keine Lieferungen sind". Neben **positiven Handlungen** können auch Leistungen, die „in einem **Unterlassen** oder im **Dulden** einer Handlung oder eines Zustandes bestehen" (sogenannte **negative Leistungen**), sonstige Leistungen darstellen. Jedes positive oder negative Verhalten eines Unternehmers im Sinne einer wirtschaftlichen Handlung, das nicht als Lieferung zu qualifizieren ist, ist der Leistungsart „sonstige Leistungen" zuzuordnen.

Vielfach sind jedoch in einer sonstigen Leistung positive und negative Elemente vereinigt, z.B. im Rahmen der Vermietung oder Verpachtung. So handelt der Vermieter positiv, wenn er dem Mieter den Mietgegenstand - ohne Verschaffung der Verfügungsmacht - übergibt. Dadurch, daß er den Gebrauch des Gegenstandes durch den Mieter duldet und sich selbst der Benutzung enthält, übt er eine negative Leistung aus. Für die Bestimmung des Leistungsgegenstandes ist dann entscheidend, welche Leistungsbestandteile im Vordergrund stehen. Die Differenzierung der sonstigen Leistungen in positive und negative Handlungen kann erhebliche Bedeutung für die Bestimmung des Ortes der sonstigen Leistung nach § 3a UStG und für die Anwendung von Steuerbefreiungsvorschriften erlangen.

Leistungen enthalten häufig Elemente einer Lieferung und einer sonstigen Leistung. Für eine **wirtschaftlich einheitliche Leistung** ist dann zu entscheiden, ob insgesamt eine Lieferung oder eine sonstige Leistung vorliegt[169]. Ausschlaggebend ist für die Beurteilung, welche Leistungselemente nach dem Willen der Beteiligten den wirtschaftlichen Gehalt der Leistung ausmachen[170].

---

[167] Die sonstige Leistung wird in Art. 6 Abs. 1 6.EGRl als „Dienstleistung" bezeichnet.

[168] Ursprünglich unterlagen nur Lieferungen der Umsatzsteuer. Vgl. auch Kapitel 1. A. in diesem Abschnitt.

[169] Zur Bedeutung dieser Unterscheidung vgl. Kapitel 1. D. in diesem Unterabschnitt und zu weiteren Einzelheiten Kapitel 4 in diesem Unterabschnitt.

[170] Vgl. BFH vom 19.12.1991, BStBl 1992 II S. 449.

Für die Bestimmung des Zeitpunkts einer sonstigen Leistung ist zu beachten, ob es sich bei der Tätigkeit um eine sogenannte **Einmalleistung** oder um eine **Dauerleistung** handelt. Besteht die sonstige Leistung in der Erfüllung eines umfangmäßig begrenzten Auftrages (Einmalleistung), so ist die sonstige Leistung mit der Beendigung der Tätigkeit (Erfüllung des Auftrages) ausgeführt. Besteht die Tätigkeit in einem fortwährenden Handeln oder in einem fortwährenden Dulden (Dauersachverhalt wie z.B. Vermietung oder Lizenzüberlassung), wird die sonstige Leistung in Anlehnung an die üblichen Entgeltzahlungen (z.B. monatlich) als periodisch ausgeführt betrachtet (Teilleistung)[171].

B. Grundformen sonstiger Leistungen

I. „Positives“ Tun

Sonstige Leistungen „Tun“ treten in der Wirtschaftspraxis in einer Vielzahl von Formen in Erscheinung. Zu ihnen zählen insbesondere Dienst- und Werkleistungen. **Dienstleistungen** aufgrund eines Dienstvertrages (§§ 611 ff. BGB) können nicht nur von Angestellten (dann mangels Unternehmereigenschaft nicht steuerbar), sondern auch von Unternehmern ausgeführt werden. Unternehmerische Dienstleistungen stellen steuerbare Umsätze (sonstige Leistungen) dar. Ein Unterscheidungskriterium gegenüber den **Werkleistungen**[172] ist darin zu erblicken, daß das Entgelt für die Dienstleistung nach Zeiteinheiten (Zeitgebühr) ohne Rücksicht auf einen bestimmten Arbeitserfolg gezahlt wird.

Die **Vermittlungsleistungen** von selbständigen Handelsvertretern und Maklern (§ 93 HGB) sind ebenfalls als sonstige Leistung zu qualifizieren. Die **Bestellung** und die **Übertragung von Rechten** sind nicht als Lieferungen, sondern als sonstige Leistungen anzusehen[173]. Auch die Leistungen der **Spediteure** (§§ 407 ff. HGB) und der **Frachtführer** (§§ 425 ff. HGB) zählen zu den sonstigen Leistungen „Tun“.

Konkretisierte geistige Leistungen (z.B. die Erstellung eines Konstruktionsplanes, das Schreiben eines Buches) sind als **sonstige Leistungen** anzusehen. Eine konkretisierte Leistung liegt dann vor, wenn der Erfolg der Arbeit z.B. in einem Plan oder in einem Manuskript weitgehend realisiert ist. Die Übergabe des Planes[174] oder des Manuskripts an den Auftraggeber stellt keine Lieferung dar. Das schriftlich fixierte Ergebnis der Leistung ist nur eine unselbständige Nebenleistung und zwangsläufige Folge der sonstigen Leistung. Ein Lieferungsgegenstand entsteht erst in dem Augenblick, in dem die schriftlich fixierte geistige Leistung vervielfältigt wird (z.B. durch Druck von Büchern). Die Lieferungsgegenstände entstehen folglich erst in der Druckerei, also außerhalb der Sphäre des geistig Tätigen.

---

[171] Vgl. Kapitel 1. C. in diesem Unterabschnitt.

[172] Vgl. Kapitel 4. C. in diesem Unterabschnitt.

[173] Rechte zählen nicht zu den Lieferungsgegenständen im umsatzsteuerlichen Sinne. Bei verbrieften Rechten (Wertpapiere) ist eine Lieferung je nach Art des Wertpapiers möglich.

[174] Die Veräußerung von Modellskizzen bildet eine sonstige Leistung, vgl. BFH vom 26.10.1961, HFR 1962, S. 118.

Anders ist die Sachlage bei Malern. Ein Gemälde, das zwar auch in der Regel durch eine geistige Leistung erbracht wird, wird jedoch nach der allgemeinen Verkehrsauffassung als Lieferungsgegenstand betrachtet. Veräußert ein Maler ein Gemälde an einen Abnehmer, so liegt folglich eine Lieferung im Zeitpunkt der Verschaffung der Verfügungsmacht und keine sonstige Leistung vor.

II. Die „negativen" Leistungen „Dulden" oder „Unterlassen"

Nach der Legaldefinition in § 3 Abs. 9 Satz 2 UStG können auch **negative Leistungen,** die in einem **Dulden** oder **Unterlassen** bestehen, sonstige Leistungen beinhalten. Unter **„Dulden"** wird die Hinnahme fremder Aktivität im eigenen Rechtskreis verstanden. Eine Duldensleistung erbringt z.B. ein Vermieter, Verpächter, Besteller eines Erbbaurechtes[175], Lizenzgeber[176] und ein Darlehensgeber.

Unterlassen ist der bewußte Verzicht auf die Vornahme eigener Handlungen. Unterlassen führt aber nur dann zu einer sonstigen Leistung, wenn durch Verzicht auf die eigene Tätigkeit einem anderen Beteiligten ein wirtschaftlicher Vorteil zugewendet werden soll. Schlichtes Nichtstun führt zu keiner Leistung. Typisches Beispiel für eine Leistung durch Unterlassen ist der vereinbarte Verzicht auf die Vornahme von Wettbewerb[177]. Der Wettbewerbsverzicht kann z.B. darin bestehen, bestimmte Waren nicht mehr herzustellen oder zu vertreiben oder dies in bestimmten Gebieten zu unterlassen bzw. eine gewerbliche Tätigkeit überhaupt nicht auszuüben. Eine sonstige Leistung kann auch in dem Verzicht auf Vertragserfüllung, der Aufgabe von Geschäftsräumen gegen eine Mietabfindung, der vorzeitigen Aufhebung eines Agenturvertrages gegen eine Abstandssumme und ähnlichen Fällen bestehen.

III. Besorgungsleistungen

Nach der Regelung in § 3 Abs. 11 UStG wird die **Besorgung einer sonstigen Leistung (Besorgungsleistung)**[178] umsatzsteuerrechtlich genauso behandelt wie die besorgte sonstige Leistung. Die Vorschrift soll gewährleisten, daß Umsatzsteuerbefreiungen und Steuersatzermäßigungen für bestimmte sonstige Leistungen[179] auch für die Besorgung dieser Leistungen gelten.

Durch die **Gleichstellung der Besorgungsleistungen mit den besorgten Leistungen** im Hinblick auf Steuerbegünstigungen soll primär eine kongruente Behandlung einer „Dienstleistung" und deren Besorgung sichergestellt werden. Die Besorgungsleistung soll de facto das „Schicksal der besorgten Leistung" teilen.

---

[175] Vgl. BFH vom 20.4.1988, BStBl 1988 II S. 744.

[176] Zur umsatzsteuerlichen Behandlung von Lizenzverträgen vgl. Schuhmann, UVR 1994, S. 162 ff.

[177] Vgl. BFH vom 30.7.1986, BStBl 1986 II S. 874.

[178] Zur verfehlten Terminologie „Leistungskommission", „Leistungseinkauf" und „Leistungsverkauf" vgl. Giesberts (FN 54), Anm. 267, 469 zu § 3. Der BFH lehnt es ab, die in § 3 Abs. 3 UStG für Warenkommissionäre enthaltene Regelung bei der Einschaltung einer Mittelsperson zur Weitergabe von sonstigen Leistungen entsprechend anzuwenden, vgl. BFH vom 25.10.1990, BStBl 1991 II S. 193.

[179] Z.B. nach § 4 Nr. 2 und 3 oder nach § 12 Abs. 2 UStG.

Eine erhebliche Bedeutung gewinnt die Vorschrift des § 3 Abs. 11 UStG im Zusammenhang mit Exportgeschäften.

Es ist jedoch anzumerken, daß die Regelung des § 3 Abs. 11 UStG nur für diejenigen Unternehmer gilt, die einem Auftraggeber gegenüber eine Besorgungsleistung erbringen. Eine **Besorgungsleistung** liegt nur vor, wenn ein Unternehmer eine sonstige Leistung, die er nicht selbst schuldet, im eigenen Namen für fremde Rechnung durch einen Dritten erbringen läßt. Ein Besorgungsunternehmer schuldet seinem Auftraggeber nur eine Geschäftsbesorgung i.S. des § 675 BGB[180]. Eine Besorgungsleistung liegt dagegen nicht vor, wenn ein Unternehmer für Rechnung eines anderen im eigenen Namen sonstige Leistungen an einen Dritten erbringt[181]. Eine besondere Bedeutung hat diese Regelung für die Unternehmensgruppen der Spediteure und der Werbungsmittler gewonnen.

Beispiele:

(1) Ein Spediteur übernimmt für einen Auftraggeber die Besorgung der Güterbeförderung von Essen ins Ausland. In einem Fall ist der Bestimmungsort der Ware Basel, in einem anderen Fall Bern. Mit der Durchführung der Güterbeförderung nach Basel beauftragt der Spediteur im eigenen Namen einen Frachtführer (§ 407 HGB). Die Güterbeförderung nach Bern führt der Spediteur im Wege des Selbsteintritts nach § 412 HGB selbst aus.

Im Falle „Basel“ liegt eine Besorgungsleistung vor, da der Spediteur für Rechnung des Versenders (Auftraggeber) im eigenen Namen eine Güterversendung durch einen Frachtführer ausführen läßt. Es handelt sich um die Besorgung einer Beförderungsleistung. Da der inländische Teil (§ 3b Abs. 1 UStG) der Güterbeförderung durch den Frachtführer als grenzüberschreitende Güterbeförderung nach § 4 Nr. 3 Buchst. a UStG umsatzsteuerfrei ist[182], ist auch die Besorgungsleistung des Spediteurs nach § 3 Abs. 11 i.V.m. § 4 Nr. 3 Buchst. a UStG steuerfrei (bzw. z.T. nicht steuerbar).

Im Falle „Bern“ liegt keine Besorgungsleistung, sondern vielmehr eine Beförderungsleistung des Spediteurs vor, da er zwar die Besorgung einer Beförderung übernommen hat, die Beförderung aber dann selbst wie ein Frachtführer ausgeführt hat. Es handelt sich folglich um eine Beförderungsleistung. Der inländische Teil (§ 3b Abs. 1 UStG) dieser sonstigen Leistung ist unmittelbar nach § 4 Nr. 3 Buchst. a UStG steuerbefreit.

(2) Ein in der Hamburger Innenstadt ansässiger Spediteur besorgt für einen anderen Unternehmer den Umschlag einer Ware im Freihafen. Die Umschlagsleistung bewirkt ein ebenfalls in Hamburg ansässiger Unternehmer.

Die durch den Hamburger Unternehmer bewirkte Umschlagsleistung ist nach § 3b Abs. 2 UStG nicht steuerbar. Folglich ist auch die Besorgungsleistung des Spediteurs nicht steuerbar (§ 3 Abs. 11 i.V.m. § 3b Abs. 2 UStG).

[180] BFH vom 18.5.1994, BStBl 1994 II S. 719.

[181] § 3 Abs. 11 UStG weicht insoweit von Art. 6 Abs. 4 6.EGRl ab (zulässig nach Art. 28 Abs. 3 Buchst. e 6.EGRl). § 3 Abs. 11 UStG ist insbesondere nicht auf Leistungen der Zwischenvermietungsunternehmer anzuwenden. Eine entsprechende Anwendung der in § 3 Abs. 3 UStG für die Lieferungskommission enthaltenen Regelung kommt nicht in Betracht, BFH vom 25.10.1990, BStBl 1991 II S. 193.

[182] Zum Ort der Besorgung einer innergemeinschaftlichen Güterbeförderung und damit im Zusammenhang stehenden Leistungen vgl. Abschn. 42h UStR.

Es ist darauf hinzuweisen, daß grundsätzlich nur die sachbezogenen (z.B. Ort, Steuerbefreiungen, Steuerermäßigungen) umsatzsteuerlichen Kriterien der besorgten Leistung, nicht jedoch personenbezogene umsatzsteuerliche Kriterien auf die Besorgungsleistung übertragbar sind. So ist z.B. die Regelung des § 19 Abs. 1 UStG (keine Erhebung von Umsatzsteuer bei einem Kleinunternehmer), die in der Person eines Unternehmers ihre Berechtigung hat, nicht auf einen Dritten über die Vorschrift des § 3 Abs. 11 UStG anwendbar.

Weiterhin ist zu beachten, daß die Vorschrift des § 3 Abs. 11 UStG nur für Besorgungsleistungen und **nicht für Vermittlungsleistungen** gilt. Es ist folglich stets zu prüfen, ob die sonstige Leistung im eigenen Namen für fremde Rechnung (Besorgungsleistung) oder im fremden Namen für fremde Rechnung (Vermittlungsleistung - Agentur) erbracht wird. Vermittlungsleistungen können jedoch u. U. nach § 4 Nr. 5 UStG steuerbefreit sein[183].

C. Der Zeitpunkt der sonstigen Leistung

Im Gegensatz zu einer Lieferung, bei der die Verfügungsmacht immer zu einem genau bestimmbaren Zeitpunkt übertragen wird, ist der Zeitpunkt bei einer sonstigen Leistung abhängig von ihrer Erscheinungsform. Die Art der sonstigen Leistung **(Einmalleistung** oder **Dauerleistung)** ist entscheidend für den Zeitpunkt der sonstigen Leistung und damit auch für die Entstehung der Umsatzsteuerschuld. Der Zeitpunkt der sonstigen Leistung ist insbesondere anläßlich von Steuersatzerhöhungen von Bedeutung.

I. Der Zeitpunkt der Einmalleistung

Bei einer **Einmalleistung** wird die sonstige Leistung in dem Zeitpunkt erbracht, in dem sie abgeschlossen ist. Eine sonstige Leistung ist abgeschlossen, wenn z.B. ein Manuskript beim Verlag „abgeliefert“ wird oder wenn z.B. einem Auftraggeber das Ergebnis der übertragenen sonstigen Leistung mitgeteilt wird.

II. Der Zeitpunkt bei Dauerleistungen

Bei einem **Dauersachverhalt** (z.B. Vermietung) wird die Leistung an dem Tag ausgeführt, an dem der vereinbarte Leistungszeitraum endet. In der Regel wird die gesamte Vertragsdauer in kürzere Abrechnungszeiträume (z.B. vierteljährlich, monatlich) aufgeteilt, so daß insoweit selbständig zu beurteilende Teilleistungen[184] vorliegen. Die sonstige Leistung „Vermietung“ besteht dann z.B. in der Gebrauchsüberlassung für einen Monat.

---

[183] Da die vermittelten Umsätze nicht mit Umsatzsteuer belastet sind, ist es systemkonform, die Vermittlungsleistungen ebenfalls nicht mit Umsatzsteuer zu belasten.

[184] Vgl. Kapitel 1. C. in diesem Unterabschnitt.

D. Der Ort der sonstigen Leistung (Leistungsort)

Da nach § 1 Abs. 1 Nr. 1 UStG eine sonstige Leistung nur dann steuerbar ist, wenn sie im Inland bewirkt worden ist, kommt der Bestimmung des **Orts der sonstigen Leistung (Leistungsort)** eine gewichtige Bedeutung zu. Die Vorschrift des § 3a UStG ist u.a.[185] maßgebend dafür, in welchem Staat die Umsatzsteuer zu erheben ist. Dieser Regelung lag als Konzeption die Überlegung zugrunde, ein klares und einfaches **Grundprinzip** für die Bestimmung des Leistungsortes zu schaffen. Lediglich in den Fällen, in denen das Grundprinzip zu **„unerwünschten Ergebnissen"** führt, sollten **Sonderregelungen** eingreifen. Dieses Ziel wurde nicht erreicht. Die Notwendigkeit, auf politischer Ebene im Kompromißwege Lösungen zu finden, führte zu einer Umkehrung vom Verhältnis Regel zur Ausnahme. Der § 3a UStG zugrundeliegende Art. 9 der 6.EGRl wurde eine komplizierte und zum Teil unverständliche Regelung[186].

Die **Struktur** des § 3a UStG ist dadurch gekennzeichnet, daß ein umfangreicher **Katalog von Ausnahmeregelungen** der **Grundsatzregelung** gegenübersteht. Zur Beurteilung eines Sachverhalts ist es daher erforderlich, zwecks Bestimmung des Leistungsortes **zunächst den Ausnahmenkatalog** zu prüfen. Nur wenn keine der dortigen Sonderregelungen zutreffen, ist die in § 3a Abs. 1 UStG normierte Grundregel anwendbar. Für die Praxis der Umsatzbesteuerung haben daher die Ausnahmeregelungen in § 3a Abs. 2-4 UStG weit größere Bedeutung erlangt als die Grundsatzregelung in § 3a Abs. 1 UStG. Dabei ist zu beachten, daß die **Art der ausgeführten Tätigkeit** (sonstige Leistung) vielfach entscheidend für die Bestimmung des Leistungsortes ist[187].

Vorab ist darauf hinzuweisen, daß bei einer **Konkurrenz der Vorschriften** in § 3a Abs. 2 mit Abs. 3 und 4 **die Regelung in Abs. 2 vorrangig ist** (§ 3a Abs. 3 letzter Satz UStG). Aufgrund der **Ermächtigung** in § 3a Abs. 5 UStG kann der Leistungsort für die in Absatz 4 bezeichneten sonstigen Leistungen und bei der Vermietung von Beförderungsmitteln abweichend von § 3a Abs. 1 und 3 UStG danach bestimmt werden, wo die sonstigen Leistungen genutzt oder ausgewertet werden. Diese Vorschrift dient der Vermeidung von Doppel- bzw. Nichtbesteuerungen und soll Wettbewerbsverzerrungen verhindern.

---

[185] Zur Ortsbestimmung von Beförderungsleistungen (§ 3b UStG) vgl. D. II. in diesem Kapitel. Ergänzt werden die Regelungen zur Ortsbestimmung von sonstigen Leistungen nach §§ 3a, 3b UStG durch Sonderbestimmungen für bestimmte Leistungen von Unternehmern, die ihr Unternehmen von einem im Drittlandsgebiet liegenden Ort aus betreiben (§ 3a Abs. 5 UStG i.V.m. § 1 UStDV), vgl. Abschn. 42 UStR.

[186] Vgl. Wachweger, 6.EGRl zur Harmonisierung der Umsatzsteuern in den Europäischen Gemeinschaften, Bonn 1977, S. 45.

[187] Vgl. B. I. - III. in diesem Kapitel.

Bedient sich ein Unternehmer bei der Ausführung einer sonstigen Leistung eines anderen Unternehmers als Erfüllungsgehilfen, der die sonstige Leistung im eigenen Namen und für eigene Rechnung ausführt (Subunternehmer), so ist der Leistungsort für jede dieser Leistungen für sich zu bestimmen.

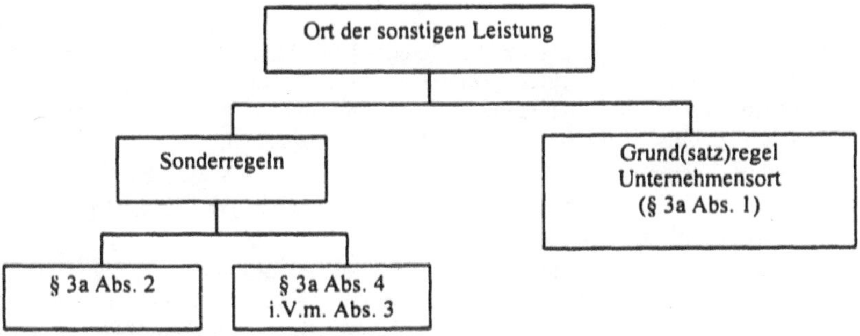

Übersicht 12: Mögliche Leistungsorte nach § 3a UStG

I. Die Grundregel zur Bestimmung des Ortes der sonstigen Leistung

Der **Grundsatz**[188] zur Bestimmung des Ortes der sonstigen Leistung besagt, daß eine sonstige Leistung an dem Ort ausgeführt wird, von dem aus der Unternehmer sein Unternehmen betreibt **(Unternehmensort)**[189]. Wird die sonstige Leistung von einer Betriebsstätte ausgeführt, so gilt die **Betriebsstätte**[190] als Ort der sonstigen Leistung. Ist dieser Ort bei natürlichen Personen nicht eindeutig bestimmbar, kommen als Leistungsort der **Wohnsitz des leistenden Unternehmers**[191] oder der Ort seines **gewöhnlichen Aufenthalts**[192] in Betracht. Bei Körperschaften, Personenvereinigungen oder Vermögensmassen ist der **Ort der Geschäftsleitung**[193] maßgebend.

Da eine Anwendung dieser Grundregel jedoch in vielen Fällen „unerwünschte" Auswirkungen haben könnte, wurde eine Reihe von **Ausnahmeregelungen** geschaffen. Die Bestimmung des Ortes der sonstigen Leistung ist überwiegend **von der Art der ausgeführten Tätigkeit abhängig**.

Zur Beurteilung eines Sachverhalts ist daher zuerst die Art der Tätigkeit festzustellen. Sodann ist eine Zuordnungsmöglichkeit zu den katalogisierten sonstigen Leistungen in § 3a Abs. 2 und 4 UStG zu prüfen. Nur wenn die zu beurteilende Tätigkeit weder in Abs. 2 noch in Abs. 4 des § 3a UStG aufgeführt ist, kann die Grundregel nach § 3a Abs. 1 UStG **(Unternehmensort)** zur Anwendung gelangen.

---

[188] Diese Regelung entspricht der Konzeption in Art. 9 6.EGRl.
[189] § 21 AO.
[190] § 12 AO.
[191] § 8 AO.
[192] § 9 AO.
[193] § 10 AO.

Der Leistungsort ist nach § 3a Abs. 1 UStG für z.B. Reiseleistungen (§ 25 Abs. 1 Satz 4 UStG) und für Leistungen der Vermögensverwalter und Testamentsvollstrecker zu bestimmen. Unter § 3a Abs. 1 UStG fallen ferner sonstige Leistungen i.S. des § 3 Abs. 4 UStG, wenn der Leistungsempfänger kein Unternehmer ist und innerhalb des Gemeinschaftsgebietes ansässig ist.

Beispiel:

Eine juristische Person des öffentlichen Rechts J in Essen erteilt dem Unternehmer B in Belgien den Auftrag, ein Gutachten zu erstellen, das sie in ihrem Hoheitsbereich auswerten will. B vergibt bestimmte Teilaufgaben an den Unternehmer U in Düsseldorf und beauftragt ihn, die Ergebnisse unmittelbar J zur Verfügung zu stellen.

Die sonstige Leistung des U wird nach § 3a Abs. 4 Nr. 3 i.V.m. Abs. 3 UStG dort ausgeführt, wo B als Leistungsempfänger sein Unternehmen betreibt. Sie ist folglich in Belgien und nicht im Inland steuerbar.

Der Leistungsort des B ist nach § 3a Abs. 1 UStG zu bestimmen (Sitzort), da J als inländischer Leistungsempfänger das Gutachten für seinen hoheitlichen (nichtunternehmerischen) Bereich in Auftrag gegeben hat und somit als Leistungsempfänger keine Unternehmereigenschaft besitzt (§ 3a Abs. 3 Satz 3 UStG). Die sonstige Leistung von B wird als in Belgien ausgeführt angesehen und ist ebenfalls nicht steuerbar.

Weiterhin gilt § 3a Abs. 1 UStG für die Bestimmung des Leistungsortes bei der Vermietung von Beförderungsmitteln, weil für diese Art der sonstigen Leistung die Anwendung von § 3a Abs. 3 UStG ausgeschlossen ist.

Beispiel:

Ein Ausländer tritt eine Europareise in Düsseldorf an und mietet einen Pkw bei einem Düsseldorfer Unternehmen.

Die Vermietungsleistung ist im Inland in vollem Umfange steuerbar (§ 3a Abs. 1 UStG), weil der leistende Unternehmer in Düsseldorf sein Unternehmen betreibt. § 3a Abs. 4 Nr. 11 UStG ist bei der Vermietung von Beförderungsmitteln nicht anwendbar.

II. Die Sonderregeln zur Bestimmung des Ortes der sonstigen Leistung

Mit den umfangreichen Vorschriften des § 3a Abs. 2-4 UStG hat der Gesetzgeber versucht, eine Vielzahl von denkbaren sonstigen Leistungen zu erfassen. Je nach Art der Tätigkeit wird der Ort der sonstigen Leistung abweichend von der Grundregel nach § 3a Abs. 1 UStG bestimmt. Da der Ort der sonstigen Leistung insbesondere auf internationaler Ebene entscheidend für die Frage ist, ob eine sonstige Leistung steuerbar (im Inland) oder nicht steuerbar (im Ausland) ist, hat man sich für diese kasuistische Gesetzesregelung entschieden. Sofern eine Tätigkeit nicht unter die Sonderregeln zu subsumieren ist, kommt die Grundregel in § 3a Abs. 1 UStG de facto als Auffangvorschrift zur Anwendung.

a) Sonderregeln für Leistungsorte nach § 3a Abs. 2 UStG, § 3b UStG

Es ist darauf hinzuweisen, daß bei einer Konkurrenz von § 3a Abs. 2 mit Abs. 4 i.V.m. Abs. 3 UStG nach § 3a Abs. 3 letzter Satz UStG die Regelung nach § 3a Abs. 2 UStG Vorrang besitzt.

Aus nachstehender Übersicht geht hervor, welcher Leistungsort bei der jeweiligen Leistungsunterart maßgebend ist[194].

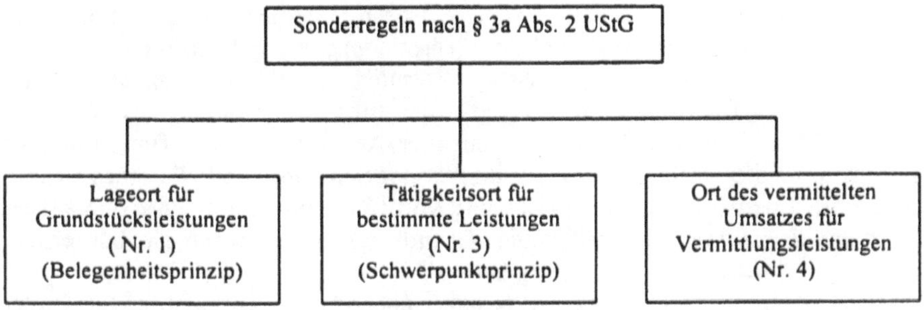

Übersicht 13: Sonderregeln für Leistungsorte nach § 3a Abs. 2 UStG

1 Leistungen im Zusammenhang mit einem Grundstück

Bei sonstigen Leistungen im Zusammenhang mit einem Grundstück ist die **Lage des Grundstücks** für die Bestimmung des Leistungsortes entscheidend. Der **Umfang eines Grundstücks** ist grundsätzlich nach bürgerlichem Recht zu bestimmen. Zu einem Grundstück gehören auch diejenigen Sachen, die durch Vornahme einer Verbindung wesentliche Bestandteile eines Grundstücks geworden sind (§ 94 BGB). Das gilt auch für wesentliche Bestandteile, die ertragsteuerlich selbständige Wirtschaftsgüter sind. Im Sinne von § 3a Abs. 2 Nr. 1 UStG stehen auch sonstige Leistungen an **Scheinbestandteilen** (§ 95 BGB) im Zusammenhang mit einem Grundstück. Dies gilt jedoch nicht für sonstige Leistungen am Zubehör (§ 97 BGB)[195].

Beispiel:

Ein Industrieunternehmen hat anderen Unternehmen die Pflege der Grünflächen des Betriebsgrundstücks, die Gebäudereinigung, die Wartung der Heizungsanlage und die Pflege und Wartung der Aufzugsanlagen übertragen.

Es handelt sich in allen Fällen um sonstige Leistungen, die im Zusammenhang mit einem Grundstück stehen.

Die sonstige Leistung muß nach Sinn und Zweck der Vorschrift in **engem Zusammenhang** mit dem Grundstück stehen. Ein enger Zusammenhang ist gegeben, wenn sich die sonstige Leistung nach den tatsächlichen Umständen überwiegend auf die Bebauung, Verwertung, Nutzung oder Unterhaltung des Grundstücks selbst bezieht.

Zu den sonstigen Leistungen, die in § 4 Nr. 12 UStG der Art nach bezeichnet sind (§ 3a Abs. 2 Nr. 1 Buchst. a UStG), gehört die **Vermietung und Verpachtung** von Grundstücken. Die Begriffe Vermietung und Verpachtung sind nach

---

[194] Bei Vermittlungsleistungen kann durch die Verwendung einer Umsatzsteuer-Identifikationsnummer der Leistungsort verlegt werden (§ 3a Abs. 2 Nr. 4 Satz 2 UStG).

[195] Vgl. auch Schöll, in: Sölch/Ringleb/List, Bem. 13, 15 zu § 3a.

bürgerlichem Recht zu beurteilen[196]. Es kommt nicht darauf an, ob die Vermietungs- oder Verpachtungsleistung nach § 4 Nr. 12 UStG steuerbefreit ist. Dabei ist die Dauer des Mietverhältnisses entscheidungsunerheblich. Somit fallen auch die Vermietung von Wohn- und Schlafräumen, die ein Unternehmer zur kurzfristigen Beherbergung von Gästen bereithält, die Vermietung von Plätzen für das Abstellen von Fahrzeugen und die kurzfristige Vermietung auf Campingplätzen unter § 3a Abs. 2 Nr. 1 Buchst. a UStG. Das gilt auch für die Vermietung und Verpachtung von Maschinen und Vorrichtungen aller Art, die zu einer Betriebsanlage gehören, wenn sie wesentliche Bestandteile oder Scheinbestandteile eines Grundstücks sind. Ebenso steht die Überlassung von Camping-, Park- und Bootsliegeplätzen im Zusammenhang mit einem Grundstück, selbst wenn sie bürgerlichrechtlich nicht auf einem Mietvertrag beruht[197].

Zu den sonstigen Leistungen im Zusammenhang mit der **Veräußerung** oder dem **Erwerb von Grundstücken** (§ 3a Abs. 2 Nr. 1 Buchst. b UStG) gehören die sonstigen Leistungen der Grundstücksmakler und Grundstückssachverständigen sowie der Notare bei der Beurkundung von Grundstückskaufverträgen.

Zu den sonstigen Leistungen, die der **Erschließung von Grundstücken** oder der **Vorbereitung** oder der **Ausführung von Bauleistungen** dienen (§ 3a Abs. 2 Nr. 1 Buchst. c UStG) zählen z.B. die Leistungen der Architekten, Bauingenieure, Vermessungsingenieure, Bauträgergesellschaften, Sanierungsträger sowie der Unternehmer, die Abbruch- und Erdarbeiten ausführen. Dazu gehören weiterhin Leistungen, die dem Aufsuchen oder der Gewinnung von Bodenschätzen dienen.

In engem Zusammenhang mit einem Grundstück steht auch die **Einräumung dinglicher Rechte** (z.B. Dienstbarkeiten, Erbbaurechte) sowie sonstiger Leistungen, die dabei ausgeführt werden (z.B. Beurkundungsleistungen eines Notars). Unter die Vorschrift des § 3a Abs. 2 Nr. 1 UStG fällt ferner die **Vermittlungstätigkeit** im Zusammenhang mit der Vermietung oder dem Erwerb von Grundstükken, Wohnungen, Ferienhäusern und Hotelzimmern.

Die **Überlassung von Standflächen** auf Messen und Ausstellungen durch den Veranstalter an die Aussteller stellt eine sonstige Leistung im Zusammenhang mit einem Grundstück dar. Sie wird dort ausgeführt, wo die Standflächen liegen. Diese Regelung gilt auch für zahlreiche weitere sonstige Leistungen, die der Veranstalter im Zusammenhang mit der Überlassung von Standflächen an die Aussteller erbringt[198].

Nicht in engem Zusammenhang mit einem Grundstück stehen folgende Leistungen, sofern sie selbständige Hauptleistungen sind:

(1) der Verkauf von Anteilen und die Vermittlung der Umsätze von Anteilen an Grundstücksgesellschaften,

(2) die Veröffentlichung von Immobilienanzeigen z.B. durch Zeitungen,

---

[196] Die Vermietung stellt die Überlassung eines Gegenstandes an einen anderen zum Gebrauch gegen Entgelt (§ 535 BGB) dar. Die Verpachtung beinhaltet die Überlassung eines Gegenstandes zum Gebrauch und zur Fruchtziehung (Nutzenziehung) gegen Entgelt (§ 581 BGB).

[197] BFH vom 4.12.1980, BStBl 1981 II S. 231.

[198] Vgl. auch BFH vom 24.11.1994, BStBl 1995 II S. 151.

(3) die Finanzierung und Finanzierungsberatung im Zusammenhang mit dem Erwerb eines Grundstücks und dessen Bebauung,
(4) die Rechts- und Steuerberatung in Grundstückssachen[199].

2 Beförderungsleistungen (§ 3b Abs. 1, 2 UStG)

Die bisher in § 3a Abs. 2 Nr. 2 UStG enthaltene Regelung über den Ort der Beförderungsleistung ist zum 1.1.1993 in § 3b Abs. 1 UStG übernommen worden. Für innergemeinschaftliche Güterbeförderungen gelten Sonderregelungen[200].

Eine Beförderung von Personen oder Sachen (Beförderungsleistung) wird dort ausgeführt, wo die Beförderung tatsächlich bewirkt wird (§ 3b Abs. 1 Satz 1 UStG). Hieraus folgt für diejenigen Beförderungsfälle, in denen der mit der Beförderung beauftragte Unternehmer (Hauptunternehmer) die Beförderung durch einen anderen Unternehmer (Subunternehmer) ausführen läßt, daß sowohl die Beförderungsleistung des Hauptunternehmers als auch diejenige des Subunternehmers dort ausgeführt wird, wo der Subunternehmer die Beförderung bewirkt[201]. Erstreckt sich eine Beförderungsleistung vom Inland auf das Drittlandsgebiet **(grenzüberschreitender Beförderungsverkehr),** so ist nur der auf das Inland entfallende Teil der Leistung als steuerbar zu betrachten **(Aufteilungsprinzip).** Die an sich einheitliche Beförderungsleistung ist in mehrere (steuerbare und nichtsteuerbare) Leistungsteile aufzuteilen (§ 3b Abs. 1 UStG).

Beispiele:

(1) Ein Essener Beförderungsunternehmer führt eine Beförderungsleistung von Zürich nach Bern durch.

Die sonstige Leistung wird im Ausland bewirkt und ist nicht steuerbar. Daß der Unternehmer seinen Sitz in Essen hat, ist unerheblich, da die Regelung nach § 3b Abs. 1 der Regelung in § 3a Abs. 1 UStG vorgeht.

(2) Ein Omnibusunternehmer befördert eine Personengruppe von Bochum nach Prag und zurück.

Lediglich der auf die Strecke Bochum bis zur Grenze entfallende Teil der Beförderungsleistung ist im Inland steuerbar. Der auf die Teilstrecke Grenze bis Prag entfallende Teil der Beförderungsleistung ist ggf. im Ausland steuerbar.

Selbständige Leistungen, die im Zusammenhang mit einer Güterbeförderung stehen (z.B. Beladen, Entladen, Umschlagen), werden dort ausgeführt, wo der Unternehmer jeweils ausschließlich oder zum wesentlichen Teil tätig wird (§ 3b Abs. 2 UStG). Werden diese Leistungen vom befördernden Unternehmer erbracht, handelt es sich dagegen um unselbständige Nebenleistungen zur Güterbeförde-

---

199 A.A. Schöll, in: Sölch/Ringleb/List, Bem. 21 zu § 3a.

200 Der Ort von Beförderungsleistungen und der damit zusammenhängenden Leistungen bestimmt sich ausschließlich nach § 3b UStG (vgl. § 3a Abs. 1 Satz 1 UStG). Zur Ortsbestimmung bei innergemeinschaftlichen Güterbeförderungen vgl. Teil X, Abschnitt 3, Kapitel 8; auf die Sonderregelungen für grenzüberschreitende Beförderungen in §§ 2-7 UStDV wird hingewiesen; vgl. dazu auch Abschn. 42a Abs. 6-17 UStR.

201 Die Sonderregelung über die Besteuerung von Reiseleistungen (§ 25 Abs. 1 i.V.m. § 3a Abs. 1 UStG) bleibt unberührt. Zu Einzelheiten vgl. Abschn. 42a und 42b UStR.

rung. Sie teilen damit das umsatzsteuerliche Schicksal (z.B. die Ortsbestimmung) der Hauptleistung[202] „Güterbeförderung".

3 Bestimmte Tätigkeiten im Sinne des § 3a Abs. 2 Nr. 3 UStG

Sonstige Leistungen i.S. des § 3a Abs. 2 Nr. 3 UStG sind **insbesondere selbständige Tätigkeiten** wie z.B. künstlerische und wissenschaftliche Leistungen sowie Werkleistungen an Mobilien und deren Begutachtung.

Bei den unter § 3a Abs. 2 Nr. 3 UStG bezeichneten sonstigen Leistungen wird darauf abgestellt, wo der Unternehmer bei Ausführung dieser Leistungen jeweils[203] ausschließlich oder zum wesentlichen Teil tätig wird. Die Regelung gilt nur für **Tätigkeiten,** d.h. für sonstige Leistungen, die in einem positiven Tun bestehen. Bei den positiven Leistungen bestimmt die Tätigkeit selbst den Leistungsort **(Tätigkeitsort).** Der Ort, an dem der Erfolg eintritt oder die sonstige Leistung sich auswirkt, ist ohne Bedeutung[204]. Maßgeblich ist nach der Rechtsprechung allein der Ort, an dem die entscheidenden Bedingungen zum Erfolg gesetzt werden[205]. Ist die Leistung mit einem Auftritt verbunden, ist i.d.R. der Auftrittsort der Ort dieser sonstigen Leistung.

3.1 Künstlerische oder wissenschaftliche Leistungen

Bei den Leistungen nach § 3a Abs. 2 Nr. 3 Buchst. a UStG (insbesondere den künstlerischen und wissenschaftlichen Leistungen) ist zu beachten, daß sich im Falle der **Übertragung von Urheberrechten** und **ähnlichen Rechten** der Leistungsort nach § 3a Abs. 4 Nr. 1 i.V.m. Abs. 3 UStG bestimmt.

Beispiel:

Ein Sänger, der aufgrund eines Vertrages mit einer Konzertagentur im Inland ein Konzert gibt, schließt außerdem mit einer ausländischen Gesellschaft einen Vertrag über die Schallplattenaufnahme des Konzerts ab.

Der Ort der Leistung für das Konzert befindet sich nach § 3a Abs. 2 Nr. 3 Buchst. a UStG im Inland (Auftrittsort), da es sich um eine künstlerische Leistung handelt. Hinsichtlich des Vertrages über die Aufzeichnung eines Konzerts für eine Schallplattenproduktion überträgt der Sänger im Rahmen einer weiteren sonstigen Leistung Urheberrechte im Sinne des § 3a Abs. 4 Nr. 1 UStG. Für den Ort dieser Leistung ist § 3a Abs. 3 UStG maßgeblich.

3.2 Sonstige Leistungen an Mobilien

Die Regelung des **§ 3a** Abs. 2 Nr. 3 Buchst. c **UStG gilt für alle Be- und Verarbeitungen** (Werkleistungen, nicht Werklieferungen), die an **beweglichen körperlichen Gegenständen** ausgeführt werden, soweit sie als sonstige Leistungen zu betrachten sind. Als **Werkleistung** gilt auch der Sonderfall der Leistung nach § 3 Abs. 10 UStG[206]. **Wartungsleistungen** an Anlagen, Maschinen, Kraftfahrzeugen können als Werkleistungen angesehen werden. Stehen Werkleistungen im Zusammenhang mit einem Grundstück (z.B. Reparaturarbeiten an einem Gebäude

---

[202] Zum Grundsatz der Einheitlichkeit der Leistung vgl. Kapitel 4. A. in diesem Abschnitt.

[203] Durch das Wort „jeweils" soll klargestellt werden, daß der einzelne Umsatz und nicht die Gesamttätigkeit zu beurteilen ist.

[204] BFH vom 4.4.1974, BStBl 1974 II S. 532.

[205] BFH vom 26.11.1953, BStBl 1954 III S. 63.

[206] Vgl. Kapitel 4. C. in diesem Unterabschnitt.

oder an Maschinen, wenn sie wesentliche Bestandteile oder Scheinbestandteile eines Grundstücks sind), so wird die Leistung nach § 3a Abs. 2 Nr. 1 UStG dort ausgeführt, wo das Grundstück liegt[207].

Bei der **Begutachtung beweglicher körperlicher Gegenstände** durch Sachverständige hat § 3a Abs. 2 Nr. 3 Buchst. c UStG Vorrang vor § 3a Abs. 3 und 4 Nr. 3 UStG. Auf die Verhältnisse des Leistungsempfängers kommt es daher in diesen Fällen nicht an.

Verwendet der Leistungsempfänger gegenüber dem leistenden Unternehmer die **Umsatzsteuer-Identifikationsnummer** eines anderen Mitgliedstaates, gilt die in Anspruch genommene Werkleistung bzw. Begutachtung als in diesem Mitgliedstaat ausgeführt **(Abweichung vom Schwerpunktprinzip)**. Die Verlegung des Ortes der sonstigen Leistung erfolgt nur, wenn der Gegenstand im Anschluß an die Werkleistung oder Begutachtung nicht im Inland verbleibt (§ 3a Abs. 2 Nr. 3 Buchst. c Satz 3 UStG).

4 Ort der Vermittlungsleistung

Nach § 3a Abs. 2 Nr. 4 UStG bestimmt sich der Ort einer **Vermittlungsleistung** grundsätzlich danach, wo der vermittelte Umsatz ausgeführt wird[208]. Vermittlungsleistungen im **Zusammenhang mit einem Grundstück** werden jedoch dort ausgeführt, wo das Grundstück liegt (§ 3a Abs. 2 Nr. 1 UStG). Für die Vermittlung der in **§ 3a Abs. 4 UStG bezeichneten Leistungen** (§ 3 Abs. 4 Nr. 10 UStG) bestimmt sich der Leistungsort nach § 3a Abs. 3 bzw. Abs. 1 UStG.

b) Sonderregeln für die Bestimmung des Leistungsortes bei Katalogtätigkeiten

Für den Bereich der sonstigen Leistungen, die auf Tätigkeiten i.S. des § 3a Abs. 4 UStG beruhen **(Katalogtätigkeiten),** richtet sich der Ort der sonstigen Leistung nach § 3a Abs. 3 bzw. Abs. 1 UStG. Wird eine katalogisierte sonstige Leistung **an einen Unternehmer** erbracht, so ist als Ort der sonstigen Leistung grundsätzlich der **Sitzort des Leistungsempfängers** anzusehen. Dabei ist es unerheblich, ob der Unternehmer seinen Sitzort im Gemeinschaftsgebiet oder im Drittlandsgebiet hat.

Wird die Leistung jedoch **an einen Nichtunternehmer** ausgeführt, so muß differenziert werden. Hat der Nichtunternehmer seinen Wohnsitz **im Drittlandsgebiet**, so ist der **Wohnort des Leistungsempfängers** als Ort der sonstigen Leistung zu betrachten. Hat der Nichtunternehmer dagegen seinen Wohnsitz **im Gemeinschaftsgebiet**, dann wird als Ort der sonstigen Leistung der **Sitzort des ausführenden Unternehmers** (§ 3a Abs. 1 UStG) bestimmt.

---

[207] Vgl. die vorangegangenen Ausführungen zu den „Leistungen im Zusammenhang mit einem Grundstück" in diesem Kapitel.

[208] Zur Vermittlung von Leistungen, bei denen der Leistungsempfänger die Umsatzsteuer - Identifikationsnummer eines anderen Mitgliedstaates verwendet, vgl. Teil X, Abschnitt 3, Kapitel 8.

Die nachfolgende Übersicht verdeutlicht die komplizierte Leistungsortbestimmung bei Katalogtätigkeiten.

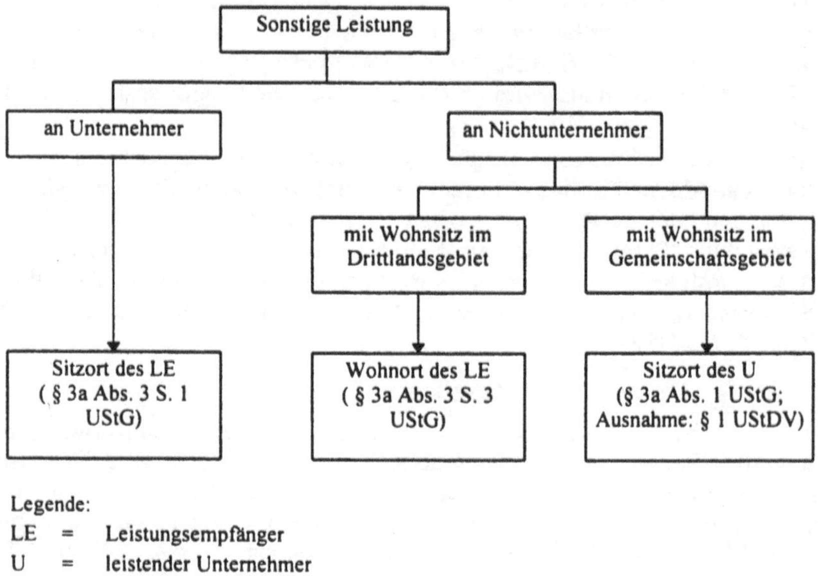

Übersicht 14 : Leistungsortbestimmung für Katalogtätigkeiten nach § 3a Abs. 4 UStG

Der Leistungskatalog des § 3a Abs. 4 UStG umfaßt insbesondere folgende Tätigkeiten:

(1) die Einräumung von Patenten, Urheberrechten, Warenzeichen und ähnlichen Rechten;
(2) die sonstigen Leistungen der Werbung und Öffentlichkeitsarbeit;
(3) Beratungs- und Ingenieurleistungen;
(4) die Datenverarbeitung;
(5) die Überlassung von Informationen;
(6) Finanzumsätze und sonstige Leistungen im Geschäft mit Edelmetallen;
(7) die Personalgestellung;
(8) verschiedene Verzichtsleistungen i.S. des § 3a Abs. 4 Nr. 8 und 9 UStG;
(9) bestimmte Vermittlungsleistungen;
(10) die Vermietung beweglicher körperlicher Gegenstände, ausgenommen Beförderungsmittel.

E. Der tauschähnliche Umsatz

Wie bei einer Lieferung braucht auch bei einer sonstigen Leistung die Gegenleistung nicht in Geld erbracht zu werden. Der Auftraggeber kann vielmehr seinerseits die Gegenleistung in Form einer Lieferung oder einer sonstigen Leistung tätigen. Ein solcher Leistungsaustausch wird vom Gesetz als **tauschähnlicher Umsatz** bezeichnet (§ 3 Abs. 12 Satz 2 UStG). Beim tauschähnlichen Umsatz tritt also an die Stelle einer Geldzahlung eine Leistung, die das Entgelt darstellt. Sofern diese von einem Unternehmer ausgeführt wird, ist auch die jeweilige Gegenleistung grundsätzlich steuerbar.

Beispiele:

(1) Ein Rechtsanwalt führt für einen Automobilhändler einen Prozeß. Das Honorar entrichtet der Klient durch Übereignung eines Pkw.

Es liegt ein tauschähnlicher Umsatz vor (sonstige Leistung gegen Lieferung).

(2) Ein Steuerberater erstellt einem Arzt die Steuererklärung. Der Arzt behandelt dafür die Kinder des Steuerberaters.

Es liegt ein tauschähnlicher Umsatz vor (sonstige Leistung gegen sonstige Leistung).

Wird für eine sonstige Leistung als Gegenleistung außer einer Leistung noch ein Geldbetrag gezahlt, so wird dieser Umsatz als **tauschähnlicher Umsatz mit Bar(dr)aufgabe** bezeichnet. Wird die Gegenleistung von einem Unternehmer ausgeführt, unterliegt lediglich die als Gegen"leistung" erbrachte Leistung (Lieferung oder sonstige Leistung) der Umsatzsteuer.

Kapitel 4 : Leistungen mit gemischter Struktur

Bei Leistungsvorgängen kann zweifelhaft sein, ob sie eine Einheit bilden oder für umsatzsteuerliche Zwecke in mehrere Leistungen aufgeteilt werden sollen. Anschließend stellt sich das Problem der Beurteilung der Leistung(en) als Lieferung oder sonstige Leistung.

Lieferungen i.S. des § 3 Abs. 1 UStG und sonstige Leistungen i.S. des § 3 Abs. 9 UStG stellen die typisierten umsatzsteuerrechtlichen Leistungen dar. Beide Leistungsarten kommen jedoch in der Praxis nicht nur in reiner Form (z.B. Warenlieferungen oder Dienstleistungen) vor. Es gibt auch Leistungen, die zum Teil Lieferungselemente und zum Teil Elemente sonstiger Leistungen enthalten. Grundlage dieser Leistungen sind vielfach Werkverträge (§ 631 BGB). Eine **Leistungsart „gemischte Leistungen"** ist dem Umsatzsteuerrecht jedoch fremd. Daher müssen sämtliche Erscheinungsformen von Leistungen einer Leistungsart zugeordnet werden. Sie sind entweder als Lieferungen oder als sonstige Leistungen zu qualifizieren.

§ 3 Abs. 4 UStG enthält eine Regelung, in der bestimmt wird, wann eine Leistung, die nicht nach § 3 Abs. 1 UStG als reine Lieferung zu qualifizieren ist, als **Werklieferung** zu beurteilen ist. Erfüllen die Kriterien einer Leistung nicht die

Tatbestandsmerkmale des § 3 Abs. 4 UStG, so ist die „gemischte“ Leistung als sonstige Leistung **(Werkleistung)**[209] einzuordnen.

Enthalten wirtschaftlich zusammengehörende Vorgänge mehrere Leistungsteile, von denen bei getrennter Beurteilung ein Teil Lieferungscharakter und der andere den Charakter einer sonstigen Leistung besitzt, gilt abgesehen von der gesetzlichen Regelung in § 3 Abs. 4 UStG allgemein, daß sich die Zuordnung zur Leistungsart „Lieferung“ oder zur Leistungsart „sonstige Leistung“ grundsätzlich nach der gewichtigeren, der sogenannten **Hauptleistung** richtet. Entscheidend für den Eintritt der Rechtsfolgen ist somit grundsätzlich, welchem Leistungselement die Eigenschaft der Hauptleistung zuzuerkennen ist. Nachstehend sollen das Prinzip vom **Primat der Hauptleistung,** das zu einer **Umsatzgesamtheit** führt, sowie die „Werklieferung“ und die „Werkleistung“ näher erörtert werden.

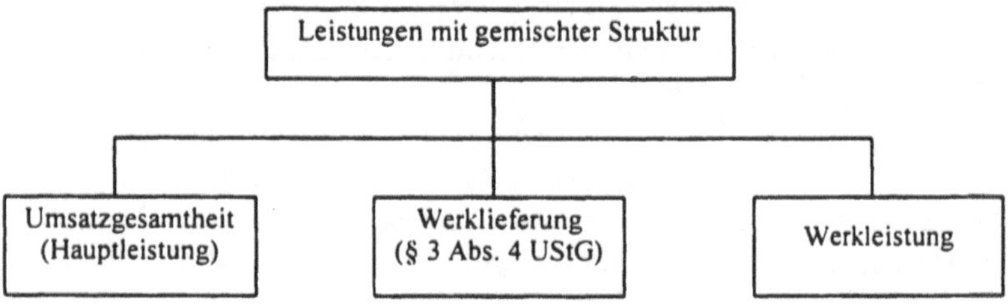

Übersicht 15: Leistungen mit gemischter Struktur

A. Der Grundsatz der Einheitlichkeit der Leistung (Primat der Hauptleistung)

Von der höchstrichterlichen Rechtsprechung[210] wurde der **Grundsatz der Einheitlichkeit der Leistung** geprägt. Die Rechtsprechung vertritt die Auffassung, daß einheitliche Leistungen nicht aufgeteilt werden können und nach der wirtschaftlichen Betrachtungsweise eine **Nebenleistung** das umsatzsteuerrechtliche Schicksal der **Hauptleistung** zu teilen habe. Dies gilt auch dann, wenn nach den getroffenen Vereinbarungen zivilrechtlich der wirtschaftlich zusammengehörige Vorgang in mehrere „Leistungen“ aufgespalten wurde. Umsatzsteuerrechtlich ist die „einheitliche“ Leistung Steuerobjekt. Die Annahme einer einheitlichen Leistung **(Einheitsleistung)** ist jedoch nur dann gerechtfertigt, „wenn die einzelnen Leistungfaktoren gegenüber der Gesamtleistung zurücktreten und ein einheitliches Ganzes bilden“[211].

[209] Der Begriff der Werkleistung ist nicht wie der Begriff der Werklieferung eigenständig definiert. Er ergibt sich aus einem Umkehrschluß (vgl. auch Negativ-Definition in § 3 Abs. 9 UStG). Genaugenommen ist der Begriff „Werkleistung“ als Oberbegriff für „Werklieferung und sonstige Werkleistung“ zu verstehen. Allgemein wird jedoch statt „sonstige Werkleistung“ der Begriff „Werkleistung“ verwendet.

[210] Vgl. BFH vom 27.10.1966, BStBl 1967 III S. 132 m.w.N.; vgl. auch Giesberts (FN 54), Anm. 78 ff. zu § 3.

[211] BFH vom 28.1.1993, BStBl 1993 II S. 360; vom 24.11.1994, BStBl 1995 II S. 151.

Das **Einheitsprinzip** berührt im wesentlichen zwei Fragestellungen. Zum einen ist zu prüfen, ob insgesamt **eine Leistung** vorliegt oder sich der Vorgang umsatzsteuerrechtlich in **mehrere Leistungen** zerlegen läßt. Diese Frage ist insbesondere für die Steuerbarkeit, die Steuerfreiheit bzw. die Steuerpflicht der Leistung(en) von Bedeutung. Zum anderen führt die Anwendung des Einheitsprinzips dazu, eine Leistung, die Elemente einer Lieferung und einer sonstigen Leistung enthält, **einheitlich als Lieferung oder sonstige Leistung** zu beurteilen. Diese Feststellung wirkt sich vor allem auf die Bestimmung des Leistungszeitpunktes und des Leistungsortes bzw. den davon abhängenden umsatzsteuerlichen Konsequenzen aus.

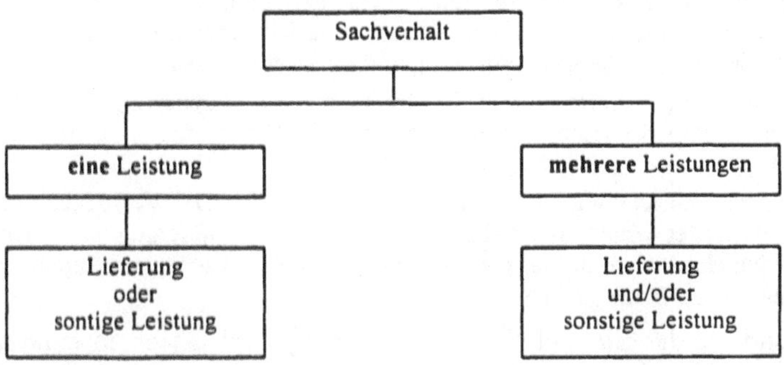

Übersicht 16: Einheitsprinzip

Das **Aufteilungs-(Trennungs)verbot** gilt insbesondere bei der Beurteilung von Nebenleistungen zu einer Hauptleistung. Eine Nebenleistung ist gegeben, wenn der „dienende" Umsatz im Verhältnis zum auslösenden Umsatz nebensächlich ist, mit ihm in engem Zusammenhang steht und in seinem Gefolge üblicherweise vorkommt[212]. Eine neben der Hauptleistung oder zusätzlich zur Hauptleistung erbrachte entgeltliche Leistung, die ihrer Natur nach Gegenstand eines eigenen Umsatzes sein könnte, ist nach dem **Primat der Hauptleistung** nicht nach ihrer eigenen Rechtsnatur, sondern nach der Natur der sie auslösenden Hauptleistung zu beurteilen.

Welche von mehreren „Leistungen" innerhalb derselben einheitlichen Leistung Haupt- und welche bloße Nebenleistung ist, bestimmt sich also nach der **wirtschaftlichen Über- bzw. Unterordnung**[213]. Maßgebend für die Annahme und Qualifizierung einer einheitlichen Leistung sind die Gesamtumstände. Danach ist unter Berücksichtigung des Willens der Vertragspartner der wirtschaftliche Gehalt der Leistung zu bestimmen. Nach dieser These können i.d.R. Beförderungen, Verpackungsleistungen, Montageleistungen, Kreditgewährungen[214] usw. als Nebenleistung zur Hauptleistung (z.B. Warenlieferung) angesehen werden. Folglich können Fragen der Steuerbarkeit, Steuerpflicht oder Steuerfreiheit und des Steuer-

[212] Vgl. BFH vom 10.9.1992, BStBl 1993 II S. 316; vom 7.3.1995, BStBl 1995 II S. 429.
[213] BFH vom 14.2.1974, BStBl 1974 II S. 261; vom 19.12.1991, BStBl 1992 II S. 449.
[214] Zur Kreditgewährung im Zusammenhang mit anderen Leistungen vgl. Abschn. 29a UStR.

satzes nur einheitlich beurteilt werden. Die Hauptleistung (z.B. Lieferung) prägt somit den **Charakter der Leistungseinheit**. Nebenleistungen teilen umsatzsteuerrechtlich das Schicksal der Hauptleistung.

Beispiele:

(1) Ein Vermieter vermietet an einen Mieter eine Wohnung mit dazugehöriger heizbarer Garage mit Wasseranschluß.

Die Vermietung der Wohnung stellt die Hauptleistung dar. Die Vermietung der Garage und die Überlassung von Elektrizität, Wasser und Wärme, die bei getrennter Beurteilung als sonstige Leistung bzw. als Lieferungen anzusehen wären, bilden übliche Nebenleistungen zur Wohnungsvermietung und teilen folglich das Schicksal der Hauptleistung. Der gesamte Vorgang ist als sonstige Leistung (Wohnungsvermietung) zu beurteilen. Bei einer Steuerbefreiung der Hauptleistung nach § 4 Nr. 12 Buchst. a UStG[215] erstreckt sich diese Steuerbefreiung daher auch auf die Nebenleistungen Garagenvermietung und Energieüberlassung.

(2) Ein Großhändler liefert seinem Kunden Waren, die er transportsicher verpackt und mit eigenem LKW zum Kunden befördert. Die Waren unterliegen dem ermäßigten Steuersatz.

Die Lieferung der Waren stellt die Hauptleistung dar. Das Verpacken und die Beförderung der Waren sind Nebenleistungen zur Warenlieferung und teilen folglich das Schicksal der Hauptleistung. Die Steuer wird vom gesamten Entgelt mit einem einheitlichen Steuersatz berechnet.

Der Grundsatz der Einheitlichkeit der Leistung wird jedoch in einigen Fällen durchbrochen. Im allgemeinen kann eine (sonstige) Leistung, die zum Teil im Inland und zum Teil im Ausland erbracht wird, nicht aufgeteilt werden. Bei **grenzüberschreitenden Beförderungsleistungen** wird die Leistung (ein Umsatz) hingegen in einen **inländischen** und einen **ausländischen Teil** aufgespalten (§ 3b Abs. 1 UStG)[216]. Die Folge ist, daß nur ein Teil, und zwar der inländische Teil, als umsatzsteuerbar angesehen wird.

Beispiel:

Ein Omnibusunternehmer befördert einen Kegelverein von Bottrop nach Amsterdam.

Lediglich der Teil der Leistung, der auf die Strecke Bottrop bis zur niederländischen Grenze entfällt, stellt eine im Inland steuerbare und steuerpflichtige sonstige Leistung dar.

Eine weitere Durchbrechung erfährt der Grundsatz der Einheitlichkeit der Leistung bei der **Vermietung oder Verpachtung von Grundstücken einschließlich z.B. Maschinen und Betriebsvorrichtungen.** Die einheitliche sonstige Leistung ist aufzuteilen in die grundsätzlich steuerfreie Grundstücksvermietung einerseits und die grundsätzlich steuerpflichtige Vermietung der Maschinen und Betriebsvorrichtungen andererseits[217].

---

[215] Vgl. auch Teil IV, Abschnitt 1, Unterabschnitt 3, Kapitel 3; Abschn. 77 Abs. 3 UStR.

[216] Vgl. Kapitel 3. D. II. a. Nr. 2 in diesem Unterabschnitt.

[217] § 4 Nr. 12 letzter Satz UStG.

B. Die Werklieferung

Eine Leistung mit gemischter Struktur ist als Lieferung anzusehen, wenn die Tatbestandsmerkmale des § 3 Abs. 4 UStG erfüllt sind, d. h. wenn es sich um eine Werklieferung handelt. Eine **Werklieferung** kommt immer dann in Betracht, wenn Gegenstand des Umsatzgeschäftes (wesentlicher Leistungsinhalt) nicht eine bereits fertige Ware, sondern die Be- oder Verarbeitung bzw. Herstellung eines Gegenstandes ist. Die zivilrechtliche Basis bildet ein Werkvertrag i.S. des § 631 BGB. Nach § 631 Abs. 2 BGB kann es sich bei der vereinbarten Leistung sowohl um die Herstellung oder Veränderung einer Sache, als auch um einen anderen durch eine Dienstleistung herbeizuführenden Erfolg handeln. Überwiegen nun bei der zu erbringenden Leistung die Elemente der Lieferung (**Schwerpunktprinzip**), liegt eine Werklieferung vor. Entscheidendes Kriterium für die Annahme einer Werklieferung bildet die Beschaffung und Verwendung der wesentlichen Materialien (Hauptstoffe)[218].

Ein **Hauptstoff** liegt vor, wenn das betreffende Material im Vergleich zum fertigen Werk von nicht nur untergeordneter Bedeutung ist. **Nebenstoffe** dagegen sind Teile, deren Fehlen das Wesen eines Gegenstandes nicht beeinflussen[219]. Maßgebend für die Unterscheidung der verwendeten Stoffe in Haupt- und Nebenstoffe ist die Art und Bedeutung der Stoffe für den jeweiligen Leistungsaustausch sowie der Wille der Beteiligten. In Zweifelsfällen hat die Rechtsprechung[220] den **tatsächlichen Willen der Beteiligten** und die **Verkehrsauffassung** für maßgebend erachtet.

Beschafft der Werkunternehmer Hauptstoffe (sämtliche oder Teile), so überwiegen die Lieferungselemente. Eine Werklieferung ist sogar dann anzunehmen, wenn der Werkunternehmer nur einen geringfügigen Teil des Hauptstoffes beschafft hat[221]. Stellt der Auftraggeber dem Werkunternehmer einen Teil der Hauptstoffe oder Nebenstoffe zur Ausführung der Werklieferung zur Verfügung, liegt eine sog. **Materialbeistellung** vor, die nicht am Leistungsaustausch teilnimmt. Handelt es sich dagegen bei dem vom Werkunternehmer verwendeten Material ausschließlich um Nebenstoffe (Zutaten), so reichen diese „geringfügigen“ Lieferungselemente für die Annahme einer Werklieferung nicht aus. Folglich liegt in diesen Fällen eine Werkleistung vor.

---

[218] Vgl. auch § 651 Abs. 1, 2 BGB, dem im Grundsatz wie § 3 Abs. 4 UStG das Schwerpunktprinzip zugrunde liegt.

[219] BFH vom 3. 12.1970, BStBl 1971 II S. 355.

[220] BFH vom 28.5.1953, BStBl 1953 III S. 217; vom 24.6.1955, BStBl 1955 III S. 287.

[221] BFH vom 3.12.1970, BStBl 1971 II S. 355; vgl. auch EuGH vom 14.5.1985, UR 1986, S. 13.

Nachfolgende Übersicht verdeutlicht die Abgrenzungskriterien zur Beurteilung von Werkverträgen.

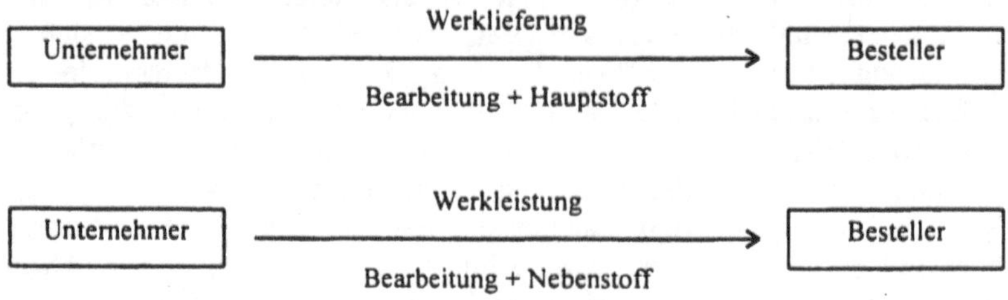

Übersicht 17: Abgrenzung Werklieferung/Werkleistung

C. Die Werkleistung

Eine Leistung mit gemischter Struktur ist im Umkehrschluß aus § 3 Abs. 4 UStG als sonstige Leistung (**Werkleistung)** zu qualifizieren, wenn die Lieferungselemente von untergeordneter Bedeutung sind. Das ist der Fall, wenn der Werkunternehmer bei der Be- oder Verarbeitung eines Gegenstandes keine selbst beschafften Hauptstoffe verwendet. Der notwendige Hauptstoff muß also vom Besteller (Auftraggeber) beschafft und dem Werkunternehmer zur Verfügung gestellt werden (**Materialgestellung**).

Die Materialgestellung stellt **keine Leistung** im umsatzsteuerrechtlichen Sinne dar. Sie ist nur eine Bezeichnung für den wirtschaftlichen Vorgang, daß im Rahmen eines Werkvertrages vom Besteller (Auftraggeber) Hauptstoffe zur Verfügung gestellt werden. Die Materialgestellung scheidet (wie die Materialbeistellung) aus dem Leistungsaustausch aus. Dies gilt grundsätzlich nur dann, wenn das beigestellte Material im Rahmen der Werkleistung für den Auftraggeber tatsächlich be- oder verarbeitet wird (sog. **Stoffidentität**)[222].

Beispiel:

Ein Bauherr A beauftragt den Bauunternehmer B mit der Errichtung einer Lagerhalle. Die erforderlichen Steine beschafft A.

Es liegt keine Lieferung der Steine durch A an B vor. Die Werklieferung des B an A erfaßt die Halle ohne Steine.

Infolge der **Vorsteuerabzugsmöglichkeit**[223] hat die Materialgestellung bei Rechtsbeziehungen **zwischen Unternehmern** keine erhebliche Bedeutung mehr. Vorteilhaft kann diese Gestaltungsmöglichkeit u.U. noch bei Bauherren sein, die Nichtunternehmer sind oder bei denen die Vorsteuerabzugsberechtigung eingeschränkt ist.

Einen **Sonderfall der Werkleistung** stellen bestimmte Tauschvorgänge i.S. des §. 3 Abs. 10 UStG dar.

---

[222] Bei wirtschaftlicher Betrachtungsweise kann auch ein Materialaustausch u.U. umsatzsteuerrechtlich wie eine Materialgestellung behandelt werden, vgl. Birkenfeld (FN 92), I Rz. 830 ff. m.w.N.

[223] Vgl. Teil VII.

Überläßt ein Unternehmer einem Auftraggeber im Rahmen der Herstellung eines Gegenstandes aus einem vom Auftraggeber zur Verfügung gestellten Stoff an Stelle des noch herzustellenden neuen Gegenstandes einen bereits gefertigten gleichartigen Gegenstand, so ist der Inhalt des Leistungsaustausches „wirtschaftlich" zu beurteilen. Obwohl der Vorgang äußerlich wie ein Tausch (Lieferung und Gegenlieferung) wirkt, ist unabhängig von der bürgerlich-rechtlichen Gestaltung der Verträge die **wirtschaftliche Absicht** der Vertragsparteien entscheidend. Zielt die Absicht der Vertragsparteien nicht darauf ab, Warenwerte auszutauschen, sondern ist die Absicht auf die Erzielung eines Arbeitserfolges **gegen Werklohn** gerichtet (Leistungsinhalt), dann ist der Vorgang als sonstige Leistung zu qualifizieren. Das Entgelt für die sonstige Leistung (z.B. Getreide mahlen) muß nach der Art eines Werklohns, d.h. unabhängig vom Marktpreis der ausgetauschten Gegenstände, berechnet werden.

Beispiel:

Ein Landwirt bringt Weizengetreide zur Mühle und erhält eine entsprechende Menge Weizenmehl zurück. Die Mahlleistung wird wie ein Werklohn berechnet.

Der Mühlenunternehmer tätigt eine sonstige Leistung i.S. des § 3 Abs. 10 UStG. Als Entgelt ist folglich nur der erhaltene Werklohn anzusetzen.

Als Sonderfall der Leistung werden jedoch lediglich die typischen Umsätze im **Umtauschgewerbe** (z.B. Umtauschmüllerei, Umtauschbäckerei, Umtauschweberei) angesehen. Der Motorenaustausch in der Kraftfahrzeugwirtschaft dagegen wird als Lieferung und Gegenlieferung beurteilt. Das Austauschverfahren, das dadurch gekennzeichnet ist, daß der Kunde einen reparaturbedürftigen „Altmotor" übergibt und bei Zuzahlung eines bestimmten Betrages unmittelbar einen „Austauschmotor" erhält, wird nach § 3 Abs. 12 Satz 1 UStG als **Tausch mit Bar(dr)aufgabe** behandelt. Dies hat zur Folge, daß ein Kunde, der nicht Unternehmer ist, eine höhere Umsatzsteuerbelastung zu tragen hat.

Unterabschnitt 2:
Die Arbeitnehmerversorgung

Wertabgaben eines Unternehmers (Arbeitgeber) an seine Arbeitnehmer (oder deren Angehörige) sind umsatzsteuerrechtlich differenziert zu beurteilen. Erfolgt die (unentgeltliche) Wertabgabe aus außerunternehmerischen Gründen, ist der Tatbestand des **Eigenverbrauchs** (§ 1 Abs. 1 Nr. 2 Buchst. a, b UStG) gegeben[224]. Führt der Unternehmer an seine Arbeitnehmer Lieferungen und sonstige Leistungen im **Leistungsaustausch** durch, werden steuerbare Leistungen i.S. des § 1 Abs. 1 Nr. 1 Satz 1 UStG bewirkt. Besteht die Gegenleistung des Arbeitnehmers (ggf. z.T.) in seiner Arbeitsleistung, ist ein **tauschähnlicher Umsatz** (§ 3 Abs. 12 UStG, ggf. mit Baraufgabe) gegeben.

Beispiele:

(1) Der Unternehmer sagt dem Arbeitnehmer arbeitsvertraglich neben einem Barlohn „freie" Verpflegung und Unterkunft zu.

(2) Der Unternehmer stellt einem Angestellten nach dem Dienstvertrag neben dem Gehalt einen Pkw für private Zwecke zur Verfügung.

In beiden Fällen erbringt der Unternehmer an den Arbeitnehmer steuerbare Leistungen (Verpflegung und Unterkunft bzw. Überlassung eines Pkw zur Nutzung) nach § 1 Abs. 1 Nr. 1 Satz 1 UStG im Rahmen eines tauschähnlichen Umsatzes.

Leistungen, die der Arbeitgeber an seine Arbeitnehmer auf Grund des Dienstverhältnisses ohne ein besonders berechnetes Entgelt erbringt (**Arbeitnehmerversorgung**)[225], liegen im Grenzbereich zwischen der unternehmerischen Fremdversorgung und der Selbstversorgung. Sie sind Gegenstand des **Sondertatbestandes** (§1 Abs. 1 Nr. 1 Satz 2 Buchst. b UStG), auf den im folgenden näher eingegangen wird.

A. Steuerbare Leistungen

Wertabgaben eines Unternehmers an seine Arbeitnehmer, die **auf Grund des Dienstverhältnisses**, d.h. aus unternehmerischen Gründen und **ohne ein besonders berechnetes Entgelt** erfolgen, sind Leistungen, weil sie zumindest im weitesten Sinne auf die Erzielung einer Gegenleistung gerichtet sind. Soweit diesen Leistungen i.S. der höchstrichterlichen Rechtsprechung weder eine gewollte, noch eine erwartete bzw. erwartbare (konkrete) Gegenleistung der Arbeitnehmer gegenübersteht (ohne besonders berechnetes Entgelt), handelt der Unternehmer nicht im Leistungsaustausch[226], d.h. in diesem Sinne **unentgeltlich**.

Nach allgemeiner Auffassung unterliegen diese Vorgänge der Regelung des § 1 Abs. 1 Nr. 1 Satz 2 Buchst. b UStG. Mit dieser **Ausnahmevorschrift** habe der Gesetzgeber Art. 5 Abs. 6 und Art. 6 Abs. 2 6.EGRl ins deutsche UStG umge-

---

[224] Vgl. Unterabschnitt 3; BFH vom 11.3.1988, BStBl 1988 II S. 643.

[225] Zur Vereinfachung der sprachlichen Darstellung und Verdeutlichung des Besteuerungsziels werden die in § 1 Abs. 1 Nr. 1 Satz 2 Buchst. b UStG aufgeführten Leistungen nachstehend als Leistungen im Rahmen der Arbeitnehmerversorgung bezeichnet.

[226] Vgl. BFH vom 7.5.1981, BStBl 1981 II S. 495.

setzt[227]. Danach entfällt die Steuerbarkeit nicht, wenn ein Unternehmer an seine Arbeitnehmer Leistungen auf Grund des Dienstverhältnisses ausführt, für die die Leistungsempfänger kein besonders berechnetes Entgelt aufwenden.

Beispiele:

(1) Der Arbeitgeber befördert seine Arbeitnehmer ohne besonders berechnetes Entgelt zwischen Wohnung und Arbeitsstätte.

(2) Der Arbeitgeber gewährt seinen Arbeitnehmern unentgeltlich Getränke und Genußmittel zum häuslichen Verzehr (z.B. Haustrunk im Brauereigewerbe).

Die Besteuerung dieser Wertabgaben wird als systemgerecht (verbrauchsteuerkonform) angesehen, weil die Zuwendungen zumindest **Entlohnungscharakter** haben und damit bzgl. der Arbeitsleistung der Arbeitnehmer unter teleologischen Auslegungsgesichtspunkten zu einer Einkommensverwendung der Arbeitnehmer führen[228]. Insofern ist es verfehlt, die Arbeitnehmerversorgung als Eigenverbrauch des Arbeitgebers zu interpretieren[229].

Nach Auffassung des BFH[230] werden durch § 1 Abs. 1 Nr. 1 Satz 2 Buchst. b UStG nur Leistungen des Arbeitgebers für den **privaten Bedarf der Arbeitnehmer** erfaßt. „Leistungen", die „überwiegend durch das **betriebliche Interesse des Arbeitgebers** veranlaßt sind", werden selbst dann nicht als steuerbar i.S. dieser Vorschrift angesehen, wenn sie „auch die Befriedigung eines privaten Bedarfs der Arbeitnehmer zur Folge" haben.

Auf Grund des auslegungsbedürftigen und auch auslegungsfähigen Begriffes „betriebliches Interesse des Arbeitgebers" sind inzwischen zahlreiche Zuwendungen des Arbeitgebers an seine Arbeitnehmer von der Besteuerung ausgenommen worden. Dazu zählen z.B. die Gestellung von Schutzkleidung, die Überlassung von Wasch- und Duschgelegenheiten, die Bereitstellung von Parkplätzen und die Betreuung von Kindern in betriebseigenen Kindergärten[231].

Das Merkmal „betriebliches Interesse" erscheint zur Abgrenzung von steuerbaren und **nichtsteuerbaren** Zuwendungen des Arbeitgebers wenig geeignet, weil letztlich jede Zuwendung aus unternehmerischen Gründen - einschließlich der Lohnzahlung - im betrieblichen Interesse liegt. Gerechtfertigt ist eine Nichtsteuerbarkeit solcher Maßnahmen des Arbeitgebers, die primär der Gestaltung der Arbeitsbedingungen unter Verfolgung ökonomischer Zielsetzungen des Unterneh-

---

[227] Vgl. BFH-Urteile vom 11.3.1988, BStBl 1988 II S. 643 und S. 651; kritisch Klenk, UVR 1994, S. 353 ff. m.w.N; vgl. auch den Vorlagebeschluß des BFH vom 11.5.1995 an den EuGH betreffend die Beförderung von Arbeitnehmern von der Wohnung zur Arbeitsstätte, IStR 1995, S. 433 mit Anm. Klenk.

[228] Vgl. Reiß, in: Tipke/Lang (FN 13), S. 557 f. m.w.N. Der Systemfehler des UStG, einen Vorsteuerabzug nur Unternehmern zu gewähren, Leistungen an Arbeitnehmer, die diese nicht für konsumtive Zwecke verwenden, aber gleichwohl endgültig mit Umsatzsteuer zu belasten, bleibt dabei unberücksichtigt, vgl. Walden (FN 1), S. 1, 172 f.; Wagner, StuW 1992, S. 291 ff.(300 f.).

[229] In diesem Sinne offenbar die BMF-Schreiben vom 20.2.1992, BStBl 1992 I S. 220; vom 16.3.1992, BStBl 1992 I S. 242; vom 28.9.1993, BStBl 1993 I S. 912 und vom 13.5.1994, BStBl 1994 I S. 298; ebensowenig liegt ein Arbeitnehmereigenverbrauch vor.

[230] Vgl. BFH vom 11.3.1988, BStBl 1988 II S. 643 (646).

[231] Vgl. Abschn. 12 Abs. 4 Satz 3 UStR; BFH vom 21.7.1994, BStBl 1994 II S. 881.

mers dienen. Insoweit mangelt es bereits an einem Leistungswillen bzw. Leistungsempfänger und damit an einer Leistung.

B. Nicht steuerbare Leistungen

Nach § 1 Abs. 1 Nr. 1 Satz 2 Buchst. b Satz 2 UStG sind **Aufmerksamkeiten** ausdrücklich von der Steuerbarkeit ausgenommen. Aufmerksamkeiten sind Zuwendungen des Arbeitgebers, die nach ihrer Art und nach ihrem Wert als Geschenke anzusehen sind, im gesellschaftlichen Verkehr als solche üblicherweise ausgetauscht werden und zu keiner ins Gewicht fallenden Bereicherung des Arbeitnehmers führen[232]. Dazu zählen insbesondere Sachzuwendungen aus besonderem Anlaß bis zu einem Bruttowert von 60 DM.

Die Nichtsteuerbarkeit von Aufmerksamkeiten erscheint allenfalls unter Praktikabilitätserwägungen gerechtfertigt. Steuersystematisch wäre allerdings bei Annahme der Steuerbarkeit eine entsprechende Steuerbefreiung zu bevorzugen.

Unter Berücksichtigung von Art. 5 Abs. 6 und Art. 6 Abs. 2 6.EGRl **schränkt die Verwaltung den Anwendungsbereich des § 1 Abs. 1 Nr. 1 Satz 2 Buchst. b UStG ein**, soweit ein dem Arbeitnehmer endgültig bzw. zur Nutzung überlassener Gegenstand den **Arbeitgeber nicht zum Vorsteuerabzug berechtigt** hat[233]. Danach unterliegt z.B. die Lieferung eines Gegenstandes an einen Arbeitnehmer auf Grund des Dienstverhältnisses und ohne besonders berechnetes Entgelt nicht der Besteuerung, wenn der Arbeitgeber für den Erwerb des Gegenstandes keinen Vorsteuerabzug geltend machen konnte (z.B. Erwerb von einem Nichtunternehmer).

---

[232] Vgl. BFH vom 22.3.1985, BStBl 1985 II S. 641.

[233] Vgl. BMF vom 28.9.1993, BStBl 1993 I S. 912 und vom 13.5.1994, BStBl 1994 I S. 298 und Unterabschnitt 3 in diesem Teil; vgl. auch Tehler (FN 20), Rz. 137 zu § 1.

Unterabschnitt 3:
Die Besteuerung der unternehmerischen Selbstversorgung

Kapitel 1 : Zweck der Besteuerung

Die Umsatzsteuer als allgemeine Verbrauchsteuer[234] muß nach h.M. aufgrund des **Postulats der Gleichmäßigkeit der Besteuerung** neben einer umfassenden Besteuerung der unternehmerischen Fremdversorgung[235] auch die Erfassung der unternehmerischen Selbstversorgung sicherstellen[236]. Als **unternehmerische Selbstversorgung** ist die Versorgung aus dem eigenen Unternehmen anzusehen (Einkommensverwendung des Unternehmers für außerunternehmerische Zwecke). Hierzu zählt auch die außerunternehmerisch motivierte Versorgung Dritter (Familienangehörige, Verwandte, Freunde)[237].

Durch die Besteuerung der unternehmerischen Selbstversorgung soll eine ungerechtfertigte steuerliche Bevorzugung der Unternehmer vermieden und auch in diesem Bereich eine umsatzsteuerliche Belastung des Verbrauchs gewährleistet werden. Der unternehmerische Selbstversorger soll umsatzsteuerrechtlich dem sich gegen Entgelt durch Unternehmer fremdversorgten Verbraucher gleichgestellt werden.

Die Besteuerung der unternehmerischen Selbstversorgung soll einerseits einen unbelasteten Verbrauch verhindern. Andererseits darf die angestrebte Gleichbehandlung mit fremdversorgten Verbrauchern nicht dazu führen, daß der sich selbst versorgende Unternehmer umsatzsteuerrechtlich schlechter gestellt wird[238]. Daher sind z.B. Steuerbefreiungen (z.B. § 4 Nr. 9 Buchst. a; Nr. 12 Buchst. a; Nr. 14; Nr. 19; Nr. 28 UStG) und Steuersatzermäßigungen (z.B. § 12 Abs. 2 Nr: 1; Nr. 6; Nr. 9 UStG) entsprechend anzuwenden.

Die inhaltliche Ausführung dieser Grundsätze ist umstritten. So wird im Rahmen eines **„systemkonformen Belastungsvergleichs“**[239] der sich selbst versorgende Unternehmer einerseits mit einem Verbraucher verglichen, der eine vergleichbare Leistung von diesem Unternehmer gegen Entgelt erwerben würde[240]. D.h., in die Besteuerung der unternehmerischen Selbstversorgung müßte auch der vom Unternehmer im Rahmen seines Unternehmens geschaffene „Mehrwert“ mit eingehen[241]. Andererseits wird zum Vergleich ein Verbraucher gewählt, der von vornherein nur die Leistung bezieht, die an den sich selbst versorgenden Unter-

---

[234] Vgl. Einführung, Abschnitt 2.

[235] Vgl. Unterabschnitt 1 und 2 in diesem Abschnitt.

[236] Vgl. u.a. Söhn, StuW 1975, S. 1 ff.; Tipke, Steuerrechtsordnung, Bd. II, S. 915.

[237] Vgl. BFH vom 5.4.1984, BStBl 1984 II S. 499.

[238] Vgl. auch Reiß, in: Tipke/Lang (FN 13), S. 566; Sauerland/Schmidt/Lippross (FN 68), S. 194.

[239] Söhn, BB 1975, S. 219 ff. (222).

[240] Vgl. BFH vom 21.4.1988, BStBl 1988 II S. 746 und vom 18.5.1993, BStBl 1993 II S. 885, zustimmend Widmann, DB 1994, S. 1949 ff. (1952).

[241] Vgl. Husmann (FN 83), Anm. 487 zu § 1.

nehmer ebenfalls als Fremdleistung erfolgt[242]. Entsprechend unterschiedlich sind die Besteuerungskonzeptionen, auf die im folgenden eingegangen wird.

Kapitel 2 : Konzeptionen der Besteuerung

Das Umsatzsteuergesetz erfaßt die unternehmerische Selbstversorgung durch die **Tatbestände des Eigenverbrauchs** (**Ergänzungstatbestände** zum Haupttatbestand § 1 Abs. 1 Nr. 1 UStG: unternehmerische Fremdversorgung). Dazu zählen der **Entnahmeeigenverbrauch** (§ 1 Abs. 1 Nr. 2 Buchst. a UStG), der **Leistungseigenverbrauch** (§ 1 Abs. 1 Nr. 2 Buchst. b UStG) und der **Aufwendungseigenverbrauch** (§ 1 Abs. 1 Nr. 2 Buchst. c UStG)[243].

Nach Auffassung des BFH konkretisiert sich der Entnahme- bzw. Leistungseigenverbrauch in tatsächlichen, vom Willen des Unternehmers gesteuerten **Wertabgaben** des Unternehmers **zu unternehmensfremden Zwecken**[244]. Dabei sei nicht entscheidend, welche Leistung der Unternehmer i.d.R. im Rahmen seines Unternehmens erbringt, sondern was im konkreten Fall Gegenstand der Wertabgabe des Unternehmens ist[245].

Ein Eigenverbrauch ist nur steuerbar, wenn er im **Inland** verwirklicht wird. Das Umsatzsteuergesetz enthält keine ausdrücklichen Regelungen über den Ort des Eigenverbrauchs. Für die Ortsbestimmung ist der **Ort der Wertabgabe** entscheidend. Grundsätzlich erfolgt die Wertabgabe am **Sitz des Unternehmens,** da hier die Entscheidung über die Verwendung (unternehmerische/außerunternehmerische Zwecke) der Wertabgabe getroffen wird[246].

Nach dem Gesetzeswortlaut (§ 1 Abs. 1 Nr. 2 Buchst. a und b UStG)[247] ist ein vorausgegangener **Vorsteuerabzug kein Tatbestandsmerkmal**. Insoweit wäre ein steuerbarer Eigenverbrauch unabhängig davon anzunehmen, ob der Unternehmer im Hinblick auf die Wertabgabe zu unternehmensfremden Zwecken zum Vorsteuerabzug berechtigt war.

---

[242] Vgl. z.B. Reiß, in: Tipke/Lang (FN 13), S. 567; in diesem Sinne auch Stadie, in: Rau/Dürrwächter/Flick/Geist, Einf. Anm. 111 ff.; vgl. auch Dziadkowski unter Hinweis auf die Schlußanträge des Generalanwalts beim EuGH in der Rechtssache C-291/92 vom 6.4.1995, BB 1995, S. 1930 ff. (1932) und UVR 1995, S. 273 ff. (282).

[243] Zu § 1 Abs. 1 Nr. 3 UStG vgl. Kapitel 3. D. in diesem Unterabschnitt.

[244] Vgl. BFH vom 3.11.1983, BStBl 1984 II S. 169.

[245] Vgl. BFH vom 21.4.1988, BStBl 1988 II S. 746. Der Grundsatz der Einheitlichkeit der Leistung (vgl. Unterabschnitt 1, Kapitel 4. A. in diesem Teil) gilt auch für den Eigenverbrauch, vgl. Abschn. 8 Abs. 2 UStR.

[246] Vgl. auch Mößlang (FN 94), Bem. 182 zu § 1; Tehler (FN 20), Rz. 188 zu § 1.

[247] Zum Sonderfall des Aufwendungseigenverbrauchs (§ 1 Abs. 1 Nr. 2 Buchst. c UStG) vgl. Kapitel 3. C. in diesem Unterabschnitt.

Nach **Art. 5 Abs. 6 und 6 Abs. 2 Buchst. a 6.EGRl**[248] unterliegt die Entnahme bzw. Verwendung eines Gegenstandes für außerunternehmerische Zwecke nur dann der Besteuerung, wenn der Gegenstand (Art. 5 Abs. 6 bzw. Art. 6 Abs. 2 Buchst. a 6. EGRl) oder seine Bestandteile (nur Art. 5 Abs. 6 6.EGRl) zu einem vollen oder teilweisen Vorsteuerabzug berechtigt haben. Dies läßt darauf schließen, daß die Besteuerung des **Eigenverbrauchs zu einer Korrektur des Vorsteuerabzugs** führen soll, um insoweit eine umsatzsteuerrechtliche Gleichbehandlung des Verbrauchs zu gewährleisten.

Der Wortlaut der 6.EGRl ist insoweit jedoch nicht eindeutig bzw. unverständlich. Zum einen ist es nicht klar, welche Konsequenzen sich aus der Formulierung „wenn dieser Gegenstand oder seine **Bestandteile**“[249] bzw. „zu einem vollen oder teilweisen[250] Abzug der Mehrwertsteuer berechtigt haben“ ergeben. Außerdem ist der unterschiedliche Anwendungsbereich von Art. 6 Abs. 2 Buchst. a im Verhältnis zu Buchst. b 6.EGRl nicht eindeutig. Fällt z.B. die unentgeltliche (zeitlich befristete) Überlassung eines Pkw aus dem Unternehmensvermögen an einen Familienangehörigen aus unternehmensfremden Gründen unter Art. 6 Abs. 2 Buchst. a oder b 6.EGRl? Im Gegensatz zu Art. 6 Abs. 2 Buchst. a 6.EGRl ist die vorherige Inanspruchnahme eines Vorsteuerabzugs im Rahmen des Art. 6 Abs. 2

---

[248] Art. 5 Abs. 6 6.EGRl: „Einer Lieferung gegen Entgelt gleichgestellt wird die Entnahme eines Gegenstandes durch einen Steuerpflichtigen aus seinem Unternehmen für seinen privaten Bedarf, ... wenn dieser Gegenstand oder seine Bestandteile zu einem vollen oder teilweisen Abzug der Mehrwertsteuer berechtigt haben“.
Art. 6 Abs. 2 Buchst. a 6.EGRl: „Dienstleistungen gegen Entgelt werden gleichgestellt: a) die Verwendung eines dem Unternehmen zugeordneten Gegenstands für den privaten Bedarf des Steuerpflichtigen, ... wenn dieser Gegenstand zum vollen oder teilweisen Abzug der Mehrwertsteuer berechtigt hat“.
Zum Eigenverbrauch nach der 6.EGRl vgl. u.a. Birkenfeld (FN 92), I Rz. 1278 ff.
Zur Bindungswirkung der 6.EGRl vgl. Teil X, Abschnitt 1, Kapitel 2.

[249] Vgl. in diesem Sinne die Vereinfachungsregelung im BMF-Schreiben vom 13.5.1994 BStBl 1994 I S. 298. Danach beurteilt der BMF als Bestandteil auch Aufwendungen für Verbesserungen, Reparaturen und Wartungsarbeiten. Aus „Vereinfachungsgründen“ soll aber ein Entnahmeeigenverbrauch nicht besteuert werden, wenn diese Aufwendungen 20 v.H. der Anschaffungskosten nicht übersteigen. Gegen diese Auslegung des Tatbestandsmerkmals „Bestandteil“ wendet sich der BFH mit Urteil vom 30.3.1995, UR 1995, S. 340. Bestandteile sind danach neu angeschaffte oder hergestellte Gegenstände mit selbständig zu beurteilenden Anschaffungs- bzw. Herstellungskosten i.S.d. Ertragsteuerrechts.
Höchstrichterlich noch nicht geklärt ist die Frage, ob die Entnahme eines ohne Vorsteuerabzugs erworbenen Gegenstandes in vollem Umfang der Besteuerung zu unterwerfen ist, wenn ein später erworbener Bestandteil zum Vorsteuerabzug berechtigt hat (in diesem Sinne offenbar BMF vom 13.5.1994, BStBl 1994 I S. 298). U.E. dürfte eine Eigenverbrauchsbesteuerung nur die Entnahme dieses Bestandteils umfassen. Eine Nichtbesteuerung dieser Entnahme hätte dagegen partiell einen unbelasteten Verbrauch zur Folge; i.d.S. offenbar Husmann, UR 1995, S. 326 ff. (330).

[250] Ist z.B. der Vorsteuerabzug beim Erwerb eines Gegenstandes z.T. ausgeschlossen, weil der Gegenstand u.a. für Umsätze verwendet wird, die den Vorsteuerabzug ausschließen (§ 15 Abs. 4 UStG), wäre nach dem Wortlaut der Vorschrift (Art. 5 Abs. 6 6.EGRl) die Entnahme dieses Gegenstandes in vollem Umfang zu besteuern. Dieses Ergebnis erscheint nicht verbrauchsteuerkonform.

Buchst. b 6.EGRl nicht Tatbestandsvoraussetzung. Zum anderen ist es unverständlich, warum die Erbringung von **Dienst"leistungen"** zu außerunternehmerischen Zwecken **nicht an einen Vorsteuerabzug gekoppelt ist** (Art. 6 Abs. 2 Buchst. b 6.EGRl). Es erscheint nicht konsequent, einerseits steuerfreie Fremdleistungen wie die Garagenvermietung (soweit sie als unselbständige Nebenleistung einer steuerfreien Vermietungsleistung anzusehen ist) oder Versicherungsleistungen (z.B. Kfz-Versicherung bei der Pkw-Verwendung für außerunternehmerische Zwecke) aus der Besteuerung des sog. Verwendungseigenverbrauchs auszuklammern, andererseits nichtsteuerbare Fremdleistungen, wie den Einsatz von Arbeitnehmern des Betriebs für außerunternehmerische Zwecke als Leistungseigenverbrauch zu besteuern[251].

Die Besteuerung der unternehmerischen Selbstversorgung z.B. im Hinblick auf den Einsatz betrieblicher Arbeitskräfte sollte nicht davon abhängen, ob dieser Einsatz im Rahmen einer nichtsteuerbaren Gegenstandsentnahme[252] oder einer „sonstigen Werkleistung" erfolgt. Diese Überlegung läßt sich verallgemeinern. Die Kopplung der Besteuerung der unternehmerischen Selbstversorgung an einen vorausgegangenen Vorsteuerabzug sollte unabhängig davon gelten, ob die „entnommene" Wertabgabe im Falle ihrer entgeltlichen Abgabe zu einer Lieferung oder einer „Dienstleistung" geführt hätte.

Der **EuGH** hat entschieden, daß Art. 6 Abs. 2 Buchst. a 6.EGRl (Vorsteuerabzug als Voraussetzung für die Besteuerung des Verwendungseigenverbrauchs) unmittelbar anwendbares Recht darstellt und gegenüber entgegenstehenden Regelungen des Umsatzsteuergesetzes Anwendungsvorrang genießt[253]. Der BFH hat sich dieser Auffassung im Hinblick auf den Entnahmeeigenverbrauch mit Bezug auf Art. 5 Abs. 6 6.EGRl angeschlossen[254]. Der Gesetzgeber hat es bisher unterlassen, das UStG dem insoweit abweichenden Gemeinschaftsrecht anzupassen. Die Finanzverwaltung reagiert auf diese Rechtsprechung mit der Veröffentlichung von BMF-Schreiben, die jedoch im wesentlichen nur die von den Gerichten entschiedenen Fälle aufgreifen[255]. Eine umfassende, richtlinienkonforme und verständliche Konzeption der Eigenverbrauchsbesteuerung gibt es derzeit nicht.

Im Rahmen einer dem Gemeinschaftsrecht angepaßten Eigenverbrauchsbesteuerung ist dem Gesetzgeber grundsätzlich die Wahl der Form und der Mittel freigestellt. Die 6.EGRl ist lediglich hinsichtlich des zu erreichenden Ziels verbind-

---

[251] So jedoch BFH vom 18.5.1993, BStBl 1994 II S. 885; zustimmend Reiß, in: Tipke/Lang (FN 13), S. 567; Widmann, DB 1994, S. 1949 ff. (1952); vgl. auch EuGH vom 6.5.1992, UR 1994, S. 309.

[252] Z.B. „Werklieferung", für die ausschließlich Bestandteile verwendet wurden, für die ein Vorsteuerabzug nicht möglich war.

[253] Vgl. EuGH vom 27.6.1989, HFR 1989, S. 518 (= UR 1989, S. 373 mit Anm. Widmann UR 1989, S. 375) und vom 25.5.1993, BStBl 1993 II S. 812.

[254] Vgl. BFH vom 29.8.1991, BStBl 1992 II S. 267 und vom 17.12.1992, BStBl 1994 II S. 370.

[255] Vgl. BMF-Schreiben vom 29.12.1989, BStBl 1990 I S. 35; vom 20.2.1992, BStBl 1992 I S. 220; vom 16.3.1992, BStBl 1992 I S. 242; vom 28.9.1993, BStBl 1993 I S. 912 vom 13.5.1994, BStBl 1994 I S. 298; vgl. auch Abschn. 155 Abs. 2 und 3 UStR.

lich[256]. Eine gegenüber dem bisherigen Gesetzeswortlaut eingeschränkte Besteuerung der unternehmerischen Selbstversorgung ist prinzipiell in mehreren Varianten denkbar:

- Versagung/Einschränkung des Vorsteuerabzugs[257]
- Vorsteuerabzug als Tatbestandsvoraussetzung für die Umsatzart Eigenverbrauch[258]
- (ggf. anteilige) Steuerbefreiung des Eigenverbrauchs, soweit (in bestimmten Fällen) ein Vorsteuerabzug nicht möglich war[259]
- Begrenzung der Bemessungsgrundlage für den Eigenverbrauch auf vorsteuerentlastete Wertgrößen[260].

Es erscheint jedoch - vor allem unter Anwendungsgesichtspunkten - wenig sinnvoll, von allen Varianten Gebrauch zu machen. Unter Berücksichtigung der bisherigen Besteuerungskonzeption, die unternehmerische Selbstversorgung durch die besondere Umsatzart „Eigenverbrauch" zu erfassen und bei einer konsequenten Interpretation der Eigenverbrauchsbesteuerung im Sinne einer **Vorsteuerkorrekturregelung**[261], sollte es möglich sein, den Gesetzeswortlaut dem Gemeinschaftsrecht anzupassen[262].

---

[256] Art. 189 Abs. 3 EGV. Die Umsetzung gestaltet sich jedoch problematisch, soweit die entsprechenden Vorgaben der 6.EGRl nicht eindeutig sind. Zur Bedeutung des Gemeinschaftsrechts für die nationale Umsatzbesteuerung vgl. auch Einführung, Abschnitt 5.

[257] Vgl. BFH vom 23.9.1993, BStBl 1994 II S. 200; vom 14.4.1994, BFH/NV 1995, S. 452 und Abschn. 192 Abs. 18 Nr. 1 UStR. Zum Vorschlag einer quotalen Aufteilung entsprechend der (beabsichtigten) unternehmerischen bzw. außerunternehmerischen Nutzung (gemischte Nutzung) im Zeitpunkt des Erwerbs von Gegenständen vgl. die Schlußanträge des Generalanwalts beim EuGH in der Rechtssache C-291/92 vom 6.4.1995, UVR 1995, S. 273 ff. und Dziadkowski, UVR 1995, S. 280 ff. (282 f.).
Mit Urteil vom 4.10.1995 hat der EuGH in der Rechtssache C-291/92 Armbrecht, DB 1995, S. 2352 = UR 1995, S. 485 = DStR 1995, S. 1709 = UVR 1995, S. 370, dem Steuerpflichtigen das Recht zugestanden, einen gemischtgenutzten Gegenstand nur hinsichtlich des unternehmerisch genutzten Teils seinem Unternehmen zuzuordnen. Für den privat genutzten Teil entfällt damit einerseits die Möglichkeit des Vorsteuerabzugs, andererseits ist insoweit jedoch auch eine Eigenverbrauchsbesteuerung ausgeschlossen. Vgl. auch Widmann, DB 1995, S. 2341 ff.; Klenk, DStR 1995, S. 1741 f.; Robisch, UVR 1995, S. 358 ff.; Lohse, BB 1995, S. 2630 ff.; Huschens, UR 1995, S. 465 ff..

[258] Vgl. BFH vom 29.8.1991, BStBl 1992 II S. 267; vom 17.12.1992, BStBl 1994 II S. 370 und vom 30.3.1995, UR 1995, S. 340 sowie BMF-Schreiben vom 13.5.1994, BStBl 1994 I S. 298.

[259] § 4 Nr. 28 UStG; vgl. auch BFH vom 15.9.1994, BStBl 1995 II S. 214.

[260] Vgl. Abschn. 155 Abs. 2 und 3 UStR.

[261] Vgl. zur Eigenverbrauchsbesteuerung als Korrekturregelung für einen systemwidrigen Vorsteuerabzug Walden (FN 1), S. 193 ff.; vgl. auch Mößlang (FN 94), Bem. 172 zu § 1.

[262] Zum Vorschlag für eine richtlinienkonforme Gesetzesformulierung vgl. Dziadkowski, BB 1995, S. 1930 ff. (1932).

Kapitel 3 : Die kodifizierten Tatbestände des Eigenverbrauchs

A. Der Gegenstandseigenverbrauch

Ein **Gegenstandseigenverbrauch (Entnahmeeigenverbrauch)** nach § 1 Abs. 1 Nr. 2 Buchst. a UStG liegt vor, wenn ein Unternehmer im Inland Gegenstände aus seinem Unternehmen für außerunternehmerische Zwecke entnimmt.

Die Entnahme eines **Gegenstandes** liegt vor, wenn im Falle einer unternehmerischen Fremdversorgung eine Lieferung - einschließlich Werklieferung - anzunehmen wäre. Die Entnahme **aus einem Unternehmen** setzt voraus, daß der entnommene Gegenstand vorher zum Unternehmen(svermögen) gehört hat. Die Zuordnungsentscheidung (unternehmerischer oder außerunternehmerischer Bereich) fällt beim Erwerb[263].

Die **Entnahme** als eine vom Willen des Unternehmers gesteuerte Wertabgabe aus dem Unternehmen für außerunternehmerische Zwecke setzt einen entsprechenden **Entnahmewillen** und eine diesen Willen nach außen dokumentierende **Entnahmehandlung** (tatsächlicher Vorgang - Realakt) voraus. Ob im Rahmen dieser Entnahmehandlung der Gegenstand letztlich dem entnehmenden Unternehmer oder Dritten zugute kommt, ist dabei unerheblich.

Entscheidend für die Annahme eines Entnahmeeigenverbrauchs ist der mit der Entnahme verbundene **außerunternehmerische (private) Zweck**. „Private" Handlungen eines Unternehmers ergeben sich im Umkehrschluß aus unternehmerischen Tätigkeiten. Ein Unternehmer verfolgt mit einer Wertabgabe keine unternehmerischen Zwecke (außerunternehmerische Zwecke), wenn die Wertabgabe dem Unternehmer weder unmittelbar noch mittelbar zur Erzielung von Einnahmen (Gegenleistung) dient. Eine Leistung des Unternehmers kommt dann nicht in Betracht[264]. **Jeder Unternehmer** kann neben seinem unternehmerischen Bereich einen außerunternehmerischen Bereich haben, in den er Wertabgaben aus dem Unternehmen überführt **(Sphärentheorie)**[265].

Beispiele:

(1) Ein Juwelier entnimmt seinem Unternehmen eine Uhr, um sie seiner Tochter zum Geburtstag zu schenken.

Es handelt sich um einen Entnahmeeigenverbrauch, da der Juwelier die Uhr aus außerunternehmerischen Gründen (Geburtstag seiner Tochter) entnimmt.

(2) Ein Unternehmer verteilt an Geschäftsfreunde Werbegeschenke.

Die unentgeltliche Abgabe der Werbepräsente erfolgt aus unternehmerischen Gründen. Der Unternehmer erbringt unentgeltliche Leistungen, weil die Werbegeschenke zumindest mittelbar der Erzielung von Einnahmen dienen. Ein Entnahmeeigenverbrauch ist nicht gegeben. Es ist jedoch der Tatbestand des Aufwendungseigenverbrauchs (§ 1 Abs. 1 Nr. 2 Buchst. c UStG) zu prüfen[266].

---

[263] Vgl. BFH vom 21.4.1988, BStBl 1988 II S. 746; zum Unternehmensvermögen vgl. auch Teil I, Abschnitt 2, Kapitel 5 und EuGH vom 4.10.1995, (FN 257).

[264] Entsprechendes gilt für hoheitliche Tätigkeiten von juristischen Personen des öffentlichen Rechts.

[265] Vgl. BFH vom 20.12.1984, BStBl 1985 II S. 176.

[266] Vgl. im folgenden Kapitel 3. C.

Der Gegenstandseigenverbrauch ist steuerbar, wenn er im **Inland** verwirklicht wird (**Wertabgabe im Inland**). Nach Auffassung der Finanzverwaltung[267] ist der Ort des Gegenstandseigenverbrauchs dort, wo die entsprechende Lieferung bewirkt würde (§ 3 UStG). Einschränkend sollen in diesen Fällen jedoch nur die Vorschriften des § 3 Abs. 6[268] und Abs. 7[269] UStG sinngemäß zur Anwendung kommen.

Unter Hinweis auf Art. 5 Abs. 6 6.EGRl und die einschlägige BFH-Rechtsprechung geht die Finanzverwaltung davon aus, daß der Entnahmeeigenverbrauch **nicht der Umsatzsteuer** unterliegt, wenn weder für den entnommenen Gegenstand noch für seine - ggf. später darin eingegangenen - Bestandteile ein Vorsteuerabzug möglich war[270].

Beispiel:

Ein Unternehmer entnimmt seinem Unternehmen für außerunternehmerische Zwecke einen Gegenstand. Der Unternehmer hatte diesen Gegenstand ohne Vorsteuerabzugsberechtigung von einem Nichtunternehmer erworben. Auch für Bestandteile des Gegenstandes hat der Unternehmer keinen Vorsteuerabzug vornehmen können.

Nach geltender Rechtslage (s.o.) unterliegt dieser Gegenstandseigenverbrauch mangels Vorsteuerabzug nicht der Umsatzsteuer.

B. Der Leistungseigenverbrauch

Ein **Leistungseigenverbrauch** nach § 1 Abs. 1 Nr. 2 Buchst. b UStG liegt vor, wenn ein Unternehmer im Inland sonstige Leistungen der in § 3 Abs. 9 UStG bezeichneten Art für außerunternehmerische Zwecke erbringt. Da es sich bei diesen Wertabgaben nicht um Leistungen handelt[271], nennt das Gesetz sie zutreffend **sonstige Leistungen der in § 3 Abs. 9 UStG bezeichneten Art**. Mit § 1 Abs. 1 Nr. 2 Buchst. b UStG werden Wertabgaben erfaßt, die ihrer Art nach sonstige Leistungen im Sinne des § 3 Abs. 9 UStG wären, wenn sie entgeltlich an Dritte ausgeführt worden wären[272].

Die gemeinschaftsrechtliche Grundlage für den Leistungseigenverbrauch bildet Art. 6 Abs. 2 6.EGRl, der allerdings **zwei Tatbestände** unterscheidet:

- Art. 6 Abs. 2 Buchst. a: „die Verwendung eines dem Unternehmen zugeordneten Gegenstandes für den privaten Bedarf des Steuerpflichtigen“
- Art. 6 Abs. 2 Buchst. b: „die unentgeltliche Erbringung von Dienstleistungen durch den Steuerpflichtigen für seinen privaten Bedarf“.

Der deutsche Gesetzgeber hat diese differenzierte Regelung nicht übernommen. Hinsichtlich des Anwendungsbereiches ergeben sich dadurch zunächst keine in-

---

267 Abschn. 7 Abs. 2 UStR.

268 Vgl. Sauerland/Schmidt/Lippross (FN 68), S. 201; Birkenfeld (FN 92), I Rz. 1384.

269 Vgl. Reiß, in: Tipke/Lang (FN 13), S. 570.

270 Vgl. BMF-Schreiben vom 13.5.1994, BStBl 1994 I S. 298; vgl. auch z.T. mit a.A. BFH vom 30.3.1995, UR 1995, S. 340 mit Anm. Widmann, UR 1995, S. 341 f.

271 Vgl. Unterabschnitt 1, Kapitel 1. A. in diesem Abschnitt. Die o.g. Wertabgaben stehen nicht im Zusammenhang mit der Erzielung einer Gegenleistung.

272 Vgl. BFH vom 23.9.1993, BStBl 1994 II S. 200. Die unentgeltliche Übertragung des Miteigentums an einem Grundstück des Unternehmensvermögens ist daher Eigenverbrauch gem. § 1 Abs. 1 Nr. 2 Buchst. b UStG; vgl. BFH vom 27.4.1994, BStBl 1995 II S. 30.

haltlichen Unterschiede. Unter **Verwendung** ist eine Unterform der sonstigen Leistung i.S. des § 3 Abs. 9 UStG zu verstehen[273]. Unterschiede ergeben sich jedoch im Hinblick auf das Tatbestandsmerkmal „Vorsteuerabzug" in Art. 6 Abs. 2 Buchst. a 6.EGRl.

I. Der Verwendungseigenverbrauch

Der Eigenverbrauch nach § 1 Abs. 1 Nr. 2 Buchst. b UStG erfaßt u.a. die Verwendung von Gegenständen des Unternehmens für außerunternehmerische Zwecke (**Verwendungseigenverbrauch**). Der Unternehmer verwendet einen **Gegenstand des Unternehmens** (Unternehmensvermögen), wenn er diesen Gegenstand dem Unternehmen zugeordnet hat. Die Zuordnungsentscheidung fällt beim Erwerb[274]. Der Terminus „Verwendung" ist gleichbedeutend mit Nutzung oder Benutzung. Im Gegensatz zur Entnahme eines Gegenstandes, die die Bindung des Gegenstandes zum unternehmerischen Bereich endgültig löst, besteht diese Bindung bei der Verwendung eines Gegenstandes fort.

Eine Verwendung für **außerunternehmerische (private)** Zwecke ist dann gegeben, wenn der Unternehmer mit der Verwendung des Gegenstandes weder mittelbar noch unmittelbar die Erzielung von Einnahmen (Gegenleistung) anstrebt. Es ist unerheblich, ob dieser Gegenstand letztlich vom Unternehmer selbst oder von Dritten verwendet wird.

Beispiele:

(1) Ein Unternehmer verwendet einen zum Unternehmen gehörenden Pkw für eine Urlaubsfahrt.

(2) Der Unternehmer überläßt aus privaten Gründen kostenlos einem befreundeten Unternehmer kurzfristig einen Lkw zur Nutzung in dessen Unternehmen.

Die Verwendung des Pkw/Lkw erfolgt aus außerunternehmerischen Gründen. Es liegt ein Verwendungseigenverbrauch in Form einer der in § 3 Abs. 9 UStG bezeichneten sonstigen Leistung (Gebrauchsüberlassung) vor. Die unternehmerische Nutzung des Lkw durch den befreundeten Unternehmer ist insoweit unerheblich.

Der Verwendungseigenverbrauch ist steuerbar, wenn er im **Inland** erfolgt. Der Ort des Verwendungseigenverbrauchs bestimmt sich nach Auffassung der Finanzverwaltung[275] in entsprechender Anwendung des § 3a UStG. Dabei kommen die Regelungen in § 3a Abs. 3 und Abs. 4 UStG nicht zur Anwendung, weil insoweit

---

[273] Als Dienstleistung i.S. des Art. 6 6.EGRl gilt jede Leistung, die keine Lieferung ist, Art. 6 Abs. 1 6.EGRl.

[274] Nach Auffassung des BFH (BFH vom 23.9.1993, BStBl 1994 II S. 200; vom 14.4.1994, BFH/NV 1995, S. 452; vgl. auch Widmann, DB 1994, S. 1949 ff. (1951)) ist ein Verwendungseigenverbrauch an gemieteten Gegenständen nicht möglich. Die Zuordnung eines Gegenstandes zum Unternehmen (und damit auch die Verwendung eines Gegenstandes des Unternehmensvermögens für außerunternehmerische Zwecke) setze voraus, daß der Unternehmer die Verfügungsmacht über diesen Gegenstand besitzt. An gemieteten Gegenständen habe aber nur der Eigentümer die Verfügungsmacht. Im Umfang der außerunternehmerischen Verwendung des Gegenstandes sei vielmehr der Vorsteuerabzug zu versagen. Vgl. auch Tehler (FN 20), Rz. 195 zu § 1. Vgl. zum Unternehmensvermögen Teil I, Abschnitt 2, Kapitel 5 und EuGH vom 4.10.1995 (FN 257).

[275] Abschn. 7 Abs. 2 UStR.

für die Ortsbestimmung auf die Verhältnisse des Leistungsempfängers abgestellt wird[276]. Die Verhältnisse beim Empfänger der Wertabgabe, auf die (analog) im § 3a Abs. 3 UStG abgestellt wird, sind beim Eigenverbrauch unerheblich. Entscheidend ist der Ort der Wertabgabe für den sich selbst versorgenden Unternehmer.

Unter Berücksichtigung von Art. 6 Abs. 2 Buchst. a 6.EGRl („wenn dieser Gegenstand zum vollen oder teilweisen Abzug der Mehrwertsteuer berechtigt hat"), sind nach Auffassung der Finanzverwaltung **aus der Bemessungsgrundlage** für den Verwendungseigenverbrauch (§ 10 Abs. 4 Nr. 2 UStG) **alle Kosten auszuscheiden, bei denen kein Vorsteuerabzug möglich war**[277].

II. Eigenverbrauch durch andere sonstige Leistungen der in § 3 Abs. 9 UStG bezeichneten Art

Wertabgaben aus außerunternehmerischen Gründen, die im Falle ihrer entgeltlichen Abgabe als **Dienstleistungen, Werkleistungen, Rechtsübertragungen etc.** bezeichnet würden, begründen den Tatbestand des **Leistungseigenverbrauchs**. Die Wertabgaben erfolgen aus außerunternehmerischen Gründen, wenn sie weder mittelbar noch unmittelbar der Erzielung von Einnahmen dienen. Diese Wertabgaben können unmittelbar dem Unternehmer oder Dritten zugute kommen. Sie werden **im Rahmen des Unternehmens** erbracht, wenn der Unternehmer für die Wertabgabe sachliche oder persönliche Mittel **aus dem Unternehmen** einsetzt.

---

[276] Vgl. Reiß, in: Tipke/Lang (FN 13), S. 570; Birkenfeld (FN 92), I Rz. 1413; Sauerland/Schmidt/Lippross (FN 68), S. 205.

[277] Vgl. Abschn. 155 Abs. 2 und 3 UStR. Nach Auffassung der Verwaltung zählen dazu bei einer Pkw-Verwendung z.B. die Kfz-Steuer und Kfz-Versicherung sowie die Absetzung für Abnutzung, wenn der Pkw ohne Vorsteuerabzugsmöglichkeit erworben wurde.
Der BFH (vgl. BFH vom 14.4.1994, BFH/NV 1995, S. 452) verneint dagegen den Tatbestand des Eigenverbrauchs, wenn der Gegenstand ohne Vorsteuerabzugsmöglichkeit erworben wurde. Nach Birkenfeld (FN 92), I Rz. 1288, 1290.1 ff. liegt bei einem Gegenstandserwerb ohne Vorsteuerabzugsberechtigung kein Tatbestand des Verwendungseigenverbrauchs vor. Dies gelte auch für Lieferungen und Dienstleistungen Dritter zum Gebrauch oder zur Erhaltung dieses Gegenstandes. Ein Vorsteuerabzug aus diesen Leistungsbezügen sei nur im Umfang der Gegenstandsverwendung für unternehmerische Zwecke zulässig. Die Auffassung der Finanzverwaltung sei dagegen zutreffend, soweit der Gegenstand mit Vorsteuerabzugsberechtigung erworben wurde (Birkenfeld (FN 92), I Rz. 1289 - 1289.2).

Schließlich wird argumentiert, daß der Verwendungseigenverbrauch, soweit er sich auf Ausgaben für den Gebrauch und die Erhaltung des Gegenstandes bezieht, unter Art. 6 Abs. 2 Buchst. b 6.EGRl zu subsumieren sei, der einen Vorsteuerabzug als Tatbestandsvoraussetzung nicht vorsieht. Durch eine einschränkende Auslegung sei eine Besteuerung jedoch für die Ausgaben auszuschließen, die mit der Verwendung des Gegenstandes i.S. des Art. 6 Abs. 2 Buchst. a 6.EGRl im Zusammenhang stehen und nicht zum Vorsteuerabzug berechtigt haben; vgl. Husmann (FN 83), Anm. 489.6 ff. zu § 1 m.w.N.

Beispiele:

(1) Der im Unternehmen angestellte Gärtner pflegt während der für ihn im Unternehmen geltenden Arbeitszeit und ohne zusätzliche Entgeltentrichtung gelegentlich den zum privatgenutzten Einfamilienhaus des Unternehmers gehörenden Garten[278].

(2) Ein Elektroeinzelhändler läßt durch einen Angestellten die defekte Waschmaschine in seiner Privatwohnung reparieren.

(3) Ein Rechtsanwalt führt für einen Angehörigen unentgeltlich einen Prozeß.

Es liegt der Tatbestand des Leistungseigenverbrauchs vor. Ob die Wertabgaben „zum Zweck der Selbstversorgung" vom Unternehmer selbst oder von seinen Mitarbeitern ausgeführt werden, ist für die Beurteilung des Sachverhalts unerheblich[279].

Die „entnommene sonstige Leistung" muß der Unternehmer vorher seinem Unternehmen zugeordnet haben. Eine sonstige Leistung, die lediglich private Interessen befriedigt, kann einem Unternehmen nicht zugeordnet und daher auch nicht „entnommen" werden.

Beispiel:

Ein Tankstellenpächter gewinnt bei einem Verkaufswettbewerb des Verpächters (Mineralölgesellschaft) eine Erlebnisreise. Der Tankstellenpächter, für den die Reise zusätzliches Entgelt für seine Vermittlungsumsätze darstellt, tritt die Reise selbst an.

Die Inanspruchnahme der Erlebnisreise ist kein Eigenverbrauch, Die mit der Reise verbundenen sonstigen Leistungen dienen ausschließlich den privaten Interessen des Tankstellenpächters und können daher nicht dem Unternehmen zugeordnet werden. Eine als Eigenverbrauch zu beurteilende Wertabgabe aus dem Unternehmen liegt nicht vor[280].

Der Leistungseigenverbrauch ist steuerbar, wenn er im **Inland** realisiert wird (**Ort der Wertabgabe**). Der Ort des Leistungseigenverbrauchs wird nach allgemeiner Auffassung in analoger Anwendung des § 3a Abs. 1 und Abs. 2 bzw. § 3b UStG bestimmt[281]. Die Regelung des § 3a Abs. 3 und 4 UStG kommt nicht zur Anwendung. Die Verhältnisse beim Empfänger der Wertabgabe, auf die (analog) im § 3a Abs. 3 UStG abgestellt wird, sind beim Eigenverbrauch unerheblich. Maßgeblich ist der Ort der Wertabgabe, der im allgemeinen mit dem Sitz des Unternehmens (§ 3a Abs. 1 UStG) identisch sein dürfte.

Eine Einschränkung der Eigenverbrauchsbesteuerung mangels Vorsteuerabzug kommt nach geltendem Rechtsverständnis nicht in Betracht[282].

---

[278] Vgl. auch BFH vom 18.5.1993, BStBl 1993 II S. 885.

[279] Die Beurteilung der Tatbestandsmäßigkeit ist unabhängig von der Ermittlung der Bemessungsgrundlage durchzuführen. Der Einsatz der eigenen Arbeitskraft im Beispiel 3 (kalkulatorische Kosten) findet keine Berücksichtigung in der Bemessungsgrundlage (§ 10 Abs. 4 Nr. 2 UStG) für diesen Leistungseigenverbrauch, vgl. Teil V, Abschnitt 3, Kapitel 1. B.

[280] BFH vom 28.7.1994, BStBl 1995 II S. 274; zum Problem der Zuordnung von sonstigen Leistungen vgl. auch Widmann, UR 1994, S. 42.

[281] Vgl. Abschn. 7 Abs. 2 UStR; Reiß, in: Tipke/Lang (FN 13), S. 570; Birkenfeld (FN 92), I Rz. 1412; Sauerland/Schmidt/Lippross (FN 68), S. 207.

[282] Vgl. Art. 6 Abs. 2 Buchst. b 6.EGRl, der eine entsprechende Einschränkung im Gegensatz zum Verwendungseigenverbrauch (Art. 6 Abs. 2 Buchst. a 6.EGRl) nicht enthält; vgl. auch BFH vom 18.5.1993, BStBl 1993 II S. 885.

C. Der Aufwendungseigenverbrauch

I. Zum Anwendungsbereich

Ein Eigenverbrauch i.S. des § 1 Abs. 1 Nr. 2 Buchst. c UStG (**Aufwendungseigenverbrauch**) liegt vor, wenn ein Unternehmer im Inland im Rahmen seines Unternehmens Aufwendungen tätigt, die unter das Abzugsverbot des § 4 Abs. 5 Nr. 1 -7, Abs. 7 oder § 12 Nr. 1 EStG fallen. Ausgenommen sind Geldgeschenke und 20% der angemessenen und nachgewiesenen Bewirtungsaufwendungen, die nach § 4 Abs. 5 Nr. 2 EStG vom Abzug ausgeschlossen sind.

Eine entsprechende Besteuerung des Aufwendungseigenverbrauchs ist in der 6.EGRl nicht geregelt. In Art. 17 Abs. 6 6.EGRl ist lediglich der **Vorsteuerausschluß** für Ausgaben vorgesehen, „die keinen streng geschäftlichen Charakter haben, wie Luxusausgaben, Ausgaben für Vergnügungen und Repräsentationsaufwendungen". Daraus läßt sich ableiten, daß eine Besteuerung nach § 1 Abs. 1 Nr. 2 Buchst. c UStG im Ergebnis nicht über eine Korrektur des Vorsteuerabzugs für derartige Aufwendungen hinausgehen sollte[283].

Im Unterschied zum Gegenstands- bzw. Leistungseigenverbrauch erfaßt der Aufwendungseigenverbrauch keine Entnahme von Gegenständen bzw. sonstigen Leistungen der in § 3 Abs. 9 bezeichneten Art[284], sondern das **Tätigen von Aufwendungen**. Die damit verbundenen **Wertabgaben aus dem Unternehmen** erfolgen im Gegensatz zu § 1 Abs. 1 Nr. 2 Buchst. a und b UStG **aus unternehmerischen Gründen**. Andernfalls läge ein Gegenstands- bzw. Leistungseigenverbrauch vor.

Im Ergebnis sollen die in § 1 Abs. 1 Nr. 2 Buchst. c UStG genannten Aufwendungen umsatzsteuerrechtlich **wie privater Aufwand** behandelt werden, soweit sie einkommensteuerlich Kosten der Lebensführung (§ 12 EStG) bzw. „verdeckt privat mit veranlaßte Betriebsausgaben"[285] darstellen. Da nach geltendem Recht ein Vorsteuerausschluß für diese Aufwendungen nicht vorgesehen ist, wird der zunächst gewährte Vorsteuerabzug[286] über die Besteuerung des Aufwendungseigenverbrauchs wieder rückgängig gemacht[287].

Das Umsatzsteuergesetz sieht **keine Kopplung des Aufwendungseigenverbrauchs an einen vorangegangenen Vorsteuerabzug** vor, so daß nach geltendem Rechtsverständnis die Besteuerung des Aufwendungseigenverbrauchs u.U. systemwidrig über die Korrektur eines Vorsteuerabzugs hinausgeht.

---

[283] Vgl. FG Berlin vom 3.12.1991, UR 1992, S. 214 mit Anm. Lohse, UR 1992, S. 215; a.A „derzeit" BFH vom 16.2.1994, BStBl 1994 II S. 468 (469); Abschn. 155 Abs. 5 Satz 3 UStR; kritisch Klenk, UVR 1994, S. 210; vgl. aber auch BFH vom 15.9.1994, BStBl 1994 II S. 214.

[284] Vgl. die entsprechenden Gleichstellungen mit Lieferungen und Dienstleistungen gem. Art. 5 Abs. 6 und Art. 6 Abs. 2 6.EGRl.

[285] Reiß, in: Tipke/Lang (FN 13), S. 286 und S. 569.

[286] Es handelt sich um Wertabgaben aus dem Unternehmen für unternehmerische Zwecke, für die grundsätzlich ein Vorsteuerabzug zulässig ist.

[287] Kritisch zum Tatbestand des Aufwendungseigenverbrauchs Walden (FN 1), S. 200 ff.

Problematisch ist die Verweisung in § 1 Abs. 1 Nr. 2 Buchst. c UStG auf einkommensteuerrechtliche Vorschriften, denen andere Zielvorstellungen als den umsatzsteuerrechtlichen Regelungen zugrunde liegen. Dem Aufwendungseigenverbrauch unterliegen z.B. auch Aufwendungen, die einkommensteuerlich als Werbungskosten anzusehen sind, **ihrer Art nach** aber unter das Abzugsverbot des § 4 Abs. 5 Nr. 1-7 oder § 12 Nr. 1 EStG fallen[288]. Deshalb können auch Unternehmer, die einkommensteuerlich z.B. Einkünfte aus § 21 EStG (z.B. Vermieter) erzielen, umsatzsteuerrechtlich den Tatbestand des Aufwendungseigenverbrauchs verwirklichen.

Nach § 4 Abs. 5 Nr. 6 EStG dürfen Aufwendungen für **Fahrten mit dem Pkw zwischen Wohnung und Betriebsstätte** nur mit Pauschbeträgen (§ 9 Abs. 1 Nr. 4 EStG) geltend gemacht werden. Darüber hinausgehende Betriebsausgaben dürfen den Gewinn nicht mindern. Einkommensteuerrechtlich ist diese Regelung als Lenkungsvorschrift mit verkehrs- und umweltpolitischer Motivation zu verstehen[289]. Unter verbrauchsteuerlichen Aspekten ist eine Besteuerung als Eigenverbrauch nicht gerechtfertigt. Insbesondere diese Aufwendungen zählen jedoch zu den praktisch bedeutsamen Anwendungsfällen des Aufwendungseigenverbrauchs.

Kompliziert ist die Behandlung der **Bewirtungsaufwendungen**. Obwohl nach § 4 Abs. 5 Nr. 2 EStG nur 80% der angemessenen und nachgewiesenen Bewirtungsaufwendungen als Betriebsausgaben abzugsfähig sind, unterliegen die verbleibenden 20% (nicht abzugsfähige Betriebsausgaben) nicht dem Aufwendungseigenverbrauch (§ 1 Abs. 1 Nr. 2 Buchst. c Satz 2 UStG). Einkommmensteuerrechtlich soll dem Umstand Rechnung getragen werden, daß durch die Bewirtung die Lebensführung der beteiligten **Personen** berührt wird[290]. Umsatzsteuerrechtlich ist diese Regelung insofern gerechtfertigt, als mit der Eigenverbrauchsbesteuerung der private Aufwand des bewirtenden Unternehmers erfaßt werden soll[291]. Daß die Bewirtung auch die Lebensführung der bewirteten Personen berührt, ist insoweit unbeachtlich[292].

Der Aufwendungseigenverbrauch ist nur dann steuerbar, wenn er **im Inland** erfolgt. **Die Ortsbestimmung ist umstritten**. Soweit der Aufwendungseigenverbrauch die Besteuerung der „unternehmerischen Selbstversorgung“ sicherstellen soll, ist für den Ort der Wertabgabe grundsätzlich der **Sitz des Unternehmens** maßgeblich[293]. Unter Berücksichtigung der Anknüpfung an einkommensteuerrechtliche Regelungen in § 1 Abs. 1 Nr. 2 Buchst. c UStG kommt der Ort (Inland/ Ausland) in Betracht, an dem sich die nicht abzugsfähigen Ausgaben **einkommensteuerrechtlich auswirken**. Nach a.A. bestimmt sich der Ort danach, **wo der**

---

[288] Vgl. BFH vom 23.1.1992, UR 1992, S. 202; § 9 Abs. 5 EStG.

[289] Vgl. Tipke/Lang (FN 13), S. 280.

[290] Vgl. Tipke/Lang (FN 13), S. 286 m.w.N.

[291] Die Beköstigung des Unternehmers anläßlich der Bewirtung von Geschäftsfreunden ist nach Auffassung des BFH allerdings kein Eigenverbrauchstatbestand, BFH vom 12.12.1985, BStBl 1986 II S. 216 mit Anm. Weiß, UR 1986, S. 64; vgl. auch BFH vom 27.10.1993, BStBl 1994 II S. 274; a.A. Gosch, StBp 1994, S. 70.

[292] Vgl. zur Begründung für die umsatzsteuerrechtliche Abweichung auch Widmann, Umsatzsteuerkongreß-Bericht 1988/89, S. 217 ff. (219).

[293] BFH vom 23.1.992, BFHE 167, 221; kritisch Widmann, UR 1993, S. 14 ff. (16).

Unternehmer seine Aufwendungen getätigt hat, wo z.B. das Sachgeschenk den Unternehmensbereich verlassen hat. In Anlehnung an Art. 17 Abs. 6 6.EGRl (Vorsteuerausschluß) soll der Ort danach bestimmt werden, **wo der Unternehmer den entsprechenden Vorsteuerabzug geltend gemacht hat**[294].

II. Der Aufwendungseigenverbrauch im einzelnen

Im folgenden werden einige typische Sachverhalte dargestellt, die durch den Aufwendungseigenverbrauch erfaßt werden:

(1) **Geschenke** i.S. von § 4 Abs. 5 Nr. 1 EStG, deren Netto-Anschaffungs- oder Herstellungskosten je Empfänger im Wirtschaftsjahr 75 DM überschreiten.

Beispiel:

Ein Unternehmer übergibt einem Geschäftsfreund im Rahmen einer Werbeaktion ein Sachgeschenk im Wert von (netto) 90 DM und einem weiteren Geschäftsfreund ein Sachgeschenk im Wert von (netto) 40 DM. Einem Familienangehörigen schenkt er aus privaten Gründen einen Gegenstand im Wert von (netto) 30 DM.

Die Sachgeschenke an die Geschäftsfreunde werden aus unternehmerischen Gründen (Werbeaktion) abgegeben. Die Aufwendungen für das Geschenk im Wert von 90 DM unterliegen der Besteuerung nach § 1 Abs. 1 Nr. 2 Buchst. c UStG. Die Abgabe des Geschenks im Wert von 40 DM ist nicht umsatzsteuerbar. Das einem Familienangehörigen aus außerunternehmerischen Gründen gewährte Geschenk wird als Gegenstandseigenverbrauch durch § 1 Abs. 1 Nr. 2 Buchst. a UStG erfaßt.

(2) **Unangemessene bzw. nicht nachgewiesene Bewirtungsaufwendungen** i.S. von § 4 Abs. 5 Nr. 2, Abs. 7 EStG aus geschäftlichem (unternehmerischem) Anlaß.

Beispiel:

Ein Unternehmer bewirtet im Rahmen von Vertragsverhandlungen Geschäftsfreunde in einem Restaurant. Die nachgewiesenen Bewirtungsaufwendungen i.H.v. 1.500 DM sind i.H.v. 1.000 DM angemessen.

Einkommensteuerrechtlich (§ 4 Abs. 5 Nr. 2 EStG) sind 700 DM (500 DM unangemessen, 200 DM = 20% der angemessenen Bewirtungsaufwendungen) vom Betriebsausgabenabzug ausgeschlossen. Umsatzsteuerrechtlich unterliegen jedoch nur die unangemessenen Bewirtungsaufwendungen i.H.v. 500 DM der Besteuerung nach § 1 Abs. 1 Nr. 2 Buchst. c UStG. Der Vorsteuerabzug (§ 15 UStG) kann grundsätzlich aus den Bewirtungsaufwendungen i.H.v. 1.500 DM geltend gemacht werden.

(3) **Fahrten zwischen Wohnung und Betriebsstätte** sind unternehmerisch veranlaßt. Einkommensteuerrechtlich stellen damit verbundene Aufwendungen, soweit sie bestimmte Pauschbeträge überschreiten, nicht abzugsfähige Aufwendungen dar (§ 4 Abs. 5 Nr. 6 EStG).

Beispiel:

Der Unternehmer verwendet seinen zum Unternehmen gehörenden Pkw u.a. für Fahrten zwischen Wohnung und Betriebsstätte. Von der Jahresgesamtkilometerleistung (10.000 km) entfallen 1.000 km auf die Fahrten zwischen Wohnung und Betriebsstätte. Die gesamten Kraftfahrzeugkosten betragen 6.000 DM. Der Unternehmer wählt statt der Pauschalregelung den Einzelnachweis (§ 4 Abs. 5 Nr. 6 S. 2 EStG).

---

[294] Vgl. zum Meinungsstand Husmann (FN 83), Anm. 705 ff. zu § 1; Sauerland/Schmidt/Lippross (FN 68), S. 210; Tehler (FN 20), Rz. 238 zu § 1.

Nach § 4 Abs. 5 Nr. 6 i.V.m. § 9 Abs. 1 Nr. 4 EStG sind für Fahrten zwischen Wohnung und Betriebsstätte 0,35 DM/km als Betriebsausgabe abzugsfähig. Die diesen Betrag übersteigende Differenz der Kraftfahrzeugkosten i.H.v. 0.25 DM/km (6.000 DM : 10.000 km = 0.60 DM/km abzgl. 0.35 DM/km) für 1.000 km (Fahrten Wohnung - Betriebsstätte), d.h. 250 DM, ist eine nichtabzugsfähige Betriebsausgabe, die der Besteuerung des Eigenverbrauchs nach § 1 Abs. 1 Nr. 2 Buchst. c UStG unterliegt.

Im Unterschied zum Verwendungseigenverbrauch scheiden nach derzeitiger Rechtsauffassung Kraftfahrzeugkosten, die nicht zum Vorsteuerabzug berechtigt haben, nicht aus der Bemessungsgrundlage aus[295].

D. Der Gesellschafterverbrauch

Nach § 1 Abs. 1 Nr. 3 UStG unterliegen der Umsatzsteuer die Leistungen, die Personenvereinigungen (i.w.S.) im Inland im Rahmen ihres Unternehmens an ihre Mitglieder oder diesen nahestehende Personen ausführen und für die die Leistungsempfänger **kein Entgelt** aufwenden (**Gesellschafterverbrauch**). Die Vorschrift ist mit Wirkung vom 1.1.1980 in das Umsatzsteuergesetz eingefügt worden. Sie sollte einen unversteuerten Letztverbrauch verhindern und der Gleichmäßigkeit der Besteuerung dienen. Sie ist nach Auffassung des Gesetzgebers im wirtschaftlichen Ergebnis mit dem Eigenverbrauch des Einzelunternehmers vergleichbar und beruhe auf Art. 5 Abs. 6 und Art. 6 Abs. 2 6.EGRl. Nach der Rechtsprechung des BFH konnte vor Einführung dieser Regelung ein entsprechender Eigenverbrauch nicht erfaßt werden[296].

Der BFH hatte angenommen, daß bei Personen- und Kapitalgesellschaften ein Eigenverbrauch ausscheidet, weil diese Unternehmer keine Privatsphäre hätten. Mit Urteil vom 3.11.1983[297] hat der BFH diese Rechtsprechung aufgegeben. Zutreffend geht die höchstrichterliche Rechtsprechung seitdem davon aus, daß jeder Unternehmer einen Eigenverbrauchstatbestand realisieren kann. Entscheidend sei die **unentgeltliche Abgabe aus außerunternehmerischen Gründen**. Folgerichtig hat der BFH die Regelung in § 1 Abs. 1 Nr. 3 UStG für **„überflüssig“** erklärt[298].

§ 1 Abs. 1 Nr. 3 UStG ist nicht gestrichen worden. Vielmehr hat diese Vorschrift über ihren ursprünglich beabsichtigten Regelungsinhalt hinaus eine **fragwürdige Eigenständigkeit** entwickelt[299]. So wird § 1 Abs. 1 Nr. 3 UStG z.T. dahingehend interpretiert, daß dieser Tatbestand unentgeltliche Leistungen aus unternehmerischen Gründen erfaßt[300]. Abgesehen davon, daß diese Auslegung angesichts der geschichtlichen Entwicklung, die zu § 1 Abs. 1 Nr. 3 UStG geführt

---

295 Vgl. die Hinweise in FN 283.
296 Vgl. BT-Drs. 8/1779, S. 29.
297 BStBl 1984 II S. 169.
298 Vgl. auch Mößlang (FN 94), Bem. 229 zu § 1.
299 So kommt z.B. Ammann (UR 1995, S. 173 ff. (176 f.)) zu dem Schluß, daß nach Auffassung des Gesetzgebers § 1 Abs. 1 Nr. 3 UStG keinen Eigenverbrauchscharakter habe.
300 Vgl. Widmann (FN 292), S. 217 ff. (221); Birkenfeld (FN 92), I Rz. 1530 ff.

hat, kaum nachvollziehbar ist, dürfte eine entsprechende Besteuerung[301] auch gegen die 6.EGRl verstoßen[302].

Unentgeltliche Wertabgaben der Personenvereinigungen im Rahmen ihres Unternehmens [303] an ihre Mitglieder oder deren Angehörige **aus außerunternehmerischen Gründen** (unentgeltliche Selbstversorgung)[304] werden bereits durch § 1 Abs. 1 Nr. 2 Buchst. a und b UStG erfaßt. Die Regelung des § 1 Abs. 1 Nr. 3 UStG ist damit für die Besteuerung der unternehmerischen Selbstversorgung entbehrlich. Allerdings hat der Gesetzgeber den eigenständigen Anwendungsbereich des Gesellschafterverbrauchs insofern bestätigt, als ab 1.1.1990 über **§ 14 Abs. 1 Satz 3 UStG** i.H. der Umsatzsteuer auf den Gesellschafterverbrauch (**der Personenvereinigung**) eine Rechnung ausgestellt werden kann. Damit wird dem Empfänger bei unternehmerischer Verwendung der Wertabgabe der Vorsteuerabzug ermöglicht[305]. Unterstellt, über § 14 Abs. 1 Satz 3 UStG kann die Umsatzsteuer auf den Gesellschafterverbrauch bei einer Wertabgabe aus außerunternehmerischen Gründen offen ausgewiesen werden, kommt es im Ergebnis zu einem **unversteuerten Letztverbrauch der Personenvereinigung**, obwohl dies gerade durch die Regelung des § 1 Abs. 1 Nr. 3 UStG verhindert werden sollte[306].

---

[301] Zur Besteuerung unentgeltlicher Leistungen aus unternehmerischen Gründen nach § 1 Abs. 1 Nr. 2 Buchst. c UStG vgl. Kapitel 3. C. in diesem Unterabschnitt.

[302] Vgl. Reiß, in: Tipke/Lang (FN 13), S. 571; BFH vom 17.12.1992, BStBl 1994 II S. 370.

[303] Damit scheiden Wertabgaben aus dem nichtunternehmerischen Bereich einer Personenvereinigung, z.B. Tätigkeiten, die ein Verein satzungsgemäß für die Gesamtbelange aller Mitglieder erbringt und die mit den Mitgliederbeiträgen abgegolten sind, aus der Betrachtung aus.

[304] Insofern liegen nach der hier vertretenen Auffassung keine Leistungen vor, vgl. Unterabschnitt 1, Kapitel 1. A. in diesem Abschnitt.

[305] Vgl. Teil VII, Abschnitt 2, Kapitel 2. A. IV.; zum Teil wird die Auffassung vertreten, die Berechtigung zur Rechnungsausstellung mit gesondertem Steuerausweis ergebe sich nur bei einer unentgeltlichen Abgabe aus unternehmerischen Gründen, vgl. Husmann (FN 83), Anm. 510 zu § 1.

[306] Vgl. auch kritisch Reiß, UR 1990, S. 243 ff.

Unterabschnitt 4: Die Geschäftsveräußerung

A. Der Begriff der Geschäftsveräußerung

Nach § 1 Abs. 1a UStG unterliegen Umsätze im Rahmen einer **Geschäftsveräußerung** an einen anderen Unternehmer für dessen Unternehmen **nicht der Umsatzsteuer**[307]. „Eine Geschäftsveräußerung liegt vor, wenn ein Unternehmen oder ein in der Gliederung eines Unternehmens gesondert geführter Betrieb im ganzen entgeltlich oder unentgeltlich übereignet oder in eine Gesellschaft eingebracht wird" (§ 1 Abs. 1a Satz 2 UStG).

Dieser zum 1.1.1994 in das UStG eingefügten Regelung lag im wesentlichen die Vorstellung zugrunde, es sei unbefriedigend, die im Rahmen einer unentgeltlichen Geschäftsübertragung (z.B. vorweggenommene Erbfolge) bewirkten Wertabgaben umsatzsteuerrechtlich als Eigenverbrauch anzusehen. Denn bei Annahme eines steuerbaren und steuerpflichtigen Eigenverbrauchs habe der Veräußerer u.U. erhebliche Umsatzsteuerzahlungen zu leisten, während der das Unternehmen fortführende Erwerber keinen Vorsteuerabzug erlange[308]. Folgerichtig unterliegen Umsätze im Rahmen einer Geschäftsveräußerung, die **nicht** an einen anderen Unternehmer für dessen Unternehmen erbracht werden bzw. die Übertragungen einzelner Wirtschaftsgüter an einen anderen Unternehmer für dessen Unternehmen weiterhin der Umsatzsteuer.

Der Ausdruck **„Geschäftsveräußerung"** bezeichnet den im allgemeinen letzten Akt der unternehmerischen Betätigung. Mit Geschäftsveräußerung wird ein Vorgang umschrieben, bei dem ein Bündel von Umsätzen bestimmte Eigenschaften aufweist. Gegenstand der Besteuerung bzw. der Regelung nach § 1 Abs. 1a UStG ist demnach nicht der Gesamtvorgang „Geschäftsveräußerung", sondern eine **Mehrzahl** der mit diesem Vorgang verbundenen Umsätze. Umsatzsteuerrechtlich sind die **einzelnen Übertragungen**[309] im Falle der Entgeltlichkeit in die Leistungsarten **Lieferung** (Fuhrpark, Büroeinrichtung, Warenbestände etc.) und **sonstige Leistung** (z.B. Forderungen) zu trennen. Erfolgt die Geschäftsveräußerung unentgeltlich, erfüllen die einzelnen Wertabgaben den **Tatbestand des Eigenverbrauchs.**

Die einzelnen Umsätze können steuerbar oder nicht steuerbar und bei Bejahung der Steuerbarkeit steuerpflichtig oder steuerbefreit sein. Weiterhin ist bei der Steu-

[307] Vgl. Art. 5 Abs. 8 6.EGRl: „Die Mitgliedstaaten können die Übertragung des Gesamtvermögens ..., die entgeltlich oder unentgeltlich oder durch Einbringung in eine Gesellschaft erfolgt, so behandeln, als ob keine Lieferung von Gegenständen vorliegt und den Begünstigten der Übertragung als Rechtsnachfolger des Übertragenden ansehen".

[308] Vgl. BT-Drs. 12/5630, S. 84; Birkenfeld (FN 92), I Rz. 568.2. Zu Einzelheiten vgl. Abschn. 5 UStR.

[309] Der Begriff „übereignet" (§ 1 Abs. 1a Satz 2 UStG) ist nicht zivilrechtlich zu verstehen, sondern im umsatzsteuerrechtlichen Kontext zu interpretieren, vgl. auch Probst, UR 1995, S. 131 ff. (134 f.). Eine bloße Gebrauchsüberlassung reicht jedoch nicht aus.

erberechnung bei Vorliegen der Voraussetzungen auch der ermäßigte Steuersatz nach § 12 Abs. 2 UStG anwendbar.

Umsätze im Rahmen einer Geschäftsveräußerung sind dann von besonderer umsatzsteuerlicher Relevanz (d.h. nicht steuerbar), wenn sie unter die Regelung des § 1 Abs. 1a UStG fallen. Diese Vorschrift wird im folgenden näher erörtert.

B. Nicht steuerbare Umsätze nach § 1 Abs. 1a UStG

I. Allgemeiner Anwendungsbereich

Für die Annahme einer Geschäftsveräußerung i.S. des § 1 Abs. 1a UStG ist es erforderlich, daß die übertragenen Wirtschaftsgüter die **wesentlichen Grundlagen** des Unternehmens gebildet haben. Was wesentliche Grundlagen eines Unternehmens sind, kann im allgemeinen nur branchenspezifisch beantwortet werden. Dabei sind die tatsächlichen Verhältnisse im Zeitpunkt der Übertragung entscheidend[310]. So sind z.B. bei einem Herstellungsbetrieb insbesondere die Betriebsgrundstücke und alle der Fertigung dienenden Maschinen und Anlagen als wesentliche Grundlagen der Unternehmung anzusehen[311].

Eine Geschäftsveräußerung ist auch dann anzunehmen, wenn nicht das Gesamtunternehmen, sondern lediglich ein **Teilunternehmen** veräußert wird. Das Teilunternehmen muß als **„gesondert geführter Betrieb"** eine wirtschaftliche Selbständigkeit besitzen. Das ist der Fall, wenn der veräußerte Teil für sich einen lebensfähigen Organismus gebildet hat, der unabhängig von den anderen Betrieben des Unternehmers nach Art eines selbständigen Unternehmens (Teilunternehmens) betrieben worden ist und auch nach außen hin ein selbständiges, in sich abgeschlossenes Wirtschaftsgebilde gewesen ist.

Merkmale für das Vorliegen **wirtschaftlicher Selbständigkeit** können räumliche und organisatorische Trennung und eine getrennte Buchführung sein. Diese Kriterien dürften grundsätzlich bei Organschafts(teil-)unternehmen[312] gegeben sein. In der Land- und Forstwirtschaft stellen die Nebenbetriebe häufig Teilunternehmen (z.B. Molkereien, Mühlen, Sägewerk) dar. Es muß sich jedoch stets um ein funktionsfähiges Teilunternehmen („Teilbetrieb") handeln. Das Gesamtbild ist entscheidend.

Die Übertragung des Unternehmens oder des gesondert geführten Betriebes muß **im ganzen,** d.h. im Rahmen **eines einheitlichen Übertragungsvorganges an einen Erwerber** erfolgen[313]. Der Erwerber muß Unternehmer sein, bzw. durch den Erwerb und die anschließende Fortführung des Unternehmens die Unternehmereigenschaft erlangen[314]. Entscheidend ist, daß das Unternehmen (Teilunter-

---

[310] Vgl. BFH vom 25.11.1965, BStBl 1966 III S. 333.

[311] Vgl. BFH vom 5.2.1970, BStBl 1970 II S. 365; vgl. auch Benkert/Menner, UR 1995, S. 81 ff. (82 m.w.N.).

[312] Vgl. Teil I, Abschnitt 1, Kapitel 1. B.

[313] Eine Übertragung in mehreren Teilakten ist unschädlich, wenn sie in wirtschaftlichem Zusammenhang stehen und der Wille auf Erwerb des (ganzen) Unternehmens gerichtet ist, vgl. BFH vom 16.3.1982, BStBl 1982 II S. 483.

[314] Vgl. auch Husmann, UR 1994, S. 333 ff. (334 f. m.w.N.); Abschn. 5 Abs. 1 Satz 2 UStR.

nehmen) des Veräußerers in das Unternehmen des Erwerbers überführt wird. Der erwerbende Unternehmer tritt nach der Geschäftsveräußerung an die Stelle des Veräußerers[315].

Eine Geschäftsveräußerung liegt auch dann vor, wenn ein Unternehmen/Teilunternehmen **in eine Gesellschaft eingebracht** wird. Hierzu werden nach allgemeiner Auffassung auch die übertragenden Umwandlungen und Verschmelzungen von Personen- und Kapitalgesellschaften gezählt[316].

Beispiele:

(1) Ein Einzelunternehmer bringt sein Unternehmen in eine KG ein.

(2) Eine OHG überträgt ihr Unternehmen auf eine neu gegründete GmbH.

Dagegen werden formwechselnde Umwandlungen (z.B. OHG in KG, GmbH in AG), bei denen das Unternehmen nur seine Rechtsform wechselt, das Gesellschaftsvermögen wegen fortbestehender Identität aber nicht übertragen wird, nicht als Geschäftsveräußerung angesehen. Allerdings sind auch diese Vorgänge nicht steuerbar.

Eine Geschäftsveräußerung liegt nicht vor, wenn sich der Personenstand einer Personen- oder Kapitalgesellschaft durch Ausscheiden bzw. Neueintritt von Gesellschaftern verändert. Das gilt auch für den Fall eines gleichzeitigen Wechsels aller Gesellschafter[317].

Werden im Rahmen einer Geschäftsveräußerung unwesentliche Teile des Unternehmens/Teilunternehmens für Zwecke verwendet, die außerhalb des Regelungsbereiches von § 1 Abs. 1a UStG liegen, sind auf diese Umsätze die allgemeinen Vorschriften des UStG anzuwenden.

II. Entgeltliche und unentgeltliche Geschäftsübertragungen

Entgeltliche Leistungen im Rahmen einer Geschäftsübertragung sind im wesentlichen **belastungsneutral.** Da sich die Übertragungsvorgänge innerhalb der Unternehmerkette abspielen, bildet die Steuer des übertragenden Unternehmers grundsätzlich beim erwerbenden Unternehmer in gleicher Höhe eine abziehbare Vorsteuer[318]. Lediglich in den Fällen, in denen der Vorsteuerabzug zum Teil ausgeschlossen ist, kann die Kongruenz von Umsatzsteuer aus der Geschäftsveräußerung und Vorsteuer durchbrochen werden. Zur Vermeidung eines „erheblichen Verwaltungsaufwand(es)“ erschien eine Nichtbesteuerung der entgeltlichen Geschäftsübertragung i.S. des § 1 Abs. 1a UStG gerechtfertigt[319].

Demgegenüber soll durch die Vorschrift des § 1 Abs. 1a UStG in den Fällen der unentgeltlichen Wertabgaben anläßlich einer Geschäftsübertragung (insbesondere bei **vorweggenommener Erbfolge**) eine mangels Vorsteuerabzug des Erwerbers beim Veräußerer entstehende Umsatzsteuerbelastung durch Eigenverbrauchsbe-

---

[315] Zum Vorsteuerabzug (§ 15 UStG) und zur Vorsteuerberichtigung (§ 15a UStG) vgl. auch Teil VII, Abschnitt 5.

[316] Vgl. Husmann, UR 1995, S. 333 ff. (336 m.w.N.).

[317] Vgl. BFH vom 29.10.1987, BStBl 1987 II S. 92.

[318] Vgl. Teil VII.

[319] BT-Drs. 12/5630, S. 84; kritisch im Hinblick auf den erwarteten Vereinfachungseffekt u.a. Schlienkamp, UR 1994, S. 92 ff. (95 f.); Schwarz, UR 1994 S. 185 ff.

steuerung vermieden werden[320]. Der BFH[321] hatte bei unentgeltlichen Unternehmensübertragungen im Wege der vorweggenommenen Erbfolge zutreffend den Tatbestand des Eigenverbrauchs angenommen, da der übertragende Unternehmer die unentgeltlichen Wertabgaben aus außerunternehmerischen Gründen erbringt. Die als **unbefriedigend empfundene Umsatzsteuerbelastung** beruht auf der Überlegung, daß für die Übertragung von Wirtschaftsgütern aus einem Unternehmen in ein anderes Unternehmen eine endgültige Umsatzsteuerbelastung nicht sachgerecht sei[322]. Dabei wird verkannt, daß die **Besteuerung des Eigenverbrauchs** in derartigen Fällen **systemgerecht** wäre, weil sie als Vorsteuerkorrekturregelung auf die Verwendung zu außerunternehmerischen Zwecken durch den übertragenden Unternehmer abstellt[323].

Es erscheint bedenklich, wenn losgelöst von der umsatzsteuerlichen Systematik „Sinn und Zweck des § 1 Abs. 1a UStG" ausschließlich darin zu sehen ist, daß „umsatzsteuerliche Hindernisse der Unternehmensnachfolge" ausgeräumt werden sollen[324]. Außerhalb einer Geschäftsveräußerung unterliegt grundsätzlich jede (vorsteuerentlastete) Wertabgabe aus außerunternehmerischen Gründen unabhängig von der Verwendung durch den Erwerber zutreffend der Eigenverbrauchsbesteuerung. Die durch die Besteuerung der unternehmerischen Selbstversorgung entstehende Umsatzsteuerbelastung wird auch dann zu Recht nicht durch die Gewährung eines Vorsteuerabzugs rückgängig gemacht, wenn die unentgeltliche Wertabgabe bei einem Dritten für unternehmerische Zwecke eingesetzt wird[325].

---

320 Kritisch insoweit zum Anwendungsbereich des § 1 Abs. 1a UStG Ammann, UR 1995, S. 173 ff.

321 BFH vom 25.6.1987, BStBl 1987 II S. 655.

322 Vgl. Schlienkamp, UR 1994, S. 93 ff. (94 f.); Probst, UR 1995, S. 131 ff. (132) m.w.N.

323 Vgl. Unterabschnitt 3, Kapitel 1 und 2 in diesem Teil; vgl. auch Reiß, UR 1990, S. 243 ff. (245 f.).

324 Probst, UR 1995, S. 131 ff. (132).

325 Dieses Ergebnis wird ebenfalls in der Literatur als systemwidrig kritisiert, vgl. Schlienkamp, UR 1994, S. 92 ff. (95); Benkert/Menner, UR 1995, S. 81 ff. (81 m.w.N.); vgl. allerdings § 14 Abs. 1 Satz 3 UStG und die daran geübte gerechtfertigte Kritik, z.B. Reiß, in: Tipke/Lang (FN 13), S. 592.

Unterabschnitt 5:

Die steuerbare Einfuhr

Wie die Leistungsumsätze und der Eigenverbrauch stellt die Einfuhr von Gegenständen einen steuerbaren Umsatz dar. Eine **Einfuhr** liegt vor, wenn ein Gegenstand aus dem Drittlandsgebiet über die Grenze in das Inland oder die österreichischen Gebiete Jungholz und Mittelberg verbracht wird (§ 1 Abs. 1 Nr. 4 UStG)[326]. Die Einfuhr wird durch einen **tatsächlichen Vorgang (Grenzüberschreitung)** konkretisiert. Der Tatbestand der Einfuhr kann nicht nur von Unternehmern, sondern auch von Nichtunternehmern (private Verbraucher)[327] realisiert werden. Die Einfuhrumsatzsteuer wird von den **Zollbehörden** erhoben und verwaltet.

Die Normierung der Einfuhr als Steuertatbestand ist konsequent, da eine umfassende Verbrauchsteuer[328] unter Berücksichtigung des **Bestimmungslandprinzips**[329] zur Vermeidung eines unbelasteten oder zu gering belasteten Letztverbrauchs auch grenzüberschreitende Warenbewegungen erfassen muß. Dabei soll im Verhältnis mehrerer Staaten zueinander die Ware letztlich mit der Umsatzsteuer des Landes belastet werden, in dem der (ggf. anteilige) Verbrauch stattfindet (Bestimmungslandprinzip). Der Belastung mit Einfuhrumsatzsteuer bei der Einfuhr muß daher - abhängig vom jeweiligen USt-Niveau der beteiligten Länder - eine entsprechende Entlastung im Ausfuhrland gegenüberstehen, um eine mehrfache Verbrauchsbesteuerung zu vermeiden. Sind an der Warenbewegung Nichtunternehmer beteiligt, ist eine verbrauchsteuerkonforme Belastung grenzüberschreitender Warenbewegungen derzeit nicht sichergestellt[330].

Prinzipiell wird durch die Entlastung der Ware von der Umsatzsteuer im Ausfuhrland und der Belastung mit Einfuhrumsatzsteuer (EUSt) im Bestimmungsland der inländische Verbrauch unabhängig von der Herkunft der Ware belastet. Da die EUSt in ihrer Höhe regelmäßig dem allgemeinen Umsatzsteuersatz[331] entspricht, wird auch sichergestellt, daß die Belastung mit der allgemeinen Verbrauchsteuer „Umsatzsteuer" für Inlandsprodukte und Importe gleich hoch ist[332].

---

[326] Zu entsprechenden Warenbewegungen innerhalb des Gemeinschaftsgebietes (innergemeinschaftlicher Erwerb) vgl. Teil X, Abschnitt 3, Kapitel 3 und 4.

[327] Vgl. Teil I, Abschnitt 3, Kapitel 1.

[328] Vgl. Einführung, Abschnitt 2.

[329] Vgl. Teil II, Abschnitt 1, Kapitel 2.

[330] Zum Problem der Anrechnung einer sog. ausländischen „Restmehrwertsteuer" bei der Ermittlung der Einfuhrumsatzsteuer vgl. u.a. Reiß, DStJG Bd. 13 (1990) S. 29 ff. m.w.N. Die vom EuGH durch die sog. Gaston-Schul-Rechtsprechung (EuGH vom 5.5.1982, UR 1982, S. 242) ausgelöste Diskussion beruhte auf Art. 95 EWG-Vertrag und betraf nur Warenbewegungen zwischen den Mitgliedstaaten. Mit Einführung des Binnenmarktes (vgl. Teil X) zum 1.1.1993 ist die Einfuhrumsatzsteuer für Warenbewegungen innerhalb des Gemeinschaftsgebietes entfallen. Vgl. auch Teil VII, Abschnitt 2, Kapitel 2. B. III.

[331] Vgl. Teil VI, Abschnitt 2.

[332] Vgl. auch Teil IV, Abschnitt 1, Unterabschnitt 1, Kapitel 1 und die dortige Skizze. Durch die abweichenden Steuersätze (vgl. Übersicht in Teil VI, Abschnitt 1) ergeben sich z.T. erhebliche Belastungsunterschiede.

Teil IV
Steuerbefreiungen und Steuervergütung

Abschnitt 1:
Steuerbefreite Umsätze (§ 4 UStG)

Steuerbare Umsätze sind steuerpflichtig, wenn sie nicht ausdrücklich steuerbefreit sind. Der Prüfung der **Steuerbefreiung** geht daher die Feststellung der **Steuerbarkeit** voraus. Steuerbefreiungen können **Eingangsumsätze** (Einfuhr, § 1 Abs. 1 Nr. 4 UStG; innergemeinschaftlicher Erwerb, § 1 Abs. 1 Nr. 5 UStG) oder **Ausgangsumsätze** (Leistungsumsätze, § 1 Abs. 1 Nr. 1 UStG; Eigenverbrauch, § 1 Abs. 1 Nr. 2, 3 UStG) betreffen.

Die Vorschrift des § 4 UStG enthält für Ausgangsumsätze eine Vielzahl von Steuerbefreiungen. Die Basis bildet der **Befreiungskatalog** der 6.EGRl[1], in der die **zulässigen und vorgeschriebenen Steuerbefreiungen abschließend** aufgezählt werden. Nationale Umsatzsteuerbefreiungen sind nur dann möglich, wenn sie in der Richtlinie ausdrücklich zugelassen sind. Während einer Übergangszeit dürfen die Mitgliedstaaten der Europäischen Gemeinschaft jedoch noch nach Art. 28 6.EGRl abweichende Regelungen treffen.

Der Katalog des § 4 UStG enthält durchweg **objektive Befreiungen**. Lediglich in § 4 Nr. 19 UStG wurde für blinde Unternehmer eine **subjektive Steuerbefreiung** normiert. Unter dem Gesichtspunkt der Entlastungswirkung bedürfen die Steuerbefreiungen einer differenzierten Betrachtung. Nachstehend soll allerdings keine Kommentierung der einzelnen Rechtsvorschriften des § 4 UStG im Vordergrund stehen, vielmehr soll eine funktionale Betrachtung, bei der einige Tatbestände erläutert werden, vorgenommen werden. Die Wirkungsweise wird bei den jeweiligen Befreiungskategorien exemplarisch dargestellt.

Aus den unterschiedlichen Zielsetzungen der einzelnen Steuerbefreiungen[2] folgt auch die Einteilung der Steuerbefreiungen in vier Gruppen. Es sind dies:

(1) Steuerbefreiungen mit Vorsteuerabzugsrecht[3],

(2) Steuerbefreiungen mit bedingtem Vorsteuerabzugsrecht[4],

(3) Steuerbefreiungen mit Vorsteuerabzugsmöglichkeit nach Verzicht auf die Steuerbefreiung[5],

(4) Steuerbefreiungen ohne Vorsteuerabzugsrecht infolge absoluten Vorsteuerabzugsverbots[6].

---

[1] Vgl. Art. 13 bis 16 6.EGRl.

[2] Die Steuerbefreiung kann z.B. auf sozial-, kultur- oder wirtschaftspolitischen Erwägungen beruhen. Sie dient ferner der Vermeidung von Doppelbelastungen mit anderen "Verkehrsteuern", ist aus Gründen der Wettbewerbsgleichheit bei grenzüberschreitenden Warenbewegungen erforderlich oder dient der Vereinfachung, wenn der Leistungsempfänger ohnehin zum Vorsteuerabzug berechtigt wäre. Vgl. zu den Zwecken der Steuerbefreiungen z.B. Stadie, in: Rau/Dürrwächter/Flick/Geist, Anm. 9 ff. vor §§ 4 - 9. Zu Steuerbefreiungen zum Schutz des Existenzminimums vgl. Tipke, StuW 1992, S. 103 ff. (114 ff.).

[3] Vgl. Unterabschnitt 1 in diesem Abschnitt.

[4] Vgl. Unterabschnitt 2 in diesem Abschnitt.

[5] Vgl. Unterabschnitt 3 in diesem Abschnitt.

[6] Vgl. Unterabschnitt 4 in diesem Abschnitt.

Grundsätzlich können Umsätze nur einer dieser Gruppen zugerechnet werden. Ausnahmsweise fallen jedoch die Umsätze im Sinne des § 4 Nr. 8 Buchst. a-g UStG sowohl unter die Gruppe 2 (bedingtes Vorsteuerabzugsrecht) als auch unter die Gruppe 3 (Vorsteuerabzugsmöglichkeit nach Verzicht auf die Steuerbefreiung).

Infolge der Ausgestaltung der derzeitigen Umsatzsteuer wirkt eine Steuerbefreiung nur dann in voller Höhe entlastend, wenn der Vorsteuerabzug erhalten bleibt. Wird der **Vorsteuerabzug ausgeschlossen**, so tritt eine **Belastung in Höhe der Vorumsatzsteuer** ein. Abhängig von den jeweiligen Marktgegebenheiten wird die für den Unternehmer nicht abzugsfähige Vorsteuer preiswirksam, wenn es ihm gelingt, sie im Preis auf den Abnehmer **zu überwälzen**[7]. Gelingt die Überwälzung nicht, wird der Unternehmer **systemwidrig** mit Umsatzsteuer belastet[8].

Beispiel:

Alternativ wird für den Umsatz von U 2 Steuerpflicht bzw. Steuerbefreiung ohne Vorsteuerabzugsmöglichkeit angenommen.

	steuerfrei	steuerpflichtig
Vorumsatz (Leistung des Unternehmers U 1)	100	100
(Vor)-Umsatzsteuer	15	15
verrechenbar	115	115
= abziehbar	-	15
Einstandspreis für U 2	115	100
Aufschlag	100	100
Netto-Umsatz(Preis)	215	200
Umsatzsteuer	0	30
Endverbraucherpreis	215	230

Für den Abnehmer (U 2) erhöht sich infolge der Nichtabziehbarkeit der Vorsteuer der Einstandspreis. Der „steuerfreie" Endverbraucherpreis i.H.v. 215 enthält verdeckt den nicht abzugsfähigen Vorsteuerbetrag i.H.v. 15 (**heimliche Umsatzsteuer**). Unter diesen Bedingungen führt eine Steuerbefreiung faktisch lediglich zu einer **Steuerermäßigung**[9].

Ist eine **Steuerbefreiung ohne Vorsteuerabzugsrecht** innerhalb einer **Unternehmerkette** gegeben, tritt bei Steuerpflicht in der nächsten Phase eine Nachholwirkung (faktische Aufhebung der Steuerbefreiung) ein. Abhängig von den Überwälzungsmöglichkeiten führt dies darüber hinaus zu einer **Kumulationswirkung** und **Preiserhöhung.** Das folgende Zahlenbeispiel verdeutlicht die umsatzsteuerlichen Konsequenzen bei alternativer Rechtslage.

---

7 Zur Überwälzbarkeit der Umsatzsteuer vgl. Walden, Die Umsatzsteuer als indirekte Verbrauchsteuer, Berlin 1988, S. 53 ff. m.w.N.; Gottfried, Die verdeckten Effizienzwirkungen der Umsatzsteuer, Frankfurt 1992.; vgl. auch Einf., Abschnitt 3.

8 In diesen Fällen kommt ein Billigkeitserlaß in Betracht, vgl. Tipke/Lang, Steuerrecht, 14. Aufl., Köln 1994, S. 529; Stadie, in: Rau/Dürrwächter/Flick/Geist, Einf., Anm. 103.

9 Vgl. Dziadkowski, DStZ 1985, S. 419 ff.; vgl. auch Teil VII, Abschnitt 3.

Beispiel:

	Steuerbefreiung in der Zwischenphase	Endphase ohne Vorsteuerabzugsrecht	Endphase mit Vorsteuerabzugsrecht	ohne Steuerbefreiung
Leistung des Unternehmers (U 1)	100	100	100	100
Umsatzsteuer	15	15	15	15
Vorumsatz bei U 2	115	115	115	115
Vorsteuerabzug bei U 2	0	15	15	15
	115	100	100	100
Aufschlag	100	100	100	100
Leistung des U 2 (Zwischenphase)	215	200	200	200
Umsatzsteuer	0	30	30	30
Vorumsatz bei U 3	215	230	230	230
Vorsteuerabzug bei U 3	0	0	30	30
	215	230	200	200
Aufschlag	100	100	100	100
Leistung des U 3 (Endphase)	315	330	300	300
Umsatzsteuer	47,25	0	0	45
Endverbraucherpreis	362,25	330	300	345

Greift die Steuerbefreiung ohne Vorsteuerabzugsrecht in der Zwischenphase, enthält der Endverbraucherpreis USt i.H.v. 62,25 (= 20,75 %). Davon werden 47,25 (15 % von 315) offen ausgewiesen. Die **„heimliche"** Umsatzsteuer beträgt 15. Es ergibt sich gegenüber der Alternative ohne Steuerbefreiung eine um 2,25 höhere Umsatzsteuer (= **Kumulationseffekt** = USt von der USt = 15 % von 15).

Eine Steuerbefreiung in der Endphase ohne Vorsteuerabzugsrecht führt gegenüber der Alternative ohne Steuerbefreiung lediglich zu einer Steuerermäßigung. Nur wenn die Steuerbefreiung in der Endphase mit Vorsteuerabzugsrecht erfolgt, enthält der Endverbraucherpreis keine Umsatzsteuer. Im Rahmen der Steuerbefreiung für z.B. Exportleistungen, die durch das Bestimmungslandprinzip[10] bedingt ist, wurde daher das Vorsteuerabzugsrecht nicht versagt.

Da sich Steuerbefreiungen ohne Vorsteuerabzugsrecht innerhalb der Unternehmerkette grundsätzlich „steuererhöhend" auswirken, schuf der Gesetzgeber zur Vermeidung von Mehrbelastungen für eine Reihe von Steuerbefreiungstatbeständen in § 9 UStG ein sogenanntes **Optionsrecht**. Es beinhaltet die Möglichkeit, unter bestimmten Voraussetzungen **auf die Steuerbefreiung zu verzichten und** damit gleichzeitig **das Vorsteuerabzugsrecht wiederzugewinnen**.[11] Diese

[10] Vgl. Teil II, Abschnitt 1, Kapitel 2.

[11] Bei Ausübung des Optionsrechts werden die Umsätze in vollem Umfang wie steuerpflichtige Umsätze (Vorsteuerabzug, Gesamtumsatz usw.) betrachtet. Vgl. auch Stadie, Das Recht des Vorsteuerabzugs, Köln 1989, S. 182 ff. und Teil VII, Abschnitt 4.

„abdingbaren" Steuerbefreiungen räumen dem Unternehmer[12] das Wahlrecht ein, mit Hilfe des Verzichts auf eine Steuerbefreiung wirtschaftliche Nachteile zu vermeiden. Der Gesetzgeber schuf dieses Wahlrecht insbesondere für Leistungen, die sowohl privaten Endverbrauchern als auch Unternehmern gegenüber erbracht werden (z.B. § 4 Nr. 12 Buchst. a UStG). Damit können sozial gerechtfertigte Steuerbefreiungen (z.B. Vermietungsleistungen an Private) gewährt werden, ohne daß Leistungen gleicher Art an Unternehmer dieselbe umsatzsteuerrechtliche Behandlung erfahren müssen. Für betriebswirtschaftliche Entscheidungen ist daher die Optionsmöglichkeit von erheblichem Gewicht[13].

Nachstehend sollen in einer Übersicht die Steuerbefreiungen systematisiert werden[14].

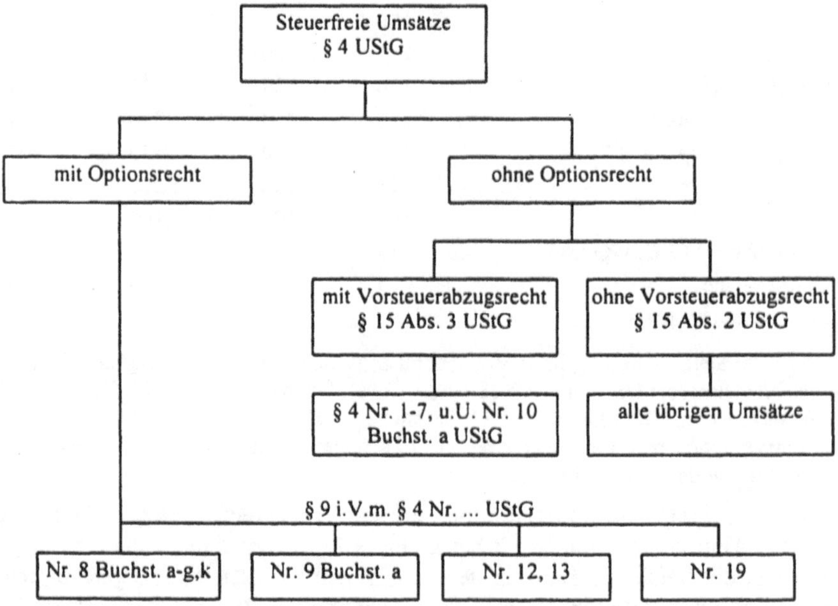

Übersicht 18: Systematisierung der steuerfreien Umsätze

[12] Das Optionsrecht steht nur dem leistenden Unternehmer zu, vgl. Schwarze, in: Schwarze/Reiß/Kraeusel, Rz. 27 ff. zu § 9.

[13] Zum Vorsteuerabzug kraft Option vgl. auch Teil VII, Abschnitt 4.

[14] Leistungen i.S. der §§ 25 Abs. 2 und 26 Abs. 5 UStG werden in diesem Zusammenhang nicht erörtert.

Zusammenfassend ist nochmals auf den grundsätzlichen Zusammenhang zwischen Steuerbefreiung und Vorsteuerabzug hinzuweisen.

Grundsatz: Steuerbefreiungen führen zum Verlust des Vorsteuerabzugs (§ 15 Abs. 2 Nr. 1 UStG)
- „**unechte Steuerbefreiung**" -

Ausnahme 1: Bei Exportleistungen z.B. bleibt der Vorsteuerabzug erhalten (§ 15 Abs. 3 Nr. 1 UStG)
- „**echte Steuerbefreiung**"-

Ausnahme 2: Bei Verzicht auf eine Steuerbefreiung bleibt der Vorsteuerabzug erhalten (Wahlrecht nach § 9 UStG)
-„**fakultative Steuerpflicht** bei Leistungen an andere Unternehmer für deren Unternehmen".

Unterabschnitt 1: Steuerbefreiungen mit Vorsteuerabzugsrecht

Kapitel 1 : Exportleistungen[15]

Aufgrund des **Bestimmungslandprinzips**[16] ist es notwendig, steuerbare Exportleistungen von der Umsatzsteuer des Ursprungslandes (Exportlandes) in vollem Umfang freizustellen. Im Bestimmungsland (Importland) wird dann die Leistung mit z.B. Einfuhrumsatzsteuer belastet und dadurch die im Importland maßgebende Umsatzsteuerbelastung hergestellt. Das Umsatzsteuerrecht bedient sich dabei der Technik, durch Steuerbefreiung des Leistungsumsatzes bei gleichzeitiger Gewährung des Vorsteuerabzugsrechts die Leistung von der Umsatzsteuer zu entlasten[17]. Der Verbrauch im Bestimmungsland wird dadurch vollständig von der Umsatzsteuer des Ursprungslandes entlastet. Es wird systemgerecht (Bestimmungslandprinzip) nur der inländische Verbrauch besteuert[18]. Die Zusammenhänge sollen an nachstehender Skizze verdeutlicht werden.

Legende:

$EUSt_X$	=	Einfuhrumsatzsteuer des Staates X (z.B. 18 v.H.)	U	=	Unternehmer (Abnehmer) im Drittlandsgebiet
FA	=	Finanzamt	USt_D	=	Deutsche Umsatzsteuer (15 v.H.)
KP	=	Kaufpreis (netto)	USt_A	=	Ausländische Umsatzsteuer
E	=	Exporteur	V	=	Verbraucher im Drittlandsgebiet
P	=	Produzent	VorSt	=	Vorsteuer
			Z	=	Zollstelle (Grenze)
			ZA	=	Zollamt

[15] Zu innergemeinschaftlichen Lieferungen vgl. Teil X, Abschnitt 3, Kapitel 4 - 6

[16] Vgl. Teil II, Abschnitt 1, Kapitel 2.

[17] Die Umsatzsteuer wird faktisch an der Grenze „auf Null gestellt". Man spricht auch von der Fiktion eines Nullsatzes. Eine vollständige Entlastung ist jedoch dann nicht möglich, wenn innerhalb einer Unternehmerkette eine Steuerbefreiung ohne Vorsteuerabzugsrecht gegeben ist. Vgl. dazu das vorangegangene Beispiel in Abschnitt 1. Liefert U 3 an einen Abnehmer im Drittlandsgebiet, beträgt der „steuerfreie" Preis 315 DM. Er enthält verdeckt 15 DM nicht abziehbare Vorsteuer. Damit ist der Verbrauch im Bestimmungsland nicht vollständig von der inländischen Umsatzsteuer befreit.

[18] Die Steuerbefreiung nach § 4 Nr. 1 Buchst. a UStG erfaßt daher den Gegenstandseigenverbrauch nach § 1 Abs. 1 Nr. 2 Buchst. a UStG auch dann nicht, wenn der Unternehmer seinem Unternehmen im Inland einen Gegenstand entnimmt und ihn z.B. seiner im Ausland lebenden Tochter als Geschenk zusendet. Der Verbrauch des Unternehmers wird verbrauchsteuerkonform im Inland (Bestimmungsland) besteuert; vgl. auch BFH vom 5.10.1993, BFH/NV 1994, S. 590. Es liegt insoweit keine steuerbare Leistung (Lieferung) eines Unternehmers vor.

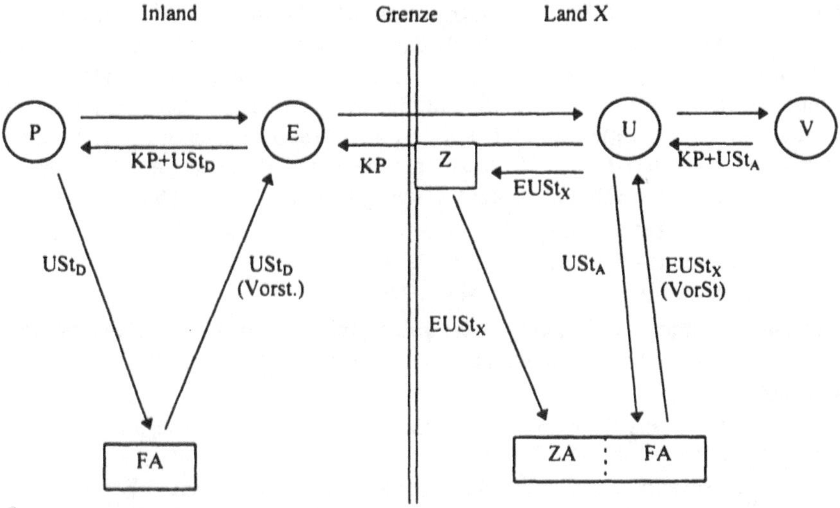

A. Die Ausfuhrlieferungen

Nach § 4 Nr. 1 Buchst. a UStG sind steuerbare Lieferungen, die als Ausfuhrlieferungen i.S. des § 6 UStG anzusehen sind, grundsätzlich steuerfrei. Eine **steuerbare Ausfuhrlieferung** liegt dann vor, wenn sich der Ort der Lieferung (§ 3 Abs. 6 UStG) im Inland befindet. Das Verbringen eines Gegenstandes ins Drittlandsgebiet (Transport von Waren ins Drittlandsgebiet, ohne daß ein Abnehmer bereits feststeht) führt noch nicht zu einer steuerbaren Ausfuhrlieferung. Mangels Leistungsempfänger ist keine Leistung (Lieferung) gegeben.

Beispiele:

(1) Ein Schweizer Unternehmer holt einen Pkw, den er ausschließlich in seinem Unternehmen einsetzen will, in einem Stuttgarter Werk ab und überführt ihn persönlich nach Zürich.

Die Lieferung ist nach § 3 Abs. 6 UStG im Inland steuerbar. Nach § 4 Nr. 1 Buchst. a i.V.m. § 6 Abs. 1 Nr. 2 und Abs. 3a UStG ist sie jedoch steuerfrei (ausländischer Abnehmer).

(2) Ein Essener Unternehmer versendet im Auftrag seines Abnehmers aus Dortmund Waren an dessen Betriebsstätte in Prag.

Die steuerbare Lieferung (§ 3 Abs. 7 i.V.m. Abs. 6 UStG) ist nach § 4 Nr. 1 Buchst. a i.V.m. § 6 Abs. 1 Nr. 1 UStG steuerfrei.

Ist die Steuerbarkeit zu bejahen und muß somit die Anwendbarkeit einer Befreiungsvorschrift geprüft werden, so ist wesentliche Voraussetzung, daß eine Ausfuhr gegeben ist. Als **Ausfuhr** ist die tatsächliche Warenbewegung über die Grenze zu betrachten[19]. Der Gegenstand muß (endgültig) in das Drittlandsgebiet gelangt sein. Eine steuerfreie Ausfuhrlieferung kann angenommen werden, wenn sämtliche Tatbestandsmerkmale der alternativen Tatbestände in § 6 Abs. 1 UStG erfüllt sind.

[19] Zum Begriff der Einfuhr vgl. Teil III, Abschnitt 3, Unterabschnitt 5.

§ 6 Abs. 1 UStG enthält **drei Befreiungstatbestände**. Die Abgrenzung dieser Tatbestände untereinander richtet sich danach, wer - der Unternehmer oder der Abnehmer - den Gegenstand der Lieferung in das Drittlandsgebiet befördert oder versendet hat. Weiterhin ist von Bedeutung, in welchen Teil des Drittlandsgebietes - außerhalb oder innerhalb der in § 1 Abs. 3 UStG bezeichneten Gebiete - der Gegenstand gelangt ist. Die Voraussetzungen eines Befreiungstatbestandes sind vom liefernden Unternehmer nachzuweisen (§ 6 Abs. 4 UStG; §§ 8 ff. UStDV).

Die in den drei Tatbeständen des § 6 Abs. 1 UStG aufgeführten Fallarten[20] werden nachstehend erläutert:

(1) Ausfuhrlieferung i.S. des § 6 Abs. 1 Nr. 1 UStG

Der Unternehmer hat den Gegenstand der Lieferung in das Drittlandsgebiet außerhalb der in § 1 Abs. 3 UStG bezeichneten Gebiete befördert oder versendet.

Beispiel:

Ein Unternehmer aus Bochum befördert Ersatzteile zum Lager seines in Essen ansässigen Abnehmers nach Lugano.

Es liegt eine steuerbare und nach § 4 Nr. 1 Buchst. a i.V.m. § 6 Abs. 1 Nr. 1 UStG steuerfreie Ausfuhrlieferung vor.

(2) Ausfuhrlieferung i.S. des § 6 Abs. 1 Nr. 2 UStG

Hat der Abnehmer den Gegenstand der Lieferung in das Drittlandsgebiet außerhalb der in § 1 Abs. 3 UStG bezeichneten Gebiete befördert oder versendet, so muß er ein **ausländischer Abnehmer** sein. Der Begriff des ausländischen Abnehmers geht aus § 6 Abs. 2 UStG hervor.

Beispiel:

Ein Abnehmer aus Bern holt eine Ware beim Lieferer in Duisburg ab und befördert sie in die Schweiz.

Es liegt ein sogenannter Abholfall vor. Die steuerbare Lieferung ist nach § 4 Nr. 1 Buchst. a i.V.m. § 6 Abs. 1 Nr. 2 UStG steuerfrei (ausländischer Abnehmer; Hinweis auf § 6 Abs. 3 UStG und die Einschränkung der Steuerbefreiung für Ausfuhrlieferungen im nichtkommerziellen Reiseverkehr, § 6 Abs. 3a UStG).

---

[20] § 6 Abs. 3a UStG schränkt die Steuerbefreiung für Ausfuhrlieferungen im nichtkommerziellen Reiseverkehr ein. Eine Ausfuhrlieferung im nichtkommerziellen Reiseverkehr liegt vor, wenn der Abnehmer Gegenstände, die er nicht für unternehmerische Zwecke erworben hat, persönlich in seinem Reisegepäck in ein Drittland ausführt.
Darüber hinaus ist in den Fällen des § 6 Abs. 1 Nr. 2 und 3 UStG die Ausfuhrbefreiung für Gegenstände ausgeschlossen, die zur Ausrüstung oder Versorgung von Beförderungsmitteln bestimmt sind, die der Abnehmer nicht seinem Unternehmen zugeordnet hat (§ 6 Abs. 3 UStG).

(3) Ausfuhrlieferung nach § 6 Abs. 1 Nr. 3 UStG

Hat der Unternehmer oder der Abnehmer den Gegenstand der Lieferung in eines der in § 1 Abs. 3 UStG bezeichneten Gebiete, d. h. z.B. in einen Freihafen befördert oder versendet, so kommt die Steuerbefreiung in Betracht, wenn

(1) der Abnehmer ein Unternehmer ist, der den Gegenstand für sein Unternehmen erworben hat, oder

(2) der ausländische Abnehmer kein Unternehmer ist und der Gegenstand in das übrige Drittlandsgebiet gelangt (Hinweis auf § 6 Abs. 3, 3a UStG).

Beispiel:

Ein Unternehmer aus Köln liefert im Wege der Versendung an einen Unternehmer im Freihafen Hamburg eine Druckmaschine, die dieser in seinem Unternehmen einsetzt.

Die im Inland (Köln) steuerbare Lieferung ist nach § 4 Nr. 1 Buchst. a i.V.m. § 6 Abs. 1 Nr. 3 UStG steuerfrei. Der Abnehmer im Freihafen Hamburg ist Unternehmer und erwirbt die Druckmaschine für sein Unternehmen.

Ob der Abnehmer den Gegenstand für Zwecke seines Unternehmens erwirbt, bestimmt sich nach dem Verwendungszweck zum Zeitpunkt des Erwerbs. Soll der Gegenstand sowohl für unternehmerische als auch für außerunternehmerische Zwecke genutzt werden, hat der Unternehmer grundsätzlich ein Zuordnungswahlrecht[21]. Sind Gegenstände der Lieferung vertretbare Sachen, die der Abnehmer sowohl für unternehmerische als auch für nichtunternehmerische Zwecke erworben hat, ist der Anteil, der auf den unternehmerischen Erwerbszweck entfällt, durch eine Aufteilung entsprechend dem Erwerbszweck zu ermitteln .

B. Die Lohnveredelungen an Gegenständen der Ausfuhr

Die Lohnveredelungen an Gegenständen der Ausfuhr i.S. des § 7 UStG sind ebenfalls nach § 4 Nr. 1 Buchst. a UStG steuerbefreit. Eine **Lohnveredelung** an einem Gegenstand der Ausfuhr liegt vor, wenn bei einer Be- oder Verarbeitung eines Gegenstandes der Auftraggeber den Gegenstand zum Zweck der Be- oder Verarbeitung in das **Gemeinschaftsgebiet** eingeführt oder zu diesem Zweck in diesem Gebiet erworben hat und weitere Voraussetzungen erfüllt sind. Die weiteren Voraussetzungen sind in § 7 Abs. 1 Nr. 1 - 3 UStG normiert.

Als **ausländischer Auftraggeber** i.S. der Vorschriften ist derjenige anzusehen, der die für den ausländischen Abnehmer i.S. des § 6 Abs. 2 UStG geforderten Voraussetzungen erfüllt. Als Lohnveredelung ist jede Be- oder Verarbeitung eines Gegenstandes anzusehen. Die **Steuerbefreiung** erstreckt sich auf die gesamte Lohnveredelungsleistung einschließlich der hierzu verwandten Zutaten und sonstigen Nebensachen. Eine Lohnveredelungsleistung ist in der Regel als Werkleistung zu qualifizieren. Überwiegen im Einzelfall die Lieferungselemente (Verwendung von Hauptstoffen), so handelt es sich um eine Werklieferung. Eine Werklieferung kann unter den Voraussetzungen des § 4 Nr. 1 Buchst. a i.V.m. § 6 Abs. 1 UStG als Ausfuhrlieferung steuerbefreit sein. Im Unterschied zur Lohnveredelung kommt die Steuerbefreiung für Werklieferungen an eingeführten oder im Gemein-

---

[21] Vgl. Teil I, Abschnitt 2, Kapitel 5.

schaftsgebiet erworbenen Gegenständen unabhängig davon in Betracht, zu welchem Zweck die Gegenstände eingeführt oder erworben worden sind.

Für die Annahme der Steuerfreiheit ist es nicht erforderlich, daß die Lohnveredelung für einen ausländischen Auftraggeber vorgenommen wird. Die Steuerfreiheit nach § 4 Nr. 1 i.V.m. § 7 UStG kann auch dann in Anspruch genommen werden, wenn sie für einen Auftraggeber im Inland durchgeführt und anschließend der Gegenstand vom Unternehmer in das Drittlandsgebiet befördert oder versendet wird (§ 7 Abs. 1 Nr. 1 UStG). Eine Lohnveredelungsleistung kann jedoch auch als **Sonderfall der Leistung** i.S. des § 3 Abs. 10 UStG zu betrachten sein.

Beispiel:

Ein ausländischer Auftraggeber gibt Gold in Barren zum Zweck der Be- und Verarbeitung einer Blattgoldwalzerei in Frankfurt und erhält gegen Werklohn in der Walzerei hergestelltes Blattgold, das er anschließend selbst nach Zürich befördert.

Die durchgeführte Lohnveredelung ist nach § 4 Nr. 1 Buchst. a i.V.m. § 7 Abs. 3 UStG steuerfrei, weil ein Sonderfall der Leistung gegeben ist.

Unterabschnitt 2: Steuerbefreiungen mit bedingtem Vorsteuerabzugsrecht

Leistungen, die nach § 4 Nr. 8 Buchst. a-g UStG (bestimmte Finanzumsätze) und nach § 4 Nr. 10 Buchst. a UStG (bestimmte Versicherungsumsätze) **steuerbefreit** sind, führen grundsätzlich zum **Ausschluß des Vorsteuerabzugs**[22]. Die **Vorsteuerabzugsberechtigung** - „der Ausschluß vom Vorsteuerabzug tritt nicht ein"- bleibt jedoch dann erhalten, wenn sich die Leistungen unmittelbar auf Gegenstände beziehen, die in das Drittlandsgebiet ausgeführt werden[23].

Diese Regelung gilt auch dann, wenn die (nicht steuerbaren) Umsätze im Ausland oder als unentgeltliche Leistungen i.S. des § 15 Abs. 2 Nr. 2 oder Nr. 3 UStG an einen Leistungsempfänger, der im Drittlandsgebiet ansässig ist, ausgeführt werden[24].

Beispiel:

Anläßlich der Finanzierung einer Ausfuhrlieferung nach Ungarn fallen bei der Abwicklungsbank im Inland Vorsteuerbeträge an.

Das bedingte Vorsteuerabzugsrecht tritt ein, da sich die Finanzierung auf einen Gegenstand bezieht, der in das Drittlandsgebiet (Ungarn) ausgeführt wird (§ 15 Abs. 3 Nr. 1 bzw. Nr. 2 Buchst. b i.V.m. § 4 Nr. 8 Buchst. a UStG).

Es ist darauf hinzuweisen, daß für die Leistungen i.S. des § 4 Nr. 8 Buchst. a-g UStG, sofern sie an andere Unternehmer erbracht werden, eine Vorsteuerabzugsmöglichkeit nach Verzicht auf die Steuerbefreiung herbeigeführt werden kann[25].

---

[22] § 15 Abs. 2 Nr. 1 UStG.

[23] § 15 Abs. 3 Nr. 1 Buchst. b UStG.

[24] § 15 Abs. 3 Nr. 2 Buchst. b UStG.

[25] Vgl. Unterabschnitt 3 in diesem Teil.

Unterabschnitt 3:
Steuerbefreiungen mit Vorsteuerabzugsmöglichkeit nach Verzicht auf die Steuerbefreiung (Option)

Die in § 4 Nr. 8 - 28 UStG normierten **Steuerbefreiungen** führen nach § 15 Abs. 2 i.V.m. Abs. 3 UStG im Gegensatz zu den Steuerbefreiungen nach § 4 Nr. 1- 7 UStG grundsätzlich zum **Ausschluß des Vorsteuerabzugs**. Die nichtabziehbaren Vorsteuerbeträge werden Aufwand des Unternehmers und wirken sich im allgemeinen bei der Preisbildung aus. Der Endverbraucher als Leistungsempfänger erhält eine de jure steuerfreie Leistung, muß aber die bis zur Phase des steuerfrei leistenden Unternehmers angefallenen nichtabziehbaren Vorsteuern im Rahmen seiner Entgeltleistung tragen[26].

Ist der Leistungsempfänger selbst Unternehmer und führt er steuerpflichtige Umsätze aus, würde er (Überwälzung der nichtabziehbaren Vorsteuer vorausgesetzt) wie der private Endverbraucher mit den in der Vorstufe nichtabziehbaren Vorsteuern über den „Einstandspreis" belastet. Er könnte diese Preisbestandteile, da sie nicht den Charakter einer gesondert in Rechnung gestellten Umsatzsteuer besitzen, bei Ermittlung seiner Zahllast nicht in Abzug bringen. Es entstünde ein systemwidriger Kumulationseffekt[27], der gerade durch die Umsatzsteuerreform 1968 beseitigt werden sollte.

Zur Vermeidung von wirtschaftlichen Nachteilen und einer damit ggf. verbundenen Kumulationswirkung hat der Gesetzgeber Unternehmern, die **steuerfreie Umsätze** i.S. des § 4 Nr. 8 Buchst. a-g, k, Nr. 9 Buchst. a, Nr. 12, Nr. 13 und Nr. 19 UStG ausführen, nach § 9 UStG ein **Wahlrecht** eingeräumt[28]. Dieses Wahlrecht besteht in der Möglichkeit, auf die vorgenannten **Steuerbefreiungen zu verzichten** (Optionsmöglichkeit). Der Verzicht wird ausgeübt, indem der Unternehmer den optionsfähigen Umsatz steuerpflichtig behandelt[29].

Der Unternehmer kann einen Umsatz (**Einzeloption**)[30] der vorgenannten Art, der grundsätzlich steuerfrei wäre, unter bestimmten Voraussetzungen als **steuerpflichtig** behandeln[31]. Eine Voraussetzung ist, daß der Umsatz an einen **anderen**

---

[26] Vgl. die Ausführungen zu Beginn dieses Teils; vgl. auch Unterabschnitt 2 in diesem Abschnitt.

[27] Der Leistungsempfänger (Unternehmer) würde bei der Ausführung seines Umsatzes u.a. Umsatzsteuer von nichtabziehbarer Vorsteuer (= Umsatzsteuer) berechnen.

[28] Bei den übrigen in § 4 Nr. 8-28 UStG normierten Steuerbefreiungen bleibt es dagegen bei der oben erläuterten Kumulationswirkung. Zur berechtigten Kritik an § 9 UStG vgl. Tipke/Lang (FN 8), S. 596. Die Kumulationswirkung könnte generell verhindert werden, wenn zumindest bei Umsätzen an Unternehmer für deren Unternehmen auf vorsteuerabzugschädliche Steuerbefreiungen verzichtet würde.

[29] Zu den Anforderungen an eine formwirksame Erklärung des Verzichts vgl. BFH vom 1.12.1994, BStBl 1995 II S. 427 und mit kritischer Anm. Widmann, UR 1995, S. 401 f.

[30] Der Unternehmer kann für jeden optionsfähigen Umsatz einzeln auf die Steuerbefreiung verzichten.

[31] Zu Einschränkungen der Optionsmöglichkeit nach § 9 Abs. 2 UStG vgl. Kapitel 3 in diesem Unterabschnitt.

Unternehmer für dessen Unternehmen ausgeführt wird[32]. Damit hängt die Wirksamkeit der Option u.a. von der Zuordnungsentscheidung des Leistungsempfängers ab (z.B. Zuordnung eines Gegenstandes, der für unternehmerische und außerunternehmerische Zwecke genutzt werden soll)[33].

Der Verzicht auf eine der in § 9 UStG aufgeführten Steuerbefreiungen hat wie bei **originär steuerpflichtigen Umsätzen**[34] zur Folge, daß infolge der Option der grundsätzlich vorgesehene **Ausschluß vom Vorsteuerabzug wieder aufgehoben** wird. Es entsteht für den Kreis der fakultativ steuerpflichtigen Umsätze ein Vorsteuerabzugsrecht wie bei den üblicherweise steuerpflichtigen Umsätzen[35]. Außerdem ist der Unternehmer nach § 14 Abs. 1 UStG auf Verlangen des Leistungsempfängers verpflichtet, eine Rechnung mit gesondertem Steuerausweis zu erstellen.

Da diese Umsatzarten wegen der Optionsmöglichkeiten von besonderem betriebswirtschaftlichen Interesse sind, sollen sie (z.T.) in den nächsten Kapiteln in der Reihenfolge des Befreiungskatalogs in § 4 UStG erörtert werden.

Für Unternehmer, die ihre Umsätze aus land- und forstwirtschaftlichen Betrieben nach § 24 UStG versteuern, ist eine Option nach § 9 UStG nicht möglich (§ 24 Abs. 1 Satz 2 UStG). Ausgeschlossen ist eine Option auch für Kleinunternehmer i.S. des § 19 Abs. 1 Satz 1 UStG (§ 19 Abs. 1 Satz 4 UStG).

Kapitel 1 : Umsätze des Geld- und Kapitalverkehrs

Die **Steuerbefreiungen des Geld- und Kapitalverkehrs** werden in § 4 Nr. 8 UStG geregelt. Für die unter § 4 Nr. 8 Buchst. a-g UStG aufgeführten Umsätze besteht neben der Optionsmöglichkeit nach § 9 UStG noch ein bedingtes Vorsteuerabzugsrecht[36].

Ziel des Befreiungskatalogs in § 4 Nr. 8 UStG ist es u.a., die Vermögensbildung durch Sparen (Wertpapierbesitz, Beteiligungen usw.) nicht mit Umsatzsteuer zu belasten. Die Befreiungen sind insoweit vertretbar, als sie Umsätze betreffen, die lediglich Vermögensumschichtungen (Umsätze von gesetzlichen Zahlungsmitteln, Geldforderungen, Wertpapieren etc.) bewirken. Gegen das Verbrauchsteuerprinzip der Umsatzsteuer verstoßen jedoch Steuerbefreiungen, die z.B. Leistungen wie die Kreditgewährung von der (Ausgangs-) Umsatzsteuer entlasten. Das Entgelt für diese Leistungen (z.B. der gezahlte Zins) stellt eine Einkommensverwendung dar, die zu einem Verbrauch führen kann (z.B. Kreditaufnahme zum Erwerb eines Konsumgutes). Nachstehend soll exemplarisch die Kreditgewährung (§ 4 Nr. 8 Buchst. a UStG) erläutert werden.

---

[32] Ein Verzicht auf die Steuerbefreiung ist daher beim Eigenverbrauch ausgeschlossen, vgl. z.B. BFH vom 20.7.1988, BStBl 1988 II S. 1012.

[33] Vgl. Birkenfeld, USt-Hdb II Rz.630.

[34] Umsätze, die infolge fehlender Steuerbefreiung stets ohne Wahlrechtsausübung steuerpflichtig sind.

[35] Kraft Option i.S. des § 9 UStG sind die Umsätze steuerpflichtig und fallen unter keine Befreiungsvorschrift. Daraus folgt, daß der Vorsteuerabzug nicht ausgeschlossen ist.

[36] Vgl. Unterabschnitt 2 in diesem Abschnitt.

Eine **umsatzsteuerfreie Kreditgewährung** (§ 4 Nr. 8 Buchst. a UStG) ist grundsätzlich beim **Kapitalkredit** gegeben (z.B. Gewährung von Darlehen, Kontokorrentkredit, Hypothekenkredit). Die Kapitalhingabe und Kapitalrückzahlung stellt selbst keinen steuerbaren Umsatz dar. Die steuerbare sonstige Leistung (zeitlich befristete Kapitalüberlassung zur Nutzung) wird durch die Kreditgewährung gegen Zinsen, Provisionen usw. erbracht.

Die Kreditgewährung kann im Zusammenhang mit anderen Umsätzen stehen. In diesen Fällen muß eine steuerfreie Kreditgewährung den **Hauptgegenstand**[37] der Leistung bilden bzw. als selbständige Leistung anzusehen sein. Insbesondere bei einem **Warenkredit** kann die Kreditgewährung eine Nebenleistung zur Warenlieferung darstellen. In diesen Fällen ist die Hauptleistung dann die Warenlieferung. Die Nebenleistung „Kreditgewährung" teilt das Schicksal der Hauptleistung. Eine Steuerbefreiung nach § 4 Nr. 8 Buchst. a UStG entfällt[38].

Die Kreditinstitute haben in der Vergangenheit von der Optionsmöglichkeit des § 9 UStG für Umsätze im Geld- und Kapitalverkehr wenig Gebrauch gemacht. Da Finanzumsätze (z.B. Kreditgewährungen) auch an Nichtunternehmer bzw. nicht zum Vorsteuerabzug berechtigte Unternehmer erbracht werden, besteht für die Kreditinstitute die Notwendigkeit, die Möglichkeit einer Option für jeden einzelnen Umsatz zu prüfen. Der mit einer Option insgesamt verbundene Verwaltungsaufwand übersteigt offenbar bisher den umsatzsteuerrechtlichen Vorteil eines Verzichts auf die Steuerbefreiung[39].

Kapitel 2 : Veräußerungen von Grundstücken und grundstücksgleichen Rechten

Nach § 4 Nr. 9 Buchst. a UStG sind die Umsätze, die unter das Grunderwerbsteuergesetz fallen - also grunderwerbsteuerbar sind - von der Umsatzsteuer befreit. **Grunderwerbsteuerbar** sind z.B. die Eigentumsübertragung an einem inländischen Grundstück mit seinen wesentlichen Bestandteilen und mit seinen Rechten, das Übertragen von Erbbaurechten, Erbpachten und Wohnungseigentum, die Abtretung aus einem Grundstücksvertrag und die Grundstücksenteignung. Ziel der Steuerbefreiung ist die Vermeidung einer Doppelbelastung von Grundstücksveräußerungen mit den Verkehrsteuern Umsatzsteuer[40] und Grunderwerbsteuer.

---

[37] Die Befreiung erstreckt sich dann auch auf die mit dem Kreditgeschäft zusammenhängenden Spesen (z.B. Auslagenersatz, Schreib- und Buchungsgebühren) und auch z.B. auf die Verwaltung von Krediten und Kreditsicherheiten, soweit es sich dabei um Nebenleistungen zur Kreditgewährung handelt (§ 4 Nr. 8 Buchst. a UStG).

[38] Zur Abgrenzung vgl. Abschn. 29a UStR. Der Verzicht auf Skonto durch Entrichtung des Kaufpreises mit Ablauf der Zahlungsfrist soll i.H.d. Skontobetrages kein Entgelt für eine Kreditleistung sein, BFH vom 28.1.1993, BStBl 1993 II S. 360; Abschn. 29a Abs. 5 UStR.

[39] Zur Umsatzsteueroption im Kreditgewerbe vgl. auch Hofmann, BB 1991, S. 1388 ff.

[40] Zur Charakterisierung der USt vgl. Einführung Abschnitt 2. Zur Integration der GrESt in die USt vgl. Tipke/Lang (FN 8), S. 599 m.w.N.

Für die Umsatzsteuerbefreiung ist die Grunderwerbsteuerbarkeit ausreichendes Kriterium. Umsatzsteuerfreiheit wird auch dann gewährt, wenn der Umsatz unter die Befreiungsvorschriften des Grunderwerbsteuergesetzes[41] fällt[42].

Der **Anwendungsbereich** des § 4 Nr. 9 Buchst. a UStG ist häufig **problematisch**, weil die Steuerobjekte des UStG nicht mit denen des GrEStG übereinstimmen. Zum einen knüpft das UStG an einzelne Leistungen des Unternehmers, also i.d.R. an Erfüllungsgeschäfte (z.B. Übertragung eines Grundstücks) an, während das GrEStG im wesentlichen Rechtsvorgänge (Verpflichtungsgeschäfte, z.B. Abschluß von Grundstückskaufverträgen) erfaßt. Im Zusammenhang mit § 4 Nr. 9 Buchst. a UStG sind daher Verpflichtungs- und Erfüllungsgeschäfte gemeinsam zu betrachten. Zum anderen versteuert umsatzsteuerrechtlich der leistende Unternehmer „seine" Umsätze, grunderwerbsteuerlich steht jedoch der einheitliche, u.U. durch das Zusammenwirken mehrerer Personen begründete Erwerbsvorgang aus der Sicht des Erwerbers im Vordergrund. Grunderwerbsteuerlich können daher verschiedene Leistungen, die von unterschiedlichen Unternehmern erbracht werden, zu einem einheitlichen Erwerbsvorgang zusammengefaßt und der GrESt unterworfen werden (Bündelung von Leistungen). Umsatzsteuerrechtlich sind dagegen die Leistungen der einzelnen Unternehmer gesondert zu beurteilen. Die Einbeziehung von Leistungen in die Bemessungsgrundlage der GrESt hindert dabei nicht die Umsatzsteuerpflicht einzelner umsatzsteuerrechtlicher Leistungen[43].

Nicht grunderwerbsteuerbar und somit **nicht steuerfrei** nach § 4 Nr. 9 Buchst. a UStG sind z.B. die Übertragung von Maschinen und sonstigen Vorrichtungen aller Art, die zu einer Betriebsanlage gehören (§ 2 Abs. 1 Nr. 1 GrEStG).

Beispiel:

Ein Unternehmer veräußert am 6.10.1995 ein bebautes Grundstück an einen anderen Unternehmer. Im Erdgeschoß des Gebäudes befindet sich eine Gastwirtschaft, im Kellergeschoß eine dazugehörige Kegelbahn. Die weiteren Stockwerke sind an Private zu Wohnzwecken vermietet. Es wird notariell vereinbart, daß Nutzen und Lasten am Grundstück zum 1. 1. 1996 auf den Erwerber übergehen.

Der Umsatz ist als Lieferung eines Grundstücks zu qualifizieren. Als Lieferungszeitpunkt ist der 1. 1. 1996 (Übergang von Nutzen und Lasten) anzusehen. Die Lieferung i.S. des § 3 Abs. 1 UStG ist nach § 1 Abs. 1 Nr. 1 UStG steuerbar. Es ist weiterhin zu prüfen, ob und in welchem Umfange die Lieferung nach § 4 Nr. 9 Buchst. a UStG als steuerfrei zu betrachten ist. Da der Grundstücksverkauf unter das Grunderwerbsteuergesetz fällt, ist die Befreiungsvorschrift nach § 4 Nr. 9 Buchst. a UStG grundsätzlich anwendbar. Allerdings kann die Steuerfreiheit nicht für die Übertragung der Betriebsvorrichtung - Kegelbahn - gewährt werden (nicht grunderwerbsteuerbar). Die Lieferung (und das Entgelt) ist folglich ausnahmsweise in einen steuerpflichtigen und in einen steuerfreien Teil aufzuspalten (Ausnahme vom Grundsatz der Unteilbarkeit einer Leistung).

Die **Entnahme** eines dem Unternehmen zugeordneten Grundstücks (§ 1 Abs. 1 Nr. 2 Buchst. a UStG) fällt nicht unter den Anwendungsbereich des GrEStG. Um eine umsatzsteuerliche Benachteiligung der unternehmerischen Selbstversorgung

---

[41] Vgl. z.B. § 17 Abs. 4 Nr. 1 GrEStG.

[42] BFH vom 24.6.1992, BStBl 1992 II S. 986.

[43] Vgl. BFH vom 10.9.1992, BStBl 1993 II S. 316.

zu vermeiden, wird § 4 Nr. 9 Buchst. a UStG entsprechend angewendet[44]. Eine Optionsmöglichkeit nach § 9 UStG entfällt jedoch[45], so daß u.U. eine Vorsteuerkorrektur nach § 15a UStG (§ 15a Abs. 4 UStG) in Betracht kommt.

Für steuerfreie Grundstückslieferungen i.S. des § 4 Nr. 9 Buchst. a UStG kann unter den Voraussetzungen des § 9 UStG zur Steuerpflicht **optiert** werden[46]. Eine Doppelbelastung der Grundstückslieferung (des Grundstückserwerbs) wird i.d.R. durch den Vorsteuerabzug des Erwerbers vermieden. Der Vorteil des Veräußerers ergibt sich daraus, daß er eine Vorsteuerkorrektur nach § 15a UStG vermeidet und die im Zusammenhang mit der Veräußerung angefallenen Vorsteuerbeträge abziehen kann.

Anzumerken ist, daß bei einer Option des Vollstreckungsschuldners im Rahmen der Zwangsversteigerung eines Grundstücks das **Abzugsverfahren** nach § 51 Abs. 1 Nr.3 UStDV anzuwenden ist. Durch diese Regelung sollen Steuerausfälle für den Fiskus vermieden werden[47].

Kapitel 3 : Vermietungs- und Verpachtungsumsätze

Die **Vermietung und Verpachtung von Grundstücken** (Grundstücksteilen) und die **Überlassung von grundstücksgleichen Rechten** sind nach § 4 Nr. 12 UStG **steuerfrei**. Die Begriffe Vermietung und Verpachtung werden vom BFH in ständiger Rechtsprechung nach bürgerlichem Recht interpretiert[48]. **Vermietung** bedeutet danach die entgeltliche Gebrauchsüberlassung einer Sache nach § 535 BGB und **Verpachtung** die entgeltliche Überlassung des Gebrauchs und der Fruchtziehung einer Sache nach § 581 BGB.

---

[44] Abschn. 71 Abs. 2 Nr. 2 UStR; kritisch Klenk, UR 1993, S. 377 ff.

[45] Vgl. z.B. Sauerland/Schmidt/Lippross, Umsatzsteuer, 18. Aufl., Achim 1994, S. 203; a.A. Stadie (FN 11), S. 186 f.

[46] Zur Frage der Teiloption bei der Veräußerung gemischtgenutzter Grundstücke vgl. BFH vom 28.4.1992, UR 1992, S. 272 und Dziadkowski, BB 1994, S. 1119 ff. Zur zivilrechtlichen Vertragsgestaltung vgl. Eder, ZIP 1994, S. 1669 ff. Zur umsatzsteuerlichen Behandlung gemischtgenutzter Grundstücke vgl. auch die Schlußanträge des Generalanwalts beim EuGH in der Rechtssache C - 291/92 vom 6.4.1995, UVR 1995, S. 273 ff. mit Anm. Dziadkowski, S. 280 ff. und Dziadkowski, BB 1995, S. 1930 ff.
Inzwischen hat der EuGH mit Urteil vom 4.10.1995 in der Rechtssache Armbrecht C - 291/92, DB 1995, S. 2352, entschieden, daß ein Steuerpflichtiger bei Erwerb eines Gegenstandes, den er sowohl für unternehmerische als auch für außerunternehmerische Zwecke nutzen will (gemischtgenutzter Gegenstand), nur den unternehmerisch genutzten Teil des Gegenstandes seinem Unternehmen zuordnen kann. Folgerichtig unterliegt bei einem Verkauf des Gegenstandes nur der unternehmerisch genutzte (und dem Unternehmensvermögen zugeordnete) Teil des Gegenstandes der Umsatzbesteuerung, so daß der Unternehmer auch nur für diesen Teil zur Umsatzsteuerpflicht optieren kann, vgl. auch Teil VII, Abschnitt 4.

[47] Vgl. auch BFH vom 24.2.1994, BStBl 1994 II S. 487.

[48] BFH vom 30.5.1994, BStBl 1994 II S. 775; kritisch unter Berücksichtigung von Art. 13 Teil B Buchst. b 6.EGRl Lohse, UR 1994, S. 150 ff.; Dziadkowski, DStR 1994, S. 997 ff.; vgl. auch FG München vom 30.8.1994, UVR 1995, S. 46 mit Anm. Dziadkowski, S. 48 f.; zur Steuerbefreiung einer Abstandszahlung für den Verzicht eines Mieters auf seine Rechte aus dem Mietvertrag vgl. EuGH vom 15.12.1993, BStBl 1995 II S. 480.

Die Befreiungsvorschrift des § 4 Nr. 12 UStG sollte ursprünglich nur die Verteuerung der Wohnungsmieten verhindern[49]. Seit einiger Zeit wird sie aber auch damit gerechtfertigt, daß die Finanzverwaltung sich nicht in der Lage sieht, alle privaten Vermieter zu erfassen[50]. Aus dem Katalog des § 4 Nr. 12 UStG, der mit einem **Optionsrecht nach § 9 UStG** ausgestattet ist, sollen die unter Buchstabe a aufgeführten Tatbestände Gegenstand nachstehender Erörterungen sein.

Zunächst ist jedoch anzumerken, welche Vermietungsumsätze **nicht unter die Befreiungsvorschrift des § 4 Nr. 12 UStG** fallen. Es sind dies:

(1) Die Vermietung von Wohn- und Schlafräumen, die ein Unternehmer zur **kurzfristigen Beherbergung** von Fremden bereithält. Entscheidend ist nicht die tatsächliche Dauer der Vermietung, sondern die Absicht des Unternehmers, die Räume für eine kurzfristige Beherbergung (weniger als 6 Monate[51]) zur Verfügung zu stellen. Typische Fälle sind die Vermietung von Zimmern in Hotels und Gasthöfen oder die Vermietung von Ferienwohnungen.

(2) Die **Vermietung von Plätzen für das Abstellen von Fahrzeugen**. Dazu zählt auch die Vermietung von Garagen[52].

(3) Die **kurzfristige Vermietung auf Campingplätzen** (weniger als 6 Monate).

(4) Die **Vermietung und Verpachtung** von Maschinen und sonstigen Vorrichtungen aller Art, die zu einer Betriebsanlage gehören (**Betriebsvorrichtung**), auch wenn sie wesentliche Bestandteile eines Grundstücks sind.

Zur Beurteilung der Frage, ob eine steuerfreie Vermietung oder Verpachtung eines **Grundstücks** vorliegt, ist nach Auffassung des BFH grundsätzlich das bürgerliche Recht maßgebend[53]. Danach gehören zu einem Grundstück auch die wesentlichen Bestandteile (§§ 93, 94 BGB), insbesondere die Gebäude und Gebäudeteile. Scheinbestandteile (§ 95 BGB) gehören nicht zu den Bestandteilen des Grundstücks. Steuerpflichtig kann danach insbesondere die Vermietung von Büro- und Wohncontainern, Baubuden, Kiosken etc. sein.

Die **Dauer der vertraglichen Überlassung** ist grundsätzlich ohne Bedeutung. Auch eine stundenweise Vermietung eines Saales, eines Tennisplatzes usw. ist nach § 4 Nr. 12 Buchst. a UStG steuerfrei[54]. Bei der Vermietung von z.B. Campingplätzen spielt die Vertragsdauer ausnahmsweise jedoch eine Rolle. Entscheidend für die Berechnung des 6-Monats-Zeitraums ist aber nicht die vertragliche Vereinbarung, sondern die tatsächliche Mietdauer.

---

[49] RFH vom 21.5.1920, RStBl 1920 S. 358; vgl. auch Dziadkowski, DStR 1994, S. 997 ff. (999 f.) und Teil VII, Abschnitt 4.

[50] BT-Drs. IV/1590, S. 37.

[51] Zur Abgrenzung von langfristiger im Gegensatz zu kurzfristiger Vermietung bei Beherbergungen vgl. BFH vom 27.10.1993, UR 1995, S. 20. Einen Überblick zum Anwendungsbereich von § 4 Nr. 12 S. 2 UStG gibt Lange, UR 1995, S. 425 ff.

[52] Die Vermietung eines Abstellplatzes für Fahrzeuge ist jedoch steuerfrei, soweit sie als unselbständige Nebenleistung zu einer steuerfreien Grundstücksvermietung - z.B. Wohnungsvermietung - zu beurteilen ist. (zu Einzelheiten vgl. Abschn. 77 UStR).

[53] BFH vom 8.10.1991, BStBl 1992 II S. 209.

[54] Kritisch zur Steuerbefreiung kurzfristiger Vermietungen, Dziadkowski, UR 1993, S. 157 ff.; ders., DStR 1994, S. 997 ff.

Beispiele:

(1) Eine Standfläche auf dem Campingplatz wird auf unbestimmte Dauer vermietet. Der Vertrag kann monatlich gekündigt werden.

Die Vermietung ist grundsätzlich als langfristig anzusehen und somit nach § 4 Nr. 12 Buchst. a UStG steuerfrei. Endet die tatsächliche Gebrauchsüberlassung jedoch vor Ablauf von 6 Monaten, so handelt es sich insgesamt um eine steuerpflichtige kurzfristige Vermietung.

(2) Eine Standfläche auf dem Campingplatz wird für 3 Monate vermietet. Der Mietvertrag verlängert sich automatisch um je einen weiteren Monat, wenn er nicht vorher gekündigt wird.

Die Vermietung ist grundsätzlich als kurzfristig anzusehen und somit nicht steuerfrei. Dauert die tatsächliche Gebrauchsüberlassung jedoch mindestens 6 Monate, so handelt es sich insgesamt um eine ex tunc steuerfreie langfristige Vermietung.

Sind Rechnungen mit gesondertem Steuerausweis erteilt worden, so entfällt die Steuerschuld nur, wenn die Rechnungen in sinngemäßer Anwendung des § 14 Abs. 2 UStG berichtigt werden.

Es ist zu beachten, daß nicht jede Leistung, die als Vermietung oder Verpachtung bezeichnet wird, eine Steuerfreiheit begründet. Diese kann nur für **reine Vermietungs- und Verpachtungsleistungen** gewährt werden. Ein reiner Miet- oder Pachtvertrag ist immer dann anzunehmen, wenn Vertragsinhalt lediglich die Vermietung oder Verpachtung eines Grundstücks ist. In diesen Fällen ist das Gesamtentgelt nach § 4 Nr. 12 Buchst. a UStG steuerfrei. Die Steuerfreiheit erstreckt sich auch auf übliche Nebenleistungen wie Wärmelieferungen, Treppenbeleuchtung, Hausmeister-Service, Lieferung des Frühstücks bei der Vermietung möblierter Zimmer durch Unternehmer, die nicht Gaststättenbetriebe führen. Nebenleistungen dieser Art sind als unselbständige Nebenleistungen zu betrachten und teilen als solche das Schicksal der Hauptleistung „Vermietung“[55].

Nach der ausdrücklichen Regelung des § 4 Nr. 12 letzter Satz UStG ist die Vermietung und Verpachtung von Maschinen und sonstigen zu einer Betriebsanlage gehörenden Vorrichtungen aller Art nicht steuerfrei, auch wenn diese wesentliche Bestandteile des Grundstücks sind. Hinsichtlich der Abgrenzung der Betriebsvorrichtungen vom Grundstück gelten die bewertungsrechtlichen Grundsätze[56]. Zu den Betriebsvorrichtungen gehören neben den maschinenähnlichen Vorrichtungen alle Vorrichtungen einer Betriebsanlage, die in so enger Beziehung zu einem Gewerbebetrieb stehen, daß dieser unmittelbar mit ihnen betrieben wird. Solche Betriebsvorrichtungen sind z.B. Förderbänder, Lastenaufzüge, Absaugevorrichtungen, Bewetterungsanlagen, Entstaubungsanlagen, Kegelbahnen. Bauten ohne festes Fundament (Wohnlauben, Baracken und Baubuden) stellen ebenfalls keine Grundstücke dar, da sie mit dem Grund und Boden nicht fest verbunden und somit keine wesentlichen Bestandteile sind[57].

Die Gebrauchsüberlassung eines Grundstückes kann jedoch auch durch einen sogenannten **gemischten Vertrag** vorgenommen werden. Ein gemischter Vertrag

[55] Vgl. Teil III, Abschnitt 3, Unterabschnitt 1, Kapitel 4. A.

[56] § 68 Abs. 2 Nr. 2 BewG; BFH vom 30.6.1993, BStBl 1993 II S. 808.

[57] Zu Einzelfragen vgl. den gemeinsamen Ländererlaß vom 31.3.1992, BStBl 1992 I S. 342.

ist anzunehmen, wenn ein Vertrag die Merkmale eines Grundstücksmiet- oder Pachtvertrages und auch Merkmale anderer Vertragsarten aufweist[58]. In diesen Fällen ist **der Grundsatz der Unteilbarkeit der Leistung nicht anwendbar**. Es werden **mehrere Leistungen** angenommen, von denen die eine nach § 4 Nr. 12 Buchst. a UStG steuerbefreit und die andere Leistung steuerpflichtig ist[59]. Wird in einem gemischten Vertrag das Entgelt **(Miete, Pacht)** in einem Betrag festgesetzt, so muß es grundsätzlich **auf die einzelnen Leistungen (Leistungsteile) aufgeteilt** werden. Eine Aufteilung kann unterbleiben, wenn eine der vertraglichen Leistungen von untergeordneter Bedeutung oder geringfügig ist. Wenn keine greifbaren Aufteilungsmaßstäbe vorliegen, muß der steuerpflichtige und steuerfreie Anteil im Wege der Schätzung ermittelt werden. Schätzungsgrundlagen können wesentliche Faktoren des Mietobjektes sein (z.B. kalkulatorische Abschreibung, kalkulatorische Verzinsung, Sachversicherungen usw.). Die Grundsätze für die Behandlung eines gemischten Vertrags finden auch dann Anwendung, wenn im Rahmen eines reinen Miet- oder Pachtvertrages neben der Überlassung des Gebrauchs an einem Grundstück auch Betriebsvorrichtungen überlassen werden.

Beispiel:

Ein Hotelunternehmen vermietet einen Saal für eine Konzertveranstaltung mit Bühne, Bestuhlung und Flügel.

Der Leistungsteil, der auf die Überlassung des Saales entfällt, ist nach § 4 Nr. 12 Buchst. a UStG steuerfrei. Die Überlassung der Einrichtung ist dagegen steuerpflichtig.

Nicht als Vermietung oder Verpachtung sind weiterhin Leistungen anzusehen, die einen **Vertrag besonderer Art** zur Grundlage haben. Als Verträge besonderer Art sind die Vertragsgestaltungen zu beurteilen, deren wesentlicher Inhalt nicht auf eine Grundstücksüberlassung abzielt, sondern auf andere Vertragsleistungen gerichtet ist. Diese Leistungen sind im vollen Umfange steuerpflichtig[60]. Eine Aufteilung wie bei gemischten Verträgen ist nicht möglich (z.B. die Überlassung von Hauswänden zu Reklamezwecken[61]).

Die unentgeltliche Überlassung von Grundstücken (Grundstücksteilen) des Unternehmensvermögens an Dritte aus außerunternehmerischen Gründen **(§ 1 Abs. 1 Nr. 2 Buchst. b UStG)** ist keine Vermietung i.S. des BGB. Die Steuerbefreiung nach § 4 Nr. 12 Buchst. a UStG wird jedoch entsprechend angewendet[62]. Eine Option nach § 9 UStG ist nicht möglich.

Für steuerfreie Grundstücksüberlassungen kann unter den Voraussetzungen des § 9 UStG zur Steuerpflicht **optiert** werden. Durch den Verzicht auf die Steuerbefreiung erhält der vermietende Unternehmer die Möglichkeit, bei der Errichtung und Unterhaltung der vermieteten Grundstücke anfallende Vorsteuern abzuzie-

58 Vgl. BFH vom 21.4.1993, BStBl 1994 II S. 266.

59 Zur Teilbarkeit der Leistung bei der Vermietung von Sportanlagen vgl. kritisch Dziadkowski, DStR 1994, S. 997 ff.; vgl. auch Koblenzer, DB 1995, S. 1363 ff., Abschn. 86 UStR und BFH vom 16.5.1995, BStBl 1995 II S. 750.

60 Zu Einzelheiten vgl. Abschn. 81 UStR.

61 BFH vom 23.10.1957, BStBl 1957 II S. 457.

62 BFH vom 10.2.1994, BStBl 1994 II S. 668; kritisch Klenk, UR 1993, S. 377 ff.

hen[63]. Die wirtschaftliche Bedeutung dieser Option zeigt sich in den vielfältigen Optionsmodellen, die von der Praxis entwickelt wurden, um den Vorsteuerabzug für Bauleistungen zu bekommen. Dabei wurde in zahlreichen Fällen die Grenze zu § 42 AO überschritten[64].

Der Gesetzgeber hat im Zeitablauf diese **Optionsmöglichkeit** immer weiter **eingeschränkt**[65]. Die letzte Änderung[66] erfolgte zum 1.1.1994 und soll der „Vermeidung von erheblichen Steuerausfällen und zur Gleichstellung aller Unternehmer, die wegen der Erzielung steuerfreier Umsätze vom Vorsteuerabzug ausgeschlossen sind“[67], dienen. Danach ist der Verzicht auf die Steuerbefreiung für die Vermietung und Verpachtung von Grundstücken nur zulässig, soweit der Leistungsempfänger das Grundstück **ausschließlich**[68] für Umsätze verwendet oder zu verwenden beabsichtigt, die den Vorsteuerabzug nicht ausschließen (§ 9 Abs. 2 UStG). Die Geschosse eines Gebäudes sind selbständig nutzbare Grundstücksteile, so daß die Möglichkeit der Option für jeden Grundstücksteil gesondert zu prüfen ist.

Der Unternehmer, der für seine Umsätze zur Steuerpflicht optieren will, hat diese Voraussetzungen nachzuweisen[69].

Beispiel:

Der Vermieter U 1 vermietet ein mehrgeschossiges Gebäude, das z.T. gewerblich bzw. beruflich genutzt wird und z.T. Wohnzwecken dient, insgesamt an den Unternehmer U 2. U 2 vermietet das Erdgeschoß an U 3, der in diesen Räumen einen Supermarkt betreibt. Die erste Etage wird an einen Arzt (U 4) vermietet, der dort seine Arztpraxis unterhält. Die zweite Etage vermietet U 2 an zwei Mieter zu Wohnzwecken.

Die Vermietung des Gebäudes durch U 1 an U 2 und die Weitervermietung der einzelnen Gebäudeteile durch U 2 sind steuerfreie sonstige Leistungen nach § 4 Nr. 12 Buchst. a UStG. U 2 kann bei der Vermietung des Erdgeschosses auf die Steuerbefreiung verzichten. Eine Option zur Steuerpflicht für die Vermietung der ersten und zweiten Etage ist nicht möglich. Der Arzt nutzt die Räume für steuerfreie Umsätze (§ 4 Nr. 14 UStG) , die den Vorsteuerabzug ausschließen (§ 9 Abs. 2 UStG). Die Mieter nutzen die Räume nicht unternehmerisch, sondern zu Wohnzwecken (§ 9 Abs. 1 UStG). Unter der Voraussetzung, daß U 2 für die Vermietung des Erdgeschosses zur Steuerpflicht optiert, kann auch U 1 für seine Vermietungsleistung an U 2 anteilig auf die Steuerbefreiung verzichten.

---

[63] Zu vorteilhaften Umsatzsteueroptionen bei Vermietungsumsätzen vgl. z.B. Jungen/ Theile, DStR 1994, S. 561 ff.; vgl. auch Teil VII, Abschnitt 4.

[64] In diesem Zusammenhang ist insbesondere auf die sog. Zwischenmiet- und Vorschaltmodelle hinzuweisen; vgl. im einzelnen Birkenfeld (FN 33), II Rz. 608 ff., 667 ff. m.w.N.

[65] Zur Entwicklung der Vorschrift vgl. Birkenfeld (FN 33), II Rz. 590 ff.

[66] Zu Übergangsregelungen vgl. § 27 Abs. 2 UStG; zur Gesetzesänderung vgl. auch Hundt-Eßwein, NWB Fach 7, S. 4379 ff.; Vgl. auch Abschn. 148 a Abs. 5 - 7 UStR.

[67] BT-Drs. 12/5630, S. 87.

[68] Eine geringfügige Verwendung für Ausschlußumsätze ist unbeachtlich. Im Falle einer steuerpflichtigen Vermietung dürfen im Wege der Vorsteueraufteilung höchstens 5 v.H. der Vorsteuer vom Vorsteuerabzug ausgeschlossen sein (Bagatellgrenze) vgl. Abschn. 148 a Abs. 3 UStR.

[69] Vgl. Abschn. 148 a Abs. 4 UStR.

Unterabschnitt 4:

Steuerbefreiungen ohne Vorsteuerabzugsrecht infolge absoluten Vorsteuerabzugsverbots

Für eine Reihe der in § 4 Nr. 8 - 28 UStG aufgeführten Steuerbefreiungen besteht ein **absolutes Vorsteuerabzugsverbot** (§ 15 Abs. 2 Nr. 1 UStG). Daraus folgt, daß der Unternehmer an den Abnehmer oder Leistungsempfänger steuerfrei leistet und keine Umsatzsteuer gesondert in Rechnung stellt. Andererseits erlangen jedoch die infolge des absoluten Vorsteuerabzugsverbots nichtabziehbaren Vorsteuerbeträge, die durch Vorleistungen verursacht werden, Kostencharakter (**heimliche Umsatzsteuer**) und müssen vom Unternehmer bei der Preisbildung berücksichtigt werden.

Zum Kreis der Steuerbefreiungen ohne Vorsteuerabzugsrecht zählen insbesondere folgende Tatbestände, die in der Reihenfolge der Katalogisierung in § 4 UStG aufgeführt werden:

- bestimmte Finanzumsätze (Nr. 8 h - j),
- Leistungen aus Versicherungsverhältnissen (Nr. 10 Buchst. b),
- Umsätze aus der typischen Tätigkeit als Bausparkassenvertreter, Versicherungsvertreter und Versicherungsmakler (Nr. 11),
- Umsätze aus typischer heilberuflicher Tätigkeit (Nr. 14),
- bestimmte Umsätze der Sozialversicherungsträger (Nr. 15),
- typische Umsätze von Krankenanstalten, Alten- und Pflegeheimen (Nr. 16),
- die Lieferungen von menschlichen Organen usw. sowie die Krankentransporte (Nr. 17),
- bestimmte Leistungen der Verbände der freien Wohlfahrtspflege (Nr. 18),
- die Umsätze bestimmter kultureller Einrichtungen (Nr. 20),
- typische Leistungen von Privatschulen und ähnlichen Einrichtungen (Nr. 21),
- bestimmte belehrende, wissenschaftliche, sportliche und kulturelle Veranstaltungen (Nr. 22),
- die Beherbergung Jugendlicher (bis zum 27. Lebensjahr) (Nr. 23),
- die Leistungen des Deutschen Jugendherbergswerkes (Nr. 24),
- bestimmte Leistungen der freien Jugendhilfe (Nr. 25),
- bestimmte ehrenamtliche Tätigkeiten (Nr. 26),
- die Personalgestellung kirchlicher Orden (Nr. 27),
- bestimmte Umsätze ohne Vorsteuerabzugsmöglichkeit bzw. Umsätze, die im Anschluß an einen Aufwendungseigenverbrauch (§ 1 Abs. 1 Nr. 2 Buchst. c UStG) erfolgen (Nr. 28)

Es ist darauf hinzuweisen, daß der Wortlaut der einzelnen Befreiungsvorschriften stets genau zu beachten ist. Zum Teil werden Umsätze, zum Teil jedoch lediglich Lieferungen oder sonstige Leistungen, zum Teil auch nur typische Leistungen aus einer bestimmten Tätigkeit (z.B. Bausparkassenvertreter, Heilberuf) von der Umsatzsteuer befreit. Sofern die Steuerbefreiung nur für eine bestimmte Umsatzgruppe ausgesprochen wird, sind die übrigen Umsätze infolge fehlender Umsatzsteuerbefreiung als steuerpflichtig zu behandeln. Dies gilt insbesondere für Hilfsgeschäfte oder Eigenverbrauchsvorgänge.

In den folgenden Kapiteln sollen exemplarisch einige Steuerbefreiungen aus dem sozialen und kulturellen Bereich sowie die Regelung des § 4 Nr. 28 UStG erläutert werden.

Kapitel 1 : Die Steuerbefreiung der heilberuflichen Tätigkeiten und der Tätigkeit als klinischer Chemiker

Steuerfrei sind nach § 4 Nr. 14 UStG nur die **typischen Leistungen der Ärzte und sonstiger Heilberufe** (heilkundliche Tätigkeit)[70], soweit die Tätigkeit als freiberufliche Tätigkeit i.S. des § 18 Abs. 1 Nr. 1 EStG erbracht wird. Nicht steuerfrei sind folglich z.B. eine schriftstellerische Tätigkeit, Vortragstätigkeit oder Lehrtätigkeit eines Arztes. Etwaige **Hilfsgeschäfte** (z.B. Verkauf eines Röntgengeräts) sind ebenfalls nicht nach § 4 Nr. 14 UStG, jedoch grundsätzlich nach § 4 Nr. 28 UStG steuerfrei.

Nach § 4 Nr. 14 Satz 4 Buchst. a UStG sind die Umsätze aus einer **tierärztlichen Tätigkeit nicht steuerfrei**[71]. Außerdem ist die Lieferung oder Wiederherstellung von Zahnprothesen und kieferorthopädischen Apparaten, soweit sie im Unternehmen des Zahnarztes hergestellt oder wiederhergestellt werden, von der Steuerbefreiung nach § 4 Nr. 14 UStG ausgeschlossen[72].

Außer den typischen ärztlichen Leistungen sind auch noch ähnliche heilberufliche Tätigkeiten und die **Tätigkeit der klinischen Chemiker** steuerfrei. Die Tätigkeit als selbständiger klinischer Chemiker ist auch dann steuerfrei, wenn sie nicht freiberuflich i.S. des § 18 Abs. 1 Nr. 1 EStG ausgeübt wird.

Eine ähnliche heilberufliche Tätigkeit erfordert im Hinblick auf die in § 4 Nr. 14 Satz 1 UStG genannten Katalogberufe vergleichbare berufsrechtliche Regelungen über Ausbildung, Prüfung, staatliche Anerkennung sowie staatliche Erlaubnis und Überwachung der Berufsausübung[73].

Zum Kreis ähnlicher heilberuflicher Tätigkeiten zählt z.B. die Tätigkeit eines Logopäden oder eines Beschäftigungs- und Arbeitstherapeuten, nicht aber die Tätigkeit eines Krankenpflegehelfers[74].

---

[70] Z.B. Zahnärzte, Heilpraktiker, Krankengymnasten, Hebammen. Zu Einzelheiten vgl. Abschn. 88 bis 90 UStR.

[71] Durch die Steuerbefreiung der heilberuflichen Umsätze sollen lediglich die Sozialversicherungsträger entlastet werden.

[72] Vgl. § 4 Nr. 14 Satz 4 Buchst. b UStG. Es kann jedoch der ermäßigte Steuersatz nach § 12 Abs. 2 Nr. 6 UStG angewendet werden; vgl. Teil VI, Abschnitt 3, Kapitel 2.

[73] Vgl. BVerfG vom 29.8.1988, BStBl 1988 II S. 975; BFH vom 26.8.1993, BStBl 1993 II S. 887.

[74] BFH vom 26.8.1993, BStBl 1993 II S. 887, offengelassen für einen Krankenpfleger. Angesichts des stark steigenden Pflegebedarfs gewinnt die Frage der Steuerbefreiung für Tätigkeiten auf dem Gebiet der häuslichen Pflege an wirtschaftlicher Bedeutung, vgl. auch Lange, UR 1994, S. 145 ff. Die ambulante Altenpflege durch eine staatlich anerkannte Altenpflegerin ist keine ähnliche heilberufliche Tätigkeit i.S. des § 4 Nr. 14 UStG, BFH vom 21.7.1994, UR 1995, S. 309.

Kapitel 2 : Die Steuerbefreiung von Leistungen privater Schulen

Nach § 4 Nr. 21 UStG sind die **unmittelbar dem Schul- und Bildungszweck dienenden Leistungen** privater Schulen und anderer allgemeinbildender oder berufsbildender Einrichtungen umsatzsteuerfrei, wenn sie als Ersatzschulen anerkannt und eine Bescheinigung der zuständigen Landesbehörde erteilt wird. Die Steuerbefreiung soll Privatschulen umsatzsteuerrechtlich den öffentlichen Schulen gleichstellen. Umsatzsteuerlich begünstigt sind aber nur Privatschulen i.S. des § 4 Nr. 21 UStG (Ersatz- oder Ergänzungsschulen). Zu den allgemeinbildenden oder berufsbildenden Einrichtungen gehören u.a.[75]:

- Repetitorien, die Studierende auf akademische Prüfungen vorbereiten;
- Fahrschulen, die zum Erwerb der Fahrerlaubnis der Klasse II ausbilden;
- Nachhilfeinstitute;
- Heilpraktikerschulen.

Als unmittelbar dem Schul- und Bildungszweck dienende Leistung wird die Lieferung von notwendigem Lehrmaterial nur angesehen, soweit es sich um unselbständige Nebenleistungen handelt[76]. Dem Kantinenpächter einer berufsbildenden Einrichtung steht für die Lieferung von Speisen und Getränken an Schüler jedoch weder die Steuerbefreiung nach § 4 Nr. 21 noch nach § 4 Nr. 23 UStG zu. Leistungen, die sich auf die Unterbringung und Verpflegung von Schülern beziehen, dienen dem Schul- und Bildungszweck nur mittelbar. Sie sind nicht nach § 4 Nr. 21 UStG steuerfrei[77]. Ebenso können Fahrschulen, die lediglich auf die Prüfung zur Erlangung der Fahrerlaubnis für die Klassen I und III vorbereiten, die Steuerfreiheit nach § 4 Nr. 21 UStG nicht in Anspruch nehmen[78].

Die Finanzverwaltung gewährt über den Wortlaut des § 4 Nr. 21 UStG hinaus auch freiberuflichen Mitarbeitern (Privatlehrer), die Unterrichtsleistungen an einer begünstigten Einrichtung erbringen, die Steuerbefreiung[79]. Da der Unternehmer das Vorliegen der Voraussetzungen für die Steuerbefreiung nachweisen muß, steht ihm faktisch ein Wahlrecht zu, ob er steuerfrei oder steuerpflichtig leisten will[80].

---

[75] Vgl. Abschn. 112 Abs. 1 UStR.

[76] BFH vom 12.12.1985, BStBl 1986 II S. 499.

[77] BFH vom 17.3.1981, BStBl 1981 II S. 746; ggf. kommt eine Steuerbefreiung nach § 4 Nr. 23 UStG in Betracht.

[78] Vgl. Abschn. 112 Abs. 3 UStR.

[79] Vgl. Abschn. 112a UStR; a.A. FG Baden-Württemberg vom 7.7.1992, UR 1993, S. 56. Danach ist die Steuerbefreiung einer freiberuflichen Lehrtätigkeit an einer begünstigten Einrichtung zwar nicht durch den Wortlaut des § 4 Nr. 21 UStG gedeckt, sie ergebe sich jedoch aus unmittelbarer Anwendung von Art. 13 Teil A Abs. 1 Buchst. j 6.EGRl.

[80] Vgl. Abschn. 112a Abs. 3, 4 UStR; vgl. auch Ammann, UR 1992, S. 116 ff.

Kapitel 3 : Die Steuerbefreiung für bestimmte Umsätze aus dem „steuerfreien Unternehmensbereich"

Die Regelung in § 4 Nr. 28 UStG enthält nach ihrem **Wortlaut drei Befreiungstatbestände**. Nach § 4 Nr. 28 Buchst. a UStG sind die Lieferungen[81] und die Entnahme (Gegenstandseigenverbrauch § 1 Abs. 1 Nr. 2 Buchst. a UStG) von Gegenständen steuerfrei, die der Unternehmer **ausschließlich**[82] für steuerfreie Tätigkeiten nach § 4 Nr. 8 - 27 oder § 4 Nr. 28 Buchst. b UStG verwendet hat oder deren Aufwendungen für die Anschaffung oder Herstellung der Unternehmer (insgesamt) als Aufwendungseigenverbrauch nach § 1 Abs. 1 Nr. 2 Buchst. c UStG versteuert hat.

Die Verwendung von Gegenständen für außerunternehmerische Zwecke (Verwendungseigenverbrauch, § 1 Abs. 1 Nr. 2 Buchst. b UStG) ist nach § 4 Nr. 28 Buchst. b UStG steuerfrei, wenn der Unternehmer diese Gegenstände ausschließlich für steuerfreie Tätigkeiten nach § 4 Nr. 8 - 27 UStG verwendet hat oder der Unternehmer die gesamten Aufwendungen für die Anschaffung oder Herstellung dieser Gegenstände als Aufwendungseigenverbrauch (§ 1 Abs. 1 Nr. 2 Buchst. c UStG) versteuert hat.

Beispiele:

(1) Ein Arzt veräußert ein Röntgengerät und andere Einrichtungsgegenstände, die ausschließlich der nach § 4 Nr. 14 UStG steuerfreien Tätigkeit des Arztes gedient haben.

Die Lieferungen dieser Gegenstände (Hilfsgeschäfte) sind nach § 4 Nr. 28 Buchst. a UStG steuerfrei, da die im Tatbestand geforderten Voraussetzungen sämtlich erfüllt sind.

(2) Ein Unternehmer veräußert im Jahre 1995 Einrichtungen seines Gästehauses. Die Anschaffungs- und Herstellungskosten, die auf die Einrichtungen entfallen, sind mit Ablauf des Dezembers 1993 insgesamt abgeschrieben und haben dem Aufwendungseigenverbrauch nach § 1 Abs. 1 Nr. 2 Buchst. c UStG unterlegen.

Die Lieferung der Gegenstände im Jahre 1995 ist nach § 4 Nr. 28 Buchst. a UStG steuerfrei. Im Zeitpunkt der Lieferung (1995) hat der Unternehmer die gesamten Anschaffungs- und Herstellungskosten, die auf die Einrichtung entfallen, als Aufwendungseigenverbrauch versteuert.

---

[81] Nach Auffassung des BFH (vom 26.4.1995, BStBl 1995 II S. 746) ist § 4 Nr. 28 UStG weder unmittelbar noch entsprechend auf sonstige Leistungen anwendbar.

[82] Eine geringfügige (bis zu 5%) anderweitige Nutzung ist aus Vereinfachungsgründen unschädlich. Voraussetzung ist jedoch, daß der Unternehmer für den Gegenstand auf einen (anteiligen) Vorsteuerabzug verzichtet hat (Abschn. 122 Abs. 2, 4 UStR). Anzumerken ist, daß von der Vereinfachungsregelung Gebrauch gemacht werden **kann**. Faktisch wird den betroffenen Unternehmern damit ein Wahlrecht eingeräumt. Insbesondere bei Verkäufen an vorsteuerabzugsberechtigte Empfänger und innerhalb des Berichtigungszeitraums nach § 15a UStG kann ein Verzicht auf die Vereinfachungsregelung und damit ein steuerpflichtiger Verkauf sinnvoll sein.

(3) Ein Arzt benutzt seinen zum Unternehmensvermögen gehörenden PKW auch für Privatfahrten.

Der Eigenverbrauch i.S. des § 1 Abs. 1 Nr. 2 Buchst. b UStG ist nach § 4 Nr. 28 Buchst. b UStG steuerfrei, weil der PKW im Unternehmen ausschließlich für eine Tätigkeit verwendet wird, die nach § 4 Nr. 14 UStG steuerfrei ist.

(4) Ein Bausparkassenvertreter, der auch eine Handelsvertretertätigkeit ausübt, verwendet seinen PKW für beide Tätigkeiten und gelegentlich auch für Privatfahrten. Im Jahre 1995 gibt er diesen PKW anläßlich der Anschaffung eines Neuwagens in Zahlung.

Die Lieferung des PKW (Hilfsgeschäft) sowie der Eigenverbrauch nach § 1 Abs. 1 Nr. 2 Buchst. b UStG (private Verwendung des PKW) sind steuerpflichtig. Eine Befreiung nach § 4 Nr. 28 Buchst. a, b UStG kommt nicht in Betracht, da der PKW nicht ausschließlich für die nach § 4 Nr. 11 UStG steuerbefreite Tätigkeit als Bausparkassenvertreter, sondern auch für die steuerpflichtige Tätigkeit als Handelsvertreter verwendet wurde (Hinweis auf die Vereinfachungsregel in Abschn. 122 Abs. 2 UStR).

Nach Auffassung des BFH[83] enthält § 4 Nr. 28 Buchst. b UStG im Hinblick auf Aufwendungen für Fahrten zwischen Wohnung und Betriebsstätte eine **Gesetzeslücke**. In entsprechender Anwendung des § 4 Nr. 28 Buchst. b UStG seien daher die Aufwendungen eines Arztes für Fahrten zwischen Wohnung und Betriebsstätte (§ 4 Abs. 5 Nr. 6 EStG) als steuerfreier Aufwendungseigenverbrauch (§ 1 Abs. 1 Nr. 2 Buchst. c i.V.m. § 4 Nr. 28 Buchst. b UStG) zu beurteilen.

Die Vorschrift des § 4 Nr. 28 UStG bringt (auch) die Abhängigkeit der Eigenverbrauchsbesteuerung vom Vorsteuerabzug zum Ausdruck. Sie bewirkt, daß der Unternehmer (nur) mit der Vorsteuer für den Erwerb des Gegenstandes belastet bleibt. Durch die Steuerbefreiung wird eine Vorsteuerberichtigung nach § 15a UStG[84] vermieden. Insoweit dient die Regelung des § 4 Nr. 28 UStG der **Vereinfachung**[85].

Die Steuerbefreiung betrifft jedoch nur die Gegenstände, bei denen ein Vorsteuerabzug zwar grundsätzlich möglich, wegen der Verwendung für steuerfreie Umsätze jedoch ausgeschlossen war. Sie kommt daher **nicht zur Anwendung**, soweit Gegenstände ohne Vorsteuerabzugsrecht erworben wurden (z.B. Erwerb von einem Nichtunternehmer)[86].

Der Anwendungsbereich des § 4 Nr. 28 UStG wird jedoch durch die neuere Rechtsprechung und Verwaltungspraxis[87] zur Eigenverbrauchsbesteuerung bei fehlendem Vorsteuerabzug **eingeschränkt**. Soweit danach eine Steuerbarkeit des Eigenverbrauchs ausgeschlossen ist, kommt eine Steuerbefreiung nach § 4 Nr. 28 UStG, die die Steuerbarkeit voraussetzt, nicht mehr in Betracht[88].

---

[83] BFH vom 15.9.1994, BStBl 1995 II S. 214.

[84] Zur Berichtigung der Vorsteuer nach § 15a UStG vgl. Teil VII, Abschnitt 5.

[85] Vgl. BFH vom 26.4.1995, BStBl 1995 II S. 746 (747 m.w.N.).

[86] Zu den gemeinschaftsrechtlichen Grundlagen vgl. Kraeusel, in: Schwarze/Reiß/Kraeusel, Rz. 12 ff. zu § 4 Nr. 28, vgl. aber auch einschr. Rz. 35; vgl. auch BFH vom 29.8.1991, BStBl 1992 II S. 267.

[87] Vgl. Teil III, Abschnitt 3, Unterabschnitt 3, Kapitel 3.

[88] Vgl. auch Klenk, in: Sölch/Ringleb/List, Bem. 9 zu § 4 Nr. 28.

Abschnitt 2:
Steuerbefreiungen bei der Einfuhr

Die Befreiungsvorschrift des § 5 UStG ergänzt § 4 UStG und regelt die Befreiungen von der Einfuhrumsatzsteuer für steuerbare Einfuhren[89] bestimmter Gegenstände. Die Befreiungsregelung[90] ist durch die in § 4 UStG normierten Umsatzsteuerbefreiungen bedingt. Sind Lieferungen von Gegenständen im Inland nach § 4 UStG umsatzsteuerfrei, so müssen folglich auch die Einfuhren der gleichen Gegenstände von der Einfuhrumsatzsteuer befreit werden (§ 5 Abs. 1 Nr. 1 und 2 UStG). Darüber hinaus ist die Einfuhr von Gegenständen befreit, die zur Ausführung von innergemeinschaftlichen Lieferungen i.S. des § 6a UStG verwendet werden (§ 5 Abs. 1 Nr. 3 UStG). Die Durchführung der Steuerbefreiung nach § 5 UStG obliegt den Zollbehörden.

Nach § 5 Abs. 1 Nr. 1 und 2 UStG sind z.B. die Einfuhren folgender Gegenstände steuerfrei: Wertpapiere, gesetzliche Zahlungsmittel[91], Blutkonserven, bestimmte Wasserfahrzeuge usw. Weitere Befreiungen ergeben sich aus der Einfuhrumsatzsteuer-Befreiungsverordnung[92]. Nach dieser Rechtsverordnung kann u. a. unter bestimmten Voraussetzungen für Einfuhren von Gegenständen erzieherischen, wissenschaftlichen oder kulturellen Charakters Einfuhrumsatzsteuerfreiheit beansprucht werden.

---

[89] Vgl. Teil III, Abschnitt 3, Unterabschnitt 4.

[90] Siehe auch Art. 14 Abs. 1 6.EGRl.

[91] Das gilt nicht für Zahlungsmittel, die wegen ihres Metallgehalts oder ihres Sammlerwerts gehandelt werden.

[92] § 5 Abs. 2 UStG i.V.m. EUStBV 1993.

Abschnitt 3:
Die Steuervergütung (§ 4a UStG)

Grundsätzlich belastet die Umsatzsteuer als allgemeine Verbrauchsteuer den Endverbrauch ohne Rücksicht auf die wirtschaftliche und finanzielle Situation des Verbrauchers. Dieses Ergebnis ist aus sozialpolitischen Erwägungen u. U. unbefriedigend. Insbesondere die Belastung von Hilfsgütern und Hilfsleistungen in Katastrophenfällen erschien unverständlich. Im Rahmen der Umsatzsteuerharmonisierung bemühte man sich daher um eine systemkonforme Lösung dieses Problems. Der deutsche Gesetzgeber entschied sich aus Praktikabilitätsgründen für die nach der 6.EGRl zulässigen Möglichkeit der **„Vorsteuererstattung" an Nichtunternehmer**[93], die in § 4a UStG als **Steuervergütung**[94] bezeichnet wird[95].

Der Kreis der Vergütungsberechtigten wurde allerdings begrenzt auf die nichtunternehmerischen Bereiche von Körperschaften, die ausschließlich und unmittelbar gemeinnützige, mildtätige oder kirchliche Zwecke verfolgen[96] und juristischen Personen des öffentlichen Rechts[97]. Sie können auf Antrag und bei Vorliegen bestimmter Voraussetzungen eine Steuervergütung nach der Vorschrift des § 4a UStG erhalten. Die Steuervergütung wird für ins **Drittlandsgebiet** verbrachte Gegenstände gewährt. Sie erfolgt zum Ausgleich für die auf der Vorlieferung (Vorumsatz) oder der vorausgegangenen Einfuhr bzw. des innergemeinschaftlichen Erwerbs lastenden Umsatzsteuer. Voraussetzung ist u.a., daß der Gegenstand im Drittlandsgebiet zu humanitären, karitativen oder erzieherischen Zwecken verwendet wird. In ihrer Wirkung entspricht die Steuervergütung für den begrenzten Personenkreis der Vergütungsberechtigten einer Steuerbefreiung mit Vorsteuerabzugsrecht.

Beispiele:

(1) Nach einem Erdbeben in der Türkei sendet das Deutsche Rote Kreuz aus seinem Lager in München Zelte und Decken in das Erdbebengebiet. Die Gegenstände wurden von Herstellern in Deutschland, deren Lieferungen steuerpflichtig waren, erworben.

Nach § 4a UStG kann für die Lieferung der Zelte und Decken eine Umsatzsteuervergütung gewährt werden.

(2) Eine deutsche Universität erwirbt Lehrbücher und Lebensmittel in Deutschland und versendet sie in ein von einer Naturkatastrophe geschädigtes Land (Drittlandsgebiet).

---

93 Nach § 15 Abs. 1 UStG und der Systematik der Umsatzsteuer sind nur Unternehmer zum Vorsteuerabzug im unternehmerischen Bereich berechtigt. Vgl. auch Teil VII, Abschnitt 2, Kapitel 1.

94 § 37 AO.

95 Die Vorschrift basiert auf Art. 15 Nr. 12 6.EGRl. Die Erörterung im Zusammenhang mit den Steuerbefreiungen nach § 4 UStG wird wegen der gesetzlichen Lokalisierung vorgenommen. Aufgrund der Wirkungsweise wäre auch eine Plazierung in Teil VII möglich gewesen. Die Vergütung stellt keine besondere Form des Grenzausgleichs dar. Der Verbrauch erfolgt im Inland.

96 §§ 51-68 AO.

97 § 4a Abs. 1 Nr. 6 UStG.

Die Universität kann eine Umsatzsteuervergütung nach § 4a UStG erhalten.

Es ist zu beachten, daß abweichend von der Geltendmachung von Vorsteuern nach § 15 UStG, die in der Regel nach dem Soll-Prinzip[98] vorgenommen wird, eine **Vergütung** nur **für gezahlte** Umsatzsteuer- oder Einfuhrumsatzsteuerbeträge zulässig ist[99].

---

98 Vgl. Teil VII, Abschnitt 2, Kapitel 3. A.

99 § 4a Abs. 1 Nr. 2 UStG „...mit dem Kaufpreis bezahlt....“; § 4 Abs. 1 Nr. 3 UStG „Die für die Einfuhr oder den innergemeinschaftlichen Erwerb des Gegenstandes geschuldete Steuer muß entrichtet worden sein“.

Teil V
Die Bemessungsgrundlagen

Abschnitt 1: Entgelt und Ersatzwerte als Bemessungsgrundlagen

Zur Ermittlung der Umsatzsteuer für die steuerbaren und steuerpflichtigen[1] Umsätze bedarf es neben dem Tarif (Steuersatz) einer Bemessungsgrundlage. Die Bemessungsgrundlage ist das in Geld bewertete Steuerobjekt. Die unterschiedlichen Steuerobjekte (§ 1 Abs. 1 Nr. 1-5 UStG) bedingen z.T. unterschiedliche Bemessungsgrundlagen. Die primäre Bemessungsgrundlage bildet das **Entgelt** i.S. des § 10 Abs. 1 Satz 2 UStG. Die Anknüpfung an das Entgelt (und nicht z.B. an den Wert des Umsatzes) ist verbrauchsteuerkonform, da die USt den Verbrauch, der in den Konsumausgaben zum Ausdruck kommt, belasten soll.

Ist ein Entgelt nicht geflossen, so treten Ersatzwerte an seine Stelle. Ist zwar ein Entgelt für Umsätze an bestimmte Personen[2] vereinbart worden, das jedoch als unangemessen niedrig anzusehen ist, so ist die Besteuerung aufgrund der **Mindestbemessungsgrundlage** im Sinne des § 10 Abs. 5 UStG ebenso wie bei unentgeltlichen Leistungen vorzunehmen. Richtschnur für die Höhe der Mindestbemessungsgrundlage sind daher die Regelungen über die **Ersatzwerte** in § 10 Abs. 4 UStG.

Bei den Bemessungsgrundlagen für die Umsatzsteuer handelt es sich stets um **Nettogrößen**. Die Umsatzsteuer ist nicht Bestandteil der Bemessungsgrundlage (§ 10 Abs. 1 Satz 2 UStG).

---

[1] Steuerpflichtig sind alle Umsätze, die nicht nach §§ 4, 5 UStG oder einer Ergänzungsvorschrift steuerbefreit sind (vgl. auch Übersicht 3, Einführung, Abschnitt 4).

[2] In den Kreis dieser bestimmten Personen hat der Gesetzgeber alle diejenigen Personen einbezogen, die in einem engen wirtschaftlichen oder persönlichen Verhältnis zum Unternehmer oder Unternehmen stehen (z.B. Anteilseigner, Arbeitnehmer und deren Angehörige, nahestehende Personen).

Die nachfolgende Übersicht zeigt die verschiedenen Bemessungsgrundlagen.

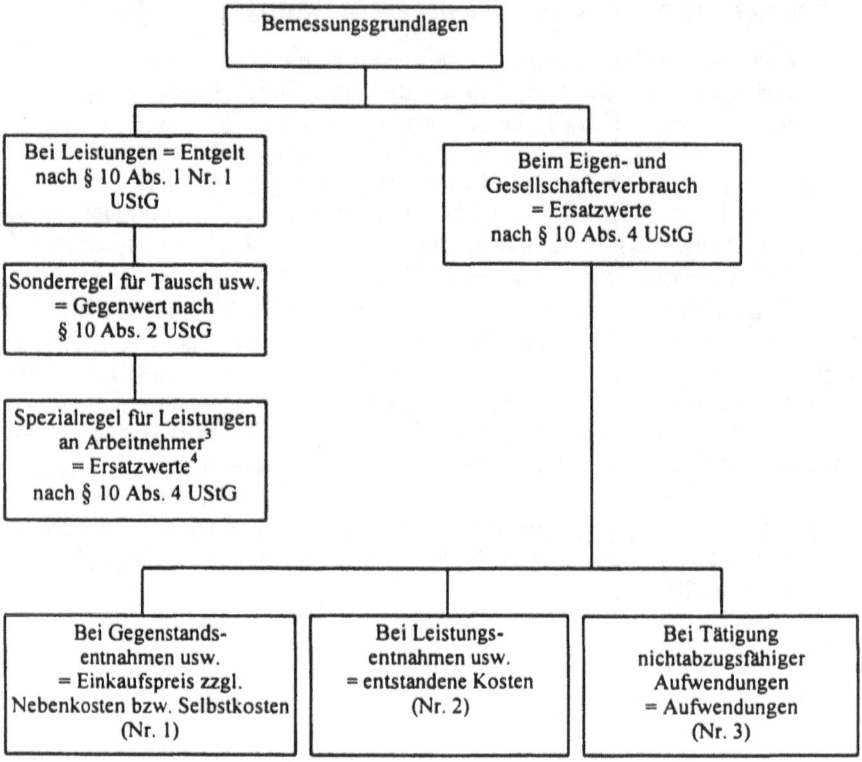

Übersicht 19: Entgelt und Ersatzwerte als Bemessungsgrundlage

Die wichtigsten im Zusammenhang mit der Ermittlung der Bemessungsgrundlage stehenden Fragen werden in den nachstehenden Abschnitten erörtert.

---

[3] Bei steuerbaren Leistungen an Arbeitnehmer i.S. des § 1 Abs. Nr. 1 Satz 2 Buchst. b UStG entsprechen die Ersatzwerte denen des Eigen- bzw. Gesellschafterverbrauchs (§ 10 Abs. 4 UStG).

[4] Die Erörterung der Ersatzwerte wird gesondert vorgenommen (vgl. Abschnitt 3 in diesem Teil). Zur Bemessungsgrundlage einer fiktiven innergemeinschaftlichen Lieferung (innergemeinschaftliches Verbringen) vgl. Teil X, Abschnitt 3, Kapitel 5.

Abschnitt 2: Das Entgelt als Bemessungsgrundlage bei Lieferungen und sonstigen Leistungen

Kapitel 1 : Begriff und Umfang des Entgelts

Bei Leistungen[5] - Lieferungen und sonstigen Leistungen - bildet das Entgelt die Bemessungsgrundlage. § 10 Abs. 1 UStG enthält die Legaldefinition des Entgeltbegriffs in seiner Funktion für die Bemessungsgrundlage. Durch die **Doppelfunktion des Entgelts**[6] - Tatbestandsmerkmal (§ 1 Abs. 1 Nr. 1, 5 UStG) und Bemessungsgrundlage (§ 10 Abs. 1 UStG) - wird mit der Bejahung der Entgeltlichkeit vielfach erst die Frage nach der Steuerbarkeit beantwortet, gleichzeitig aber auch die Höhe der Bemessungsgrundlage bestimmt. Die Bestimmung der Bemessungsgrundlage setzt die Feststellung des Entgelts als Gegenleistung i.S. des § 1 Abs. 1 Nr. 1 UStG voraus. Keine Entgelte i.S. des § 10 Abs. 1 UStG sind daher Erbschaften, Schenkungen, echte Mitgliederbeiträge etc.

Entgelt ist nach § 10 Abs. 1 Satz 2 UStG alles, was der Leistungsempfänger aufwendet, **um** die Leistung zu erhalten bzw. alles, was der Leistungsempfänger im Zusammenhang mit dem Erhalt der Leistung **für** die Leistung aufwendet (§ 10 Abs. 1 Satz 3, Abs. 2 Satz 2 UStG). Dabei kann das Entgelt in Geld oder Leistungen aller Art bestehen. Das Entgelt umfaßt auch das, was ein Dritter dem Unternehmer für die erbrachte Leistung gewährt (**Entgeltauffüllung**).

Grundsätzlich ist das **tatsächliche Entgelt** zu erfassen. Für die Höhe des Entgelts ist es unerheblich, ob dem Leistungsaustausch eine rechtliche Verpflichtung zugrunde liegt, die Leistung freiwillig erbracht oder infolge einer gesetzlichen oder behördlichen Anordnung durchgeführt wird. Zum Entgelt gehören auch zusätzliche Aufwendungen (z.B. Trinkgelder für den Unternehmer), die der Leistungsempfänger neben dem vereinbarten Preis für die Leistung bezahlt[7].

Während am Leistungsaustausch in der Regel nur zwei Personen beteiligt sind, ist für die Bestimmung des **Entgeltumfangs** ggf. auch noch ein für die Leistung an den Leistungsempfänger aufgewendetes **Zusatzentgelt eines Dritten** zu berücksichtigen (§ 10 Abs. 1 Satz 3 UStG).

Beispiel:

Ein Lebensmittelhändler liefert Butter an Sozialhilfeempfänger. Der Käufer entrichtet den Kaufpreis durch Gutscheine des Sozialamtes und Bargeld.

Das Entgelt umfaßt sowohl den Barbetrag des Leistungsempfängers (Gegenleistung), als auch den Geldwert der Gutscheine (Entgeltauffüllung), der von einem Dritten aufgebracht wird (§ 10 Abs. 1 Satz 3 UStG).

---

[5] Zum innergemeinschaftlichen Erwerb vgl. Teil X, Abschnitt 3, Kapitel 3, 5 und 6.

[6] Zur Doppelfunktion des Entgelts und den damit verbundenen unterschiedlichen Interpretationen des Entgeltbegriffes vgl. Birkenfeld, Umsatzsteuer-Handbuch, III Rz. 19 f., 27 ff.; Schuhmann, in: Rau/Dürrwächter/Flick/Geist, Anm. 19 ff. zu § 10.

[7] Vgl. BFH vom 31.8.1992, BStBl 1992 II S. 1046.

Ein Zusatzentgelt ist immer dann anzunehmen, wenn eine Zahlung wirtschaftlich zur **Preisauffüllung** bestimmt ist. Durch seine Zahlung will der Dritte den Leistungsbezug durch den Leistungsempfänger fördern. Die Zahlung erfolgt i.d.R. im Interesse des Leistungsempfängers.

Eine besondere Bedeutung kommt in diesem Zusammenhang der Abgrenzung von „echten" und „unechten" **Zuschüssen**[8] zu. Während **„unechte" Zuschüsse** als Zusatzentgelt betrachtet werden, sind „echte" Zuschüsse bei der Ermittlung der umsatzsteuerlichen Bemessungsgrundlage „Entgelt" auszuklammern.

Ein **„echter" Zuschuß** ist immer dann anzunehmen, wenn er unabhängig von einem bestimmten Leistungsverhalten des Unternehmers gewährt wird, d.h., wenn er Subventionscharakter besitzt. Zuschüsse aus öffentlichen Kassen[9] sind weitgehend „echte" Zuschüsse und bilden kein Zusatzentgelt, wenn sie allgemein zur Förderung des Zuschußempfängers gezahlt werden (z.B. Zuschüsse nach dem Arbeitsförderungsgesetz, Forschungsbeihilfen[10]).

Problematisch sind die Fälle, in denen der Zuschuß im Zusammenhang mit einer konkreten Leistung des Unternehmers gewährt wird. Erbringt der Zuschußgeber die Zahlung zur Förderung des leistenden Unternehmers, liegt ein echter Zuschuß vor. Ein „unechter" Zuschuß ist jedoch dann gegeben, wenn der Zuschußgeber die Leistung des Unternehmers an den Leistungsempfänger vergütet, weil er ein wirtschaftliches Interesse an dieser Leistung hat[11]. Zur Abgrenzung echter versus unechter Zuschüsse ist damit auf die Person des Bedachten und das Förderungsziel abzustellen.

Beispiel:

Ein Textilunternehmer gewährt einem Gastwirt einen Zuschuß für die verbilligte Essensabgabe an seine Arbeitnehmer in Höhe von 2 DM pro Mahlzeit.

Der Zuschuß des Textilunternehmers dient der Preisauffüllung und ist daher als Zusatzentgelt zu betrachten (§ 10 Abs. 1 Satz 3 UStG).

Der **Umfang des Entgelts** entspricht in der Praxis nicht immer dem Netto-Kaufpreis. Es können Preiserhöhungen oder Preisminderungen eintreten. Preisänderungen beeinflussen unmittelbar die Entgelthöhe. Das Entgelt kann aber auch einerseits durch Nebenkosten und andererseits durch einen Mengenbonus beeinflußt werden. Als Bemessungsgrundlage ist stets das **tatsächliche Gesamtentgelt** zu betrachten. So sind Verpackungs- und Beförderungskosten einer Ware oder

---

[8] Der Begriff „Zuschuß" ist als Sammelbegriff zu verstehen. In der Praxis werden Zahlungen in vergleichbaren Fällen auch als Zuwendung, Beihilfe, Prämie, Ausgleichsbetrag etc. bezeichnet.Vgl. auch Teil III, Abschnitt 3, Unterabschnitt 1, Kapitel 1 B. II.

[9] Zur umsatzsteuerrechtlichen Beurteilung von Geldleistungen der öffentlichen Hand vgl. Lange, UR 1994, S. 413 ff.

[10] Forschungsbeihilfen können echte Zuschüsse oder Leistungsentgelt darstellen, vgl. BFH vom 28.7.1994, BStBl 1995 II S. 86.

[11] U.U ist dann jedoch der Zuschuß als Entgelt für eine Leistung des Zuschußempfängers an den Zuschußgeber zu beurteilen, vgl. BFH vom 20.2.1992, BStBl 1992 II S. 705; vom 28.7.1994, UR 1995, S. 68. Zu Einzelfällen vgl. z.B. Sauerland/Schmidt/Lippross, Umsatzsteuer, 18. Aufl., Achim 1994, S. 372 f.; Tehler, in: Schwarze/Reiß/Kraeusel, Rz. 55 zu § 10; Abschn. 150 UStR.

Auslagenersatz (z.B. für Porto oder Telefon) außer dem Kaufpreis in die Entgeltberechnung einzubeziehen. Als **Entgeltminderungen** sind z.B. Skonti, Rabatte und Boni zu berücksichtigen.

Beispiel:

Ein Unternehmer berechnet einem Kunden für eine Warenlieferung 1.000 DM + 150 DM Umsatzsteuer. Der Kunde nimmt das Zahlungsziel von einem Monat nicht in Anspruch und bringt bei seiner Überweisung 3 % Skonto in Abzug.

Der Skontoabzug stellt eine Entgeltminderung dar. Die Bemessungsgrundlage und die Umsatzsteuer sind wie folgt zu ermitteln:

	Kaufpreis	Umsatzsteuer
	1.000 DM	150,00 DM
Skonto	30 DM	4,50 DM
Entgelt	970 DM	145,50 DM

Grundsätzlich werden der Umsatzermittlung die **vereinbarten Entgelte (Soll-Einnahmen)** i.S. des § 16 Abs. 1 UStG zugrundegelegt. Ausnahmsweise können bestimmte Unternehmer auf Antrag auch die Besteuerung nach **vereinnahmten Entgelten (Ist-Einnahmen)** nach § 20 Abs. 1 UStG vornehmen.

Es ist noch darauf hinzuweisen, daß **durchlaufende Posten** nach § 10 Abs. 1 Satz 5 UStG nicht zum Entgelt gehören. Durchlaufende Posten sind Beträge, deren Vereinnahmung und Verausgabung erkennbar in fremdem Namen und für fremde Rechnung geschieht. Der Unternehmer darf weder Gläubiger noch Schuldner der vereinnahmten und verausgabten Beträge sein. Er darf lediglich eine Mittlerrolle einnehmen und nicht an dem entsprechenden Leistungsaustausch beteiligt sein[12]. Von durchlaufenden Posten ist der **weiterberechnete Auslagenersatz** zu unterscheiden. In diesen Fällen hat der Unternehmer für eine an ihn erbrachte Eingangsleistung ein Entgelt entrichtet, das er seinem Abnehmer weiterberechnet.

Beispiele:

(1) Ein Rechtsanwalt vereinnahmt von seinem Klienten einen Gerichtskostenvorschuß, den er an die Gerichtskasse weiterleitet.

Die Zahlung des Klienten betrifft nicht die sonstige Leistung „Rechtsvertretung". Sie ist erkennbar für die Gerichtskasse bestimmt und stellt daher einen durchlaufenden Posten i.S. des § 10 Abs. 1 Satz 5 UStG dar.

(2) Ein Handelsvertreter nimmt anläßlich eines Kundenbesuches eine Zahlung für eine von ihm für seinen Auftraggeber (Großhändler) vermittelte Warenlieferung entgegen.

Das Schuldverhältnis besteht zwischen Großhändler und Käufer. Der Handelsvertreter übt nur eine Vermittlerfunktion aus. Er erbringt eine Vermittlungsleistung (sonstige Leistung) gegenüber dem Großhändler. Die Entgegennahme der Zahlung für eine Lieferung des Großhändlers stellt folglich beim Handelsvertreter keine Leistung i.S. des § 3 Abs. 9 UStG dar. Dieser Betrag ist daher als durchlaufender Posten zu betrachten (§ 10 Abs. 1 Satz 5 UStG).

---

[12] Zu Einzelfällen vgl. Schuhmann (FN 6), Anm. 102 ff. zu § 10.

Bei Grundstücksverkäufen, die infolge Option des Unternehmers nicht steuerbefreit sind (§ 9 i.V.m. § 4 Nr. 9 Buchst. a UStG), ist es fraglich, in welchem Umfang die Grunderwerbsteuer zur umsatzsteuerlichen Bemessungsgrundlage gehört. Vereinbaren die Parteien, daß der Erwerber die (vom Veräußerer und Erwerber als Gesamtschuldner (§ 13 Nr. 1 GrEStG) zu tragende) Grunderwerbsteuer allein entrichtet, rechnet nach der herrschenden Meinung die Hälfte der Grunderwerbsteuer zur Bemessungsgrundlage (Entgelt)[13].

Beispielrechnung:

Netto-Entgelt für das Grundstück	200.000 DM
+ halbe GrESt (Steuersatz 2 v.H.)	2.000 DM
Bemessungsgrundlage	202.000 DM
Umsatzsteuer (15 v.H.)	30.300 DM

Kapitel 2 : Die Entgeltermittlung bei den Sonderformen der Leistung „Tausch“ und „tauschähnlicher Umsatz“

Beim Tausch (§ 3 Abs. 12 Satz 1 UStG)[14], bei tauschähnlichen Umsätzen (§ 3 Abs. 12 Satz 2 UStG) und bei Hingabe an Zahlungs Statt[15] gilt nach § 10 Abs. 2 UStG der Wert jedes Umsatzes als Entgelt für den anderen Umsatz. Die Besonderheit besteht lediglich darin, daß das Entgelt nicht in Form von Geld erbracht wird. In diesen Fällen ist eine Bewertung des Entgelts erforderlich. Entscheidend ist dabei, was der Leistungsempfänger (bzw. ein Dritter) tatsächlich aufwendet (§ 10 Abs. 1 Satz 2 UStG)[16]. Verbrauchsteuerkonform ist der **gemeine Wert** nach § 9 (i.V.m. § 1 BewG) maßgeblich. Die Gegenleistung kann auch in einer unentgeltlichen oder verbilligten Kapitalüberlassung bestehen. Der gemeine Wert dieser Gegenleistung ist nach den allgemeinen Vorschriften des Bewertungsgesetzes (§§ 13 - 16 BewG) zu bestimmen[17].

Der gemeine Wert wird durch den Preis bestimmt, der im gewöhnlichen Geschäftsverkehr nach der Beschaffenheit des Gegenstandes bei einer Veräußerung zu erzielen wäre. Als gemeiner Wert sind bei der Lieferung eines Produzenten an einen Großhändler der Produzentenpreis (Großhändlereinkaufspreis), bei der Lieferung eines Großhändlers an einen Einzelhändler der Großhandelspreis (Einzelhändlereinkaufspreis), bei der Lieferung eines Einzelhändlers grundsätz-

---

[13] Vgl. BFH vom 10.7.1980, BStBl 1980 II S. 620; Abschn. 149 Abs. 7 UStR; kritisch zur Ermittlung der Bemessungsgrundlage, insbesondere gegen die Einbeziehung der hälftigen Grunderwerbsteuer Stadie, Das Recht des Vorsteuerabzugs, Köln 1989, S. 196 ff.; Klenk, in: Rau/Dürrwächter/Flick/Geist, Anm. 123 f. zu § 4 Nr. 9; Sauerland/Schmidt/Lippross (FN 11), S. 368.

[14] Vgl. Teil III, Abschnitt 3, Unterabschnitt 1, Kapitel 2, E. I. und Kapitel 3. E.

[15] Der Tauschvorgang (Tausch, tauschähnlicher Umsatz) beruht auf einem Tauschgeschäft. Die Hingabe an Zahlungs Statt ergibt sich, wenn an die Stelle der ursprünglich vereinbarten Zahlung eine andere Gegenleistung tritt (§ 364 Abs. 1 BGB).

[16] Vgl. auch Art. 11 Teil A Abs. 1 Buchst. a 6.EGRl.

[17] Vgl. BFH vom 28.2.1991, BStBl 1991 II S. 649; vgl. auch Philipowski, BB 1995, S. 953 ff.

lich der Einzelhandelspreis und bei Lieferungen auf gleicher Wirtschaftsstufe deren Einkaufspreise anzusetzen.

Decken sich Leistung und Gegenleistung nicht, wird in der Regel einer der Vertragspartner eine Zuzahlung leisten. Dieser Leistungsaustausch wird als **Tausch mit Bar(dr)aufgabe** bezeichnet.

Beispiel:

Ein Kfz-Händler (U 1) liefert an den Möbelhändler U 2 ein Neufahrzeug im Werte von 34.500 DM und nimmt einen Gebrauchtwagen von U 2 mit dem gemeinen Wert i.H. von 23.000 DM in Zahlung. Zum Ausgleich des Minderwertes zahlt U 2 als Baraufgabe 11.500 DM.

Es liegt ein Tausch mit Baraufgabe vor. Das Entgelt für die Lieferung des Neufahrzeuges beträgt: (23.000 DM + 11.500 DM =) 34.500 DM abzgl. 4.500 DM USt =30.000 DM. Das Entgelt für die Lieferung des Gebrauchtwagens beträgt (34.500 DM - 11.500 DM =) 23.000 DM abzgl. 3.000 DM USt = 20.000 DM.

Im Rahmen eines Tausches mit Bar(dr)aufgabe kann vom Unternehmer an den Abnehmer auch ein **verdeckter Preisnachlaß**, der eine Entgeltminderung darstellt, gewährt werden. Diese Gestaltung ist z.B. im Kraftfahrzeughandel üblich.

Beispiel:

Der Listenpreis eines Neuwagens beträgt 34.500 DM. Der Händler nimmt einen Gebrauchtwagen des Kunden mit 25.000 DM in Zahlung, obwohl der (nachgewiesene gemeine) Wert nur noch 23.000 DM beträgt. Der Kunde zahlt bar noch 9.500 DM.

Nimmt ein Händler beim Verkauf eines Neuwagens einen Gebrauchtwagen in Zahlung und leistet der Käufer in Höhe des Unterschiedsbetrages eine Zuzahlung, so liegt ein Tausch mit Bar(dr)aufgabe vor (§ 3 Abs. 12 Satz 1 UStG). Zum Entgelt des Händlers gehört neben der Zuzahlung auch der gemeine Wert des in Zahlung genommenen Gebrauchtwagens (§ 10 Abs. 2 UStG). Wird der Gebrauchtwagen - wie im vorliegenden Fall - zu einem höheren Preis als dem gemeinen Wert in Zahlung genommen, so liegt eine Entgeltminderung in Form eines verdeckten Preisnachlasses vor.

Das Entgelt ist wie folgt zu ermitteln:

Barzahlung	9.500 DM
gemeiner Wert des Gebrauchtwagens	23.000 DM
	32.500 DM
darin enthaltene USt (13,04 %)	4.238 DM
Entgelt	28.262 DM

Gemessen am vorangegangenen Beispiel liegt eine Minderung des Entgelts i.H.v. 1.738 DM (30.000 DM - 28.262 DM) vor. Im vorliegenden Beispiel zahlt der Abnehmer des Neufahrzeuges **tatsächlich** (brutto) weniger, da der gemeine Wert seines Gebrauchtwagens nur 23.000 DM beträgt (2.000 DM - 262 DM USt (gerundet) = 1.738 DM).

Abschnitt 3: Die Ersatzwerte als Bemessungsgrundlagen bei anderen bestimmten Umsätzen

In § 10 Abs. 4 UStG werden die **Ersatzwerte**, die **bei fehlender** oder **unangemessener Entgeltvereinbarung** als Bemessungsgrundlagen angenommen werden, kodifiziert. Die Vorschrift enthält die Regelungen über die Bemessungsgrundlagen für den Eigenverbrauch (§ 1 Abs. 1 Nr. 2 UStG), für Leistungen durch Unternehmer an ihre Arbeitnehmer ohne besonders berechnetes Entgelt (§ 1 Abs. 1 Nr. 1 Satz 2 Buchst. b UStG) sowie für unentgeltliche Leistungen von Vereinigungen an ihre Mitglieder (§ 1 Abs. 1 Nr. 3 UStG).

Kapitel 1 : Die Bemessungsgrundlagen beim Eigenverbrauch

Für die drei normierten Eigenverbrauchstatbestände[18] - Gegenstandsentnahme, Leistungsentnahme und Tätigung nichtabzugsfähiger Aufwendungen - hat der Gesetzgeber nicht eine einheitliche, sondern vielmehr unterschiedliche Bemessungsgrundlagen bestimmt.

Als Ersatzwerte sind folgende Wertansätze zu verwenden:

- bei der Gegenstandsentnahme der **Einkaufspreis zzgl. der Nebenkosten** für den Gegenstand oder für einen vergleichbaren Gegenstand oder mangels eines Einkaufspreises die **Selbstkosten,**
- bei der Leistungsentnahme die **entstandenen Kosten,**
- bei der Tätigung nichtabzugsfähiger Aufwendungen die **Aufwendungen**.

Die Ersatzwerte werden im Umsatzsteuerrecht nicht definiert. Durch die Kopplung des Aufwendungseigenverbrauchs an einkommensteuerliche Werte wird der Begriff „Aufwendung" (§ 10 Abs. 4 Nr. 3 UStG) im Sinne des Einkommensteuerrechts interpretiert. Die anderen Ersatzwerte sind richtlinien-[19] und verbrauchsteuerkonform auszulegen.

A. Einkaufspreis zzgl. Nebenkosten oder Selbstkosten als Bemessungsgrundlage beim Gegenstandseigenverbrauch

Bei der Entnahme von Gegenständen ist nach § 10 Abs. 4 Nr. 1 UStG der **Einkaufspreis zzgl. der Nebenkosten** für den Gegenstand oder einen gleichartigen Gegenstand anzusetzen oder es sind mangels eines Einkaufspreises die **Selbstkosten** zu ermitteln. Diese Werte sind jeweils auf den **Zeitpunkt des Umsatzes** zu beziehen. Der Gegenstandseigenverbrauch wird mit den Selbstkosten bewertet, wenn der entnommene Gegenstand im Unternehmen hergestellt wurde[20].

Die Bewertung erfolgt für den Zeitpunkt der Entnahme. Ihr liegen daher keine tatsächlichen (historischen) Kosten, sondern fiktive Werte zugrunde. Diese Regelung ist systemgerecht, soweit z.B. die aktuellen Einkaufspreise gesunken sind, der Wertverzehr (ursprünglicher Einkaufspreis - fiktiver (aktueller) Einkaufspreis)

---

18 Vgl. Teil III, Abschnitt 3, Unterabschnitt 3.
19 Vgl. Art. 11 Teil A. Abs. 1 Buchst. b und c 6.EGRl.
20 Vgl. Sauerland/Schmidt/Lippross (FN 11), S. 381.

also im Unternehmen des entnehmenden Unternehmers erfolgt ist. Entsprechende Überlegungen gelten für die Nebenkosten.

Beispiel:

Ein Juwelier schenkt seiner Tochter einen Goldring. Der ursprünglich für (netto) 1.000 DM eingekaufte Ring würde im Zeitpunkt der Entnahme aufgrund des gestiegenen Goldpreises im Einkauf (netto) 1.200 DM kosten.

Der Gegenstandseigenverbrauch (§ 1 Abs. 1 Nr. 2 Buchst. a UStG) ist nach dem Wortlaut des § 10 Abs. 4 Nr. 1 UStG mit 1.200 DM zu bewerten[21]. Bei einer konsequenten Interpretation der Eigenverbrauchsbesteuerung als Vorsteuerkorrekturregelung[22] dürfte die Bemessungsgrundlage für diese Gegenstandsentnahme 1.000 DM nicht übersteigen.

Unter dem Begriff „**Selbstkosten**" versteht man betriebswirtschaftlich die gesamten Kosten eines Gegenstandes. Dazu zählen nicht nur die Herstellkosten, sondern auch die Verwaltungs- und Vertriebskosten. In den Selbstkosten sind außerdem die kalkulatorischen Kosten (z.B. kalkulatorischer Unternehmerlohn) enthalten.

Die umsatzsteuerrechtliche Interpretation der Selbstkosten ist **umstritten**. Abweichend vom betriebswirtschaftlichen Begriffsverständnis werden die Selbstkosten z.B. dem ertragsteuerlichen Begriff der Herstellungskosten i.S. von Wiederherstellungskosten gleichgesetzt[23]. Nach a.A. sind umsatzsteuerrechtlich auch kalkulatorische Kosten (z.B. kalkulatorischer Unternehmerlohn) zu berücksichtigen[24]. Verbrauchsteuerkonform und im Sinne einer Vorsteuerkorrekturregelung dürften in die Bemessungsgrundlage für den Gegenstandseigenverbrauch nur die Kosten einbezogen werden, für die der Unternehmer einen Vorsteuerabzug in Anspruch nehmen konnte und soweit sie im Zeitpunkt der Entnahme auch anfallen würden. Entsprechendes gilt für den Ansatz des Einkaufspreises - einschließlich der ggf. später darin eingegangenen Bestandteile - zzgl. der Nebenkosten[25].

B. Die „entstandenen Kosten" als Bemessungsgrundlage beim Leistungseigenverbrauch

Bemessungsgrundlage für den Eigenverbrauch nach § 1 Abs. 1 Nr. 2 Buchst. b UStG (Leistungseigenverbrauch, Leistungsentnahme) sind die bei der Ausführung dieses Umsatzes entstandenen **Kosten**. Abweichend vom betriebswirtschaftlichen Kostenbegriff[26] ist nach Auffassung der Verwaltung grundsätzlich von den bei der Einkommensteuer zugrunde gelegten Kosten auszugehen, die z.B. den anteiligen

[21] So auch z.B. Sauerland/Schmidt/Lippross (FN 11), S. 381.

[22] Vgl. Teil III, Abschnitt 3, Kapitel 1 und 2; vgl. auch Wagner, in: Sölch/Ringleb/List, Bem. 347 f. zu § 10.

[23] Vgl. z.B. Sauerland/Schmidt/Lippross (FN 11), S. 382.

[24] Vgl. Schlienkamp, UR 1990, S. 107 ff. (110).

[25] A.A. BMF vom 13.5.1994, BStBl 1994 I S. 298.

[26] In der Betriebswirtschaftslehre werden Kosten überwiegend definiert als der bewertete Verzehr von Produktionsfaktoren und Dienstleistungen, der zur Erstellung und zum Absatz der betrieblichen Leistungen sowie zur Aufrechterhaltung der Betriebsbereitschaft erforderlich ist.

Unternehmerlohn nicht mit einschließen[27]. Nach a.A. sind als Kosten alle variablen und fixen Kosten i.S. von aufwandsgleichen Kosten zu berücksichtigen, die der Leistungsentnahme zuzuordnen sind[28]. Bei der Zuordnung von Gemeinkosten sollten betriebswirtschaftlich anerkannte Methoden verwendet werden, um verbrauchsteuerkonform zu einer möglichst exakten Kostenzuordnung zu gelangen.

Die derzeitige **Rechtspraxis unterscheidet aufgrund gemeinschaftsrechtlicher Vorgaben** im Rahmen des Leistungseigenverbrauchs den Verwendungseigenverbrauch und die Leistungsentnahme anderer sonstiger Leistungen der in § 3 Abs. 9 UStG bezeichneten Art.

Unter Berücksichtigung von Art. 6 Abs. 2 Buchst. a 6.EGRl („wenn dieser Gegenstand zum vollen oder teilweisen Abzug der Mehrwertsteuer berechtigt hat") sind bei der Bewertung des **Verwendungseigenverbrauchs** nach Auffassung der Verwaltung **alle Kosten** aus der Bemessungsgrundlage **auszuscheiden**, bei denen **kein Vorsteuerabzug** möglich war[29]. Im Hinblick auf den praktisch bedeutsamen Fall der Verwendung eines dem Unternehmen zugeordneten Pkw sind danach z.B. folgende Kosten nicht in die Bemessungsgrundlage einzubeziehen:

- Absetzung für Abnutzung, wenn der Unternehmer beim Erwerb des Pkw nicht zum Abzug der Vorsteuer berechtigt war,
- Kfz-Steuer,
- Kfz-Versicherung,
- Rundfunkgebühr für das Autoradio,
- Finanzierungskosten, z.B. Kreditzinsen für die Anschaffung des Pkw.

Eine vergleichbare Einschränkung bei der Ermittlung der Bemessungsgrundlage für die Leistungsentnahme anderer sonstiger Leistungen der in § 3 Abs. 9 UStG bezeichneten Art kommt nach geltendem Rechtsverständnis nicht in Betracht[30].

Beispiele:

(1) Ein Unternehmer läßt den Garten seines eigengenutzten EFH durch einen in seinem Unternehmen angestellten Gärtner pflegen.

Es liegt Eigenverbrauch nach § 1 Abs. 1 Nr. 2 Buchst. b UStG vor. Bemessungsgrundlage sind die Kosten nach § 10 Abs. 4 Nr. 2 UStG. Sie umfassen u.a. den anteiligen Lohnaufwand, der auf die Pflege des Privatgartens entfällt[31].

(2) Ein Steuerberater erstellt für Bekannte unentgeltlich Steuererklärungen. Z.T. erledigt er die Arbeiten selbst, z.T. überträgt er die Arbeiten einer Angestellten.

Die Leistungsentnahmen sind als Eigenverbrauch i.S. des § 1 Abs. 1 Nr. 2 Buchst. b UStG zu qualifizieren. In die Bemessungsgrundlage werden nach h.M. lediglich die tatsächlich entstandenen Kosten (aufwandsgleiche Kosten) einbezogen. Ein (kalkulatorischer) Unternehmerlohn wird nicht angesetzt. Als Aufwendungen für

---

[27] Vgl. Abschn. 155 Abs. 2 S. 2 UStR. Nach Auffassung des BFH sind alle Kosten anzusetzen, "mit denen die Kostenrechnung des Unternehmens aus Anlaß der nichtunternehmerischen Verwendung belastet wird", BFH vom 28.2.1980, BStBl 1980 II S. 309.

[28] Vgl. Wagner (FN 22), Bem. 380 f. zu § 10; Sauerland/Schmidt/Lippross (FN 11), S. 383 f. m.w.N.; Birkenfeld, USt-Hdb III Rz. 333 ff.

[29] Vgl. Abschn. 155 Abs. 2 und 3 UStR.

[30] Vgl. auch Teil III, Abschnitt 3, Unterabschnitt 3, Kapitel 3. B.

[31] Vgl. auch BFH vom 18.5.1993, BStBl 1993 II S. 885.

die Ermittlung der Bemessungsgrundlage sind somit einmal die entstandenen Sachaufwendungen und zum anderen der anteilige Lohnaufwand für die Mitarbeiterin anzusetzen.

C. Die Aufwendungen als Bemessungsgrundlage beim Aufwendungseigenverbrauch

Bei der Tätigung nichtabzugsfähiger Aufwendungen stellen nach § 10 Abs. 4 Nr. 3 UStG die **Aufwendungen** die Bemessungsgrundlage dar. Nicht abzugsfähige Aufwendungen i.S. des § 4 Abs. 5 Nr. 1-7 und Abs. 7 bzw. § 12 Nr. 1 EStG gelten umsatzsteuerrechtlich als Eigenverbrauch. Die Aufwendungen, die nach den einkommensteuerrechtlichen Vorschriften als nichtabzugsfähige Aufwendungen beurteilt werden, unterliegen in gleicher Höhe wie bei der Einkommensteuer der Umsatzsteuer. Davon sind ausgenommen Geldgeschenke und Bewirtungsaufwendungen in den Grenzen des § 1 Abs. 1 Nr. 2 Buchst. c Satz 2 UStG[32]. Anzumerken ist, daß sich der Aufwendungseigenverbrauch auf Aufwendungen im Inland beschränkt[33].

Nach geltendem (u.E. fragwürdigem) Rechtsverständnis erfolgt keine Kürzung der Aufwendungen, soweit ein Vorsteuerabzug nicht möglich war[34]. U.U. kommt jedoch eine Steuerbefreiung nach § 4 Nr. 28 UStG in Betracht[35].

Beispiel:

Eine Bank, die ausschließlich steuerfreie Umsätze nach § 4 Nr. 8 UStG ausführt, verteilt an ihre Kunden Werbegeschenke, die sie je Stück

a) für 100 zzgl. 15 DM USt

b) für 115 DM ohne Vorsteuerabzugsberechtigung nach § 15 Abs. 1 Nr. 1 UStG erwirbt.

Die Bank kann im Fall a) aus dem Erwerb der Werbepräsente gem. § 15 Abs. 2 Nr. 1 UStG keinen Vorsteuerabzug geltend machen, da die Werbegeschenke zur Förderung von Ausgangsumsätzen verwendet werden, die den Vorsteuerabzug ausschließen (§ 15 Abs. 2 Nr. 1 i.V.m. § 4 Nr. 8 UStG). Der BFH[36] hält eine „Verknüpfung zwischen der Umsatzbesteuerung des Aufwendungseigenverbrauchs und der Berechtigung zum Vorsteuerabzug derzeit nicht für gegeben". Eine Doppelbelastung durch Versagung des Vorsteuerabzugs bei gleichzeitiger Steuerpflicht des Aufwendungseigenverbrauchs[37] könnte jedoch in Anlehnung an das BFH-Urteil vom 15.9.1994[38] durch eine entsprechende Anwendung der Steuerbefreiungsregelung nach § 4 Nr. 28 Buchst. a UStG vermieden werden.

Im Fall b) ist eine Steuerbefreiung nach § 4 Nr. 28 Buchst. a UStG nicht möglich, da die Werbepräsente ohne Vorsteuerabzugsmöglichkeit (§ 15 Abs. 1 Nr. 1 UStG) erworben wurden. Eine Doppelbelastung ist danach „derzeit" nicht zu vermeiden[39].

---

32 Zu Beispielen vgl. Teil III, Abschnitt 3, Unterabschnitt 3, Kapitel 3. C. II.

33 Vgl. Teil III, Abschnitt 3, Unterabschnitt 3, Kapitel 3. C. I.

34 Vgl. den Hinweis in FN 31.

35 Vgl. BFH vom 15.9.1994, BStBl 1995 II S. 214.

36 BFH vom 16.2.1994, BStBl 1994 II S. 468; a.A. z.B. Sauerland/Schmidt/Lippross (FN 11), S. 389.

37 Vgl. dazu Walden, StBp, 1988 S. 1 ff. und Müllereisert, UR 1994, S. 337 ff., jeweils m.w.N.

38 BFH vom 15.9.1994, BStBl 1995 II S. 214.

39 Vgl. dazu auch Teil III, Abschnitt 3, Unterabschnitt 3, Kapitel 3. C. I.

Kapitel 2 : Die Bemessungsgrundlagen beim Gesellschafterverbrauch

Die Bemessungsgrundlagen für unentgeltliche Leistungen von Vereinigungen (Körperschaften, Personenvereinigungen) an ihre Mitglieder oder diesen nahestehende Personen entsprechen den Bemessungsgrundlagen für den Eigenverbrauch. Außerdem sind dieselben Einschränkungen der Besteuerung bei fehlendem Vorsteuerabzug zu berücksichtigen[40].

Bei **unentgeltlichen Lieferungen** an Mitglieder, Gesellschafter usw. ist Bemessungsgrundlage wie bei der Entnahme von Gegenständen der aktuelle Einkaufspreis zzgl. der Nebenkosten für den Gegenstand oder für einen gleichartigen Gegenstand oder es sind die aktuellen Selbstkosten anzusetzen. Bei **unentgeltlichen sonstigen Leistungen** an Mitglieder, Gesellschafter usw. dienen wie beim Leistungseigenverbrauch die bei der Leistung „entstandenen Kosten“ als Bemessungsgrundlage.

Werden die Leistungen zwar entgeltlich ausgeführt, ist aber das **vereinbarte Entgelt unangemessen niedrig**, so kann die Mindestbemessungsgrundlage nach § 10 Abs. 5 Nr. 1 UStG anzusetzen sein. Durch diese Regelung soll sichergestellt werden, daß auch „partiell“ unentgeltliche Leistungen vorgenannter Art ebenso besteuert werden wie die entsprechenden unentgeltlichen Leistungen.

Kapitel 3 : Die Bemessungsgrundlagen im Rahmen der Arbeitnehmerversorgung

Die Bemessungsgrundlagen für Leistungen an Arbeitnehmer oder ihre Angehörigen ohne besonders berechnetes Entgelt[41] entsprechen grundsätzlich nach § 10 Abs. 4 Nr. 1 und 2 UStG den Bemessungsgrundlagen für den Eigenverbrauch oder den Gesellschafterverbrauch.

Bei Lieferungen an Arbeitnehmer (**Sachzuwendungen**), für die kein besonders berechnetes Entgelt gezahlt wird, ist bei der Ermittlung der Bemessungsgrundlage vom aktuellen Einkaufspreis zzgl. der Nebenkosten für den Gegenstand oder einen vergleichbaren Gegenstand bzw. von den aktuellen Selbstkosten auszugehen. Bei **sonstigen Leistungen an Arbeitnehmer**, für die kein besonders berechnetes Entgelt gezahlt wird, sind die bei der Ausführung dieser Leistungen „entstandenen Kosten“ als Bemessungsgrundlage anzusetzen. Hierzu gehören auch die anteiligen Gemeinkosten.

Die in § 10 Abs. 4 Nr. 1 und 2 UStG vorgeschriebenen Werte stimmen grundsätzlich nicht mit den Werten überein, die für die ertragsteuerliche Bewertung von Sachzuwendungen an Arbeitnehmer nach § 8 Abs. 2 und 3 EStG vorgesehen sind. Die Bewertung erfolgt für umsatzsteuerrechtliche Zwecke aus der Sicht des leistenden Unternehmers (Einkaufspreis zzgl. Nebenkosten bzw. Selbstkosten). Ertragsteuerlich sind jedoch die Zuwendungen vom Standpunkt des Arbeitnehmers

---

[40] Vgl. Abschn. 157 Abs. 2 UStR und BMF-Schreiben vom 13.5.1994, BStBl 1994 I S. 298.

[41] Als Angehörige sind nach § 15 AO u.a. Ehegatten, Verlobte, Kinder, Eltern und Geschwister anzusehen. Zur Arbeitnehmerversorgung vgl. Teil III, Unterabschnitt 2.

(Empfänger der Leistung) aus zu bestimmen (Endverbraucherpreis). Diese Werte sind damit grundsätzlich höher.

Soweit für Sachzuwendungen oder sonstige Leistungen an Arbeitnehmer **lohnsteuerliche Werte** angesetzt werden, können diese Werte aus Vereinfachungsgründen in bestimmten Fällen der Umsatzbesteuerung zugrundegelegt werden. Die lohnsteuerlichen Sachbezugswerte liegen i.d.R. tatsächlich unter dem Einkaufspreis bzw. den Selbstkosten; anderenfalls wäre dieser Ansatz nicht vertretbar.

Werden die für die Lohnsteuer maßgeblichen Werte für die Umsatzsteuer übernommen, ist zur Ermittlung der umsatzsteuerlichen Bemessungsgrundlage aus diesen Werten die Umsatzsteuer herauszurechnen, da es sich um **Bruttowerte** handelt.

Für die Besteuerung der Arbeitnehmerversorgung sind die Einschränkungen zu beachten, die auch bei der Eigenverbrauchsbesteuerung mangels Vorsteuerabzug gelten[42].

Kapitel 4 : Die Mindestbemessungsgrundlage

Mit Wirkung vom 1.1.1980 wurde in § 10 Abs. 5 UStG eine **Mindestbemessungsgrundlage** normiert. Diese Regelung soll sicherstellen, daß bestimmte Umsätze, wenn sie zu unangemessen niedrigen Entgelten („verbilligt") ausgeführt werden, ebenso besteuert werden wie die entsprechenden unentgeltlichen Leistungen nach § 10 Abs. 4 UStG. Ist bei den nachstehend im einzelnen erläuterten Umsätzen das vereinbarte und entrichtete Entgelt (§ 10 Abs. 1, 2 UStG) niedriger als die nach § 10 Abs. 4 UStG in Betracht kommenden Werte oder Kosten für gleichartige unentgeltliche Leistungen, so sind diese Werte oder Kosten und nicht das tatsächlich geflossene Entgelt für die Umsatzbesteuerung maßgebend.

Die Mindestbemessungsgrundlage gilt für folgende „**verbilligte**" (d.h. entgeltliche) Leistungen, bei denen es sich um steuerbare Umsätze i.S. des § 1 Abs. 1 Nr. 1 UStG handelt:

- Leistungen von Vereinigungen an ihre Mitglieder oder diesen nahestehende Personen[43] (§ 10 Abs. 5 Nr. 1 UStG),
- Leistungen von Unternehmern an ihnen nahestehende Personen, sofern es sich um steuerbare Umsätze i.S. des § 1 Abs. 1 Nr. 1 UStG handelt (§ 10 Abs. 5 Nr. 1 UStG),
- Leistungen von Unternehmern an ihre Arbeitnehmer oder deren Angehörige aufgrund des Dienstverhältnisses (§ 10 Abs. 5 Nr. 2 UStG; keine unentgeltlichen Leistungen i.S. des § 1 Abs. 1 Nr. 1 S. 2 Buchst. b UStG).

Diese „verbilligten" Umsätze werden folglich nicht mit dem tatsächlichen Entgelt, sondern mit einem fiktiven Entgelt zur Umsatzsteuer herangezogen. Der Gesetzgeber[44] begründete die Einführung einer besonderen Bemessungsgrundlage

---

[42] Vgl. BMF-Schreiben vom 13.5.1994, BStBl 1994 I S. 298 und Abschn. 12 Abs. 7 S. 7 UStR.

[43] Zum Begriff nahestehende Person, der nach dem Sinn und Zweck dieser Vorschrift (weit) auszulegen ist, vgl. Tehler (FN 11), Rz. 145 zu § 10 m.w.N.

[44] Vgl. BT-Drs. 8/1779, S. 38.

für diese Umsätze damit, daß diese Leistungen vielfach zu unangemessen niedrigen Entgelten ausgeführt werden und es somit zu einem partiell unbesteuerten Verbrauch kommen könne.

Insbesondere sind nunmehr verdeckte Gewinnausschüttungen nicht mehr nur mit dem tatsächlichen Entgelt, sondern mit der Mindestbemessungsgrundlage nach § 10 Abs. 5 UStG zur Umsatzsteuer heranzuziehen.

Beispiele:

(1) Eine GmbH liefert an ihren Gesellschafter eine Ware zum Preis von 100 DM (zzgl. 15 DM USt), die sie üblicherweise für 200 DM (zzgl. 30 DM USt) verkauft. Der Einkaufspreis zzgl. Nebenkosten im Zeitpunkt der Lieferung beträgt netto 150 DM.

Bei der Gewinnermittlung der GmbH ist die verdeckte Gewinnausschüttung mit dem gemeinen Wert der Ware zu erfassen (§ 8 Abs. 3 Satz 2 KStG; Abschn. 31 Abs. 10 KStR). Nach § 10 Abs. 4 Nr. 1 UStG wäre eine unentgeltliche Warenabgabe der GmbH an ihren Gesellschafter mit dem Einkaufspreis zzgl. Nebenkosten i.H. von 150 DM zu bemessen. Da das vom Gesellschafter tatsächlich gezahlte Entgelt (100 DM) niedriger als die Bemessungsgrundlage nach § 10 Abs. 4 Nr. 1 UStG (150 DM) ist, ist die Mindestbemessungsgrundlage nach § 10 Abs. 5 Nr. 1 UStG anzusetzen und die entgeltliche Lieferung mit 150 DM zu versteuern.

(2) Ein Unternehmer liefert in seiner Betriebskantine an Arbeitnehmer Mittagessen zu einem Preis von 2,30 DM. Der amtliche Sachbezugswert beträgt 4,30 DM.

Das tatsächlich von den Arbeitnehmern für das Mittagessen gezahlte Entgelt i.H. von 2 DM ist niedriger als der im Falle der unentgeltlichen Abgabe anzusetzende Sachbezugswert. i.H. von netto 3,74 DM (4,30 DM-0,56 DM USt). Nach § 10 Abs. 5 Nr. 2 UStG ist daher die Mindestbemessungsgrundlage i.H. von 3,74 DM anzusetzen.

Umstritten ist die Anwendung der Mindestbemessungsgrundlage, wenn zwar ein **marktübliches Entgelt** gezahlt wird, dieses Entgelt jedoch unter den Werten für einen entsprechenden Eigenverbrauch liegt. Im Wege einer restriktiven Gesetzesauslegung sollten diese Fälle aus § 10 Abs. 5 UStG ausgegrenzt werden[45]. Die praktische Bedeutung dieses Problems wird jedoch dadurch erheblich gemindert, daß die Grundsätze der einschränkenden Eigenverbrauchsbesteuerung auch in den Fällen der Mindestbemessungsgrundlage zu beachten sind[46].

---

[45] Vgl. zum Meinungsstand Birkenfeld, USt-Hdb III Rz. 446 f. und Schuhmann, in: Rau/Dürrwächter/Flick/Geist, Anm. 225 ff. zu § 10.

[46] Vgl. Abschn. 158 Abs. 4 UStR. Nicht ausdrücklich geregelt ist die umsatzsteuerrechtliche Behandlung einer verbilligten Lieferung von Gegenständen, für die ein Vorsteuerabzug nicht möglich war. Verbrauchsteuerkonform wäre eine entsprechende Anwendung der Grundsätze zum Gegenstandseigenverbrauch (vgl. Teil III, Abschnitt 3, Unterabschnitt 3, Kapitel 3 A.). Soweit ein Entgelt gezahlt wird, erscheint es jedoch gerechtfertigt, diesen Umsatz der Umsatzbesteuerung zu unterwerfen.

Abschnitt 4: Änderung der Bemessungsgrundlage

Grundsätzlich soll als Bemessungsgrundlage nur das Entgelt den Besteuerungsmaßstab bilden, das dem Unternehmen für einen steuerpflichtigen Umsatz **tatsächlich** zugeflossen ist. Dieser Grundsatz ist verbrauchsteuerkonform, weil die Umsatzsteuer den Verbrauch, der in den Konsumausgaben (Entgelt) zum Ausdruck kommt, belasten soll. Da die Umsatzsteuer im allgemeinen auf der Basis der vereinbarten Entgelte (Soll-Einnahmen; **Soll-Versteuerung**) i.S. des § 16 Abs. 1 UStG zu ermitteln ist[47], müssen Abweichungen zwischen einem ursprünglich vereinbarten Entgelt und dem tatsächlichen Zahlungseingang im Rahmen der Steuerberechnung Berücksichtigung finden. Entsprechendes gilt für den Vorsteuerabzug, der nach § 15 Abs. 1 Nr. 1 Satz 1 i.V.m. § 16 Abs. 2 UStG unabhängig vom Zeitpunkt der Zahlung gewährt wird.

Hat sich die Bemessungsgrundlage für einen steuerpflichtigen Umsatz i.S. des § 1 Abs. 1 Nr. 1-3 UStG **nachträglich** geändert, so haben der leistende Unternehmer den Steuerbetrag **und** der Leistungsempfänger den Vorsteuerabzugsbetrag[48] entsprechend zu berichtigen (§ 17 Abs. 1 UStG; **Berichtigungspflicht**). Dies gilt im Falle des innergemeinschaftlichen Erwerbs (§ 1 Abs. 1 Nr. 5 UStG) sinngemäß. § 17 UStG findet auch Anwendung bei der Versteuerung nach vereinnahmten Entgelten, wenn bereits vereinnahmte Entgelte in einem späteren Voranmeldungszeitraum zurückgezahlt werden. Die Regelung des § 17 Abs. 1 UStG ist entsprechend anzuwenden, wenn in einer Rechnung der Steuerbetrag nach § 14 Abs. 2 UStG berichtigt wird[49].

§ 17 UStG geht als **eigenständige Berichtigungsnorm** den Berichtigungsvorschriften der AO vor. Die Berichtigung erfolgt im Voranmeldungszeitraum der Änderung der Bemessungsgrundlage (§ 17 Abs. 1 Satz 3 UStG). Die ursprüngliche Steuerfestsetzung bleibt unberührt.[50]

Die Frage, ob und wann eine Änderung der Bemessungsgrundlage vorliegt, ist nach den Grundsätzen des § 10 UStG zu beantworten. Bei Leistungen gehören somit die Beträge, die der Leistungsempfänger abweichend von ursprünglichen Vereinbarungen (z.B. Kaufvertrag) nicht zahlt[51], auch nicht zur Bemessungsgrundlage „Entgelt". Andererseits können zusätzliche Zahlungen[52] geleistet werden, die zur Erhöhung der Bemessungsgrundlage „Entgelt" führen.

---

[47] Ausnahmeregelungen enthalten § 20 Abs. 1 UStG (Ist-Besteuerung) und § 13 Abs. 1 Nr. 1 Buchst. a Satz 4 UStG (Anzahlungs-Besteuerung).

[48] Vgl. Teil VII, Abschn. 2, Kapitel 2.

[49] Vgl. auch Abschn. 223 Abs. 8 UStR.

[50] Zum Verhältnis der Regelung in § 17 UStG zu den Berichtigungs- und Änderungsvorschriften der AO vgl. Stadie, in: Rau/Dürrwächter/Flick/Geist, Anm. 15 ff. zu § 17.

[51] Kaufpreisminderungen aufgrund von Mängelrügen, die Zurücknahme von Warenumschließungen gegen Rückgabe von Pfandgeld, Umsatzboni, Rückvergütungen usw. Die Zuordnung eines Preises aufgrund eines Verkaufswettbewerbs durch den liefernden Unternehmer an den Leistungsempfänger kann als Preisnachlaß zu behandeln sein, BFH vom 9.11.1994, BStBl 1995 II S. 277.

[52] Teuerungszuschläge, freiwillige Zuzahlungen etc.

Beispiel:

U1 liefert U2 am 25.8. eine Bohrmaschine für 1.000 DM zzgl. 150 DM USt. U 2 bezahlt die Rechnung im nächsten Monat am 5.9. unter Abzug von 3% Skonto (34,50 DM = 3% von 1.150 DM).

U1 versteuert im Voranmeldungszeitraum August die Lieferung i.H. von 1.000 DM (Entgelt). U2 steht unter den Voraussetzungen des § 15 UStG im Voranmeldungszeitraum August der Vorsteuerabzug zu. Im Voranmeldungszeitraum September haben wegen nachträglicher Änderungen der Bemessungsgrundlage U1 die USt um 4,50 DM und U2 den Vorsteuerabzug um 4,50 DM zu mindern (§ 17 Abs. 1 UStG).

Beim Eigenverbrauch sind nachträgliche Änderungen[53] der Bemessungsgrundlage ebenfalls zu berücksichtigen.

Nach § 17 Abs. 2 UStG gilt die Regelung in § 17 Abs. 1 UStG sinngemäß, wenn

- das vereinbarte Entgelt für eine steuerpflichtige Leistung oder für einen steuerpflichtigen innergemeinschaftlichen Erwerb uneinbringlich geworden ist (§ 17 Abs. 2 Nr. 1 UStG),
- für eine vereinbarte Leistung ein Entgelt entrichtet, die Leistung jedoch nicht ausgeführt worden ist (17 Abs. 2 Nr. 2 UStG),
- eine steuerpflichtige Leistung oder ein steuerpflichtiger innergemeinschaftlicher Erwerb rückgängig gemacht worden ist (§ 17 Abs. 2 Nr. 3 UStG),
- der Erwerber den Nachweis i.S. des § 3d Satz 2 UStG führt (§ 17 Abs. 2 Nr. 4 UStG).

Ein vereinbartes Entgelt ist z.B. uneinbringlich geworden, wenn die Forderung nach objektiver Betrachtung wertlos ist (z.B. Konkurs des Schuldners)[54]. Die bloße Zweifelhaftigkeit reicht für eine Berichtigungsmöglichkeit nicht aus. Die Bildung eines Delkrederepostens berechtigt folglich noch nicht zur Anwendung des § 17 Abs. 2 Nr. 1 UStG. Hat ein Unternehmer Anzahlungen vor Ausführung einer Leistung erhalten und nach § 13 Abs. 1 Nr. 1 Buchst. a Satz 4 UStG versteuert, so hat er bei Nichtausführung der Leistung die Umsatzsteuer zu berichtigen (§ 17 Abs. 2 Nr. 2 UStG).

Beispiel:

Ein Bauunternehmer hat für einen Auftrag Anzahlungen in Höhe von 100.000 DM zuzüglich 15.000 DM Umsatzsteuer erhalten. Bevor er den Auftrag erfüllen kann, geht er in Konkurs. Der Konkursverwalter lehnt die Vertragserfüllung ab.

Die Voraussetzungen des § 17 Abs. 2 Nr. 2 UStG sind erfüllt. Die Bemessungsgrundlage beträgt infolge Nichtausführung einer Leistung 0 DM. Die Umsatzsteuerschuld ist um 15.000 DM zu verringern.

---

[53] Z.B. Ermittlung des Privatanteils „Kfz-Nutzung" entsprechend den tatsächlichen Verhältnissen nach vorhergehendem pauschalen Wertansatz.

[54] Zum Begriff „Uneinbringlichkeit" vgl. Stadie (FN 50), Anm. 137 ff. zu § 17 und Tehler (FN 11), Rz.. 52 ff. zu § 17. Zur Frage der Uneinbringlichkeit im Falle der Novation vgl. Beaucamp, UR 1995, S. 205 ff.

Bei Fortfall einer Leistung infolge Rückgängigmachung eines Umsatzgeschäfts[55] (z.B. Wandlung nach §§ 462, 634 BGB) ist der „leistende" Unternehmer verpflichtet, dem Leistungsempfänger die empfangene Gegenleistung (Zahlung) zurückzugewähren. Die Bemessungsgrundlage beträgt dann 0 DM und die Berichtigung der Umsatzsteuer ist nach § 17 Abs. 2 Nr. 3 UStG vorzunehmen.

Durch die vorstehend erläuterten Regelungen wird das Ziel, nur tatsächlich geflossene Entgelte oder deren Ersatzwerte der Besteuerung zu unterwerfen[56], erreicht.

Ein Belegaustausch ist nur in den in § 17 Abs. 4 UStG bezeichneten Fällen vorgeschrieben.

---

[55] Vgl. Teil III, Abschnitt 3, Unterabschnitt 1, Kapitel 2. F. I.

[56] Zur Vorsteuer-Berichtigung vgl. Teil VII, Abschnitt 2, Kapitel 2.

Teil VI
Der Tarif

Abschnitt 1:
Die Steuersätze

Die Höhe der Steuer für den einzelnen Umsatz wird durch die Bemessungsgrundlage[1] und durch den darauf anzuwendenden Tarif (Netto-Steuersatz = Steuersatz) bestimmt. Das deutsche Umsatzsteuerrecht enthält derzeit mehrere Steuersätze[2]. Nach § 12 Abs. 1 UStG beträgt der allgemeine Steuersatz (**Regelsteuersatz**) 15 v.H. Außerdem ist in § 12 Abs. 2 UStG noch ein **ermäßigter Steuersatz** in Höhe von 7 v.H. normiert[3].

Bemessungsgrundlage ist stets der Nettowert ohne Umsatzsteuer. Aus Bruttowerten ist deshalb zur Errechnung des Steuerbetrages bzw. des Vorsteuerbetrages (z.B. bei Kleinbetragsrechnungen, § 33 i.V.m. § 35 Abs. 1 UStDV) die Umsatzsteuer herauszurechnen. Bei der Berechnung der Umsatzsteuer können folgende Methoden verwendet werden:

(1) Anwendung des **Bruttosteuersatzes** auf den Bruttowert

$$Bruttosteuersatz = \frac{Steuersatz}{1 + Steuersatz}$$

Bei einem Steuersatz von 15 v.H. (0,15) ergibt sich ein Bruttosteuersatz i.H.v.:

$$\frac{0{,}15}{1{,}15} = 0{,}1304347,\ \text{gerundet}\ 0{,}1304 = 13{,}04\ \%$$

Bei einem Steuersatz von 7 v.H. (0,07) ergibt sich entsprechend ein Bruttosteuersatz i.H.v.:

$$\frac{0{,}07}{1{,}07} = 0{,}0654205,\ \text{gerundet}\ 0{,}065 = 6{,}5\ \%$$

Beispiel:

Bei einem Rechnungspreis von 2.300 DM brutto und einem Steuersatz von

a) 15 %

b) 7 %

ergibt sich die darin enthaltene Umsatzsteuer mit

a) 2.300 DM x 13,04 % = 299,92 DM und

b) 2.300 DM x 6,50 % = 149,50 DM

(2) Exakte Berechnung durch Anwendung eines **Divisors** auf den Bruttowert. Der Divisor ermittelt sich wie folgt: 1 + Steuersatz. Bei einem Steuersatz von 15 % ergibt sich ein Divisor von 1,15 bzw. bei einem Steuersatz von 7 % ein Divisor von 1,07.

---

[1] Vgl. Teil V.

[2] Zur Entwicklung der Steuersätze vgl. z.B. Kraeusel, in: Schwarze/Reiß/Kraeusel, Rz. 1 ff. zu § 12.

[3] Nach § 24 Abs. 1 UStG gelten für land- und forstwirtschaftliche Betriebe Durchschnittssätze, die derzeit 5 oder 9 bzw. 15 v.H. betragen.

Die Umsatzsteuer errechnet sich mit:

$$\frac{Bruttowert}{Divisor} \times Steuersatz$$

Beispiel wie oben:

a) $$\frac{2.300}{1,15} \times 0,15 = 300 DM$$

b) $$\frac{2.300}{1,07} \times 0,07 = 150,47 DM$$

Die sich aus der ersten Methode gegenüber der exakten Berechnung ergebenden Rundungsdifferenzen werden von der Verwaltung akzeptiert[4].

Ein ermäßigter Steuersatz wirkt wie eine partielle Steuerbefreiung[5]. Innerhalb einer Unternehmerkette kann daher eine Nachholwirkung eintreten.

Beispiel:

Ein Waldbesitzer liefert Rohholz an ein holzverarbeitendes Unternehmen, das daraus Einrichtungsgegenstände herstellt, die an den Möbeleinzelhandel veräußert werden.

Der Waldbesitzer liefert das Rohholz zum ermäßigten Steuersatz von 7 % (§ 12 Abs. 2 Nr. 1 UStG i.V.m. Nr. 48 Buchst. b der Anlage zu § 12 Abs. 2 Nr. 1 UStG). Die Weiterlieferung der Einrichtungsgegenstände unterliegt dem allgemeinen Steuersatz von 15 %. Die Steuersatzermäßigung auf der Vorstufe wird durch den entsprechend niedrigeren Vorsteuerabzug des holzverarbeitenden Unternehmers kompensiert und wirkt sich auf die Lieferung an den Möbeleinzelhandel bzw. auf die Weiterlieferung an den Verbraucher nicht mehr aus.

Im Unterschied zu einer Steuerbefreiung, die in der Regel mit dem Verlust der Vorsteuerabzugsberechtigung verbunden ist, wird eine Kumulationswirkung vermieden.

Eine Angleichung der Steuersätze auf EU-Ebene wird angestrebt, konnte bisher jedoch noch nicht realisiert werden. Bemerkenswert ist, daß es in einigen EU-Staaten nicht nur ermäßigte, sondern auch **erhöhte Steuersätze** gibt.

Die sog. Steuersatz-Richtlinie vom 19.10.1992[6] gibt für die Mitgliedstaaten lediglich einen Rahmen vor. Der Regelsteuersatz (Normalsatz) muß mindestens 15 v.H. betragen. Die ermäßigten Steuersätze (höchstens zwei) dürfen 5 v.H. nicht unterschreiten. Ihr Anwendungsbereich wird in der Steuersatz-Richtlinie abschließend aufgezählt[7].

---

4 Vgl. Abschn. 194 Abs. 2, 3 UStR.

5 Vgl. Teil IV, Abschnitt 1.

6 Steuersatz-Richtlinie 92/77/EWG vom 19.10.1992, ABl.EG 1992, Nr. L 316, S. 1.

7 Zur gemeinschaftsrechtlichen Grundlage der Tarifvorschriften vgl. Kraeusel, in: Schwarze/Reiß/Kraeusel, Rz. 80 ff. zu § 12.

Staaten[8] (System der Umsatzsteuer)	Steuersätze in v.H.			
	Normalsatz	ermäßigte Sätze[9]	erhöhte Sätze[10]	Nullsätze[11]
1	2	3	4	5
EG- Staaten (Mehrwertsteuer) Belgien	20,5	1; 6; 12	-	ja[12]
Dänemark	25	-	-	ja[12]
Deutschland	15	7	-	-
Finnland	22	12; 6	-	ja
Frankreich	18,6	2,1; 5,5	-	-
Griechenland	18	4; 8	-	-
Irland	21	2,5; 12,5	-	ja
Italien	19	4; 9; 13	-	ja[13]
Luxemburg	15	3; 6; 12	-	-
Niederlande	17,5	6	-	-
Österreich	20	10	-	-
Portugal	17	5	-	-
Schweden	25	21; 12	-	ja
Spanien	16	4; 7	-	-
Vereinigtes Königreich	17,5	8[14]	-	ja
Andere Staaten Japan (Mehrwertsteuer)	3	-	-	-
Kanada Bund (Mehrwertsteuer)	7	-	-	ja
Provinzen (Einzelhandelsumsatzsteuern)	0 bis 12[15]	-	-	-
Norwegen (Mehrwertsteuer)	23	11,11	-	ja
Schweiz (Mehrwertsteuer)	6,5	2	-	-

Übersicht 20: Steuersätze im internationalen Vergleich[16]

[8] Ohne USA, wo es keine Umsatzsteuer auf Bundesebene gibt, sondern Hersteller-, Groß- und Einzelhandelsumsatzsteuern in den Einzelstaaten und einzelnen Gemeinden; ohne regionale Sondersätze.

[9] Insbesondere für bestimmte Warengruppen des lebensnotwendigen Bedarfs und für bestimmte Dienstleistungen im Sozial- und Kulturbereich.

[10] Für bestimmte Warengruppen des gehobenen Bedarfs („Luxusgüter").

[11] Nullsatz = Steuerbefreiung mit Vorsteuerabzug; wird hier nur erwähnt, sofern er außer für Ausfuhrumsätze auch für bestimmte Inlandsumsätze gilt. Diesen gibt es in einigen Ländern für den „Grundbedarf" (z.B. Nahrungsmittel, Medikamente, Zeitungen u.a.).

[12] Für Zeitungen.

[13] Für Baugrundstücke, Rohgold, Metallabfälle.

[14] Auf Brennstoffe.

[15] In einigen Provinzen zählt die Bundesumsatzsteuer zur Bemessungsgrundlage; Bundes- und Provinzumsatzsteuern zusammen daher 7 v.H. bis 19,84 v.H.

[16] Vgl. UR 1995, S. 113 f. Der Normalsatz beträgt in Frankreich ab 1.8.1995 20,6 v.H. Zur Entwicklung und zu Besonderheiten der Umsatzsteuersätze in den Mitgliedstaaten vgl. UR 1995, S. 54 ff.

Abschnitt 2:
Der allgemeine Steuersatz

Der **allgemeine Steuersatz** in Höhe von 15 v.H. ist immer dann anzuwenden, wenn für den jeweiligen Umsatz nicht der ermäßigte Steuersatz gilt. Bei Leistungen mit gemischter Struktur ist stets nur ein **einheitlicher** Steuersatz anzuwenden, da diese Leistungen einheitlich[17] zu beurteilen sind. Daher erstrecken sich etwaige Steuerermäßigungen auch auf Nebenleistungen.

Beispiele:

(1) Ein Mietwagenunternehmer im Inland vermietet einen Möbelwagen für einen Umzug in Essen.

Die steuerbare und steuerpflichtige Vermietungsleistung unterliegt dem allgemeinen Steuersatz, da ein Ermäßigungstatbestand nicht gegeben ist, insbesondere zählt die Vermietung eines Möbelwagens nicht zur Vermietung der in der Anlage zum UStG bezeichneten Gegenstände (§ 12 Abs. 2 Nr. 2 UStG).

(2) Ein Großhändler liefert einem Einzelhändler Gemüsezwiebeln in Säcken. Neben dem Entgelt für die Gemüsezwiebeln stellt er seine Kosten für Transport und Verpackung in Rechnung.

Die Lieferung von Gemüsezwiebeln unterliegt dem ermäßigten Steuersatz (§ 12 Abs. 2 Nr. 1 UStG). Transport und Verpackung teilen als unselbständige Nebenleistungen das Schicksal der Hauptleistung (Lieferung der Gemüsezwiebeln). Somit ist das Gesamtentgelt dem ermäßigten Steuersatz zu unterwerfen.

Eine **Besonderheit** ergibt sich bei der **Lieferung von Speisen und Getränken**. Während diese Umsätze grundsätzlich nach § 12 Abs. 2 Nr. 1 UStG dem ermäßigten Steuersatz unterliegen, kann die Steuerermäßigung dann nicht in Anspruch genommen werden, wenn die Speisen und Getränke zum Verzehr an Ort und Stelle[18] bestimmt sind (§ 12 Abs. 2 Nr. 1 Satz 2 UStG). Nach § 12 Abs. 2 Nr. 1 Satz 3 UStG liegt ein Verzehr an Ort und Stelle vor, wenn

- die Speisen und Getränke nach den Umständen der Lieferung dazu bestimmt sind, an einem Ort verzehrt zu werden, der mit dem Ort der Lieferung in einem räumlichen Zusammenhang steht und
- besondere Vorrichtungen für den Verzehr an Ort und Stelle bereitgehalten werden.

---

[17] Vgl. Teil III, Abschnitt 3, Unterabschnitt 1, Kapitel 4. A.

[18] Zweck dieser Regelung ist es, die Leistungen im Gastronomiebereich einheitlich dem allgemeinen Steuersatz zu unterwerfen, BFH vom 29.6.1988, BStBl 1989 II S. 207; vgl. kritisch Reiß, in: Tipke/Lang, Steuerrecht, 14. Aufl., Köln 1994, S. 586. Für den entsprechenden Eigenverbrauch ist jedoch immer der ermäßigte Steuersatz maßgebend.

Beispiele:

(1) Ein Unternehmer verkauft Speisen und Getränke über Automaten, die er vor Kinos oder auf Parkplätzen aufgestellt hat.

Die Lieferungen der Speisen und Getränke unterliegen dem ermäßigten Steuersatz.

(2) Der Unternehmer stellt zusätzlich in Kantinen und in Raststätten seine Automaten auf.

Der Verkauf der Speisen und Getränke dient nunmehr dem Verzehr an Ort und Stelle und unterliegt daher dem allgemeinen Steuersatz. Dabei ist es nicht erforderlich, daß die besonderen Vorrichtungen für den Verzehr an Ort und Stelle von dem Unternehmer bereitgehalten werden, der die Speisen und Getränke liefert. Sie müssen aber zumindest in seinem Interesse bereitgehalten werden[19].

Abschnitt 3: Der ermäßigte Steuersatz

Die Vorschrift des § 12 Abs. 2 UStG enthält einen Katalog der Umsätze (Lieferungen, Leistungen, Eigenverbrauch, Einfuhr, innergemeinschaftlicher Erwerb), die dem **ermäßigten Steuersatz** unterliegen.[20]

Nachstehend sollen wegen ihrer praktischen Bedeutung lediglich die Umsätze bestimmter Gegenstände (§ 12 Abs. 2 Nr. 1 UStG) und bestimmte Umsätze der Zahntechniker und Zahnärzte (§ 12 Abs. 2 Nr. 6 UStG) erörtert werden.

Kapitel 1 : Der ermäßigte Steuersatz bei der Lieferung, dem Eigenverbrauch, der Einfuhr und dem innergemeinschaftlichen Erwerb bestimmter Gegenstände sowie deren Vermietung

Nach § 12 Abs. 2 Nr. 1 UStG gilt der ermäßigte Steuersatz für Umsätze (Lieferungen, Eigenverbrauch, Einfuhr, innergemeinschaftlicher Erwerb) von Gegenständen, die in der Liste der dem ermäßigten Steuersatz unterliegenden Gegenstände ausdrücklich aufgeführt werden[21]. Es handelt sich um eine **erschöpfende Aufzählung**. Die Umsätze anderer Gegenstände ähnlicher Art unterliegen nicht dem ermäßigten Steuersatz. Im Zweifelsfalle ist der angeführte **Zolltarif** maßgebend. Die Liste reicht derzeit von

„l. Lebende Tiere, ..." bis „54. Sammlungsstücke".

In einigen Fällen enthalten die UStDV noch weitere Ergänzungen. So wird z.B. zu Nr. 34 Wasser ergänzend normiert:

„Wasser, ausgenommen
- Trinkwasser
- Heilwasser und
- Wasserdampf."

Derzeit zählen zu den bestimmten Gegenständen i.S. der Anlage (zu § 12 Abs. 2 Nr. 1 UStG) sechs Gruppen:

(1) land- und forstwirtschaftliche Erzeugnisse,
(2) Futter- und Düngemittel,
(3) Lebensmittel und bestimmte Getränke,
(4) Waren des Buchhandels und Druckereierzeugnisse[22],
(5) Krankenfahrzeuge, Körperersatzstücke und orthopädische Hilfsmittel,
(6) Kunstgegenstände und Sammlungsstücke.

---

[20] Zu den Gründen des Gesetzgebers für einen ermäßigten Steuersatz vgl. Schlienkamp/Rondorf, in: Plückebaum/Malitzky, Rz. 27/1 ff. zu § 12 Abs. 2.

[21] Anlage zu § 12 Abs. 2 Nr. 1 UStG. Zu Einzelheiten vgl. Schlienkamp/Rondorf (FN 21), Rz. 35/11 ff. zu § 12 Abs. 2.

[22] Hierzu zählen auch Zeitungen, die z.B. in Belgien und Dänemark faktisch steuerfrei sind (Null-Steuersatz).

Nach § 12 Abs. 2 Nr. 2 UStG ist der ermäßigte Steuersatz auch bei der Vermietung vorgenannter Gegenstände anzuwenden (z.B. Vermietung von Büchern durch Leihbüchereien, von Zeitschriften durch Lesezirkel).

Kapitel 2 : Der ermäßigte Steuersatz bei bestimmten Umsätzen der Zahntechniker und Zahnärzte

Die Steuer ermäßigt sich auf 7 % für die Leistungen und den Eigenverbrauch aus der Tätigkeit als Zahntechniker sowie die in § 4 Nr. 14 Satz 4 Buchst. b UStG bezeichneten steuerpflichtigen Leistungen[23] der Zahnärzte (Prothetikumsätze; §12 Abs. 2 Nr. 6 UStG).

Für die Anwendung der Regelung in § 12 Abs. 2 Nr. 6 UStG ist nicht Voraussetzung, daß z.B. der Zahntechniker als Einzelunternehmer tätig ist. Auch zahntechnische Labors, die in der Rechtsform einer Gesellschaft (z.B. OHG, GmbH) betrieben werden, können für ihre zahntechnischen Leistungen den ermäßigten Steuersatz in Anspruch nehmen.

Beispiel:

Ein Zahnarzt hält neben der Lieferung und Reparatur von Zahnprothesen noch Fachvorträge an einer Berufsschule.

Die Lieferung und Reparatur von Zahnprothesen unterliegt dem ermäßigten Steuersatz gem. § 12 Abs. 2 Nr. 6 UStG. Die Fachvorträge sind als Hilfsgeschäfte mit dem allgemeinen Steuersatz zu versteuern (§ 12 Abs. 1 UStG).

Kapitel 3 : Der ermäßigte Steuersatz bei sonstigen Umsätzen

Außer für die in Kapitel 1 und 2 erwähnten Umsätze gilt der ermäßigte Steuersatz z.B. noch für folgende Umsätze:

- Leistungen auf kulturellem Gebiet (§ 12 Abs. 2 Nr. 7 UStG),
- Leistungen gemeinnütziger, mildtätiger und kirchlicher Körperschaften (§ 12 Abs. 2 Nr. 8 UStG),
- Umsätze von Schwimm- und Heilbädern (§ 12 Abs. 2 Nr. 9 UStG),
- Personenbeförderungen im Nahverkehr (§ 12 Abs. 2 Nr. 10 UStG).

---

[23] Vgl. Teil IV, Abschnitt 1, Unterabschnitt 4, Kapitel 1.

Beispielhaft soll die Bestimmung des § 12 Abs. 2 Nr. 7 Buchst. c UStG erörtert werden, nach der die Einräumung, Übertragung und Wahrnehmung von Rechten, die sich aus dem Urheberrechtsgesetz (UrhRG) ergeben, dem ermäßigten Steuersatz unterliegen. Diese Regelung hat erhebliche praktische Relevanz gewonnen. Insbesondere Schriftsteller, Journalisten, Übersetzer, Gebrauchsgraphiker und Graphik-Designer sowie ausübende Künstler[24] können entsprechende Leistungen erbringen. Entscheidend ist, daß ein geschütztes Verwertungsrecht[25] einer persönlichen geistigen Schöpfung übertragen wird. Vorträge, Reden, Gutachten können im allgemeinen dagegen nicht zu begünstigten Leistungen führen[26] und unterliegen daher dem allgemeinen Steuersatz.

Es ist nochmals darauf hinzuweisen, daß die Steuerermäßigungen nur dann wirksam werden, wenn die Leistungen an Endverbraucher ausgeführt werden. Innerhalb einer Unternehmerkette kann wie bei Steuerbefreiungen eine Nachholwirkung eintreten.

---

[24] Z.B. Schauspieler, Sänger, Musiker, Tänzer, Dirigenten, Regisseure.

[25] Z.B. Vervielfältigungsrecht (§ 16 UrhRG), Ausstellungsrecht (§ 18 UrhRG), Aufführungsrecht (§ 19 UrhRG), Senderecht (§ 20 UrhRG). Zur Frage der Anwendung des ermäßigten Steuersatzes für die Überlassung von Software vgl. z.B. Ammann, UR 1994, S. 218 ff. m.w.N. und Abschn. 168 Abs. 1 UStR.

[26] Eine steuerermäßigte Einräumung von urheberrechtlichen Nutzungsrechten liegt jedoch dann vor, wenn z.B. der Vortrag in einer Fachzeitschrift veröffentlicht wird, vgl. Abschn. 168 Abs. 13 UStR.

Teil VII
Der Vorsteuerabzug

Abschnitt 1:
Das Prinzip des Vorsteuerabzugs

Durch die Ausgestaltung der Umsatzsteuer als Allphasen-Nettoumsatzsteuer mit Vorsteuerabzug kommt dem Vorsteuerabzug als dem bestimmenden Wesensmerkmal des „Mehrwertsteuersystems" eine gewichtige Funktion zu.[1] Durch den Vorsteuerabzug wird die beim Bezug von Leistungen von anderen Unternehmern oder beim innergemeinschaftlichen Erwerb[2] auf der Vorumsatzstufe eingetretene umsatzsteuerliche Belastung rückgängig gemacht. Damit wird eine Steuerkumulation vermieden und grundsätzlich eine **wettbewerbsneutrale Umsatzbesteuerung** erreicht.[3] Bei einem vollständigen Vorsteuerabzug sind die vom Unternehmer bewirkten Umsätze insgesamt nur mit der Steuer belastet, die sich aus der Anwendung des maßgeblichen Steuertarifs (Steuersatzes) auf diese Umsätze ergibt. Dieses Ergebnis entspricht auch der Intention des Gesetzgebers, der bei der Einführung der Umsatzsteuer mit Vorsteuerabzug in 1967 davon ausging, daß die „neue" Steuer „eine nur beim Verkauf an den Letztverbraucher sich realisierende Verbrauchsteuer" sei.[4]

Durch mehrere Anpassungen des UStG an die 6.EGRl[5] ergaben sich einige Neuregelungen gegenüber dem bisher geltenden Recht. Die Struktur des Vorsteuerabzugs blieb in ihren Grundzügen jedoch erhalten. Anzumerken ist, daß der **Vorsteuerabzug,** der in § 15 UStG konkretisiert wird, nicht vom Vorhandensein einer „Basis"-Umsatzsteuer abhängig ist. Ein Vorsteuerabzug kann auch dann geltend gemacht werden, wenn die Basis-Umsatzsteuer ggf. 0 DM beträgt.[6]

Der an das Finanzamt abzuführende Steuerbetrag wird als **Zahllast** bezeichnet und ergibt sich dadurch, daß von der ermittelten Basis-Umsatzsteuer die Vorsteuerbeträge in Abzug gebracht werden.[7] Die Ermittlung der Zahllast wird in der Regel nach **vereinbarten** Werten **(Soll-Verfahren)** vorgenommen.[8] Sofern die

---

[1] Vgl. Einführung, Abschnitt 3 und 4; Reiß, in: Tipke/Lang, Steuerrecht, 14. Aufl., Köln 1994, S. 587 bezeichnet den Vorsteuerabzug als das „Herzstück der heutigen Umsatzsteuer". Zur Funktion des Vorsteuerabzugs im Mehrwertsteuersystem vgl. Dziadkowski/Robisch/Sabitzer, UR 1995, S. 429 ff.

[2] Zum innergemeinschaftlichen Erwerb vgl. Teil X, Abschnitt 3, Kapitel 3.

[3] Zu der bis 1967 geltenden kumulativen Allphasen-Bruttoumsatzsteuer vgl. Einführung, Abschnitt 1.

[4] Schriftlicher Bericht des Finanzausschusses des Deutschen Bundestages vom 30.3.1967 über den von den Fraktionen der CDU/CSU, FDP eingebrachten Entwurf eines Umsatzsteuergesetzes (Nettoumsatzsteuer) (Zu BT-DrS. V/1581), in: Plückebaum/Malitzky, Bd. I, D 20, S. 3. unter „3. Grundzüge".

[5] Zuletzt angepaßt durch das USt-Binnenmarktgesetz ab 1.1.1993 (Art. 28f 6.EGRl) und das Jahressteuergesetz 1996.

[6] Es muß jedoch ggf. in einem späteren Besteuerungsabschnitt mit Umsätzen zu rechnen sein.

[7] Vgl. Einführung, Abschnitt 4, Übersicht 3.

[8] § 16 Abs. 1 UStG („Basis"-Umsatzsteuer), § 16 Abs. 2 UStG (abziehbare Vorsteuer). Das Soll-Verfahren entspricht i.d.R. dem Rechnungsausgang bzw. Rechnungseingang. Vgl. u.a. Hünnekens, in: Peter/Burhoff/Stöcker, Rdnr. 1 ff. zu § 16.

Vorsteuerbeträge die Basis-Umsatzsteuer übersteigen, ist der Unterschiedsbetrag vom Finanzamt zu erstatten. Nachstehend soll die Berechnungsweise verdeutlicht werden:

Ermittlung der Zahllast

	1994	1995
Basis-Umsatzsteuer	100.000 DM	110.000 DM
Vorsteuer	140.000 DM	80.000 DM
Zahllast (negativ/positiv)	·/. 40.000 DM	+ 30.000 DM

Die **positive Zahllast** wird in § 18 Abs. 3 UStG als „die zu entrichtende Steuer", die **negative Zahllast** (der Vergütungs- oder Erstattungsanspruch) als „Überschuß, der sich zu seinen" (des Unternehmers) „Gunsten ergibt" bezeichnet.

Nach § 15 Abs. 1 UStG steht dem Unternehmer grundsätzlich ein Vorsteuerabzugsrecht aus allen Umsätzen zu, die **von anderen Unternehmern** für sein Unternehmen ausgeführt worden sind, sofern der Vorsteuerabzug nicht kraft gesetzlicher Regelung (§ 15 Abs. 2 UStG) ausgeschlossen ist. Da ein Vorsteuerabzug beim Warenerwerb z.B. von Nichtunternehmern nicht möglich ist, kann es jedoch auch bei der heutigen Umsatzsteuer zu einer Kumulationswirkung der Steuerbelastung kommen. Um diese Wirkung zu vermeiden oder zu mildern, wurde die **Differenzbesteuerung** eingeführt. Im Vorgriff auf eine EG-einheitliche Regelung hatte der deutsche Gesetzgeber mit Wirkung vom **1.7.1990** zunächst in § 25a UStG eine Sonderregelung für Gebrauchtfahrzeuge geschaffen. Ab **1.1.1995** wurde die Differenzbesteuerung erweitert.[9] Sie ist eine Form des **Vorumsatzabzugs.**[10]

Da § 15 Abs. 1-3 UStG nach einem anderen Prinzip strukturiert ist als Art. 17 ff. 6.EGRl[11], stimmen die deutschen Vorschriften mit den Vorgaben des Art. 17 6.EGRl nicht in vollem Umfang überein. Eine weitere Anpassung ist vom deutschen Gesetzgeber derzeit jedoch nicht geplant. Im Zweifel ist daher der Vorrang der EG-rechtlichen Regelungen zu beachten.[12]

Nach Art. 17 Abs. 2 6.EGRl ist der Steuerpflichtige (Unternehmer) befugt, Vorsteuern nur insoweit in Abzug zu bringen, „**soweit** die Gegenstände und Dienstleistungen für Zwecke seiner **besteuerten**[13] Umsätze verwendet werden, ...". Nach Art. 17 Abs. 5 6.EGRl ist bei Bezügen, die nur teilweise für besteuerte Umsätze

[9] Vgl. Teil IX, Abschnitt 4; vgl. auch **bereits** den **Vorschlag** einer 7. Richtlinie zu Sonderregelungen für Gebrauchtgegenstände, Kunstgegenstände, Antiquitäten und Sammlungsstücke, BR-DrS. 137/89; Kraeusel, UVR 1994, S. 5 ff.

[10] Siehe Einführung, Übersicht 2.

[11] Vgl. u.a. Wenzel, in: Rau/Dürrwächter/Flick/Geist, Anm. 2 und 46 zu § 15.

[12] Vgl. die umfangreiche Rechtsprechung zum Eigenverbrauch; hierzu Lohse, Die Rechtsprechung des Europäischen Gerichtshofs zur 6. EG-Umsatzsteuer-Richtlinie, in: Rau/Dürrwächter/Flick/Geist, zu Art. 5, S. 6 und zu Art. 6, S. 5 ff.

[13] „besteuert" = steuerpflichtig.

verwendet werden, folglich der Vorsteuerabzug **nur anteilig**[14] zulässig. Das bedeutet, daß grundsätzlich sowohl die teilweise steuerfreie[15] als auch die teilweise private (nichtunternehmerische) Verwendung den Vorsteuerabzug ausschließt.

Vorrangiges **Ziel der 6.EGRl** ist die umfassende Wahrung der **Steuerneutralität.** Der EuGH hat dieses Ziel bei der Auslegung der Regelungen zum Vorsteuerabzug und zum „Eigenverbrauch" (im Sinne des UStG) mehrfach bestätigt. Das Gebot der Steuerneutralität führt zum Grundsatz der vollständigen Entlastung von Vorsteuern.[16] Der Mechanismus des Vorsteuerabzugs ist so ausgestaltet, daß allein der Steuerpflichtige befugt ist, von der von ihm geschuldeten Mehrwert-(Umsatz-)steuer die Mehrwertsteuer (Vorsteuer) abzuziehen, mit der die Gegenstände bereits vorher belastet worden sind[17]. Der Vorsteuerabzug wird folglich nur für Steuerpflichtige und ihre wirtschaftlichen (unternehmerischen) Tätigkeiten wirksam. In diesem Falle ist der Vorsteuerabzug jedoch zulässig, „wie gering auch immer der Anteil der Verwendung für unternehmerische Zwecke sein mag."[18] Ein Steuerpflichtiger, der einen Gegenstand allerdings ausschließlich für seinen privaten Bedarf erwirbt, handelt als Privatperson und nicht als Unternehmer.[19]

Abweichend von der EG-Regelung[20] ist nach § 15 Abs. 1 UStG der Vorsteuerabzug grundsätzlich zunächst im vollen Umfange zulässig, wenn die Vorleistung **für das Unternehmen** bestimmt und der Vorsteuerabzug nach § 15 Abs. 2 UStG nicht ausdrücklich ausgeschlossen ist. Eine etwaige nichtunternehmerische Verwendung wird im Laufe der Zeit im Rahmen der Eigenverbrauchsbesteuerung erfaßt. Diese ist als Vorsteuerkorrekturregelung zu interpretieren[21] und korrigiert einen überhöhten Vorsteuerabzug.[22]

Obwohl der deutsche Gesetzgeber die Vorschriften in § 1 Abs. 1 Nr. 2 und 3 UStG immer noch nicht an die „europäische Rechtslage" angepaßt hat, kann sich der Steuerpflichtige (Marktbürger) auf diese Rechtslage, die auch vom BFH bestätigt[23] wurde, berufen.[24] Die Regelungen der 6.EGRl haben nämlich im Zweifel Vorrang vor den nationalen Regelungen, wenn diese nicht richtlinienkonform umgesetzt wurden.[25]

---

14 Der „Pro-rata-Satz" (Art. 17 Abs. 5 6.EGRl) wird nach Art. 19 6.EGRl berechnet.

15 Nach Art. 17 Abs. 3 6.EGRl mit Ausnahme z.B. des Exports.

16 EuGH vom 21.9.1988 - RS. 50/87, EuGHE 1988, S. 4797 = HFR 1990, S. 275.

17 EuGH vom 5.5.1982 - RS. 15/81, EuGHE 1982, S. 1409; Anm. Weiß, UR 1982, S. 246.

18 EuGH vom 11.7.1991 - RS. 97/90, EuGHE 1991, S. I-3795; Anm. Widmann, UR 1991, S. 294; Anm. Rondorf, UVR 1991, S. 296; Lohse, UVR 1992, S. 22 (z.T. mit Schlußanträgen); Spetzler, DB 1992, S. 110.

19 EuGH vom 6.5.1992 - RS. C 20/91, EuGHE 1992, I-2847 = HFR 1994, S. 290.

20 In einer Stellungnahme des Generalanwalts beim EuGH vom 6.4.1995 (Schlußanträge in der RS. C-291/92) wird das deutsche Verständnis des Begriffs der Steuerneutralität kritisiert (IStR 1995, S. 234 ff., 236). Vgl. auch UVR 1995, S. 273 ff. mit Anm. Dziadkowski.

21 Vgl. Teil III, Abschnitt 3, Unterabschnitt 3, Kapitel 2.

22 Vgl. auch Theisen, Umsatzsteuerkongreß-Bericht 1988/89, S. 139 ff. (142) m.w.N.

23 U.a. BFH vom 29.8.1991, BStBl 1992 II S. 267.

24 U.a. BMF vom 28.9.1993, BStBl 1993 I S. 912; vom 13.5.1994, BStBl 1994 I S. 298.

25 Vgl. hierzu Einführung, Abschnitt 5.

In Österreich ist hingegen die entsprechende Regelung in § 1 Abs. 1 Nr. 2 letzter Satz ÖUStG richtlinienkonform kodifiziert worden. Sie ist als reine Korrekturvorschrift wie in der 6.EGRl ausgestaltet worden.[26] Damit wird ein systemwidriger Vorsteuerabzug bei nichtunternehmerischer Verwendung verhindert.

Hinsichtlich des **Ausschlusses vom Vorsteuerabzug**[27] ist anzumerken, daß auch das neue schweizer Mehrwertsteuerrecht[28] in Anlehnung an das EG-Recht wie die deutschen und östereichischen[29] Regelungen Vorsteuern im Zusammenhang mit steuerfreien Umsätzen grundsätzlich nicht zum Abzug zuläßt.

Nachstehend sollen nun die persönlichen und sachlichen Kriterien des Vorsteuerabzugs (abzugsberechtigter Personenkreis, Umfang der abziehbaren Vorsteuern und Zeitpunkt des Vorsteuerabzugs) erörtert werden. Vorab ist noch darauf hinzuweisen, daß im Grenzbereich zahlreiche Zweifelsfragen zu den §§ 2 und 15 UStG erst von der Rechtsprechung der Finanzgerichte[30] oder dem Bundesfinanzhof[31] geklärt werden konnten.[32]

---

[26] Vgl. umfassend hierzu Ruppe, UStG 1994, Tz. 304, 306, 308 ff. zu § 1.

[27] Ausführlich Abschnitt 3 in diesem Teil.

[28] Art. 29 MWStV vom 22.6.1994 = MWStG 1996 lautet u.a.:
„[1] Verwendet der Steuerpflichtige Gegenstände oder Dienstleistungen für einen in Absatz 2 genannten Zweck, so kann er ... Vorsteuern abziehen: ..." und weiter:
„[2] Zum Vorsteuerabzug berechtigen folgende Zwecke:
a. steuerbare Lieferungen; ..."
Der Terminus „steuerbar" entspricht der deutschen Bezeichnung „steuerpflichtig".

[29] Hierzu und zur Belastungskonzeption Ruppe, „Unechte" Umsatzsteuerbefreiungen, in: Festschrift für Klaus Tipke, Köln 1995, S. 457 ff.

[30] Vgl. z.B. Kalb, UVR 1995, S. 321 ff.

[31] Vgl. z.B. die Urteile in UR 11/1995, S. 438 ff.

[32] Vgl. grundlegend Stadie, Das Recht des Vorsteuerabzugs, Köln 1989 mit umfangreichen Nachweisen.

Abschnitt 2:
Subjektive und objektive Kriterien des Vorsteuerabzugs

Kapitel 1 : Der abzugsberechtigte Personenkreis

Seit dem 1.1.1980[33] sind nicht nur die Unternehmer, die im Inland ihren Sitz oder eine Betriebsstätte haben, zum Vorsteuerabzug berechtigt, sondern auch im Ausland ansässige Unternehmer. Entscheidend für die Berechtigung zum Vorsteuerabzug ist nunmehr einzig und allein die **Unternehmereigenschaft,**[34] wenn die **sonstigen Voraussetzungen** des § 15 UStG erfüllt sind. Der Unternehmerbegriff in § 15 Abs. 1 UStG ist mit dem in § 2 UStG kongruent.[35] Es gibt allerdings Beschränkungen der Abzugsberechtigung, so z.B. bei Kleinunternehmern oder bei Land- und Forstwirten.

Kleinunternehmer i.S. des § 19 Abs. 1 UStG sind nicht zum Vorsteuerabzug berechtigt.[36] Sofern der Kleinunternehmer jedoch auf die Sonderregelung des § 19 Abs. 1 UStG verzichtet und die Regelbesteuerung wählt (§ 19 Abs. 2 UStG), steht auch ihm der Vorsteuerabzug nach § 15 UStG zu.

Land- und Forstwirte, die der Durchschnittsbesteuerung nach § 24 UStG unterliegen, dürfen für Bezüge in den land- und forstwirtschaftlichen Bereichen - d.h., soweit diese den typischen land- und forstwirtschaftlichen Umsätzen zuzurechnen sind - **neben den pauschalen Vorsteuerbeträgen** (§ 24 Abs. 1 Satz 4 UStG) keine weiteren Vorsteuerbeträge geltend machen. Sie können jedoch wie die Kleinunternehmer i.S. des § 19 Abs. 1 die Regelbesteuerung wählen (§ 24 Abs. 4 UStG). Ggf. müssen sie noch eine weitere Optionserklärung nach § 19 Abs. 2 UStG abgeben.[37]

Eine weitere Einschränkung des Vorsteuerabzugsrechts wurde vom BFH mit der Rechtsfigur des „**erfolglosen Unternehmers**" geboren. Während im allgemeinen[38] davon ausgegangen wird, daß die unternehmerische Tätigkeit im Rahmen des § 2 und des § 15 Abs. 1 UStG mit den ersten nach außen gerichteten Aktivitäten (**Vorbereitungsmaßnahmen**) beginnt und damit auch das Vorsteuerabzugsrecht verknüpft ist, wird in bestimmten Fällen Steuerpflichtigen, die „erfolglos" geblieben sind, der Vorsteuerabzug versagt. Einmal wird dieses vom BFH angenommen, wenn ein Steuerpflichtiger bereits **in der Gründungsphase** scheitert[39],

---

[33] Vgl. Geist, StBKRep 1979, S. 129 ff. (149 ff.) m.w.N.; ders., BB 1968, S. 1035 ff.

[34] Vgl. Teil I, Abschnitt 1, Kapitel 1.

[35] Vgl. Hinweise zu § 15 UStG bei Wagner (FN 11), Bem. 59; Widmann, in: Plückebaum/Malitzky, Rz. 12; Bülow, in: Vogel/Reinisch/Hoffmann, Anm. 11; Hundt-Eßwein, in: Schüle/Teske/Wendt, Rdn. 40; Forgách, in: Schwarze/Reiß/Kraeusel, Rz. 26; Wenzel, in: Rau/Dürrwächter/Flick/Geist, Anm. 83; Lucas, in: Peter/Burhoff/Stöcker, Rdnr. 45 zu § 15.

[36] Vgl. BFH vom 17.9.1981, BStBl 1982 II S. 198 sowie Anm. Weiß, UR 1982, S. 31 f.

[37] Ausführlich Schöll, in: Sölch/Ringleb/List, Bem. 99 f. zu § 24.

[38] EuGH vom 14.2.1985 - RS. 268/83, UR 1985, S. 199; BFH vom 23.8.1988, BFH/NV 1989, S. 673.

[39] Vgl. BFH vom 6.5.1993, BStBl 1993 II S. 564.

zum anderen dann, wenn ein bereits tätiger Unternehmer eine **Fehlmaßnahme**[40] trifft.

Grundsätzlich sind Vorsteuern ohne eine bestimmte Zurechnung nach Art. 18 Abs. 2 6.EGRl **global** zu berücksichtigen. Ein sachlicher und zeitlicher Zusammenhang zwischen den Vorumsätzen und den eigenen Umsätzen eines Unternehmers muß grundsätzlich nicht gewahrt werden. Die Vorsteuerbeträge müssen beim voll abzugsberechtigten Unternehmer nicht den ihnen adäquaten Umsätzen zugerechnet werden.[41] Wenn mit der empfangenen Leistung kein Umsatz getätigt wird, weil die Ware z.B. untergeht oder nicht absetzbar wird, verbleibt es beim Vorsteuerabzug.[42] Das gilt auch, wenn eine Ware unter dem Einstandspreis veräußert wird.[43] Es wird folglich keine Input-Output-Beziehung gefordert.

Nach den Vorstellungen des BFH führt Erfolglosigkeit im Ergebnis jedoch zum **Letztverbrauch**. Der BFH geht davon aus, daß die Unternehmereigenschaft (und damit das Vorsteuerabzugsrecht) nur dann begründet wird, wenn tatsächlich nachhaltig Umsätze (Einnahmen) erzielt werden. Daraus folgt, daß Vorsteuern aus Vorbereitungshandlungen, die zu Anlaufkosten geführt haben, zunächst im Gründungsstadium (vorläufig) abgezogen werden können. Stellt sich jedoch später heraus, daß die Aktivitäten als Fehlmaßnahmen zu beurteilen sind, und es zu keinen nachhaltigen Ausgangsumsätzen i.S. des § 1 Abs. 1 Nr. 1 UStG kommt, **entfällt** nach Ansicht des BFH die Unternehmereigenschaft und damit **der Vorsteuerabzug rückwirkend**[44].

Der EuGH wird sich in Kürze mit ähnlichen Streitfällen wie der BFH zu befassen haben, da aus Belgien[45] und dem Vereinigten Königreich[46] Vorabentscheidungsersuchen vorgelegt wurden. Es geht um die Frage, ob die jeweilige Tätigkeit als wirtschaftliche (unternehmerische) Tätigkeit i.S. des Art. 4 der 6.EGRl zu qualifizieren ist und somit auch ein Vorsteuerabzugsrecht gegeben ist.

---

40 Vgl. BFH vom 16.12.1993, BStBl 1994 II S. 278.

41 Widmann (FN 35), Rz. 2 zu § 15; Wagner (FN 11), Bem. 4 zu § 15.

42 U.a. Hundt-Eßwein (FN 35), Rdn. 29 zu § 15; Nach Auffassung Schweizer Kommentatoren und der Eidgenössischen Steuerverwaltung berechtigen sowohl die unmittelbare oder mittelbare Verwendung als auch die beabsichtigte Verwendung zum Vorsteuerabzug (Camenzind/Honauer, Hdb zur neuen MWSt, Bern/Stuttgart/Wien 1995, S. 244, Rz. 895 ff.; Kuhn/Spinnler, Mehrwertsteuer, 2. Aufl., Bern 1994, S. 101).

43 Widmann (FN 35), Rz. 2 zu § 15 (S. 32).

44 Klenk, in: Sölch/Ringleb/List, Bem. 54 zu § 2. In der Schweiz kann nach Art. 33 Abs. 1 MWStV der Vorsteuerabzug in den Fällen, in denen die Voraussetzungen des Vorsteuerabzugs beim Empfang der Lieferung oder bei der Einfuhr noch nicht gegeben waren, in der Steuerperiode vorgenommen werden, in der sie (später) eingetreten sind. Damit wird den Unternehmern, die beim Bezug der Vorleistungen noch nicht steuerpflichtig waren, die Möglichkeit gegeben, den Vorsteuerabzug noch später geltend zu machen (Camenzind/Honauer (FN 42), S. 239, Rz. 629).

45 EuGH, RS. C-110/94 (Rechtsbank van eerste aanleg Brügge vom 5.4.1994), HFR 1994, S. 758.

46 EuGH, RS. C-155/94 (VAT Tribunal vom 16.5.1994), HFR 1994, S. 758.

Der BFH hat in der Literatur vehemente Kritik erfahren[47], bislang jedoch an seiner Auffassung festgehalten.[48] Betrachtet man die Entstehungsgeschichte der Umsatzsteuer in der heutigen Ausprägung, so ist der Standpunkt des BFH nicht frei von Bedenken. Der Gesetzgeber war 1967 der Meinung:

> „Die Mehrwertsteuer ist eine nur beim Verkauf an den Letztverbraucher sich realisierende Verbrauchsteuer; wenn eine Ware verdirbt oder nicht abgesetzt werden kann, erhält der Fiskus, anders als nach dem gegenwärtigen System, keine Umsatzsteuer."[49]

Allgemein war man der Auffassung, daß der Vorsteuerabzug im Falle des Untergangs einer Ware (Verderb, Diebstahl), sowie im Falle einer nichtsteuerbaren Verwendung (Geschenk, Werbung) „oder dann, wenn eine Ware unter dem Einstandspreis veräußert, wird,"[50] keine Einschränkung erfahre.

Vorrangiges Ziel des UStG 1967 war die Beseitigung der Steuerkumulierung und die Herstellung der Wettbewerbsneutralität. Durch die Neukonzeption sollte sichergestellt werden, daß grundsätzlich nur der Endverbrauch mit der Umsatzsteuer belastet wird. Gesetzestechnisch wurde diese Vorgabe dadurch erreicht, daß innerhalb der Unternehmerkette in der Regel der Vorsteuerabzug in Anspruch genommen werden konnte und diese entlastende Wirkung erst bei der Leistung an den Endverbraucher infolge fehlenden Vorsteuerabzugsrechts als Nichtunternehmer endete. Eine Gleichbehandlung sollte in den Fällen erfolgen, in denen der Unternehmer Leistungen (Wertabgaben) zu nichtunternehmerischen Zwecken tätigte. Diese als Eigenverbrauch in Anlehnung an das erste deutsche UStG aus dem Jahre 1918 bezeichnete Wertabgabe sollte die Besteuerung des Letztverbrauchs gewährleisten.

U.E.[51] führen „echte" Fehlmaßnahmen, die nicht nur auf nichtunternehmerischen Handlungen (z.B. Anschaffungen von Freizeitgegenständen, die von ihren Verursachern in „unternehmerische" Tätigkeiten umgedeutet werden) beruhen, **nicht** zu einem **Endverbrauch.** Sie sind letztlich mit dem Verderb von Waren vergleichbar. Eine Versagung des Vorsteuerabzugs erscheint in diesen Fällen nicht gerechtfertigt.

---

[47] U.a. Giesberts, StuW 1991, S. 175 ff.; ders., in: Rau/Dürrwächter/Flick/Geist, Anm. 583 ff. zu § 2; Forgách (FN 35), Rz. 54 ff. zu § 15; Winter, UR 1993, S. 411 ff.; Gosch, StBp 1993, S. 217 ff.; Lück, DStZ 1994, S. 231 ff. und 595 ff.; ähnlich bereits FG Münster vom 2.9.1987, EFG 1988, S. 89; a.A. Klever, DB 1990, S. 1487 ff.; Wagner, StuW 1991, S. 61 ff.; Birkenfeld, UR 1992, S. 29 ff.; ders., DStR 1994, S. 81 ff.; Rasche, DStR 1993, S. 1400 f.

[48] Zuletzt BFH vom 15.9.1994, BStBl 1995 II S. 88.

[49] Schriftlicher Bericht des Finanzausschusses des Deutschen Bundestages vom 30.3.1967 (FN 4).

[50] Widmann (FN 35), Rz. 2 zu § 15 (S. 32).

[51] Dziadkowski/Robisch/Sabitzer (FN 1).

Kapitel 2 : Der Umfang der abziehbaren Vorsteuern

Ein Unternehmer kann nach § 15 Abs. 1 UStG als Vorsteuerbeträge abziehen:

„1. die in Rechnungen im Sinne des § 14 gesondert ausgewiesene Steuer für Lieferungen und sonstige Leistungen, die von anderen Unternehmern für sein Unternehmen ausgeführt worden sind. ...;

2. die entrichtete Einfuhrumsatzsteuer für Gegenstände, die für sein Unternehmen in das Inland eingeführt worden sind oder die er zur Ausführung der im § 1 Abs. 3 bezeichneten Umsätze verwendet;

3. die Steuer für den innergemeinschaftlichen Erwerb von Gegenständen für sein Unternehmen.“

Nach Sinn und Zweck des § 15 UStG umfaßt der Vorsteuerabzug grundsätzlich nur die Vorsteuerbeträge, die für im Inland bewirkte Lieferungen oder sonstige Leistungen gesondert ausgewiesen wurden. Abziehbar ist jedoch auch die Umsatzsteuer für Vorleistungen, die nach § 1 Abs. 3 UStG wie Umsätze im Inland zu behandeln sind. Die Abziehbarkeit erstreckt sich nach der Anpassung an die 6.EGRl nur auf die Steuerbeträge, die nach dem deutschen Umsatzsteuergesetz geschuldet werden. Unternehmer, die mit **ausländischen Vorsteuerbeträgen** belastet wurden, haben sich wegen eines eventuellen Abzugs an den Staat zu wenden, der die Steuer erhoben hat.[52] Soweit es sich dabei um EG-Staaten handelt, besteht seit 1.1.1981 eine Verpflichtung zur Vergütung nach Maßgabe der 8.EGRl.[53] Seit 1.1.1995 gilt dies auch in den **neuen** Mitgliedstaaten der EU. Ein grenzüberschreitender Vorsteuerabzug ist nicht möglich.[54]

Seit 1.1.1993 ist die sog. **Erwerbsteuer** i.S. des § 1 Abs. 1 Nr. 5 UStG als Vorsteuer abziehbar. Damit ist für diesen Bereich der systementsprechende Ausgleich von Umsatzsteuer und Vorsteuer ebenfalls gesichert. Es gelten die gleichen Regelungen wie für die bisher abziehbare Umsatzsteuer oder Einfuhrumsatzsteuer (EUSt).

Ändert sich nachträglich die Bemessungsgrundlage der Vorleistungen, so ist nach § 17 Abs. 1 Nr. 2 bzw. § 17 Abs. 3 UStG der in Anspruch genommene Vorsteuerabzug zu berichtigen.

Eine **Begrenzung** des Vorsteuerabzugs bei Ausgaben, „die keinen streng geschäftlichen Charakter haben, wie Luxusausgaben, Ausgaben für Vergnügungen und Repräsentationsaufwendungen“ (Art. 17 Abs. 6 6.EGRl) wurde in Deutschland bisher nicht normiert. Obwohl vorgesehen war, daß „der Rat auf Vorschlag der Kommission vor Ablauf eines Zeitraums von vier Jahren nach dem Inkrafttre-

---

52 Vgl. Kapitel 4 in diesem Abschnitt.

53 EG-Richtlinie zur Harmonisierung der Umsatzsteuern vom 6.12.1979 (ABl.EG Nr. L 331, S. 11); vgl. auch BMF-Schreiben vom 29.4.1981, UR 1981, S. 121 (ergänzt am 17.11.1986, ABl.EG 1986 Nr. L 326, S. 40); Birkenfeld/Forst, Das Umsatzsteuerrecht im Europäischen Binnenmarkt, 2. Aufl., Bielefeld 1994, S. 64 und S. 276 ff.

54 Dziadkowski, StuW 1993, S. 169 ff. (173) m.w.N.

ten dieser Richtlinie einstimmig" Bestimmungen festlegen sollte, sind die Kommissionsvorschläge bis heute über ein Entwurfsstadium[55] nicht hinausgekommen.

Die Vorstellungen der Kommission sind im Vorschlag einer (geänderten) 12. USt-Richtlinie (EWG) dargelegt.[56] Im wesentlichen sollen die Vorsteuern bei bestimmten Ausgaben in vollem Umfange oder zu 50 v.H. als nicht abzugsfähig angesehen werden.

Bis zum Inkrafttreten einheitlicher Regelungen können die Mitgliedstaaten[57] Ausschlüsse vom Vorsteuerabzug beibehalten. In **Österreich** gelten bestimmte Leistungen „nicht als für das Unternehmen ausgeführt"[58], auch wenn sie tatsächlich für Zwecke des Unternehmens erfolgen (u.a. nichtabzugsfähige Ausgaben i.S. des § 20 Abs. 1 Ziff. 1 bis 5 EStG; Leistungen im Zusammenhang mit der Anschaffung oder Miete bestimmter Kraftfahrzeuge).[59]

In der Schweiz wurde im Vorgriff[60] auf eine Verabschiedung der 12.EGRl in Art. 30 MWStV[61] das Vorsteuerabzugsrecht (völlig oder partiell) für bestimmte Ausgaben ausgeschlossen.

Kein Vorsteuerabzugsrecht besteht u.a. für:

„Vergnügungen", „Anschaffung und Unterhalt von Motorrädern ..., Sportflugzeugen".

Ein Ausschluß in Höhe von **50 Prozent** besteht u.a. für:

„Ausgaben für Unterkunft, Verpflegung und Getränke; die Anschaffung ... von Personenwagen ...".

A. Die abziehbare Umsatzsteuer

Nach der vom BFH entwickelten Beurteilungssystematik[62] ist zwischen den **anspruchsbegründenden Tatbestandsmerkmalen** in § 15 Abs. 1 UStG und den **anspruchsausschließenden** („negative Anspruchsvoraussetzung") **Tatbestandsmerkmalen** in § 15 Abs. 2 und 3 UStG zu unterscheiden. Die Differenzierung hat

---

[55] Vorschlag für eine Zwölfte Richtlinie zum Ausschluß des Vorsteuerabzugs bei bestimmten Ausgaben vom 25.1.1983 (ABl.EG 1983, Nr. C 37, S. 8) in der Fassung vom 20.2.1984 (ABl.EG 1984, Nr. C 56, S. 7, UR 1984, S. 102). Zum geplanten Vorsteuerabzugsverbot für Pkw vgl. Klein/Rau, DB 1981, S. 2093 ff. Siehe auch Kraeusel, UVR 1993, S. 293 ff.

[56] Birkenfeld, UR 1989, S. 329 ff. (331, Fußnote 24); Widmann, DB 1983, S. 903 ff.

[57] Dem Vereinigten Königreich z.B. hat der Rat der EU am 29.6.1995 eine Ermächtigung erteilt, „50% der Mehrwertsteuer auf die Gebühren für die Vermietung oder das Leasing eines Personenfahrzeuges vom Vorsteuerabzugsrecht des Mieters oder Leasingnehmers auszuschließen, wenn dieses Kraftfahrzeug privat genutzt wird." (ABl.EG Nr. L 159/19 vom 11.7.1995, 95/252/EG). Eine Eigenverbrauchsbesteuerung entfällt sodann folgerichtig (Artikel 2). Diese Ermächtigung ist bis 31.12.1997 befristet. Die Befristung ist u.E. als Signal zu bewerten, daß bis dahin eine einheitliche Regelung geschaffen werden soll.

[58] § 12 Abs. 2 Ziff. 2 ÖUStG.

[59] Vgl. Ruppe, UStG 1994, Tz. 110 ff. und 127 ff. zu § 12.

[60] Im Entwurf eines MWSTG wird ein Änderungsvorschlag unterbreitet (vgl. FN 28).

[61] Verordnung über die Mehrwertsteuer (MWSTV) vom 22.6.1994.

[62] BFH vom 18.12.1986, BStBl 1987 II S. 350; Mößlang, Umsatzsteuerkongreß-Bericht 1988/89, S. 207 ff. (209); Wagner (FN 11), Bem. 44 zu § 15.

in der Praxis eine besondere Bedeutung erlangt, weil vielfach eine Beurteilung von der **erstmaligen tatsächlichen Verwendung** der bezogenen Leistung abhängt. Da zwischen Bezug und Verwendung ein längerer Zeitraum liegen kann, werden die Tatbestandsmerkmale u.U. in verschiedenen Besteuerungsabschnitten verwirklicht. Die negativen Anspruchsvoraussetzungen werden daher nicht vom Abschnittsprinzip erfaßt, d.h. **materiell-rechtlich** kann **abschließend** über die Berechtigung zum Vorsteuerabzug **erst nach** der erstmaligen tatsächlichen Verwendung der Vorbezüge[63] entschieden werden.

Die **Entstehung** des Vorsteueranspruchs bestimmt sich analog § 13 Abs. 1 UStG[64]. Der Anspruch auf Vorsteuerabzug entsteht in dem Besteuerungszeitraum, in dem die Voraussetzungen des § 15 Abs. 1 UStG vorliegen. Der Zeitpunkt der Entstehung ist also nicht vom Zeitpunkt der Verwendung des Leistungsbezugs abhängig.[65] Allerdings kann die Entstehung auch lediglich **vorläufiger Natur** sein. Das ist dann der Fall, wenn die erstmalige tatsächliche Verwendung (Nutzung) noch aussteht. Der Vorsteuerabzug ist zunächst unter Berücksichtigung der vom Unternehmer **beabsichtigten Verwendung** (vorläufig) zu gewähren.[66] Wird die bezogene Leistung später jedoch tatsächlich **„abzugsschädlich" i.S. des § 15 Abs. 2 UStG** verwendet, ist der Vorsteuerabzug zu korrigieren.[67] Damit wird erst zu diesem Zeitpunkt die **endgültige (abschließende) materiell-rechtliche** Entscheidung gefällt.[68] Wird die Verwendungsart in einem späteren Besteuerungsabschnitt geändert, ist grundsätzlich § 15a UStG anzuwenden.

Die Umsatzsteuer aus Vorleistungen (Vorsteuer) ist dann abziehbar, wenn **sämtliche** in § 15 Abs. 1 Nr. 1 UStG normierten Voraussetzungen gegeben sind. Die Berechtigung zum Vorsteuerabzug ist somit unter folgenden Prämissen gegeben:

(1) die Steuer muß für eine Lieferung oder sonstige Leistung **gesondert in einer Rechnung** ausgewiesen worden sein,

(2) die Lieferung oder sonstige Leistung muß **von einem Unternehmer** ausgeführt worden sein,

(3) der Leistungsempfänger muß Unternehmer sein und die Lieferung oder sonstige Leistung muß **für sein Unternehmen** ausgeführt worden sein.

---

[63] Die Termini „Vorbezüge", „Leistungsbezüge", „Vorumsätze", „Vorleistungen", „Eingangsumsätze", „Eingangsleistungen" oder schlicht „Bezüge" sind synonym verwendbar.

[64] BFH vom 26.4.1979, BStBl 1979 II S. 530; Wagner (FN 11), Bem. 22 ff. zu § 15.

[65] BFH vom 26.2.1987, BStBl 1987 II S. 521; vom 10.5.1990, BFH/NV 1991, S. 201 (Punkt 3 und 4).

[66] BFH vom 26.2.1987 (FN 65); vom 30.11.1989, BStBl 1990 II S. 345; hierzu Mößlang (FN 62).

[67] Sofern die Steuerfestsetzung nicht nach §§ 164 oder 165 AO nur vorläufigen Charakter hat, ist eine endgültige Steuerfestsetzung nach § 175 Abs. 1 Satz 1 Nr. 2 AO berichtigungsfähig. (Vgl. Tipke/Kruse, AO-Komm., 15. Aufl., § 175, Tz. 9, 13 ff.; BFH vom 9.8.1990, BStBl 1991 II S. 55).

[68] BFH vom 25.1.1979, BStBl 1979 II S. 394; vom 31.7.1987, BStBl 1987 II S. 754; vom 12.11.1987, BStBl 1988 II S. 468. Vgl. auch Grune, in: Peter/Burhoff/Stöcker, Rdnr. 482 ff. zu § 15.

I. Steuerausweis in der Rechnung

§ 15 Abs. 1 Nr. 1 UStG schreibt ausdrücklich vor, daß die Steuer in einer Rechnung i.S. des § 14 UStG **gesondert** ausgewiesen sein muß. Es genügt somit nicht, daß der Vorunternehmer einen Steuerbetrag schuldet und dieser errechenbar ist. Nur eine eindeutige Inrechnungstellung der Umsatzsteuer führt zum Vorsteuerabzug.[69] Der Begriff der **Rechnung** ergibt sich aus § 14 Abs. 4 UStG. Eine **Gutschrift** gilt unter den Prämissen des § 14 Abs. 5 UStG als Rechnung. Insbesondere muß zwischen dem Aussteller und dem Empfänger einer Gutschrift Einverständnis darüber bestehen, daß mit der Gutschrift[70] über die Lieferung oder sonstige Leistung abgerechnet wird (§ 14 Abs. 5 Nr. 2 UStG).[71]

Die Anknüpfung an die gesondert fakturierten Umsatzsteuerbeträge für Zwecke des Vorsteuerabzugs geht von der Überlegung aus, daß die vom Leistungsempfänger abziehbare Vorsteuer und die vom leistenden Unternehmer zu entrichtende Basis-Umsatzsteuer kongruent sein muß. Daher braucht im allgemeinen die Richtigkeit der in der Rechnung gesondert ausgewiesenen Steuerbeträge vom Unternehmer für die Vornahme des Vorsteuerabzugs nicht nachgeprüft zu werden.[72] Steuerbeträge, bei denen für den Unternehmer jedoch ohne Nachprüfung erkennbar ist, daß sie den allgemeinen Steuersatz nach § 12 Abs. 1 UStG übersteigen (z.B. 18 v.H.), sind vom Vorsteuerabzug ausgeschlossen. Dem Unternehmer obliegt die **Anforderung einer berichtigten Rechnung** nach § 14 Abs. 2 UStG.[73] Hat der Unternehmer für die Ermittlung der Vorsteuer die Bruttomethode (§ 63 Abs. 5 UStDV) gewählt, muß er die Richtigkeit der in den Rechnungen gesondert ausgewiesenen Steuerbeträge vor der Verbuchung überprüfen.

Ob und in welchem Umfang die Vorsteuern bei fehlenden oder unvollständigen Rechnungen geschätzt werden können, ist umstritten.[74] Die Finanzverwaltung beurteilt diese Frage nach bestimmten Grundsätzen, die in Abschnitt 202 UStR geregelt sind. In Ausnahmefällen können auch Billigkeitsgründe berücksichtigt werden.[75]

II. Vorleistung durch Unternehmer

Ein Vorsteuerabzug kann nur geltend gemacht werden, wenn die **Unternehmereigenschaft des Rechnungsausstellers** feststeht. Die der Rechnung zugrundeliegende Vorleistung muß von einem Unternehmer **im Rahmen seines Unter-**

---

[69] BFH vom 4.3.1982, BStBl 1982 II S. 309; vom 12.6.1986, BStBl 1986 II S. 721; EuGH vom 14.7.1988 - RS. 123 und 330/87, HFR 1989, S. 517 = UR 1989, S. 380; BFH vom 26.4.1993, BFH/NV 1994, S. 584.

[70] BFH vom 31.1.1980, BStBl 1980 II S. 369; vom 27.3.1981, BStBl 1981 II S. 543; vom 24.4.1986, BFH/NV 1986, S. 705.

[71] Zum Inhalt der Rechnung (Gutschrift) vgl. Widmann (FN 35), Rz. 174 ff. zu § 14; Wagner (FN 11), Bem. 47 ff. zu § 14; Wilke, UVR 1995, S. 353 ff.; Stadie, in: Rau/Dürrwächter/Flick/Geist, Anm. 110 ff. zu § 14; Wilke, UVR 1995, S. 353 ff.

[72] Abschn. 192 Abs. 7 UStR.

[73] BFH vom 10.12.1992, BStBl 1993 II S. 383.

[74] Vgl. Forgách (FN 35), Rz. 208 ff. zu § 15.

[75] Vgl. Abschn. 202 Abs. 7 UStR.

nehmens ausgeführt worden sein. Der Leistungsempfänger **(subjektiv abzugsberechtigter Unternehmer)** muß sich folglich vergewissern, ob der Rechnungsaussteller Unternehmer ist. Obwohl die Umsatzsteuer, die ein Nichtunternehmer fälschlicherweise in Rechnung stellt, von diesem nach § 14 Abs. 3 UStG geschuldet wird, ist sie mangels Unternehmereigenschaft des Leistenden nach § 15 Abs. 1 UStG nicht abziehbar.[76]

Beispiel:

Ein Unternehmer erwirbt einen gebrauchten Kleintransporter von einem Arbeitnehmer. Dieser erteilt dem Unternehmer eine Rechnung mit gesondertem Steuerausweis.

Der Unternehmer kann die gesondert in Rechnung gestellte Steuer nicht als Vorsteuer in Abzug bringen, weil der Arbeitnehmer keine Unternehmereigenschaft besitzt. Daß der Arbeitnehmer die Umsatzsteuer nach § 14 Abs. 3 UStG schuldet, ist unerheblich.

Bestehen mehrere **organisatorisch getrennte Unternehmensteile,** so können nur Vorsteuerbeträge in Abzug gebracht werden, die von einem Fremdunternehmen und nicht von einem anderen Unternehmensteil herrühren. Da Innenumsätze **Nichtumsätze** darstellen, wird kein Leistungsaustausch bewirkt. Folglich ist die Erteilung von Rechnungen mit gesondertem Steuerausweis unzulässig. Werden irrtümlich oder aus kalkulatorischen Gründen Rechnungen an einen Unternehmensteil erteilt, so sind diese als **unternehmensinterne Buchungsbelege** anzusehen und nicht als Rechnungen i.S. des § 14 Abs. 1 UStG.

Bei **Sacheinlagen** aus der Privatsphäre eines Unternehmers in sein Unternehmen oder aus dem Hoheitsbereich einer Körperschaft des öffentlichen Rechts in ihren unternehmerischen Bereich ist ebenfalls ein gesonderter Steuerausweis wie auch ein Vorsteuerabzug nicht möglich, da der Gegenstand nicht von einem (anderen) Unternehmer erworben wird. In Höhe einer „Restmehrwertsteuer" tritt daher eine kumulative Wirkung ein. Auch eine Anwendung der Regelung des § 15a UStG in „umgekehrter Richtung" ist nicht möglich.[77]

Eine gesondert in Rechnung gestellte Steuer, die ein **Kleinunternehmer** i.S. des § 19 Abs. 1 UStG erteilt hat, berechtigt zum Vorsteuerabzug, da die Unternehmereigenschaft zu bejahen ist. In diesem Falle korrespondiert die Regelung in § 14 Abs. 3 UStG mit der in § 15 Abs. 1 UStG. Rechnungen mit gesondertem Steuerausweis einer **Scheinfirma** berechtigen hingegen nicht zum Vorsteuerabzug[78], da der Hinweis auf den tatsächlich Leistenden fehlt.

III. Verwendung der Vorleistung für das Unternehmen des Abzugsberechtigten

Nach § 15 Abs. 1 UStG ist es für den Vorsteuerabzug zwingend notwendig, daß die Vorleistungen der Vorunternehmer („von anderen Unternehmern") **für das Unternehmen des abzugsberechtigten Unternehmers** („für sein Unternehmen") bewirkt wurden. Die erbrachte Leistung muß für das Unternehmen und nicht für

---

[76] Hierzu Reiß, BB 1981, S. 1632 ff.; ders., UR 1990, S. 243 ff.; Widmann, UR 1988, S. 10 und 233; Klenk, UVR 1993, S. 65 ff.

[77] BFH vom 1.10.1970, BStBl 1971 II S. 36; vom 29.6.1987, BStBl 1987 II S. 744; vgl. auch Dziadkowski, DStR 1992, S. 742 ff. m.w.N.

[78] BFH vom 19.10.1978, BStBl 1979 II S. 345.

einen etwaigen außerunternehmerischen Bereich (z.B. Privatsphäre einer natürlichen Person, hoheitlicher Bereich einer Körperschaft des öffentlichen Rechts) bestimmt sein. Bei natürlichen Personen, Gesellschaften, Körperschaften des öffentlichen Rechts und ideellen Vereinen ist daher stets zu prüfen, ob die Vorleistungen für die Unternehmenssphäre erbracht werden. Nach der Rechtsprechung des EuGH[79] entsteht das Recht auf Vorsteuerabzug nach Art. 17 der 6.EGRl nur, wenn der Erwerber als Steuerpflichtiger (Unternehmer) einen Gegenstand erwirbt und für Zwecke seiner wirtschaftlichen (unternehmerischen) Tätigkeit verwendet.

In einer Reihe von Entscheidungen hat der BFH Grundsätze zur Interpretation des § 15 Abs. 1 UStG herausgearbeitet. Ein Schwerpunkt war die Präzisierung des **Tatbestandsmerkmals „für sein Unternehmen“**.

Der Bezug für das Unternehmen ist unabdingbare Voraussetzung für den Vorsteuerabzug.[80] Bereits im **Zeitpunkt der Anschaffung** fällt die Entscheidung, ob der Unternehmer den Leistungsbezug **für unternehmerische oder für nichtunternehmerische Zwecke** in Anspruch nehmen wird.[81] Wird die zunächst für unternehmerische Zwecke bezogene Leistung später nichtunternehmerisch verwendet, greift die Eigenverbrauchsbesteuerung.[82]

Ob der Unternehmer als Leistungsempfänger (Abnehmer) eine (Vor-)Leistung für seinen unternehmerischen oder seinen nichtunternehmerischen Bereich bezogen hat, richtet sich grundsätzlich nach **seiner Zuordnungsentscheidung**.[83] Es muß jedoch stets ein objektiver und erkennbarer wirtschaftlicher Zusammenhang mit seiner unternehmerischen Tätigkeit gegeben sein.[84] Ein Indiz hierfür ist die Vornahme des Vorsteuerabzugs[85]. In Zweifelsfällen muß der Unternehmer allerdings darlegen können, daß der Bezug seine unternehmerische Tätigkeit hat fördern sollen.[86] Bei der Anschaffung sog. Freizeitgegenstände liegt u.E. keine Beziehung zu einer unternehmerischen Tätigkeit vor.[87]

Werden Vorleistungen teilweise für unternehmerische und teilweise für nichtunternehmerische Zwecke („gemischte Verwendung“) in Anspruch genommen, so sind die Vorgänge differenziert zu betrachten. Liegt eine Lieferung **vertretbarer**

---

79 EuGH vom 11.7.1991 (FN 18).

80 BFH vom 18.12.1986 (FN 62); vom 12.11.1987, BStBl 1988 II S. 468.

81 BFH vom 20.12.1984, BStBl 1985 II S. 176; vom 12.12.1985, BStBl 1986 II S. 216 = HFR 1986, S. 145 mit Anm.

82 Der Vorsteuerabzug aus der Anschaffung bleibt unberührt. Vgl. BFH vom 11.12.1986, BStBl 1987 II S. 233 ff. (236).

83 Vgl. Birkenfeld, UR 1990, S. 33 ff. (36 ff.); Weiß, Anm. zum Urteil des FG München vom 19.7.1990, UR 1991, S. 113 ff.

84 BFH vom 18.12.1986 (FN 62).

85 BFH vom 18.12.1986 (FN 62); vom 25.3.1988, BStBl 1988 II S. 649; vom 20.12.1984 (FN 81).

86 BFH vom 12.12.1985 (FN 81).

87 So auch Stadie, UR 1990, S. 347 f.; ausnahmsweise hat der BFH (Urteil vom 21.6.1990, BStBl 1990 II S. 801 betr. Reisemobil; vom 23.1.1992, BFHE 167, S. 221 = UR 1992, S. 202 betr. Freizeitsegler) einen Vorsteuerabzug bejaht. Vgl. hierzu Weiß, UR 1992, S. 206 ff.; Klenk, UVR 1993, S. 65 ff. (67); Widmann, UR 1993, S. 14 ff. Vgl. auch Vorabentscheidungsersuchen des BFH vom 5.5.1994, BFHE 174, S. 565, das beim EuGH als Rs. C-230/94 anhängig ist.

Verbrauchsgüter vor, so ist die dafür gesondert in Rechnung gestellte Vorsteuer entsprechend der Verwendung für unternehmerische (betriebliche) und außerunternehmerische (private) Zwecke in einen **abziehbaren** und in einen **nicht abziehbaren Teil aufzuspalten.** Dies gilt auch bei Ausführung sonstiger Leistungen, die nur teilweise für den Unternehmensbereich bestimmt sind.

Beispiele:

(1) Ein Unternehmer erwirbt 10.000 l Heizöl, von denen 8.000 l für sein Unternehmen und 2.000 l für seinen Privathaushalt bestimmt sind.

Da der „unternehmerische" Anteil 80 v.H. beträgt, können auch 80 v.H. der in Rechnung gestellten Umsatzsteuer als Vorsteuer abgezogen werden.

(2) Ein Handelsvertreter läßt sein Einfamilienhaus, in dem auch seine Büroräume untergebracht sind, renovieren. Der Handwerker erstellt lediglich eine einheitliche Rechnung.

Die Renovierung stellt eine sonstige Leistung i.S. des § 3 Abs. 9 UStG dar. Da sie nur zum Teil für unternehmerische Zwecke ausgeführt worden ist, kann nur der Teil, der auf die Büroräume entfällt, zu einer abziehbaren Vorsteuer führen.

Umstritten war dagegen die Frage, wie zu verfahren ist, wenn ein (einheitlicher) **Anlagegegenstand teilweise** unternehmerisch und teilweise unternehmensfremd verwendet wird. Ein Abzug[88] der Vorsteuern im Zeitpunkt der Anschaffung (des Erwerbs) entsprechend der Nutzungsquote wie bei Anwendung der Regelungen nach § 15 Abs. 2 f. UStG (Vorsteuerausschluß) hinsichtlich steuerfreier und steuerpflichtiger Verwendung war nach bisheriger Auffassung der deutschen Finanzverwaltung nicht möglich.[89] Diese Auffassung wurde im Schrifttum zum Teil kritisiert.[90] Zur Klärung dieser Streitfrage hatte der BFH am 28.4.1992[91] an den EuGH ein Vorabentscheidungsersuchen gerichtet. Nach Vorlage des Schlußantrags des zuständigen Generalanwalts am 15.9.1993[92] wurde das Verfahren infolge Richterneuwahl beim EuGH unterbrochen. Am 6.4.1995 wurden vom daraufhin zuständigen Generalanwalt erneut Schlußanträge und ein Entscheidungsvorschlag[93] vorgelegt. Dem ist der EuGH im wesentlichen gefolgt und hat sich mit Urteil vom 4.10.1995[94] für ein **Wahlrecht** des Unternehmers ausgesprochen, den gemischtverwendeten Gegenstand ganz („Einheitstheorie") oder nur im Umfang seiner unternehmerischen Verwendung („Trennungstheorie") dem Unternehmen zuzuordnen.

---

88 BFH vom 18.12.1986 (FN 62).

89 Abschn. 192 Abs. 18 Nr. 2 UStR.

90 Vgl. Schettler, UR 1985, S. 189 ff.; Weiß, UR 1987, S. 75 ff.; Friedl, UR 1989, S. 144 ff.; Jakob, Umsatzsteuer, S. 42 f., 191; Birkenfeld, USt-Hdb V, Rz. 795.1; Dziadkowski, BB 1994, S. 1119 ff.

91 BFHE 167, S. 572 mit Anm. Weiß, UR 1992, S. 274; vgl. auch Schmidt, UR 1992, S. 321 ff.; Lohse, IStR 1992, S. 89 ff.

92 Generalanwalt van Gerven, IStR 1993, S. 467; Dziadkowski (FN 90).

93 Generalanwalt Jacobs, IStR 1995, S. 234; UVR 1995, S. 273 ff. mit Anm. Dziadkowski.

94 EuGH vom 4.10.1995 - RS. C-291/92, DStR 1995, S. 1709 = UVR 1995, S. 370 = UR 1995, S. 485; hierzu Klenk, DStR 1995, S. 1741 f.; Widmann, DB 1995, S. 2341 ff.; Robisch, UVR 1995, S. 358 ff.; Lohse, BB 1995, S. 2630 ff., Huschens, UR 1995, S. 465 ff; Wagner (FN 11), Bem. 87 ff. zu § 15.

Die Vorsteuer kann demnach dann in vollem Umfang in Abzug gebracht werden, **wenn der Gegenstand einheitlich** dem Unternehmen **zugeordnet** wird.[95] Der auf die Privatnutzung entfallende Anteil an Vorsteuern wird im Laufe der Nutzungszeit im Wege der Eigenverbrauchsbesteuerung (Gegenstandsverwendung nach § 1 Abs. 1 Nr. 2 Buchst. b UStG) berücksichtigt. Ordnet der Unternehmer hingegen **nur den unternehmerisch verwendeten Teil** eines Gegenstandes seinem Unternehmen zu, dann kann auch die Vorsteuer nur in diesem Ausmaß abgezogen werden. Im Umfang des privaten Verwendungsanteils ist kein Vorsteuerabzug zulässig. Dieser wird wie ein gesonderter Liefergegenstand für die Privatsphäre des Unternehmens behandelt. Eine Eigenverbrauchsbesteuerung muß dafür nicht mehr erfolgen. Somit wird bei beiden Alternativen ein nicht gerechtfertigter Vorsteuerabzug im Ergebnis vermieden.

Die Behandlung gemischtverwendeter Gegenstände war besonders bei Grundstücken umstritten, weil hier sowohl eine zeitlich abwechselnde als auch gleichzeitige gemischte Verwendung (Aufteilung in verschiedene Räume) möglich ist.[96] Es stellte sich die Frage, ob ein Gebäude stets als **einheitliches Wirtschaftsgut** betrachtet oder ggf. wie im Ertragsteuerrecht umsatzsteuerlich auch in **Gebäudeteile** separiert werden kann.[97] Der EuGH hat sich im Ergebnis für ein Aufteilungswahlrecht des Steuerpflichtigen ausgesprochen, und zwar unabhängig davon, ob der fragliche Gegenstand zeitlich sukzessiv oder parallel gemischt verwendet wird.[98]

Daraus ergeben sich folgende Lösungsmöglichkeiten: Im Falle teilweiser Verwendung für private Wohnzwecke ist auf der Basis der **Einheitstheorie** zunächst der Vorsteuerabzug partiell zu gewähren.[99] Bei späterer steuerpflichtiger Vermietung dieses Teils könnte der vormals ausgeschlossene Vorsteuerabzug im Rahmen des **§ 15a Abs. 1 UStG** anteilig nachgeholt werden.[100]

Bei Anwendung der **Trennungstheorie** ist der Vorsteuerabzug nur für den unternehmerisch verwendeten Gebäudeteil zu gewähren, da für den nichtunternehmerisch verwendeten Gebäudeteil **bereits nach § 15 Abs. 1 UStG** der Vorsteuerabzug ausscheidet (kein Bezug für das Unternehmen). Bei späterer steuerpflichtiger Vermietung des zunächst „nichtunternehmerischen" Teils ist jedoch die Anwendung des § 15a UStG ausgeschlossen, da dieser wie ein selbständiges Wirtschaftsgut behandelt wird, das von Anfang an nicht für das Unternehmen erworben wurde. Ein Vorsteuerabzug aus „Einlagen" ist nicht möglich.[101]

---

[95] Vgl. EuGH vom 11.7.1991 (FN 18), der einen Abzug zuläßt, „wie gering auch immer der Anteil der Verwendung für unternehmerische Zwecke sein mag." Allerdings gestattet Art. 17 Abs. 2 6.EGRl nur einen Abzug **„soweit"** eine Verwendung **für besteuerte** (steuerpflichtige) Umsätze stattfindet.

[96] Vgl. umfassend Forgách (FN 35), Rz. 151 f. zu § 15; Mößlang (FN 66), S. 214 f.; Stadie (FN 32), S. 96 ff., 168, 173 m.w.N.

[97] Für die Trennungstheorie vgl. die Hinweise in FN 90.

[98] EuGH-Urteil vom 4.10.1995 (FN 94).

[99] Der der Privatnutzung entsprechende Vorsteuerbetrag wäre nicht abziehbar (§ 15 Abs. 2, 4 i.V.m. § 1 Abs. 1 Nr. 2 Buchst. b, § 4 Nr. 12 Buchst. a UStG).

[100] Vgl. Mößlang (FN 62), S. 215, Fußnote 40.

[101] Zu Belastungswirkungen von Einheits- und Trennungstheorie vgl. Robisch (FN 94).

B. Die abziehbare Einfuhrumsatzsteuer

Außer den Umsatzsteuerbeträgen auf Vorleistungen sind auch **entrichtete Einfuhrumsatzsteuerbeträge als Vorsteuer** abziehbar. Eine Abzugsmöglichkeit ist gegeben bei der Einfuhr in das Inland aus dem Drittlandsgebiet oder bei Umsätzen, die nach § 1 Abs. 3 UStG wie Umsätze im Inland behandelt werden.[102] Während im ersten Fall ein Gegenstand tatsächlich in das Inland verbracht sein muß (**Einfuhr**), wird bei der zweiten Alternative auf die tatsächliche Verbringung verzichtet. Es kann also bei diesem Sachverhalt Einfuhrumsatzsteuer abgezogen werden, ohne daß der Gegenstand in das Inland gelangt sein muß.[103]

I. Die abziehbare Einfuhrumsatzsteuer bei der Einfuhr in das Inland

Der Abzug der Einfuhrumsatzsteuer als Vorsteuer ist erst dann möglich, wenn der Gegenstand in das umsatzsteuerrechtliche Inland (§ 1 Abs. 2 UStG) eingeführt wurde. Im Unterschied zur Annahme einer Einfuhr nach § 1 Abs. 1 Nr. 4 UStG kommt es nicht auf das Gelangen in das Zollgebiet an. Die Regelung ist vor allem für die **Einfuhren** von Bedeutung, die **über einen Abfertigungsplatz im Ausland** bewirkt werden.[104] In diesen Fällen ist der Tatbestand der Einfuhr i.S. des § 15 Abs. 1 Nr. 2 UStG nicht schon beim Eintreffen des Einfuhrgutes auf dem Abfertigungsplatz (z.B. einem im Ausland befindlichen Grenzbahnhof mit einer deutschen Zollabfertigung), sondern erst beim Übergang in das umsatzsteuerrechtliche Inland verwirklicht. Das gilt auch dann, wenn der Gegenstand bereits auf dem Abfertigungsplatz einfuhrumsatzsteuerrechtlich abgefertigt wurde.

Weiterhin ist zwingende Voraussetzung, daß die Einfuhrumsatzsteuer **tatsächlich entrichtet** wurde. Während bei Leistungen für das Unternehmen ein Vorsteuerabzug durch die gesondert in Rechnung gestellte Steuer begründet wird, ist für den Abzug der Einfuhrumsatzsteuer ein entsprechender **Beleg** erforderlich, aus dem sich die bereits entrichtete bzw. die noch zu entrichtende Einfuhrumsatzsteuer ergibt. Es genügt nicht, daß die Einfuhrumsatzsteuer in der Rechnung gesondert ausgewiesen ist.[105]

Die Voraussetzung „Einfuhr für das Unternehmen" ist erfüllt, wenn der Unternehmer den eingeführten Gegenstand in seinen im Inland belegenen **Unternehmensbereich eingliedert.** Die Eingliederung muß zu dem Zwecke geschehen, den Gegenstand im Rahmen einer unternehmerischen Tätigkeit zur Ausführung von Umsätzen einzusetzen. Diese Voraussetzung ist bei dem Unternehmer gegeben, der im Zeitpunkt der Einfuhr die Verfügungsmacht über den Gegenstand besitzt.[106]

---

[102] § 1 Abs. 3 UStG behandelt die Fälle, in denen der Unternehmer den einfuhrumsatzsteuerrechtlich abgefertigten Gegenstand zur Ausführung der entsprechenden Umsätze verwendet (Neufassung des § 3 Abs. 3 Satz 1 UStG ab 1.1.1996).

[103] Vgl. B. II. in diesem Kapitel.

[104] § 2 Abs. 7 ZG.

[105] BFH vom 9.2.1995, UR 1995, S. 456.

[106] BFH vom 24.4.1980, BStBl 1980 II S. 615.

II. Die abziehbare Einfuhrumsatzsteuer bei der Verwendung für die in § 1 Abs. 3 UStG bezeichneten Umsätze

Ab 1.1.1980 ist die Abzugsberechtigung auf die Einfuhrumsatzsteuer für Gegenstände erweitert worden, die zur Ausführung bestimmter Umsätze in dem in § 1 Abs. 3 UStG bezeichneten Gebiet verwendet werden. Diese Regelung ist eine Folge der nach § 1 Abs. 3 UStG fiktiven Umsatzsteuerbarkeit dieser Umsätze.

Im Gegensatz zum Vorsteuerabzug bei Einfuhren ist es in diesen Fällen nicht erforderlich, daß der Gegenstand tatsächlich in das Inland gelangt ist. Der Vorsteuerabzug setzt lediglich voraus, daß der Unternehmer den einfuhrumsatzsteuerrechtlich abgefertigten Gegenstand mittelbar oder unmittelbar zur Ausführung der in § 1 Abs. 3 UStG bezeichneten Umsätze einsetzt. Die Abzugsberechtigung erstreckt sich nicht nur auf die Einfuhrumsatzsteuer für die Gegenstände, die in die in § 1 Abs. 3 UStG bezeichneten Umsätze eingehen. Vielmehr ist auch die Einfuhrumsatzsteuer für solche Gegenstände abziehbar, die der Unternehmer in seinem Unternehmen einsetzt, um diese Umsätze auszuführen (z.B. für betriebliche Investitionsgüter oder Hilfsstoffe, die zur Ausführung dieser Umsätze genutzt oder verwendet werden).

III. Berücksichtigung der „Restmehrwertsteuer" bei der Einfuhr

Bei Einfuhrumsätzen besteht der Steuertatbestand allein darin, daß ein Gegenstand „in das Innere eines Mitgliedstaats" gelangt. Dabei ist es unerheblich, ob dem Umsatz ein Rechtsgeschäft zugrunde liegt, ob die „Leistung" gegen Entgelt oder unentgeltlich erfolgt oder ob er durch einen Steuerpflichtigen (Unternehmer) oder eine Privatperson ausgeführt wird.

Auf ein Vorabentscheidungsersuchen des Gerechtshof's-Hertogenbosch hatte der EuGH am 5.5.1982[107] entschieden, Art. 2 Nr. 2 der 6.EGRl ist so auszulegen, daß es unter bestimmten Voraussetzungen zulässig ist, den **Restbetrag** der im Ausfuhrmitgliedstaat entrichteten **Mehrwertsteuer** zu berücksichtigen, und zwar soweit er in dem Wert der Ware **im Zeitpunkt ihrer Einfuhr noch enthalten** ist. Diese **Restmehrwertsteuer** wurde in diesen Fällen wie eine Vorsteuer behandelt.[108]

Seit 1.1.1993 sind Mehrfachbelastungen grundsätzlich ausgeschlossen. Ein **eingeschränkter Vorsteuerabzug**[109] ist seither auch bei innergemeinschaftlichen Umsätzen neuer Fahrzeuge nach § 15 Abs. 4 UStG zulässig. Ziel dieser Regelung ist - wie bei dem Institut der Restmehrwertsteuer - eine **Doppelbelastung** des neuen Fahrzeugs mit Umsatzsteuer zu **vermeiden.**[110]

Ob der „Gedanke der Restmehrwertsteuer" auch auf Überführungen von Wirtschaftsgütern aus dem Privatvermögen ins Unternehmensvermögen („**Einlage**")

---

[107] Urteil - RS. 15/81, EuGHE 1982, S. 1409; UR 1982, S. 242 mit Anm. Weiß; vgl. auch Hübner, UR 1985, S. 6 ff.

[108] Die Zollverwaltung nahm entsprechende Anrechnungen vor (BMF vom 9.8.1985, UR 1985, S. 236).

[109] Vgl. hierzu die Ausführungen in Teil X.

[110] Zur Problematik vgl. auch Kraeusel, UVR 1992, S. 279; sowie Stadie (FN 71), Anm. 231 zu § 14a.

übertragbar ist, wurde noch nicht abschließend geklärt.[111] Nach h.M. ist ein Vorsteuerabzug nur möglich[112] bei unmittelbarem **Erwerb für das Unternehmen.**

Kapitel 3 : Der Zeitpunkt des Vorsteuerabzugs

Sofern der Unternehmer zum Personenkreis der Abzugsberechtigten gehört und der Umfang der abziehbaren Vorsteuer feststeht, ist noch zu klären, zu welchem Zeitpunkt der Vorsteuerabzug vorgenommen werden kann. Nach Art. 17 Abs. 1 6.EGRl entsteht das Recht auf Vorsteuerabzug **„wenn der Anspruch auf die abziehbare Steuer entsteht."** Durch die Anknüpfung an die Rechnungserteilung des leistenden Unternehmers entsteht der Anspruch auf die abziehbare Vorsteuer grundsätzlich in dem Zeitpunkt, in dem auch der Anspruch des Fiskus auf die Basis-Umsatzsteuer gegenüber dem leistenden Unternehmer entsteht. Der Vorsteuerabzug ist zulässig, wenn die Leistung an den Leistungsempfänger bewirkt wurde und wenn dieser im Besitz einer den Abzug ermöglichenden Rechnung ist.[113]

Nach Art. 18 Abs. 2 6.EGRl ist der Vorsteuerabzug „vom Steuerpflichtigen global" vorzunehmen, „indem er von dem Steuerbetrag, den er für einen Erklärungszeitraum schuldet, den Betrag der Steuer absetzt, für die das Abzugsrecht entstanden ist, ...". Entsprechend wird im deutschen Umsatzsteuerrecht die Vorsteuer bei der Erstellung von Umsatzsteuer-Voranmeldungen oder -Jahreserklärungen **zwecks Ermittlung der Zahllast** von der Basis-Umsatzsteuer abgezogen. Der Zeitpunkt des Vorsteuerabzugs ist im allgemeinen nicht davon abhängig, daß ein sachlicher Zusammenhang zwischen Vorleistung (Input) und Nachleistung (Output) besteht. Der Vorsteuerabzug stellt also nicht auf den Verbrauch der Vorleistung im Produktionsprozeß ab. Wird ein langlebiges Wirtschaftsgut erworben, ist unabhängig vom tatsächlichen Wertverzehr die Vorsteuer bereits **im Zeitpunkt der Rechnungslegung** abziehbar.[114] Es ist also weder ein sachlicher noch ein zeitlicher Zusammenhang zwischen Umsatz und Vorumsatz bei der Ermittlung der abziehbaren Vorsteuern erforderlich. Insoweit war die Bezeichnung „Mehrwertsteuer" mißverständlich. Ein Vorsteuerabzug ist somit auch dann zulässig, wenn die bezogenen Gegenstände untergehen (z.B. durch Brand, Diebstahl) oder wenn sie Werbezwecken zugeführt werden.

Während bei der (entrichteten) **Einfuhrumsatzsteuer** stets der **Zahlungszeitpunkt** für den Vorsteuerabzug maßgebend ist **(Ist-Prinzip),** gelten für den Vorsteuerabzug der gesondert in Rechnung gestellten Umsatzsteuer (Basis-Umsatzsteuer) seit dem 1.1.1980 modifizierte Regelungen.

---

[111] Vgl. allerdings EuGH vom 11.7.1991 (FN 18); UVR 1993, S. 307; a.A. Stadie (FN 32), S. 244 ff.; ders., DStJG Bd. 13 (1990), S. 179 ff. (193 ff.); Lechner, DStJG Bd. 13 (1990), S. 39 ff. (52 f.).

[112] Wenzel (FN 35), Anm. 62 zu § 15; Forgách (FN 35), Rz. 82 zu § 15; Widmann (FN 35), Rz. 403 zu § 15.

[113] Der in § 15 Abs. 1 Satz 1 UStG verankerte Grundsatz des deutschen Rechts ist richtlinienkonform.

[114] Im Rahmen der Gesetzesberatungen wurde ein Abzug pro rata temporis in Anlehnung an die AfA diskutiert. Zum zeitanteiligen Vorsteuerabzug vgl. auch Theisen, Umsatzsteuerkongreß-Bericht 1988/89, S. 139 ff. sowie die Diskussion (S. 236 ff.).

A. Die Anwendung des Soll-Prinzips beim Abzug der Umsatzsteuer

Für die gesondert in Rechnung gestellte Umsatzsteuer ist ein Vorsteuerabzug grundsätzlich bereits dann möglich, wenn die Vorleistung des Vorunternehmers erbracht wurde und eine Rechnung vorliegt. Auf die Zahlung kommt es nicht an **(Soll-Prinzip).**[115] Beim Warenbezug auf Kredit kann der Unternehmer folglich die auf der Ware lastende Umsatzsteuer ohne Rücksicht auf den tatsächlichen Zeitpunkt der Bezahlung bei der Erstellung der nächsten Umsatzsteuer-Voranmeldung als Vorsteuer abziehen. Da der Lieferer seine Kreditlieferungen ebenfalls der Umsatzsteuer unterwerfen muß, sind die Zeitpunkte für die Entstehung der Umsatzsteuerschuld und des Vorsteuerabzugsrechts kongruent.

Ist der Lieferer ausnahmsweise nach § 20 UStG zur Vornahme der **Ist-Versteuerung** (Berechnung der Steuer nach vereinnahmten Entgelten) berechtigt, bleibt für den Leistungsempfänger trotzdem das Vorsteuerabzugsrecht nach dem Soll-Verfahren erhalten. **Vorsteuern aus bewirkten Teilleistungen**[116] sind nach den gleichen Grundsätzen wie Vorsteuern aus Lieferungen oder sonstigen Leistungen zu behandeln. Für Anzahlungen gilt eine Sonderregelung, die nachstehend erläutert wird.

B. Die Anwendung des Ist-Prinzips beim Abzug der Umsatzsteuer aus Anzahlungen

Seit 1.1.1980 enthält § 15 Abs. 1 Nr. 1 Satz 2 UStG eine **Ausnahme** von dem Grundsatz, daß der Vorsteuerabzug erst dann in Anspruch genommen werden kann, wenn die Leistung ausgeführt ist. **Vorsteuerbeträge,** die auf **Anzahlungen** entfallen, können bereits im Zeitpunkt der Zahlung abgezogen werden. Voraussetzung ist, daß der leistende Unternehmer eine Rechnung mit gesondert ausgewiesener Umsatzsteuer erteilt und der Leistungsempfänger die Anzahlung tatsächlich geleistet hat. Diese Regelung korrespondiert mit der sogenannten **Mindest-Istversteuerung,** die in § 13 Abs. 1 Nr. 1 Buchst. a Satz 4 UStG kodifiziert ist.[117]

Beispiel:

Ein Unternehmer erhält im März die Rechnung für eine im Juli zu liefernde Maschine über 100.000 DM zuzüglich gesondert ausgewiesener Umsatzsteuer i.H. von 15.000 DM. Er leistet in den Monaten April, Mai und Juni Anzahlungen von jeweils 23.000 DM. Den Restbetrag von 46.000 DM überweist er im Juli nach Empfang der Maschine.

Der Unternehmer kann die in den jeweiligen Anzahlungen enthaltenen Steuerbeträge i.H. von 3.000 DM für die Voranmeldungszeiträume April, Mai und Juni als Vorsteuer abziehen. Der in dem Restbetrag von 46.000 DM enthaltene Steuerbetrag von 6.000 DM kann im Voranmeldungszeitraum Juli geltend gemacht werden. Nach § 13 Abs. 1 Nr. 1 Buchst. a UStG schuldet der leistende Unternehmer die den Vorsteuern entsprechenden Umsatzsteuerbeträge in den jeweiligen Voranmeldungszeiträumen.

---

[115] Soll-Prinzip = Ermittlung nach dem Entgelt, das entrichtet werden soll (vereinbartes Entgelt). Vgl. Wagner (FN 11), Bem. 27 zu § 15.

[116] Vgl. zum Begriff der Teilleistung § 13 Abs. 1 Nr. 1 Buchst. a Satz 2 UStG.

[117] Die 10.000 DM-Grenze ist zum 1.1.1994 weggefallen.

Kapitel 4 : Die Vorsteuer-Vergütung an nicht im Inland ansässige Unternehmer

Aufgrund der Ermächtigung in § 18 Abs. 9 UStG ist nach §§ 59-62 UStDV unter bestimmten Voraussetzungen statt des normalen Besteuerungsverfahrens ein **besonderes Vergütungsverfahren** für die Vergütung abziehbarer Vorsteuerbeträge an nicht im Inland ansässige Unternehmer zulässig. Die Vorschriften besitzen jedoch lediglich verfahrensrechtlichen Charakter. Ob und ggf. in welchem Umfang diesem Personenkreis materiell ein Vorsteuerabzug zusteht, richtet sich ausschließlich nach § 15 UStG.

Den im Ausland ansässigen Unternehmern steht seit 1.1.1980 allerdings ein Vorsteuerabzug auch dann zu, wenn sie im Inland keine Umsätze bewirken. Ein Vorsteuerabzug ist jedoch nach wie vor auf die deutsche Umsatzsteuer als Vorsteuer begrenzt.

Das besondere Vergütungsverfahren basiert auf der 8.EGRl[118]. Zwingend anwendbar sind diese Bestimmungen in Deutschland nur auf Unternehmer, die in einem anderen Mitgliedstaat der EG/EU ansässig sind und im Inland keine Umsätze i.S. des § 1 Abs. 1 Nr. 1 bis 3 und 5 UStG oder nur steuerfreie Umsätze i.S. des § 4 Nr. 3 UStG ausgeführt haben. Das deutsche Vorsteuer-Vergütungsverfahren nach §§ 59-62 UStDV ist auch für Unternehmer aus Drittländern gültig.

Der Vergütungszeitraum umfaßt nach Wahl des Unternehmers einen Zeitraum von mindestens 3 Monaten bis zu höchstens einem Kalenderjahr (§ 60 UStDV). Innerhalb eines Vergütungszeitraums kann nach § 59 Abs. 1 UStDV immer nur entweder das besondere Vergütungsverfahren oder das normale Besteuerungsverfahren zur Anwendung kommen.

Beispiel:

Ein in Belgien ansässiger Beförderungsunternehmer hat im Inland in den Monaten Januar bis April 1993 nur steuerfreie Leistungen i.S. des § 4 Nr. 3 UStG ausgeführt. In denselben Monaten ist ihm für empfangene Leistungen (z.B. für Kraftstofflieferungen, Autoreparaturen, Unterbringung und Verpflegung der Fahrer) Umsatzsteuer i.H. von 8.000 DM in Rechnung gestellt worden.

Da der belgische Unternehmer ein im Ausland ansässiger Unternehmer ist und im übrigen die im § 15 UStG geforderten Voraussetzungen erfüllt sind, kann die Vergütung der Vorsteuerbeträge im Vorsteuer-Vergütungsverfahren durchgeführt werden.

Als Erstattungsbehörden fungieren in den EU-Staaten[119] folgende „zuständige Behörden“:[120]

---

[118] Richtlinie des Rats vom 6.12.1979 zur Harmonisierung der Umsatzsteuern (ABl.EG 1979 Nr. L 331, S. 11); vgl. hierzu Birkenfeld/Forst (FN 53), S. 267 ff. (sowie Protokollerklärung, S. 277 f.).

[119] Die 8.EGRl wurde durch die Dreizehnte Richtlinie des Rats vom 17.11.1986 (86/560/EWG), ABl.EG 1986 Nr. L 326, S. 40 ergänzt. Vgl. Birkenfeld/Forst (FN 53), S. 315 ff.

[120] Die „zuständigen Behörden“ wurden am 28.10.1994 (ABl.EG Nr. C 302/5) auf der Grundlage der VO (EWG) Nr. 218/92 des Rats vom 27.1.1992 (Art. 2 Abs. 2) benannt. Die Schweiz z.B. erstattet seit 1.1.1995 auch die MWSt an ausländische Unternehmungen nach dem Vorbild der 8.EGRl (Art. 81 Buchst. c MWStV).

- **Belgien**
  Bureau Central de T.V.A.
  pour assujettis étrangers
  Boulevard Bisschoffsheim 38, 38A
  B - 1000 Bruxelles

- **Dänemark**
  Told-og Skatteregion Sønderborg
  Hilmar Finsensgade 18
  DK - 6400 Sønderborg

- **Deutschland**
  Bundesamt für Finanzen
  Friedhofstraße 1
  D - 53225 Bonn

- **Finnland**
  Uudenmaan lääninverovirasto
  Maksuvalvontayksikkö
  Ratapihantie 11
  PL 88
  00521 Helsinki
  Finnland/Suomi

- **Frankreich**
  Direction Générale des Impôts
  Centre des Non-Résidents
  9, rue d'Uzès
  F - 75084 - Paris Cedex 02

- **Griechenland**
  Ministère des Finances
  Service de T.V.A.
  14th Directorate of VAT and Indirect Taxes
  rue Sina 2-4
  GR - 10672 Athenes

- **Großbritannien und Nordirland**
  HM Customs and Excise
  VAT Overseas Repayment Unit
  Custom House
  PO Box 34, Londonderry BT 48 7AE
  Northern Ireland

- **Irland**
  The Revenue Comissioners
  VAT Repayment Section
  Office of the Accountant General
  Gouvernment Offices
  Kilrush Road
  ENNIS
  County Clare
  Ireland

- **Italien**
  Il Ufficio Provinciale dell'
  Imposta sul Valore Aggiunto
  IV Reparto Rimborsi
  Via Canton 10
  Zona Torino
  I - 00144 Roma

- **Luxemburg**
  Administration de l'Enregistrement
  et des Domaines
  Bureau d'imposition 11
  Service de Remboursement TVA
  1 - 3, Avenue Guillaume
  B.P. 31
  L - 2010 Luxembourg

- **Niederlande**
  Belastingsdienst/Particulieren/
  Ondernemingen
  Buitenland
  Postbus 2865
  NL - 6401 DJ Heerlen

- **Österreich**
  Finanzamt Graz-Stadt
  Referat für ausländische Unternehmer
  Fröhlichgasse 58
  A - 8018 Graz

- **Portugal**
  Direcçâo-Geral das Contribuiçôes e Impostos
  Serviço de Administraçao do IVA
  Avenida Joâo XXI
  Apartado 8220
  P - 1802 Lisboa Codex

- **Spanien**
  Delegación de Hacienda Especial de Madrid
  Sección de Regimenes Especiales
  c/Guzmán el Bueno
  139 Planta 2.a
  E - 28071 Madrid

- **Schweden**
  Särskilda Skattekontoret
  Carlavägen 21
  S - 77183 LUDVIKA

Kapitel 5 : Vereinfachungsregelungen beim Vorsteuerabzug

Aus wirtschaftlichen Gründen wurden eine Reihe von **Vereinfachungsregelungen für den Vorsteuerabzug,** die in den §§ 35-42 UStDV enthalten sind, geschaffen.

Sie gelten z.B. für:

- Kleinbetragsrechnungen (Gesamtbetrag bis 200 DM),
- Fahrausweise i.S. des § 34 UStDV,
- Reisekosten (nach Pauschbeträgen oder im Wege der Gesamtpauschalierung),
- beruflich veranlaßte Umzugskosten,
- Anwendung des Abzugsverfahrens,
- unfreie Versendung eines Gegenstandes durch einen Frachtführer oder Verfrachter,
- Abzug der Einfuhrumsatzsteuer bei Einfuhren in das Inland (durch im Ausland ansässige Unternehmer, Lieferung von im Zollverfahren befindlichen Gegenständen, Ordergeschäfte).

Weitere Vereinfachungsregelungen sollen demnächst noch geschaffen werden.

Abschnitt 3:

Der Ausschluß vom Vorsteuerabzug

Nach § 15 Abs. 2 UStG ist der Vorsteuerabzug in bestimmten Fällen ausgeschlossen. Das dem System der heutigen Umsatzsteuer immanente **Prinzip des Vorsteuerabzugs** hat nach Auffassung des Gesetzgebers nur dann seine Berechtigung, wenn die vom Unternehmer erworbenen Vorleistungen für steuerpflichtige Umsätze verwendet werden.[121] Das Prinzip des Vorsteuerabzugs wird daher durch eine **Grundsatzregelung,** die den **Ausschluß vom Vorsteuerabzug** herbeiführt, ergänzt. Diese entspricht der Empfehlung in Art. 11 Abs. 2 der 2.EGRl[122] vom 11.4.1967 und Art. 17 Abs. 2 und 3 der 6.EGRl. Danach sind vom Vorsteuerabzug die Umsatzsteuerbeträge für Vorleistungen (Lieferungen, sonstige Leistungen, Einfuhr) dann ausgeschlossen, wenn der Unternehmer diese Vorleistungen zur Ausführung folgender Umsätze[123] verwendet:

(1) steuerfreie Umsätze;[124]

(2) Umsätze im Ausland, die steuerfrei wären, wenn sie im Inland ausgeführt würden;

(3) unentgeltliche Leistungen, die steuerfrei wären, wenn sie gegen Entgelt ausgeführt würden.

Gegenstände oder sonstige Leistungen im Zusammenhang mit Einfuhren oder innergemeinschaftlichen Erwerben sind „den Umsätzen anzurechnen, für die der eingeführte oder innergemeinschaftlich erworbene Gegenstand verwendet wird.“

Innerhalb des Ausschlußrahmens sind nicht nur die Vorsteuerbeträge vom Abzug ausgeschlossen, bei denen ein **unmittelbarer wirtschaftlicher Zusammenhang** mit den zum Ausschluß vom Vorsteuerabzug führenden steuerfreien Umsätzen des Unternehmers besteht. Der Ausschluß umfaßt vielmehr auch die Vorsteuerbeträge, die in einer **mittelbaren wirtschaftlichen Verbindung** zu diesen Umsätzen stehen.

---

[121] Vgl. Schriftlicher Bericht des Finanzausschusses des Bundestages vom 30.3.1967 (zu BT-DrS. V/1581, S. 15). Tipke, Steuerrecht, 8. Aufl. (1981), S. 445, hielt dagegen die Versagung des Vorsteuerabzugs im Zusammenhang mit der Ausführung steuerfreier Umsätze für systemwidrig. Ebenso argumentieren Fasold, BB 1967, S. 1205 ff.; Teichmann, StuW 1975, S. 189 ff.; Söhn, StuW 1976, S. 1 ff. (24 f., 26 f.); Dziadkowski, Umsatzsteuerkongreß-Bericht 1985, S. 103 ff. (120 f.); Reiß, DStJG Bd. 13 (1990), S. 25; ders., in Tipke/Lang (FN 1), S. 593.

[122] ABl.EG 1967, S. 1303; vgl. Birkenfeld/Forst (FN 53), S. 239 ff.

[123] Diese Umsätze werden nachstehend als „schädliche“ Umsätze (Ausschlußumsätze) bezeichnet. Zur Konzeption in Österreich und der Schweiz vgl. Abschnitt 1 in diesem Teil (FN 28 und 29).

[124] Das sind faktisch die Umsätze i.S. des § 4 Nr. 8 ff. UStG, da u.a. für die Umsätze i.S. des § 4 Nr. 1 bis 7 UStG der Ausschluß wieder aufgehoben wird (vgl. § 15 Abs. 3 UStG). Dies gilt auch für weitere bestimmte Umsätze i.S. von § 15 Abs. 3 Nr. 1 Buchst. b UStG (Drittlandsgebiet).

Beispiel:

Ein Unternehmer erwirbt Gegenstände für die Errichtung eines steuerfrei zu vermietenden Wohngebäudes. Außerdem fallen bei der Werbung für die Vermietungsleistung Verwaltungskosten und Prospektkosten an.

Der Ausschluß vom Vorsteuerabzug erstreckt sich nicht nur auf die in unmittelbarem Zusammenhang mit den steuerfreien Umsätzen stehenden Vorleistungen (Erwerb von Gegenständen), sondern auch auf die in mittelbarer wirtschaftlicher Verbindung mit den steuerfreien Umsätzen stehenden Vorleistungen (Verwaltungskosten, Prospektkosten).

Der Ausschluß vom Vorsteuerabzug tritt auch dann ein, wenn die „schädlichen" Umsätze des Unternehmers erst in einem späteren Besteuerungszeitraum bewirkt werden.[125]

Der Ausschluß vom Vorsteuerabzug führt zu einem „Bruch im USt-System"[126], der nach h.M. jedoch keine Verfassungswidrigkeit impliziert.[127] Der durch die nichtabziehbaren Vorsteuerbeträge eintretende **Nachholeffekt**[128] kann jedoch wettbewerbsverzerrend wirken. Die Steuerbefreiungen mit „Vorsteuerabzugsverbot" sind daher **„unechte"** Steuerbefreiungen. Der Leistungsempfänger wird nicht „offen" mit Umsatzsteuer belastet. Er muß jedoch **„heimliche Umsatzsteuer"**[129] in Höhe der nichtabziehbaren Vorsteuern tragen. Dies ist z.B. beim privaten Bankkunden der Fall, wenn er Leistungen, die nach § 4 Nr. 8 UStG steuerfrei sind, empfängt. Gleiches gilt für den Mieter einer privaten Mietwohnung.

Über den Ausschluß vom Vorsteuerabzug nach § 15 Abs. 2 UStG wird immer **erst nach der erstmaligen tatsächlichen Verwendung**[130] entschieden werden können. Die Verwendungsabsicht allein ist nicht ausreichend.[131] Auch ist für die Beurteilung der etwaigen „schädlichen" Verwendung nicht nur der Zeitpunkt des Verwendungsbeginns maßgebend, sondern die Verwendung **im gesamten Besteuerungszeitraum** der erstmaligen Verwendung.[132] Bei einer Verwendungsänderung in einem späteren Besteuerungszeitraum ist § 15a UStG anzuwenden.

Vom grundsätzlichen Ausschluß des Vorsteuerabzugs aus Vorleistungen, die nicht für steuerpflichtige Umsätze verwendet werden, gibt es jedoch wiederum Ausnahmen, die zumeist durch das Bestimmungslandprinzip bedingt sind.[133]

---

[125] BFH vom 25.11.1976, BStBl 1977 II S. 448.

[126] Wagner (FN 11), Bem. 15 zu § 15.

[127] U.a. Lange, in: Hartmann/Metzenmacher, Rz. 17 ff. zu § 15 Abs. 2 und 3; ähnlich Klenk, StuW 1994, S. 277 ff. m.w.N.

[128] Vgl. Teil IV, Abschnitt 1 zur Kumulationswirkung bei Steuerbefreiungen.

[129] Dziadkowski (FN 121).

[130] BFH vom 12.5.1993, BStBl 1993 II S. 849; zur jüngeren Rechtsprechung der Finanzgerichte vgl. Kalb, UVR 1995, S. 321 ff.

[131] Vgl. Abschnitt 2, Kapitel 2. A. in diesem Teil.

[132] Wagner (FN11), Bem. 262 zu § 15; Stadie (FN 32), S. 166.

[133] Siehe z.B. § 4 Nr. 1 UStG; hierzu Klenk (FN 44), Bem. 1 f. zu § 4 Nr. 1.

Kapitel 1 : Ausnahmen vom Ausschluß des Vorsteuerabzugs

Nach § 15 Abs. 3 UStG **tritt** der Ausschluß vom Vorsteuerabzug, der in § 15 Abs. 2 UStG geregelt ist, **nicht ein**, wenn die Umsätze

(1) in den Fällen des Absatzes 2 Nr. 1
  a) nach § 4 Nr. 1 bis 7, § 25 Abs. 2 UStG oder nach den in § 26 Abs. 5 UStG bezeichneten Vorschriften steuerfrei sind oder
  b) nach § 4 Nr. 8 Buchst. a bis g oder Nr. 10 Buchst. a UStG steuerfrei sind und sich unmittelbar auf Gegenstände beziehen, die in das Drittlandsgebiet ausgeführt werden;

(2) in den Fällen des Absatzes 2 Nr. 2 und 3
  a) nach § 4 Nr. 1 bis 7, § 25 Abs. 2 UStG oder nach den in § 26 Abs. 5 UStG bezeichneten Vorschriften steuerfrei wären oder
  b) nach § 4 Nr. 8 Buchst a bis g oder Nr. 10 Buchst. a UStG steuerfrei wären und der Leistungsempfänger im Drittlandsgebiet ansässig ist;

(3) in den Fällen des Absatzes 2 Nr. 2 nach § 4 Nr. 7 Buchst. b UStG steuerfrei wären.

Diese komplizierte Regelung war erforderlich, damit der Ausschluß des Vorsteuerabzugs nicht zu vom Gesetzgeber ungewollten Ergebnissen führen kann.

Der Ausschluß vom Vorsteuerabzug ist in der Praxis von der Umsatzstruktur eines Unternehmens abhängig, da in der Realität von einem Unternehmen häufig sowohl steuerfreie als auch steuerpflichtige Umsätze ausgeführt werden. Man unterscheidet daher den totalen und den partiellen Ausschluß vom Vorsteuerabzug.

Kapitel 2 : Der totale Ausschluß vom Vorsteuerabzug

Führt ein Unternehmer ausschließlich **„schädliche“ steuerfreie Umsätze** i.S. des § 15 Abs. 2 Nr. 1 bis 3 UStG aus, so ist ein **Vorsteuerabzug völlig ausgeschlossen.** Die nichtabziehbaren Vorsteuern können somit nicht zu einem Erstattungsbetrag führen. Die nach dem System der Umsatzsteuer grundsätzlich konzipierte Entlastungswirkung durch den Vorsteuerabzug tritt nicht ein.[134] Die nichtabziehbaren Vorsteuerbeträge erhöhen die Anschaffungsaufwendungen der Vorleistungen. Entfallen sie auf Investitionsgüter, so erhöhen sie deren Anschaffungs- oder Herstellungskosten und werden folglich nur im Rahmen der AfA erfolgswirksam.

Beispiele:

(1) Ein Arzt erwirbt eine Praxiseinrichtung für 100.000 DM zuzüglich 15.000 DM Umsatzsteuer. Außerdem bezieht er Medikamente und Materialien für 40.000 DM zuzüglich 6.000 DM Umsatzsteuer.

Da die ärztlichen Leistungen nach § 4 Nr. 14 UStG steuerfrei sind, ist der Vorsteu-

[134] Vgl. Teil IV, Abschnitt 1. Zur Vermeidung der unerwünschten Kumulationswirkung schuf der Gesetzgeber das sog. Optionsrecht in § 9 UStG. Vgl. Teil IV, Abschnitt 1, Unterabschnitt 3 sowie Abschnitt 4 in diesem Teil.

erabzug nach § 15 Abs. 2 Nr. 1 UStG ausgeschlossen. Die für die Praxiseinrichtung gezahlten Umsatzsteuerbeträge sind den Anschaffungskosten hinzuzurechnen. Die auf die Medikamente und Materialien entfallenden Umsatzsteuerbeträge (nichtabziehbare Vorsteuern) stellen sofort abzugsfähige Betriebsausgaben i.S. des § 4 Abs. 4 EStG dar.

(2) Ein Krankenhaus, das steuerfreie Umsätze nach § 4 Nr. 16 UStG erbringt, erwirbt ein Röntgengerät einschließlich 15 v.H. Umsatzsteuer.

Die im Kaufpreis enthaltene Umsatzsteuer ist nach § 15 Abs. 2 Nr. 1 UStG nicht als Vorsteuer abzugsfähig. Die nichtabziehbare Vorsteuer erhöht deshalb die Anschaffungskosten für das Röntgengerät.

Die nichtabziehbaren Vorsteuerbeträge werden von den steuerfrei leistenden Unternehmern im Rahmen ihrer Preisgestaltung grundsätzlich in verdeckter Form als „heimliche Umsatzsteuer" an den Abnehmer weitergegeben. Besteht diese Möglichkeit nicht, verringern sie den Gewinn des Unternehmers.[135]

Kapitel 3 : Der partielle Ausschluß vom Vorsteuerabzug

Tätigt ein Unternehmer sowohl **steuerpflichtige** als auch **„schädliche" steuerfreie** Umsätze (§ 15 Abs. 2 Nr. 1 bis 3 UStG), so ist der Teil der jeweiligen Vorsteuerbeträge nicht abziehbar, der den zum Ausschluß vom Vorsteuerabzug führenden Umsätzen wirtschaftlich zuzurechnen ist. Die vom Unternehmer für seine Vorleistungen entrichtete Umsatzsteuer ist daher in einen abziehbaren und einen nichtabziehbaren Anteil **aufzuteilen**.

Werden die Vorleistungen nur zum Teil zur Ausführung von Umsätzen, die den Vorsteuerabzug ausschließen und zum Teil zur Ausführung von Umsätzen, die zum Vorsteuerabzug berechtigen, verwendet, so ist eine unmittelbare wirtschaftliche Zuordnung mit erheblichen Schwierigkeiten verbunden. Zur sachgerechten Ermittlung der abziehbaren Vorsteueranteile hat der Gesetzgeber Regelungen in § 15 Abs. 4 UStG geschaffen. Sie greifen nicht ein bei Änderung der Verwendung in einem späteren Kalenderjahr. In diesen Fällen ist ggf. eine Korrektur nach § 15a UStG vorzunehmen.

Seit 1.1.1990 ist die Aufteilung der Vorsteuerbeträge nur noch **nach ihrer wirtschaftlichen Zugehörigkeit** vorzunehmen. Die Zuordnung der Vorsteuerbeträge zu den ausgeführten Umsätzen ist unter Berücksichtigung **betriebswirtschaftlicher** Grundsätze durchzuführen. Bei einem Unternehmer, der sowohl „schädliche" Umsätze (Ausschlußumsätze) als auch „unschädliche" Umsätze (Abzugsumsätze) ausführt, sind drei Gruppen von Vorsteuern aus Vorleistungen (Eingangsumsätzen) zu unterscheiden:

- **voll abziehbare** Vorsteuern, die ausschließlich den Abzugsumsätzen („unschädlichen" Umsätzen) zuzurechnen sind (§ 15 Abs. 1 und 3 UStG);
- **voll nichtabziehbare** Vorsteuern, die ausschließlich den Ausschlußumsätzen („schädlichen" Umsätzen) zuzurechnen sind (§ 15 Abs. 2 UStG);
- **partiell abziehbare** Vorsteuern, die mit beiden Umsatzgruppen in Verbindung stehen und daher aufzuteilen sind (§ 15 Abs. 4 UStG).

Zur letzten Gruppe gehören vor allem Vorsteuern aus Bezügen, die zu den Ge-

[135] Vgl. die Hinweise in FN 24 im Teil Einführung.

meinkosten zählen.

§ 15 Abs. 4 erstreckt sich weder auf die voll abziehbaren noch auf die voll nichtabziehbaren Vorsteuern. Die Abziehbarkeit der einer Umsatzart **ausschließlich** zurechenbaren Vorsteuerbeträge richtet sich daher stets nach den Vorschriften des § 15 Abs. 1 bis 3 UStG.

Die Aufteilungsregel des § 15 Abs. 4 UStG betrifft somit nur die Vorsteuerbeträge, die **teils** der einen und **teils** der anderen Umsatzart infolge der **gemischten Verwendung** eines Gegenstandes oder der **gemischten Inanspruchnahme** einer sonstigen Leistung zuzuordnen sind. § 15 Abs. 4 UStG stellt hierzu klar, daß insoweit der **Grundsatz der wirtschaftlichen Zuordnung** anzuwenden ist und die Grundlage für die Aufteilung dieser Vorsteuerbeträge darstellt.

In den Fällen der „gemischten" Verwendung von Vorleistungen bestimmt § 15 Abs. 4 Satz 1 UStG als **Grundsatzregelung,** daß der Unternehmer die Vorsteuerbeträge nach den Grundsätzen des **wirtschaftlichen Zusammenhangs** den jeweiligen Umsätzen zuzuordnen hat. Wegen der in der Praxis häufig auftretenden Schwierigkeiten wird in § 15 Abs. 4 Satz 2 UStG ergänzend zugelassen, auch eine Aufteilung im Wege einer **„sachgerechten Schätzung"** vorzunehmen. Weitere Erleichterungen werden in § 43 UStDV[136] geregelt. Eine bestimmte Form der Aufteilung wird jedoch nicht vorgeschrieben. Jede Methode, die eine wirtschaftlich zutreffende Zuordnung der Vorsteuerbeträge gewährleistet, ist daher zulässig. In der Regel stellt die betriebliche Kostenrechnung oder die Aufwands- und Ertragsrechnung einen geeigneten Anhaltspunkt dar. Die anfallenden Vorsteuerbeträge sind auf getrennten Konten zu erfassen.

Beispiel:

U ist als selbständiger Bausparkassenvertreter und Immobilienmakler tätig. Er betreibt sein Unternehmen in einem für beide Unternehmensteile gemeinsam genutzten Büro. Die Umsätze aus der Tätigkeit als Bausparkassenvertreter sind steuerfrei nach § 4 Nr. 11 UStG und schließen den Vorsteuerabzug aus (§ 15 Abs. 2 Nr. 1 UStG). U verbucht die anfallenden Vorsteuerbeträge auf den Vorsteuerkonten I (Bausparkassenvertretung), II (Immobilienvermittlung) und III (Allgemeines). Das Vorsteuerkonto III enthält die Vorsteuerbeträge für Vorleistungen, die keinem der beiden Unternehmensteile eindeutig zuzuordnen sind (z.B. Kosten für die Nutzung des Büros).

Die Vorsteuerbeträge auf dem Vorsteuerkonto II sind in voller Höhe (§ 15 Abs. 1 UStG), die auf dem Vorsteuerkonto I nicht abzugsfähig (§ 15 Abs. 2 Nr. 1 UStG). Die Aufteilung der Vorsteuerbeträge auf dem Vorsteuerkonto III nach der Methode der wirtschaftlichen Zuordnung kann durch Anwendung eines Gemeinkostenschlüssels erfolgen, der im Wege einer „sachgerechten Schätzung" eine wirtschaftliche Zurechnung ermöglicht.

In der Praxis wird die Ermittlung der nichtabziehbaren Vorsteuerbeträge allerdings häufig nur im Wege einer sachgerechten Schätzung nach § 15 Abs. 4 Satz 2 UStG möglich sein. Bei einer solchen Schätzung ist auf die im Einzelfall bestehenden wirtschaftlichen Verhältnisse abzustellen. Hierbei ist es erforderlich, daß der angewandte Maßstab systematisch von der Aufteilung nach der wirtschaftlichen Zuordnung ausgeht. Eine Aufteilung, die allein auf die Höhe der Umsätze des Unternehmers abstellt, ist nicht als sachgerechte Schätzung anzusehen.[137]

---

[136] Vgl. Abschn. 210 UStR.
[137] BFH vom 14.2.1980, BStBl 1980 II S. 533.

Abschnitt 4:
Die Vorsteuerabzugsmöglichkeit kraft Option

Sofern der Unternehmer auf eine im Gesetz vorgesehene **Steuerbefreiung** nach der Regelung in § 9 UStG **verzichtet,**[138] wird der steuerfreie Umsatz materiellrechtlich zu einem **steuerpflichtigen Umsatz**. Die Rechtsfolge ist, daß die für den ausgeführten Umsatz verwendeten Vorleistungen das „**Vorsteuerabzugsrecht**" wiedererlangen. Der mit einer Steuerbefreiung verknüpfte Ausschluß vom Vorsteuerabzug wird aufgehoben. Die Nachteile, die sich bei Inanspruchnahme der Steuerfreiheit ergeben hätten, treten nicht ein.

Die Möglichkeit, auf Steuerbefreiungen zu verzichten, schuf der Gesetzgeber zur Vermeidung von Kumulationseffekten innerhalb der Unternehmerkette.[139] Die wirtschaftlich nachteiligen Wirkungen „unechter" Steuerbefreiungen[140] („Systembruch"[141]) sollten dann nicht eintreten, wenn der Leistungsempfänger als Unternehmer vorsteuerabzugsberechtigt ist (Vermeidung wettbewerbsverzerrender Umsatzsteuer-Belastungen).

Der leistende Unternehmer kann durch Ausübung des ihm gesetzlich zustehenden **Wahlrechts** den Nachteil, vom Vorsteuerabzug nach § 15 Abs. 2 Nr. 1 UStG ausgeschlossen zu werden, vermeiden.[142] Das Vorsteuerabzugsrecht ist dann aus § 15 Abs. 1 UStG **wie bei originär steuerpflichtigen** Umsätzen herzuleiten.

Allerdings kann die Option nur in bestimmten Fällen, die in § 9 UStG abschließend[143] aufgeführt sind, ausgeübt werden.[144] Die Befugnis, den Verzicht auszusprechen, steht nur dem leistenden Unternehmer zu.[145] Diese Möglichkeit besteht jedoch nur solange, wie der Leistende (z.B. Grundstücksverkäufer) Unternehmereigenschaft besitzt. Nach Beendigung der Unternehmertätigkeit kann eine Option nicht mehr realisiert werden.[146] Der Leistungsempfänger hat grundsätzlich

---

[138] Vgl. Teil IV, Abschnitt 1, Unterabschnitt 3; zur Stellung des § 9 UStG 1967 im Umsatzsteuersystem vgl. BFH vom 19.12.1985, BStBl 1986 II S. 371.

[139] Begründung des von der Bundesregierung eingebrachten Entwurfs eines UStG vom 30.10.1963, BT-DrS. IV/1590 (zu UStG 1967), abgedruckt in: Plückebaum/Malitzky, Bd. I, D 10; Begründung des von der Bundesregierung eingebrachten Entwurfs eines UStG vom 15.3.1978, BR-DrS. 145/78 (zu UStG 1980), abgedruckt in: Plückebaum/Malitzky, Bd. I, D 30; vgl. Rose, G., Options- und Gestaltungsmöglichkeiten im Mehrwertsteuerrecht, in: Schriften zur Unternehmensführung, Bd. 3, Wiesbaden 1967, S. 35 ff.

[140] Steuerbefreiungen, die zum Verlust des Vorsteuerabzugsrechts führen. Vgl. auch Schwarze, in: Schwarze/Reiß/Kraeusel, Rz. 19 zu § 9; Widmann (FN 35), Rz. 3 zu § 9; Pflüger, in: Hartmann/Metzenmacher, Rz. 1 f. zu § 9.

[141] Vgl. u.a. Klenk, in: Sölch/Ringleb/List, Bem. 1 ff. zu § 9; Wenzel (FN 35), Anm. 5 zu § 9.

[142] Dziadkowski (FN 121), S. 112 f.

[143] Derzeit sind es die Fälle in § 4 Nr. 8 Buchst. a bis g und k, Nr. 9 Buchst. a sowie Nr. 12, 13 oder 19 UStG.

[144] Zu den Voraussetzungen vgl. Teil IV, Abschnitt 1, Unterabschnitt 3.

[145] Hierzu umfassend Birkenfeld, USt-Hdb, II Rz. 600 ff.

[146] FG Rheinland-Pfalz vom 20.12.1994, EFG 1995, S. 544.

keinen Anspruch gegen den Leistenden, daß dieser optiert.[147] Der Verzicht nach § 9 UStG ist durch eine Behandlung **„als steuerpflichtig"** dem Finanzamt gegenüber kenntlich zu machen. Eine besondere Erklärung muß nicht abgegeben werden.[148] Die schuldrechtliche Vereinbarung über die beabsichtigte Ausübung der Option bindet allerdings lediglich die Vertragsparteien. Sie wirkt allein jedoch nicht steuer- und vorsteuerabzugsbegründend.[149]

Im Rahmen des Optionsrechts ergeben sich somit für den Unternehmer Gestaltungsmaßnahmen, die **nach betriebswirtschaftlichen Entscheidungskriterien** zu beurteilen sind. Entscheidungserheblich für die Ausübung des Wahlrechts ist es, ob und ggf. in welchem Umfange der Leistungsempfänger Vorsteuern im Rahmen seiner Umsatzsteuer-Ermittlung abziehen kann.

Führt der Leistungsempfänger selbst nur steuerpflichtige Umsätze aus und besitzt er dadurch ein **totales Vorsteuerabzugsrecht,** ist für den optierenden Unternehmer der Verzicht auf eine Steuerbefreiung **stets günstiger** als die Inanspruchnahme der Steuerfreiheit. Die nach der Option zu berechnende und an das Finanzamt abzuführende Umsatzsteuer wird vom Leistungsempfänger gezahlt. Die auf die Ausführung der entsprechenden Umsätze entfallende Vorsteuer kann in Abzug gebracht werden und bildet somit keinen Aufwand des Unternehmers, wie es bei Inanspruchnahme der Steuerfreiheit der Fall wäre.

Führt der Leistungsempfänger dagegen nur **steuerfreie Umsätze ohne Vorsteuerabzugsrecht** aus, würde eine Option des Unternehmers für diesen eine Preiserhöhung bedeuten, der er nicht zuzustimmen braucht. Die nach der Option entstehende Umsatzsteuer würde vom Leistungsempfänger nicht gezahlt werden und müßte daher vom optierenden Unternehmer getragen werden. Die auf die Ausführung der entsprechenden Umsätze entfallende Vorsteuer könnte jedoch in Abzug gebracht werden. Der Saldo aus Umsatzsteuer kraft Option abzüglich Vorsteuer kraft Option würde dann Aufwand des Unternehmers. Eine Option wäre folglich ökonomisch nur dann sinnvoll **(vorteilhaft),** wenn der **Vorsteuerbetrag höher** wäre, **als der durch die Option entstehende Umsatzsteuerbetrag.**[150]

Diese Entscheidungssituationen können häufig bei der Vermietung von Räumen an Unternehmer auftreten. Von besonderer Bedeutung kann eine Option bei Neubauten sein, die häufig an Unternehmer und an Nichtunternehmer vermietet werden.

Da in der Vergangenheit mißbräuchliche Konstruktionen zur Erlangung des Vorsteuerabzugs entwickelt wurden, hat der Gesetzgeber die Optionsmöglichkeiten in mehreren Schritten für Vermietungsumsätze immer mehr **eingeschränkt**.[151] Nach § 9 Abs. 2 UStG ist ein Verzicht auf die Steuerbefreiung nach **§ 4 Nr. 12 UStG nur noch** in bestimmten Fällen **zulässig**.

---

[147] BGH vom 30.1.1991, UR 1991, S. 223 mit Anm. Widmann.

[148] Vgl. Klenk (FN 141), Bem. 32 ff. zu § 9.

[149] BFH vom 25.2.1993, BStBl 1993 II S. 777.

[150] Zur Quantifizierung vgl. Rose, G., Besteuerung nach Wahl, StbJb 1979/80, S. 49 ff.; Gratz, DB 1981, S. 2148 ff.; Crezelius, DB 1989, S. 1255 ff.; Jungen/Theile, DStR 1994, S. 561 ff.

[151] Ausführlich hierzu Klenk (FN 141), Bem. 60 ff. zu § 9 (insb. betr. Zwischenvermietungen).

Mit Wirkung vom **1.1.1994**[152] ist nach § 9 Abs. 2 UStG der Verzicht auf die Steuerbefreiung bei der Vermietung oder Verpachtung eines Grundstücks nur noch zulässig, **soweit** der Leistungsempfänger das Grundstück **ausschließlich**[153] für Umsätze verwendet oder zu verwenden beabsichtigt, die den Vorsteuerabzug **nicht ausschließen**.[154] Nach Satz 2 der Vorschrift hat der Unternehmer, der die Option ausüben will, diese Voraussetzungen nachzuweisen.[155]

Sofern ein Vorsteuerabzug für generell steuerfreie Umsätze im Wege der Option geltend gemacht wird, muß nachgewiesen werden, daß

- der Unternehmer zum Verzicht berechtigt ist,
- ein Umsatz i.S. des § 9 Abs. 1 UStG ausgeführt wird,
- an einen anderen Unternehmer geleistet wird und
- der Umsatz **als steuerpflichtig** behandelt wird.

Das vom EuGH mit Urteil vom 4.10.1995[156] bejahte **Zuordnungswahlrecht** eines gemischtverwendeten einheitlichen Gegenstandes strahlt auch auf die Anwendung des § 9 UStG aus.[157] Erstens kann nur hinsichtlich des bisher dem Unternehmensbereich zugeordneten Verwendungsanteils zur Steuerpflicht optiert werden. Zweitens wird die Zulässigkeit der Option u.a. davon bestimmt, in welchem Verhältnis der Empfänger den Gegenstand seinem Unternehmen zuordnet („wenn der Umsatz an einen anderen Unternehmer für dessen Unternehmen ausgeführt wird"[158]).

Von Bedeutung ist, daß bereits im Zeitpunkt des Erwerbs von Vorleistungen (z.B. bei der Herstellung von Gebäuden[159]) dargelegt werden muß, daß der Unternehmer bei der künftigen Ausführung der entsprechenden Umsätze auf die Steuerbefreiung nach § 9 UStG[160] verzichten kann und wird (z.B. Vorleistungen in 1995, Umsätze in 1996). Der Vorsteuerabzug bleibt nur dann erhalten, wenn die tatsächliche erstmalige Verwendung unschädlich ist und der Verzicht durchgeführt wird.[161]

---

152 StMBG vom 21.12.1993, BStBl 1994 I S. 50.

153 Diese Einschränkung dürfte durch Art. 13 Teil B Buchst. g und h sowie Art. 28 Abs. 3 Buchst. c und Abs. 4, Anhang G der 6.EGRl zu rechtfertigen sein. Vgl. auch Reiß, UR 1993, S. 213 ff. (216); Völkel, UR 1993, S. 407 ff. (410). Kritisch zum Terminus „ausschließlich" in der Ausprägung 100 v.H. Klenk (FN 141), Bem. 81 zu § 9.

154 Zu den jeweiligen Terminen und Fristen vgl. § 27 Abs. 2 UStG. Die verschärfte Regelung gilt für Gebäude, bei denen der Baubeginn nach dem 10.11.1993 bzw. die Fertigstellung nach dem 31.12.1997 liegt.

155 Vgl. Nieskens, BB 1994, S. 256 ff. (261); Rondorf, DStZ 1994, S. 358 ff. (362); Schlienkamp, UR 1994, S. 133 ff. (139); vgl. auch zum Kriterium „Wohnzwecken dienen" BFH vom 30.11.1994, BStBl 1995 II S. 513 = DStR 1995, S. 982 mit Anm. W.-G.

156 RS. C-291/92, DStR 1995, S. 1709; hierzu Abschnitt 2, Kapitel 2. A. III. in diesem Teil.

157 Vgl. Widmann, DB 1995, S. 2341 ff. (2344); Klenk, DStR 1995, S. 1741 f.

158 § 9 Abs. 1 UStG.

159 Ausführlich Nieskens, BB 1995, S. 1326 ff.

160 Das gilt bei der Vermietung oder Verpachtung eines Grundstücks (Baubeginn nach 10.11.1993) nur, soweit der Unternehmer nachweist, daß das Grundstück ausschließlich für Umsätze verwendet wird, die den Vorsteuerabzug nicht ausschließen.

161 BFH vom 25.1.1979, BStBl 1979 II S. 394.

Beispiel:

A läßt an einem ihm gehörenden Gebäude im Jahre 1995 umfangreiche Umbauarbeiten vornehmen. Dabei werden ihm 10.000 DM USt in Rechnung gestellt. Er beabsichtigt, nach Abschluß der Arbeiten ab dem Jahre 1996 das Gebäude steuerpflichtig an den Einzelhändler B (= umsatzsteuerlicher Unternehmer) zu vermieten.

A kann bereits 1995 materiell vorläufig zur USt-Pflicht optieren und die Vorsteuer in Abzug bringen.

Ausgeschlossen ist ein Verzicht auf die Steuerbefreiung nach § 4 Nr. 12 UStG durch die Neufassung des § 9 Abs. 2 UStG immer bei einer **„schädlichen" Endnutzung** (Wohnzwecke, hoheitliche oder ideelle Endnutzung). Damit ist auch eine Zwischenvermietung, die den Vorsteuerabzug ermöglicht, bei einer tatsächlichen Endnutzung der Räume als Wohnungen, als Rathäuser (hoheitlich) oder als Sportstätten (sofern Nutzung durch einen Ideal-Verein) stets **steuerfrei** und macht einen Vorsteuerabzug unmöglich.

Das führt zu dem Ergebnis, daß der Leistungsempfänger - hier Mieter - mit „heimlicher" Umsatzsteuer belastet wird. Der Sinn und Zweck einer Steuerbefreiung für Wohnraum würde jedoch eine **echte Steuerbefreiung** erfordern. Dies war auch die Argumentation des Gesetzgebers bei Einführung der „kumulativen" Umsatzsteuer im Jahre 1918. Die Mieten für Wohnraum sollten nicht durch die Umsatzsteuer belastet werden.[162]

Bei der Umsatzsteuerreform im Jahre 1967[163] wurde die Steuerbefreiung beibehalten, jedoch mit dem Ausschluß des Vorsteuerabzugs verknüpft und in ihrer Wirkung eingeschränkt. Die Versagung des Vorsteuerabzugs zwingt den Vermieter, die nichtabziehbaren Vorsteuerbeträge in seine Mietpreisvorstellungen einzubeziehen.

In Österreich ist die Vermietung zu Wohnzwecken nach § 6 Ziff. 16 ÖUStG **nicht steuerbefreit** und unterliegt nach § 10 Abs. 2 Ziff. 4 ÖUStG[164] dem **ermäßigten Steuersatz.** Dadurch ergibt sich u.U. eine niedrigere Belastung als bei der in Deutschland gegebenen unechten Steuerbefreiung i.S. des § 4 Nr. 12 UStG.

In der Schweiz sind die Vermietungsumsätze nach Art. 14 Ziff. 17 MWSTV „von der Umsatzsteuer ausgenommen" (= „unechte" Steuerbefreiung). Der Vorsteuerabzug ist nach Art. 13 MWSTV ausgeschlossen. Eine Option nach Art. 20 MWSTV ist nur bei der Vermietung an Steuerpflichtige möglich.[165] Die Regelung ist „eurokompatibel".

---

[162] Vgl. RFH vom 21.5.1920, RStBl 1920 S. 358; Rüttinger, in: Plückebaum/Malitzky, Rz. 1 zu § 4 Nr. 12 (§ 2 Nr. 4 UStG 1918 vom 26.7.1918, RGBl 1918 Nr. 95 S. 779, Reprint Köln 1993; Verhandlungsprotokolle des Reichstages 1914-1918, Drucksache Nr. 1461, S. 31).

[163] BT-DrS. IV/1590, S. 37.

[164] Nach dem Beitrittsvertrag Österreichs ist diese Regelung zunächst bis 31.12.1998 befristet. Vgl. hierzu Ruppe (FN 26), Tz. 57 zu § 10.

[165] Bei der Vermietung an Private entsteht folglich auch eine Taxe occulte. Vgl. Camenzind/Honauer (FN 42), S. 205, Rz. 738.

Abschnitt 5:
Die Berichtigung des Vorsteuerabzugs infolge Nutzungsänderung von Anlagegütern

Bei der Anschaffung eines Anlagegutes für ein Unternehmensvermögen[166] sind Vorsteuern grundsätzlich **sofort**[167] **abziehbar**. Eine Verteilung der Vorsteuern auf die Nutzungsdauer entsprechend den AfA-Regelungen des EStG (pro rata temporis) ist nicht vorgesehen.[168] Die Höhe des Abzugsbetrages ist von der Nutzungsbestimmung im Zeitpunkt der erstmaligen Verwendung abhängig. Werden im Unternehmen sowohl Umsätze, die zum Vorsteuerabzug berechtigen, als auch Umsätze, die zum Ausschluß vom Vorsteuerabzug führen, bewirkt, so sind die Vorsteuern in einen abziehbaren und einen nichtabziehbaren Betrag **aufzuteilen**.[169] Für den **Aufteilungsmaßstab** sind die Verhältnisse im Kalenderjahr der erstmaligen Verwendung maßgebend.[170] Ändern sich diese Verhältnisse in den Folgejahren, so wird die ursprüngliche Vorsteueraufteilung unrichtig. Aus diesem Grund wurde mit § 15a UStG eine **Berichtigungsvorschrift** geschaffen, die allerdings nur innerhalb des gesetzlich fixierten **Berichtigungszeitraums** wirksam werden kann. Unter bestimmten Voraussetzungen ist eine Korrektur des Vorsteuerabzugs[171] vorzunehmen.

Ändern sich bei einem Wirtschaftsgut **innerhalb von 5 Jahren** seit Verwendungs-(Nutzungs-)beginn die für den ursprünglichen Vorsteuerabzug maßgebenden Verhältnisse, so ist für jedes Kalenderjahr der Änderung ein Ausgleich für den ursprünglichen Vorsteuerabzug durchzuführen. Bei **Grundstücken,** grundstücksgleichen Rechten und Gebäuden auf fremdem Grund und Boden beträgt der Berichtigungszeitraum **10 Jahre**.[172] Sofern die Verwendungsdauer kürzer ist (z.B. bei Veräußerung oder Eigenverbrauch innerhalb des Berichtigungszeitraums), ist ggf. eine entsprechende Korrektur vorzunehmen (§ 15a Abs. 4 bis 6 UStG). Die Vorsteuern aus nachträglichen Anschaffungs- oder Herstellungskosten sind in die Berichtigung einzubeziehen (§ 15a Abs. 3 UStG). Die Berichtigung (Ausgleichsbetrag) ist mit je einem Fünftel bzw. je einem Zehntel der auf das Wirtschaftsgut entfallenden Vorsteuerbeträge zu bemessen (§ 15a Abs. 2 UStG).

Eine Änderung der Verhältnisse i.S. des § 15a UStG liegt vor, wenn sich in den auf das Kalenderjahr der erstmaligen Verwendung (Erstjahr) folgenden Kalender-

---

166 Zum Begriff des Unternehmensvermögens vgl. Teil I, Abschnitt 2, Kapitel 5.

167 Vgl. Abschnitt 2, Kapitel 3 in diesem Teil.

168 BFH vom 24.2.1988, BStBl 1988 II S. 622 (unter II 3.a); kritisch dazu Theisen, Umsatzsteuerkongreß-Bericht 1988/89, S. 158 ff.(163 f.).

169 Vgl. Abschnitt 3, Kapitel 3 in diesem Teil.

170 Es wird unterstellt, daß die Nutzungsbestimmung während der Nutzungsdauer des Gutes unverändert bleibt.

171 § 44 UStDV enthält Vereinfachungsregeln. So bedürfen z.B. Vorsteuerbeträge, die im Anschaffungszeitpunkt 500 DM nicht überstiegen haben, keiner Berichtigung.

172 Der deutsche Gesetzgeber hat das Wahlrecht, diesen Zeitraum auf 20 Jahre zu verlängern, im Jahressteuergesetz 1996 noch nicht ausgeübt. Vgl. hierzu Huschens, UR 1995, S. 241 ff. (248); sowie Wagner (FN 11), Bem. 4 und 8 zu § 15a.

jahren des jeweils maßgeblichen Berichtigungszeitraums ein höherer oder niedrigerer Vorsteuerabzug ergibt, als er nach den Verhältnissen des Erstjahres zulässig war.

Beispiel:

Ein Unternehmer, der sowohl Umsätze mit Vorsteuerabzugsrecht (60 v.H.) als auch Umsätze ohne Vorsteuerabzugsrecht (40 v.H.) ausführt und seine Vorsteuern folglich nach § 15 Abs. 4 UStG aufteilen muß, erwirbt im Januar 1994 eine Maschine für 20.000 DM + 3.000 DM Umsatzsteuer. Entsprechend den Verhältnissen im Anschaffungszeitpunkt behandelt er 1.800 DM (60 v.H.) als abziehbare Vorsteuer. Während sich im Jahre 1995 die Verhältnisse nicht ändern, betragen ab 1996 die Umsätze mit Vorsteuerabzugsrecht nur noch 25 v.H.

Der ursprünglich in Abzug gebrachte Vorsteuerbetrag ist nach § 15a Abs. 1 UStG zu berichtigen. Für die Jahre 1996 bis 1998 ist je ein Fünftel des überhöhten Vorsteuerabzugs rückgängig zu machen (§ 15a Abs. 2 UStG). Der nichtabziehbare Anteil ist von 40 v.H. auf 75 v.H. zu erhöhen. Für den 5-Jahreszeitraum beträgt er somit 2.250 DM anstatt 1.200 DM. Ein Fünftel des Unterschiedsbetrages in Höhe von 1.050 DM = 210 DM sind pro Jahr zu berichtigen (auszugleichen). Für die Jahre 1996 bis 1998 werden folglich insgesamt 630 DM des ursprünglichen Vorsteuerabzugs rückgängig gemacht.

Ist im Erstjahr ein Vorsteuerabzug nach § 15 Abs. 2 und 3 UStG ausgeschlossen, in einem späteren Kalenderjahr aber infolge Änderung der Verhältnisse zulässig, so müssen die Voraussetzungen des § 15 Abs. 1 UStG für den erstmaligen Vorsteuerabzug gegeben sein. Sofern keine ordnungsmäßigen Rechnungen oder keine zollamtlichen Einfuhrbelege vorliegen, kann der Vorsteuerabzug im Wege der Berichtigung nach § 15a UStG nicht gewährt werden.

Eine Änderung der Verhältnisse i.S. des § 15a UStG liegt nach § 15a Abs. 4 UStG auch vor, wenn das Wirtschaftsgut vor Ablauf des maßgeblichen Berichtigungszeitraumes veräußert oder zum Eigenverbrauch entnommen wird und dieser Umsatz für den Vorsteuerabzug anders zu beurteilen ist als die Verwendung im ersten Kalenderjahr.

Beispiel :

Ein Unternehmer errichtete in 1990 ein Geschäftsgebäude, das er ab 1.4.1990 nach Verzicht auf eine Steuerbefreiung nach § 4 Nr. 12a UStG an einen anderen Unternehmer vermietete. Die Vorsteuern aus den Herstellungskosten betrugen 280.000 DM. Am 1.9.1995 veräußert der Unternehmer das bebaute Grundstück steuerfrei nach § 4 Nr. 9a UStG.

Nach § 15a Abs. 1 Satz 2 UStG beträgt der Berichtigungszeitraum bei Grundstücken 10 Jahre (1.4.1990 bis 31.3.2000). Der Vorsteuerabzug konnte in 1990 in voller Höhe vorgenommen werden, da der Unternehmer wirksam optiert hatte (§ 9 UStG) und die Vermietungsumsätze folglich steuerpflichtig sind (§ 15 Abs. 1 UStG).

Im Jahre 1995 ist jedoch eine Berichtigung nach § 15a Abs. 1 UStG durchzuführen. Der Ausgleichsbetrag ist wie folgt zu ermitteln:

für 1995:	1/10 von 280.000 DM für 4 Monate	=	9.333 DM
für 1996-1999:	je 1/10 von 280.000 DM	=	112.000 DM
für 2000:	1/10 von 280.000 DM für 3 Monate	=	7.000 DM
Ausgleichsbetrag in 1995			128.333 DM

Eine Änderung der für den Vorsteuerabzug maßgeblichen Verhältnisse ist auch dann anzunehmen, wenn in einem Folgejahr eine Rechtsänderung[173] eintritt. Ab 1.1.1992 ist z.B. die Änderung wirksam geworden, daß seit diesem Zeitpunkt die Vermietung von Einstellplätzen in einem Parkhaus steuerpflichtig wurde (§ 4 Nr. 12 Satz 2 UStG).

Beispiel:

Ein Unternehmer hat im Januar 1988 ein Parkhaus für 500.000 DM zuzüglich 70.000 DM Umsatzsteuer errichtet. Ein Vorsteuerabzug wurde in 1988 nicht vorgenommen, da die Umsätze nach § 4 Nr. 12a UStG 1973/80 steuerfrei waren.

Da die Umsätze seit 1.1.1992 steuerpflichtig sind, steht dem Unternehmer nunmehr der Vorsteuerabzug zu (§ 15 Abs. 1 UStG). Der Berichtigungszeitraum von 10 Jahren beginnt am 1. 1. 1988 und endet am 31.12.1997. Je ein Zehntel des Vorsteuerbetrages ab 1992 ist zu erstatten. Der Berichtigungsbetrag ist wie folgt zu ermitteln: für 1992 - 1997 je 1/10 von 70.000 DM = 42.000 DM. Die Erstattung (bzw. Verrechnung) ist in 1992 vorzunehmen.

Nach der neueren Rechtsprechung des BFH soll auch eine **geänderte rechtliche Beurteilung** durch die Finanzverwaltung einer Änderung der Verhältnisse gleichgestellt werden.[174] Nach dieser modifizierten Rechtsprechung des V. Senats beim BFH ist eine Berichtigung des Vorsteuerabzugs nach § 15a UStG auch dann vorzunehmen, wenn die Vorgänge im Jahr der erstmaligen Verwendung **bestandskräftig** - aber unzutreffend - beurteilt wurden und in einem Folgejahr die zutreffende Beurteilung möglich ist.[175]

Ein Vorsteuerabzug für **Einlagen** im ertragsteuerlichen Sinne wird nicht gewährt. Sofern die unternehmerische Nutzung erst nach einer vorherigen außerunternehmerischen Verwendung beginnt, wird ein Vorsteuerabzug von der h.M. versagt.[176]

Sollte der Berichtigungszeitraum von 10 auf 20 Jahre verlängert werden[177], würden sich erhebliche Veränderungen ergeben. Exemplarisch sollen die Wirkungen nachstehend erläutert werden.

---

[173] Vgl. BFH vom 14.5.1992, BStBl 1992 II S. 983. Hierzu Wagner (FN 11), Bem. 46 zu § 15a.

[174] BFH vom 16.12.1993, BStBl 1994 II S. 485; kritisch Koops, DStR 1995, S. 865 ff.; Gosch, StIBp 1996, S. 20 ff. Es bleibt allerdings abzuwarten, ob der XI. Senat des BFH, bei dem unter den Az. XI R 103/92 und XI R 59/94 gleichgelagerte Fälle anhängig sind, genauso entscheiden wird.

[175] Wagner (FN 11), Bem. 48 (S. 26) zu § 15a.

[176] U.a. Wenzel (FN 35), Anm. 62 zu § 15; Forgách (FN 35), Rz. 82 zu § 15; Widmann (FN 35), Rz. 403 zu § 15; a.A. Stadie (FN 32), S. 244 ff.; Lechner (FN 111), S. 55 f.; Probst, DStJG Bd. 13 (1990), S. 137 ff. (162 f.).

[177] Vgl. Richtlinie 95/7 EG des Rates vom 10.4.1995 zur Änderung der Richtlinie 77/388/EWG und zur Einführung weiterer Vereinfachungsmaßnahmen im Bereich der Mehrwertsteuer - Geltungsbereich bestimmter Steuerbefreiungen und praktische Einzelheiten ihrer Durchführung, ABl.EG 1995, Nr. L 102, S. 18 - kurz: Zweite Vereinfachungsrichtlinie; Huschens, UR 1995, S. 241 ff. (248).

Beispiel:

Ein Unternehmer errichtete 1996 ein Geschäftsgebäude, das er ab 1.4.1996 nach Verzicht auf die Steuerbefreiung nach § 4 Nr. 12 Buchst. a UStG an einen anderen Unternehmer mit steuerpflichtigen Ausgangsumsätzen vermietete. Die Vorsteuern aus den Herstellungskosten betrugen 280.000 DM. Am 1.9.2001 veräußert der Unternehmer das gesamte Grundstück steuerfrei nach § 4 Nr. 9 Buchst. a UStG.

Es ergäbe sich insgesamt ein Berichtigungszeitraum vom 1.4.1996 bis 31.3.2016. Der Vorsteuerabzug könnte in 1996 in voller Höhe vorgenommen werden, da der Unternehmer wirksam optiert hatte (§ 9 UStG) und die Vermietungsumsätze folglich steuerpflichtig sind (§ 15 Abs. 1 UStG). Im Jahre 2001 wäre folgende Berichtigung vorzunehmen:

für 2001:	1/20 von 280.000 DM für 4 Monate	=	4.667 DM
für 2002-2015:	je 1/20 von 280.000 DM	=	196.000 DM
für 2016:	1/20 von 280.000 DM für 3 Monate	=	3.500 DM
Ausgleichsbetrag in 2001			204.167 DM

Deutschland hat von diesem Wahlrecht weder im Jahressteuergesetz 1996 noch im „Bereinigungsgesetz" Gebrauch gemacht.[178] Daher kann weiterhin von einem Berichtigungszeitraum von 10 Jahren ausgegangen werden.

[178] Huschens, ebenda; vgl. auch Langer, DB 1995, S. 995 ff. (998).

Teil VIII
Rechnungslegung und Besteuerungsverfahren

Abschnitt 1:
Die Aufzeichnungspflichten

Nach § 22 UStG ist der Unternehmer verpflichtet, zur Feststellung der Umsatzsteuer und der Grundlagen ihrer Berechnung Aufzeichnungen zu führen.[1] Die Vorschriften des § 22 UStG i.V.m. §§ 63 ff. UStDV ergänzen die generellen Regelungen für Buchführungs- und Aufzeichnungspflichten nach §§ 140 ff. AO. Neben den umsatzsteuerlichen Vorschriften für die der Regelbesteuerung unterliegenden Unternehmer bestehen weitere Bestimmungen über Aufzeichnungspflichten in anderen Fällen. Seit 1.1.1990 gilt für **Nichtunternehmer,** die unberechtigt in einer Rechnung USt ausgewiesen haben (§ 14 Abs. 3 UStG) nach § 22 Abs. 1 Satz 2 UStG die gleiche Aufzeichnungspflicht wie für Unternehmer.[2] Zweck dieser Aufzeichnungen ist die Feststellung der einzelnen Besteuerungsgrundlagen für die Umsatzsteuer-Voranmeldungen und Umsatzsteuer-Jahreserklärungen. Gleichzeitig wird damit die Prüfungsmöglichkeit für die Finanzverwaltung gesichert. Die umsatzsteuerlichen Dokumentationspflichten können in der Regel vom Unternehmer im Rahmen seiner Buchführung erfüllt werden. Sofern diese Möglichkeit nicht besteht, sind für Zwecke der Umsatzsteuer besondere Aufzeichnungen zu erstellen. Dies ist seit 1.1.1993 für die Erstellung der „Zusammenfassenden Meldung“ i.S. des § 18a UStG beim Vorliegen innergemeinschaftlicher Umsätze erforderlich.[3]

Die Aufzeichnungspflichten erstrecken sich grundsätzlich auf den Bereich der Basis-Umsatzsteuer (Output) sowie auf den Sektor der Vorsteuer (Input). Auch ausländische Unternehmer können der umsatzsteuerlichen Dokumentationspflicht unterliegen. Dies ist immer dann der Fall, wenn sie im Inland Umsätze ausführen (z.B. Montagearbeiten) oder wenn sie einen Vorsteuerabzug im Inland begehren. Diese Unternehmer müssen zwar die Aufzeichnungen nicht im Inland führen, sie müssen diese mit den dazugehörigen Belegen jedoch jederzeit dem zuständigen Finanzamt vorlegen können.

Hinsichtlich der Rechtsnatur der Aufzeichnungen ist anzumerken, daß diese im allgemeinen **keine materiell-rechtlichen Voraussetzungen** für das Entstehen der Umsatzsteuer, des Vorsteuerabzugsanspruchs usw. bilden. Davon zu unterscheiden sind die Aufzeichnungen, die **im Rahmen eines Buchnachweises** zu führen sind (z.B. bei steuerfreien Umsätzen nach § 4 Nr. 1 UStG).

---

1 Zu Einzelfragen vgl. Abschn. 255 ff. UStR.

2 Vgl. hierzu Widmann, BB 1990, S. 249 ff.

3 Die Basis bildet Art. 22 Abs. 6 Buchst. b und Abs. 12 Buchst. b der 6.EGRl. Ausführlich hierzu Teil X, Abschnitt 3.

Kapitel 1 : Die Aufzeichnungspflichten im Rahmen der Regelbesteuerung

Aus den Aufzeichnungen des Unternehmers müssen nach § 22 Abs. 2 UStG die Bemessungsgrundlagen (Entgelte oder Ersatzwerte), die grundsätzlich nach dem Soll-Prinzip zu dokumentieren sind, nach Steuersätzen getrennt zu ersehen sein.[4] Für folgende **Bemessungsgrundlagen** wird die Aufzeichnungsform im einzelnen geregelt. Es sind u.a. aufzuzeichnen:

- die vereinbarten Entgelte (Soll-Prinzip) für ausgeführte Leistungen (originär steuerpflichtige, kraft Option[5] steuerpflichtige, steuerfreie) sowie entsprechende Entgeltminderungen;
- die Bemessungsgrundlagen für Leistungen an Arbeitnehmer und „Gesellschafter" (Gesellschafterverbrauch);
- die vereinnahmten Entgelte und Teilentgelte (Ist-Prinzip) für noch nicht ausgeführte Leistungen;
- die Bemessungsgrundlagen für den Eigenverbrauch.

Sofern die Regelung über den Ansatz von **Mindestbemessungsgrundlagen** i.S. des § 10 Abs. 5 UStG anzuwenden ist, sind auch diese Beträge aufzuzeichnen. Ab 1.1.1993 bestehen noch Aufzeichnungspflichten u.a.

- bei innergemeinschaftlichem Erwerb von Gegenständen (§ 22 Abs. 2 Nr. 7 UStG);
- in Verbringungsfällen (§ 22 Abs. 4a UStG);
- in Lohnveredelungsfällen (§ 22 Abs. 4b UStG).

Ausnahmsweise kann die Basis-Umsatzsteuer **nach vereinnahmten Entgelten** (Ist-Prinzip) berechnet werden. Diese Berechnungsform ist jedoch nur zulässig, wenn die in § 20 UStG normierten Voraussetzungen gegeben sind und der Unternehmer einen entsprechenden Antrag stellt. Derzeit kann die Ist-Besteuerung von Unternehmern, die von der Buchführungspflicht nach § 148 AO befreit sind, von Freiberuflern und von denjenigen, deren „Gesamtumsatz (§ 19 Abs. 3) im vorangegangenen Kalenderjahr nicht mehr als 250.000 DM betragen hat",[6] beantragt werden. Bei einer Neugründung kann von dem voraussichtlichen Umsatz ausgegangen werden.

Außer den vorstehend dargestellten Aufzeichnungspflichten zwecks Ermittlung der Basis-Umsatzsteuer sind in § 22 Abs. 2 Nr. 5 bis 7 UStG die obligatorischen Aufzeichnungen über die Vorsteuerbeträge geregelt. Zur ordnungsgemäßen Erfassung der **Vorsteuern** sind u.a. aufzuzeichnen:

---

[4] Auf Antrag des Unternehmers kann das Finanzamt unter bestimmten Voraussetzungen Erleichterungen gestatten (§ 63 Abs. 4 UStDV).

[5] Die getrennte Aufzeichnung der nach § 9 UStG als steuerpflichtig behandelten Umsätze hat insbesondere Bedeutung, weil es keine Pflicht zur Erklärung der Option gegenüber dem Finanzamt (mehr) gibt; vgl. Klenk, in: Sölch/Ringleb/List, Bem. 32 zu § 9.

[6] Für Unternehmen in den neuen Ländern wird für den Zeitraum vom 1.1.1996 bis 31.12.1998 im Rahmen des Jahressteuergesetzes 1996 diese Grenze auf 1 Mio. DM angehoben (BStBl 1995 I S. 586). Damit soll eine Verbesserung der Liquidität dieser Unternehmen erreicht werden.

- die Entgelte für steuerpflichtige Vorleistungen sowie die auf die Entgelte und Teilentgelte entfallenden Steuerbeträge;
- die Bemessungsgrundlagen für die Einfuhr von Gegenständen, sowie die dafür entrichtete Einfuhrumsatzsteuer;
- die Bemessungsgrundlagen für den innergemeinschaftlichen Erwerb von Gegenständen sowie die hierauf entfallenden Steuerbeträge (seit 1.1.1993).

Ist der Unternehmer nur teilweise zum Vorsteuerabzug berechtigt, so müssen die zurechenbaren Vorsteuerbeträge eindeutig und leicht nachprüfbar aus den Aufzeichnungen zu ersehen sein.[7] Nichtabziehbare Vorsteuern brauchen nicht aufgezeichnet zu werden.

In Übereinstimmung mit Art. 22 Abs. 2 6.EGRl erteilte der Gesetzgeber in § 22 Abs. 6 UStG dem Bundesminister der Finanzen die Ermächtigung, Erleichterungen bei der Erfüllung der Aufzeichnungspflichten zu gewähren. Eine der Erleichterungen besteht darin, daß der Unternehmer unter bestimmten Voraussetzungen abweichend von der in § 22 Abs. 2 UStG normierten **Nettomethode** seine Aufzeichnungen auch nach der **Bruttomethode** durchführen kann (§ 63 Abs. 3 UStDV). Nach dieser Regelung wird gestattet, das Entgelt oder Teilentgelt und den Steuerbetrag in einer Summe aufzuzeichnen. Bei der Bruttoverbuchung muß jedoch auch ersichtlich gemacht werden, wie sich die Bruttobeträge auf die steuerpflichtigen Umsätze, getrennt nach Steuersätzen, und auf die steuerfreien Umsätze verteilen.

Für die Ermittlung der Vorsteuern kann der Unternehmer nach § 63 Abs. 5 UStDV ebenfalls die Bruttomethode anwenden. Er kann folglich Entgelt oder Teilentgelt und die auf sie entfallenden Vorsteuerbeträge jeweils in einer Summe, getrennt nach den jeweiligen Steuersätzen, aufzeichnen. Die Ermittlung der Steuer bzw. Vorsteuer kann dann jeweils für eine Abrechnungsperiode (Monat, Vierteljahr, Jahr) in einem Arbeitsgang vorgenommen werden. Das Herausrechnen des Steuerbetrages aus dem verbuchten Brutto-Rechnungsbetrag kann mit Hilfe eines rechnerischen Steuersatzes[8] geschehen, der nach folgender Gleichung bestimmbar ist:

$$t_{USt}^{R} = \frac{t_{USt}^{g}}{1 + t_{USt}^{g}}$$

Legende:

t_{USt}^{g} = Gesetzlicher Steuersatz (§ 12 UStG)

t_{USt}^{R} = Rechnerischer Steuersatz

Es lassen sich z.B. folgende rechnerische Steuersätze ermitteln:

t_{USt}^{g}	5,0	7,0	8,0	10,0	13,0	14,0	15,0	16,0	18,0
t_{USt}^{R}	4,76	6,54	7,41	9,09	11,50	12,28	13,04	13,79	15,25

[7] Zu Einzelfragen vgl. § 22 Abs. 3 UStG sowie Abschn. 257 UStR.

[8] Dieser rechnerische Steuersatz wird z.T. von der Finanzverwaltung auch als „Faktor" bezeichnet.

Kapitel 2 : Die Aufzeichnungspflichten in anderen Fällen

Über die Aufzeichnungspflichten im Rahmen der Regelbesteuerung hinaus sind noch weitere Aufzeichnungspflichten, die teilweise zugleich Erleichterungen beinhalten, vom Gesetzgeber kodifiziert worden. Es sind dies u.a.:

- die Aufzeichnungspflichten der Kleinunternehmer (§ 65 UStDV);
- die Aufzeichnungspflichten bei der Berechnung der Vorsteuer nach allgemeinen Durchschnittssätzen (§ 66 UStDV), sowie für bestimmte Körperschaften (§ 66a UStDV);
- die Aufzeichnungspflichten bei der Anwendung der Durchschnittssätze für land- und forstwirtschaftliche Betriebe (§ 67 UStDV).

In einigen Fällen können noch zusätzliche Aufzeichnungspflichten (z.B. bei der Besteuerung von Reiseleistungen nach § 25 Abs. 5 UStG)[9] zu beachten sein. Andererseits gibt es auch Vereinfachungsregelungen (z.B. für land- und forstwirtschaftliche Betriebe, für Kleinunternehmer). Nachstehend sollen lediglich die Aufzeichnungspflichten der Kleinunternehmer kurz erörtert werden. Kleinunternehmer, von denen die Steuer nach § 19 Abs. 1 Satz 1 UStG nicht erhoben wird,[10] haben an Stelle der nach § 22 Abs. 2-4 UStG vorgeschriebenen Aufzeichnungen nur folgende Daten zu dokumentieren:

- die Werte der erhaltenen Gegenleistungen für die von ihnen ausgeführten Leistungen,
- den Eigenverbrauch (Bemessungsgrundlage nach § 10 Abs. 4 UStG zuzüglich der USt).

Unbeachtet der vorgenannten Erleichterungen sind infolge der Regelungen in § 14 Abs. 2 und 3 UStG geschuldete Steuerbeträge (§ 22 Abs. 2 Nr. 4 UStG) oder die Daten für den innergemeinschaftlichen Erwerb von Gegenständen und die entsprechenden Steuerbeträge aufzuzeichnen (§ 22 Abs. 2 Nr. 7 UStG).

---

[9] Vgl. Teil IX, Abschnitt 3.
[10] Vgl. Teil IX, Abschnitt 2.

Abschnitt 2: Steuerberechnung und Besteuerungszeitraum

Die Umsatzsteuer ist grundsätzlich nach **vereinbarten Entgelten** (Soll-Prinzip) zu berechnen (§ 16 Abs. 1 UStG). Die aus Leistungen des Unternehmers resultierende Umsatzsteuer entsteht deshalb regelmäßig mit Ablauf des Voranmeldungszeitraums, in dem die Leistungen **ausgeführt** worden sind (§ 13 Abs. 1 Nr. 1 Buchst. a UStG). Der Entstehungszeitpunkt ist somit im allgemeinen unabhängig vom Zeitpunkt der Rechnungserteilung, weil die Verwirklichung eines bestimmten tatsächlichen Vorgangs (z.B. Lieferung) entscheidend ist. Wird jedoch eine Rechnung mit gesondertem Steuerausweis **vor Ausführung** der Leistung erteilt, so entsteht die Umsatzsteuer ausnahmsweise in dem Voranmeldungszeitraum, in dem die Vorausrechnung erstellt worden ist.

Eine Lieferung ist ausgeführt, wenn der Unternehmer dem Abnehmer die Verfügungsmacht über den Liefergegenstand verschafft hat. Eine sonstige Leistung ist ausgeführt, wenn der Unternehmer die Tätigkeit abgeschlossen hat. Bei Leistungen, bei denen nach bürgerlichem Recht eine Abnahme durch den Auftraggeber vorgeschrieben ist, ist die Leistung in der Regel im Zeitpunkt der Abnahme ausgeführt.[11]

Beispiele:

(1) Ein Großhändler liefert eine Ware am 15.12.1995 an seinen Abnehmer. Die Rechnung erstellt er am 30.1.1996.
Die Umsatzsteuer ist nach § 13 Abs. 1 Nr. 1 Buchst. a UStG in 1995 entstanden. Sie muß daher bei der Steuerberechnung für 1995 berücksichtigt werden.

(2) Ein Dachdecker hat Reparaturarbeiten an einem Dach ausgeführt und am 10.12.1995 beendet. Der Auftraggeber hat die Reparatur am 14.12.1995 abgenommen. Die Rechnung hat der Dachdecker erst am 4.3.1996 ausgestellt.
Die Umsatzsteuer ist am 31.12.1995 nach § 13 Abs. 1 Nr. 1 Buchst. a UStG entstanden und muß in die Steuerberechnung für 1995 einbezogen werden.

Außer den Leistungsumsätzen sind im Rahmen der Besteuerung nach vereinbarten Entgelten (Soll-Versteuerung) u.a. auch Eigenverbrauch oder Gesellschafterverbrauch zu erfassen. Ebenfalls sind die Steuerbeträge zu berücksichtigen, die nach § 14 Abs. 2 und 3 UStG geschuldet werden (§ 13 Abs. 1 Nr. 3 und 4 UStG).

Ausnahmsweise kann die Umsatzsteuer auch nach **vereinnahmten Entgelten** (Ist-Versteuerung) berechnet werden. Dies ist der Fall, wenn das Finanzamt dem Unternehmer auf Antrag unter den Voraussetzungen des § 20 UStG diese Rechnungsmethode genehmigt hat. Bei Anwendung dieser Berechnungsart entsteht die Steuer aus Leistungsumsätzen mit Ablauf des Voranmeldungszeitraums, in dem **die Entgelte vereinnahmt** worden sind (§ 13 Abs. 1 Nr. 1 Buchst. b UStG)[12].

Mit dem 1.1.1980 ist für den Bereich der Anzahlungen eine sogenannte **Mindest-Istversteuerung** (§ 13 Abs. 1 Buchst. a Satz 4 UStG) eingeführt worden.

---

[11] Zur Sollversteuerung bei Leistungen der Bauwirtschaft vgl. Abschn. 178 UStR; zur Entstehung der Steuer bei Leistungen von Architekten und Ingenieuren vgl. Abschn. 179 UStR.

[12] Vgl. Abschn. 182 UStR.

Nach dieser Regelung entsteht die Steuer in den Fällen, in denen das Entgelt oder ein Teilentgelt (Anzahlung, Vorauszahlung) vor Ausführung der Leistung oder Teilleistung gezahlt wird, bereits mit Ablauf des Voranmeldungszeitraums, in dem das Entgelt oder Teilentgelt vereinnahmt worden ist.

Beispiel:

Ein Unternehmer mit Soll-Versteuerung hat einen Kaufvertrag über 23.000 DM einschließlich Umsatzsteuer abgeschlossen (Warenlieferung). Der Liefertermin ist für den Monat Mai vereinbart. Im Januar erhält er eine Anzahlung von 15.000 DM, im März eine weitere Abschlagszahlung von 5.000 DM. Eine Rechnung erteilt er erst Ende Mai. Für die Anzahlung entsteht die Umsatzsteuer bereits mit Ablauf des Monats Januar (Voranmeldungszeitraum), und zwar in Höhe von 1.956 DM (Entgelt = 13.044 DM)[13]. Die Steuer für die Abschlagszahlung entsteht mit Ablauf des Monats März (§ 13 Abs. 1 Buchst. a Satz 1 UStG), die für den Restbetrag im Mai.

Der **Besteuerungszeitraum** ist grundsätzlich das Kalenderjahr, nicht ein hiervon abweichendes Wirtschaftsjahr (§ 16 Abs. 1 Satz 2 UStG). Hat ein Unternehmer seine unternehmerische Tätigkeit nur in einem Teil des Kalenderjahres ausgeübt, so ist dieser Teil als (verkürzter) Besteuerungszeitraum anzusehen (§ 16 Abs. 3 UStG). Dies kommt z.B. in Betracht bei Beginn oder Beendigung einer unternehmerischen Tätigkeit. In diesem Zusammenhang ist anzumerken, daß eine unternehmerische Tätigkeit nicht erst mit der Bewirkung des ersten Umsatzes, sondern bereits durch vorbereitende Handlungen (z.B. Einkauf von Waren, Anmietung eines Geschäftslokals) begonnen wird. Die Beendigung der unternehmerischen Tätigkeit ist grundsätzlich erst mit der letzten unternehmerischen Aktivität (z.B. Einzug der Forderungen) abgeschlossen.

Während die Umsatzsteuer grundsätzlich im Wege der **Abschnittsbesteuerung** zu errechnen ist, wird in einigen Fällen die Entstehung der Steuer nicht mit dem Ende eines Zeitabschnitts (Voranmeldungszeitraums), sondern bereits mit der Verwirklichung des die Steuer auslösenden Tatbestandes angenommen.

Im Fall der **Einzelbesteuerung** nach § 16 Abs. 5 UStG bei **Beförderungen von Personen im Gelegenheitsverkehr** durch nicht im Inland zugelassene Kraftomnibusse entsteht die Steuer in dem Zeitpunkt, in dem der Kraftomnibus in das Inland gelangt (§ 13 Abs. 1 Nr. 1 Buchst. c UStG). Diese Beförderungseinzelbesteuerung wurde ab 1.1.1993 auf die Fälle beschränkt, bei denen eine Grenze zum **Drittlandsgebiet** überschritten wird.[14]

Im Fall der **unberechtigten Rechnungsausstellung mit gesondertem Steuerausweis** (§ 14 Abs. 3 UStG) entsteht die Steuer im Zeitpunkt der Ausgabe der Rechnung (§ 13 Abs. 1 Nr. 4 UStG).

Seit dem 1.1.1993 ist noch die **Fahrzeugeinzelbesteuerung** nach § 16 Abs. 5a UStG hinzugetreten. Sie wird relevant, wenn ein innergemeinschaftlicher Erwerb eines neuen Fahrzeuges durch einen Nichtunternehmer vorgenommen wird.[15] Die Umsatzsteuer entsteht nach § 13 Abs. 1 Nr. 7 UStG am Tag des Erwerbs.

---

[13] Bei Anwendung der Bruttomethode ergeben sich Ungenauigkeiten.

[14] Vgl. Abschn. 221 UStR sowie BMF vom 24.1.1993, UR 1993, S. 209.

[15] Vgl. BMF vom 9.8.1993, UR 1993, S. 316 = DB 1993, S. 2161 sowie BMF vom 31.5.1994, UR 1994, S. 332.

Abschnitt 3:
Das Besteuerungsverfahren

Das Besteuerungsverfahren wird in § 18 UStG geregelt.[16] Die nach den im vorstehenden Abschnitt erörterten Regelungen berechneten Steuerbeträge sind vom Unternehmer periodisch zu deklarieren. Gleichzeitig sind die entsprechenden Zahlungen an das Finanzamt zu leisten. Der Unternehmer hat die Steuerzahllast selbst zu berechnen (Steueranmeldung). Es sind folglich außer der Basis-Umsatzsteuer auch die abziehbaren Vorsteuerbeträge festzustellen. Die Steuererklärungen bzw. Steueranmeldungen sind bei dem nach § 21 AO für das Unternehmen zuständigen Finanzamt einzureichen.

Nachstehend sollen das Voranmeldungsverfahren, die Regelungen über die Jahressteuererklärung und das Abzugsverfahren skizziert werden.

Kapitel 1 : Voranmeldung und Vorauszahlung

Der Unternehmer hat nach § 18 Abs. 1 UStG bis zum 10. Tag nach Ablauf eines Voranmeldungszeitraumes eine **Umsatzsteuer-Voranmeldung,** in der er die Zahllast selbst zu berechnen hat, beim zuständigen Finanzamt abzugeben. Gleichzeitig wird die **Umsatzsteuer-Vorauszahlung** fällig. Übersteigt der Vorsteuerabzugsbetrag die Steuerschuld (**Vorsteuerüberhang**),[17] so hat das Finanzamt den Unterschiedsbetrag zu vergüten.[18]

Voranmeldungszeitraum ist grundsätzlich das **Kalendervierteljahr**. Sofern die Umsatzsteuer für das vorangegangene Kalenderjahr mehr als 12.000 DM[19] betragen hat, ist der Kalendermonat als Voranmeldungszeitraum zu betrachten.[20] Beträgt die Umsatzsteuer für das vorangegangene Kalenderjahr nicht mehr als 1.000 DM, so kann das Finanzamt auf die Abgabe von Umsatzsteuer-Voranmeldungen und Umsatzsteuer-Vorauszahlungen verzichten (§ 18 Abs. 2 Satz 3 UStG). Nach § 18 Abs. 4a UStG haben auch die Unternehmer und juristischen Personen, die ausschließlich Umsatzsteuer für Umsätze nach § 1 Abs. 1 Nr. 5 UStG zu entrichten haben, Voranmeldungen und Steuererklärungen abzugeben.[21]

Kapitel 2 : Jahressteuererklärung und Steuerfestsetzung

Nach Ablauf des Kalenderjahres oder eines ggf. kürzeren Besteuerungszeitraums hat der Unternehmer nach § 18 Abs. 3 UStG eine **Steuererklärung,** in der er die Zahllast selbst zu berechnen hat, abzugeben. Die Steuererklärung (Steueranmeldung) ist grundsätzlich bis zum 31. Mai des folgenden Kalenderjah-

---

[16] Zu Einzelfragen vgl. Abschn. 225 UStR.

[17] Vorsteuerüberhang = „Überschuß, der sich zu seinen Gunsten ergibt" (§ 18 Abs. 3 UStG).

[18] Vgl. Mößlang, in: Sölch/Ringleb/List, Bem. 40 zu § 18.

[19] Bis zum 31.12.1995 betrug diese Grenze 6.000 DM.

[20] Vgl. § 18 Abs. 2a UStG bei „Überschüssen von mehr als 12.000 DM".

[21] Zu weiteren Neuregelungen ab 1.1.1996 vgl. §§ 18 Abs. 10, 18a und b UStG 1996 (BStBl I 1995 S. 584 f.) sowie Teil X.

res beim zuständigen Finanzamt einzureichen. Ergibt sich bei der Ermittlung der Zahllast für das Kalenderjahr ein von der Summe der Vorauszahlungen abweichender Betrag, so ist dieser auszugleichen. Wird ein Unterschiedsbetrag zugunsten des Finanzamts ermittelt, so wird dieser einen Monat nach Eingang der Steuererklärung fällig (§ 18 Abs. 4 UStG). Ein Unterschiedsbetrag zugunsten des Unternehmers ist vom Finanzamt zu erstatten. Eine formelle Steuerfestsetzung erfolgt nur, wenn sie zu einem von der „Steueranmeldung" abweichenden Ergebnis führt (§ 18 Abs. 4 Satz 2 UStG). Die Steuerfestsetzung ist in diesem Fall durch **Steuerbescheid** vorzunehmen (§§ 155-168 AO). Soll die Steuerfestsetzung unter Vorbehalt der Nachprüfung (§ 164 AO) ergehen, so ist diese Tatsache in der Festsetzung besonders anzuordnen und im Bescheid zu vermerken.

Beispiel:

	1993	1994
Umsatzsteuer	100.000 DM	90.000 DM
Vorsteuerbeträge (einschließlich Einfuhrumsatzsteuer)	40.000 DM	110.000 DM
Umsatzsteuerzahlung **(Zahllast)**	60.000 DM	
Überschuß **(Erstattungsanspruch)**		20.000 DM

Kapitel 3 : Abzugsverfahren

Das **Abzugsverfahren** ist eine besondere Art des Besteuerungsverfahrens.[22] Es dient der Sicherung des Steueranspruchs für steuerpflichtige Umsätze, die ein nicht im Erhebungsgebiet ansässiger Unternehmer ausführt. Führt ein im Ausland ansässiger Unternehmer eine steuerpflichtige Werklieferung oder eine steuerpflichtige sonstige Leistung an einen Unternehmer oder eine juristische Person des öffentlichen Rechts im Inland aus, so ist die zu berechnende Steuer von diesen Leistungsempfängern von der Gegenleistung einzubehalten, anzumelden und an das zuständige Finanzamt abzuführen (§§ 51-58 UStDV). Der Leistungsempfänger haftet für diesen Steuerbetrag und hat die entsprechenden Aufzeichnungspflichten zu erfüllen.

Ausnahmsweise ist der Leistungsempfänger in bestimmten Fällen nicht verpflichtet, die Umsatzsteuer einzubehalten und abzuführen (§ 52 Abs. 2-5 UStDV). Diese „Null-Regelung" ist anzuwenden, wenn:

(1) der Unternehmer keine Rechnung mit gesondertem Ausweis der Steuer erteilt hat und

(2) der Leistungsempfänger im Falle des gesonderten Ausweises der Steuer den Vorsteuerabzug nach § 15 UStG hinsichtlich dieser Steuer voll in Anspruch nehmen könnte.

[22] Zu Einzelfragen vgl. §§ 51-58 UStDV; Abschn. 233-239 UStR.

Teil IX
Ausgewählte Sonderregelungen

Abschnitt 1:
Die Bedeutung von Sonderregelungen

Im Rahmen der Harmonisierung der Umsatzsteuern innerhalb der Europäischen Gemeinschaft wurde die Beibehaltung von bislang bestehenden Sonderregelungen in den nationalen Umsatzsteuergesetzen eingehend erörtert. Insbesondere wurden Vereinfachungsregelungen - z.B. bei der Besteuerung von Kleinunternehmern -, die Umsatzbesteuerung von Reiseleistungen, sowie Regelungen für Gebrauchtgegenstände, Kunstgegenstände, Antiquitäten und Sammlungsstücke diskutiert.[1] Die Gremien kamen zu dem Ergebnis, daß jegliche Sonderregelungen nicht zu einer Steuerermäßigung führen dürfen. Der Grundgedanke der Wettbewerbsneutralität, der der Umsatzsteuer in der Ausprägung der „Mehrwertsteuer" zugrunde liegt, darf durch einzelstaatliche Sonderregelungen nicht beeinträchtigt werden. Durch die Rechtsprechung des EuGH wurden im Laufe der Zeit einige Anpassungen der deutschen Regelungen erforderlich.

Nachstehend sollen aus dem Kreis der Sonderregelungen lediglich die vorerwähnten Bereiche erläutert werden.

Abschnitt 2:
Die Besteuerung der Kleinunternehmer

Infolge der völligen Abschaffung der Allphasen-Bruttoumsatzbesteuerung, die bis 1979 bei Kleinunternehmern noch anwendbar war, mußte mit Wirkung vom 1.1.1980 eine Neuregelung[2] der Besteuerung der Kleinunternehmer vorgenommen werden. Art. 24 der 6.EGRl räumt den EG-Mitgliedstaaten die Möglichkeit ein, **Sonderregelungen für Kleinunternehmer zu treffen.** Diese müssen jedoch mit dem System der Mehrwertsteuer im Einklang stehen.

Der deutsche Gesetzgeber hat die Besteuerung der Kleinunternehmer im § 19 UStG kodifiziert.[3] Diese Vorschrift bezeichnet Unternehmer als Kleinunternehmer, wenn ihr Gesamtumsatz zuzüglich Umsatzsteuer im Vorjahr 32.500 DM nicht überstiegen hat und im laufenden Kalenderjahr 100.000 DM voraussichtlich nicht übersteigen wird (§ 19 Abs. 1 UStG).[4] Gesamtumsatz i.S. des § 19 Abs. 3 UStG ist die Summe der steuerbaren Umsätze abzüglich der Umsätze,

- die nach § 4 Nr. 8 Buchst. i, Nr. 9 Buchst. b und Nr. 11 bis 28 UStG steuerfrei sind und
- die nach § 4 Nr. 8 Buchst. a bis h, Nr. 9 Buchst. a und Nr. 10 UStG steuerfrei sind, sofern sie Hilfsumsätze sind.[5]

---

[1] Dziadkowski, DStR 1990, S. 123.

[2] Hierzu u.a. Widmann, BB 1981, Beilage 3; Tehler, StuW 1983, S. 232 ff.

[3] Vgl. die Ausführungen am Ende des Abschnitts 1 in der Einführung zur völligen Abschaffung der Brutto-Umsatzsteuer.

[4] Die Umsatzsteuerfreigrenze für Kleinunternehmer wurde im Jahressteuergesetz 1996 (BStBl 1995 I S. 438 (582)) mit Wirkung ab dem Veranlagungszeitraum 1996 von vormals 25.000 DM auf 32.500 DM angehoben.

[5] Vgl. Widmann, in: Plückebaum/Malitzky, Rz. 57 zu § 19; Stadie, in: Rau/Dürrwächter/Flick/Geist, Anm. 54 zu § 19; Reiß, in: Schwarze/Reiß/Kraeusel, Rz. 31 zu § 19.

Hat der Unternehmer seine unternehmerische (wirtschaftliche) Tätigkeit nur in einem Teil des Kalenderjahres ausgeübt, ist der tatsächliche Gesamtumsatz in einen Jahresumsatz umzurechnen. Beim Beginn der Tätigkeit sind Zeiten, in denen lediglich Vorbereitungshandlungen vorgenommen werden (ohne Umsatzerzielung), nicht einzubeziehen.

Beispiel:

Ein Unternehmer beginnt seine unternehmerische Tätigkeit am 28.9.1995. Er hat 1995 8.000 DM einschließlich Umsatzsteuer vereinnahmt.

Der Jahresumsatz für den Unternehmer ergibt sich wie folgt:

$$\frac{\textit{tatsächlicher Gesamtumsatz} * 12}{\textit{Kalendermonate der unternehmerischen Tätigkeit}} = \frac{8.000\,DM * 12}{4} = 24.000\ DM$$

Es ist zu beachten, daß angefangene Kalendermonate als ganze Monate gezählt werden. Der Unternehmer kann 1996 von § 19 Abs. 1 Gebrauch machen, weil sein Vorjahresumsatz < 32.500 DM ist, sofern sein Umsatz im laufenden Kalenderjahr 100.000 DM nicht übersteigen wird.

Eine Besteuerung nach § 19 Abs. 1 UStG hat zur Folge, daß der Kleinunternehmer grundsätzlich **keine Umsatzsteuer** zu entrichten und keine Voranmeldungen oder Jahreserklärungen abzugeben hat. Er erhält jedoch auch **kein Vorsteuerabzugsrecht** und darf keine Rechnungen mit gesondertem Steuerausweis erteilen. Seine Tätigkeit ist folglich umsatzsteuerlich irrelevant.

Da sich die Besteuerung nach § 19 Abs. 1 UStG wie eine Steuerbefreiung ohne Vorsteuerabzugsrecht auswirkt und folglich für den Unternehmer unvorteilhaft sein kann, hat der Gesetzgeber diesen Kleinunternehmern ein **Optionsrecht** eingeräumt. Der Unternehmer kann dem Finanzamt bis zur Unanfechtbarkeit der Steuerfestsetzung erklären (§ 19 Abs. 2 UStG), daß er auf die Anwendung des § 19 Abs. 1 UStG verzichtet.[6] Diese Erklärung bindet den Unternehmer mindestens **für 5 Kalenderjahre**.

Für die innergemeinschaftliche Lieferung neuer Fahrzeuge i.S. von § 1b UStG ist die Sonderregelung nach § 19 Abs. 1 UStG ausgeschlossen (§ 19 Abs. 4 UStG). Mit der Regelung wird der Zweck verfolgt, auch Kleinunternehmern den Vorsteuerabzug in diesen Fällen zu ermöglichen. Die Frage, ob ein Unternehmer, der Umsätze nur in den Grenzen des § 19 Abs. 1 UStG erzielt, sein Optionsrecht wahrnehmen soll, ist nach Vorteilhaftigkeitskriterien zu beantworten. Entscheidend ist die Abnehmerstruktur.

Unvorteilhaft wird für einen Kleinunternehmer die Nichtoption immer dann sein, wenn die Abnehmer seiner Leistungen Unternehmer und damit zum Vorsteuerabzug berechtigt sind. Die Kleinunternehmerregelung dürfte künftig in der Praxis nur noch Bedeutung haben, wenn sich der Kreis der Leistungsempfänger ausschließlich aus Nichtunternehmern oder Unternehmern, denen kein Vorsteuerabzugsrecht zusteht, zusammensetzt.

---

6 Vgl. BFH vom 13.12.1984, BStBl 1985 II S. 173.

Abschnitt 3:
Die Besteuerung von Reiseleistungen

Die Vorschrift des § 25 UStG enthält eine Sonderregelung für die **Besteuerung der Reiseleistungen.** Diese Regelung hatte im bis 1979 geltenden deutschen Umsatzsteuerrecht kein Vorbild. Sie beruht auf Art. 26 der 6.EGRl. Nach dieser Bestimmung wurden die EG-Mitgliedstaaten verpflichtet, für sog. Reiseleistungen (Leistungen der Reisebüros) besondere umsatzsteuerrechtliche Vorschriften zu schaffen.

Die per 1.1.1980 eingeführte Regelung wurde mit Wirkung **ab 1.11.1993 neu**[7] gestaltet, weil die ursprüngliche Vorschrift des § 25 Abs. 2 UStG 1980 infolge eines Vertragsverletzungsverfahrens der EG-Kommission gegen Deutschland vom EuGH im Urteil vom 27.10.1992[8] als nicht richtlinienkonform qualifiziert wurde. Nachstehend wird lediglich die Neuregelung erörtert, gegen die allerdings auch Bedenken erhoben werden. Die EG-Kommission hat beantragt, eine Erörterung gemäß Art. 27 Abs. 4 6.EGRl im Rat vorzunehmen. Sie vertritt die Auffassung, daß die von Deutschland am 22.3.1994 beantragte Vereinfachungsregelung, die die Schwierigkeiten[9] bei der praktischen Anwendung der Norm beheben soll, zu einem ungerechtfertigten Vorteil für die in Deutschland niedergelassenen Reisebüros führt.[10] Da fast alle EG/EU-Staaten unterschiedliche Besteuerungen der Reiseleistungen durchführen, liegt eine Harmonisierung noch in weiter Ferne.

Der Anwendungsbereich des § 25 UStG erstreckt sich auf bestimmte Reiseleistungen. Als **Reiseleistungen** i.S. des § 25 UStG sind solche Reiseleistungen anzusehen, die nicht an Unternehmer für deren Unternehmen erbracht werden und bei denen der Reiseunternehmer dem Leistungsempfänger gegenüber **im eigenen Namen** auftritt. Weiterhin geht die Regelung davon aus, daß der Reiseunternehmer sog. **„Reisevorleistungen"** (Leistungen Dritter, die dem Reisenden unmittelbar zugute kommen) in Anspruch nimmt (§ 25 Abs. 1 UStG).

Bei diesen Reiseleistungen wird fingiert, daß der Reiseunternehmer (Reiseveranstalter) eine **einheitliche sonstige Leistung** (Dienstleistung)[11] an den Reisenden erbringt. Der Ort dieser sonstigen Leistung ist stets der Sitz- bzw. Betriebsstättenort (§ 3a Abs. 1 UStG). Die Regelung des § 25 UStG gilt folglich für alle Unternehmer, die Reiseleistungen an Nichtunternehmer im eigenen Namen erbringen und Reisevorleistungen in Anspruch nehmen. § 25 Abs. 1 UStG ist allerdings **nicht** anwendbar, wenn der Reiseveranstalter **durch Einsatz eigener Mittel** (Beförderungsmittel, eigenes Hotel, Betreuung durch angestellte Reiselei-

---

[7] Art. 18 StandOG vom 13.9.1993, BStBl. 1993 I S. 774.

[8] Rs. C-74/91, ABl. EG 1992 Nr. C 303 S. 4; UR 1993, S. 61 mit Anm. Widmann; vgl. jüngst Rädler/Lausterer, UR 1995, S. 285 ff. (288).

[9] Zur Problematik einer zutreffenden Kalkulation der Margensteuer vgl. bereits Kausemann, DB 1989, S. 1366 ff.

[10] Rädler/Lausterer (FN 8), S. 289 f. m.w.N.

[11] BFH vom 21.1.1993, UR 1993, S. 263.

ter) Reiseleistungen erbringt. Für die Eigenleistungen[12] gelten die allgemeinen umsatzsteuerrechtlichen Regelungen.

Unter bestimmten Bedingungen können diese Reiseleistungen auch **steuerfrei** sein (§ 25 Abs. 2 UStG). Dies ist der Fall, soweit die diesen Leistungen zuzurechnenden Reisevorleistungen im Drittlandsgebiet bewirkt werden. Es handelt sich hierbei um eine **Steuerbefreiung mit Vorsteuerabzug** (§ 15 Abs. 3 Nr. 1 Buchst. a UStG).[13] Wegen der praktischen Schwierigkeiten bei der Berechnung hat das BMF eine Vereinfachungsregelung erlassen.[14] Bemerkenswert ist, daß die Übergangsbestimmungen aus 1977 in Art. 28 der 6.EGRl immer noch Gültigkeit haben.[15]

Als **Bemessungsgrundlage** wird abweichend von der allgemeinen Regelung in § 10 UStG lediglich der Unterschiedsbetrag (**Marge**) zwischen dem vom Leistungsempfänger aufgewendeten Preis und den Aufwendungen des Unternehmers für empfangene Reisevorleistungen angesehen. Von diesem Betrag (**Bruttomarge**) ist die herausgerechnete Umsatzsteuer abzuziehen (§ 25 Abs. 3 Satz 2 UStG). Der sich ergebende Nettobetrag bildet die Bemessungsgrundlage.

Beispiel:

Ein Reiseunternehmer veranstaltet eine Bahn-Pauschalreise im Inland, an der 36 Personen teilnehmen. Der Preis für die einzelne Reise beträgt 530 DM. Der Unternehmer wendet für Reisevorleistungen insgesamt auf:

1. Beförderung mit der Deutschen Bundesbahn (einschließlich USt)	3.960,— DM
2. Hotelunterkunft (einschließlich USt)	12.240,— DM

Die Bemessungsgrundlage für die Reiseleistung errechnet sich wie folgt:

Reisepreis pro Person	530,— DM
./. Reisevorleistungen	
1. Beförderung (3.960 DM: 36) 110 DM	
2. Unterkunft (12.240 DM: 36) 340 DM	450,— DM
Bruttomarge	80,— DM
./. Umsatzsteuer (gesetzlicher Steuersatz 15 v.H. = rechnerischer Steuersatz 13,04 v.H.)	10,43 DM
Bemessungsgrundlage (Marge)	69,57 DM

Im Ergebnis wird der Reiseveranstalter wie ein Vermittler besteuert. Die „Marge" ist steuerpflichtig bei Reisen im Gemeinschaftsgebiet. Sie ist steuerfrei bei Reiseleistungen, die im Drittlandsgebiet bewirkt werden.[16]

---

12 Vgl. Wagner, in: Sölch/Ringleb/List, Bem. 20 zu § 25.

13 Zum Buchnachweis vgl. § 72 UStDV.

14 BMF vom 25.11.1993, BStBl 1993 I S. 657.

15 Kritisch Kraeusel, UVR 1993, S. 261 f.; Zu den Unterschieden hinsichtlich der USt-Belastung ausführlich Rädler/Lausterer (FN 8), S. 293 ff.

16 Zur Berechnung bei Auslandsreisen vgl. Kraeusel, in: Schwarze/Reiß/Kraeusel, Rz. 178 ff. zu § 25; Schroeder, UVR 1989, S. 103 ff.

Nach der Rechtsprechung des EuGH ist die Margenbesteuerung auch anwendbar, wenn das Reisebüro lediglich **Ferienwohnungen**[17] zur Verfügung stellt und die An- und Abreise dem Reisenden überlassen bleibt. Der EuGH weist darauf hin, daß die Sonderregelung nach Art. 26 der 6.EGRl notwendig ist, weil die Anwendung der allgemeinen Bestimmungen über den **Ort** der Besteuerung, die **Besteuerungsgrundlage** und den **Vorsteuerabzug** „aufgrund der Vielzahl und der Lokalisierung der erbrachten Leistungen bei diesen Unternehmen zu Schwierigkeiten führen, die die Ausübung ihrer Tätigkeit behindern würden."[18]

Der Reiseunternehmer ist nach § 25 Abs. 4 UStG nicht berechtigt, die ihm für die Reisevorleistung gesondert in Rechnung gestellten Steuerbeträge als Vorsteuer abzuziehen, da diese bereits bei der Ermittlung der „Marge" berücksichtigt wurden. Vorsteuern aus anderen Vorleistungen können dagegen unter den Voraussetzungen des § 15 UStG abziehbar sein (z.B. Büromaterial).

---

[17] Urteil vom 12.11.1992 - Rs. C-163/91, EuGHE 1992, S. 5723, 5746; UR 1995, S. 302 (Vorabinformation in UR 1993, S. 118).

[18] Ebenda, Punkt 14.

Abschnitt 4: Die Differenzbesteuerung beim Handel mit Gebrauchtgegenständen

Bereits bei der Vorbereitung der 6.EG-Richtlinie wurde versucht, eine von der Regelbesteuerung abweichende, einvernehmliche Regelung über die Besteuerung des Handels mit Gebrauchtgegenständen, Kunstgegenständen, Sammlungsstücken und Antiquitäten herbeizuführen.[19] Da eine gemeinschaftliche Regelung bis zum Abschluß der Beratungen nicht gefunden werden konnte, wurde in **Art. 32 6.EGRl** eine Absichtserklärung aufgenommen. Danach sollte der Rat vor dem 31.12.1977 auf Vorschlag der Kommission eine entsprechende Regelung erlassen. Die EG-Kommission unterbreitete am 11.1.1978 einen Vorschlag für eine Siebente EG-Richtlinie.[20] Wesentlicher Inhalt war ein Lösungsvorschlag auf der Basis der Restmehrwertsteuer-Konzeption. Hierdurch sollte die Kumulationswirkung, die beim Erwerb solcher Gegenstände von Privatpersonen eintrat, gemildert oder beseitigt werden. Als Instrument sollte ein fiktiver Vorsteuerabzug dienen.[21] Da eine Einigung nicht zustande kam, zog die EG-Kommission den Vorschlag am **11.11.1987** zurück.

Einen neuen Vorschlag legte die EG-Kommission dann am 11.1.1989 vor.[22] Nunmehr wurde die Einführung einer **Differenzbesteuerung** präferiert. Sie beruht ähnlich wie die Regelung in § 25 UStG auf der Methode des **Vorumsatzabzugs**.[23] Der Vorschlag konnte jedoch nicht bis zum vorgesehenen Zeitpunkt (1.1.1990) als Richtlinie verabschiedet werden. Da die Wettbewerbsverzerrungen insbesondere im Handel mit gebrauchten Kraftfahrzeugen erhebliche Ausmaße angenommen hatten, erblickte man in Deutschland erhöhten Handlungsbedarf.

Im Rahmen des Zweiten UStÄndG[24] schuf der deutsche Gesetzgeber **mit Wirkung vom 1.7.1990** im Vorgriff auf eine EG-einheitliche Sonderregelung eine Vorschrift für die Besteuerung der Umsätze von **Gebrauchtfahrzeugen.** Sie wurde wie im Vorschlag der EG-Kommission als **Differenzbesteuerung** ausge-

---

[19] Infolge der fehlenden Vorsteuerabzugsmöglichkeit beim Erwerb von Privatpersonen trat ein Kumulationseffekt ein.

[20] Vorschlag der EG-Kommission für eine Richtlinie des Rates zur Ergänzung des gemeinsamen Mehrwertsteuersystems und zur Änderung der Art. 32 und 28 der Richtlinie 77/388/EWG - Sonderregelung für Gebrauchtgegenstände, Kunstgegenstände, Antiquitäten und Sammlungsstücke, BT-Drs. 8/1492 und 8/3435, BR-Drs. 137/89.

[21] Zur historischen Entwicklung der „Gebrauchtwaren"-Richtlinie und zur rechtssystematischen Bedeutung vgl. Kraeusel, in: Schwarze/Reiß/Kraeusel, Rz. 29 und 19 ff. zu § 25a.

[22] Vorschlag für eine Richtlinie des Rates zur Ergänzung des gemeinsamen Mehrwertsteuersystems und zur Änderung der Art. 32 und 28 der Richtlinie 77/388/EWG - Sonderregelung für Gebrauchtgegenstände, ... vom 11.1.1989, ABl.EG 1989 Nr. C 76, S. 10 (BR-Drs. 137/89). Vgl. hierzu Widmann, DB 1989, S. 848 ff.; Schlienkamp, UR 1989, S. 169 ff.; Langer, UVR 1989, S. 291 ff.

[23] Vgl. Einführung, Übersicht 2.

[24] § 25a UStG i.d.F. des Zweiten UStÄndG vom 30.3.1990, BStBl I 1990 S. 213.

staltet.[25] Damit sollte die Kumulationswirkung[26], die beim Gebrauchtwagenhandel unter Beteiligung von Nichtunternehmern[27] eintrat, verhindert werden.[28]

Am 14.2.1994 wurde nunmehr die sog. „Gebrauchtwarenrichtlinie" verabschiedet und ein Art. 26a in die 6.EGRl aufgenommen.[29] Er enthält eine Sonderregelung für die dort aufgeführten Gegenstände.[30] Diese wurde noch durch Art. 28o 6.EGRl ergänzt (Übergangsbestimmung)[31]. § 25a UStG wurde daraufhin geändert und an die Richtlinienbestimmungen angepaßt.[32] Die Neuregelung gilt ab **1.1.1995** und erweitert den Anwendungsbereich auf **bewegliche körperliche Gegenstände aller Art**.

Die Differenzbesteuerung kann vorgenommen werden, sofern ein **Wiederverkäufer** (Händler oder Versteigerer) bewegliche körperliche Gegenstände (also nicht Grundstücke) mit Ausnahme bestimmter Edelsteine und Edelmetalle i.S. des § 25a Abs. 1 Nr. 3 UStG liefert und beim Erwerb (Vorlieferung) bestimmte Voraussetzungen erfüllt wurden.

Diese Voraussetzungen sind gegeben, wenn

(1) die Gegenstände an den Wiederverkäufer im **Gemeinschaftsgebiet** geliefert wurden und

(2) Umsatzsteuer nicht geschuldet[33] oder nach § 19 Abs. 1 UStG nicht erhoben wird[34] oder die Differenzbesteuerung vorgenommen wurde[35]

---

[25] Damit wurde die zunächst seit 1977 von der EG-Kommission präferierte Alternative des „fiktiven Vorsteuerabzugs" endgültig aufgegeben. Vgl. hierzu Dziadkowski, DStR 1990, S. 123 ff. (123) sowie bereits Pohmer/Bea, BB 1974, S. 128 ff. und Widmann, DB 1990, S. 1057 ff.

[26] U.a. Söhn, StuW 1976, S. 1 ff. (31 f.).

[27] Z.B. Privatpersonen oder Hoheitsbetriebe der Gebietskörperschaften.

[28] Für die Zeit bis 30.6.1990 wurden zumeist Agenturgeschäfte vereinbart, um die nachteiligen Wettbewerbswirkungen zu vermeiden. Vgl. Mößlang, DStR 1990, S. 67 ff.

[29] Richtlinie des Rates vom 14.2.1994 zur Ergänzung des gemeinsamen Mehrwertsteuersystems und zur Änderung der Richtlinie 77/388/EWG - Sonderregelungen für Gebrauchtgegenstände, Kunstgegenstände, Sammlungsstücke und Antiquitäten (94/5/EG), ABl. 1994 Nr. L 60, S. 16.

[30] Birkenfeld/Forst, Das Umsatzsteuerrecht im Europäischen Binnenmarkt, 2. Aufl., Bielefeld 1994, S. 169 ff.

[31] Vgl. Mößlang, in: Sölch/Ringleb/List, Bem. 1 zu § 25a; Grube, UR 1994, S. 173 ff.; Langer, DB 1994, S. 904 ff.; sowie Widmann, Umsatzsteuerkongreß-Bericht 1991/92, S. 43 ff.

[32] UStÄndG vom 9.8.1994, BStBl. 1994 I S. 655 ff. (656 f.).

[33] Vgl. § 25a Abs. 1 Nr. 2 Buchst. a UStG. Das ist der Fall bei Nichtunternehmern oder nach § 4 Nr. 8-28 UStG steuerfrei leistenden Unternehmern, die kein Recht auf Vorsteuerabzug hatten.

[34] Bei Kleinunternehmern.

[35] § 25a Abs. 1 Nr. 2 Buchst. b UStG wurde bereits im Jahre 1990 im Rahmen des Gesetzgebungsverfahrens zur Differenzbesteuerung im Gebrauchtwagenhandel auf Anregung des Finanzausschusses (einstimmig) eingefügt. Zur Begründung vgl. Beschlußempfehlung und Bericht des Finanzausschusses vom 13.2.1990, BT-Drs. 11/6420, S. 18 f. Damit soll die mehrfache Differenzbesteuerung ermöglicht werden.

Die **Bemessungsgrundlage** ist in den genannten Fällen lediglich der **Unterschiedsbetrag (Differenz)** zwischen Verkaufspreis (bzw. Wert nach § 10 Abs. 4 Nr. 1 UStG in bestimmten Fällen) und Einkaufspreis. Durch diese Differenzbesteuerung soll das Grundprinzip der **Nichtdoppelbesteuerung** und der **Neutralität** gewahrt werden.

Nach § 25a Abs. 8 UStG kann der Unternehmer jedoch auch auf die Anwendung der Sonderregelung verzichten (Option zur Regelbesteuerung). Die Option ist **in** der Ausprägung der **Einzeloption** möglich. Daraus folgt, daß ein gesonderter Steuerausweis und das daran anknüpfende Vorsteuerabzugsrecht für den Abnehmer nur nach einer Einzeloption durch den Wiederverkäufer möglich ist.[36] Es ergibt sich somit das Kuriosum, daß die Regelbesteuerung für diesen Geschäftszweig zur Ausnahme wird. Der Gesetzgeber sah jedoch keine andere Möglichkeit, die systemwidrige Kumulationswirkung zu verhindern.

Ein Kumulationseffekt bleibt jedoch dadurch erhalten, daß die auf die Differenz (Marge) entfallende Umsatzsteuer nach § 25a Abs. 6 Satz 1 UStG beim Wiederverkäufer nicht in der Rechnung ausgewiesen werden darf. Diese **heimliche** Umsatzsteuer ist bekanntlich beim Abnehmer vom Vorsteuerabzug ausgeschlossen. Die Regelung wurde damit begründet, daß diese Behandlung der allgemeinen Handelspraxis, die Gewinnspanne nicht offenzulegen, entspricht.[37]

Nach § 25a Abs. 6 Satz 2 UStG ist ein „Nämlichkeitsnachweis" zu erbringen, aus dem hervorgehen müssen: Verkaufspreis oder Wert nach § 10 Abs. 4 Nr. 1 UStG, Einkaufspreis und Bemessungsgrundlage (Differenz). Außerdem ist eine buchmäßige Trennung der Geschäfte, die unter die Sonderregelung fallen, und derjenigen, die optional der Regelbesteuerung unterworfen werden, vorzunehmen.

Beispiel:

Der Kraftfahrzeughändler A erwirbt von einer Privatperson ein Fahrzeug für 6.250 DM. Kurz darauf veräußert er den Wagen wieder zum Preis von 7.400 DM.

Daraus ergibt sich folgende Bemessungsgrundlage:

Verkaufspreis	7.400 DM
./. Einkaufspreis	6.250 DM
= Bruttomarge	1.150 DM
./. USt (15%)	150 DM
= Bemessungsgrundlage	1.000 DM

[36] Dziadkowski (FN 25), S. 125 sowie Mößlang (FN 31), Bem. 37 f.

[37] Vgl. Beschlußempfehlung ... (FN 35), S. 10.

Teil X
Grundzüge der Umsatzbesteuerung im Europäischen Binnenmarkt

(Übergangsregelung)

Abschnitt 1: EG-rechtliche Grundlagen der Umsatzbesteuerung

Kapitel 1 : Die Umsatzsteuer im Europäischen Binnenmarkt

A. Prinzipien der Umsatzbesteuerung im Binnenmarkt

Die Harmonisierung der Umsatzsteuern wird entscheidend durch das der Umsatzsteuer für internationale Geschäfte zugrundegelegte **Besteuerungsprinzip** beeinflußt. Die EU-einheitliche Berücksichtigung bestimmter Besteuerungsprinzipien soll Mehrfach- und Nichtbesteuerungen im Rahmen des grenzüberschreitenden Waren- und Dienstleistungsverkehrs verhindern.

Derzeit werden vor allem die beiden tragenden Besteuerungsprinzipien, das **Bestimmungslandprinzip** und das **Ursprungslandprinzip** sowie eine Kombination in Form des **Gemeinsamer-Markt-Prinzips** diskutiert[1]. Der ab 1.1.1993 geltenden Umsatzbesteuerung grenzüberschreitender Umsätze im Europäischen Binnenmarkt liegen sowohl das Ursprungs- als auch (im wesentlichen) das Bestimmungslandprinzip zugrunde.

Die Besteuerungsprinzipien können unter **steuertechnischen** Aspekten und danach beurteilt werden, welchem Mitgliedstaat das **Umsatzsteueraufkommen** aus grenzüberschreitenden Geschäften zustehen soll. Die Begriffsinhalte dieser Besteuerungsprinzipien unterliegen keiner einheitlichen Auffassung. Umstritten sind auch die sich aus ihrer Anwendung für die Umsatzbesteuerung ergebenden steuersystematischen und ökonomischen Konsequenzen.

Im allgemeinen sind nach dem **Bestimmungslandprinzip** international gehandelte Waren[2] in dem Staat zu besteuern, in dem sie investiv oder konsumtiv verwendet werden. Diesem Staat fließt auch das Steueraufkommen zu. Dies wurde bei der Umsatzsteuer bisher durch den sog. **Grenzausgleich**, d.h. Besteuerung der Einfuhr und Steuerfreistellung der Ausfuhr, begleitet von entsprechenden Grenzkontrollen, erreicht.

Nach dem **Ursprungslandprinzip** erhebt und erhält das Land die Umsatzsteuer auf die ins Ausland gelieferte Ware, in dem die Ware produziert wurde. Abgesehen von Direktverkäufen über die Grenze an Letztverbraucher ergeben sich dann jedoch im Rahmen einer Allphasen-Umsatzsteuer Probleme, wenn z.B. an Wie-

---

[1] Vgl. z.B. Krause-Junk, Ein Plädoyer für das Ursprungslandprinzip, in: Bea/Kitterer (Hrsg.), Finanzwissenschaft im Dienste der Wirtschaftspolitik, Tübingen 1990, S. 253 ff.; ders., Finanzarchiv (FA) Bd. 49 (1992) S. 141 ff.; Meyding, Umsatzbesteuerung und Europäischer Binnenmarkt, Baden-Baden, 1991, S. 26 ff., 160 ff.; Faltlhauser, StuW 1991, S. 324 ff.; Dziadkowski, StuW 1993, S. 169 ff. (171 f.); vgl. auch die Hinweise in FN 27.

[2] Die Diskussion konzentriert sich derzeit auf die Besteuerung grenzüberschreitender Warenlieferungen. Vgl. im Hinblick auf grenzüberschreitende Dienstleistungen auch Menner, Die Umsatzsteuer-Harmonisierung in der Europäischen Gemeinschaft. Entwicklung und Zukunft unter besonderer Berücksichtigung der freien Berufe, Köln 1992. Vgl. zum Bestimmungslandprinzip auch Teil II, Abschnitt 1, Kapitel 2.

derverkäufer ins Ausland geliefert wird.[3] In derartigen **Fällen** sieht z.B. das **Gemeinsamer-Markt-Prinzip** vor, daß ein sog. **grenzüberschreitender Vorsteuerabzug** gewährt wird[4].

Unabhängig von der steuertechnischen Erfassung grenzüberschreitender Warenlieferungen wird in der Diskussion um eine Umsatzsteuerharmonisierung jedoch hervorgehoben, daß das Umsatzsteueraufkommen letztlich dem Mitgliedstaat zustehen soll, in dem die Waren verbraucht werden. Diese Konsequenz ergebe sich aus dem Charakter der Umsatzsteuer als **Verbrauchsteuer**[5]. Das bedeutet, daß sowohl beim Ursprungslandprinzip als auch beim Gemeinsamer-Markt-Prinzip z.B. ein sog. **Clearing-Verfahren (Finanzausgleich)**[6] außerhalb der (steuertechnischen) Umsatzbesteuerung erfolgen muß[7].

B. Die Beseitigung der Steuergrenzen als Ziel der Umsatzsteuerharmonisierung

Art. 99 des Vertrages zur Gründung der Europäischen Gemeinschaft[8] bildet die Rechtsgrundlage für die Harmonisierung der Umsatzsteuern[9]. Dabei geht es nicht um die Schaffung eines europäischen Umsatzsteuerrechts, sondern um die Harmonisierung der Rechtsvorschriften der Umsatzsteuer in den einzelnen Mitgliedstaaten, soweit dies für das Funktionieren des Binnenmarktes notwendig ist. Eine Umsatzsteuer der EU ist nicht beabsichtigt[10].

Durch die Einheitliche Europäische Akte vom 28. Februar 1986[11] ist der EWG-Vertrag (jetzt EGV), auch mit Wirkung für Art. 99, um **Art. 8a (jetzt Art. 7a EGV)** ergänzt worden. Danach trifft die Gemeinschaft die erforderlichen Maßnahmen, um bis zum 31. Dezember 1992 den Binnenmarkt schrittweise zu verwirklichen. Der **Binnenmarkt**[12] wird definiert als ein „Raum ohne Binnengrenzen, in dem der freie Verkehr von Waren, Personen, Dienstleistungen und Kapital gemäß den Bestimmungen dieses Vertrages gewährleistet ist" (Art. 7a EGV).

Bereits in der Präambel der Ersten Richtlinie des Rates zur Harmonisierung der Rechtsvorschriften der Mitgliedstaaten über die Umsatzsteuer vom 11. April

---

3 Vgl. z.B. Krause-Junk 1990 (FN 1), S. 262 ff. und Meyding (FN 1), S. 32 ff.

4 Kritisch zur Anwendung eines „Mischprinzips" Krause-Junk 1990 (FN 1), S. 255 ff.; zum Vorsteuerabzug im Binnenmarkt vgl. auch Dziadkowski (FN 1), S. 172 ff.

5 Vgl. u.a. Meyding (FN 1), S. 157 f.; Klezath, DStJG 13 (1990), S. 167 ff. (171); ders., UR 1992, S. 61 ff. (62); Menner (FN 2), S. 26 f., 143.

6 Zur Ausgestaltung von Clearing-Verfahren vgl. z.B. Meyding (FN 1), S. 151 ff.; Schauer, UR 1991, S. 61 f.

7 Zur Möglichkeit der Erhebung der Umsatzsteuer durch die EU vgl. z.B. Pohmer/Pflugmann/Hohlstein, UR 1993, S. 37 ff. (47 f.).

8 Kurz: EGV in der Fassung vom 1. Januar 1995.

9 Vgl. Kohler, StbJb 1988/89, S. 324; Birkenfeld, USt-Hdb, Einf. Rz. 379; vgl. auch Meyding (FN 1), S. 112 ff.

10 Kohler (FN 9), S. 325; Meyding (FN 1), S. 115; Klezath 1992 (FN 5), S. 62; Lesch, DB 1993, S. 857 ff.

11 BGBl 1986 II S. 1104.

12 Zu den Begriffen „Binnenmarkt" und „Gemeinsamer Markt" vgl. Meyding (FN 1), S. 114 ff.; Menner (FN 2), S. 31 ff.;

1967[13] wird ausgeführt, daß es das **Hauptziel des EWG-Vertrages** sei, einen gemeinsamen Markt zu schaffen, auf dem ein „gesunder Wettbewerb" herrsche und der ähnliche Merkmale aufweise wie ein Binnenmarkt. Voraussetzung für die Verwirklichung dieses Ziels sei eine Harmonisierung der Rechtsvorschriften über die Umsatzsteuern.

Das in Art. 4 1.EGRl formulierte Ziel der Umsatzsteuerharmonisierung, „das darin besteht, die Besteuerung der Einfuhr und die steuerliche Entlastung der Ausfuhr im Handelsverkehr zwischen den Mitgliedstaaten unter Wahrung der Neutralität dieser Steuern in bezug auf den Ursprung der Gegenstände und Dienstleistungen zu beseitigen", wurde jedoch zunächst nicht weiter verfolgt, um die Einführung eines gemeinsamen Umsatzsteuersystems nicht zu gefährden.

Auf der Grundlage der 1. und 2.EGRl[14] wurde schließlich in den Mitgliedstaaten der Europäischen Wirtschaftsgemeinschaft die Allphasen-Nettoumsatzsteuer mit Vorsteuerabzug (Mehrwertsteuer, MWSt, USt) eingeführt[15].

Auch mit der 6.EGRl vom 17. Mai 1977[16], mit der eine weitgehende Harmonisierung der Umsatzsteuer erreicht wurde, konnte das in Art. 4 der 1.EGRl genannte und weiterhin angestrebte Ziel[17] nicht verwirklicht werden.

Nachdem die Europäische Kommission ihre Vorstellungen von der Verwirklichung des Binnenmarktes bereits 1985 in einem **„Weißbuch"**[18] erläutert hatte, legte sie im August 1987 dem Rat ihre ergänzten Vorschläge vor[19].

Dabei ging sie davon aus, daß in einem Binnenmarkt alle innergemeinschaftlichen Umsätze wie Inlandsumsätze zu behandeln sind. Es müsse deshalb sowohl die umsatzsteuerliche Entlastung von Ausfuhren als auch die Besteuerung von Einfuhren entfallen und der Vorsteuerabzug sei grenzüberschreitend zu gewähren. Durch ein Clearing-Verfahren sollte jedoch sichergestellt werden, daß das Umsatzsteueraufkommen weiterhin dem Mitgliedstaat zusteht, in dem die Waren letztlich verbraucht werden.

Diese und weitere Vorschläge der Kommission erwiesen sich, insbesondere soweit sie ein Clearing-Verfahren enthielten, als **nicht konsensfähig.** Vor allem gegen ein auf mikro- oder makroökonomischer Basis beruhendes Clearing-Verfahren wurden von den Mitgliedstaaten Bedenken erhoben, die sowohl Haushaltsrisiken, Befürchtungen über einen unverhältnismäßig hohen Verwaltungsaufwand als auch Mißtrauen gegenüber einer zu starken Stellung der Kommission aufgrund der Führung des Clearingkontos umfaßten[20].

---

13 ABl. EG 1967, Nr. L 71, S. 1301, kurz: 1.EGRl.

14 ABl. EG 1967, Nr. L 71, S. 1303, kurz: 2.EGRl.

15 Vgl. zur Entstehung des UStG 1967 z.B. Heilmann, Die Umsatzsteuerreform in der Bundesrepublik Deutschland, Frankfurt/M. 1975.

16 ABl. EG 1977, Nr. L 145, S. 1.

17 Vgl. Präambel der 6.EGRl und Art. 35 der 6.EGRl.

18 BR-Drs. 289/85.

19 Vgl. z.B. Kohler (FN 9), S. 327 ff.; Kraeusel, UVR 1989, S. 131 ff.

20 Zur Entwicklung der Umsatzsteuerharmonisierung vgl. z.B. Klezath 1990 (FN 5), S. 167 ff.; ders. 1992 (FN 5), S. 61 ff.; Meyding (FN 1), S. 122 f.; Faltlhauser (FN 1), S. 327 ff.; Menner (FN 2), S. 4 ff.; Birkenfeld/Forst, Das Umsatzsteuerrecht im Europäischen Binnenmarkt, 2. Aufl., Bielefeld 1994, S. 56 ff.

Kapitel 2 : Die EG-rechtlichen Vorgaben durch die Änderungs-Richtlinie und die Amtshilfe-Verordnung

A. Die Änderungs-Richtlinie

Nach langwierigen Verhandlungen hat der Rat am 16. Dezember 1991 die Richtlinie zur Ergänzung des gemeinsamen Mehrwertsteuersystems und zur Änderung der Richtlinie 77/388/EWG im Hinblick auf die Beseitigung der Steuergrenzen (91/680/EWG)[21] und zuletzt die Zweite Vereinfachungsrichtlinie vom 10.4.1995 verabschiedet[22]. Dabei geht der Rat davon aus, daß die Verwirklichung des Binnenmarktes i.S. von Art. 8a EWGV (jetzt Art. 7a EGV) die Beseitigung der Steuergrenzen zwischen den Mitgliedstaaten voraussetzt.

Die Besteuerung der Einfuhr und die Steuerbefreiung bei der Ausfuhr müßten für innergemeinschaftliche Umsätze **endgültig** abgeschafft werden. Die Verwirklichung des in Art. 4 1.EGRl vorgesehenen Ziels setze für den innergemeinschaftlichen Handelsverkehr die **Besteuerung im Ursprungsmitgliedstaat** voraus. Dabei dürfe jedoch der im innergemeinschaftlichen Handelsverkehr zwischen Steuerpflichtigen geltende **Grundsatz** nicht angetastet werden, daß die **Steuereinnahmen** aus der Besteuerung der Umsätze an den Endverbraucher dem **Mitgliedstaat** zustehen, in dem der **Endverbrauch** erfolgt[23].

Damit steht dem **steuertechnischen Ursprungslandprinzip** bzw. dem Gemeinsamer-Markt-Prinzip das **aufkommensmäßige Bestimmungslandprinzip** gegenüber. Das diese Prinzipien verbindende **Clearingverfahren** konnte jedoch bisher **nicht installiert** werden. Der Rat betont daher, daß das in Art. 4 1.EGRl formulierte Ziel erst **mittelfristig** zu realisieren sei. Für eine **Übergangszeit** seien deshalb die innergemeinschaftlichen Umsätze von Steuerpflichtigen, die nicht steuerbefreit sind, zu den Sätzen und Bedingungen im Bestimmungsland zu besteuern. Dies gelte zur Vermeidung möglicher erheblicher Wettbewerbsverzerrungen auch für den innergemeinschaftlichen Erwerb in bestimmter Höhe von steuerbefreiten

---

[21] ABl. EG 1991, Nr. L 376, S. 1, kurz: Änderungs-Richtlinie, 6. EGRl.

[22] Zur Änderungs-Richtlinie vgl. u.a. Langer, DB 1992, S. 340 ff., 395 ff.; Rokos, UR 1992, S. 89 ff., 129 ff.; Kraeusel, UVR 1992, S. 97 ff., 129 ff., 161 ff.; Schlienkamp, UR 1992, S. 157 ff., 189 ff.; Springsguth, BB 1992, S. 747 ff. Inzwischen wurde die Änderungs-Richtlinie durch die Richtlinie 92/77/EWG des Rates vom 19. Oktober 1992 zur Ergänzung des gemeinsamen Mehrwertsteuersystems und zur Änderung der Richtlinie 77/388/EWG (Annäherung der MWSt-Sätze), ABl. EG 1992 Nr. L 316, S. 1 - kurz: Steuersatz-Richtlinie - und die Richtlinie 92/111/EWG des Rates vom 14. Dezember 1992 zur Änderung der Richtlinie 77/388/EWG und zur Einführung von Vereinfachungsmaßnahmen im Bereich der Mehrwertsteuer, ABl. EG 1992, Nr. L 384, S. 47 - kurz: Vereinfachungsrichtlinie- erneut geändert, vgl. Schlienkamp, UR 1993, S. 3 ff., S. 52; Nieskens, BB 1993, S. 623 ff. Die letzte Änderung beruht auf der Richtlinie 95/7 EG des Rates vom 10.4.1995 zur Änderung der Richtlinie 77/388/EWG und zur Einführung weiterer Vereinfachungsmaßnahmen im Bereich der Mehrwertsteuer - Geltungsbereich bestimmter Steuerbefreiungen und praktische Einzelheiten ihrer Durchführung, ABl. EG 1995, Nr. L 102, S. 18 - kurz: Zweite Vereinfachungsrichtlinie. Zu Einzelheiten vgl. Langer, DB 1995, S. 995 ff.; Huschens, UR 1995, S. 241 ff.

[23] Vgl. Langer/Rokos, Die 6. EG-Umsatzsteuer-Richtlinie, Köln 1992, S. 10.

Steuerpflichtigen oder von nichtsteuerpflichtigen juristischen Personen. Entsprechend seien auch bestimmte innergemeinschaftliche Versandgeschäfte und Lieferungen neuer Fahrzeuge, wenn der Erwerber eine Privatperson oder eine steuerbefreite bzw. nichtsteuerpflichtige Einrichtung sei, zu besteuern.

Die **Übergangsregelung** soll zunächst bis zum 31. Dezember 1996 anwendbar sein. Danach soll sie zur Verwirklichung des in Art. 4 1.EGRl vorgesehenen Ziels durch eine endgültige Regelung ersetzt werden, die für die Besteuerung des Handelsverkehrs zwischen den Mitgliedstaaten auf dem Prinzip der Besteuerung der gelieferten Gegenstände und der erbrachten Dienstleistungen im Ursprungsmitgliedstaat beruht. Der Geltungsbereich der Übergangsregelung verlängert sich jedoch automatisch bis zu dem Zeitpunkt, in dem der Rat über eine endgültige Regelung befindet und diese in Kraft tritt (Art. 28 l 6.EGRl).

Die Änderungs-Richtlinie folgt damit für den nichtkommerziellen innergemeinschaftlichen Reiseverkehr und in bestimmten Grenzen für innergemeinschaftliche Erwerbe und Versandgeschäfte dem **Ursprungslandprinzip,** im übrigen (wie bisher) dem **Bestimmungslandprinzip.** Dabei wird der Tatbestand der Einfuhr[24] durch den neuen Tatbestand des innergemeinschaftlichen Erwerbs und die bisherige Steuerbefreiung für die Ausfuhrlieferung[25] durch eine Steuerbefreiung für innergemeinschaftliche Lieferungen ersetzt. Diese Regelungen werden um zusätzliche Aufzeichnungs- und Meldepflichten für Unternehmer, die innergemeinschaftliche Umsätze erbringen, erweitert.

Die Änderungs-Richtlinie ist nach **Art. 189 Abs. 3 EGV** für jeden Mitgliedstaat hinsichtlich des zu erreichenden Ziels verbindlich. Sie überläßt jedoch den innerstaatlichen Stellen die Wahl der Form und der Mittel[26].

Die Änderungs-Richtlinie schafft eine **Übergangsregelung,** die mittelfristig durch eine Neuregelung abgelöst werden soll, der **steuertechnisch** das (modifizierte) **Ursprungslandprinzip (Gemeinsamer-Markt-Prinzip)** und **aufkommensmäßig** das **Bestimmungslandprinzip** zugrundeliegen soll[27].

---

[24] Der Einfuhrtatbestand beschränkt sich künftig auf das Verbringen von Gegenständen aus einem Drittlandsgebiet in die Gemeinschaft, vgl. Schlienkamp, UR 1992, S. 157 ff. (160 ff.), S. 189 ff.

[25] Steuerfreie Ausfuhrlieferungen liegen nur noch vor, wenn der Liefergegenstand ins Drittlandsgebiet gelangt, vgl. Schlienkamp, UR 1992, S. 189 ff. (190 f.).

[26] Zur Wirkung von EG-Richtlinien vgl. z.B. Birkenfeld (FN 9), Rz. 334, 336 f.; Reiß, in: Schwarze/Reiß/Kraeusel, Rz. 101 ff. Einf.; ders., StuW 1994, S. 323 ff. Zur Änderung bestandskräftiger Umsatzsteuerbescheide bei fehlerhafter Richtlinienumsetzung vgl. EuGH vom 6.7.1995, UR 1995, S. 404 mit Anm. Lohse, S. 408, vgl. auch Einf. Abschnitt 5.

[27] Vgl. auch Waigel, UR 1993, S. 1 f. Die sog. Ursprungslandkommission - eine vom BMF im März 1993 berufene Kommission mit Vertretern aus Wirtschaft, Wissenschaft und Verwaltung - plädiert in ihrem Gutachten (vgl. Heft 52 der Schriftenreihe des BMF, Bonn 1994: Ausarbeitung der endgültigen Regelung für die Umsatzbesteuerung des innergemeinschaftlichen Waren- und Dienstleistungsverkehrs und für ein funktionsfähiges Clearing-Verfahren) für eine Besteuerung nach dem Ursprungslandprinzip im Wege des sog. Leistungsortmodells. Zur Sicherung des Steueraufkommens nach dem Verbrauchslandprinzip wird ein Clearing-Verfahren auf der Basis von mikroökonomischen Daten empfohlen. Vgl. die Zusammenfassung und das Ergebnis dieses Gutachtens in: UR 1994, S. 213 ff.; vgl. auch Dziadkowski/Robisch, BB 1994, S. 1605 ff. Zur Diskussion

B. Die Amtshilfe-Verordnung

Die Änderungs-Richtlinie wird ergänzt durch die Verordnung (EWG) Nr. 218/92 des Rates vom 27. Januar 1992 über die Zusammenarbeit der Verwaltungsbehörden auf dem Gebiet der indirekten Besteuerung (MWSt)[28]. Nach der Präambel dieser Verordnung ist zur Vermeidung von Steuerausfällen während der Geltungsdauer der Änderungs-Richtlinie für innergemeinschaftliche Geschäfte die Errichtung eines gemeinsamen Systems des Informationsaustausches erforderlich.

Ein **EDV-gestützter Informationsaustausch** soll sicherstellen, daß auch nach Wegfall der Grenzkontrollen eine ordnungsmäßige Besteuerung innergemeinschaftlicher Erwerbe im Bestimmungsland gewährleistet ist. Über eine von den Mitgliedstaaten einzurichtende zentrale Behörde sollen die jeweiligen Steuerverwaltungen die Möglichkeit erhalten, Informationen über innergemeinschaftliche Lieferungen im Ausland ansässiger Unternehmer an inländische Abnehmer zu bekommen. Außerdem sollen Informationen über den umsatzsteuerlichen Status der am innergemeinschaftlichen Handel beteiligten Personen ausgetauscht werden. Diese Informationen sollen die Finanzbehörden u.a. in die Lage versetzen, dem leistenden Unternehmer die Unternehmereigenschaft seiner Abnehmer zu bestätigen.

Die Amtshilfe-Verordnung, die nach **Art. 189 Abs. 2 EGV** allgemeine Geltung hat und in allen ihren Teilen verbindlich ist, gilt unmittelbar in jedem Mitgliedstaat[29]. Dennoch müssen die aufgrund der Amtshilfe-Verordnung erforderlichen Änderungen, soweit sie weiterer Ausführungen bedürfen, in nationales Recht umgesetzt werden[30] Die Amtshilfe-Verordnung legt im wesentlichen fest, wie und in welchem Umfang die von den Unternehmern gemeldeten Informationen über ihre innergemeinschaftlichen Umsätze den Steuerverwaltungen der anderen Mitgliedstaaten gemeldet werden.

Bestimmungslandprinzip - Ursprungslandprinzip vgl. auch Theile, UR 1995, S. 47 ff.; Zitzelsberger/Keil, UR 1995, S. 169 ff.; Haep, UVR 1995, S. 101 ff.; kritisch zum Übergang der Besteuerung nach dem Ursprungslandprinzip und für ein (modifiziertes) Bestimmungslandprinzip Reiß (FN 26), Rz. 91 ff. Einf.

[28] ABl. EG 1992 Nr. L 24 S. 1; BStBl 1993 I S. 726, kurz: Zusammenarbeits-VO; vgl. dazu z.B. Langer (FN 22), S. 401 ff.; Rokos (FN 22), S. 105 ff.

[29] Zur Wirkung von EU-Verordnungen vgl. z.B. Birkenfeld (FN 5), Rz. 334 f. m.w.N.

[30] Vgl. BT-Drs. 12/2463, S. 22.

Abschnitt 2: Überblick über die Regelungen zur Besteuerung innergemeinschaftlicher Umsätze im Umsatzsteuergesetz

Mit dem Gesetz zur Anpassung des Umsatzsteuergesetzes und anderer Rechtsvorschriften an den EG-Binnenmarkt vom 25. August 1992[31] **(Umsatzsteuer-Binnenmarktgesetz)** wurden insbesondere die 6.EGRl in der Fassung vom 16. Dezember 1991[32] und, soweit erforderlich, die sich aus der Amtshilfe-Verordnung vom 27. Januar 1992[33] ergebenden Vorgaben in nationales Recht umgesetzt[34]. Artikel 1 dieses Gesetzes betrifft die Änderung des Umsatzsteuergesetzes. Durch Artikel 7 des **Verbrauchsteuer-Binnenmarktgesetzes** vom 21. Dezember 1992[35] wurde das durch das UStBG zuletzt geänderte Umsatzsteuergesetz 1991 (UStG 1991) erneut geändert[36]. Alle Rechtsänderungen sind zum 1. Januar 1993 in Kraft getreten. Bedingt durch die Umsetzung weiterer EU-Vorgaben wurde das Umsatzsteuergesetz durch das Umsatzsteuer-Änderungsgesetz vom 9.8.1994 und schließlich das Jahressteuergesetz 1996 erneut geändert[37].

Um den **Übergangscharakter** der Änderungen des Umsatzsteuergesetzes durch das UStBG herauszustellen[38], wurden diese Änderungen weitgehend nicht in bestehende Vorschriften, sondern in neue Vorschriften aufgenommen, die systematisch den bisherigen Vorschriften zugeordnet wurden[39]. Schließlich wurden, im wesentlichen bedingt durch das UStBG, mit Wirkung vom 1. Januar 1993 auch die Vorschriften der Umsatzsteuer-Durchführungsverordnung neu gefaßt[40].

---

[31] BGBl 1992 I S. 1548; BStBl 1992 I S. 552; sog. Mantelgesetz, das mehrere Gesetze ändert, kurz: UStBG.

[32] ABl. EG 1991 Nr. L 376, S. 1.

[33] ABl. EG 1992 Nr. L 24, S. 1.

[34] Vgl. dazu u.a. Widmann, UR 1992, S. 249 ff.; Kraeusel, UVR 1992, S. 257 ff.; Nieskens, Beilage 17 zu BB Heft 31/1992; Langer, Umsatzsteuer im Binnenmarkt, Herne/Berlin 1992; Auf innergemeinschaftliche Reihengeschäfte wird im folgenden nicht eingegangen, vgl. dazu u.a. BMF vom 12.3.1993; BStBl 1993 I S. 291 ff.; Widmann, DB 1994, S. 1949 ff. (1952 f.).

[35] BGBl 1992 I S. 2150.

[36] Vgl. Schlienkamp, UR 1993, S. 51 f.

[37] Das u.a. durch das Umsatzsteuer-Änderungsgesetz (vgl. dazu Nieskens, UR 1994, S. 373 ff.), das Postneuordnungsgesetz vom 14.9.1994, das Markenrechtsreformgesetz vom 25.10.1994 (vgl. dazu Schlienkamp, UR 1994, S. 460 f.), und das Jahressteuergesetz 1996 (vgl. dazu Kraeusel, UR 1995, S. 357 ff.) mehrfach geänderte UStG 1991 wird im folgenden als UStG bezeichnet.

[38] Das UStBG enthält im Gegensatz zur sog. Änderungsrichtlinie keine zeitliche Fixierung der Übergangsregelung, vgl. dazu Kraeusel, UVR 1992, S. 257 (260 f.).

[39] Vgl. BT-Drs. 12/2463, S. 20; vgl. insoweit auch den Aufbau der Änderungsrichtlinie.

[40] Neunte Verordnung zur Änderung der Umsatzsteuer-Durchführungsverordnung vom 3. Dezember 1992, BGBl 1992 I S. 1982, vgl. dazu Widmann, UR 1992, S. 357 ff. Die UStDV wurde zuletzt durch das Jahressteuergesetz 1996 geändert, vgl. dazu Kraeusel, UR 1995, S. 357 ff.

Das UStG ist durch die Neuregelungen des UStBG (und späterer Änderungen) **grundlegend** geändert worden. Die neuen Besteuerungsgrundlagen betreffen vor allem den Wirtschaftsverkehr innerhalb der Europäischen Union. Ihnen liegt folgende **Struktur** zugrunde:

(1) Die umsatzsteuerlichen Grenzkontrollen innerhalb der EU entfallen. Grenzüberschreitende Warenbewegungen innerhalb der EU unterliegen deshalb nicht mehr der Einfuhrumsatzsteuer bzw. sind nicht mehr als Ausfuhrlieferungen steuerfrei. Das ihnen zugrundeliegende Besteuerungsprinzip der Umsatzbesteuerung im Bestimmungsland gilt jedoch, von Teilbereichen abgesehen, weiter. Dabei wird das **Bestimmungslandprinzip** steuertechnisch zum einen dadurch realisiert, daß in folgenden Fällen der Tatbestand der Einfuhr (§ 1 Abs. 1 Nr. 4 UStG) ersetzt wird durch den neuen Tatbestand des **innergemeinschaftlichen Erwerbs** (§ 1 Abs. 1 Nr. 5 UStG) und an die Stelle der steuerfreien Ausfuhrlieferung (§ 4 Nr. 1 Buchst. a UStG) die **steuerfreie innergemeinschaftliche Lieferung** (§ 4 Nr. 1 Buchst. b UStG) tritt:

a) im sog. innergemeinschaftlichen gewerblichen Warenverkehr mit vorsteuerabzugsberechtigten Unternehmern;

b) im innergemeinschaftlichen Warenverkehr, wenn die Waren durch Unternehmer (nicht Kleinunternehmer) gegen Entgelt an steuerbefreite Unternehmer ohne Vorsteuerabzugsberechtigung, an Kleinunternehmer, pauschalierende Land- und Forstwirte sowie juristische Personen als Nichtunternehmer geliefert werden und es sich

b1) um verbrauchsteuerpflichtige Waren (§ 1a Abs. 5 UStG)

b2) um neue Fahrzeuge (§ 1a Abs. 5; § 1b Abs. 2, 3 UStG)

b3) um andere Waren handelt und die unter b) genannten Erwerber (sog. Schwellenerwerber) die sog. Erwerbsschwelle (§ 1a Abs. 3 Nr. 2 UStG) überschreiten oder zur Erwerbsbesteuerung optieren (§ 1a Abs. 4 UStG);

c) im innergemeinschaftlichen Handel mit neuen Fahrzeugen i.S. von § 1b Abs. 2, 3 UStG und zwar unabhängig davon, wer diese Fahrzeuge liefert (§ 2a UStG) und an wen diese Fahrzeuge geliefert werden (§ 1a; § 1b UStG);

d) zur Sicherung des Steueraufkommens wird das unternehmensinterne innergemeinschaftliche Verbringen von Gegenständen einer Lieferung gleichgestellt (§ 3 Abs. 1a UStG) und damit wie eine innergemeinschaftliche Lieferung bzw. innergemeinschaftlicher Erwerb (§ 1a Abs. 2 UStG) behandelt.

Zum anderen erfolgt die Umsatzbesteuerung im **Bestimmungsland,** wenn die sog. **Versandhandelsregelung** (§ 3c UStG) greift. Durch sie wird der Ort der Lieferung abweichend von § 3 Abs. 7 i.V.m. Abs. 6 UStG ins Bestimmungsland verlegt. Dies gilt im innergemeinschaftlichen Warenverkehr mit Schwellenerwerbern, die nicht die Erwerbsschwelle überschreiten und nicht zur Erwerbsbesteuerung optiert haben sowie vor allem mit Privatpersonen, wenn die Beförderung oder Versendung der Ware durch den liefernden Unternehmer erfolgt. Dieser muß außerdem die sog. Lieferschwelle (§ 3c Abs. 3 UStG) überschreiten bzw. durch Option auf die Anwendung der Lieferschwelle verzichten (§ 3c Abs. 4 UStG). In diesen Fällen muß der liefernde Unternehmer, nicht der Leistungsempfänger (Erwerber), die Umsätze im Bestimmungsland der Umsatzbesteuerung unterwerfen.

(2) Die Umsatzbesteuerung der innergemeinschaftlichen Warenbewegungen erfolgt im Ursprungsland **(Ursprungslandprinzip),** wenn die Warenlieferungen (mit Ausnahme von neuen Fahrzeugen, vgl. unter 1 c) an Abnehmer im sog. nichtkommerziellen innergemeinschaftlichen Reiseverkehr erfolgen.
Damit erwirbt vor allem der private Abnehmer diese Waren ohne mengen- und wertmäßige Beschränkungen mit der Umsatzsteuer des Mitgliedstaates, in dem die Lieferung ausgeführt wurde. Daneben kommt die Umsatzbesteuerung nach dem Ursprungslandprinzip in den Fällen zur Anwendung, in denen entweder

- die Besteuerung des innergemeinschaftlichen Erwerbs nicht möglich ist, weil der liefernde Unternehmer Kleinunternehmer ist oder der Erwerber nicht die Erwerbsschwelle überschreitet und auch nicht auf die Anwendung der Erwerbsschwelle verzichtet (§ 1a Abs. 3 Nr. 2, Abs. 4 UStG)
- oder die Versandhandelsregelung (§ 3c UStG) nicht greift, weil der liefernde Unternehmer die Lieferschwelle nicht erreicht und auch nicht auf ihre Anwendung verzichtet (§ 3c Abs. 3, 4 UStG).

(3) **Grenzüberschreitende innergemeinschaftliche Güterbeförderungen** sind in vollem Umfang entweder in dem Mitgliedstaat zu versteuern, in dem die Beförderung beginnt, oder in dem Mitgliedstaat, dessen Umsatzsteuer-Identifikationsnummer (USt-IdNr., § 27a UStG) der Leistungsempfänger gegenüber dem Beförderunternehmer verwendet (§ 3b Abs. 3 UStG). Eine Steuerbefreiung für innergemeinschaftliche Güterbeförderungen entfällt.

(4) Um nach dem Wegfall der umsatzsteuerlichen Grenzkontrollen an den Binnengrenzen in der Europäischen Union eine wirksame **Kontrolle** der Umsatzbesteuerung im innergemeinschaftlichen Handelsverkehr zu gewährleisten, erhalten die beteiligten Unternehmer und bestimmte juristische Personen **Umsatzsteuer-Identifikationsnummern** (§ 27a UStG).

Außerdem müssen Unternehmer, die innergemeinschaftliche Warenlieferungen oder innergemeinschaftliche Warenbewegungen ausführen, darüber **Zusammenfassende Meldungen** (§ 18a UStG) abgeben.

Abschnitt 3: Zu einzelnen Regelungen der Besteuerung innergemeinschaftlicher Umsätze

Kapitel 1 : Der räumliche Geltungsbereich

Der deutschen Steuerhoheit unterliegen - wie bisher - grundsätzlich die Umsätze, die im deutschen Hoheitsgebiet mit Ausnahme bestimmter Gebiete[41] erbracht werden. Der Inlandsbegriff (§ 1 Abs. 2 UStG) gilt deshalb unverändert weiter. Die neuen Besteuerungsregelungen im EU-Binnenmarkt erfordern aber eine **Differenzierung des Auslandsbegriffes.**

Zum Ausland zählen das **Drittlandsgebiet** und das **übrige Gemeinschaftsgebiet.** Das Inlandsgebiet i.S. von § 1 Abs. 2 UStG und die Inlandsgebiete der übrigen EU-Mitgliedstaaten (übriges Gemeinschaftsgebiet) werden als **Gemeinschaftsgebiet** bezeichnet. Zu den sog. Drittländern gehören danach alle Gebiete, die außerhalb des Inlandes i.S. des § 1 Abs. 2 UStG und des übrigen Gemeinschaftsgebietes liegen (§ 1 Abs. 2a UStG).

Im Verhältnis zu Drittländern hat sich die Umsatzbesteuerung im wesentlichen nicht geändert. Insbesondere gelten für Umsätze in und aus diesen Ländern die Vorschriften über die Einfuhr und die Ausfuhr weiter[42]. Neu geregelt wurde dagegen die Besteuerung grenzüberschreitender Umsätze innerhalb des Gemeinschaftsgebietes.

Kapitel 2 : Die Umsatzsteuer-Identifikationsnummer (USt-IdNr.)

Der Wegfall der innergemeinschaftlichen Grenzkontrollen erfordert ein neues **Kontrollverfahren,** um die korrekte Anwendung der Umsatzbesteuerung für grenzüberschreitende Umsätze zu gewährleisten. Zu diesem Kontrollverfahren gehört die USt-IdNr. (§ 27a UStG)[43]. Sie wird (regelversteuernden) Unternehmern i.S. des § 2 UStG und juristischen Personen sowie bestimmten (vor allem nicht zum Vorsteuerabzug berechtigten) Unternehmern, soweit sie die USt-IdNr. für innergemeinschaftliche Lieferungen und Erwerbe benötigen, auf Antrag durch das Bundesamt für Finanzen erteilt[44]. Auch Organgesellschaften können eine eigene USt-IdNr. erhalten (§ 27a Abs. 1 Satz 4 UStG).

Die USt-IdNr. stellt eine Art **Umsatzsteuer-Binnenmarkt-Ausweis** dar. Durch ihre Verwendung bringt der liefernde Unternehmer bzw. als Erwerber auch jede juristische Person die Beteiligung am innergemeinschaftlichen Waren- und Dienstleistungsverkehr zum Ausdruck.

---

41 Vgl. § 1 Abs. 2 Satz 1 UStG und Teil II, Abschnitt 2.

42 Vgl. zu den entsprechenden Regelungen der 6.EGR1 Schlienkamp, UR 1992, S. 157 ff., 189 ff.

43 Vgl. BT-Drs. 12/2463, S. 39 f.

44 Zu Einzelheiten vgl. Abschn. 282 a UStR.

Für den liefernden Unternehmer ist die vom Abnehmer (Erwerber) mitgeteilte USt-IdNr. ein Indiz dafür, daß der Erwerber die gelieferte Ware der Erwerbsbesteuerung unterwerfen wird. Der Unternehmer kann in diesem Fall grundsätzlich davon ausgehen, daß seine Lieferung als innergemeinschaftliche Lieferung steuerfrei ist (§ 6a UStG).

Die vom Erwerber verwendete USt-IdNr. kann auch den Ort innergemeinschaftlicher Dienstleistungen (§ 3a Abs. 2 Nr. 4, § 3b Abs. 3-6 UStG) sowie den Ort des innergemeinschaftlichen Erwerbs (§ 3d UStG) beeinflussen.

Der USt-IdNr. kommt neben ihrer **materiell-rechtlichen Bedeutung** auch eine **Ordnungsfunktion** zu. Sie ist in Rechnungen über innergemeinschaftliche Lieferungen (§ 6a UStG) und innergemeinschaftliche Dienstleistungen (§ 3a Abs. 2 Nr. 4, § 3b Abs. 3-6 UStG) anzugeben (§ 14a Abs. 2 UStG). Schließlich ist die Angabe der USt-IdNr. zur Abgabe einer ordnungsgemäßen Zusammenfassenden Meldung (§ 18a UStG)[45] erforderlich.

Die USt-IdNr. ist (in der Bundesrepublik Deutschland) nicht mit der Steuernummer identisch. Sie besteht aus zwei Buchstaben (DE für Bundesrepublik Deutschland als Präfix zur Kennung des EU-Mitgliedstaates) und neun Ziffern.

Kapitel 3 : Der Grundfall des innergemeinschaftlichen Erwerbs

An die Stelle der Einfuhr tritt ab 1. Januar 1993 bei grenzüberschreitenden Warenbewegungen (vgl. § la Abs. 1 Nr. 1 UStG) der neue Tatbestand des entgeltlichen innergemeinschaftlichen Erwerbs im Inland (§ 1 Abs. 1 Nr. 5; § la UStG), wenn die Ware von einem Unternehmer (nicht Kleinunternehmer) im Rahmen seines Unternehmens gegen Entgelt[46] an einen bestimmten Empfängerkreis geliefert wird[47]. Zu diesen **Erwerbern** zählen **Unternehmer,** die den Gegenstand für ihr Unternehmen erwerben[48], aber auch - unabhängig von ihrer Unternehmereigenschaft - **juristische Personen** des öffentlichen und privaten Rechts (§ la Abs. 1 Nr. 2 UStG). Dabei gelangt der Gegenstand - unabhängig davon, ob der liefernde Unternehmer oder der Erwerber den Gegenstand befördert oder versendet - aus dem Gebiet eines Mitgliedstaates in das Gebiet eines anderen Mitgliedstaates oder aus dem übrigen Gemeinschaftsgebiet in die in § 1 Abs. 3 UStG bezeichneten Gebiete.

Nicht vorsteuerabzugsberechtigte Unternehmer und juristische Personen, soweit sie nicht als Unternehmer erwerben, erfüllen den Tatbestand des innergemeinschaftlichen Erwerbs nur, wenn sie die **Erwerbsschwelle** i.H.v. 25.000 DM

---

[45] Vgl. Abschnitt 3, Kapitel 9 in diesem Teil. Zur Kontrollfunktion der USt-IdNr. insbesondere für die Prüfung der Vorsteuervergütung an im Ausland ansässige Unternehmer durch die Finanzbehörden vgl. § 27 a Abs. 2 S. 2 UStG.

[46] Davon kann der Erwerber grundsätzlich ausgehen, wenn der Lieferer in seiner Rechnung die USt-IdNr. eines anderen Mitgliedstaates angibt, keine ausländische Umsatzsteuer ausweist und auf die Steuerbefreiung für diese innergemeinschaftliche Lieferung hinweist, vgl. BT-Drs. 12/2463, S. 24.

[47] Vgl. Abschn. 15 a Abs. 1 UStR. Zum fiktiven Erwerbstatbestand und dem Erwerb neuer Fahrzeuge vgl. Abschnitt 3, Kapitel 5 und 6 in diesem Teil.

[48] Werden gemischtgenutzte Gegenstände erworben, ist die Zuordnungsentscheidung des Unternehmers maßgeblich.

(Bagatellgrenze) überschreiten (§ la Abs. 3 UStG)[49] bzw. mit einer Bindungswirkung von zwei Jahren auf die Anwendung der Erwerbsschwelle verzichten (§ la Abs. 4 UStG). Die Erwerbsschwelle kommt nicht zur Anwendung, wenn neue Fahrzeuge oder verbrauchsteuerpflichtige Waren (§ la Abs. 5 UStG) erworben werden. Die Entgelte für diese Lieferungen sind nicht in die Berechnung der Erwerbsschwelle einzubeziehen. Kommt es nicht zur Erwerbsbesteuerung durch den Erwerber, versteuert der liefernde Unternehmer seine Leistung im Ursprungsland oder nach Maßgabe der sog. Versandhandelsregelung[50] im Bestimmungsland.

Der innergemeinschaftliche Erwerb gilt grundsätzlich in dem Zeitpunkt als bewirkt, in dem die entsprechende innergemeinschaftliche Lieferung ausgeführt wird. Der innergemeinschaftliche Erwerb ist steuerbar, wenn er im Inland erfolgt. Der **Ort** des innergemeinschaftlichen Erwerbs bestimmt sich nach **§ 3d UStG** grundsätzlich danach, wo sich der Gegenstand am Ende der Beförderung/Versendung befindet. Der innergemeinschaftliche Erwerb kann **auch** in dem Mitgliedstaat bewirkt werden, dessen USt-IdNr. der Erwerber gegenüber dem Lieferer verwendet (§ 3d Satz 2 UStG)[51].

Der steuerbare innergemeinschaftliche Erwerb ist unter den Voraussetzungen des **§ 4b UStG steuerfrei.** Dies gilt insbesondere dann, wenn eine entsprechende Einfuhr des Gegenstandes ebenfalls steuerfrei wäre (§ 4b Nr. 3 UStG) bzw. die Gegenstände zur Ausführung von Umsätzen verwendet werden, die den Vorsteuerabzug nach § 15 Abs. 3 UStG nicht ausschließen (§ 4b Nr. 4 UStG). Der innergemeinschaftliche Erwerb unterliegt grundsätzlich dem Regelsteuersatz von 15% (§ 12 Abs. 1 UStG) und unter den Voraussetzungen des § 12 Abs. 2 Nr. 1 UStG dem **ermäßigten Steuersatz**.

Die Bemessungsgrundlage für den innergemeinschaftlichen Erwerb ergibt sich aus § 10 Abs. 1 UStG und umfaßt das **Entgelt** und die vom Erwerber geschuldeten oder entrichteten **Verbrauchsteuern.**

Die Steuer für den innergemeinschaftlichen Erwerb entsteht mit Ausstellung der Rechnung durch den Lieferer, spätestens jedoch mit Ablauf des dem Erwerb folgenden Kalendermonats (§ 13 Abs. 1 Nr. 6 UStG). Sie wird vom Erwerber geschuldet (§ 13 Abs. 2 Nr. 2 UStG).

Der Erwerber kann unter den Voraussetzungen des § 15 UStG die Steuer für den innergemeinschaftlichen Erwerb als **Vorsteuer** geltend machen (§ 15 Abs. 1 Nr. 3 UStG). Das Vorliegen einer Rechnung ist für den Vorsteuerabzug nicht erforderlich. Das Recht auf den Vorsteuerabzug entsteht in demselben Zeitpunkt, in dem die Steuer auf den innergemeinschaftlichen Erwerb entsteht (§ 13 Abs. 1 Nr. 6 UStG). Der Unternehmer kann daher in derselben Umsatzsteuervoranmeldung bzw. Umsatzsteuerjahreserklärung sowohl die Besteuerung des innerge-

---

49 Sog. Schwellenerwerber, Exoten, opake Unternehmer, Halbunternehmer, atypische Unternehmer, Quasiunternehmer. Bestimmte Erwerber i.S. des § 1a Abs. 1 Nr. 2 UStG werden durch § 1c UStG von der Erwerbsbesteuerung ausgenommen. Vgl. Abschn. 15 d UStR.

50 Vgl. Abschnitt 3, Kapitel 7 in diesem Teil.

51 Die Regelung dient der Sicherung des Steueraufkommens. Zur Vermeidung einer Doppelbesteuerung, insbesondere bei nicht vollständigem Vorsteuerabzug vgl. § 17 Abs. 2 Nr. 4 UStG.

meinschaftlichen Erwerbs als auch die darauf entfallende Steuer als Vorsteuer geltend machen. Schließlich ist auch für den innergemeinschaftlichen Erwerb bei einer Änderung der Bemessungsgrundlage die Berichtigungsvorschrift des § 17 UStG zu beachten.

Die umsatzsteuerrechtlichen Aufzeichnungspflichten gelten auch für den innergemeinschaftlichen Erwerb (§ 22 Abs. 2 Nr. 7 UStG)[52].

Die innergemeinschaftlichen Erwerbe sind in den amtlichen Vordrucken (Umsatzsteuervoranmeldungen, Umsatzsteuererklärung) zu erklären (§ 18 Abs. 1-3 UStG). Sind Voranmeldungen nur aufgrund innergemeinschaftlicher Erwerbe abzugeben, bezieht sich die Pflicht zur Abgabe nur auf die Voranmeldungszeiträume (Kalendermonate), in denen Umsatzsteuer auf innergemeinschaftliche Erwerbe entstanden ist (§ 18 Abs. 4a Satz 2 UStG).

Kapitel 4 : Der Grundfall der innergemeinschaftlichen Lieferung

Die innergemeinschaftliche Lieferung tritt ab 1. Januar 1993 an die Stelle der Ausfuhrlieferung (§ 4 Nr. 1 Buchst. b i.V.m. § 6a UStG). Die Regelung über die Steuerbefreiung für innergemeinschaftliche Lieferungen **korrespondiert** mit der Besteuerung des innergemeinschaftlichen Erwerbs (**Bestimmungslandprinzip**). Danach sind steuerbare (entgeltliche) Lieferungen als innergemeinschaftliche Lieferungen **steuerfrei**, wenn der Gegenstand der Lieferung vom Inland in das übrige Gemeinschaftsgebiet gelangt und der Erwerb dieses Gegenstandes durch einen Unternehmer für sein Unternehmen oder durch eine juristische Person in einem anderen Mitgliedstaat der Erwerbsbesteuerung unterliegt. Die steuerfreie innergemeinschaftliche Lieferung schließt den Vorsteuerabzug nicht aus (§ 15 Abs. 3 Nr. 1 Buchst. a UStG).

Der die innergemeinschaftliche Lieferung ausführende Unternehmer muß die Voraussetzungen für die Steuerfreiheit buch- und belegmäßig nachweisen (§ 6a Abs. 3 UStG, §§ 17a-17c UStDV). Außerdem muß er über diese Lieferung eine Rechnung (§ 14a UStG)[53] erteilen. Darin ist neben den Rechnungserfordernissen des § 14 UStG zusätzlich auf die Steuerbefreiung der Lieferung hinzuweisen und die eigene USt-IdNr. sowie die des Abnehmers anzugeben (§ 14a Abs. 1, 2 UStG). Der Unternehmer hat ein Doppel dieser Rechnung sechs Jahre aufzubewahren (§ 14a Abs. 1 Satz 3 UStG).

Die Steuerbefreiung für innergemeinschaftliche Lieferungen setzt vor allem voraus, daß der Abnehmer den Erwerb der Ware im Bestimmungsland der Besteuerung unterwirft. Davon kann der leistende Unternehmer in der Regel ausgehen, wenn der Erwerber den Gegenstand **unter Angabe einer USt-IdNr**. erwirbt. Der Erwerber gibt dadurch zu erkennen, daß er die Ware steuerfrei beziehen will, weil der Erwerb in einem anderen Mitgliedstaat der Besteuerung unterliegt[54].

---

[52] Vgl. Abschn. 256 a Abs. 1 und 2 UStR.
[53] Vgl. Abschn. 190 a UStR.
[54] Vgl. BT-Drs. 12/2463, S. 30.

Ergeben sich jedoch für den leistenden Unternehmer bei Beachtung der **Sorgfalt eines ordentlichen Kaufmanns (§ 347 HGB)**[55] Bedenken wegen der Richtigkeit der Angaben des Erwerbers im Hinblick auf die USt-IdNr., so kann er sich die USt-IdNr. sowie Namen und Anschrift des Inhabers der USt-IdNr. vom Bundesamt für Finanzen **bestätigen** lassen (§ 18e UStG)[56]. Erweist sich später trotz positiver Bestätigung durch das Bundesamt für Finanzen, daß der Abnehmer unrichtige Angaben gemacht hat, die einer Steuerbefreiung für die innergemeinschaftliche Lieferung entgegenstehen, so greift im Regelfall die **Vertrauensschutzregelung** des § 6a Abs. 4 UStG. Danach gilt die Lieferung als steuerfrei und der Abnehmer schuldet die entgangene Steuer.

Der Unternehmer ist verpflichtet, die Bemessungsgrundlagen seiner innergemeinschaftlichen Lieferungen gesondert aufzuzeichnen (§ 22 Abs. 2 Nr. 1 UStG)[57] und sie in den Umsatzsteuervoranmeldungen und der Umsatzsteuerjahreserklärung gesondert zu erklären (§ 18b UStG). Außerdem hat er die innergemeinschaftlichen Lieferungen in **Zusammenfassenden Meldungen** (§ 18a UStG)[58] anzugeben und diese vierteljährlich oder jährlich an das Bundesamt für Finanzen abzugeben. Dabei sind die USt-IdNr. jedes Erwerbers und die Summe der Bemessungsgrundlagen der an ihn ausgeführten innergemeinschaftlichen Warenlieferungen anzugeben.

Kapitel 5 : Die Erwerbs- und Lieferfiktion

Zur Sicherung des Steueraufkommens im Bestimmungsland[59] enthält das Umsatzsteuergesetz eine neue **Liefer** - und korrespondierend dazu - eine neue **Erwerbsfiktion.**

Das bisher im Ursprungsland als Innenumsatz behandelte unternehmensinterne Verbringen eines Gegenstandes gilt nun als Lieferung gegen Entgelt, wenn der Gegenstand zur Verfügung des Unternehmers aus dem Inland in das übrige Gemeinschaftsgebiet gelangt **(innergemeinschaftliches unternehmensinternes Verbringen)**. Dabei gilt der Unternehmer im Ausgangsmitgliedstaat als Lieferer und im Bestimmungsmitgliedstaat als Erwerber. Ein innergemeinschaftliches Verbringen liegt nicht vor, wenn der Gegenstand nur zu einer vorübergehenden bzw. befristeten Verwendung in das übrige Gemeinschaftsgebiet gelangt (§ 3 Abs.

---

[55] Vgl. Theile, UR 1993, S. 73 ff.
[56] Zu Einzelheiten vgl. Abschn. 245 i UStR.
[57] Vgl. Abschn. 256 a Abs. 1 und 2 UStR.
[58] Vgl. Abschnitt 3, Kapitel 9 in diesem Teil.
[59] Vgl. BT-Drs. 12/2463, S. 21, 26.

1a UStG)[60,61].

Aus Vereinfachungsgründen kann ein innergemeinschaftliches Verbringen auch in den Fällen angenommen werden, in denen Lieferungen regelmäßig an eine größere Zahl von Abnehmern im Bestimmungsland ausgeführt werden und bei entsprechenden Lieferungen aus dem Drittlandsgebiet die Voraussetzungen für eine Verlagerung des Ortes der Lieferung in das Gemeinschaftsgebiet nach § 3 Abs. 8 UStG[62] gegeben wären. In diesen Fällen kann der liefernde Unternehmer die Lieferungen im Bestimmungsmitgliedstaat als steuerbar behandeln, wenn die beteiligten Steuerbehörden im Ursprungs- und Bestimmungsmitgliedstaat mit dieser Behandlung einverstanden sind[63].

Die fiktive Lieferung (innergemeinschaftliches Verbringen) gilt als innergemeinschaftliche Lieferung und ist **steuerfrei** nach § 6a Abs. 2 UStG. Die **Bemessungsgrundlage** für die fiktive Lieferung i.S. des § 3 Abs. 1a UStG entspricht der des Entnahmeeigenverbrauchs (§ 10 Abs. 4 Nr. 1 UStG; Einkaufspreis zzgl. Nebenkosten bzw. Selbstkosten im Zeitpunkt der innergemeinschaftlichen Lieferung). Anstelle der nach § 14a UStG für steuerfreie innergemeinschaftliche Lieferungen erforderlichen Rechnung ist im Fall des innergemeinschaftlichen Verbringens eine sog. **Pro-forma-Rechnung** auszustellen, da eine Rechnung nach § 14 Abs. 4 UStG nicht möglich ist. In diesem Beleg für den ausländischen Unternehmensteil sind die verbrachten Gegenstände, die Bemessungsgrundlage und die Umsatzsteuer-Identifikationsnummern des inländischen sowie des ausländischen Unternehmensteils enthalten[64].

Auch für die fiktive Lieferung sind die Voraussetzungen für eine Steuerbefreiung nachzuweisen (§ 6a Abs. 3 UStG). Der Umfang der Nachweispflicht ergibt sich für das innergemeinschaftliche unternehmensinterne Verbringen aus § 17c Abs. 3 UStDV. Schließlich sind diese fiktiven Lieferungen vom Unternehmer aufzuzeichnen (§ 22 Abs. 2 Nr. 1 UStG)[65] und in den Umsatzsteuervoranmeldun-

---

60 Zu Einzelfällen der vorübergehenden bzw. befristeten Verwendung vgl. Abschn. 15 b Abs. 10 - 13 UStR.

61 Aufgrund der Zweiten Vereinfachungsrichtlinie (vgl. FN 22) entfällt ab 1.1.1996 die Gleichstellung innergemeinschaftlicher funktionsändernder Werkleistungen mit Lieferungen. Die Be- und Verarbeitung beweglicher körperlicher Gegenstände wird einheitlich als Dienstleistung behandelt. Der Ort der Dienstleistung liegt regelmäßig dort, wo die Be- und Verarbeitung tatsächlich erbracht wird (vgl. § 3a Abs. 2 Nr. 3 Buchst. c UStG). Durch Verwendung der USt-IdNr. eines anderen Mitgliedstaates kann der Auftraggeber den Ort der Leistung in diesen Staat verlegen. Der Auftragnehmer hat die von einem im übrigen Gemeinschaftsgebiet ansässigen Unternehmer mit USt-IdNr. zur Be- und Verarbeitung erhaltenen Gegenstände aufzuzeichnen (§ 22 Abs. 4 b UStG). Vgl. auch Langer, DB 1995, S. 995 ff.; Huschen, UR 1995, S. 241 ff. (254). Zur entsprechenden Änderung durch das Jahressteuergesetz 1996 vgl. Kraeusel, UR 1995, S. 357 ff. (358 ff.). Die Neuregelung dient der Vereinfachung.

62 Vgl. Teil III, Abschnitt 3, Unterabschnitt 1, Kapitel 2. D. III.

63 Vgl. Abschn. 15 b Abs. 14 UStR.

64 Vgl. Abschn. 190 a Abs. 3 UStR.

65 Besondere Aufzeichnungspflichten sind in den Fällen zu beachten, in denen Gegenstände vom Inland unternehmensintern in das übrige Gemeinschaftsgebiet gelangen, die Voraussetzungen für ein innergemeinschaftliches Verbringen jedoch nicht vorliegen (§ 22 Abs. 4 a UStG), vgl. Abschn. 256 a Abs. 3 - 5 UStR.

gen bzw. in der Umsatzsteuerjahreserklärung (§ 18b UStG) sowie den Zusammenfassenden Meldungen (§ 18a Abs.1 und Abs. 2 Nr. 2 UStG) anzugeben.

Korrespondierend zur Steuerbefreiung der fiktiven innergemeinschaftlichen Lieferung wird durch § 1a Abs. 2 UStG der entsprechende fiktive innergemeinschaftliche Erwerb im Rahmen der üblichen Erwerbsbesteuerung im Bestimmungsland der Besteuerung unterworfen. Die Bemessungsgrundlage ergibt sich analog aus § 10 Abs. 4 Nr. 1 UStG. Der als Erwerber geltende Unternehmer kann unter den Voraussetzungen des § 15 Abs. 1 Nr. 3 UStG und sofern kein Ausschlußgrund gegeben ist (§ 15 Abs. 2, 3 UStG) die Umsatzsteuer auf den Erwerb als **Vorsteuer** geltend machen. Die Verfahrensvorschriften für den innergemeinschaftlichen Erwerb gelten für die fiktiven Erwerbe entsprechend.

Im Fall eines innergemeinschaftlichen unternehmensinternen Verbringens bewirkt der Unternehmer sowohl im Ausgangsland eine innergemeinschaftliche Lieferung als auch im Eingangsland einen innergemeinschaftlichen Erwerb[66].

Kapitel 6 : Innergemeinschaftliche Umsätze neuer Fahrzeuge

Zur Vermeidung von Wettbewerbsverzerrungen und Haushaltsausfällen[67] erfolgt die Besteuerung innergemeinschaftlicher Umsätze neuer Fahrzeuge **immer** nach dem **Bestimmungslandprinzip.** Unabhängig davon, wer ein neues Fahrzeug liefert oder erwirbt, werden die Fahrzeuglieferungen als innergemeinschaftliche Lieferungen von der Besteuerung freigestellt und der Erwerb im Bestimmungsland der Besteuerung unterworfen. Abgesehen von den Grundfällen des innergemeinschaftlichen Erwerbs bzw. der innergemeinschaftlichen Lieferung ergeben sich damit **neue Besteuerungsregelungen** für Lieferer, soweit sie nicht bereits Unternehmer sind bzw. für Erwerber, soweit sie nicht zum Erwerberkreis des § 1a Abs. 1 Nr. 2 UStG gehören. Diese neuen Regelungen werden im folgenden dargestellt.

Sie gelten für Fahrzeuge i.S. des § lb Abs. 2, 3 UStG. Dazu zählen insbesondere PKW, deren erste Inbetriebnahme im Zeitpunkt des Erwerbs nicht mehr als sechs Monate zurückliegt **oder** die bei Erwerb nicht mehr als 6.000 km zurückgelegt haben.

Der Fahrzeuglieferer, der im Inland ein neues Fahrzeug i.S. von § lb Abs. 2, 3 UStG (gegen Entgelt) liefert, das anschließend in das übrige Gemeinschaftsgebiet gelangt, und der nicht Unternehmer i.S. von § 2 UStG ist, wird für diese Lieferung **wie ein Unternehmer** behandelt (§ 2a UStG). Die steuerbare Fahrzeuglieferung ist grundsätzlich als innergemeinschaftliche Lieferung steuerfrei (§ 4 Nr. 1 Buchst. b, § 6a UStG). Der beleg- und buchmäßige Nachweis für die Steuerbefreiung ist entsprechend § 6a Abs. 3 UStG i.V.m. §§ 17a, 17c UStDV zu führen[68].

Dem **fiktiven Unternehmer** steht der **Vorsteuerabzug** zu. Die Vorsteuer kann jedoch - abweichend von § 15 Abs. 1 UStG - erst in dem Zeitpunkt geltend gemacht werden, in dem die innergemeinschaftliche Lieferung ausgeführt wird. Erst

[66] Ist der Vorsteuerabzug in beiden Mitgliedstaaten ausgeschlossen, führt das innergemeinschaftliche Verbringen zu einer kumulativen Umsatzsteuerbelastung.

[67] Vgl. BT-Drs. 12/2463, S. 20.

[68] Vgl. BMF-Schreiben vom 23.12.1992, BStBl 1993 I S. 46.

in diesem Zeitpunkt erlangt der Nichtunternehmer durch die Fahrzeuglieferung die Unternehmereigenschaft. Bis zum Verkauf des Fahrzeugs wird er umsatzsteuerlich wie ein Nichtunternehmer behandelt, d.h. z.B. kein Vorsteuerabzug beim Erwerb des Fahrzeugs und keine Eigenverbrauchsbesteuerung.

Die abziehbare Vorsteuer wird auf die Steuer beschränkt, die auf die Lieferung, die Einfuhr oder den innergemeinschaftlichen Erwerb des neuen Fahrzeugs entfällt[69]. Sie kann schließlich nur in Höhe einer fiktiven Umsatzsteuer abgezogen werden, die anfallen würde, wenn die Fahrzeuglieferung steuerpflichtig wäre (§ 15 Abs. 4a UStG; **eingeschränkter Vorsteuerabzug)**[70].

Der Vorsteuerabzug soll eine **Doppelbelastung** des neuen Fahrzeuges mit Umsatzsteuer **vermeiden**[71]. Diese Doppelbelastung ergäbe sich ohne den Vorsteuerabzug durch die nichtabziehbare Vorsteuer im Ursprungsland und den steuerpflichtigen Erwerb im Bestimmungsland.

Die Unternehmerfiktion des § 2a UStG bezieht sich nur auf die Lieferung des neuen Fahrzeuges. Eine bis zur Lieferung des Fahrzeuges erfolgte private Verwendung unterliegt nicht der Besteuerung. Sie wird jedoch im Ergebnis über den eingeschränkten Vorsteuerabzug erreicht. Die private Verwendung führt in der Regel zu einem gegenüber dem Anschaffungspreis niedrigeren Verkaufspreis. Damit sinkt die fiktive Umsatzsteuer für die fiktiv steuerpflichtige Pkw-Lieferung, so daß ein Teil der ursprünglich gezahlten Umsatzsteuer nicht als Vorsteuer geltend gemacht werden kann. Die Umsatzsteuer auf den **„Eigenverbrauch“** verbleibt im Bestimmungsland.

Jeder Fahrzeuglieferer hat über die innergemeinschaftliche Lieferung neuer Fahrzeuge eine Rechnung i.S. von § 14a UStG zu erstellen. Für Unternehmer i.S. von § 2a UStG entfällt die Abgabe einer Zusammenfassenden Meldung (§ 18a Abs. 1 Satz 1 UStG). Sie müssen jedoch die steuerfreie innergemeinschaftliche Lieferung und den Vorsteuerabzug in Umsatzsteuervoranmeldungen bzw. in der Umsatzsteuerjahreserklärung angeben (§ 18 Abs. 4a UStG).

Jeder Erwerber eines neuen Fahrzeuges aus dem übrigen Gemeinschaftsgebiet muß den Erwerb im Bestimmungsland der Besteuerung unterwerfen. Neben den Erwerbern i.S. von § 1a Abs. 1 Nr. 2 UStG (Grundfall des innergemeinschaftlichen Erwerbs) gilt dies ab 1. Januar 1993 **erstmalig** auch für **private Letztverbraucher** (§ lb Abs. 1 UStG). Dabei bemißt sich die Steuer nach den allgemeinen Grundsätzen der Erwerbsbesteuerung[72].

Die Steuerschuld entsteht am Tage des Erwerbs (§ 13 Abs. 1 Nr. 7 UStG). Abweichend vom üblichen Berechnungs- und Anmeldungsverfahren müssen diese Erwerber (Steuerschuldner, § 13 Abs. 2 Nr. 2 UStG) zur Sicherung des Steueraufkommens[73] die Umsatzsteuer für jeden einzelnen steuerpflichtigen Erwerb erklä-

---

[69] Kein Vorsteuerabzug aus Nebenkosten, vgl. BT-Drs. 12/2463, S. 33.

[70] Entsprechendes gilt für den Kleinunternehmer, § 19 Abs. 4 Satz 2 UStG.

[71] Vgl. BT-Drs. 12/2463, S. 33. Problematisch bleiben jedoch die Fälle, in denen ein privater Fahrzeuglieferer das Fahrzeug ohne Steuerausweis erworben hat.

[72] Vgl. Abschnitt 3, Kapitel 3 in diesem Teil.

[73] Vgl. BT-Drs. 12/2463, S. 32.

ren (**Fahrzeugeinzelbesteuerung**, § 16 Abs. 5a UStG)[74]. Die Umsatzsteuer ist in diesen Fällen bei dem für die Einkommensbesteuerung zuständigen Finanzamt (§ 21 Abs. 2 AO) spätestens bis zum 10. Tag nach dem Erwerb in einer Steuererklärung anzugeben (Steueranmeldung) und zu entrichten (§ 18 Abs. 5a UStG).

Zur Sicherung des Steueraufkommens haben die für die Zulassung oder Registrierung von Fahrzeugen zuständigen Behörden den zuständigen Finanzämtern die erstmalige Ausgabe von Fahrzeugbriefen für neue motorbetriebene Landfahrzeuge oder die erstmalige Registrierung neuer Luftfahrzeuge aus dem übrigen Gemeinschaftsgebiet sowie weiterer für die Besteuerung des innergemeinschaftlichen Erwerbs dieser Fahrzeuge relevanten Daten mitzuteilen (§ 18 Abs. 10 Nr. 1 UStG). Der Fahrzeugerwerber übergibt dazu den Zulassungsstellen bzw. dem Luftfahrt- Bundesamt eine entsprechende Erklärung mit den in § 18 Abs. 10 Nr. 2 Buchst. a bzw. Nr. 3 Buchst. a UStG aufgeführten Angaben. Erst nachdem der Antragsteller diese Angaben gemacht hat, wird ihm der Fahrzeugbrief ausgehändigt (§ 18 Abs. 10 Nr. 2 Buchst. a Satz 3 UStG) bzw. erfolgt der Eintrag in der Luftfahrzeugrolle (§ 18 Abs. 10 Nr. 3 Buchst. a Satz 3 UStG). Ist die Steuer für den innergemeinschaftlichen Erwerb dieser Fahrzeuge nicht entrichtet worden, so hat z.B. im Falle eines Pkw-Erwerbs die Zulassungsstelle auf Antrag des Finanzamtes den Fahrzeugschein einzuziehen und das amtliche Kennzeichen zu entstempeln (§ 18 Abs. 10 Nr. 2 Buchst. b UStG).

Erwerber, die nicht zum Erwerberkreis des § la Abs. 1 Nr. 2 UStG gehören, erwerben die neuen Fahrzeuge ohne USt-IdNr. Damit können diese Erwerber nicht im Rahmen des EDV-gestützten Informationsaustausches[75] erfaßt werden. Zur Sicherung des Steueraufkommens und zum Schutz der inländischen Wirtschaft vor Wettbewerbsnachteilen[76] enthält § 18c UStG eine Verordnungsermächtigung für Regelungen, die auf eine effektive Kontrolle dieser Umsätze abzielen.

Kapitel 7 : Die innergemeinschaftliche Versandhandelsregelung

Zur Vermeidung von Wettbewerbsverzerrungen und Haushaltsausfällen[77] werden Beförderungs-/Versendungslieferungen an Abnehmer (insbesondere) in andere EU-Staaten, die mit dem Bezug dieser Gegenstände **nicht der Erwerbsbesteuerung** unterliegen, im **Bestimmungsland** der Besteuerung unterworfen (§ 3c UStG). Dabei gilt abweichend von § 3 Abs. 7 i.V.m. Abs. 6 UStG die Lieferung dort als ausgeführt, wo die Beförderung/Versendung endet (im Bestimmungsland). Die Beförderung/Versendung des Gegenstandes von einem Mitgliedstaat in einen anderen Mitgliedstaat muß **vom liefernden Unternehmer veranlaßt** werden.

Die Verlagerung des Lieferortes an das Ende der Beförderung/Versendung bedeutet für den liefernden Unternehmer, daß er diese Lieferung in einem anderen EU-Mitgliedstaat - ggf. über einen **steuerlichen Vertreter (Fiskalvertreter)** - erklären muß und dort auch die entsprechende Steuer zu entrichten hat. Derzeit

---

[74] Zum Verfahren vgl. Abschn. 231 a UStR.

[75] Vgl. Abschnitt 3, Kapitel 9 in diesem Teil.

[76] Vgl. BT-Drs. 12/2463, S. 36.

[77] Vgl. BT-Drs. 12/2463, S. 20.

fehlen jedoch für das Bestimmungsland ausreichende Kontrollmöglichkeiten im Hinblick auf die ordnungsgemäße Besteuerung durch den liefernden Unternehmer.

Entsprechend gilt dies für Lieferungen aus dem übrigen Gemeinschaftsgebiet in das Inland. Der ausländische Unternehmer unterliegt damit grundsätzlich dem inländischen Besteuerungsverfahren. Die Kleinunternehmerregelung kommt für ihn nicht in Betracht (§ 19 Abs. 1 UStG).

Die Versandhandelsregelung greift aus Gründen der Praktikabilität nur, wenn der Lieferant im Bestimmungsland die sog. **Lieferschwelle** (in Deutschland 200.000 DM, § 3c Abs. 3 UStG) überschreitet bzw. mit einer Bindungswirkung von zwei Jahren auf die Anwendung dieser Schwelle verzichtet (§ 3c Abs. 4 UStG). Für die Berechnung der Lieferschwelle werden nur die Lieferentgelte berücksichtigt, denen Lieferungen an Abnehmer zugrunde liegen, die nicht der Erwerbsbesteuerung unterliegen. Die Entgelte für verbrauchsteuerpflichtige Warenlieferungen bleiben unberücksichtigt.

Die Lieferungen von verbrauchsteuerpflichtigen Waren i.S. von § 1a Abs. 5 UStG an Personen, die nicht Unternehmer bzw. Schwellenerwerber[78] sind, unterliegen unabhängig von einer Lieferschwelle immer der Versandhandelsregelung (§ 3c Abs. 5 UStG).

Kapitel 8 : Innergemeinschaftliche Beförderungs- und Vermittlungsleistungen

Eine Güterbeförderung, die in einem Mitgliedstaat beginnt und in einem anderen Mitgliedstaat endet **(innergemeinschaftliche Güterbeförderung**, § 3b Abs. 3 UStG), wird dort ausgeführt, wo die Beförderung des Gegenstandes beginnt **(Abgangsort).** Eine Aufteilung (Territorialitätsprinzip) in einen (steuerfreien) inländischen und (nichtsteuerbaren) ausländischen Streckenanteil entfällt[79].

Verwendet der Leistungsempfänger gegenüber dem Beförderungsunternehmer die USt-IdNr. eines Mitgliedstaates, in dem nicht der Abgangsort liegt, gilt die Beförderungsleistung als in dem Mitgliedstaat ausgeführt, der die USt-IdNr. erteilt

[78] Dieser Abnehmerkreis hat den Erwerb verbrauchsteuerpflichtiger Waren stets der Erwerbsbesteuerung zu unterwerfen (§ 1a Abs. 5 UStG). Eine Ortsverlagerung zur Verwirklichung des Bestimmungslandprinzips i.S. von § 3c UStG ist daher entbehrlich.

[79] Zu Einzelheiten vgl. Abschn. 42 d und 42 e UStR und zum Besteuerungsverfahren Abschn. 42 i UStR. Sog. Vor- und Nachläufe zu einer innergemeinschaftlichen Güterbeförderung (inländische Beförderungsleistungen) werden im Hinblick auf die Ortsbestimmung einer innergemeinschaftlichen Güterbeförderung gleichgestellt (d.h. Abgangsort oder Mitgliedstaat, der die USt-IdNr. erteilt hat, § 3b Abs. 3 S. 3 UStG). Eine Aufteilung erfolgt dagegen für grenzüberschreitende Güterbeförderungen in Drittländer (§ 3b Abs. 1 UStG); zu grenzüberschreitenden Güterbeförderungen und damit zusammenhängenden sonstigen Leistungen vgl. Teil III, Abschnitt 3, Unterabschnitt 1, Kapitel 3. D. II a.

hat (§ 3b Abs. 3 S. 2 UStG)[80]. Der Leistungsempfänger hat insoweit einen **Gestaltungsspielraum,** der es ihm z.B. ermöglicht, den Leistungsort einer im übrigen Gemeinschaftsgebiet begonnenen und im Inland beendeten Güterbeförderung ins Inland zu verlagern, um im Inland den Vorsteuerabzug aus dieser Beförderungsleistung geltend machen zu können. In den Fällen des **Abzugsverfahrens** (§ 51 UStDV) ist bei entsprechend einschränkender Auslegung von § 14a Abs. 1 Satz 2 UStG die **Nullregelung** (§ 52 Abs. 2 UStDV) anwendbar. Aus Vereinfachungsgründen kann daher von einem gesonderten Steuerausweis (§ 14a Abs. 1 S. 2 UStG) abgesehen werden, um die Nullregelung zu ermöglichen[81].

Vermittlungsleistungen werden ab 1. Januar 1993 grundsätzlich dort erbracht, wo der vermittelte Umsatz ausgeführt wird (§ 3a Abs. 2 Nr. 4, § 3b Abs. 5, 6 UStG). Auch in diesen Fällen kann der Leistungsempfänger über die Verwendung einer USt-IdNr. den Ort der Vermittlungsleistung verlagern[82].

Kapitel 9 : Das Kontrollverfahren

Damit auch nach dem Wegfall der innergemeinschaftlichen Grenzkontrollen eine ordnungsgemäße Besteuerung innergemeinschaftlicher Umsätze gewährleistet ist, wurde zum 1. Januar 1993 ein neues **Kontrollverfahren** installiert[83]. Zu den wesentlichen Elementen dieses Kontrollverfahrens zählen die **USt-IdNr.**[84] und die **Zusammenfassenden Meldungen** (§ 18a UStG). Auf der Basis von Zusammenfassenden Meldungen werden im Rahmen eines **EDV-gestützten Informationsaustausches** in mehreren Phasen die zur Kontrolle des innergemeinschaftlichen Erwerbs erforderlichen Daten zwischen den einzelnen EU-Staaten übermittelt.

Jeder Unternehmer i.S. von § 2 UStG (soweit nicht Kleinunternehmer, § 18a Abs. 1 Satz 2 UStG) ist verpflichtet, grundsätzlich vierteljährlich (ggf. jährlich) über alle ausgeführten innergemeinschaftlichen Warenlieferungen (§ 18a Abs. 2 UStG) **Zusammenfassende Meldungen** abzugeben (§ 18a Abs. 1 UStG)[85]. In den Zusammenfassenden Meldungen sind für innergemeinschaftliche Warenlieferungen die USt-IdNr. des leistenden Unternehmers, die USt-IdNrn. der Erwerber und

---

[80] Entsprechendes gilt für selbständige Leistungen im Zusammenhang mit innergemeinschaftlichen Güterbeförderungen (§ 3b Abs. 2 i.V.m. Abs. 4 UStG), vgl. Abschn. 42 f UStR. Diese Leistungen werden ohne Verwendung einer USt-IdNr. grundsätzlich dort ausgeführt, wo der Unternehmer jeweils ausschließlich oder zum wesentlichen Teil tätig wird (§ 3b Abs. 2 UStG).

[81] Vgl. Abschn. 234 Abs. 3 Nr. 1 UStR.

[82] Zum Ort der Vermittlung einer innergemeinschaftlichen Güterbeförderung und damit im Zusammenhang stehenden Leistungen vgl. Abschn. 42 g UStR. Ausgenommen von diesen Regelungen sind die Vermittlung von Leistungen i.S. von § 3a Abs. 4 UStG (§ 3a Abs. 2 Nr. 4 i.V.m. § 3a Abs. 4 Nr. 10 UStG).

[83] Offenbar kritisch im Hinblick auf die Wirksamkeit dieses Kontrollverfahrens BT-Drs. 12/2463, S. 1: „Die Neuordnung des Besteuerungsverfahrens mit Ersatz der bisherigen Grenzkontrollen durch ein neues innerstaatliches und innergemeinschaftliches Kontrollverfahren könnte zu - nicht bezifferbaren - Steuerausfällen führen".

[84] Vgl. Abschnitt 3, Kapitel 2 in diesem Teil.

[85] Vgl. Abschn. 245 a - c UStR.

die Summen der Bemessungsgrundlagen der innergemeinschaftlichen Lieferungen an den jeweiligen Erwerber anzugeben. Maßgeblich sind die umsatzsteuerlichen Bemessungsgrundlagen der ausgeführten Warenlieferungen (§ 10 UStG).

Ändert sich nachträglich die Bemessungsgrundlage für eine innergemeinschaftliche Lieferung, sind die Änderungen in der Zusammenfassenden Meldung für den Meldezeitraum zu berücksichtigen, in dem die nachträgliche Änderung der Bemessungsgrundlage eingetreten ist[86]. **Berichtigungen** unrichtiger oder unvollständiger Zusammenfassender Meldungen erfolgen dagegen auf gesonderten Vordrucken für den Meldezeitraum, in dem die unrichtigen oder unvollständigen Angaben gemacht wurden[87].

Die Zusammenfassende Meldung, die neben der Umsatzsteuer-Voranmeldung abzugeben ist, ist dem Bundesamt für Finanzen zu übermitteln. Das Bundesamt für Finanzen speichert die in den Zusammenfassenden Meldungen enthaltenen Daten und stellt sie anderen EU-Mitgliedstaaten im Rahmen des in der Amtshilfe-Verordnung geregelten **Informationsaustausches** zur Verfügung. Entsprechend können deutsche Finanzbehörden in einem mehrstufigen Verfahren gemeinschaftsrechtliche Informationen erhalten, um eine ordnungsgemäße Besteuerung innergemeinschaftlicher Umsätze sicherzustellen.

In der **ersten Stufe** (Art. 4 Abs. 2 Zusammenarbeits-VO) kann zur Kontrolle der Besteuerung innergemeinschaftlicher Erwerbe der **Gesamtbetrag** sämtlicher innergemeinschaftlicher Lieferungen an einen bestimmten Erwerber mit deutscher USt-IdNr. von den jeweiligen Mitgliedstaaten angefordert werden.

In der **zweiten Stufe** (Art. 4 Abs. 3 Zusammenarbeits-VO) beziehen sich die Informationen auf die innergemeinschaftlichen Lieferungen der **einzelnen Lieferer** aus den Mitgliedstaaten an den Erwerber mit deutscher USt-IdNr. Im Gegensatz zu den Informationen der 1. Stufe beziehen sich diese Informationen auf die Geschäftsbeziehung des Inhabers der deutschen USt-IdNr. mit seinem jeweiligen Lieferer aus dem anderen EU-Mitgliedstaat.

Darüber hinaus können nach Art. 5 Zusammenarbeits-VO zur Kontrolle der Besteuerung innergemeinschaftlicher Erwerbe und innergemeinschaftlicher Lieferungen Detailinformationen im Wege des **Einzelauskunftsverfahrens**[88] von den zuständigen Finanzbehörden der anderen EU-Mitgliedstaaten erfragt werden.

Schließlich kann in Einzelfällen über den Rahmen des Einzelauskunftsersuchens nach Art. 5 Zusammenarbeits-VO hinaus für die Kontrolle der Besteuerung innergemeinschaftlicher Umsätze ein **Amtshilfeersuchen** nach der EG-Amtshilfe-Richtlinie gestellt werden[89].

---

[86] Vgl. Abschn. 245 d UStR.

[87] Vgl. Abschn. 245 e UStR.

[88] Vgl. Abschn. 245 h UStR.

[89] Zu Einzelheiten im Verfahrensablauf vgl. BMF-Schreiben vom 31.3.1994, UR 1994, S. 205 und vom 27.10.1995, UR 1995.

Literaturverzeichnis

Literatur zur Einführung

Arndt: Steuerliches Diskriminierungsverbot und nichtharmonisierte Umsatzsteuer - zur Beschränkung des steuerlichen Erfindungsrechts der Mitgliedstaaten durch EG-Gemeinschaftsrecht, DStR 1989, S. 471 ff.

Bea: Umsatzsteuern, HdWW, hrsg. von Willi Albers u.a., Bd. 8, Stuttgart 1980, S. 27 ff.

Birkenfeld: Deutsches Umsatzsteuerrecht und Umsatzsteuerrecht der EG, UR 1989, S. 329 ff.

Birkenfeld: Verwaltungsvorschriften im Umsatzsteuerrecht und Gemeinschaftsrecht, UR 1993, S. 271 ff.

Birkenfeld: Umsatzsteuer in der Zeit, UR 1993, S. 321 ff.

Birkenfeld: Umsatzsteuer im Vergleich - Umsatzsteuerrecht in Deutschland, Österreich und der Schweiz, UR 1995, S. 161 ff.

Böckli: Reform der Warenumsatzsteuer, SAG 1980, S. 1 ff.

Carl/Klos: Grenzüberschreitende Zusammenarbeit in Europa bei der Umsatz- und Verbrauchsbesteuerung, StW 1995, S. 208 ff.

Dänzer-Vanotti: Unmittelbare Wirkung der Sechsten Umsatzsteuer-Richtlinie, BB 1982, S. 1106 ff.

Farmer: Das Rechtsverständnis des Europäischen Gerichtshofs bei der Auslegung der 6. USt-Richtlinie, Umsatzsteuerkongreß-Bericht 1995/96.

Flockermann: Warum keine Einzelhandelssteuer?, UR 1968, S. 357 ff.

Forst: Die 6. EG-Richtlinie zur Harmonisierung der Umsatzsteuer und Probleme ihrer Umsetzung, UR 1989, S. 264 ff.

Friedl: Auswirkung nicht ordnungsgemäßer Umsetzung der 6. EG-Richtlinie auf Bestandskraft und Festsetzungsfrist bei der Umsatzsteuer, UR 1993, S. 114 ff.

Goergen: Kritische Bestandsaufnahme des Entwicklungsstandes der Umsatzsteuerharmonisierung in der EWG, Umsatzsteuerkongreß-Bericht 1985, S. 15 ff.

Gottfried: Die verdeckten Effizienzwirkungen der Umsatzsteuer, Frankfurt 1992.

Hardorp: Vom Wesen der Umsatzsteuer und deren innerem Formwiderspruch, UR 1986, S. 168 ff.

Janssen: Die Umsatzsteuer als Verkehr- und/oder Verbrauchsteuer, DStZ 1990, S. 35 ff.

Klein, F.: Zur Frage der künftigen Steuerhoheit der Europäischen Gemeinschaft, in: John (Hrsg.): Besteuerung und Unternehmenspolitik, Festschrift für Günther Wöhe, München 1989, S. 189 ff.

Klein, E.: Der Einfluß des Europarechts auf das deutsche Steuerrecht, DStJG Bd. 19 (1996).

Klenk: 40 Jahre Mehrwertsteuer, StuW 1994, S. 277 ff.

Klenk: Mängel in der Umsetzung der USt-Richtlinien der EG durch Gesetzgebung, Rechtsprechung und Verwaltung, Umsatzsteuerkongreß-Bericht 1995/96.

Kommission der Europäischen Gemeinschaft: Neuer Vorschlag zur Harmonisierung der Mehrwertsteuer, Bulletin der Europäischen Gemeinschaften, Beilage 11/73.

Kraeusel: Stand der Umsatzsteuerharmonisierung in der EG, UVR 1989, S. 3 ff.

List: Der Systemwandel im Umsatzsteuerrecht, Umsatzsteuerkongreß-Bericht 1982/83, S. 7 ff.

Lohse: Aktuelle Rechtsprechung zur Umsatzsteuer im Einflußbereich der 6. Mehrwertsteuer-Richtlinie und des EuGH, in: Protokoll des 17. Deutschen Steuerberatertags 1994 in Dresden, Bonn 1995.

Maruchin/Rondorf: Grundzüge des polnischen Mehrwertsteuerrechts, IStR 1994, S. 422 ff.

Mering: Die Steuerüberwälzung, Jena 1928.

Musgrave/Musgrave/Kullmer: Die öffentlichen Finanzen in Theorie und Praxis, Band 2, 3. Aufl., Tübingen 1985.

Offerhaus: Umsatzsteuergesetz 1918 und Errichtung des Reichsfinanzhofs, UR 1993, S. 319 ff.

Philipowski: Umsatzsteuer: Verbrauch- oder Verkehrsteuer?, Umsatzsteuerkongreß-Bericht 1985, S. 183 ff.

Pohmer: Allgemeine Umsatzsteuern, HdF, hrsg. von Fritz Neumark, Bd. II, 3. Aufl., Tübingen 1980.

Pohmer: Zur Systematik und Praxis der Mehrwertsteuern unter besonderer Berücksichtigung der Entwicklung in Europa, in: Fischer, L. (Hrsg.): Unternehmung und Steuer, Festschrift zur Vollendung des 80. Lebensjahres von Peter Scherpf, Wiesbaden 1983, S. 375 ff.

Pohmer/Pflugmann-Hohlstein: 25 Jahre Nettoumsatzsteuer in Deutschland, UR 1993, S. 37 ff.

Probst: Zur unmittelbaren Wirkung von EG-Richtlinien, UR 1990, S. 302 ff.

Probst: Übereinstimmung zwischen Umsatzsteuergesetz und 6. EG-Richtlinie sowie richtlinienkonforme Auslegung des Umsatzsteuergesetzes, DStJG Bd. 13 (1990), S. 137 ff.

Popitz: Allgemeine Verbrauchsteuer, in: Gerloff/Meisel (Hrsg.): Handbuch der Finanzwissenschaft, Bd. II, Tübingen 1927, S. 180 ff.

Rau: Praktische Auswirkungen von EG-Richtlinien auf die deutsche Umsatzsteuer, Umsatzsteuerkongreß-Bericht 1985, S. 49 ff.

Rau: Gedanken zur Umsatzsteuerharmonisierung, UR 1986, S. 78 ff.

Recktenwald: Steuerinzidenzlehre - Grundlagen und Probleme, Berlin 1958.

Reimers: Das Mehrwertsteuersystem in Finnland, IStR 1994, S. 360 ff.

Reiß: Der Belastungsgrund der Umsatzsteuer und seine Bedeutung für die Auslegung des Umsatzsteuergesetzes, DStJG Bd. 13 (1990), S. 3 ff.

Reiß: Der Bundesfinanzhof im Spannungsfeld nationalen und supranationalen Umsatzsteuerrechts, UR 1993, S. 336 ff.

Reiß: Der Verbraucher als Steuerträger der Umsatzsteuer im Europäischen Binnenmarkt, in: Lang (Hrsg.): Die Steuerrechtsordnung in der Diskussion, Festschrift für Klaus Tipke, Köln 1995, S. 433 ff.

Rose, G.: Betriebswirtschaftlich bedeutsame Eigenschaften des Steuersystems, in: Hansmeyer (Hrsg.): Staatsfinanzierung im Wandel, Berlin/München 1983, S. 1 ff.

Rose, M. (Hrsg.): Konsumorientierte Neuordnung des Steuersystems, Berlin u.a. 1991.

Ruppe: Österreich und das EG-Steuerrecht, Wien 1988.

Schaefer: Die Einführung der Mehrwertsteuer in der Schweiz, DB 1995, S. 445 ff.

Schlienkamp: Auswirkungen der Sechsten Mehrwertsteuer-Richtlinie der EG auf das deutsche Umsatzsteuerrecht, BB 1977, Beilage 5 zu Heft 31.

Schlienkamp: Weitere Harmonisierung der Mehrwertsteuer nach dem Weißbuch der EG-Kommission zur Vollendung des Binnenmarktes, UR 1986, S. 33 ff.

Schlienkamp: Vorschläge der EG-Kommission zur Vollendung des Binnenmarktes: Harmonisierung der Steuersätze und Strukturen der indirekten Steuern, UR 1987, S. 317 ff., S. 349 ff., UR 1988, S. 13 ff.

Schlienkamp: 18. EG-Richtlinie zur Harmonisierung der Umsatzsteuern: Aufhebung bestimmter Übergangsregelungen der 6. Richtlinie, UR 1989, S. 268 ff .

Schmidt/Wagner: Die Mehrwertsteuer in einer jungen Marktwirtschaft, Anmerkungen zum neuen polnischen Mehrwertsteuerrecht, UR 1994, S. 258 ff.

Schneider: Was senkt die Unternehmensgewinne mehr: eine Ergänzungsabgabe oder eine Umsatzsteuer- und Verbrauchsteuererhöhung?, BB 1982, S. 381 ff.

Schneider: Ist Steuerüberwälzung meßbar?, FinArch NF Bd. 40 1982, S. 240 ff.

Schneider: Der Einfluß einer Erhöhung der Mehrwertsteuer bei aufkommensgleicher Senkung der Gewinnsteuern auf die Investitionsentscheidungen der Unternehmen, in: Rose, M. (Hrsg.): Konsumorientierte Neuordnung des Steuersystems, Berlin u.a. 1991, S. 235 ff.

Schön: Die Auslegung europäischen Steuerrechts, Köln 1993.

Schön: Gemeinschaftskonforme Auslegung und Fortbildung des nationalen Steuerrechts, DStJG Bd. 19 (1996).

Scholtissek: Die Schweizerische Mehrwertsteuer, RIW 1995, S. 141 ff.

Schuhmann: Zur Haftung für die Umsatzsteuer, UR 1987, S. 155 ff.

Seeger: Einfluß der Rechtsprechung des Europäischen Gerichtshofs auf das nationale Recht, Umsatzsteuerkongreß-Bericht 1985, S. 33 ff.

Seeger: Zum Einfluß des Gemeinschaftsrechts auf den Rechtsgang, FR 1989, S. 241 ff.

Söhn: Die Umsatzsteuer als Verkehr- und/oder Verbrauchsteuer, StuW 1975, S. 1 ff.

Söhn: Die Harmonisierung der Umsatzsteuern in der Europäischen Gemeinschaft, StuW 1976, S. 1 ff.

Soell: Der Stand der Harmonisierung der Mehrwertsteuer in den EG-Mitgliedstaaten, UR 1989, S. 263.

Stadie: Anmerkungen zum österreichischen UStG 1994, UR 1995, S. 379 ff.

Tipke: Die Umsatzsteuer im Steuersystem, UR 1972, S. 2 ff.

Tipke: Steuerrechtswissenschaft und Steuersystem, in: Vogel/Tipke (Hrsg.): Verfassung-Verwaltung-Finanzen, Festschrift für Gerhard Wacke, Köln 1972, S. 211 ff.

Tipke: Umsatzsteuer - Verkehrsteuer und/oder Verbrauchsteuer, DStR 1983, S. 595 ff.

Wachweger: 6. Richtlinie zur Harmonisierung der Umsatzsteuern in den Europäischen Gemeinschaften, Bonn 1977.

Wachweger: Die Auswirkungen der 6. USt-Richtlinie des Rates der EG auf das deutsche USt-Recht, DStZ (A) 1978, S. 11 ff.

Wagner: Die Rechtsprechung zum Gestaltungsmißbrauch im Umsatzsteuerrecht, in: Kirchhof/Offerhaus/Schöberle (Hrsg.): Steuerrecht, Verfassungsrecht, Finanzpolitik, Festschrift für Franz Klein, Köln 1994, S. 977 ff.

Waigel: 25 Jahre Mehrwertsteuersystem - Rückblick und Ausblick, UR 1993, S. 1 ff.

Weber-Grellet: Europäisiertes Steuerrecht? Stand und Entwicklung, StuW 1995, S. 336 ff.

Weiß: Quo vadis Umsatzsteuer? Rückblick und Ausblick auf zwei Umsatzsteuersysteme, UR 1993, S. 329 ff.

Widmann: Zur Abwälzung von Umsatzsteuer, UR 1984, S. 97 ff.

Widmann: Erfahrungen mit dem USt-Binnenmarkt aus der Sicht der Verwaltung, Umsatzsteuerkongreß-Bericht 1995/96.

Widmann: Die Entwicklung der Umsatzsteuer im Europäischen Binnenmarkt, DStJG Bd. 19 (1996).

Zitzelsberger: Erfahrungen mit dem USt-Binnenmarkt aus der Sicht eines international tätigen Unternehmens, Umsatzsteuerkongreß-Bericht 1995/96.

Literatur zum Steuersubjekt

Ahlbrecht: Vorsteuerabzug und Unternehmereigenschaft bei erfolglosen „Unternehmen", UR 1979, S. 6 f.

Assmann: Die Zuordnung zum umsatzsteuerlichen Unternehmensvermögen, StBp 1989, S. 109 ff.

Birkenfeld: Juristische Personen des öffentlichen Rechts als Unternehmer (§ 2 Abs. 3 UStG), UR 1989, S. 1 ff.

Birkenfeld: Unternehmer und Unternehmen - Neue Entwicklungen im Umsatzsteuerrecht, DStR 1994, S. 81 ff.

Birkholz: Zur Selbständigkeit und Unselbständigkeit natürlicher Personen im Umsatzsteuerrecht, UR 1976, S. 173 ff.

Birkholz: Zur Aufgabe der „Unternehmereinheit" und des „organschaftsähnlichen Verhältnisses" im Umsatzsteuerrecht, DStZ (A) 1979, S. 343 ff.

Birkholz: Ist der Unternehmerbegriff des alten Umsatzsteuerrechts für das Mehrwertsteuerrecht unverändert geblieben?, UR 1986, S. 25 ff.

Brezing: Sozialethik und Rechtsprechung, StuW 1971, S. 171 ff.

Brezing: Zur Umsatzsteuer beim Verkauf von sogenannten Jahreswagen, BB 1980, S. 1204 f.

Brezing: Wandlungen des Unternehmerbegriffs, Umsatzsteuerkongreß-Bericht 1982/83, S. 25 ff.

Bunjes: Zum subjektiven Element des Unternehmerbegriffs, UR 1988, S. 307 f.

Bunjes: „Ehegattenrechtsprechung" im Umsatzsteuerrecht, UR 1989, S. 207 ff.

Burhoff: Unternehmerbegriff bei Veräußerung von Privatvermögen im Lichte der neuen BFH-Rechtsprechung, NWB Fach 7, S. 3851 ff.

Busl: Die Umsatzsteuerpflicht der Europäischen Wirtschaftlichen Interessenvereinigung, UR 1989, S. 229 ff.

Dziadkowski: Zur Umsatzbesteuerung privater Verkäufe durch Nichtunternehmer, UR 1985, S. 213 ff.

Dziadkowski: Zur umsatzsteuerlichen Beurteilung von Werbegemeinschaften, Stbg 1986, S. 234 ff.

Dziadkowski: Zur Unternehmereigenschaft von Sportlern, BB 1986, S. 2377 ff.

Dziadkowski: Zur Unternehmereigenschaft von Steuersubjekten, die nicht als „geborene Unternehmer" zu qualifizieren sind, UR 1989, S. 137 ff.

Dziadkowski: Zum Unternehmerbegriff des Umsatzsteuergesetzes, StVj 1989, S. 326 ff.

Dziadkowski: Der Unternehmer „in der Umsatzsteuer", UVR 1990, S. 195 ff.

Dziadkowski/Beranek: Die umsatzsteuerliche Behandlung der stillen Gesellschaft, UR 1990, S. 265 ff.

Dziadkowski/Forster: Sportler und Umsatzsteuer, SpuRt 1994, S. 217 ff.

Ebke/Andrees: Der Unternehmer im deutschen und europäischen Umsatzsteuerrecht, EWS 1993, S. 346 ff.

Forgách: Die Nichtsteuerbarkeit des „echten" Factoring - Eine Fortentwicklung des Umsatzsteuerrechts?, DB 1988, S. 2377 ff.

Forster: Umsatzsteuerliche Einordnung der Leistungen von juristischen Personen des öffentlichen Rechts im Abfallsektor, DStR 1996.

Giesberts: Der Unternehmer: Ein „Händler am Markt"?, UR 1989, S. 257 ff.

Giesberts: Zum Leistungsbegriff und zum Beginn des Unternehmens im Sinne des Umsatzsteuerrechts, StuW 1991, S. 175 ff.

Giesberts: Zur Qualifizierung des Unternehmerbegriffs i.S.d. § 2 UStG als Typusbegriff - Versuch einer Konkretisierung, UR 1993, S. 279 ff.

Hicks: Die Unternehmereigenschaft von natürlichen Personen im Umsatzsteuerrecht, UVR 1994, S. 143 ff.

Ising: Umsatzsteuerpflicht für persönliche Mandate einzelner Mitglieder einer freiberuflichen Sozietät, DStR 1993, S. 1313 ff., S. 1357 ff.

Jansen: Steuerfragen bei Sportlervergütungen und Ablösezahlungen, FR 1995, S. 461 ff.

Kempke: Abschied von der nachhaltigen Tätigkeit?, UR 1986, S. 114 ff.

Klenk: Die nichtgeschäftsführende Holding mit gemischter Tätigkeit, UR 1992, S. 296 f.

Klenk: Die Funktion des Unternehmers im Mehrwertsteuersystem nach der Rechtsprechung des Bundesfinanzhofs, UR 1993, S. 284 ff.

Knop: Die Umsatzbesteuerung der Körperschaften des öffentlichen Rechts im neuen Umsatzsteuerrecht, UR 1970, S. 348 ff.

Korn: Umsatzsteuerfragen in der Besteuerungspraxis freiberuflicher Sozietäten, DStR 1995, S. 1051 ff.

Kottke: Regelmäßiger Einkauf eines zum Verkauf bestimmten Jahreswagens als nichtunternehmerischer Akt?, BB 1979, S. 1658 ff., BB 1980, S. 769.

Lechner: Unternehmerischer und unternehmensfremder Bereich, DStJG Bd. 13 (1990), S. 39 ff.

Ley: Zur Umsatzsteuerpflicht von Hilfsgeschäften und Eigenverbrauch bei Beteiligungsgesellschaften, UR 1989, S. 176 ff.

List: Die Bedeutung der Organschaft in der Mehrwertsteuer, UR 1969, S. 145 ff.

Lohse: Rechtsgeschäfte zwischen nahestehenden Personen, Umsatzsteuerkongreß-Bericht 1988/89, S. 167 ff.

Matheja: Zur Behandlung von Personenvereinigungen, die Mitgliederbeiträge erheben, UR 1970, S. 214 ff.

Matheja: Zum Begriff „zur Erzielung von Einnahmen" - § 2 Abs. 1 Satz 3 UStG, UR 1978, S. 211 ff.

Mösbauer: Haftung bei umsatzsteuerrechtlicher Organschaft, UR 1995, S. 321 ff.

Mößlang: Der Unternehmerbegriff des deutschen Umsatzsteuergesetzes und die Harmonisierung des Umsatzsteuerrechts, UR 1994, S. 10 ff.

Offerhaus: Der Unternehmer im Umsatzsteuerrecht, UR 1991, S. 279 ff.

Pauly: Die Unternehmereigenschaft ausländischer Rundfunkanstalten, UR 1989, S. 230 ff.

Probst: Vorsteuerabzug ohne Leistungsaustausch?, UR 1986, S. 226 ff.

Probst: Kommunale Unternehmer und Zwang zum Leistungsempfang im Umsatzsteuerrecht, DStR 1988, S. 565 ff.

Puttlitz: Innengesellschaften und Umsatzsteuer, DStR 1967, S. 77 f.

Rader: Neuregelungen für Vereine durch das Umsatzsteuergesetz 1980, BB 1980, S. 880 ff.

Rau: Die Umsatzsteuer bei Unternehmensverbindungen, Verbänden und Kooperationen - Gleichzeitig ein Beitrag zum Unternehmerbegriff, UR 1987, S. 121 ff.

Raudszus/Weimann: Unternehmereigenschaft der juristischen Personen des öffentlichen Rechts im Rahmen der Vermögensverwaltung, DStR 1995, S. 1373 ff.

Reichhard/Schenkl: Die Besteuerung des Vereins nach dem UStG 1980, DVR 1981, S. 50 ff.

Reiß: Die Unternehmereinheit - eine überholte Rechtsfigur, StuW 1978, S. 126 ff.

Reiß: Die umsatzsteuerliche Organschaft - eine überholte Rechtsfigur, StuW 1979, S. 343 ff.

Reiß: Die Stille Gesellschaft im Umsatzsteuerrecht, BB 1986, S. 1497 ff.

Reiß: Beteiligung als stiller Gesellschafter - die neue Befreiungsvorschrift des § 4 Nr. 8 Buchst. j UStG, UR 1987, S. 153 ff.

Reiß: Zur Umsatzsteuer, StuW 1987, S. 351 ff.

Reiß: Gesellschafter und Gesellschafterbeitrag im Umsatzsteuerrecht, UR 1988, S. 298 ff.

Reiß: Rechtsnachfolge im Umsatzsteuerrecht, StVj 1989, S. 103 ff.

Reiß: Der vorschnelle Abschied vom Betrieb gewerblicher Art, UR 1994, S. 388 ff.

Reiß: Von vorläufigen Unternehmern, erfolglosen Nichtunternehmern und glücklichen erfolglosen Unternehmern, UR 1995, S. 383 ff.

Reuter: Die heutige Bedeutung der steuerlichen Organschaft, DStR 1982, S. 155 ff.

Rödder: Holding und umsatzsteuerliche Unternehmereigenschaft, DStR 1993, S. 635 ff.

Rose, G.: Entscheidung für Unternehmens- oder Privatgegenstand? Betriebswirtschaftliche Untersuchungen zur optimalen Ausübung des Behandlungswahlrechts hinsichtlich nur teilweise unternehmerisch verwendeter Anlagegegenstände, StuW 1978, S. 97 ff.

Rose, G.: Neue Entwicklungen um den umsatzsteuerlichen Unternehmerbegriff, StbJb 1989/90, S. 27 ff.

Ruppe: Umsatzsteuerliche Liebhaberei bei Betrieben gewerblicher Art und gemeinnützigen Körperschaften?, ÖStZ 1984, S. 185 ff.

Schmidt/Leippe: Das Mehrwertsteuergesetz in der Kommunalverwaltung, 3. Aufl., Köln u.a. 1986.

Schmidt-Liebig: Die natürliche Person als umsatzsteuerlicher Unternehmer. Ein Versuch begrifflicher Präzisierung, StuW 1978, S. 137 ff.

Schmidt-Liebig: Die „neuere Rechtsprechung" des Bundesfinanzhofs zum umsatzsteuerlichen Unternehmer, BB 1994, Beilage 20, Heft 29.

Schön: Personengesellschaften und Bruchteilsgemeinschaften im Umsatzsteuerrecht, DStJG Bd. 13 (1990), S. 81 ff.

Schuhmann: Der Begriff des Unternehmers im UStG 1980, DStZ (A) 1980, S. 88 ff.

Schuhmann: Betriebsaufspaltung und umsatzsteuerliche Organschaft, GmbHR 1989, S. 380 ff.

Schuhmann: Der Unternehmerbegriff bei der Umsatzsteuer, StBp 1994, S. 33 ff.

Schult: Die Zuordnung eines teilweise betrieblich genutzten Pkw zum Privatvermögen ist regelmäßig vorteilhaft, BB 1982, S. 1520 ff.

Sorgenfrei: Das neue Verständnis von § 2 Abs. 3 UStG am Beispiel der Deutschen Bundespost POSTDIENST, DStR 1993, S. 1893 ff.

Stadie: Der Mitunternehmer im Umsatzsteuerrecht, UR 1986, S. 137 ff.

Stadie: Private Sammlertätigkeit und Unternehmereigenschaft, UR 1987, S. 321 ff.

Steppert: Die umsatzsteuerliche Organschaft - ein nicht mehr zeitgemäßes Relikt?, UR 1994, S. 343 ff.

Stoll: Umsatzbesteuerung gewinnloser Betriebe der öffentlichen Hand, in: Korinek (Hrsg.): Beiträge zum Wirtschaftsrecht, Wien 1983, S. 479 ff.

Strunz: Die Gruppenbesteuerung im schweizerischen Mehrwertsteuerrecht - Pendant zur umsatzsteuerlichen Organschaft in der Bundesrepublik, UVR 1995, S. 328 ff.

Tehler: Der Unternehmerbegriff im Umsatzsteuerrecht, DVR 1983, S. 163 ff.

Tehler: Die juristischen Personen des öffentlichen Rechts in der Umsatzsteuer, in: Gesellschaften und Gesellschafter im Steuerrecht, Bonn 1986, S. 291 ff.

Tehler: Die juristische Person des öffentlichen Rechts in der Umsatzsteuer, DVR 1986, S. 162 ff., 178 ff.

Tehler: Der Unternehmer in der Umsatzsteuer - ein unlösbares Problem?, UVR 1989, S. 353 ff.

Vogel, K.: Zur Konkurrenz zwischen Bundes- und Landessteuerrecht nach dem Grundgesetz, StuW 1971, S. 308 ff.

Völkel: Die Aufteilung von Grundstücken für die Zugehörigkeit zum Unternehmen, UR 1987, S. 189 ff.

Völkel/Karg: Der Begriff des Unternehmensvermögens im Umsatzsteuerrecht, BB 1979, S. 1393 ff.

Wagner: Umsatzsteuer und öffentliche Hand, DStJG Bd. 13 (1990), S. 59 ff.

Wagner: Beginn, Ruhen und Ende eines Unternehmens, StuW 1991, S. 61 ff.

Wagner: Der leise Abschied des „Betriebs gewerblicher Art" aus dem Umsatzsteuerrecht. Anstöße und Anstößiges des Gemeinschaftsrechts zur Umsatzbesteuerung der juristischen Person des öffentlichen Rechts, UR 1993, S. 301 ff.

Wagner: Der „weisungsabhängige Strohmann" - ein mißratenes Kriterium der Rechtsprechung zur Zurechnung von Umsätzen, StuW 1995, S. 154 ff.
Walz: Steuergerechtigkeit und Rechtsanwendung, Heidelberg/Hamburg 1980.
Weber-Grellet: Wo beginnt die Grenze zur „Liebhaberei"?, DStR 1992, S. 561 ff., 601 ff.
Weiß: Das Ende der Unternehmereinheit und des organschaftsähnlichen Verhältnisses, UR 1979, S. 97.
Weiß: Das Verhältnis des zivilrechtlichen Anspruchs auf Rechnungserteilung mit gesondertem Steuerausweis zum materiellen Umsatzsteuerrecht, BB 1980, S. 1433 ff.
Weiß: Bericht über die Diskussion, Umsatzsteuerkongreß-Bericht 1982/83, S. 235 ff.
Widmann: Umsatzsteuer - Fragen beim Verkauf von Jahreswagen, BB 1980, S. 412 f.

Literatur zum räumlichen Geltungsbereich

Ammann: Zum Status der deutschen Freihäfen nach dem Umsatzsteuer-Binnenmarktgesetz und der 6. EG-Richtlinie zur Umsatzsteuer, UR 1993, S. 48 ff.
Doralt: Österreich und die EG, RdW 1988, S. 109 ff.
Dziadkowski: „Dauernde Übergangsregelung" oder Neuregelung der Umsatzbesteuerung im Binnenmarkt?, UR 1993, S. 344 ff.
Giersch: Zur Frage der Anwendung des Ursprungs- oder Bestimmungslandprinzips bei der Umsatzsteuer im Gemeinsamen Markt, Düsseldorf 1962.
Korf: Die Auswirkungen des EG-Beitritts Österreichs auf die Umsatzsteuerberatung in Deutschland, Umsatzsteuerkongreß-Bericht 1995/96.
Lange, H.-F.: Das umsatzsteuerrechtliche Inland - Rechtsänderungen zum 1.1.1994 -, DStZ 1994, S. 301 ff.
Möller: Ursprungs- und Bestimmungslandprinzip, FinArch NF Bd. 27 1969, S. 385 ff.
Schlienkamp: Umsatzsteuerliche Auswirkungen der Ausweitung des deutschen Küstenmeeres zum 1.1.1995, UR 1995, S. 1 ff.
Widmann: Ort der Lieferung und der sonstigen Leistung unter Berücksichtigung der Regelungen innerhalb und außerhalb der Europäischen Gemeinschaften, DStJG Bd. 13 (1990), S. 119 ff.

Literatur zum Steuerobjekt

1. Umsatzbegriff, Steuerbarkeit und unternehmerische Fremdversorgung

App: USt bei Einbringung von Unternehmen in eine GmbH, GmbHR 1993, S. 150 ff.
Assmann: Leistungsbezüge zum umsatzsteuerlichen Unternehmensvermögen, BuW 1994, S. 816 ff.
Bach: Umsatzsteuerliche Konsequenzen der privaten Bereitstellung öffentlicher Leistungen im Bereich hoheitlicher Aufgaben, StuW 1994, S. 51 ff.
Bachem: Holdinggesellschaft - Umsatzsteuerliche Organträgerschaft und Vorsteuerabzug?, BB 1994, S. 1608 ff.
Beisse: Die wirtschaftliche Betrachtungsweise bei der Auslegung der Steuergesetze in der neueren deutschen Rechtsprechung, StuW 1981, S. 1 ff.
Bellstedt: Zur Umsatzsteuerpflicht des dem Vertragshändler vom ausländischen Hersteller gezahlten Ausgleichs entsprechend § 89 b HGB, UR 1994, S. 301 ff.
Birkholz: Vertragsaufhebung, Kündigung und Rücktritt vom Vertrag, UR 1977, S. 85 ff.
Bohlmann: Die umsatzsteuerliche Behandlung von Gebäuden auf fremden Grund und Boden, BB 1982, S. 797 ff.

Bolk/Reiß: Zur umsatzsteuerlichen Behandlung des Kommissionsgeschäfts und seiner Bilanzierung, DStZ (A) 1980, S. 385 ff.
Förtsch: Mindest-Istbesteuerung und Factoring - Eine unvorhergesehene Falle im UStG 1980, DB 1981, S. 2047 ff.
Friedl: Der Leistungsaustausch für fremde Rechnung im System der Mehrwertsteuer, UR 1987, S. 65 ff.
Frotscher: Umsatzsteuer im Konkurs, DStJG Bd. 13 (1990), S. 213 ff.
Fuchs: Umsatzsteuerliche Vorteile ab 1. Januar 1992 bei der Vermietung von Fahrzeug-Abstellplätzen, UVR 1993, S. 11 ff.
Gast: Umsatzbesteuerung von Reihengeschäften aufgrund der EG-Richtlinie 92/111/EWG vom 14.12.1992, UR 1993, S. 109 ff.
Geist: Schadensersatzleistungen im Umsatzsteuerrecht, UR 1963, S. 149 ff.
Giesberts: Eigentumsübertragung, Verschaffung der Verfügungsmacht und Lieferung, UR 1976, S. 61 ff.
Goetze: Die Teilbarkeit einer Leistung nach wirtschaftlicher Betrachtungsweise, UR 1976, S. 233 ff.
Graupner: Wegweiser zum Ort der sonstigen Leistung gemäß § 3a UStG 1980, UR 1980, Beilage Heft 3.
Grune: Umsatzsteuerliche Probleme bei der Veräußerung eines teils unternehmerisch, teils privat genutzten Gegenstandes, UR 1989, S. 41 ff.
Handzik: Das Reihengeschäft, UVR 1995, S. 235 ff., S. 257 ff.
Heuermann: Die umsatzsteuerliche Regelung des Verzehrs an Ort und Stelle - die deutsche Behandlung als Lieferung auf dem Prüfstand des EG-Rechts?, DStR 1993, S. 1847 ff.
Horny: Die umsatzsteuerliche Behandlung von Leasinggeschäften, UVR 1993, S. 80 ff.
Hübner: Ort der sonstigen Leistung, Umsatzsteuerkongreß-Bericht 1982/83, S. 77 ff.
Hundt-Eßwein: Umsatzsteuerliche Beurteilung des Handels mit Termingeschäften, UVR 1989, S. 297 ff.
Klemp: Schadensersatzleistungen und Verzichtsentgelte im Umsatzsteuerrecht, BB 1971, S. 1097 ff.
Klever: Die Vermietung von Freizeitgegenständen, das Ende eines Steuersparmodells?, UVR 1993, S. 263 ff.
Kraeusel: Besteuerung von Werkleistungen ab 1.1.1996, UVR 1995, S. 225 ff.
Kramer: Die umsatzsteuerliche Behandlung von Sacheinlagen in eine GmbH, GmbHR 1994, S. 93 ff.
Küffner/Schmid: Umsatzsteuer beim Fahrzeugkauf im Ausland, DStR 1993, S. 1474 ff.
Lange, H.: Schadensersatz, Tübingen 1979.
Lange, H.-F.: Öffentliche Mittel und Umsatzsteuerrecht, Geldleistungen der öffentlichen Hand als Leistungsentgelt, UR 1994, S. 413 ff.
Matheja: Umtausch und Umtauschfrist im Umsatzsteuerrecht, UR 1978, S. 42 ff.
Mathiak: Die Materialbeistellung im Mehrwertsteuerrecht, UR 1971, S. 163 ff.
Noll/Rödder: Der Ort der sonstigen Leistung nach den Änderungen durch das Umsatzsteuer-Binnenmarktgesetz, DB 1993, S. 455 ff.
Pel: Störungen des Synallagmas zivilrechtlicher Verträge im Umsatzsteuerrecht, UR 1988, S. 365 ff.
Peusquens: Kommissionsgeschäft und Umsatzsteuer, BB 1979, S. 513 ff.
Püschel: Veränderungen der Unternehmensform im Umsatzsteuerrecht, DStZ (A) 1970, S. 81 ff.
Pump: Die Auswirkungen von Diebstahl, Unterschlagung und Untreue bei der Umsatzsteuer, StBp 1994, S. 277 ff.

Rabe: Bibliotheks- und Leerkassettenabgabe gemäß §§ 27, 54 Urheberrechtsgesetz als Entgelt einer steuerbaren Leistung, UR 1993, S. 186 ff.

Reichardt: Der Gegenstand der Werklieferung im Umsatzsteuerrecht, UR 1972, S. 81 ff.

Reiß: Leistender und Leistungsempfänger im Umsatzsteuerrecht, StuW 1981, S. 81 ff.

Reiß: Gesellschaftereinlagen und Unternehmensumstrukturierungen im Umsatzsteuerrecht, StuW 1992, S. 25 ff.

Reiter: Factoring und Umsatzsteuer, BB 1982, S. 1718 ff.

Sahm: Mitgliedsbeitrag als steuerbarer Umsatz von Vereinen, UR 1995, S. 210 ff.

Salzberger: Die umsatzsteuerliche Beurteilung der Einschaltung von Personengesellschaften beim Erwerb oder der Errichtung von Betriebsgebäuden der Kreditinstitute, UR 1994, S. 453 ff.

Sauren: Umsatzsteuerpflichtige Vermietung von Stellplätzen, DStR 1994, S. 416 ff.

Schaumburg: Übertragende Umwandlung - ein steuerbarer Umsatz?, StuW 1973, S. 15 ff.

Schindler: Eigenjagdrechtverpachtung in der Umsatzsteuer, StBp 1993, S. 37 ff.

Schmid: Die Vermietung unter nahen Angehörigen aus umsatzsteuerrechtlicher Sicht, DStR 1993, S. 641 ff.

Schön: Unmöglichkeit und Umsatzsteuer, StuW 1986, S. 385 ff.

Schuhmann: Gesellschafter-/Mitgliederbeiträge oder Leistungsaustausch?, UR 1986, S. 249 ff.

Schuhmann: Lizenzverträge und das Umsatzsteuerrecht, UVR 1994, S. 162 ff.

Schwarze: Doppel- und Nichtbesteuerung von grenzüberschreitenden Geschäften nach dem Umsatzsteuergesetz 1980, JbFSt 1980/81, S. 60 ff.

Schwarze: Zwischenvermietung und Bauen auf fremdem Boden, Umsatzsteuerkongreß-Bericht 1985, S. 153 ff.

Siegemund: Mittelbare Grundstücksschenkung - Vom Schenker übernommene Nebenkosten und Umsatzsteuer, DStR 1993, S. 1281 ff.

Söhn: Zur Umsatzsteuer, StuW 1975, S. 164 ff.

Söhn: Zur Umsatzsteuer - Ausgabe von Kommanditanteilen, StuW 1977, S. 271 ff.

Söhn: Der Leistungsaustausch im Umsatzsteuerrecht, in: Klein/Vogel (Hrsg.): Der Bundesfinanzhof und seine Rechtsprechung, Grundfragen - Grundlagen, Bonn 1985, S. 439 ff.

Stadie: Die unentgeltliche Veräußerung eines Wirtschaftsguts an einen anderen Unternehmer im Umsatzsteuerrecht, StuW 1987, S. 273 ff.

Starflinger: Gemischte Umsätze, DVR 1980, S. 130 ff., S. 146 ff.

Tehler: Die Umsatzbesteuerung staatlicher Subventionen, DStR 1995, S. 433 ff.

Vogel, W.: Die umsatzsteuerrechtliche Leistung in systematischer Darstellung, DStR 1977, S. 710 ff.

Voss: Direct Mail in der Umsatzsteuer - Wann ist Porto ein durchlaufender Posten? -, DB 1994, S. 2584 ff.

Wagner: Steuerbarkeit von Geschäftsführungsleistungen für Personengesellschaften, UR 1994, S. 422 ff.

Walden: Entgeltlichkeit bei Leistungen zwischen Personengesellschaften und ihren Mitgliedern - Versuch einer Neuorientierung, Umsatzsteuerkongreß-Bericht 1991/92, S. 79 ff.

Wegehenkel: Die Problematik der Umsatzsteuer auf Zuschüsse, BB 1986, S. 172 ff.

Weiß: Unerlaubtes Handeln mit Betäubungsmitteln im Inland, UR 1989, S. 311 ff.

Weiß: Zum Begriff des Leistungsaustausches und der entgeltlichen Leistung (EuGH vom 8.3.1988), UR 1989, S. 276 ff.

Weiß: Steuerbarkeit von Geschäftsführung in Personengesellschaften, UR 1995, S. 10 ff.

Widmann: Keine Umsatzsteuer bei illegalen Geschäften?, UR 1989, S. 10 ff.

Widmann: Die Einbeziehung Dritter in den Leistungstausch, UR 1993, S. 304 ff.
Wilke: Die Vorschrift des § 3a UStG im Lichte des Gleichheitssatzes, UR 1987, S. 200 ff.
Wolff-Diepenbrock: Sammeln, Sammlung und Steuern, DStR 1987, Beilage zu Heft 12, S. 10.

2. Besteuerung der Arbeitnehmerversorgung

Bock: Umsatzsteuerliche Behandlung kostenloser und verbilligter Sachzuwendungen des Arbeitgebers an seine Arbeitnehmer, BB 1982, S. 859 f.
Brock: Die Umsatzsteuerbarkeit betrieblicher Sozialzuwendungen, München 1987.
Brezing/Schmidt: Nochmals: Zur Umsatzbesteuerung von Sachleistungen an Arbeitnehmer, UR 1976, S. 174 ff.
Escher/Fischer: Die Umsatzbesteuerung von Sachzuwendungen an Arbeitnehmer, BB 1982, S. 298 ff.
Horny: Die umsatzsteuerliche Behandlung von Sachzuwendungen - Teil III, UVR 1993, S. 13 ff.
Husmann: Sachzuwendungen an Arbeitnehmer, UR 1985, S. 105 ff.
Husmann: Sachzuwendungen an Arbeitnehmer (zu den BFH-Urteilen vom 11.3.1988), UR 1988, S. 303 ff.
Institut Finanzen und Steuern: Zur Umsatzsteuerpflicht von Sachzuwendungen an Arbeitnehmer, Brief 220, Bonn 1983.
Katterbe: Sozialleistungen des Arbeitgebers an Arbeitnehmer aus der Sicht des Umsatzsteuergesetzes 1980, DB 1982, S. 1242 f.
Klenk: Gibt es einen „Arbeitnehmereigenverbrauch?“, UVR 1994, S. 353 ff.
Mößlang: Umsätze im Verhältnis zu Arbeitnehmern, Zur Auslegung des § 1 Abs. 1 Nr. 1 Satz 2 Buchst. b UStG 1980, DStZ 1987, S. 419 ff.
Offerhaus: Was gehört zum Arbeitslohn?, BB 1982, S. 1061 ff.
Reiprich: Umsatzsteuer und Lohnsteuer bei Leistungen an Arbeitnehmer, BB 1981, Beilage 11, Heft 28.
Reiprich: Steuerbare Umsätze an Arbeitnehmer, BB 1986, Beilage 9.
Reiß: Zur umsatzsteuerlichen Behandlung von unentgeltlichen Sachzuwendungen an Arbeitnehmer nach dem Umsatzsteuergesetz 1980, BB 1983, S. 188 ff.
Sander: Zum Leistungsaustausch zwischen Arbeitgeber und Arbeitnehmer im UStG 1980 Verwaltungsmeinung und Rechtsprechung des BFH im Widerstreit, DStR 1982, S. 367 ff.
Schmidt, E.: Umsatzsteuer auf kostenlose Arbeitnehmerbeförderung, BB 1988, S. 1722 ff.
Schneider-Scheumann: Keine Umsatzsteuer auf private Nutzungsanteile bei bestimmten Arbeitgeberleistungen, BB 1981, S. 2051 f.
Schroeder/Fuchs: Betriebswirtschaftliche Überlegungen zur umsatzsteuerrechtlichen Behandlung von Sachzuwendungen an Arbeitnehmer, DVR 1988, S. 34 ff.
Seibold: Aufmerksamkeiten und Leistungsaustausch, UR 1986, S. 1 ff.
Söhn: Zur Umsatzsteuer. Sachzuwendungen und sonstige Leistungen an Arbeitnehmer, StuW 1976, S. 250 ff.
Wagner: Die systemgerechte Besteuerung von Personalleistungen, StuW 1992, S. 291 ff.
Walden: Eigenverbrauch und Arbeitgeberverbrauch, BB 1983, S. 693 ff.
Weiß: Die Rechtsprechung des BFH zum Umsatzsteuergesetz - unter besonderer Berücksichtigung neuer Entwicklungstendenzen und der für die Praxis bedeutsamen Schwerpunkte, StKRep 1981, S. 133 ff.
Widmann: Zur Umsatzbesteuerung von betrieblichen Sachzuwendungen, DStR 1981, S. 703 ff.
Widmann: Leistungsaustausch ohne konkrete Gegenleistung im Fall der Arbeitnehmer-Sammelbeförderung?, UR 1995, S. 435 ff.

3. Besteuerung der Selbstversorgung

Ammann: Vorsteuerabzug und Eigenverbrauch bei gemischtgenutzten Gegenständen, UR 1985, S. 112 ff.

Ammann: Zur Umsatzbesteuerung nicht vorsteuerbelasteter Ausgangsleistungen, insbesondere der privaten Telefon- und Pkw-Nutzung, UR 1989, S. 79 ff.

Bauer: Der Gesellschafterverbrauch (§ 1 Abs. 1 Nr. 3 UStG 1980), StuW 1980, S. 148 ff.

Czischke: Eigenverbrauch als Entnahme von Gegenständen i.S. des § 1 Ziff. 2 UStG oder fiktive Lieferung?, UR 1962, S. 153 ff.

Dziadkowski: Die umsatzsteuerrechtlichen Wirkungen der privaten (außerunternehmerischen) Kfz-Nutzung nach der Neufassung der Fiktionstatbestände im UStG 1980 auf der Basis der „harmonisierten Gleichstellungstheorie“, UR 1981, S. 73 ff.

Dziadkowski: Die „Harmonisierung“ der umsatzsteuerrechtlichen Eigenverbrauchsbesteuerung in der Europäischen Gemeinschaft, BB 1981, S. 745 ff.

Dziadkowski: Realakttheorie versus Fiktionstheorie als Basis der Umsatzbesteuerung im Falle der Selbstversorgung, BB 1982, S. 2096 ff.

Dziadkowski: Die richtlinienkonforme Umsatzbesteuerung gemischtgenutzter Grundstücke unter besonderer Berücksichtigung der Eigenverbrauchsbesteuerung - Zugleich Anmerkung zum Vorschlag des Generalanwalts beim EuGH in der Rechtssache C-291/92 vom 6.4.1995, BB 1995, S. 1930 ff.

Dziadkowski/Walden: Pro und Contra Wertabgabetheorie, BB 1984, S. 1478 ff.

Dziadkowski/Walden: Umsatzbesteuerung der unentgeltlichen Leistungen von Personengesellschaften, StBp 1985, S. 103 ff.

Gosch: Rechtsprechung im besonderen Blickpunkt der Außenprüfung, StBp 1994, S. 70.

Helsper: Zur Gleichstellung von Selbstversorger und Verbraucher, UR 1975, S. 233 ff.

Huschens: Neuregelung bei der Umsatzbesteuerung des Eigenverbrauchs - Entnahmeeigenverbrauch, nichtunternehmerische Nutzung von Fernsprechgeräten und Fernsprechdienstleistungen, Eigenverbrauch bei Freizeitgegenständen -, BuW 1994, S. 559 ff.

Husmann: Eigenverbrauchsbesteuerung und EG-Recht - Der Ruf nach dem Gesetzgeber, UR 1995, S. 326 ff.

Kaufmann: Hingabe von Sachspenden für gemeinnützige Zwecke, UR 1977, S. 210.

Lohse: Die teilweise private Verwendung bezogener Gegenstände und Dienstleistungen als Eigenverbrauch, UVR 1993, S. 258 ff.

Luig: Ist die Besteuerung des Eigenverbrauchs systemgerecht und verfassungskonform?, DStR 1969, S. 757 ff.

Matheja: Umsätze der Personenvereinigung an ihre Mitglieder, UR 1980, S. 197 ff., 221 ff., UR 1981, S. 221 ff.

Matheja: Sonstige Leistungen als Eigenverbrauch (§ 1 Abs. 1 Nr. 2b UStG 1980), DStZ (A) 1980, S. 394 ff.

Muuss: Die Besteuerung des Eigenverbrauchs bei der Mehrwertsteuer, UR 1967, S. 297 ff.

Reiß: Neubesinnung bei der Eigenverbrauchbesteuerung, StuW 1984, S. 175 ff.

Rometsch: Zur systemgerechten Eigenverbrauchsbesteuerung nach § 1 Abs. 1 Nr. 2 UStG, UR 1969, S. 177 f.

Rondorf: Neue Grundsätze bei der Umsatzbesteuerung des Eigenverbrauchs, bestimmter Sachzuwendungen an Arbeitnehmer und der Ermittlung der Mindestbemessungsgrundlage, DStR 1994, S. 921 ff.

Schuwardt: Umsatzsteuerliche Behandlung von Sachspenden, UR 1962, S. 17 f.

Schwarz: Ist die Regelung des § 1 Absatz 1 Nr. 3 UStG überflüssig?, UR 1986, S. 113 ff.

Söhn: Eigenverbrauchsbesteuerung und Vorsteuerabzug, BB 1975, S. 219 ff.

Söhn: Zur Umsatzsteuer. Lieferungen einer Kapitalgesellschaft an ihre Gesellschafter unter Selbstkosten („verdeckte Gewinnausschüttungen"), StuW 1977, S. 352 ff.

Spetzler: Die Reduktion der Eigenverbrauchsbesteuerung auf das europäische Richtmaß, RIW 1989, S. 637 ff.

Spetzler: Die unmittelbare Wirkung von Richtlinien-Bestimmungen als neue Sanktionskategorie nach Art. 189 EWG-Vertrag, RIW 1989, S. 362 ff.

Walter: Entnahme zum Buchwert und Eigenverbrauch, UR 1980, S. 31 f.

Widmann: Eigenverbrauch gemäß § 1 Abs. 1 Nr. 2 Buchstabe a und b des Umsatzsteuergesetzes bei Erwerbsgesellschaften, BB 1984, S. 663 ff.

Widmann: Fiktionstheorie hin, Realakttheorie her - der Eigenverbrauch bedarf der gesetzgeberischen Umgestaltung, UR 1988, S. 10 ff.

Widmann: Beschlossene, beabsichtigte und wünschenswerte Änderungen des Umsatzsteuergesetzes, Umsatzsteuerkongreß-Bericht 1988/89, S. 217 ff.

Widmann: Die Besteuerung des Repräsentations-Eigenverbrauchs gemäß § 1 Abs. 1 Nr. 2 Buchst. c UStG - insbesondere bei „Hobby-Unternehmern", UR 1993, S. 14 ff.

Widmann: Die Umsatzsteuer im Herbst 1994, DB 1994, S. 1949 ff.

Widmann: Der Eigenverbrauch und seine Bemessung, Umsatzsteuerkongreß-Bericht 1982/83, S. 51 ff.

Widmann: Das Umsatzsteuer-Binnenmarktgesetz, UR 1994, S. 32 ff.

Wohlschlegel: Eigenverbrauchsbesteuerung als Besteuerung der Einkommens- und Vermögensverwendung, StuW 1974, S. 139 ff.

4. Besteuerung der Geschäftsveräußerung

Ammann: Zur Geschäftsveräußerung nach § 1 Abs. 1a UStG: Die Nichtbesteuerung geht bei einem unentgeltlich übereignenden Einzelunternehmer ins Leere - Anmerkungen zu grenzüberschreitenden Sachverhalten und zum Vorsteuerabzug, UR 1995, S. 173 ff.

Benkert/Menner: Geschäftsveräußerung gem. § 1 Abs. 1 a UStG bei Veräußerung von bebauten Grundstücken, DB 1994, S. 1996 ff.

Benkert/Menner: Die Geschäftsveräußerung im ganzen ab 1.1.1994, UR 1995, S. 81 ff.

Bunjes: Geschäftsveräußerung durch vorweggenommene Erbfolge, UR 1986, S. 172 ff.

Horn: Umsatzbesteuerung von Umwandlungen nach dem neuen Umwandlungsrecht, UR 1995, S. 472 ff.

Huber: Die Umsatzsteuerbarkeit von unentgeltlichen Geschäftsübergaben, DStZ 1993, S. 642 ff.

Husmann: Nichtsteuerbare Geschäftsveräußerungen, Zum Anwendungsbereich des § 1 Abs. 1a UStG, UR 1994, S. 333 ff.

Klenk: Die Geschäftsveräußerung im ganzen, UR 1982, S. 114 ff.

Matheja: Zur unentgeltlichen Geschäftsveräußerung in der Mehrwertsteuer, UR 1970, S. 255 ff.

Matheja: Zur den Fragen der Geschäftsveräußerung gegen Schuldübernahme, UR 1977, S. 105 ff.

Padberg: Die BFH-Rechtsprechung zur Frage des vollständigen Gesellschafterwechsels bei Personengesellschaften als Geschäftsveräußerung im ganzen, UR 1976, S. 193 ff.

Probst: Unternehmensnachfolge im Spannungsverhältnis zwischen altem und neuem Recht - § 1 Abs. 1a UStG, UR 1995, S. 131 ff.

Schlienkamp: Änderungen des Umsatzsteuergesetzes durch das Mißbrauchsbekämpfungs- und Steuerbereinigungsgesetz, UR 1994, S. 93 ff.

Schön: Die unentgeltliche Unternehmensübertragung - ein Eigenverbrauchstatbestand?, UR 1993, S. 291 ff.

Schwarz: Nichtsteuerbare Umsätze im Rahmen von Geschäftsveräußerungen - ein Fortschritt?, UR 1994, S. 185 ff.

Thiele/Vlcek: Die Besteuerung von Betriebsübertragungen im Rahmen der vorweggenommenen Erbfolge durch das Umsatzsteuergesetz 1980, BB 1981, S. 787 f.

Völkel/Karg: Die Besteuerung von Betriebsübertragungen im Rahmen der vorweggenommenen Erbfolge durch das Umsatzsteuergesetz 1980, BB 1980, S. 1630 ff.

Widmann: Gibt es bei § 1 Abs. 1a UStG durch „holde Eintracht" von Gesetzgebung und Rechtsprechung eine Gesetzeslücke?, UR 1995, S. 325 ff.

5. Steuerbare Einfuhr

Frees: Einfuhrumsatzsteuerbegünstigte Sammlungsstücke in der Rechtsprechung von EuGH und BFH, UR 1993, S. 219 ff.

Hillert: Von der Umsatzausgleichsteuer zur Einfuhrumsatzsteuer, UR 1969, S. 81 ff.

Koch: Die Einfuhrumsatzsteuer, IWB, Deutschland Gruppe 7, S. 519 ff.

Schwarz: Kann auf die Einfuhr von elektrischer Energie Einfuhrumsatzsteuer erhoben werden?, UR 1976, S. 5 ff.

Zimmermann: Die neue Einfuhrumsatzsteuer, BB 1967, S. 1243 ff.

Literatur zu Steuerbefreiungen und Steuervergütungen

Ammann: Zur Steuerpflicht durch Nichtübernahme einer Befreiungsvorschrift der 6. EG-Richtlinie - Ist die Besserstellung gegenüber einer Befreiung nach § 4 Nr. 21b UStG EG-konform?, UR 1992, S. 116 ff.

Baum: Steuerbefreiung gem. § 4 Nr. 12 a UStG bei der Vermietung eingerichteter Räume, UR 1987, S. 314 ff.

Beyer: Versendung von nicht abzugsfähigen Geschenken an ausländische Geschäftsfreunde als steuerfreie Ausfuhrlieferung, UR 1970, S. 364.

Breul: Nochmals: Versendung von nicht abzugsfähigen Geschenken an ausländische Geschäftsfreunde als steuerfreie Ausfuhrlieferung, UR 1971, S. 362.

Christoffel: Die Steuerfreiheit bei der Vermietung von Grundstücken. Steuerbefreiung nach § 4 Nr. 12 UStG i.d.F. des Steuerbereinigungsgesetzes 1985, SteuerStud 1987, S. 12 ff.

Crezelius: Grundstücksveräußerung und Umsatzsteueroption, DB 1989, S. 1254 ff.

Dziadkowski: „Heimliche" Umsatzsteuer infolge von Steuerbefreiungen mit Vorsteuerabzugsrecht, DStZ 1985, S. 419 ff.

Dziadkowski: Zur umsatzsteuerlichen Behandlung von Tennishallen, UR 1993, S. 157 ff.

Dziadkowski: Zur partiellen Umsatzsteuerbefreiung der Vermietung von Sportanlagen, DStR 1994, S. 997 ff.

Eder: Die Behandlung der Umsatzsteuer im Grundstückskaufvertrag, ZIP 1994, S. 1669 ff.

Fromm: Umsatzsteuerbefreiung für sog. Superprovisionen von Versicherungsvertretern im Strukturvertrieb?, DStR 1995, S. 1214 ff.

Gast: Mißbrauchsbekämpfungs- und Steuerbereinigungsgesetz: Umsatzsteuerpflichtige Vermietung von Grundstücken - Einschränkung der Optionsmöglichkeit durch § 9 Abs. 2 UStG, DB 1994, S. 1208 ff.

Grams: Steuerbefreiung nach § 4 Nr. 20 UStG, UR 1995, S. 41 ff.

Gratz: Die optimale Nutzung des Optionsrechtes nach § 9 UStG, DB 1981, S. 2148 ff.

Hofmann: Die Umsatzsteueroption im Kreditgewerbe, BB 1991, S. 1388 ff.

Klenk: Ist die Grundstücksentnahme und Grundstücksnutzung für unternehmensfremde Zwecke steuerfrei?, UR 1993, S. 377 ff.

Koblenzer: Die Parzellierung von Vermietungsleistungen bei der umsatzsteuerlichen Behandlung von Sportanlagen, DB 1995, S. 1363 ff.

Korn: Steuervorteile durch Umsatzsteuer-Wahlrechte, Umsatzsteuerkongreß-Bericht 1988/89, S. 15 ff.

Küffner/Ritzer: Umsatzsteuerliche Behandlung von Tennishallen - Irrungen und Wirrungen um ein Praxisproblem, DStR 1993, S. 1761 ff.

Lange, H.-F.: Zur Steuerfreiheit von Umsätzen der auf dem Gebiet der häuslichen Krankenpflege selbständig tätigen Krankenschwestern und -pfleger nach § 4 Nr. 14 Satz 1 UStG, UR 1994, S. 145 ff.

Lange, H.-F.: Umsatzsteuerpflichtige Beherbergungsumsätze, UR 1995, S. 425 ff.

Lohse: Umdenken im Umsatzsteuerrecht bei kurzfristiger Vermietung von Sportanlagen, UR 1994, S. 150 ff.

Matheja: Forderungszession und Umsatzversteuerung, UR 1974, S. 149 ff.

Matheja: Zur Praktizierung der Umsatzsteuerfreiheit nach § 4 Nr. 14 UStG, UR 1979, S. 42 ff.

Matheja: Zur Behandlung der kurzfristigen Vermietungsleistungen im Umsatzsteuer-Recht, UR 1984, S. 177 ff.

Mattausch: Grenzüberschreitende Leistungen, Umsatzsteuerkongreß-Bericht 1988/89, S. 87 ff.

Milatz: Umsatzsteuerbefreiung auch bei verbotswidrigen Ausfuhren?, UVR 1989, S. 323 ff.

Mösbauer: Umsatzsteuerfreiheit für Lieferungen und sonstige Leistungen an NATO-Truppen, UR 1986, S. 309 ff.

Mösbauer: Der Belegnachweis - ein Tatbestandsmerkmal der USt-Freiheit von Ausfuhrlieferungen, DStR 1984, S. 418 ff.

Müssener: Die Besteuerung von Goldumsätzen in den Mitgliedsstaaten der EG, IStR 1993, S. 64 ff.

Philipowski: Zum Begriff der Kreditgewährung, UR 1979, S. 1 f.

Rieker/Wanner-Laufer: Umsatzsteuerliche Teiloption bei Grundstücksverkäufen?, BB 1993, S. 1492 ff.

Rischke: Die Änderungen des § 9 Abs. 2 UStG durch das StMBG, DStR 1994, S. 1073 ff.

Rose/Rödder: Zur Anwendbarkeit des § 4 Nr. 1 UStG auf Leistungen freier Vermittlungsgesellschaften für Versicherungsunternehmen und Bausparkassen, DB 1988, S. 1564 ff.

Schelnberger/Thiemann: Umsatzsteuer für die Vermietung von Plätzen für das Abstellen von Fahrzeugen (§ 4 Nr. 12 (2) UStG), UVR 1993, S. 138 ff.

Schlienkamp: Ausschluß der Steuerermäßigung für jugendgefährdende Filme und Schriften, UR 1993, S. 308 ff.

Schuhmann, Zur Abtretung des USt-Vergütungsanspruchs, UVR 1995, S. 132 ff.

Tehler: Der Beitrag des XI. Senats des BFH zur Gesundheitsreform - Zur Steuerbefreiung nach § 4 Nr. 14 Satz 1 UStG bei Gemeinschaftspraxen -, UVR 1995, S. 129 ff.

Tipke: Über Umsatzsteuer-Gerechtigkeit, StuW 1992, S. 103 ff.

Völkel: Inhalt und Bedeutung des Tatbestandsmerkmals "Bescheinigung der zuständigen Landesbehörde" für Befreiungstatbestände im Umsatzsteuerrecht, UR 1989, S. 113 ff.

Völkel/Karg: Die umsatzsteuerrechtliche Behandlung von Warenkrediten, Handelswechsel und Skontoabzug, UR 1983, S. 101 ff. und 125 ff.

Wedelstädt, von: Verzugs-, Stundungs-, Zielzinsen bei der Umsatzsteuer, DB 1975, S. 1001 ff.

Wenzel: Rückgängigmachung des Verzichts auf Steuerbefreiung, Umsatzsteuerkongreß-Bericht 1988/89, S. 103 ff.

Wilke: Drei Jahre Rechtsprechung des Bundesfinanzhofs zu den Vorschriften über die Befreiung von der Umsatzsteuer, UVR 1994, S. 257 ff., S. 290 ff.

Literatur zu den Bemessungsgrundlagen

Beaucamp: Uneinbringlichkeit durch Novation?, UR 1995, S. 205 ff.

Brezing: Auflösung des Entgeltsbegriffs?, UR 1975, S. 135 f.

Brezing: Zur Bemessungsgrundlage bei unentgeltlichen oder verbilligten Lieferungen und sonstigen Leistungen an Arbeitnehmer, UR 1981, S. 132 ff.

Buob: Zur Umsatzsteuer-Subvention für Geldspielgeräte, BB 1989, S. 1598 ff.

Buob: Umsatzsteuerliche Bemessungsgrundlage für Geldspielgeräte aus der Sicht des EuGH, UR 1994, S. 293 ff.

Dziadkowski: Zur umsatzsteuerlichen Behandlung des erhöhten Beförderungsentgelts bei Schwarzfahrten, DB 1987, S. 1965 ff.

Dziadkowski: Die Umsatzbesteuerung von Geldspielautomaten nach der Rechtsprechung des Europäischen Gerichtshofs, UVR 1994, S. 226 ff.

Dziadkowski: Zur richtlinienkonformen Umsatzbesteuerung von Geldspielautomaten im Lichte der EuGH-Rechtsprechung, IStR 1994, S. 324 ff.

Fischer, F.: Änderungen der Bemessungsgrundlage bei der Umsatzsteuer - zur Anwendung des § 17 UStG -, DB 1972, S. 1136 ff.

Fischer, F.: Entgeltsbegriff im neuen Umsatzsteuerrecht unverändert, DB 1972, S. 2088 f.

Fischer, P.: Auftragsforschung und geförderte Eigenforschung im Umsatzsteuerrecht, UR 1989, S. 270 ff.

Grziwotz: Umsatzsteuer und Grundstückskaufpreis, DStR 1994, S. 1448 ff.

Hackbart: Bemessungsgrundlage und Entgeltminderung bei Forderungsabtretung und Wechseldiskontierung, UR 1973, S. 221 ff.

Horn: Mindestbemessungsgrundlage und marktübliches Entgelt, UR 1988, S. 371 ff.

Jacobs: Bemessungsgrundlage der Umsatzsteuer für Einnahmen aus Geldspielautomaten - I. Schlußanträge vom 3.März 1994 - Rechtssache C-38/93 - , UR 1994, S. 178 ff.

Kaufmann: Zielzinsen, Stundungszinsen und Verzugszinsen bei mehrwertsteuerpflichtigen Inlandslieferungen, UR 1975, S. 157 ff.

Klein, F.: Wechseldiskont als Entgeltminderung, UR 1969, S. 84 ff.

Klunzinger: Steuerliches und zivilrechtliches Entgelt im Mehrwertsteuersystem, StuW 1973, S. 229 ff.

Kleeberg: Umsatzsteuerliche Behandlung der Verpachtung einer Eigenjagd durch einen nach Durchschnittssätzen versteuernden Land- und Forstwirt, UVR 1993, S. 231 ff.

Knobbe-Keuk: Gerichtliche Kontrolle von Ermächtigungen des Rats zu Sonderfragen der Mitgliedstaaten nach der 6. USt-Richtlinie - Falsche Vorlagefrage des BFH an den EuGH zur Mindestbemessungsgrundlage nach § 10 Abs. 5 UStG, DB 1993, S. 403 ff.

Lange, H.-F.: Öffentliche Mittel und Umsatzsteuerrecht, Geldleistungen der öffentlichen Hand als Leistungsentgelt, UR 1994, S. 413 ff.

Lausterer: Bemessungsgrundlage der Umsatzsteuer für Einnahmen aus Geldspielautomaten - II. Anmerkungen zu den Schlußanträgen vom 3.März 1994 - Rechtssache C-38/93, UR 1994, S. 183f.

Matheja: Zuschüsse aus öffentlichen Kassen, UR 1976, S. 192.

Matheja: Preisnachlaß durch den Agenten (sogenannte „schwarze Rabatte"), UR 1979, S. 233 ff.

Müllereisert: Vorsteuerabzug oder Steuerbefreiung im Falle des Aufwendungseigenverbrauchs gemäß § 1 Abs. 1 Nr. 2 S. 2 Buchst. c UStG bei Unternehmen mit ausschließlich steuerfreien Umsätzen, UR 1994, S. 337 ff.

Philipowski: In welchen Fällen ist der Nutzungswert eines zinslosen Darlehens umsatzsteuerpflichtig?, BB 1995, S. 953 ff.

Reiß: Bemessungsgrundlage beim Eigenverbrauch und Mindestbemessungsgrundlage, DVR 1986, S. 130 ff.

Reiß: Umsatzsteuer-Mindestbemessungsgrundlage, Marktpreis und Vorsteuerabzug, BB 1985, S. 1724 ff.

Schlienkamp: Umsatzsteuerrechtliche Änderungen durch das Wohnungsbauförderungsgesetz, UR 1990, S. 107 ff.

Schwarz: Die Bemessungsgrundlage für die Privatnutzung betrieblicher Kraftfahrzeuge, UR 1987, S. 33 ff.

Söhn: Die Bemessungsgrundlage der Umsatzsteuer bei verbilligten und unentgeltlichen Leistungen, DStZ 1987, S. 367 ff.

Voelcker: Zeitpunkt der Änderung der Bemessungsgrundlage nach § 17 Abs. 1 UStG, BB 1995, S. 1824 ff.

Von der Osten: Gründungsaufwand und Umsatzsteuer, GmbHR 1993, S. 416 ff.

Walden: Vorsteuerabzugsverbot beim Ankauf von Werbegeschenken und steuerpflichtiger Aufwendungseigenverbrauch, StBp 1988, S. 1 ff.

Weiß: Die Berichtigungspflicht nach § 17 UStG 1967 bei Änderung der Bemessungsgrundlage, UR 1973, S. 113 ff.

Weiß: Zur Abgrenzung des § 10 Abs. 1 gegen den § 14 Abs. 2 UStG, UR 1980, S. 4 f.

Weiß: Die Bemessung der Umsatzsteuer, UR 1986, S. 83 ff.

Weiß: Wert und Wertbemessung bei der Umsatzsteuer, in: Raupach (Hrsg.): Werte und Wertermittlung im Steuerrecht, Köln 1984, S. 351 ff.

Widmann: Zweifelsfragen zur Mindestbemessungsgrundlage, BB 1987, S. 522 ff.

Literatur zum Tarif

Ammann: Ermäßigter Umsatzsteuersatz beim Vertrieb von Computerprogrammen, UR 1994, S. 218 ff.

Flore: Änderung des Umsatzsteuer-Satzes für Computerprogramme, DB 1994, S. 303 ff.

Fuss: Zur Verweisung des deutschen Umsatzsteuergesetzes auf den gemeinsamen Zolltarif der Europäischen Gemeinschaften, in: Festschrift für Heinz Paulick zum 65. Geburtstag 9. Mai 1973, hrsg. von Kruse, Köln 1973, S. 293 ff.

Gericke: Zum ermäßigten Steuersatz bei Sachgesamtheiten, UR 1974, S. 109 ff.

Hoppen/Pelzer: Anwendung des ermäßigten Umsatzsteuersatzes bei Software? - Auswirkungen der Novellierung des Urheberrechtsgesetzes, DStR 1993, S. 1778 ff.

Kalmes: Umsatzsteuersatz für Leistungsentgelte von Nichtmitgliedern bei gemeinnützigen Vereinen, UR 1986, S. 198 ff.

Klüting: Umsatzsteuersatz für die Überlassung von EDV-Programmen, UR 1982, S. 181 f.

Klüting: Ermäßigter Umsatzsteuersatz für die Überlassung von Computerprogrammen?, DStR 1994, S. 352 ff.

Kutz/Jünemann: Ermäßigter Umsatzsteuersatz bei Software-Überlassung, BB 1994, S. 1264 ff.

Langer: Richtlinie zur Annäherung der Umsatzsteuersätze in der Europäischen Gemeinschaft vom 19. Oktober 1992, UVR 1993, S. 5 ff.

Milatz: Ermäßigter Steuersatz für Markt-, Meinungs-, Sozial-, Wirtschafts-, Verbraucher- und Werbeforscher?, UR 1989, S. 76 ff.
Sahm: Bücher auf CD-ROM - von Rechts wegen teurer, UR 1995, S. 255 ff.
Schlienkamp: Allgemeine Voraussetzungen der Steuerermäßigung nach § 12 Abs. 2 Nr. 1 UStG, UR 1974, S. 61 ff.
Schlienkamp: EG-Richtlinie vom 19.10.1992 zur Annäherung der Mehrwertsteuersätze, UR 1993, S. 3 ff.
Selmer: Die Umsatzbesteuerung von Lebensmittellieferungen zum Verzehr an Ort und Stelle (§ 12 Abs. 2 Nr. 1 S. 2 UStG), StuW 1978, S. 321 ff.
Tibusek: Die Anwendung eines ermäßigten Steuersatzes, UR 1968, S. 363 ff.

Literatur zum Vorsteuerabzug

Aisenbrey/Eck: Ausschluß des Vorsteuerabzugs aus den Baukosten von Bank- und Versicherungsbauten, DStR 1993, S. 1904 ff.
Alt: Rückforderung verpfändeter Vorsteuerbeträge, BB 1994, S. 1905 ff.
Ammann: Plädoyer für das Umsatzsteuer-System „Erwerbsbesteuerung mit Vorsteuerabzug" auch in Deutschland, UR 1994, S. 109 ff.
Apitz: Berichtigung des Vorsteuerabzugs gem. § 15a UStG, UR 1982, S. 45 ff.
Autenrieth: Scheinrechnungen und Umsatzsteuer-EG-Richtlinien, DB 1990, S. 456.
Bauer: Vorsteuerabzug bei landwirtschaftlichen Mischunternehmen, UR 1994, S. 461 ff.
Benda: Aufteilung von Leistungen aus der Sicht des Vorsteuerabzugs, Umsatzsteuerkongreß-Bericht 1988/89, S. 75 ff.
Bilsdorfer: Die Vorsteuerabzugsberechtigung bei illegaler Arbeitnehmerüberlassung, Inf. 1989, S. 41 ff.
Birkenfeld: Überlegungen beim Vorsteuerabzug - Gelungene und mißlungene Fallgestaltungen, UR 1990, S. 33 ff.
Birkenfeld: Beginn, Abwicklung und Ende des Unternehmens, UR 1992, S. 29 ff.
Deininger: Vermittlung des Vorsteuerabzugs durch Personen, die nicht Unternehmer im Sinne von § 15 UStG sind?, DB 1971, S. 2381 ff.
Doralt: Kirchtürme, Schlösser, Museen und der Vorsteuerabzug, RdW 1987, S. 208 ff.
Dziadkowski: Ausschluß des Vorsteuerabzugs und Vorsteueraufteilung, Umsatzsteuerkongreß-Bericht 1985, S. 103 ff.
Dziadkowski: Zur geplanten Neuregelung der Vorschriften über die Rechnungserteilung und den Vorsteuerabzug - Anmerkungen zu den zurückgestellten Vorschlägen im Entwurf eines Steuerreformgesetzes 1990, UR 1988, S. 237 ff.
Dziadkowski: Zu den beabsichtigten Neuregelungen des Vorsteuerabzugs (§§ 14-15 UStG), UVR 1989, S. 195 ff.
Dziadkowski: Die Versagung des Vorsteuerabzugs bei Sacheinlagen im Lichte der Umsatzsteuer-Harmonisierung in der Europäischen Gemeinschaft, DStR 1992, S. 742 ff.
Dziadkowski: Vorsteuerabzug und Binnenmarkt, StuW 1993, S. 169 ff.
Dziadkowski: Zur umsatzsteuerlichen Behandlung der Lieferungen gemischtgenutzter Grundstücke in der Europäischen Gemeinschaft, BB 1994, S. 1119 ff.
Dziadkowski/Walden: Kein Vorsteuerabzug bei Rechnungen mit einer unzutreffenden Bezeichnung der ausgeführten Leistung?, UR 1986, S. 287 ff.
Dziadkowski/Walden: Arbeitnehmerüberlassung und Vorsteuerabzug, DVR 1987, S. 146 ff.
Dziadkowski /Walden: Zum Vorsteuerabzug bei gemischten Leistungen, DB 1987 S. 405 ff.

Dziadkowski /Walden: Zum Vorsteuerabzug bei teils unternehmerisch, teils nichtunternehmerisch verwendeten Vorleistungen, BB 1987, S. 2275 ff.

Dziadkowski/Robisch/Sabitzer: Funktion des Vorsteuerabzugs im Mehrwertsteuersystem und seine Bedeutung bei „gespaltenen Erzeugern, Händlern oder Dienstleistenden" sowie bei „erfolglosen Unternehmern", UR 1995, S. 429 ff.

Fasold: Der systemwidrige Verlust des Vorsteuerabzugs im steuerfreien Bereich der neuen Mehrwertsteuer, BB 1967, S. 1205 ff.

Fischer, F.: Vorsteuer-Vergütung bei der Umsatzsteuer für ausländische Unternehmer, IWB Deutschland Gruppe 7, S. 531 ff.

Forchhammer: Vorsteuer-Vergütung an deutsche Unternehmer in anderen EG-Mitgliedsländern, RIW 1988, S. 892 ff.

Forgách: Versagung des Vorsteuerabzugs wegen Übergangs des Optionsrechts auf eine Mittelperson?, DStZ 1987, S. 575 ff.

Frey: Zur Berichtigung des Vorsteuerabzugs nach § 15a UStG im Bereich der Einkommensteuer, DStR 1993, S. 502 ff.

Friedl: Vorsteuerabzug beim Bauen durch Ehegattengemeinschaft, UR 1989, S. 144 ff.

Friedl: Abzug der Vorsteuer für entgeltliche oder verbilligte Leistungen und sonstige Leistungen an einen anderen Unternehmer, UR 1987, S. 346 ff.

Friedl: Wertabgabetheorie und Abzug der Umsatzsteuer auf den Eigenverbrauch als Vorsteuer, UR 1988, S. 209 ff.

Geist: Der Vorsteuerabzug nach dem Umsatzsteuergesetz 1967, BB 1968, S. 1035 ff.

Geist: Besondere Probleme des geplanten Umsatzsteuergesetzes 1979, StBKRep. 1979, S. 129 ff.

Geist: Die Tatbestandsvoraussetzungen des Vorsteuerabzugs, Umsatzsteuerkongreß-Bericht 1985, S. 75 ff.

Giesberts: Zeitpunkt des Vorsteuerabzugs, UR 1970, S. 332 ff.

Giesberts: Vorsteuerabzug bei unternehmerisch und nichtunternehmerisch genutzten Eingangsleistungen, UR 1987, S. 793 ff.

Gosch: Rechtsprechung im besonderen Blickpunkt der Außenprüfung, StBp 1993, S. 217 ff.

Hallerbach: Berichtigung des Vorsteuerabzugs nach § 15a UStG, Umsatzsteuerkongreß-Bericht 1985, S. 135 ff.

Heidner: Vorsteuerkorrektur gemäß § 15a UStG wegen geänderter Rechtsauffassung, UR 1994, S. 298 ff.

Horn: Abzug der Einfuhrumsatzsteuer als Vorsteuer, UR 1980, S. 200 f.

Horn: Versagung des Vorsteuerabzugs - Nachweis der Unternehmereigenschaft des Vorlieferanten, UR 1993, S. 79 ff.

Hübner: „Kleine Ursache-große Wirkung" oder Wehret den Anfängen", UR 1985, S. 6 ff.

Huschens: Wahlrecht des Unternehmers bei der Zuordnung von Wirtschaftsgütern, UR 1995, S. 465 ff.

Huschens: Der „erfolglose" Unternehmer im Umsatzsteuerrecht - Einschränkung des Rechts auf Vorsteuerabzug?, BuW 1994, S. 636 ff.

Jungen/Theile: Vorteilhafte Umsatzsteueroptionen bei Vermietungsumsätzen, DStR 1994, S. 561 ff.

Kalb: Aus der Rechtsprechung der Finanzgerichte zum Umsatzsteuerrecht im ersten Halbjahr 1995, UVR 1995, S. 321 ff.

Kaufmann: Abzug von Einfuhrumsatzsteuer als Vorsteuer bei Anwendung des Mikrofilmverfahrens, UR 1978, S. 166 ff.

Klein/Rau: Das Verbot des Vorsteuerabzugs für Betriebs-Personenkraftwagen, DB 1981, S. 2093 ff.

Klenk: Die im Jahr 1991 veröffentlichte Rechtsprechung des Bundesfinanzhofs zum Umsatzsteuerrecht, UVR 1993, S. 65 ff.

Klenk: Die umsatzsteuerliche Behandlung gemischtgenutzter Investitionsgüter, DStR 1995, S. 1741 f.

Klever: Die Umsatzsteuer in der Gründungsphase einer Kapitalgesellschaft, DB 1990, S. 1487 ff.

Köhler: Vorsteuerabzug einer neugegründeten Gesellschaft bürgerlichen Rechts für Sacheinlagen eines Gesellschafters?, UVR 1993, S. 168 ff.

Koops: Die geänderte Rechtsprechung des BFH zur Vorsteuerberichtigung gemäß § 15a UStG - Verfassungsrechtliche Bedenken, DStR 1995, S. 865 ff.

Koops: Umsatzsteuer und Vorsteuerabzug bei Geschäftsveräußerungen zu Buchwerten im Rahmen von Umwandlungen und ähnlichen Maßnahmen, BB 1981, S. 907 f.

Kraeusel: Das Umsatzsteuer-Binnenmarktgesetz, UVR 1992, S. 257 ff.

Langer: Änderungen bei der Umsatzsteuer durch die 2. Vereinfachungsrichtlinie, DB 1995, S. 995 ff.

Lohse: Vorsteuerabzug ohne Vorliegen einer Rechnung?, UR 1990, S. 77 ff.

Lohse: Die Aufteilbarkeit von Grundstücksumsätzen im Lichte der 6. Mehrwertsteuerrichtlinie, IStR 1992, S. 89 ff.

Lohse: Teilbarkeit von Gegenständen im Umsatzsteuerrecht, BB 1995, S. 2630 ff.

Lück: Der erfolglose Unternehmer nach den Vorstellungen des Bundesfinanzhofs, DStZ 1994, S. 231 ff., 595 ff.

Mathiak: Schwebezustände beim Vorsteuerabzug?, DStZ (A) 1979, S. 459 ff.

Meyer-Scharenberg: Ab 1994 kein Vorsteuerabzug mehr aus den Baukosten von Ärztehäusern, Bank- und Versicherungsbauten, DStR 1993, S. 1733 ff.

Mößlang: Zur Bedeutung des Tatbestandsmerkmals „für sein Unternehmen" in § 15 Abs. 1 UStG 1980 für den Vorsteuerabzug des Unternehmers, Umsatzsteuerkongreß-Bericht 1988/89, S. 207 ff.

Nieskens: Umsatzsteuer und kein Ende?, BB 1994, S. 256 ff.

Nieskens: Vorsteuerabzug bei Gebäuden in oder vor der Bauphase, BB 1995, S. 1326 ff.

Padberg: Überlegungen zu den Beziehungen zwischen § 14 Abs. 1 Satz 1 UStG 1980 und dem Zivilrecht, in: Festgabe für Günter Felix, Köln 1989, S. 239 ff.

Pflüger: Mißbrauch rechtlicher Gestaltungsmöglichkeiten zur Erlangung des Vorsteuerabzugs durch Vorschaltung naher Angehöriger?, UR 1993, S. 191 ff.

Probst: Vorsteuerabzug ohne Leistungsaustausch?, UR 1986, S. 225 ff.

Püschel: Einzelfragen des Vorsteuerabzugs bei Veränderungen der Unternehmensform im Umsatzsteuerrecht, DStZ (A) 1971, S. 345.

Rasche: Kein Vorsteuerabzug für vergebliche Aufwendungen zur Aufnahme einer gewerblichen oder beruflichen Tätigkeit, DStR 1993, S. 1400 f.

Reiß: Zur Risikoverteilung zwischen Unternehmen und Fiskus hinsichtlich des Vorsteuerabzugs bei unrichtigen Rechnungen und Gutschriften nach dem Umsatzsteuergesetz 1980, BB 1981, S. 1632 ff.

Reiß: Gebäude auf fremdem Grund und Boden, StuW 1987, S. 122 ff.

Reiß: Mißbrauch von Gestaltungsmöglichkeiten im Umsatzsteuerrecht, Umsatzsteuerkongreß-Bericht 1988/89, S. 43 ff.

Reiß: Unzutreffender Steuerausweis in einer Rechnung und Vorsteuerabzug beim Empfänger, UR 1989, S. 178 ff.

Reiß: Vorsteuerabzug aus der Mindestbemessungsgrundlage?, UR 1990, S. 243 ff.

Reiß: Gestaltungsmißbrauch durch „vorgeschaltete" bedürftige Ehegatten zur Erlangung des Vorsteuerabzugs, UR 1993, S. 213 ff.

Rettig: Vorsteuerabzug bei Anzahlungen, Abschlagszahlungen und Vorauszahlungen, BB 1994, S. 1058 ff.

Riepen/Nickel: Vorsteuerberichtigung nach § 15a UStG bei Grundstücksübertragung aus privaten Gründen, Insbesondere: Vereinbarung eines Vorbehaltsnießbrauchs, UR 1994, S. 253 ff.

Robisch: Die umsatzsteuerliche Aufteilbarkeit von Grundstücken nach Nutzungszwecken unter Berücksichtigung des EuGH-Urteils vom 4.10.1995 - RS. C-291/92 - Armbrecht, UVR 1995, S. 358 ff.

Rondorf: Umsatzsteuerliche Änderungen durch das Mißbrauchsbekämpfungs- und Steuerbereinigungsgesetz, DStZ 1994, S. 358 ff.

Rüttinger: Der Vorsteuerabzug für (teil-)unentgeltliche, aber durchgängig unternehmerisch verwendete Leistungsbezüge, UR 1988, S. 143 ff.

Rüttinger: Zuordnung von Leistungsbezügen zum unternehmerischen oder nichtunternehmerischen Bereich, UR 1989, S. 233 ff.

Ruppe: „Unechte" Umsatzsteuerbefreiungen, in: Lang (Hrsg.): Die Steuerrechtsordnung in der Diskussion, Festschrift für Klaus Tipke, Köln 1995, S. 457 ff.

Schall: Erstattungsfähigkeit der Umsatzsteuer auf das Anwaltshonorar, BB 1993, S. 1262 ff.

Schettler: Die Lieferung von Gebäudeteilen bei der Umsatzsteuer, UR 1985, S. 189 ff.

Schettler: Zuordnungsprobleme beim nichtunternehmerischen Bereich, UR 1995, S. 129 ff.

Schlienkamp: Änderungen des Umsatzsteuergesetzes durch das Mißbrauchsbekämpfungs- und Steuerbereinigungsgesetz, UR 1994, S. 133 ff.

Schmidt, V.: Umsatzsteuerliche Behandlung gemischt genutzter Gebäude vor dem Europäischen Gerichtshof, UR 1992, S. 321 ff.

Schmidt, V.: Über das Ziel hinaus? - Zur jüngsten Novellierung des § 9 Abs. 2 UStG, UR 1995, S. 212 ff.

Schmidt, V.: Vorsteuerabzug eines Personengesellschafters bei betrieblicher Nutzung des eigenen PKW, UR 1994, S. 221 ff.

Scholze: Vorsteuer-Vergütungsverfahren für ausländische Unternehmer, DB 1993, S. 1160 ff.

Schütz: Zollamtliche Belege und Ersatzbelege für den Abzug der Einfuhrumsatzsteuer als Vorsteuer, UR 1981, S. 4 ff.

Schuhmann: Vorsteuerabzug und Nießbrauch, UR 1981, S. 263 f.

Schuhmann: Erstattungsfähigkeit der Mehrwertsteuer bei Vorsteuerabzugsberechtigung, UVR 1993, S. 197 ff.

Schwakenberg: „Rückforderung" von Vorsteuerbeträgen, UR 1993, S. 295 ff.

Seitrich: Vorsteuerabzug bei ungewisser Verwendung der Eingangsumsätze, BB 1986, S. 439 ff.

Söhn: Eigenverbrauchsbesteuerung und Vorsteuerabzug, BB 1975, S. 219 ff.

Söhn: Die Harmonisierung der Umsatzsteuern in der Europäischen Gemeinschaft, StuW 1976, S. 1 ff.

Spetzler: Keine Vorsteuerberichtigung bei Sacheinlage, DB 1992, S. 110 ff.

Stadie: Die unentgeltliche Veräußerung eines Wirtschaftsguts an einen anderen Unternehmer im Umsatzsteuerrecht, StuW 1987, S. 273 ff.

Stadie: Probleme der Vorsteuer, DStJG Bd. 13 (1990), S. 179 ff.

Teichmann: Der Verlust des Vorsteuerabzugs im steuerfreien Bereich der Mehrwertsteuer (§ 15 Abs. 2 UStG), StuW 1975, S. 189 ff.

Theisen: Vorsteuerabzug bei gemischter Verwendung, Umsatzsteuerkongreß-Bericht 1988/89, S. 139 ff.

Tiedtke: Schaden bei entgangenem Vorsteuerabzug, DB 1989, S. 1321 ff.

Völkel: Die Berichtigung des Umsatzsteuerausweises nach Widerruf einer Option zur Steuerpflicht, UR 1993, S. 407 ff.

Völkel: Wege zur Vermeidung einer Vorsteuerberichtigung nach § 15a UStG bei der Übertragung eines Miteigentumsanteils an einem Grundstück, UR 1995, S. 256 ff.

Völkel/Karg: Vorsteuerabzug und Umsatzsteuerpflicht bei Ehegattengrundstücken nach dem UStG 1980, UR 1982, S. 21 ff.

Wachweger: Aktuelle Probleme des Vorsteuerabzugs, Umsatzsteuerkongreß-Bericht 1982/83, S. 125 ff.

Wagner: Die Rechnung als Belegnachweis für den Vorsteuerabzug des Leistungsempfängers und für die „Haftung" des Ausstellers bei unzutreffendem Steuerausweis, StuW 1993, S. 260 ff.

Wagner: Rechnungserfordernisse für den Vorsteuerabzugsanspruch, DStR 1988, S. 605 f.

Wegener: Vergütung von Vorsteuerbeträgen an im Ausland ansässige Unternehmer unter Berücksichtigung des EG-Binnenmarktgesetzes, UR 1993, S. 181 ff.

Weimann: Berichtigung des Vorsteuerabzugs bei unzutreffender Beurteilung des Erstjahres - Die Rechtsprechung des BFH zu § 15a UStG, DStR 1994, S. 1365 ff.

Weiß: Zur Rechtsnatur des Vorsteuerabzugs, BB 1968, S. 784 ff.

Weiß: Vorsteuerabzug und guter Glaube, UR 1976, S. 1 ff.

Weiß: Die Bedeutung der Rechnung und ihres Inhalts für den Vorsteuerabzug, UR 1988, S. 205 ff.

Weiß: Rechnungserteilung und Vorsteuerabzug, UR 1989, S. 105 ff.

Widmann: Die Vergütung der Vorsteuerbeträge an nicht im Erhebungsgebiet ansässige Unternehmer in einem besonderen Verfahren (§ 18 Abs. 9 UStG 1980 i.V.m. §§ 59 bis 62 UStDV 1980), DStR 1980, S. 347 ff.

Widmann: Zum geplanten Ausschluß des Vorsteuerabzuges bei Personenkraftwagen des Anlagevermögens, BB 1981, S. 1760 ff.

Widmann: Das Tatbestandsmerkmal „für sein Unternehmen" in § 15 Abs. 1 Nr. 1 UStG, DStZ (A) 1982, S. 17 ff.

Widmann: Zum Vorschlag einer 12. EG-Richtlinie zur Harmonisierung der Umsatzsteuern, DB 1983, S. 903 ff.

Widmann: Zum Angelteich-Urteil des Bundesfinanzhofs vom 14.7.1985, DB 1985, S. 2073 ff.

Widmann: Unterschiedliche Belastungswirkungen bei der Anwendung von § 9 UStG im Fall der „gemischten Verwendung" durch den Leistungsempfänger, UR 1987, S. 198 ff.

Widmann: Eigenverbrauch und Vorsteuerabzug, UR 1988, S. 233 ff.

Widmann: Berücksichtigung von Umsatzsteuer bei den erstattungspflichtigen Rechtsanwaltskosten, UR 1994, S. 387 ff.

Widmann: Alle Vorbezüge eines Unternehmers sind teilbar, DB 1995, S. 2341 ff.

Wilke: Die Wechselwirkung von Steuer und Vorsteuerabzug, DStZ (A) 1975, S. 136 ff.

Wilke: Die Rechtsprechung des Bundesfinanzhofs zum Vorsteuerabzug, UVR 1990 S. 71 ff., S. 99 ff., S. 139 ff.

Wilke: Fünf Jahre Rechtsprechung des Bundesfinanzhofs zur Ausstellung von Rechnungen, UVR 1995, S. 353 ff.

Winter: Erfolgloser Unternehmer und Vorsteuerabzugsrecht oder: Wehret den Anfängen, UR 1993, S. 411 ff.

Wrenger: Vorsteuerabzug bei gemischten Leistungen, BB 1987, S. 1363 ff.

Literatur zur Rechnungslegung und zum Besteuerungsverfahren

Apitz: Abgabe einer USt-Voranmeldung mit geschätzten Werten und einer Zahllast von 0 DM als wirksame Steuererklärung, DStZ 1993, S. 84 ff.

Berger/Heinzelmann: Die Berichtigung von Umsatzsteuer-Voranmeldungen und Zusammenfassenden Meldungen, SteuerStud 1993, S. 355 ff.

Berkenheide: Zur Einführung des Umsatzsteuer-Abzugsverfahrens, DStZ 1980, S. 348 ff.

Fischer, F.: Das Umsatzsteuer-Abzugsverfahren, IWB Deutschland Gruppe 7, S. 551 ff.

Fratz: Vollverzinsung bei Umsatzsteuernachzahlungen durch Gewinnverlagerungen bei Betriebsprüfungen, DStR 1993, S. 753 ff.

Horny: Inwieweit erkennt das Finanzamt Rechnungen an, die mittels moderner Abrechnungsmethoden übermittelt wurden?, UVR 1993, S. 228 ff.

Jüptner: Fortsetzungsfeststellungsklage und Antrag nach § 68 FGO bei Erlaß eines Umsatzsteuerjahresbescheides während des Klageverfahrens gegen einen Umsatzsteuervorauszahlungsbescheid, UR 1993, S. 77 ff.

Keese: Gutschriften als Rechnungen über steuerfreie innergemeinschaftliche Lieferungen im Sinne des § 14a UStG, UR 1994, S. 302 ff.

Küffner/Ritzer: Offene Steuerfragen der deutsch-deutschen Einigung - Verfahrensrechtliche Grundlagen für die USt-Kürzung nach § 26 Abs. 4 UStG a.F.-, DStR 1994, S. 1522 ff.

Lohse: Europäische Lücken in der Bestandskraft von Umsatzsteuer-Bescheiden? Zugleich Anmerkung zum Urteil des EuGH in der Rechtssache Emmott, UR 1993, S. 288 ff.

Ohlf: Billigkeitsmaßnahmen bei der Umsatzsteuer, UR 1994, S. 264 ff.

Scherer: Verprobungsmöglichkeit des Umsatzverhältnisses bei der Trennung der Entgelte, StBp 1994, S. 117 ff.

Scherrer: Umsatzsteuer und Rechnungswesen, Umsatzsteuerkongreß-Bericht 1982/83, S. 143 ff.

Schuhmann: § 37 Abs. 2 AO und die Rückzahlung von Vorsteuerüberschüssen, UVR 1995, S. 293 ff.

Urban: Die Sequestrationsumsatzsteuer im Abzugsverfahren nach § 51 Abs. 2 Nr. 2 UStDV, UR 1993, S. 401 ff.

Weiskopf: Die Aufzeichnungspflichten für die Mehrwertsteuer, DB 1967, Beilage 15.

Welzel: Das Umsatzsteuerabzugsverfahren bei der Verwertung mobilen und immobilen Vermögens innerhalb und außerhalb des Konkurses, DStZ 1994, S. 647 ff.

Widmann: Das Umsatzsteuer-Abzugsverfahren (§ 18 Abs. 8 UStG 1980 i. V. m. §§ 51 bis 58 UStDV 1980), DStR 1980, S. 252 ff.

Widmann: Das Umsatzsteuer-Voranmeldungsverfahren läßt sich vereinfachen, UR 1994, S. 68 ff.

Literatur zu ausgewählten Sonderregelungen

Kleinunternehmer

Bauer: Umsatzsteuerliche Kleinunternehmerregelungen und Berichtigung des Vorsteuerabzugs nach § 15a UStG, UR 1982, S. 177 ff.

Conradi: Umsatzfreibetrag für Kleinunternehmer nach § 19 Abs. 1 Satz 1 UStG 1980?, DStR 1980, S. 618 f.

Kruhl: Besteuerung der Kleinunternehmer im Umsatzsteuerrecht, DStR 1980, S. 25 ff.

Tehler: Die Regelung des Kleinunternehmers im System der Mehrwertsteuer, StuW 1983, S. 232 ff.

Wilke: Aufhebung der Umsatzsteuer-Sonderregelung für Kleinunternehmer im Lichte des Gleichheitssatzes, UR 1988, S. 180 ff.

Reiseleistungen

Bülow: Die Besteuerung von Reiseleistungen nach neuem Umsatzsteuerrecht (§ 25 UStG 1980), INF 1980, S. 8 ff.

Hässel: Umsatzsteuer bei Reiseleistungen - Die Besteuerung der Reiseleistungen (§ 25 UStG) und Vermittlungsgeschäfte (§ 4 Nr. 5 UStG) unter besonderer Berücksichtigung buchhalterischer Probleme für Reiseveranstalter, München 1981.

Hässel: Umsatzsteuer bei Reiseleistungen, DStR 1981, S. 533 f.

Hässel: Reisebüro-Margenbesteuerung nach § 25 UStG, insbesondere im Hinblick auf die Verrechnung negativer Margen mit positiven Margen und anderen Umsätzen, UR 1988, S. 341 ff.

Hässel: Die Besteuerung und Buchführung der Reisebüros, München 1988.

Henkel: Widersprüche bei der Umsatzbesteuerung von Reiseleistungen, DStR 1995, S. 1329 ff.

Kausemann: Unkalkulierbarkeit der Margensteuerbelastung von Reiseleistungen nach § 25 UStG, DB 1989, S. 1366 ff.

Kraeusel: Änderungen des Umsatzsteuergesetzes im ersten Halbjahr 1993, UVR 1993, S. 261 ff.

Rädler/Lausterer: Margenbesteuerung von Leistungen der Reiseveranstalter in der EG, UR 1995, S. 285 ff.

Schlienkamp: Einschränkung der Umsatzsteuerbefreiung für Reiseleistungen (§ 25 Abs. 2 UStG), UR 1993, S. 379 ff.

Wilke: Die umsatzsteuerrechtliche Behandlung von Reiseleistungen, DStZ 1981, S. 155 ff.

Wilke: Die Grundsätze der Umsatzbesteuerung gegenüber der besonderen Besteuerung der Reiseleistungen, UR 1986, S. 277 ff.

Literatur zur Differenzbesteuerung

Ammann: Wahlrecht auf Differenzbesteuerung nach § 25a Abs. 2 UStG ab 1.1.1995, UR 1995, S. 88 ff.

Dziadkowski: Zur Einführung einer umsatzsteuerlichen Differenzbesteuerung im Gebrauchtwagenhandel, DStR 1990, S. 123 ff.

Freikamp: Einführung der Differenzbesteuerung für den gewerbsmäßigen Handel mit Gebrauchtfahrzeugen, BB 1990, S. 898 ff.

Grube: Sonderregelungen für die Besteuerung von Gebrauchtgegenständen, Kunstgegenständen, Sammlungsstücken und Antiquitäten, UR 1994, S. 173 ff.

Kausemann: Unkalkulierbarkeit der Margenbelastung von Reiseleistungen nach § 25 UStG, DB 1989, S. 1366 ff.

Klenk: Ist die Behinderung eines grenzüberschreitenden Marktes für gebrauchte Konsumgüter durch die Umsatzsteuer sinnvoll?, UR 1985, S. 133 ff.

Langer: Richtlinie für eine umsatzsteuerliche Sonderregelung für Gebrauchtgegenstände, Kunstgegenstände, Sammlungsstücke oder Antiquitäten, DB 1994, S. 904 ff.

Meier: Zur umsatzsteuerlichen Behandlung von Umsätzen in „Second-Hand-Shops", DVR 1988, S. 103 f.

Mößlang: Die Rechtsprechung des Bundesfinanzhofs zu den Agenturgeschäften insbesondere im Gebrauchtwagenhandel, DStR 1990, S. 67 ff.

Pietsch: Die Differenzbesteuerung und weitere Änderungen im Umsatzsteuer-Änderungsgesetz, UVR 1994, S. 297 ff.

Pohmer/Bea: Kumulationswirkung auch bei der Mehrwertsteuer?, BB 1974, S. 128 ff.

Reiß: Die Agentur im Gebrauchtwagenhandel oder ein fälliger Beitrag des Steuerrechts zu lauterem Geschäftsgebaren, StuW 1981, S. 274 ff.

Schlienkamp: Neuer Richtlinienvorschlag der EG-Kommission mit umsatzsteuerlichen Sonderregelungen für Gebrauchtgegenstände, Kunstgegenstände, Antiquitäten und Sammlungsstücke, UR 1989, S. 169 ff.

Sahm: Differenzbesteuerung im Buchhandel, UR 1995, S. 85 ff.

Widmann: Der wiederholte Anfall von Umsatzsteuer bei Umsätzen mit Gebrauchtwaren verstößt nicht gegen EG-Recht, UR 1990, S. 114 ff.

Widmann: Umsätze von Gebrauchtfahrzeugen - Neue Sonderregelung nach § 25a UStG ab 1.7.1990, DB 1990, S. 1057 ff.

Widmann: Umsatzbesteuerung von Gebrauchtwaren, Umsatzsteuerkongreß-Bericht 1991/92, S. 43 ff.

Widmann: Änderungen des Umsatzsteuergesetzes, insbesondere: Einführung der Differenzbesteuerung für Umsätze mit Gebrauchtgegenständen ab dem 1.1.1995, DB 1994, S. 2104 ff.

Winter: Einführung der Differenzbesteuerung im deutschen Umsatzsteuerrecht nach gemeinschaftsrechtlicher Vorgabe - Fortschritt oder Systembruch?, IStR 1994, S. 478 ff.

Literatur zum Binnenmarkt

Ammann: Zur Besteuerung von Umsätzen im innergemeinschaftlichen Reihengeschäft nach der Vereinfachungsrichtlinie, DStR 1993, S. 705 ff.

Bellscheidt: Steuerliche Behandlung innergemeinschaftlicher Güterbeförderung ab 1. Januar 1993, UR 1993, S. 150 ff.

Berger: Umsatzsteuer im EG-Binnenmarkt, Darstellung anhand praktischer Beispiele, SteuerStud 1993, S. 313 ff.

Birkenfeld: Die Umsatzsteuer-Identifikationsnummer im Reihengeschäft, DStR 1993, S. 669 ff.

Birkenfeld: Innergemeinschaftlicher Erwerb und innergemeinschaftliche Lieferung, DStZ 1993, S. 263 ff.

Birkenfeld: Umsatzsteuer-Identifikationsnummer des Abnehmers und innergemeinschaftliche Lieferung, UR 1993, S. 145 ff.

Cecchini: Europa '92 - Der Vorteil des Binnenmarkts, Baden-Baden 1988.

DIW: Die Beseitigung der Steuergrenzen in der Europäischen Gemeinschaft, Sonderheft 145 (1988).

Dziadkowski/Robisch: Gutachten zur Harmonisierung der Umsatzbesteuerung in Europa vorgelegt, BB 1994, S. 1605 ff.

Ebermann: Ablauf und Wirkungsweise des innergemeinschaftlichen Kontrollverfahrens, Umsatzsteuerkongreß-Bericht 1995/96.

Faltlhauser: Der aktuelle Stand der Harmonisierung der Mehrwertsteuern in der EG, StuW 1991, S. 324 ff.

Forst: Binnenmarkt 1992: Zum Stand der Umsatzsteuerharmonisierung in der EG, UR 1989, S. 73 ff.

Forst: Erste Erfahrungen der Finanzverwaltung mit dem Umsatzsteuer-Binnenmarktgesetz, insbesondere mit dem Kontrollverfahren, UR 1993, S. 339 ff.

Fricke: Umsatzsteuer und INTRA-Handelsstatistik, StB 1993, S. 330 ff.

Gast: Innergemeinschaftliches Verbringen von Gegenständen in einen anderen EG-Mitgliedstaat, UVR 1994, S. 33 ff.

Generaldirektion Zölle und indirekte Steuern bei der EG-Kommission: Mehrwertsteuer in den EG-Mitgliedsstaaten - Grundinformation für Unternehmer, IStR 1993, Beihefter zu Heft 8.

Georgy: Die Besteuerung des innergemeinschaftlichen Warenverkehrs mit neuen Fahrzeugen, UR 1993, S. 8 ff.

Haep: Mehrwertsteuer im EU-Binnenmarkt/Tagung der Europäischen Rechtsakademie Trier „Wie soll das Mehrwertsteuersystem in einem wirklichen Binnenmarkt aussehen?", UVR 1995, S. 101 ff.

Hässel: Praktikerhinweise zum EG-Binnenmarkt - zugleich eine unvollständige Zusammenfassung der Kritik an dem derzeitigen Steuerrecht, UR 1993, S. 244 ff.

Heilmann: Die Umsatzsteuerreform in der Bundesrepublik Deutschland, Frankfurt/Main 1975.

Hoppe: Einzelauskunftsersuchen nach der Zusammenarbeits-Verordnung, Umsatzsteuerkongreß-Bericht 1995/96.

Huschens: EG-Richtlinie vom 10. April 1995 zur Einführung weiterer Vereinfachungsmaßnahmen im Bereich der Mehrwertsteuer, UR 1995, S. 241 ff.

Karl-Bräuer-Institut des Bundes der Steuerzahler: Steuerharmonisierung in der Europäischen Gemeinschaft, Wiesbaden 1989.

Kempf: Das Umsatzsteuer-Binnenmarktgesetz. Anwendungsprobleme im Binnenmarkt aus Sicht der Beratungspraxis, UR 1994, S. 37 ff.

Kerwat: Das EG-Amtshilfegesetz nach dem Beginn des EG-Binnenmarktes, DStZ 1993, S. 517 ff.

Klezath: Die Entwicklung der Umsatzsteuer bei Verwirklichung des einheitlichen Binnenmarktes, DStJG Bd. 13 (1990), S. 167 ff.

Kohler: Die weitere Harmonisierung der Umsatzsteuer im Hinblick auf den EG- Binnenmarkt 1992, StbJb 1988/89, S. 323 ff.

Klezath: Umsatzsteuer und Binnenmarkt - Die Übergangsregelung zum 01.01.1993, UR 1992, S. 61 ff.

Kraeusel: Die Besteuerung von Versendungsumsätzen nach § 3c UStG , UR 1993, S. 365 ff.

Kraeusel: Die Vorschläge der EG-Kommission zur Harmonisierung der Steuersätze und Steuerstrukturen bei der Umsatzsteuer, UVR 1989, S. 131 ff.

Kraeusel: Die Übergangsregelung für die Besteuerung des Waren- und Dienstleistungsverkehrs zwischen den Mitgliedstaaten, UVR 1992, S. 97 ff., S. 129 ff.

Kraeusel: Das Umsatzsteuer-Binnenmarktgesetz, UVR 1992, S. 161 ff., S. 257 ff.

Kraeusel: Stand der Steuerharmonisierung bei den indirekten Steuern, UVR 1993, S. 289 ff., S. 321 ff., S. 363 ff., UVR 1994, S. 5 ff., S. 164 ff., S. 193 ff.

Kraeusel: Umsatzsteuer-Änderungen im JStG 1996, UR 1995, S. 357 ff.

Krause-Junk: Ein Plädoyer für das Ursprungslandprinzip, in: Bea/Kitterer (Hrsg.): Finanzwissenschaft im Dienste der Wirtschaftspolitik, Tübingen 1990, S. 253 ff.

Langer: Neue Ansätze der EG-Kommission zur Harmonisierung der indirekten Steuern im Rahmen der Vollendung des Binnenmarkts, DB 1989, S. 1738 ff.

Langer: Umsatzsteuer-Harmonisierung - Grundsätzliche Entscheidung des Rats ein erster Schritt in die richtige Richtung?, DB 1989, S. 2243 ff.

Langer: Umsatzsteuer im Binnenmarkt - Übergangsregelungen ab 1.1.1993, DB 1992, S. 340 ff.

Langer: Neue Änderungen bei der befristeten umsatzsteuerlichen Übergangsregelung ab dem 1.1.1993, DB 1993, S. 602 ff.

Langer, Änderungen bei der Umsatzsteuer durch die 2. Vereinfachungsrichtlinie, DB 1995, S. 995 ff.

Langer/Rokos: Die 6. EG-Umsatzsteuer-Richtlinie, Köln 1992.

Laser: Ungelöste Probleme des Umsatzsteuerbinnenmarktgesetzes und die Chancen auf ein echtes Ursprungslandsystem, UR 1993, S. 405 ff.

Lesch: Die Umsatzsteuer als EG-Steuer - Vision oder Notwendigkeit, DB 1993, S. 857 ff.

Lieb: Umsetzung der EG-Umsatzsteuerrichtlinie und Organschaft, IStR 1993, S. 360 ff.

Lohse: Verfahrensrechtliche Aspekte zur deutschen Umsatzsteuer-Identifikationsnummer, UVR 1994, S. 2 ff.

Maas: USt und EG-Binnenmarkt Literatur und Quellennachweis VII, Beihefter zu UVR 1993, Nr. 5.

Mattausch: Steuerliche Gestaltungen und ihre Grenzen im Bereich der Umsatzsteuer nach dem Binnenmarkt-Umsatzsteuergesetz, IStR 1995, S. 264 ff.

Mette: EU-Umsatzsteuerrecht: Europa ohne Grenzkontrollen - Das umsatzsteuerliche Übergangssystem in der Praxis, UVR 1994, S. 130 ff.

Meyding: Umsatzbesteuerung und Europäischer Binnenmarkt, Baden-Baden 1991.

Nieskens: Das Umsatzsteuer-Binnenmarktgesetz - Geniestück oder Schnellschuß, BB 1992, Beilage 17, Heft 31.

Nieskens: Die innergemeinschaftliche funktionsändernde Werkleistung, UR 1994, S. 57 ff.

Nieskens: Die Richtlinie 92/111/EWG des Rates vom 14.12.92 zur Änderung der Richtlinie 77/388/EWG und zur Einführung von Vereinfachungsmaßnahmen im Bereich der Mehrwertsteuer (sog. Vereinfachungsrichtlinie), BB 1993, S. 623 ff.

Nieskens: Die Umsatzsteuer im Binnenmarkt, BuW 1993, S. 352 ff., S. 426 ff., S. 502 ff.
Nieskens: Offene Probleme im Umsatzsteuer-Binnenmarkt unter Berücksichtigung der sich aus der EG-Vereinfachungsrichtlinie vom 14. Dezember 1992 ergebenden Neuerungen, UVR 1993, S. 98 ff., S. 129 ff.
Nieskens: Das Umsatzsteuer-Änderungsgesetz vom 9. August 1994, UR 1994, S. 373 ff.
Novacek: Änderungen bei der Umsatzsteuer sowie bei den Gebühren und Verkehrsteuern in Österreich, insbesondere EU-Anpassungen, UVR 1995, S. 102 ff.
Pietsch: Das innergemeinschaftliche Reihengeschäft, UVR 1994, S. 66 ff.
Pietsch: Der Erwerb und die Lieferung eines neuen Fahrzeuges im EG-Bereich durch eine Privatperson, UVR 1993, S. 332 ff.
Pietsch: Der innergemeinschaftliche Erwerb, UVR 1993, S. 139 ff.
Pietsch: Die innergemeinschaftliche Lieferung, UVR 1993, S. 226 ff.
Pyzka: Umsatzsteuerlicher Buchnachweis bei Ausfuhrlieferungen und innergemeinschaftlichen Lieferungen ausländischer Unternehmer, IStR 1995, S. 476 ff.
Rädler: Einige Überlegungen zum EG-Steuerprogramm 1992, UR 1988, S. 108 ff.
Reiß: Die nicht ordnungsgemäße Umsetzung von EG-Steuerrichtlinien und ihre Folgen, StuW 1994, S. 323 ff.
Reiß/Burek: Innergemeinschaftliches Verbringen neuer Fahrzeuge, UVR 1994, S. 304 ff.
Ritter: Steuerharmonisierung als Voraussetzung eines EG-Binnenmarktes, BB 1989, S. 77 ff.
Rokos: Die Übergangsregelung bei der Umsatzsteuer für grenzüberschreitende Umsätze im Europäischen Binnenmarkt ab 1993 - Änderung der 6. EG-Richtlinie, UR 1992, S. 89 ff., 129 ff.
Rondorf: Die Umsatzbesteuerung im EG-Binnenmarkt '93: Reihengeschäfte, DStR 1993, S. 457 ff.
Rondorf: Die Umsatzbesteuerung im EG-Binnenmarkt '93: Grenzüberschreitendes unternehmensinternes Verbringen von Gegenständen, DStR 1993, S. 969 ff.
Ruppe: Das österreichische UStG 1994 - Besonderheiten und Probleme im internationalen Kontext, Umsatzsteuerkongreß-Bericht 1995/96.
Schauer: Die Allokation des Besteuerungstatbestands bei der Mehrwertsteuer und der Steueranspruch des Bestimmungslands - Modell für den Umsatzsteuerausgleich zwischen den EG-Mitgliedstaaten nach Schaffung des Binnenmarktes, UR 1991, S. 61 ff.
Schieber: Umsatzsteuerklauseln für richtige Rechnungen bei EG-Binnenmarktgeschäften, IStR 1993, Beihefter zu Heft 12.
Schlienkamp: EG-Binnenmarkt-Richtlinie vom 16.12.1991: Endgültige Regelungen zur Änderung des gemeinsamen Mehrwertsteuersystems, UR 1992, S. 157 ff., S. 189 ff.
Schlienkamp: EG-Richtlinie vom 19.10.1992 zur Annäherung der Mehrwertsteuersätze, UR 1993, S. 3 ff.
Schlienkamp: Änderungen des Umsatzsteuergesetzes durch das Verbrauchsteuer-Binnenmarktgesetz, UR 1993, S. 51 ff.
Schlienkamp: Aktuelle Probleme und Entwicklungen der Umsatzsteuerharmonisierung, UR 1994, S. 6 ff.
Schlienkamp: Änderungen des Umsatzsteuergesetzes im Jahre 1994, UR 1994, S. 460 f.
Schuhmann: Zur Vertrauensschutzregelung des § 6a Abs. 4 UStG 1993, UVR 1993, S. 300 ff.
Springsguth: Die Grundzüge des neuen Mehrwertsteuerrechts in der Europäischen Gemeinschaft, BB 1992, S. 747 ff.
Theile: Die Sorgfalt des ordentlichen Kaufmanns im Umsatzsteuerrecht, UR 1993, S. 73 ff.
Theile: Die Mehrwertsteuer im wirklichen Binnenmarkt, UR 1995, S. 47 ff.

Ursprungslandkommission: Ausarbeitung der endgültigen Regelung für die Umsatzbesteuerung des innergemeinschaftlichen Waren- und Dienstleistungsverkehrs und für ein funktionsfähiges Clearing-Verfahren, UR 1994, S. 213 ff.

Viegener: Richtlinienkonformität des Umsatzsteuer-Binnenmarktgesetzes in Deutschland und in Frankreich, UR 1994, S. 18 ff.

Voelcker: Das Umsatzsteuer-Binnenmarktgesetz in Grundfällen, DStZ 1993, S. 103 ff.

Widmann: Das Umsatzsteuer-Binnenmarktgesetz, UR 1992, S. 249 ff.

Widmann: Die Änderungen der Umsatzsteuer-Durchführungsverordnung zum 1. Januar 1993, UR 1992, S. 357 ff.

Widmann: Umsatzsteuer-Verfahrensfragen im EG-Binnenmarkt, insbesondere bei Prüfung und Nachschau, DB 1993, S. 903 ff.

Wiegmann: Die Versteuerung nach Durchschnittssätzen für Land- und Forstwirte gemäß § 24 UStG im EG-Binnenmarkt, UR 1993, S. 241 ff.

Winter: Noch einmal zum Thema „Reihengeschäfte im Binnenmarkt", DB 1994, S. 245 ff.

Winter: Praktische Fragen der Anwendung des neuen Umsatzsteuerrechts im EG Binnenmarkt, IStR 1993, S. 264 ff.

Zitzelsberger/Keil: Erfahrungen mit dem Umsatzsteuerbinnenmarkt, UR 1995, S. 169 ff.

Kommentare, Lehrbücher

Birkenfeld: Das große Umsatzsteuer-Handbuch, Köln 1992/1995.
Birkenfeld/Forst: Das Umsatzsteuerrecht im Europäischen Binnenmarkt, 2. Aufl., Bielefeld 1994.
Bunjes/Geist: UStG, Umsatzsteuergesetz, Kommentar, 4. Aufl., München 1993.
Hartmann/Metzenmacher: Umsatzsteuergesetz, 7. Aufl., Berlin 1991/1995.
Jakob: Umsatzsteuer, München 1992.
Langer: Umsatzsteuer im Binnenmarkt, Herne/Berlin 1992.
Peter/Burhoff/Stöcker: Umsatzsteuer-Kommentar, 5. Aufl., Herne/Berlin 1983/1995.
Philipowski: Die Umsatzbesteuerung der Bank- und Geldgeschäfte, Köln 1973.
Plückebaum/Malitzky: Umsatzsteuergesetz - Mehrwertsteuer -, 10. Aufl., Köln 1978/1995.
Popitz: UStG-Kommentar, 1. Aufl., Berlin 1919; 2. Aufl., Berlin 1921.
Rau/Dürrwächter/Flick/Geist: Umsatzsteuergesetz (Mehrwertsteuer), 6. Aufl., Köln 1991/1995.
Rose, G.: Betrieb und Steuer, Zweites Buch, Die Verkehrsteuern, 12. Aufl., Wiesbaden 1995.
Sauerland/Schmidt/Lippross: Umsatzsteuer, 18. Aufl., Achim 1994.
Schmidt/Steppert: Die Organschaft im Körperschaftsteuer-, Gewerbesteuer- und Umsatzsteuerrecht, 3. Aufl., Herne/Berlin 1978.
Schüle/Teske/Wendt: Kommentar zur Umsatzsteuer (Mehrwertsteuersystem), Stuttgart/Wiesbaden 1967/1995.
Schulte/Müller: Umsatzsteuergesetz, Kommentar, Köln u.a. 1993.
Schwarze/Reiß/Kraeusel: Umsatzsteuergesetz, Bonn 1994/1995.
Sölch/Ringleb/List: Umsatzsteuer, 4. Aufl., München 1987/1995.
Stadie: Das Recht des Vorsteuerabzugs, Köln 1989.
Tipke: Die Steuerrechtsordnung, Bd. II, Köln 1993.
Tipke/Kruse: AO-Kommentar, 15. Aufl., Köln 1965/1994.
Tipke/Lang: Steuerrecht, Ein systematischer Grundriß, 14. Aufl., Köln 1994.
Vogel/Reinisch/Hoffmann: Kommentar zum UStG, Freiburg i.Br. 1980/1995.
Widmann: Aktuelle Fragen zum Umsatzsteuerrecht aus Gesetzgebung, Verwaltung und Rechtsprechung, Mainz 1982.

Österreich

Ruppe: UStG 1994, Kommentar, Wien 1995.

Schweiz

Camenzind/Honauer: Handbuch zur neuen Mehrwertsteuer, Bern/Stuttgart/Wien 1995.
Kuhn/Spinnler: Mehrwertsteuer, 2. Aufl., Bern 1994.

Dissertationen zur Umsatzsteuer

Baur: Steuersystematisches Postulat und steuertechnische Möglichkeit der Integration der Grunderwerbsteuer in die Umsatzsteuer, Köln, Diss. jur. 1975.

Behrendt: Steuerharmonisierung im EG-Binnenmarkt, München 1993, zugl. Lüneburg, Diss. rer. pol. 1992.

Behrens: Umsatzsteuerbarkeit von Zuwendungen zwischen Gesellschaft und Gesellschafter, München 1992, zugl. Passau, Diss. jur. 1992.

Blanke: Umsatzsteuerrechtliche Behandlung von Gesellschafterbeiträgen bei Personengesellschaften, Köln 1991, zugl. Göttingen, Diss. jur. 1989/90.

Bley: Tausch und Umtausch, Rücklieferung und Rückgabe im Umsatzsteuerrecht, Köln, Diss. 1987.

Brock: Die Umsatzsteuerbarkeit betrieblicher Sozialzuwendungen, München 1987, zugl. Passau, Diss. jur. 1987.

Burger: Vertragstypen des bürgerlichen Rechts als Gegenstand umsatzsteuerrechtlicher Erfassung, München, Diss. 1966.

Cheng: Umsatzsteuervergünstigungen im geltenden deutschen Recht, Heidelberg, Diss. 1981.

Dellner: Schwachstellen der Europäisierung des Umsatzsteuerrechts - Ein Vergleich des Rechts des Vorsteuerabzugs in Frankreich und Deutschland im Hinblick auf die Anforderungen des EG-Binnenmarkts, Regensburg, Diss. jur. 1993.

Eikelau: Die umsatzsteuerliche Behandlung der Personengesellschaften, Köln, Diss. 1967.

Forchhammer: Gesellschafterbeiträge im Umsatzsteuerrecht, München 1991, zugl. München, Diss. jur. 1991.

Franke: Die Geschichte der Reichs-Umsatzsteuer, Köln, Diss. rer. pol. 1941.

Gruß: Der Umsatzbegriff nach den Änderungen durch das Umsatzsteuergesetz (Mehrwertsteuer), Münster, Diss. 1971.

Herbig: Die Mehrwertsteuer im Zivilrecht, Berlin, Diss. jur. 1976.

Heyden: Zulässigkeit und Notwendigkeit der Einbeziehung der Deutschen Bundespost in die Mehrwertsteuerpflicht: Beiträge zum Begriff der Ausübung öffentlicher Gewalt im Steuerrecht; zum Rechtscharakter der Deutschen Bundespost und zur Anwendung des Steuergleichheitssatzes im Umsatzsteuergesetz 1967, Köln, Diss. jur. 1971.

Hofmann: Der Vorsteuerabzug bei gemischt genutzten Leistungsgegenständen, Frankfurt am Main 1990, zugl. Passau, Diss. jur. 1990.

Huber: Die Steuerbarkeit von Unternehmens(Geschäfts-)übergaben im Umsatzsteuerrecht, Graz, Diss. jur. 1992.

Huhn: Grundstücksausbeutungsverträge im Einkommen- und Umsatzsteuerrecht, Münster, Diss. jur. 1973.

Kauffmann: Überwälzung und Inzidenz der Nettoumsatzsteuer, Frankfurt am Main 1975, zugl. Mannheim, Diss. rer. pol. 1971.

Krautwald: Ungelöste Probleme im Rahmen der Umsatzbesteuerung - Eine Bestandsaufnahme, Frankfurt am Main 1982, zugl. Mannheim, Diss. rer. pol. 1982.

Lass: Die Besteuerung der privaten Wohnungsunternehmen durch das Umsatzsteuer- und Grunderwerbsteuergesetz, Münster, Diss. jur. 1979.

Louis: Die Besteuerung der öffentlichen Unternehmen und Einrichtungen der Daseinsvorsorge, Göttingen, Diss. jur. 1981.

Lubitz: Die Steuerbefreiungen kultur- und bildungspolitischer Art im System des Umsatzsteuerrechts, Köln, Diss. 1975.

Lütke: Die Umsatzsteuer im Verhältnis zu anderen Verkehrsteuern, Erlangen-Nürnberg, Diss. 1977.

Macher: Das EG-Umsatzsteuerrecht im Binnenmarkt und seine Umsetzung im österreichischen und deutschen Recht, Graz, Diss. jur. 1995.

Menner: Die Umsatzsteuer-Harmonisierung in der Europäischen Gemeinschaft, Köln 1992, zugl. Konstanz, Diss. jur. 1990.

Messner: Der Gegenstand der Leistung im Umsatzsteuerrecht, Frankfurt am Main 1992, zugl. Göttingen, Diss. jur. 1991.

Meyding: Umsatzbesteuerung und Europäischer Binnenmarkt, Baden-Baden 1991, zugl. Konstanz, Diss. jur. 1990.

Müntefering: Die durchlaufenden Posten im Umsatzsteuerrecht, Köln, Diss. 1956.

Nies: Mitgliederbeiträge im Umsatzsteuerrecht, Köln, Diss. 1955.

Nolte: Umsatzsteuer als zu ersetzender Schaden im Zivilrecht, Köln, Diss. jur. 1974.

Nonnenmacher: Der Ort der sonstigen Leistung im Umsatzsteuerrecht, Erlangen-Nürnberg, Diss. 1973.

Pawlik: Die rechtliche Struktur von Freihäfen und Hafenfreizonen: eine vergleichende Darstellung von Aufbau und Ausgestaltung der zur Zeit bestehenden Freihäfen und Hafenfreizonen in Seehäfen, verbunden mit Überblicken über ihre geschichtliche Entwicklung in den verschiedenen Staaten, Münster, Diss. jur. 1974

Pflaumer: Der Begriff „Ausübung öffentlicher Gewalt" im Steuerrecht, Heidelberg, Diss. 1964.

Prinz: Zivilrechtliche Ersatzleistungen im Umsatzsteuerrecht, Göttingen, Diss. 1977.

Prugger: Werklieferung und Werkleistung im Umsatzsteuerrecht, München, Diss. 1953.

Pürschel: Die Steuerfreiheit des Haustrunks, Berlin, Diss. 1975.

Ramme: Betriebe gewerblicher Art von Körperschaften öffentlichen Rechts und die Ausübung öffentlicher Gewalt im Umsatzsteuerrecht, Berlin, Diss. 1971.

Rosenthal: Der Eigenverbrauch juristischer Personen, Regensburg, Diss. jur. 1989.

Salch: Umsatzsteuerreform und Finanzverfassung, Würzburg, Diss. 1965.

Schaub: Der umsatzsteuerrechtliche Unternehmerbegriff, München 1989, zugl. München, Diss. jur. 1988.

Schmidt: Pachtverträge im Umsatzsteuerrecht, Köln, Diss. 1958.

Schneider: Schadensersatz als steuerbarer Umsatz, Köln, Diss. 1965.

Schumann: Die Stellung der sonstigen Leistung im Umsatzsteuerrecht, Köln, Diss. 1941.

Starflinger: Gemischte Verträge im Umsatzsteuerrecht, Darmstadt, Diss. 1977.

Tehler: Die Umsatzsteuer als angewandte Verkehr- und/oder Verbrauchsteuer, Köln, Diss. jur. 1986.

Teichmann: Der Verlust des Vorsteuerabzuges im steuerfreien Bereich der Mehrwertsteuer eine steuersystematische und verfassungsrechtliche Untersuchung, Köln, Diss. 1975.

Theile: Wettbewerbsneutralität der harmonisierten Umsatzsteuer, Köln 1995, zugl. Dortmund, Diss. rer. pol. 1995.

Toth: Die Mindestbemessungsgrundlagen des deutschen Umsatzsteuerrechts - § 10 V UStG 1980, Göttingen 1992, zugl. Passau, Diss. jur. 1992.

Walden: Die Umsatzsteuer als indirekte Verbrauchsteuer, Berlin 1988, zugl. Essen, Diss. rer. pol. 1988.

Wohlschlegel: Die Besteuerung des Eigenverbrauchs, Köln, Diss. jur. 1973.

Sachregister

A

B

H

I

J

K

O

P

R

S

T

U

Anhang

Anhang

Deutschland	**Österreich**	**Schweiz**
UStG	Anh. zu § 29 VIII UStG Ö	MWStV
§ 1 I Nr. 5	Anh. Art. 1 I	
§ 1a I, II § 1a III, IV § 1a V	Anh. Art. 1 II, III Anh. Art. 1 IV, V Anh. Art. 1 VI	
§ 1b	Anh. Art. 1 VII-IX	
§ 2a	Anh. Art. 2	
§ 3 Ia, VIIIa	Anh. Art. 3 I, II; (25)	
§ 3a II Nr. 4 Satz 2	Anh. Art. 3a I	
§ 3b III-VI	Anh. Art. 3a II-V	
§ 3c I, II § 3c III, IV § 3c V	Anh. Art. 3 III, IV Anh. Art. 3 V, VI Anh. Art. 3 VII	
§ 3d Satz 1 § 3d Satz 2	Anh. Art. 3 VIII Satz 1 Anh. Art. 3 VIII Satz 2	
§ 4b	Anh. Art. 6 II	
§ 6a	Anh. Art. 7	
§ 13 I Nr. 6, 7 § 13 II Nr. 2, 3	Anh. Art. 19 II Anh. Art. 19 I	
§ 14a	Anh. Art. 11	
§ 15 I Nr. 3 § 15 IVa	Anh. Art. 12 I, II Anh. Art. 12 III	
§ 16 I § 16 Va	Anh. Art. 20 I Anh. Art. 20 II	
§ 18 IVa, IVb § 18 Va § 18 X	Anh. Art. 21 II	
§ 18a	Anh. Art. 21 III-X	
§ 18b	Anh. Art. 21 XI	
§ 18c	Anh. Art. 27 II	
§ 18d	Anh. Art. 27 III	
§ 18e	Anh. Art. 28 II, 7 IV	
§ 19 IV		
§ 22 II Nr. 7, IVa, IVb	Anh. Art. 18	
§ 27a	Anh. Art. 28 I	

Gegenüberstellung umsatzsteuerlicher Regelungen in Deutschland, EG/EU, Österreich und der Schweiz .
Binnenmarktregelungen

Europäische Union	
6. RLEG	
 Art. 28a I Bst. a	**Steuerbare Umsätze** Innergemeinschaftlicher Erwerb
 Art. 28a III; 28a I Bst. a Art. 28a Ia Art. 28a Ia	**Innergemeinschaftlicher Erwerb** Voraussetzungen/ Personenkreis Abnehmer, Erwerber Erwerbsschwelle Erwerb neuer Fahrzeuge, verbrauchsteuerpfl. Waren
Art. 28a II; 28a I Bst. b	**Ig Erwerb neuer Fahrzeuge**
Art. 28a IV Unterabs. 1	**Fahrzeuglieferer**
Art. 28a V	**Lieferung, sonstige Leistung**
Art. 28b E III	**Ort der Vermittlungsleistung**
Art. 28b C II, III, D, E	**Ort der Beförderungsleistung**
 Art. 28b B I Art. 28b B II, III Art. 28b B I	**Ort der Lieferung in besonderen Fällen** ~ / Art der Warenbewegung/ Abnehmerkreis Lieferschwelle Lieferung neuer Fahrzeuge, verbrauchsteuerpfl. Waren
 Art. 28b A I Art. 28b A II Unterabs. 1	**Ort des innergemeinschaftlichen Erwerbs** ~ am Ende der Beförderung oder Versendung ~ im Mitgliedsstaat, der Erwerber die USt-IdNr. erteilt hat
Art. 28c B	**Steuerbefreiung bei ig Erwerb**
Art. 28c A	**Innergemeinschaftliche Lieferungen**
 Art. 28d I-III Art. 21 Nr. 1	**Entstehung der Steuer und Steuerschuldner** Entstehung der Steuer Steuerschuldner
Art. 22 III	**Rechnungsausstellung in besonderen Fällen**
 Art. 17 II c Art. 28a IV Unterabs. 2	**Vorsteuerabzug** Abziehbare Vorsteuer Gelegentliche Fahrzeuglieferer
  Art. 22 XI	**Steuerberechnung** Einbeziehung der Erwerbsteuer Fahrzeugeinzelbesteuerung
 Art. 22 Art. 22 XI	**Besteuerungsverfahren** Abgabe Voranmeldung Steueranmeldung bei Fahrzeugeinzelbesteuerung Pflichten bei Erwerb neuer Fahrzeuge
Art. 22 VI b, XII	**Zusammenfassende Meldung**
Art. 22 IV c 1. Anstrich	**Gesonderte Erklärung für ig Lieferungen**
Art. 22 VI d	**Meldepflicht bei Lieferg neuer Fahrzeuge**
	Vorlage von Urkunden
	Bestätigungsverfahren
Art. 24 III	**Besteuerung der Kleinunternehmer**
Art. 22 II	**Aufzeichnungspflichten**
Art. 22 I c-e, X	**USt-Idendifikationsnr.**

Deutschland	Österreich	Schweiz
UStG	UStG Ö	MWStV
§ 1 I Nr. 1/ 1 Bst. a	§ 1 I Ziffer 1 Satz1/Satz 2	Art. 1 Bst. a; 4 Bst. a, b/ 7
§ 1 I Nr. 1 Bst. b-Nr. 3	§ 1 I Ziffer 2	Art. 4 Bst. c; 8
§ 1 I Nr. 4	§ 1 I Ziffer 3	Art. 1 Bst. b; 4 Bst. d; 66
§ 1 Ia	§ 1 I Ziffer 2 lit. a; 4 VII	Art. 5 V, 8 III
§ 1 II, IIa	§ 1 II, III	Art. 3
§ 2 I	§ 2 I	Art. 17 I, II; 9 i.V.m. 18; 68
§ 2 II Nr. 1 und 2	§ 2 II Nr. 1 und 2	Art. 17 III
§ 2 III	§ 2 III, IV	Art. 17 IV
§ 3 I-V	§ 3 I-VI	Art. 5; 10 III
§ 3 Va-VIII	§ 3 VII-IX	Art. 11
§ 3 IX-XI	§ 3a I, III, IV	Art. 6; 10
§ 3 XII	§ 3 X; § 3a II	(Art. 237 OR)
§ 3a	§ 3a IV-VI, VIII ff.	Art. 12
§ 3b I, II	§ 3a VII	
§ 4 / § 4a	§ 6	Art. 14; 15 II
§ 5	§ 6 IV	Art. 67
§§ 6, 7	§§ 7; 8; 18 VIII	Art. 15 II; 16
§ 9	§ 6 II	Art. 20 I b
§ 10 I	§ 4 I-III, X	Art. 26 I, II, V, VI
§ 10 II-VI	§ 4 V-IX	Art. 26 III, IV
§ 11	§ 5	Art. 69
§ 12 I	§ 10 I	Art. 27 I b; 70 b
§ 12 II, Anlage	§ 10 II ff.	Art. 27 I a; 70 a
§ 13	§ 19	Art. 34; 38 I; 71
§ 14	§ 11	Art. 28
§ 15 I, III	§ 12 I, III 2. UAbs.	Art. 29 I-III; 15 I
§ 15 II/ IV-V	§§ 12 II-IX; 15	Art. 13; 30; 32
§ 15a	§ 12 X-XIII	
§ 16	§ 20	Art. 35 I
§ 17	§§ 16; 12 XI	Art. 35 II, III; 31; 28 V
§ 18	§§ 21; 27 IV	Art. 36; 37; 38 I; 48
§ 19	§§ 6 Ziffer 27; 6 III	Art. 19 I a; 20 I a, II
§ 20	§ 17	Art. 35 IV, V
§ 21	§ 26	Art. 65
§ 22	§§ 18; 27 I-III	Art. 47 I
§§ 23; 23a; 24	§§ 14; 22; 25	Art. 19 I b
§ 25	§ 23	Art. 15 II i
§ 25a	§§ 4 IV; 12 XVI; 24	Art. 14 Nr. 20

Gegenüberstellung umsatzsteuerlicher Regelungen in Deutschland, EG/EU, Österreich und der Schweiz .

Europäische Union	
6. RLEG	
	Steuerbare Umsätze
Art. 2 Nr. 1/ 5 IV a; 6 I	Leistungen im Inland / Leistungen kraft Gesetzes
Art. 5 VI; 6 II; 17 VI	Eigenverbrauch
Art. 2 Nr. 2; 7 I	Einfuhr
Art. 5 VIII; 6 V	Geschäftsveräußerung im ganzen
Art. 3	Territoriale Begriffsbestimmungen
	Unternehmer, Unternehmen
Art. 4 I, II	Definition Steuerpflichtige
Art. 4 IV	Abgrenzung Arbeitnehmer/ Organschaft
Art. 4 V	Juristische Personen des öffentlichen Rechts
	Lieferung, sonstige Leistung
Art. 5 I-V	Definition/ Formen der Lieferung
Art. 8	Ort der Lieferung
Art. 6 I, IV	Definition/Formen der sonstigen Leistung
(Art. 5 I, II, IV)	Definition Tausch/ tauschähnlicher Umsatz
Art. 9	**Ort der sonstigen Leistung**
Art. 9 II b, c	**Ort der Beförderungsleistung**
Art. 15; 13 A, B / 15 Nr. 12	**Steuerbefreiungen / Steuervergütung**
Art. 14; 16; 28c D	**Steuerbefreiung bei Einfuhr**
Art. 15; 16	**Besteuerung der Ausfuhrlieferungen**
Art. 13 C; 28 III c	**Verzicht auf Steuerbefreiung**
	Bemessungsgrundlage
Art. 11 A I a, II, III	Entgelt
Art. 11 A I b, c; 27 I-V	Ersatzwerte
Art. 11 B; C II	**Bemessungsgrundlage für die Einfuhr**
	Steuersätze
Art 12 III a(1); 28e III, IV	Regelsteuersatz
Art. 12 III a(2)-d; Anh. H	Ermäßigter Steuersatz
Art. 10 II, III; 21	**Entstehung der Steuer und Steuerschuldner**
Art. 22 III, 21 Nr. 1c	**Ausstellung von Rechnungen**
	Vorsteuerabzug
Art. 17 II, III; 18 I	Abzugsfähige Steuern
Art. 17 VI/ V; 19	Nichtabzugsfähige Steuern/ Sonstiges
Art. 20 II-IV	**Berichtigung des Vorsteuerabzuges**
Art. 22; 18 II; 11 C II; 23	**Steuerberechnung, ...**
Art. 11 C I; 20 I	**Änderung der Bemessungsgrundlage**
Art. 22 IV-XI; 17 IV	**Besteuerungsverfahren**
Art. 24 IV-VI	**Besteuerung der Kleinunternehmer**
Art. 10 II 2. Anstrich	**Steuerberechnung nach vereinnahmten Entgelten**
Art. 10 III	**Besondere Vorschriften für die EUSt**
Art. 22 II	**Aufzeichnungspflichten**
Art. 24 I; 25 VI a	**Besteuerung nach Durchschnittssätzen**
Art. 26	**Besteuerung von Reiseleistungen**
Art. 26a B; (32)	**Differenzbesteuerung**

www.ingramcontent.com/pod-product-compliance
Lightning Source LLC
LaVergne TN
LVHW092156300926
849161LV00002B/285